CCZ 42

AF854213

AUSGESONDERT

HASCHE ESCHENLOHR PELTZER
RIESENKAMPFF FISCHÖTTER
- Rechtsanwälte -
Niedenau 68 - Tel. 069 - 71 70 1 - 0
60325 Frankfurt/Main
PostBkKto Ffm. 1324 23 - 600, (BLZ 500 100 60)

17. 07. 98

Die Berichterstattung im Anhang

Eine theoretische und empirische Untersuchung der Qualität der Berichterstattung im Anhang börsennotierter Kapitalgesellschaften

WESTFÄLISCHE
WILHELMS-UNIVERSITÄT
MÜNSTER

Die Abbildung zeigt das Münsterische Schloß,
das Hauptgebäude der Westfälischen Wilhelms-Universität.

Schriften des
Instituts für Revisionswesen
der Westfälischen Wilhelms-Universität Münster

hrsg. von
Prof. Dr. Dr. h.c. Jörg Baetge

Die Berichterstattung im Anhang

Eine theoretische und empirische Untersuchung der Qualität der Berichterstattung im Anhang börsennotierter Kapitalgesellschaften

von
Dr. Karl-Heinz Armeloh

IDW-Verlag GmbH
Düsseldorf 1998

Die Deutsche Bibliothek – CIP-Einheitsaufnahme

Armeloh, Karl-Heinz:
Die Berichterstattung im Anhang: eine theoretische und empirische Untersuchung der Qualität der Berichterstattung im Anhang börsennotierter Kapitalgesellschaften / von Karl-Heinz Armeloh. – Düsseldorf: IDW-Verl., 1998
(Schriften des Instituts für Revisionswesen der Westfälischen Wilhelms-Universität Münster)
Zugl.: Münster (Westfalen), Univ., Diss., 1996
ISBN 3-8021-0742-X

ISBN 3-8021-0742-X

D 6 (1996)

Copyright 1998 by IDW-Verlag GmbH, Düsseldorf
Alle Rechte der Verbreitung, auch durch Film, Funk und Fernsehen, fotomechanische Wiedergabe, Tonträger jeder Art, auszugsweisen Nachdruck oder Einspeicherung und Rückgewinnung in Datenverarbeitungsanlagen aller Art, einschließlich der Übersetzung in andere Sprachen, sind vorbehalten.

Gesamtherstellung: B.o.s.s Druck und Medien, Kleve

Geleitwort des Herausgebers

Sogenannte „Global Player", zunehmend aber auch mittelständische Unternehmen weiten ihre Geschäftstätigkeit auf internationale Märkte aus. Der enge deutsche Kapitalmarkt kann die verstärkte Kapitalnachfrage dieser expandierenden Unternehmen nicht mehr decken, so daß auch internationale Kapitalmärkte zur Finanzierung der Geschäftstätigkeit in Anspruch genommen werden müssen. Der Gang von Daimler-Benz an die New Yorker Börse war der Auslöser einer noch anhaltenden Entwicklung: die Deutsche Telekom, VEBA, Hoechst, SAP und andere Unternehmen sind dem Beispiel von Daimler-Benz bereits gefolgt.

Die Bereitschaft, Aktien eines Unternehmens zu erwerben bzw. zu halten, hängt stark von dem Vertrauen ab, das der Aktionär dem Unternehmen entgegenbringt. Vetrauen erzeugen Unternehmen beim Anlegerpublikum, wenn sie regelmäßig und offen über ihre wirtschaftliche Lage berichten. Innerhalb der gesetzlich regulierten periodischen Rechenschaft nimmt der handelsrechtliche Jahresabschluß und hier besonders der Anhang als dritter Teil des Jahresabschlusses eine herausragende Stellung ein. Im Anhang sind vor allem die angewandten Bilanzierungs-, Bewertungs- und Konsolidierungsmethoden anzugeben; ferner sind einzelne Posten der Bilanz und der Gewinn- und Verlustrechnung zu erläutern. Darüber hinaus dürfen auch freiwillige Angaben in den Anhang aufgenommen werden (Kapitalflußrechnung, Segmentberichterstattung etc.).

Obwohl die Anhangangaben von zentraler Bedeutung für das Verständnis von Bilanz und GuV sind, wird dieses Berichterstattungsinstrument im Schrifttum bisher nur von wenigen Autoren aufgegriffen; auch eine empirische Untersuchung über die Qualität der Berichterstattung im Anhang fehlt bislang. Mit der vorliegenden Arbeit erhebt der Verfasser erstmals empirisch die Qualität publizierter Anhänge und gibt darüber hinaus Empfehlungen, wie im Anhang adressatenorientiert berichtet werden sollte. Schließlich geht der Verfasser auch der Frage nach, ob in Anhängen von Unternehmen, die sich hinsichtlich bestimmter Merkmale unterscheiden, qualitativ unterschiedlich berichtet wird.

Aufbauend auf diesen Untersuchungszielen gliedert der Verfasser seine Arbeit in sechs Abschnitte. Nach der Einleitung in *Abschnitt 1* erörtert der Verfasser in *Abschnitt 2* wesentliche Grundlagen der Anhangberichterstattung.

Abschnitt 3 ist für den weiteren Gang der Untersuchung von zentraler Bedeutung. In diesem Abschnitt entwickelt der Verfasser ein intersubjektiv nachprüfbares (objektives) Modell, mit dem er anschließend die Qualität publizierter Anhänge mißt und beurteilt. Nach einer Einordnung der Arbeit in ähnliche Untersuchungsansätze (*Abschnitt 31*) zeigt der Verfasser in *Abschnitt 32*, wie das Bewertungsmodell zu objektivieren ist: Stellvertretend für Jahresabschlußadressaten hat der Verfasser in zwei Fragebogenaktionen insgesamt 3.028 Wirtschaftsprüfer und 270 Finanzanalysten gebeten, die Bedeutung konkreter Anhangangaben einzuschätzen. Die Rücklaufquoten waren in beiden Umfragen erfreulich hoch: an der ersten Umfrage beteiligten sich 442 Wirtschaftsprüfer und 34 Finanzanalysten; von diesen Fachleuten nahmen 133 Wirtschaftsprüfer und 14 Finanzanalysten auch am zweiten Teil der Umfrage teil. In dieser sehr umfangreichen und repräsentativen Erhebung wird die Bedeutung einzelner Anhangangaben für die Vermittlung eines den tatsächlichen Verhältnissen entsprechenden Bildes erstmals empirisch ermittelt. Welcher Kriterienkatalog zur Bewertung der Qualität von Anhangangaben den Fachleuten vorgelegt wurde, stellt der Verfasser in *Abschnitt 33* seiner Arbeit dar. Der Verfasser strukturiert die große Zahl von mehr als 100 Anhangangaben in insgesamt acht Teilberichte. Auf dieser Strukturierung aufbauend unterscheidet der Verfasser dann insgesamt drei Ebenen von Kriterien zur Bewertung von Anhangangaben: sogenannte Hauptkriterien, Oberkriterien und Unterkriterien. Die Ebene der Hauptkriterien ergibt sich aus den gesetzlichen Vorschriften zur Berichterstattung im Anhang sowie aus freiwilligen Anhangangaben. Die Ebene der Hauptkriterien reicht in der Regel aber nicht aus, konkrete Anhangangaben angemessen zu beurteilen. Aus diesem Grunde konkretisiert der Verfasser die Ebene der Hauptkriterien durch die nächsttiefere Ebene der sogenannten Oberkriterien, indem er das Fach-Schrifttum zu allen konkretisierungsbedürftigen Anhangangaben systematisch und vollständig auswertet. Reicht die Ebene der Oberkriterien nicht aus, die Berichterstattung zu einem Hauptkriterium angemessen zu beurteilen, gewinnt der Verfasser auf die gleiche Weise zu jedem Oberkriterium konkretisierende Unterkriterien. Auf diese Weise ergibt sich ein umfassender, aus insgesamt acht Teilberichten, 108 Hauptkriterien, 291 Oberkriterien und 66 Unterkriterien bestehender Kriterienkatalog, mit dem die Qualität der Anhangberichterstattung erhoben werden kann.

In einem weiteren Untersuchungsschritt (*Abschnitt 34*) wendet der Verfasser das Instrument der Nutzwertanalyse auf das hier vorliegende Problem der Messung qualitativer Anhangangaben an. In diesem Zusammenhang erweist sich die zuvor festgelegte hierarchische Strukturierung der Bewertungskriterien als hilfreich: Durch systematische Auswertung des Schrifttums hat der Verfasser jedes Hauptkriterium bereits so weit spezifiziert, daß auf der jeweils untersten Hierarchieebene mit „Ja“ oder „Nein“ darüber entschieden werden kann, ob ein Unternehmen zu dem betreffenden Bewertungskriterium berichtet oder nicht berichtet. Mit dem empirisch unter Wirtschaftsprüfern und Finanzanalysten ermittelten Gewicht eines einzelnen Bewertungskriteriums legt der Verfasser schließlich fest, in welchem Maße ein einzelnes Bewertungskriterium zum Gesamt-Qualitätswert des Anhangs beiträgt. Der vom Verfasser eingeschlagene Weg, Bewertungskriterien möglichst weit zu konkretisieren und qualitativ ausgeprägte Anhangangaben auf diese Weise einer quantitativen Messung zuzuführen, überzeugt dabei im Vergleich zu anderen denkbaren Lösungsansätzen durch verhältnismäßig genaue und in jedem Fall objektivierte Meßergebnisse.

Sein Bewertungsmodell ergänzt der Verfasser zudem an jenen Stellen, an denen es nicht ohne weiteres möglich ist, Anhangangaben mit dem bis zu dieser Stelle entwickelten Modell hinreichend genau zu beurteilen. Für konkrete Beispiele aus Anhängen ermittelt der Verfasser deshalb Werte für ihre jeweilige Bedeutung bzw. ihren Aussagegehalt, indem er erneut Wirtschaftsprüfer und Finanzanalysten befragt.

Schließlich beantwortet der Verfasser auch die in vergleichbaren Untersuchungen sehr oft nicht gestellte Frage nach der Repräsentativität der Umfrageergebnisse.

In *Abschnitt 35* erörtert der Verfasser dann besondere Probleme bei der Beurteilung qualitativer Anhangangaben (Fehlanzeigen, größenabhängige Erleichterungen).

Mit dem in Abschnitt 3 entwickelten Bewertungsmodell läßt sich die Qualität von Anhangangaben bestimmen. In einem weiteren Untersuchungsschritt (*Abschnitt 4*) wendet der Verfasser das Bewertungsmodell deshalb auf die Anhänge von 150 zufällig ausgewählten börsennotierten Kapitalgesellschaften und zusätzlich auf die Anhänge aller 20 Börsenneulinge des Jahres 1995 an. Nach einem Überblick über das weitere Vorgehen (*Abschnitt 41*) ergibt sich der Aufbau von *Abschnitt 42* der Arbeit aus der Strukturierung des Anhangs in acht Teilberichte (*Abschnitte 421. bis 428.*). Die genannten acht Teilberichte werden übersichtlich in jeweils drei Teile gegliedert: In einem jeweils ersten Teil zeigt der Verfasser, welche Bedeutung Wirtschaftsprüfer und Finanzanalysten den einzelnen Hauptkriterien des jeweiligen Teilberichts beimessen. Hierbei stützt sich der Verfasser auf die Ergebnisse seiner empirischen Experten-Umfrage. Damit liegt erstmals ein vollständiger Befund über die Bedeutung einzelner Anhangangaben vor. In einem anschließenden zweiten Teil erörtert der Verfasser für ausgewählte Anhangangaben ausführlich, wie Anhangangaben in der Berichterstattungspraxis ausgeprägt sind und adressatenorientiert formuliert werden können. Damit gibt der Verfasser den Erstellern von Anhängen gleichzeitig konkrete Empfehlungen an die Hand. Wegen der großen Zahl denkbarer

Anhangangaben konzentriert sich der Verfasser auf ausgewählte Anhangangaben. Schließlich wird in einem jeweils dritten Teil gezeigt, welche statistischen Befunde über die Qualität der Berichterstattung in den ausgewählten Anhängen erzielt wurden. In *Abschnitt 43* seiner Arbeit faßt der Verfasser seine Aussagen über die derzeitige Qualität der Anhangberichterstattung zusammen.

Aufbauend auf den Ergebnissen der empirischen Auswertung von 170 Anhängen untersucht der Verfasser in *Abschnitt 5* seiner Arbeit, ob sich Hypothesen über Unterschiede im Publizitätsverhalten falsifizieren lassen. Hierzu hat er die Unternehmen nach bestimmten Merkmalen unterschieden, nämlich nach den Merkmalen „Unternehmensgröße“, „Zugehörigkeit zu einem Aktienindex“, „Branchenzugehörigkeit“ und „Höhe des Streubesitzanteils am gezeichneten Kapital“. In einer Zusatz-Untersuchung geht der Verfasser der Frage nach, ob sich die Anhänge von Standardwerten und die Anhänge von Börsenneulingen in inhaltlicher Hinsicht voneinander unterscheiden. Zu diesem Zweck analysiert der Verfasser in einer Voll-Erhebung auch die Anhänge aller 20 Börsenneulinge des Jahres 1995.

Nach einem Grundlagenteil (*Abschnitt 51*) und einer Übersicht über die einzelnen Unterscheidungsmerkmale (*Abschnitt 52*) untersucht der Verfasser in den *Abschnitten 53 bis 57* die identifizierten Unternehmensmerkmale näher, indem er das statistische Verfahren des Zweistichprobentests für die Differenz zweier arithmetischer Mittelwerte auf das erarbeitete Datenmaterial anwendet. Hierbei gelangt er in nahezu allen Fällen zu statistisch signifikanten Aussagen, womit Befunde aus vergleichbaren Untersuchungen für andere Publizitätsbereiche bestätigt werden. Die vom Verfasser aufgestellten und betriebswirtschaftlich fundierten Arbeitshypothesen über vermutete Zusammenhänge zwischen Einflußfaktoren und Publizitätsverhalten bewähren sich in seinem statistisch repräsentativen Test; die statistisch ermittelten Ergebnisse werden dabei sauber aufbereitet und sinnvoll interpretiert.

Mit *Abschnitt 6* seiner Arbeit faßt der Verfasser die wesentlichen Untersuchungsergebnisse thesenförmig zusammen.

Eine offene Finanzkommunikation mit den Aktionären wird immer wichtiger. Die vorliegende Arbeit leistet vor diesem Hintergrund einen wichtigen Beitrag zu einer Verbesserung der Berichterstattung im Anhang. Ich wünsche ihr deshalb in der Wissenschaft – vor allem aber auch in der Praxis – eine gute Aufnahme.

Münster, im Januar 1998 Prof. Dr. Dr. h.c. Jörg Baetge

Vorwort

Die Idee, sich mit der Berichterstattung im Anhang auseinanderzusetzen, geht auf einen Institutsausflug an die Nordsee im November 1993 zurück. Verharrten Zielsetzung und Aufbau des Forschungsvorhabens anfangs – im wahrsten Sinne des Wortes – noch im Nebulösen, so entstand die nun vorliegende Arbeit während meiner Tätigkeit als Wissenschaftlicher Mitarbeiter des Instituts für Revisionswesen. Die Wirtschaftswissenschaftliche Fakultät der Westfälischen Wilhelms-Universität Münster nahm sie im Februar 1997 als Dissertation an.

Herr Prof. Dr. Dr. h. c. Jörg Baetge hat die Arbeit auf besagtem Ausflug nicht nur angeregt; als mein akademischer Lehrer hat er vor allem dafür gesorgt, daß entscheidende Weichen zur rechten Zeit richtig gestellt wurden. Sein stetes Interesse am Fortgang der Arbeit half über manch tiefes Motivationsloch hinweg; viele konstruktive Verbesserungsvorschläge und Anregungen habe ich gerne aufgenommen und umgesetzt. Dafür danke ich ihm sehr, ebenso wie für die angenehme Arbeitsatmosphäre am Institut und die Möglichkeit, mich der eigenen Arbeit fernab des Institutsalltags in Ruhe zuwenden zu dürfen.

Herr Prof. Dr. Bernhard Pellens hat das Zweitgutachten zu meiner Arbeit übernommen. Dafür und für seine engagierte Kritik bin ich ihm zu Dank verpflichtet.

Ohne die Unterstützung der Praxis wäre das Ziel einer möglichst repräsentativen Umfrage unter Wirtschaftsprüfern und Finanzanalysten nicht zu erreichen gewesen. Tatkräftig geholfen haben mir dabei Frau Ulrike Diehl (DVFA, Dreieich), Frau Dr. Heidrun Haase (DB Research GmbH, Frankfurt a. M.) und Herr RA Dieter Pfefferer (Wirtschaftsprüferkammer Düsseldorf). Herr WP Wolf Dietrich Gelhausen, C&L Deutsche Revision AG, Frankfurt a. M., hat mich auf Fehler und Ungereimtheiten in der Zusammenstellung der Fragebogen aufmerksam gemacht. Ihnen allen danke ich sehr herzlich.

Großen Dank schulde ich den befragten Wirtschaftsprüfern und Finanzanalysten, die die umfangreichen Fragebogen bereitwillig und mit großer Sorgfalt – in der busy season – ausfüllten.

Dem Münsteraner Gesprächskreis Rechnungslegung und Prüfung e. V. und seinen Mitgliedern sage ich Dank für die finanzielle Förderung der empirischen Untersuchung.

Alle Institutskolleginnen und -kollegen haben sich in vielen Doktorandenseminaren, aber auch abseits des Institutsgeschehens diskussionsfreudig und kritisch mit meinem Vorhaben auseinandergesetzt, mich vor Irrwegen gewarnt und mir Lösungswege gewiesen. Herzlichen Dank! Besonders danke ich Herrn Dr. Hans-Jürgen Kirsch, Herrn Dipl.-Kfm. Michael Siefke und Herrn Dr. Stefan Thiele, die sich weder durch Urlaub noch durch Krankheit davon abhalten ließen, meine Arbeit in der entscheidenden Phase durch Korrektur und Kritik reifen zu lassen.

Zu Beginn der Promotion waren zahlreiche Fragebogen auf den Postweg zu bringen. Daß mir dennoch Zeit blieb zu forschen, haben die studentischen Hilfskräfte am Institut möglich gemacht. Für ihre Hilfsbereitschaft sage ich ihnen an dieser Stelle meinen herzlichen Dank.

Herr cand. rer. pol. Dirk Hupfer war während der gesamten Promotionsphase ein zuverlässiger, immer hilfsbereiter und kompetenter Ratgeber in allen EDV-Fragen. Ohne seine engagierte Hilfe wäre die Arbeit nach dem ersten Festplatten-Crash bereits zu Beginn wenn nicht beendet, so doch erheblich verzögert worden. Vielen Dank!

Dank auch an Herrn cand. rer. pol. Sven Flakowski, der mir geduldig bei der mühevollen Formatierung der Anlage geholfen hat.

Dem IDW-Verlag danke ich für die Aufnahme meiner Dissertation in das Verlagsprogramm; für die angenehme Zusammenarbeit besonders Herrn Rainer von Büchau und Herrn Reinhart Meyer.

Schließlich waren es meine Freunde, die mir in den vergangenen Jahren aus manchem Tal geholfen haben. Danke für die Bereitschaft zuzuhören, für aufmunternde Worte, Rat und Perspektiven sowie für jede Form der Ablenkung!

Meine Geschwister haben mir oft den Rücken freigehalten, damit ich die Arbeit in Ruhe zu Ende bringen konnte. Dafür schulde ich ihnen großen Dank.

Ich widme die Dissertation meinem verstorbenen Vater und meiner lieben Mutter.

Münster, im Januar 1998 Karl-Heinz Armeloh

Inhaltsübersicht

Inhaltsverzeichnis

Abkürzungsverzeichnis

A. A.	Anderer Auffassung
Abs.	Absatz
Abt.	Abteilung
a. F.	alte Fassung
Afa	Absetzung für Abnutzung
AG	Aktiengesellschaft
A.-G.	Aktiengesellschaft
AICPA	American Institute of Certified Public Accountants
AK	Anschaffungskosten
AktG	Aktiengesetz
a. M.	am Main
Art.	Artikel
Aufl.	Auflage
BB	Betriebs-Berater (Zeitschrift)
BddW	Blick durch die Wirtschaft (Zeitung)
bearb.	bearbeitet
Bearb.	Bearbeiter
BFuP	Betriebswirtschaftliche Forschung und Praxis (Zeitschrift)
BiRiLiG	Bilanzrichtlinien-Gesetz
BörsG	Börsengesetz
BT	Bundestag
Buchst.	Buchstabe
Bundesgesetzbl.	Bundesgesetzblatt
bzw.	beziehungsweise
C&L	Coopers & Lybrand
Cie.	Compagnie
Co.	Compagnie
DAX	Deutscher Aktienindex
DB	Der Betrieb (Zeitschrift); im Zusammenhang mit DB Research auch „Deutsche Bank“
DBW	Die Betriebswirtschaft (Zeitschrift)
d. h.	das heißt
Die AG	Die Aktiengesellschaft (Zeitschrift)
DM	Deutsche Mark

DStR	Deutsches Steuerrecht (Zeitschrift)
DVFA	Deutsche Vereinigung für Finanzanalyse und Anlageberatung e. V.
EG	Europäische Gemeinschaft(en)
EGHGB	Einführungsgesetz zum Handelsgesetzbuch
EStR	Einkommensteuer-Richtlinien
etc.	et cetera
e. V.	eingetragener Verein
evtl.	eventuell
EWG	Europäische Wirtschaftsgemeinschaft
f.	folgende (Seite)
FA	Finanzanalyst
FAZ	Frankfurter Allgemeine Zeitung
ff.	folgende (Paragraphen)
fortgef.	fortgeführt
GAAP	Generally Accepted Accounting Principles
GEFIU	Gesellschaft für Finanzwirtschaft in der Unternehmensführung e. V.
ggf.	gegebenenfalls
GK	Grundkapital
GKV	Gesamtkostenverfahren
GmbH	Gesellschaft mit beschränkter Haftung
GmbHG	Gesetz betreffend die Gesellschaften mit beschränkter Haftung (GmbH-Gesetz)
GoB	Grundsätze ordnungsmäßiger Buchführung
GuV	Gewinn- und Verlustrechnung
HFA	Hauptfachausschuß
HGB	Handelsgesetzbuch
HGB-E	Entwurf eines Gesetzes zur Änderung des HGB
HK	Herstellungskosten
hrsg.	herausgegeben
Hrsg.	Herausgeber
HS	Halbsatz
IAS	International Accounting Standards
IASC	International Accounting Standards Committee
i. Br.	im Breisgau
IDW	Institut der Wirtschaftsprüfer e. V.
Inc.	Incorporation
inkl.	inklusive
IR	Investor Relations

i. S.	im Sinne
i. S. d.	im Sinne des
i. S. v.	im Sinne von
i. V.	im Vergleich(sverfahren)
i. V. m.	in Verbindung mit
jr.	junior
KG	Kommanditgesellschaft
KGaA	Kommanditgesellschaft auf Aktien
Lifo	Last in – First out
MDAX	Mid-Cap-Index
Mill./Mio/Mio.	Million(en)
Mrd.	Milliarde(n)
m. w. N.	mit weiteren Nachweisen
MU	Mutterunternehmen
n. F.	neue Fassung
Nr.	Nummer
o. J.	ohne Jahresangabe
o. V.	ohne Verfasserangabe
p. a.	per annum
PR	Public Relations
R	Richtlinie
RA	Rechtsanwalt
RAP	Rechnungsabgrenzungsposten
RegE	Regierungsentwurf
Rn.	Randnummer(n)
S.	Seite(n)
SABI	Sonderausschuß Bilanzrichtlinien-Gesetz
SBA	Streubesitzanteil
SEC	Securities Exchange Commission
SG	Schmalenbach-Gesellschaft – Deutsche Gesellschaft für Betriebswirtschaft e. V.
sog.	sogenannter
Sp.	Spalte(n)
SPSS	Superior Performing Software System
TDM	Tausend Deutsche Mark
Ts.	Taunus
TU	Tochterunternehmen
Tz.	Textziffer

u. a.	und andere
u. ä.	und ähnliches
U. K.	United Kingdom
UKV	Umsatzkostenverfahren
US	United States
USA	United States of America
usw.	und so weiter
VFE-Lage	Vermögens-, Finanz- und Ertragslage
vgl.	vergleiche
Vol.	Volume
WiSt	Wirtschaftswissenschaftliches Studium (Zeitschrift)
WISU	Das Wirtschaftsstudium (Zeitschrift)
WP	Wirtschaftsprüfer
WPg	Die Wirtschaftsprüfung (Zeitschrift)
WPG	Wirtschaftsprüfungsgesellschaft
WPH	Wirtschaftsprüfer-Handbuch
WpHG	Wertpapierhandelsgesetz
WPK	Wirtschaftsprüferkammer
z. B.	zum Beispiel
ZfB	Zeitschrift für Betriebswirtschaft
ZfbF	Zeitschrift für betriebswirtschaftliche Forschung
ZfhF	Zeitschrift für handelswissenschaftliche Forschung
ZHR	Zeitschrift für das gesamte Handelsrecht und Wirtschaftsrecht
ZIP	Zeitschrift für Wirtschaftsrecht und Insolvenzpraxis

Verzeichnis der Übersichten

Symbolverzeichnis

α	Signifikanzniveau
a_{ki}	Unter Wirtschaftsprüfern und Finanzanalysten ermittelte durchschnittliche absolute Bedeutung des Hauptkriteriums k innerhalb des Teilberichts i
arc	Arcus
b_{ch}	Gewicht des Unterkriteriums c innerhalb des Oberkriteriums h
B_{hk}	Unter Wirtschaftsprüfern und Finanzanalysten ermittelte durchschnittliche absolute Bedeutung des Oberkriteriums h innerhalb des Hauptkriteriums k
c	Index für Unterkriterien c innerhalb eines Oberkriteriums h mit c = 1 bis T_h
d	Index für unternehmensspezifische Merkmale
e	Zahl der Bewertungskriterien bei der Nutzwertanalyse
f_1	Zahl der befragten Wirtschaftsprüfer
f_2	Zahl der befragten Finanzanalysten
g_i	Gewicht des Teilberichts i innerhalb des Anhangs j
h	Index für Oberkriterien h innerhalb eines Hauptkriteriums k mit h = 1 bis r_k
i	Index für Teilberichte mit i = I bis VIII
j	Index für die in die Stichprobe gelangten Anhänge mit j = 1 bis 150
k	Index für Hauptkriterien innerhalb eines Teilberichts i mit k = 1 bis m_i
l_1	Antwort-Mittelwert der befragten Wirtschaftsprüfer
l_2	Antwort-Mittelwert der befragten Finanzanalysten
μ	Mittelwert der Grundgesamtheit
m_i	Zahl der Hauptkriterien k innerhalb des Teilberichts i
n	Umfang der Stichprobe
N	Umfang der Grundgesamtheit
n_n	Notwendiger Stichprobenumfang
n_r	Realisierter Stichprobenumfang
P	Relative Häufigkeit eines Merkmals in der Stichprobe
p_{kij}	Teil-Qualitätswert des Hauptkriteriums k im Teilbericht i im Anhang j
q_{chkij}	Teil-Qualitätswert des Unterkriteriums c beim Oberkriterium h des Hauptkriteriums k im Teilbericht i im Anhang j
r_k	Zahl der Oberkriterien h innerhalb des Hauptkriteriums k
σ^2	Varianz der Grundgesamtheit
$\hat{\sigma}^2$	Schätzwert für die Varianz der Grundgesamtheit
Σ	Summe
s	Standardabweichung in der Stichprobe

sin	Sinus
θ	Relative Häufigkeit eines Merkmals in der Grundgesamtheit
t	Verteilungsparameter einer studentverteilten Zufallsvariablen
T_h	Zahl der Unterkriterien c innerhalb des Oberkriteriums h
u_{ij}	Teil-Qualitätswert des Teilberichts i im Anhang j
U_j	Qualitätswert des Anhangs j
Var	Varianz der Stichprobe
v_{hk}	Gewicht des Oberkriteriums h innerhalb des Hauptkriteriums k
w_{ki}	Gewicht des Hauptkriteriums k innerhalb des Teilberichts i
$\overline{x}$	Mittelwert der Stichprobe
x_i	Beobachtungen in der Stichprobe
χ^2	Prüfgröße der Chi-Quadrat-Verteilung
y_{hkij}	Teil-Qualitätswert des Oberkriteriums h beim Hauptkriterium k im Teilbericht i im Anhang j
z	Verteilungsparameter einer standardnormalverteilten Zufallsvariablen
z_c	Kritischer z-Wert der Standardnormalverteilung
$\hat{z}$	Prüfgröße der Standardnormalverteilung

1 Einleitung

11 Problemstellung

„Im Leben einer Unternehmung können sich zu gewissen Zeiten Verhältnisse ergeben, welche die Beschaffung von neuem Kapital erfordern. In solchen Fällen ist es wichtig, daß die Geisteshaltung der bisherigen Aktionäre positiv ist und daß sich die Gesellschaft auf dem Kapitalmarkt eines guten Rufes erfreut.“[1]

Diese Tatsache, auf die GREBER bereits 1952 hinwies, ist auch 45 Jahre später noch oder wieder aktuell. Stand in den ersten Jahrzehnten nach dem Zweiten Weltkrieg vor allem der Wiederaufbau der deutschen Wirtschaft im Vordergrund, so führt Ende des 20. Jahrhunderts die Globalisierung der Wirtschaftsmärkte zu einem erhöhten Kapitalbedarf der Unternehmen. Der steigende Kapitalbedarf kann durch Maßnahmen der Innenfinanzierung[2] allein oft nicht mehr gedeckt werden. Expandierende Unternehmen sind daher zunehmend gezwungen, sich auch auf internationalen Kapitalmärkten zu finanzieren; die Finanzierung mit Eigenkapital und Fremdkapital langfristig zu sichern, wird immer mehr zu einem zentralen Wettbewerbsfaktor. Ein rational handelnder Kapitalgeber wird einem Unternehmen Kapital aber nur dann zu marktüblichen Konditionen (weiter) zur Verfügung stellen, wenn er sich über die wirtschaftliche Lage des Unternehmens ein Bild gemacht hat und zu der Überzeugung gelangt ist, daß das Unternehmen die (Rückzahlungs- und Rendite-)-Erwartungen der Kapitalgeber in Zukunft auch wird erfüllen können.[3] Unternehmen, die aufgrund ihrer für Expansionszwecke unzureichenden Kapitalausstattung gezwungen sind, den Kapitalmarkt in Anpruch zu nehmen, müssen aktuelle wie potentielle Kapitalgeber deshalb mit geeigneten Informationen über die wirtschaftliche Lage des Unternehmens versorgen.[4] Anders formuliert und auf Börsen-

---

1 GREBER, E., Public Relations, S. 51.

2 Zum Begriff der Innenfinanzierung vgl. FRANKE, G./HAX, H., Finanzwirtschaft des Unternehmens und Kapitalmarkt, S. 15; PERRIDON, L./STEINER, M., Finanzwirtschaft der Unternehmung, S. 454.

3 Vgl. hierzu ausführlich SCHILDBACH, T., Analyse des betrieblichen Rechnungswesens aus der Sicht der Unternehmensbeteiligten, S. 23–25.

4 Vgl. SCHMALENBACH, E., Die Aktiengesellschaft, S. 14; ILLETSCHKO, L. L., Die Publizität der Kapitalgesellschaften im Auslande, S. 423; MOXTER, A., Der Einfluß von Publizitätsvorschriften auf das unternehmerische Verhalten, S. 94 f.; EISENFÜHR, F., Anforderungen an den Informationsgehalt kaufmännischer Jahresabschlußrechnungen, S. 19 f.; LANGE, C., Jahresabschlußinformationen und Unternehmensbeurteilung, S. 76; STREIM, H., Zum Stellenwert des Lageberichts, S. 716.

werte bezogen: „Die Börse ist keine Einbahnstraße“.[5] Vielmehr wird ein kapitalnachfragendes Unternehmen Kapital in ausreichendem Umfang nur dann erhalten, wenn es den Marktteilnehmern im Gegenzug bestimmte Informationen zur Verfügung stellt und damit Mindest-Publizitätsforderungen der Kapitalgeber erfüllt.

Angesichts des eingangs angedeuteten hohen Finanzbedarfs der deutschen Wirtschaft und der Informationsbedürfnisse vor allem ausländischer Kapitalgeber gehen einige Unternehmen inzwischen dazu über, eigene Investor-Relations-Abteilungen einzurichten. Diese Fachabteilungen haben die Aufgabe, Beziehungen zu Aktionären und Finanzanalysten aufzubauen und zu pflegen.[6] Vor dem Hintergrund des zunehmenden Einflusses internationaler und aktionärsorientierter Rechnungslegungsnormen auf die nationale Rechnungslegung ist die offene **Finanzkommunikation** mit aktuellen wie potentiellen Aktionären unverzichtbarer Bestandteil einer wirksamen **Investor-Relations-Politik.**[7] Unabhängig vom konkreten (zeitpunktbezogenen) Kapitalbedarf des Unternehmens sind vor allem Finanzanalysten für die „laufende Beobachtung“ potentieller Kapitalanlageobjekte auf aktuelle Informationen über die wirtschaftliche Lage und die künftige Entwicklung des Unternehmens angewiesen. Eine qualitativ gute und kontinuierliche Finanzberichterstattung trägt deshalb wesentlich dazu bei, daß – wie GREBER es formulierte – sich die Gesellschaft auf dem Kapitalmarkt eines guten Rufes erfreut.

In welcher Weise und in welchem Umfang ein Unternehmen die Öffentlichkeit über seine wirtschaftliche Lage und die geplante künftige Entwicklung informiert, ist grundsätzlich aber nicht in das Belieben des Unternehmens gestellt. Vielmehr greift der Gesetzgeber mit seinen Vorschriften zur Publizität insofern regulierend[8] in das Verhältnis zwischen Unternehmen und Unternehmensbeteiligten (Aktionären,

---

5 GRAF LAMBSDORFF, O., Eine gute Publizität ist der beste Anlegerschutz, S. 710.

6 PRIMUS berichtet, daß in Deutschland etwa jede fünfte Aktiengesellschaft über eine Investor-Relations-Abteilung verfügt; vgl. PRIMUS, H., In der ersten Klasse, S. B 7: z. B. die BASF AG, die BAYER AG und die DAIMLER-BENZ AG. Vgl. für die BASF AG PAUL, W., Investor Relations Management, S. 914–955, für die BAYER AG LOEHR, H., Wie Bayer sich um die Anleger bemüht, S. 46–48 und für die DAIMLER-BENZ AG BRUNS, H.-G., Finanzpublizität nach Inkrafttreten des 2. Finanzmarktförderungsgesetzes, S. 107–119. Zur organisatorischen Eingliederung der IR-Abteilung in die Unternehmensstruktur vgl. etwa GÜNTHER, T./OTTERBEIN, S., Die Gestaltung der Investor Relations, S. 396 f.

7 Vgl. SEMLER, J., Unternehmensüberwachung durch den Kapitalmarkt, S. 71; SEEBERG, T., Steigerung der Aussagekraft von Jahresabschlüssen durch erweiterte Berichterstattung, S. 155 f.

8 Zur Regulierungsaufgabe des Gesetzgebers in diesem Zusammenhang vgl. EGNER, H., Bilanzen, S. 38 f.

Lieferanten, Kunden, Arbeitnehmern etc.) ein, als er den Informationsbedarf der Unternehmensbeteiligten als berechtigt und damit als schutzwürdig anerkennt und – neben weiteren Eingriffen – Kapitalgesellschaften in § 264 Abs. 1 Satz 1 HGB dazu verpflichtet, zum Schluß eines jeden Geschäftsjahres einen **Jahresabschluß** – bestehend aus Bilanz, Gewinn- und Verlustrechnung und Anhang – sowie einen **Lagebericht** aufzustellen. Darüber hinaus sind gemäß § 316 HGB Jahresabschluß und Lagebericht durch einen Abschlußprüfer zu prüfen und gemäß § 325 HGB unverzüglich zum Handelsregister einzureichen. Die gesetzliche Pflicht zur Aufstellung, Prüfung und Offenlegung von Jahresabschluß und Lagebericht soll die Versorgung der am Unternehmen beteiligten Personen und Personengruppen[9] mit geeigneten, d. h. entscheidungsrelevanten Informationen[10] sicherstellen. Jahresabschluß, Lagebericht und weitere freiwillige Informationen werden den Unternehmensbeteiligten meist in Form eines regelmäßig veröffentlichten **Geschäftsberichts** zur Verfügung gestellt. Innerhalb der Berichterstattung im Geschäftsbericht ist der **Anhang** als dritter Teil des Jahresabschlusses von zentraler Bedeutung. Der Anhang hat – neben weiteren Aufgaben[11] – nämlich vor allem die Aufgabe, das Zahlenwerk von Bilanz und Gewinn- und Verlustrechnung zu erläutern (Erläuterungsaufgabe). Ein Jahresabschlußadressat[12, 13] wird ohne ausführliche Erläuterungen etwa der im Jahresabschluß angewandten Bilanzierungs- und Bewertungs-

---

9 Im Schrifttum wird das Unternehmen häufig als Koalition bezeichnet, die am Unternehmen beteiligten Personen und Personengruppen als Koalitionsteilnehmer; vgl. STAEHLE, W. H., Die Unternehmung als Koalition, S. 377–390; SCHILDBACH, T., Analyse des betrieblichen Rechnungswesens aus der Sicht der Unternehmensbeteiligten, S. 19 f.; MARR, R., Betrieb und Umwelt, S. 88 f.; VOLK, G., Jahresabschluß und Information, S. 43 f. Zu einer frühen Auseinandersetzung mit dem Unternehmen als Koalition vgl. CYERT, R. M./MARCH, J. G., A Behavioral Theory of the Firm.

10 Der Begriff „Information" wird hier im (pragmatischen) Sinne von „zweckorientiertem Wissen" gebraucht; vgl. WITTMANN, W., Unternehmung und unvollkommene Information, S. 14.

11 Dies sind zusätzlich die Ergänzungs-, die Korrektur- und die Entlastungsaufgabe; vgl. hierzu ausführlich und differenzierter Abschnitt 23 dieser Arbeit.

12 Hier wie im folgenden wird generell von *Jahresabschluß*adressaten gesprochen. Die Bezeichnung „Jahresabschlußadressaten" ist sachgerecht, weil einerseits der Begriff „Geschäftsbericht" im juristischen Sinne nicht (mehr) existiert und insofern nicht von „Geschäftsberichtadressaten" gesprochen werden sollte und es wegen der Verzahnung von Bilanz, Gewinn- und Verlustrechnung und Anhang andererseits zu eng wäre, den Begriff „Anhangadressaten" zu verwenden.

13 MOXTER bezeichnet nur die berechtigten Informationsempfänger als Rechenschaftsadressaten; vgl. MOXTER, A., Fundamentalgrundsätze ordnungsmäßiger Rechenschaft, S. 95 sowie m. w. N. SPRENGER, R., Grundsätze gewissenhafter und getreuer Rechenschaft im Geschäftsbericht, S. 42.

methoden nur sehr eingeschränkt in der Lage sein, sich ein Bild von der wirtschaftlichen Lage des Unternehmens zu machen. Bilanz, Gewinn- und Verlustrechnung und Anhang bilden deshalb eine Einheit, die von FORSTER sehr plastisch mit der Formulierung „tres faciunt collegium"[14] umschrieben wird.

Der Umfang der Berichterstattung im Anhang ist in vielen handelsrechtlichen Vorschriften geregelt. Über die Erfüllung der gesetzlichen Vorschriften hinaus hat ein Unternehmen grundsätzlich aber auch die Möglichkeit, freiwillige Angaben (z. B. eine Kapitalflußrechnung) in den Anhang aufzunehmen. Damit ergibt sich eine – für den weiteren Verlauf der Arbeit grundlegende – Zweiteilung der Anhangangaben in einen **gesetzlichen Pflichtteil** und in einen **freiwilligen Teil**. Allerdings sind die gesetzlichen Vorschriften des Pflichtteils oft nicht so genau formuliert, daß eine eindeutige Auslegung möglich wäre und sich für die Unternehmen insofern eine klare Handlungsanweisung zur Berichterstattung im Anhang ergäbe. Vielmehr lassen sich bei den gesetzlichen Vorschriften einerseits Angaben unterscheiden, die der Gesetzgeber *eindeutig* formuliert hat (etwa die Pflicht, gemäß § 285 Nr. 10 HGB die Namen der Vorstandsmitglieder anzugeben), und andererseits Angaben, bei denen das berichterstattende Unternehmen über einen – unterschiedlich weiten – *Auslegungsspielraum* verfügt (etwa die pauschale Vorschrift, gemäß § 284 Abs. 2 Nr. 1 HGB die Bilanzierungs- und Bewertungsmethoden anzugeben). Insofern besteht für ein Unternehmen bei gesetzlich vorgeschriebenen, aber verhältnismäßig pauschal formulierten Angabepflichten die Gelegenheit, den Auslegungsspielraum dieser Vorschrift durch ausführliche Anhangangaben auszufüllen und – beispielsweise im Vergleich zu anderen Unternehmen – weitergehende und für Jahresabschlußadressaten nützliche Angaben zu machen. Übersicht 1-1 faßt diese Überlegungen zusammen:

<table>
<tr><th colspan="3">Berichterstattung im Anhang</th></tr>
<tr><th colspan="2">Gesetzlicher Pflichtteil</th><th rowspan="2">Freiwilliger Teil des Anhangs</th></tr>
<tr><td>Eindeutige gesetzliche Vorschrift</td><td>Gesetzliche Vorschrift mit Auslegungsspielraum</td></tr>
</table>

Übersicht 1-1: *Überblick über Möglichkeiten der Berichterstattung im Anhang*

Die genannten Faktoren führen dazu, daß im Anhang zurückhaltend oder offen berichtet werden kann (darf); über die gesetzlichen Vorgaben hinaus sind freiwillige

14 FORSTER, K.-H., Anhang, Lagebericht, Prüfung und Publizität im Regierungsentwurf eines Bilanzrichtlinie-Gesetzes, S. 1577.

Anhangangaben denkbar. Die Praxis der Berichterstattung im Anhang zeigt deshalb ein differenziertes Bild. Auf der einen Seite wird die Chance, Auslegungsspielräume von gesetzlichen Vorschriften auszufüllen und darüber hinaus auch noch freiwillige Angaben in den Anhang aufzunehmen, von vielen Unternehmen bereits ergriffen.[15] Auf der anderen Seite empfinden manche Unternehmen die Berichterstattung im Anhang aber noch als Pflichtübung und lästiges Übel.[16]

Obwohl die Berichterstattung im Anhang für Jahresabschlußadressaten von großer Bedeutung ist, wird das Thema im Schrifttum bisher nur von wenigen Autoren aufgegriffen.[17] Bemerkenswert sind vor allem die Arbeiten von RUSS[18] und SELCHERT[19], die anläßlich der Verabschiedung des Bilanzrichtlinien-Gesetzes inhaltliche Aspekte der Berichterstattung im Anhang untersuchten. Daneben veröffentlicht die C&L DEUTSCHE REVISION AG in regelmäßigen Abständen empirische Befunde über die Berichterstattung in den Jahresabschlüssen deutscher Unternehmen.[20] Schwerpunkt dieser empirischen Arbeiten ist allerdings stets die alleinige *Darstellung* (Beschreibung) der Berichterstattungspraxis in den untersuchten Jahresabschlüssen; die *Qualität* der Berichterstattung wird insofern nicht *gemessen* und *objektiv beurteilt.* **Ziel der vorliegenden Arbeit** ist es, die Qualität der Berichterstattung im Anhang des Jahresabschlusses deutscher Unternehmen erstmals zu messen und sie anhand der Meßergebnisse zu beurteilen. Die Berichterstattungsqualität im Anhang wird mit einem im folgenden zu entwickelnden, detaillierten Anforderungs- oder Kriterienkatalog gemessen, der dem Ersteller von Jahresabschlüssen konkrete Handlungsempfehlungen zu Art und Umfang der Berichterstattung im Anhang an die Hand gibt.

---

15 In einer Untersuchung der Geschäftsberichte der 100 größten europäischen Unternehmen kommt das Beratungsunternehmen PETER PROWSE ASSOCIATES zu dem Ergebnis, daß sich die Qualität der Geschäftsberichte in den vergangenen Jahren deutlich gebessert hat; vgl. PETER PROWSE ASSOCIATES, The Company Report sowie O. V., Geschäftsberichte werden langsam verständlicher, S. 21.

16 Vgl. KRÜGER, R., Der Jahresabschluß aus der Sicht des Aufsichtsrates, S. 290.

17 SCHULTE spricht hier von einem „literarischen Schattendasein“: SCHULTE, K.-W., Inhalt und Gliederung des Anhangs, S. 1480.

18 RUSS, W., Der Anhang als dritter Teil des Jahresabschlusses.

19 SELCHERT, F. W., Der Anhang als Instrument der Informationspolitik.

20 Die letzte Veröffentlichung der C&L DEUTSCHE REVISION AG stammt aus dem Jahre 1997, untersucht werden die Konzernabschlüsse des Jahres 1995; vgl. C&L DEUTSCHE REVISION (Hrsg.), Konzernabschlüsse ’95. In einer Studie aus dem Jahre 1989 wird zusätzlich die Berichterstattungsqualität im *Einzelabschluß* erhoben; vgl. TREUARBEIT (Hrsg.), Jahres- und Konzernabschlüsse ’88.

Ausgehend von diesem Untersuchungsziel lassen sich die vorgetragenen Gedanken wie folgt systematisieren und nachstehenden Fragen zuordnen:

(1) Mit welchen Kriterien läßt sich die Qualität der Berichterstattung im Anhang messen und beurteilen? Damit stellt sich die Frage nach einem geeigneten **Kriterienkatalog**.

(2) Die Qualität der Berichterstattung im Anhang sollte möglichst objektiv bewertet werden. Auf welche Weise lassen sich subjektive Einflüsse bei der Bewertung vermeiden? Wie gelangt man also zu willkürfreien und für Außenstehende nachvollziehbaren und insofern **objektiven Urteilen** über die Berichterstattungsqualität im Anhang? Damit stellt sich die Frage nach einer geeigneten und den hier gestellten Anforderungen gerecht werdenden **Meßmethode**.

(3) Wie gut oder wie schlecht wird in den Anhängen deutscher Unternehmen berichtet? Um diese Frage zu beantworten, werden die Anhänge (stichprobenweise) ausgewählter börsennotierter Kapitalgesellschaften untersucht. Wie füllen die ausgewählten Unternehmen Berichterstattungsspielräume, die der Gesetzgeber durch eine verhältnismäßig offene Formulierung der gesetzlichen Vorschriften einräumt, konkret aus? Werden in den untersuchten Anhängen über die gesetzlichen Vorschriften hinaus auch freiwillige Angaben veröffentlicht? Zusammengefaßt: Welche konkreten **Qualitätsmerkmale** zeichnen die Qualität der Berichterstattung in den Anhängen der ausgewählten börsennotierten Kapitalgesellschaften aus?

(4) Lassen sich schließlich **Einflußfaktoren** ermitteln, die die Qualität der Berichterstattung im Anhang möglicherweise bestimmen? Hängt die Berichterstattungsqualität von diesen Einflußfaktoren ab, und wenn ja, in welchem Maße?

In welchen Untersuchungsschritten die hier gestellten Fragen bearbeitet werden sollen, wird im folgenden Abschnitt kurz dargelegt.

12 Gang der Untersuchung

In einem grundlegenden Teil *(Abschnitt 2)* wird vor dem Hintergrund der externen Finanzberichterstattung gezeigt, welche **Bedeutung** der **Anhang** im System der handelsrechtlichen Publizität besitzt. In diesem Zusammenhang sind vor allem die **Aufgaben**, die der Gesetzgeber dem Anhang für die Vermittlung eines den tatsächlichen Verhältnissen entsprechenden Bildes der Vermögens-, Finanz- und Ertragslage (§ 264 Abs. 2 Satz 1 HGB) zugewiesen hat, zu erörtern.

Abschnitt 3 ist von zentraler Bedeutung für den weiteren Gang der Untersuchung. Der in dieser Arbeit verfolgte Ansatz, die Berichterstattungsqualität im Anhang zu messen und anschließend zu beurteilen, wird in *Abschnitt 31* in das Spektrum ähnlicher Arbeiten eingeordnet und zugleich von diesen abgegrenzt: Aus der Vielzahl methodischer Vorgehensweisen, die Nützlichkeit von Jahresabschlußinformationen für die Unternehmensbeteiligten zu messen und zu beurteilen, wird in der vorliegenden Arbeit der Weg der **Adressatenbefragung** gewählt. Auf den Umfrage-Ergebnissen aufbauend wird in den *Abschnitten 32 bis 35* eine Meßmethode entwickelt, mit der die Qualität der Berichterstattung im Anhang stichprobenweise ausgewählter börsennotierter Kapitalgesellschaften gemessen und beurteilt werden soll.

Die im vorhergehenden Abschnitt gestellten Fragen (1) und (2), wie ein Kriterienkatalog zur Beurteilung der Berichterstattungsqualität im Anhang aufgebaut sein muß und auf welche Weise der Kriterienkatalog zu **objektivieren** ist, werden in den *Abschnitten 32 und 33* diskutiert. Bei der Beurteilung von Anhangangaben muß gewährleistet sein, daß unterschiedliche Bewerter eine bestimmte Anhangangabe unter sonst gleichen Bedingungen in gleicher Weise beurteilen. Mit anderen Worten: Die Bewertung muß objektiv – im Sinne von intersubjektiv nachprüfbar – sein. Zur Lösung dieses Problems wird in *Abschnitt 32* ein Lösungsvorschlag unterbreitet: In einer breit angelegten Umfrage wurde Wirtschaftsprüfern und Finanzanalysten als Repräsentanten von Jahresabschlußadressaten ein detaillierter Kriterienkatalog zur Beurteilung von Anhängen vorgelegt. Die Fachleute hatten die Möglichkeit, den Kriterienkatalog zu modifizieren; zugleich wurden sie gebeten, die Bedeutung einzelner Anhangangaben einzuschätzen und die Aussagefähigkeit von unterschiedlich ausgeprägten Angaben im Anhang zu beurteilen.

Der **Kriterienkatalog** zur Beurteilung von Anhängen umfaßt lediglich *inhaltliche* Kriterien: Textanalytische und graphisch-optische Merkmale der Berichterstattung werden insofern nicht problematisiert;[21] statt dessen wird hier ein ausschließlich handelsrechtlicher, eng am HGB und verwandten Gesetzen angelehnter Standpunkt eingenommen. Weil einerseits der Gesetzgeber die Unternehmen ausdrücklich

---

21 Zu gestalterischen Elementen des Geschäftsberichts vgl. LEU, O., Der Geschäftsbericht, S. 11–17; LEU, O./HOFRICHTER, F., Der Geschäftsbericht – Das designte Wesen, S. 3–5. Zu sprachlichen Merkmalen der Geschäftsberichterstattung vgl. etwa KELLER, R., Im Namen des Aktionärs, S. 163.

verpflichtet, einen Anhang aufzustellen und andererseits rund 100 gesetzliche Vorschriften den Umfang des Anhangs bestimmen,[22] ergibt sich der Kriterienkatalog zunächst aus der Zusammenstellung und sachlichen Strukturierung der gesetzlich vorgeschriebenen Angaben. Darüber hinaus wird mit dem Kriterienkatalog aber auch versucht, die freiwillige Berichterstattung im Anhang abzubilden. Hierbei handelt es sich zum Beispiel um die Veröffentlichung einer im internationalen Vergleich üblichen Kapitalflußrechnung[23] oder um eine im Vergleich zu deutschen Standards erheblich erweiterte Segmentberichterstattung[24]. Die verschiedenen Angaben, die der Gesetzgeber im Anhang vorgesehen hat (Pflichtteil), und die freiwilligen Angaben werden als **Hauptkriterien** bezeichnet. Wie bereits in Übersicht 1-1 gezeigt, ist der Inhalt vieler gesetzlicher Vorschriften aber nicht hinreichend genau umrissen und insofern auslegungsbedürftig. Soll die Qualität der Berichterstattung im Anhang gemessen werden, ist der Inhalt aller auslegungsbedürftigen Hauptkriterien durch detaillierte **Oberkriterien** und **Unterkriterien** zu konkretisieren. In der Folge ergibt sich ein hierarchisch aufgebauter Kriterienkatalog aus Hauptkriterien, Oberkriterien und Unterkriterien. Auf welche Weise Hauptkriterien und konkretisierende Oberkriterien und Unterkriterien zur Beurteilung der Berichterstattungsqualität im Anhang gewonnen werden, wird in *Abschnitt 33* der Arbeit gezeigt.

Die Ergebnisse der empirischen Umfrage unter Wirtschaftsprüfern und Finanzanalysten zur Objektivierung des Kriterienkataloges legen in *Abschnitt 34* der Arbeit die Grundlage für eine (nutzwertanalytisch ermittelte) **Bewertungsskala**, mit der der Informationsgehalt qualitativer Angaben im Anhang beurteilt werden kann. In *Abschnitt 35* werden schließlich besondere Probleme erörtert, die bei der Beurteilung von Anhangangaben auftreten (Abgabe sogenannter Fehlanzeigen, Beurteilung von sogenannten Wahlpflichtangaben).

Auf der Grundlage des in Abschnitt 3 erarbeiteten und objektivierten Meßverfahrens soll dann die aktuelle Publizitätspraxis im Anhang ausführlich gewürdigt werden.

---

22 Diese Vorschriften bilden den in Übersicht 1-1 als gesetzlichen Pflichtteil bezeichneten Teil des Anhangs.

23 Vgl. grundsätzlich BUSSE VON COLBE, W., Aufbau und Informationsgehalt von Kapitalflußrechnungen, S. 82–114; zur Konzipierung einer weitgehend IAS-konformen Kapitalflußrechnung vgl. HFA DES IDW, Die Kapitalflußrechnung als Ergänzung des Jahres- und Konzernabschlusses, S. 210–213 sowie WYSOCKI, K. V., Angleichung von Kapitalflußrechnungen an internationale Standards, S. 466–475.

24 Vgl. etwa HALLER, A./PARK, P., Grundsätze ordnungsmäßiger Segmentberichterstattung, S. 499–524.

Dazu werden in einer empirischen Erhebung die Anhänge in den Geschäftsberichten 1995 bzw. 1994/95 von 150 zufällig ausgewählten börsennotierten Kapitalgesellschaften sowie aller 20 Börsenneulinge des Jahres 1995 untersucht. Die Ergebnisse dieser Untersuchung erlauben ein differenziertes Urteil über die derzeitige Qualität der Berichterstattung im Anhang. Die Analysebefunde werden in *Abschnitt 4* der Arbeit vorgestellt. Zugleich wird die im vorhergehenden Abschnitt gestellte Frage (3), welche **Qualitätsmerkmale** die Qualität von Anhangangaben bestimmen, insofern beantwortet, als für ausgewählte Anhangangaben konkrete Beispiele guter und schlechter Berichterstattung dargestellt und kritisch gewürdigt werden. In diesem Zusammenhang ist zu zeigen, wie Unternehmen ihrer Pflicht zur Berichterstattung im Anhang nachkommen, wie Spielräume bei der Auslegung gesetzlich nicht eindeutig formulierter Vorschriften ausgefüllt werden und in welchem Maße Unternehmen bestimmte Informationen freiwillig in den Anhang aufnehmen.

Die in der Problemstellung gestellte Frage (4), welche **Einflußfaktoren** die Qualität der Berichterstattung im Anhang möglicherweise bestimmen, wird in *Abschnitt 5* der Arbeit beantwortet. Zu diesem Zweck werden die Ergebnisse, die bei der Untersuchung der ausgewählten Anhänge ermittelt wurden, mit Hilfe statistischer Methoden aufbereitet. Die Qualitätswerte der untersuchten Anhänge und ihre beobachtete Verteilung werden hinsichtlich verschiedener Merkmale (Unternehmensgröße, Zugehörigkeit zum Deutschen Aktienindex DAX oder MDAX, Streubesitzquote, Branchenzugehörigkeit und Dauer der Notiz an einer deutschen Börse) analysiert. Hinter dieser Vorgehensweise steht die Vermutung, daß ökonomische Zusammenhänge zwischen der Qualität der Berichterstattung im Anhang und jeweils einem der genannten Merkmale bestehen könnten. Insofern sind **Hypothesen** über vermutete Beziehungen zwischen dem jeweiligen Einflußfaktor und der Qualität der Berichterstattung im Anhang zu formulieren und anschließend einem statistischen Test zu unterziehen. Anhand der ermittelten statistischen Annahme- bzw. Ablehnungswahrscheinlichkeiten lassen sich dann statistische Aussagen über das Bestehen oder Nicht-Bestehen der vermuteten Zusammenhänge treffen.

Die Arbeit schließt in *Abschnitt 6* mit einer Zusammenfassung der wichtigsten Untersuchungsergebnisse. Der Kriterienkatalog, mit dem die Qualität der Anhangangaben ausgewählter Unternehmen beurteilt wird, die Ergebnisse der Umfragen unter Wirtschaftsprüfern und Finanzanalysten, die Qualitätswerte der untersuchten 170 Anhänge sowie statistische Nebenrechnungen werden in der *Anlage* zu dieser Arbeit dokumentiert.

2 Grundlagen der externen Finanzberichterstattung börsennotierter Kapitalgesellschaften

21 Zur Bedeutung der Finanzkommunikation (Investor Relations) mit den Anteilseignern

Die gesamtwirtschaftliche Situation ist Ende des 20. Jahrhunderts vor allem von einer zunehmenden **Globalisierung der Geschäftsbeziehungen** und einer Verflechtung der internationalen Finanzmärkte gekennzeichnet. Die Ausweitung der Unternehmenstätigkeit auf internationale Märkte führt zu einem erhöhten Kapitalbedarf der Wirtschaft, der durch Maßnahmen der Innenfinanzierung oft nicht mehr gedeckt werden kann. Immer mehr Unternehmen sind deshalb gezwungen, ihren Kapitalbedarf durch Inanspruchnahme der Märkte für Eigen- und Fremdkapital zu decken. In globaler werdenden Märkten mit großen Wachstumschancen und entsprechend hohen Risiken ist vor allem eine angemessene **Ausstattung mit Eigenkapital** eine notwendige Voraussetzung für die Existenzfähigkeit eines Unternehmens.[1] Wegen der im internationalen Vergleich immer noch sehr knappen Ausstattung deutscher Unternehmen mit Eigenkapital[2] gewinnt die Finanzierung über den (Eigen-)Kapitalmarkt deshalb zusehends an Bedeutung.[3] Die in den vergangenen Jahren stark gestiegene Zahl der börsennotierten Kapitalgesellschaften verschärft den Wettbewerb um den knappen Produktionsfaktor Eigenkapital zusätzlich.[4] Die erhöhte Nachfrage der Unternehmen nach Eigenkapital auf der einen Seite, die im internationalen Vergleich indes eingeschränkte Leistungsfähigkeit des deutschen Kapitalmarktes auf der anderen Seite führen zu steigenden (Eigen-)Kapitalbeschaffungskosten.[5] Wollen Kapitalgesellschaften ihren Kapitalbedarf langfristig sichern, sind sie zunehmend

---

1 Vgl. TITZRATH, A., Die Bedeutung des Going Public, S. 152; DIEHL, U., Investor Relations, S. 175. Zu den Funktionen des Eigenkapitals vgl. THIELE, S., Das Eigenkapital im handelsrechtlichen Jahresabschluß.

2 Vgl. hierzu etwa INSTITUT DER DEUTSCHEN WIRTSCHAFT KÖLN (Hrsg.), Zahlen zur wirtschaftlichen Entwicklung der Bundesrepublik Deutschland, Rn. 69 (ohne Seitenangabe); HANSEN, H., Der deutsche Aktienmarkt, S. 38; einschränkend STEHLE, R., Eigenkapitalquoten und Fremdkapitalstruktur börsennotierter deutscher Aktiengesellschaften, S. 813.

3 Zu Möglichkeiten, die Ausstattung von Unternehmen mit Eigenkapital zu verbessern, vgl. BAETGE, J., Notwendigkeit und Möglichkeiten der Eigenkapitalstärkung, S. 221.

4 So stieg die Zahl der an deutschen Börsen notierten deutschen Aktiengesellschaften in den vergangenen 15 Jahren von 459 im Jahre 1980 auf 678 im Jahre 1995. Zum Nachweis der Zahl für 1980 vgl. DEUTSCHE BÖRSE AG (Hrsg.), Fact Book 1994, S. 50, für die entsprechende Zahl des Jahres 1995 DEUTSCHE BÖRSE AG (Hrsg.), Fact Book 1995, S. 28.

5 Vgl. TITZRATH, A., Die Bedeutung des Going Public, S. 136; LAUK, K. J., Steuerung des Unternehmens nach Kapitalrentabilität und Cash Flows, S. 163.

gezwungen, um das Vertrauen aktueller und potentieller Anteilseigner in die Leistungsfähigkeit und die Erfolgsaussichten des Unternehmens zu werben.[6] Ziel aller vertrauensbildenden Maßnahmen muß es sein, gegenwärtige und künftige Widerstände zwischen Kapitalnachfrage und Kapitalangebot auf den Aktienmärkten zu überwinden,[7] d. h. die Kosten der Kapitalbeschaffung in Form eines Risikoausgleichs für Aktionäre zu senken und niedrig zu halten und die Beschaffung von Eigenkapital langfristig sicherzustellen.[8] Im Schrifttum wird die Gesamtheit aller so definierten vertrauensbildenden Maßnahmen mit dem Begriff „**Aktienmarketing**" zusammengefaßt.[9] Eng an den Begriff des klassischen „Marketing-Mix"[10] angelehnt, bezeichnet Aktienmarketing alle produkt- und sortiments-, preis-, distributions- und kommunikationspolitischen Entscheidungen der Unternehmensleitung hinsichtlich der Beschaffung von Eigenkapital durch den Absatz von Aktien am Aktienmarkt.[11]

Die angestrebte Finanzierungsbereitschaft aktueller und potentieller Kapitalgeber hängt entscheidend von der Veröffentlichung vollständiger und zeitnaher sowie sicherer und genauer Informationen über die wirtschaftliche Lage des Unternehmens ab.[12] Insofern spielt die *Kommunikationspolitik* eine wesentliche Rolle innerhalb

---

6 Dies gilt zumindest für Unternehmen mit einem hohen Anteil breit gestreuter Aktien am Aktienkapital; vgl. grundsätzlich SCHREIB, H. P., Investor Relations aus Sicht der Anleger, S. 163; ARTHUR ANDERSEN AG/SCHWEIZERISCHE VEREINIGUNG FÜR FINANZANALYSE UND VERMÖGENSVERWALTUNG, Information der Aktionäre, S. 15; SEMLER, J., Unternehmensüberwachung durch den Kapitalmarkt, S. 72.

7 Vgl. SÜCHTING, J., Finanzmarketing auf den Aktienmärkten, S. 654; PAUL, W., Umfang und Bedeutung der Investor Relations, S. 139.

8 Vgl. PAUL, W., Umfang und Bedeutung der Investor Relations, S. 139; KRYSTEK, U./MÜLLER, M., Investor Relations, S. 1785; DRILL, M., Investor Relations, S. 70.

9 Zur Konzeption des Aktienmarketings vgl. LINK, R., Aktienmarketing in deutschen Publikumsgesellschaften.

10 Zu den Bestandteilen des Marketing-Mix vgl. BORDEN, N. H., Das Konzept des Marketing-Mix, S. 57–59; MEFFERT, H., Marketing, S. 881–914.

11 Zum Instrumentarium des Aktienmarketings vgl. LINK, R., Investor Relations im Rahmen des Aktienmarketing von Publikumsgesellschaften, S. 118–130; SÜCHTING, J., Zum Finanzmarketing der Unternehmung, S. 217–233; im Ergebnis ähnlich bereits HUNDHAUSEN, C., Industrielle Publizität als Public Relations, S. 114 f.

12 Vgl. KRONSTEIN, H./CLAUSSEN, C. P., Publizität und Gewinnverteilung im neuen Aktienrecht, S. 24; FRANKE, G./LAUX, H., Der Wert betrieblicher Informationen für Aktionäre, S. 1; BAETGE, J./LAMMERSKITTEN, P., Publizität und Finanzierung, Sp. 1470 f.; ähnlich HAX, H., Rechnungslegungsvorschriften, S. 190; GRIFFIN, P. A., Usefulness to Investors and Creditors of Information Provided by Financial Reporting, S. 38–41.

des (aktien-)marketingpolitischen Instrumentariums der Unternehmensleitung.[13] Der an den Bedürfnissen der Kapitalgeber orientierte, zielgerichtete Einsatz des kommunikationspolitischen Instrumentariums wird in der Praxis mit dem Begriff **„Investor Relations“** bezeichnet.[14] Der mit „Aktionärspflege“ oder „Finanzkommunikation“ zu übersetzende Begriff „Investor Relations“ stammt aus den USA und wurde dort zu Beginn der fünfziger Jahre von dem amerikanischen Unternehmen GENERAL ELECTRIC geprägt.[15] Im deutschsprachigen Raum untersuchte sehr früh vor allem HUNDHAUSEN[16] unter dem Stichwort „Public Relations“ theoretische Aspekte der Beziehungen zwischen Kapitalgebern und Kapitalnehmern.[17] Die erste umfassende Monographie zu den Investor Relations stammt von HARTMANN[18] aus dem Jahre 1968, der zur folgenden **Definition von Investor Relations** gelangt:

> *„Investor Relations sind als Teilbereich der Public Relations einer Aktiengesellschaft die freiwilligen Bemühungen der obersten Geschäftsleitung, durch ein geplantes, langfristiges und kontinuierliches Programm von nach innen gerichteter Politik und nach außen zielenden Handlungen das Vertrauen der Investor-Öffentlichkeit zu gewinnen und zu vermehren und den Beliebtheits- und Bekanntheitsgrad des Unternehmens zu erhöhen.“*[19]

Auch wenn Investor Relations – entgegen der Definition von HARTMANN – heute eher dem Bereich des Aktien- oder Finanzmarketings als dem Bereich der Public Relations zugeordnet werden,[20] so sind die in der obigen Definition implizit zum Ausdruck kommenden **Zwecke von Investor Relations** doch unverändert gültig: Investor Relations bezwecken (zumindest) langfristig, durch den Einsatz von imagefördernden Mitteln zugleich auch finanzielle Ziele zu erreichen, d. h. „Informationen

---

13 Vgl. LINK, R., Investor Relations im Rahmen des Aktienmarketing von Publikumsgesellschaften, S. 105.

14 Vgl. DIEHL, U., Investor Relations, S. 173; LINK, R., Investor Relations im Rahmen des Aktienmarketing von Publikumsgesellschaften, S. 105; DRILL, M., Investor Relations, S. 55.

15 Vgl. LIENER, G., Investor Relations in einem globalen Kapitalmarkt, S. 326; DÜRR, M., Investor Relations, S. 2; zur historischen Entwicklung der Investor Relations vgl. PAUL, W., Umfang und Bedeutung der Investor Relations, S. 134 f.

16 Zur Bedeutung HUNDHAUSENS für die Anfänge von Public Relations in Deutschland vgl. RÜHL, M., Carl Hundhausen – Vorbemerkungen zum Werk eines PR-Klassikers, S. 19–24.

17 Vgl. HUNDHAUSEN, C., Public Relations, S. 48–61.

18 HARTMANN, H. K., Die große Publikumsgesellschaft und ihre Investor Relations.

19 HARTMANN, H. K., Die große Publikumsgesellschaft und ihre Investor Relations, S. 70.

20 Vgl. SÜCHTING, J., Finanzmanagement, S. 253.

in Kapital umzusetzen“[21]. Zu den **finanziellen Zielen** von Investor Relations zählen vor allem[22]

- die Sicherung der Beschaffung von Eigenkapital,
- die Steigerung des Shareholder Value[23] durch Verbreiterung der Aktionärsbasis,
- die Senkung der Kosten für Eigenkapital durch Steigerung des Börsenkurses des Unternehmens im Falle von Kapitalerhöhungen.[24]

Idealtypischerweise erfüllen Investor Relations neben finanziellen Zwecken auch einen **volkswirtschaftlichen Zweck**: Die Veröffentlichung von Unternehmensdaten erhöht die Transparenz des Kapitalmarktes und trägt dazu bei, Kapitalströme in ihre produktivste Verwendung zu lenken und eine Fehlallokation von Kapital zu vermeiden (Optimierung der Kapitalallokation).[25, 26] Eine gesamtwirtschaftlich optimale Lenkung der Kapitalströme allein durch Investor Relations ist angesichts der eingeschränkten Pflicht zur Publizität[27] und vielfältiger wettbewerbsverzerrender

---

21 PAUL, W., Kontinuität und Glaubwürdigkeit, S. 7. Zu einem Zielsystem der Investor Relations vgl. DRILL, M., Investor Relations, S. 56–59.

22 Vgl. LIENER, G., Investor Relations in einem globalen Kapitalmarkt, S. 328; PAUL, W., Umfang und Bedeutung der Investor Relations, S. 139 f.; DRILL, M., Investor Relations, S. 57.

23 Zum Begriff des Shareholder Value als Grundlage für eine aktionärsorientierte Unternehmensführung vgl. etwa BÜHNER, R., Shareholder Value, S. 749–769; KÜTING, K./HÜTTEN, C./LORSON, P., Shareholder-Value, S. 1805–1809 und S. 1846–1851; BUSSE VON COLBE, W., Das Rechnungswesen im Dienste einer kapitalmarktorientierten Unternehmensführung, S. 713–720; RAPPAPORT, A., Creating Shareholder Value sowie WAGNER, W., Shareholder Value, S. 309–354; kritisch VOLKART, R., Shareholder Value Management, S. 1064–1068, der Sinn und Grenzen des Shareholder-Value-Ansatzes unter einem eher langfristigen Aspekt erörtert.

24 Vgl. ausführlich HARTMANN, H. K., Die große Publikumsgesellschaft und ihre Investor Relations, S. 89–103.

25 Vgl. SCHWANTAG, K., Die Publizität der Aktiengesellschaft, S. 12; KRONSTEIN, H./CLAUSSEN, C. P., Publizität und Gewinnverteilung im neuen Aktienrecht, S. 24; BOEMLE, M., Die Publizität der Aktiengesellschaft, S. 102; LEFFSON, U., Der Beitrag der betrieblichen Rechnungslegung zur gesamtwirtschaftlichen Lenkung des Kapitals, S. 4; LEFFSON, U./ BAETGE, J., The Reliability of Financial Statements, S. 203 f.; HAX, H., Rechnungslegungsvorschriften, S. 193; KRYSTEK, U./MÜLLER, M., Investor Relations, S. 1789.

26 „Information is central to the operation of effective capital markets“: AICPA, Information Needs, S. 2.

27 Man denke etwa an die vielfältigen Publizitätserleichterungen für kleine und mittelgroße Unternehmen sowie an die Möglichkeit, sogenannte Schutzklauseln bei drohenden Wettbewerbsnachteilen in Anspruch zu nehmen (z. B. zulässiger Verzicht auf die [ansonsten pflichtgemäße] Aufstellung des Anteilbesitzes gemäß § 286 Abs. 3 Nr. 2 HGB); vgl. auch LEFFSON, U., Der Beitrag der betrieblichen Rechnungslegung zur gesamtwirtschaftlichen Lenkung des Kapitals, S. 6.

Standortfaktoren in der Bundesrepublik Deutschland (Überregulierung, Steuersystem etc.) indes nur theoretisch denkbar.[28]

Die mit Investor Relations verfolgten finanziellen Ziele können durch den Einsatz unterschiedlicher Instrumente erreicht werden. Zu den üblichen **Instrumenten von Investor Relations** zählen:

- Geschäftsberichte,
- Aktionärsbriefe,
- Finanz- und Imageanzeigen,
- Pressemitteilungen,
- Präsentation des Unternehmens auf Aktionärsmessen,
- Teilnahme an Investor-Relations-Wettbewerben[29],
- Gespräche mit Finanzanalysten etc.[30]

In diesem Strauß denkbarer Instrumente einer wirksamen Investor-Relations-Politik nimmt der **Geschäftsbericht** eine besondere Stellung ein. Mit dem umfangreichen und regelmäßig erscheinenden Geschäftsbericht wird auf einem anonymen Kapitalmarkt eine große Zahl von aktuellen und potentiellen Aktionären erreicht, die auf diese Weise langfristig an das Unternehmen gebunden werden sollen.[31] Angesichts der eingangs angedeuteten verschärften Wettbewerbssituation auf den internationalen Kapitalmärkten hat die Bedeutung des Geschäftsberichts als Kommunikationsinstrument in den vergangenen Jahren stetig zugenommen.[32] Der Geschäftsbericht ist als „Visitenkarte des Unternehmens"[33] das zentrale Informationsmedium gegenüber den Unternehmensbeteiligten. Geschäftsberichte werden zunehmend attraktiver gestaltet und verständlicher präsentiert.[34] Wettbewerbe wie „Der beste Geschäfts-

---

28 Vgl. BAETGE, J./LAMMERSKITTEN, P., Publizität und Finanzierung, Sp. 1474; PAUL, W., Umfang und Bedeutung der Investor Relations, S. 157.

29 Ein solcher Wettbewerb wird jährlich von der Zeitschrift „Wirtschaftswoche" veranstaltet; vgl. O. V., IR-Preis 1992, S. 59.

30 Die einzelnen Investor-Relations-Instrumente zur Ansprache der verschiedenen Zielgruppen sowie Möglichkeiten des Einsatzes dieser Instrumente werden – abgesehen vom Informationsinstrument „Anhang" – in dieser Arbeit nicht weiter vertieft; vgl. zu Einzelheiten etwa LINK, R., Investor Relations im Rahmen des Aktienmarketing, S. 126–130; DÜRR, M., Investor Relations, S. 43–123; DRILL, M., Investor Relations, S. 75–209.

31 Vgl. WASSER, G., Bestimmungsfaktoren freiwilliger Prognosepublizität, S. 81.

32 Vgl. für viele etwa O. V., Spar setzt auf „Investor-Relation", S. 14.

33 KAUFHOLD, K., Der Geschäftsbericht, S. 158.

34 Vgl. O. V., Geschäftsberichte werden langsam verständlicher, S. 21.

bericht"[35] bieten den Unternehmen zudem Anreize, die Qualität der Geschäftsberichterstattung weiter zu verbessern.

Zentrales Element im Geschäftsbericht ist der handelsrechtliche **Jahresabschluß**. Mit dem Jahresabschluß soll ex definitione ein Bild von der wirtschaftlichen Lage des Unternehmens vermittelt werden, auf dessen Grundlage alle *weiteren* Informationen über das Unternehmen ausgewertet werden (Jahresabschluß als Analysegrundlage).[36]

Vor dem Hintergrund der finanziellen Ziele von Investor Relations ist deshalb im folgenden Abschnitt die Stellung des Jahresabschlusses im System der handelsrechtlichen Publizität zu untersuchen. In einem weiteren Untersuchungsschritt (Abschnitt 23) wird dann die Bedeutung des Anhangs als dritter Teil des handelsrechtlichen Jahresabschlusses zu erörtern sein. Wie bereits in der Einleitung zu dieser Arbeit angedeutet, wird hier ein Argumentationsstandpunkt eingenommen, der sich an Sinn und Zweck der für Kapitalgesellschaften verbindlichen handelsrechtlichen Publizitätsvorschriften orientiert. Die handelsrechtlichen Vorschriften sind insofern ein Datum dieser Untersuchung.

---

35 Vgl. hierzu BAETGE, J., Der beste Geschäftsbericht, S. 199–230; BADEN, K./WILHELM, W., Reden ist Gold, S. 158–183. Zu dem von der Deutschen Zeitung in den sechziger Jahren vergebenen Publizitätspreis „Goldene Ente" vgl. HAVERMANN, H., Zur Publizitätsfreudigkeit deutscher Aktiengesellschaften, S. 195–201; DOBER, W., Die Publizität der Unternehmen, S. 15–18. Zu den Anfängen ähnlicher Wettbewerbe in den USA vgl. etwa HUNDHAUSEN, C., Industrielle Publizität als Public Relations, S. 143.

36 Vgl. GOEBEL, A./LEY, T., Die Auswirkungen der Investor Relations auf die Gestaltung des handelsrechtlichen Jahresabschlusses, S. 1681. Konzeptionelle Mängel des Jahresabschlusses können an dieser Stelle nicht vertieft werden; vgl. hierzu beispielsweise LEFFSON, U., Wesen und Aussagefähigkeit des Jahresabschlusses, S. 375–390; FRANKE, G./LAUX, H., Der Wert betrieblicher Informationen für Aktionäre, S. 1–8.

22 Gegenstand und Umfang der handelsrechtlichen Publizität

Die Rechtsform der Aktiengesellschaft ist gekennzeichnet durch eine Spaltung der Unternehmerfunktion in Gesellschaftsleitung und Kapitalhergabe, d. h. durch eine Trennung von Eigentum und Verfügungsgewalt über das Eigentum.[37] Die oft gegensätzlichen Interessen und unterschiedlichen Informationsstände von Gesellschaftsleitung und Eigentümern (Aktionären) können zu Spannungen innerhalb der Aktiengesellschaft führen.[38] Beispielsweise sind Aktionäre eher an einer möglichst hohen Ausschüttung bzw. an einer hohen Aktienrendite interessiert, während Gesellschaftsleitung und Gläubiger eher die Substanz des Unternehmens zu erhalten bestrebt sind.[39] Diese Spannungen sachgerecht auszugleichen und so die Rechtsform der Aktiengesellschaft attraktiv und funktionsfähig zu erhalten, ist – sofern die Kompetenzabgrenzung nicht über den Markt gelöst wird[40] – die Aufgabe des Rechts.[41] Für den angestrebten Interessenausgleich zwischen Gesellschaftsleitung und Aktionären erlangt die Rechenschaft der Gesellschaftsleitung gegenüber den Aktionären eine besondere Bedeutung: erstens besitzen die Aktionäre mit der Hingabe von Kapital und dem gleichzeitigen Eingehen unternehmerischer Risiken einen gesellschaftsrechtlichen Anspruch auf Rechenschaft;[42] zweitens sollen die Informationsnachteile der Aktionäre, die vor allem auf das Geheimhaltungsinteresse des

37 Vgl. SCHMALENBACH, E., Die Aktiengesellschaft, S. 14; MESTMÄCKER, E.-J., Rechte der Aktionäre, S. 24; KRONSTEIN, H./CLAUSSEN, C. P., Publizität und Gewinnverteilung im neuen Aktienrecht, S. 17; LEFFSON, U., Die Grundsätze ordnungsmäßiger Buchführung, S. 56; HUECK, G., Gesellschaftsrecht, S. 201–206; BAETGE, J., Diskussionsbeitrag, S. 76 f.

38 Vgl. MESTMÄCKER, E.-J., Rechte der Aktionäre, S. 3 f.; LEFFSON, U., Die Grundsätze ordnungsmäßiger Buchführung, S. 56 f.; HUECK, G., Gesellschaftsrecht, S. 183.

39 Vgl. für viele BEZ, H., Bilanzpublizität und Unternehmensinteresse bei der industriellen A.-G., S. 87 f.; JONAS, H. H., Der Jahresabschluß im Widerstreit der Interessen, S. 111 f.; VOLK, G., Jahresabschluß und Information, S. 58–61. Zu einem Beispiel vgl. BAETGE, J., Expertenmeinung, S. 31.

40 Vgl. hierzu ELSCHEN, R., Principal-Agent, S. 486–489.

41 Vgl. LEFFSON, U., Der Beitrag der betrieblichen Rechnungslegung zur gesamtwirtschaftlichen Lenkung des Kapitals, S. 4; BAETGE, J., Expertenmeinung, S. 30 f.; HUECK, G., Gesellschaftsrecht, S. 183. Die ökonomische Analyse der Beziehungen zwischen Eigentümern (principals) und Management (agents) ist unter anderem Gegenstand der sogenannten Principal-Agent-Theorie; vgl. m. w. N. etwa ELSCHEN, R., Principal-Agent, S. 486–489.

42 Vgl. LE COUTRE, W., Bilanzrecht und Gesellschaftsbilanzen, S. 6; KRONSTEIN, H./CLAUSSEN, C. P., Publizität und Gewinnverteilung im neuen Aktienrecht, S. 17; GOERDELER, R., Die Publizität der Rechenschaftslegung, S. 211; differenzierend WIETHÖLTER, R., Die Publizitätsinteressen der Anteilseigner, S. 33–54. D. SCHNEIDER weist darauf hin, daß „derjenige, der Rechenschaft zu geben hat, nicht selbst darüber entscheiden darf, wieweit er sich der Rechenschaft entzieht“: SCHNEIDER, D., Allgemeine Betriebswirtschaftslehre, S. 411.

Unternehmens zurückzuführen sind, durch die Rechenschaft der Gesellschaftsleitung gegenüber den Aktionären ausgeglichen werden.[43]

Mit LEFFSON bedeutet **Rechenschaft** daher die

> *„Offenlegung der Verwendung anvertrauten Kapitals in dem Sinne, daß dem Informationsberechtigten – das kann auch der Rechenschaftslegende selbst sein – ein so vollständiger, klarer und zutreffender Einblick in die Geschäftstätigkeit gegeben wird, daß dieser sich ein eigenes Urteil über das verwaltete Vermögen und die damit erzielten Erfolge bilden kann".*[44]

Ein Mittel, mit dem die Verwendung anvertrauten Kapitals offengelegt werden kann und das insofern – neben der Selbstunterrichtung des Kaufmanns[45] – dem Schutz der Gesellschafter und Gläubiger des Unternehmens dient, ist die regelmäßige **Rechnungslegung** über die wirtschaftliche Lage und Entwicklung des Unternehmens durch Veröffentlichung von Jahresabschlüssen und anderen geeigneten Unterlagen.[46]

Mit **Publizität** hingegen bezeichnet man im handelsrechtlichen Sinne[47] die *Offenlegung* der Rechnungslegungsunterlagen.[48] Dieses Verständnis von Publizität ergibt sich aus der handelsrechtlichen Verpflichtung zur Rechnungslegung sowie zur Prüfung und Offenlegung der hierzu erforderlichen Unterlagen und zeigt, daß es sich

---

43 Vgl. LEFFSON, U., Die Grundsätze ordnungsmäßiger Buchführung, S. 57; ORDELHEIDE, D., Brauchen wir für die Unternehmensüberwachung mehr Publizität?, S. 91. Einen historischen Überblick über Zwecke der Publizität gibt DÖLLERER, G., Zweck der aktienrechtlichen Publizität, S. 1281–1284. Als Höhepunkt der in den sechziger Jahren intensiv geführten Diskussion um ökonomische und rechtliche Aspekte der Unternehmenspublizität kann man zweifelsohne das Frankfurter Publizitätsgespräch vom 13. und 14. April 1962 bezeichnen; vgl. hierzu ausführlich BARZ, C. H. U. A. (Hrsg.), Das Frankfurter Publizitätsgespräch.

44 LEFFSON, U., Die Grundsätze ordnungsmäßiger Buchführung, S. 64.

45 Vgl. zu diesem Gedanken bereits SCHMALENBACH, E., Dynamische Bilanz, S. 65.

46 Vgl. HERTEL, G., Staatsfinanzen, S. 11; GOERDELER, R., Die Publizität der Rechenschaftslegung, S. 211; MOXTER, A., Die Grundsätze ordnungsmäßiger Bilanzierung und der Stand der Bilanztheorie, S. 37 f. LEFFSON bezeichnet den – häufig verwendeten – Begriff „Rechenschaftslegung" als „falsch gebildetes Wortungetüm" und schlägt daher vor, allein das Wort „Rechenschaft" zu verwenden; vgl. LEFFSON, U., Die Grundsätze ordnungsmäßiger Buchführung, S. 64; klarstellend GOERDELER, R., Publizität der Rechnungslegung, S. 242 f. Zur Bedeutung der Rechnungslegung bei haftungsbeschränkten Unternehmen vgl. BUSCHMEYER, K.-D., Publizität als Korrelat der Haftungsbeschränkung.

47 Zu einer weiten Abgrenzung des Begriffs „Publizität" im Sinne von Public Relations vgl. HUNDHAUSEN, C., Industrielle Publizität, S. 114 f.

48 Vgl. MOXTER, A., Der Einfluß von Publizitätsvorschriften auf das unternehmerische Verhalten, S. 3; GOERDELER, R., Die Publizität der Rechenschaftslegung, S. 211; BAETGE, J./LAMMERSKITTEN, P., Publizität und Finanzierung, Sp. 1469 f.

bei den Begriffen „Rechnungslegung“ und „Publizität“ (formal) um „Institute mit durchaus verschiedener Bedeutung“[49] handelt.

Der Gesetzgeber überläßt die Beziehungen zwischen Unternehmen und Unternehmensbeteiligten nicht dem freien Spiel der Kräfte. Vielmehr greift er mit Vorschriften zur Rechnungslegung und zur Publizität regelnd in die Beziehungen zwischen Gesellschaftsleitung, Anteilseignern und anderen Unternehmensbeteiligten als Adressaten der Rechnungslegung ein, um so einen Kompromiß zwischen den unterschiedlichen Informationsbedürfnissen der einzelnen Adressaten herbeizuführen.[50] Der **Jahresabschluß** als das zentrale Instrument handelsrechtlicher Publizität sorgt daher für eine **Interessenregelung** zwischen den divergierenden Interessen der am Unternehmen Beteiligten.[51]

Neben der Pflicht, einen Jahresabschluß gemäß § 264 Abs. 1 Satz 1 HGB aufstellen zu müssen, kennt das Wirtschaftsrecht weitere Publizitätsinstrumente, die zu einer sachgerechten, ausgeglichenen Informationsvermittlung beitragen sollen. Zu den vor allem für börsennotierte Unternehmen maßgeblichen Publizitätsinstrumenten zählen:

- Aufstellung eines **Lageberichts** gemäß § 289 HGB,[52]
- Veröffentlichung eines **Zwischenberichts** gemäß § 44 b BörsG,[53]

49 GOERDELER, R., Die Publizität der Rechenschaftslegung, S. 211.

50 Zu den Informationsbedürfnissen einzelner Adressaten vgl. zum Beispiel KELLENBERGER, R., Die bedürfnisorientierte externe Berichterstattung, S. 51–90; CLEMM, H., Bilanzpolitik und Ehrlichkeits- („true and fair view“-)Gebot, S. 359; LANGE, C., Jahresabschlußinformationen und Unternehmensbeurteilung, S. 139–196.

51 Vgl. SIEBEN, G., Kritische Würdigung der externen Rechnungslegung unter besonderer Berücksichtigung von Scheingewinnen, S. 156; BAETGE, J., Rechnungslegungszwecke des aktienrechtlichen Jahresabschlusses, S. 23; BAETGE, J., Bilanzen, S. 64. Zu einem Überblick über die unterschiedlichen Interessen einzelner Adressaten des Jahresabschlusses vgl. die Beiträge in BAETGE, J. (Hrsg.), Der Jahresabschluß im Widerstreit der Interessen.

52 Vgl. hierzu etwa STOBBE, T., Der Lagebericht, S. 303–311; BAETGE, J./FISCHER, T. R./ PASKERT, D., Der Lagebericht; REITTINGER, W. J., Der Lagebericht. Einen umfassenden empirischen Befund zur Qualität der Berichterstattung im Lagebericht nach neuem Recht legt erstmals KRUMBHOLZ vor; vgl. KRUMBHOLZ, M., Die Qualität publizierter Lageberichte.

53 Vgl. etwa die Monographien von BRIDTS, C., Zwischenberichtspublizität; KÖSTER, H., Grundsätze ordnungsmäßiger Zwischenberichterstattung sowie die empirische Untersuchung von BAETGE, J./SCHLÖSSER, J., Zwischenberichterstattung in Theorie und Praxis, S. 225–249.

- Pflicht zur **Ad-hoc-Publizität** gemäß § 15 WpHG,[54]
- Veröffentlichung eines **Börsenzulassungsprospekts** gemäß § 36 Abs. 3 Nr. 2 BörsG[55]
- **Auskunftsrecht des Aktionärs** gemäß § 131 Abs. 1 AktG.[56]

Wie gesagt, wird der handelsrechtliche Jahresabschluß – zusammen mit weiteren Unterlagen (etwa dem Lagebericht und umfangreichen freiwilligen Angaben zum Unternehmen) – regelmäßig im Geschäftsbericht veröffentlicht. Waren Aktiengesellschaften gemäß § 148 AktG a. F. verpflichtet, einen Geschäftsbericht aufzustellen,[57] so verwendet das HGB auf der Grundlage des Bilanzrichtlinien-Gesetzes vom 19.12.1985 den Begriff „Geschäftsbericht" nicht mehr. Gleichwohl wird die Bezeichnung in der Praxis weiter beibehalten.[58]

Stellt man die Frage, wie das erklärte Ziel, aktuelle und potentielle Kapitalgeber hinreichend über das Unternehmen zu informieren, am ehesten erreicht werden kann, so ist die **Finanzberichterstattung** im Jahresabschluß und im Lagebericht von besonderer Bedeutung. Bei dem gesetzlichen Anspruch an den Jahresabschluß, ein den tatsächlichen Verhältnissen entsprechendes Bild der Vermögens-, Finanz- und Ertragslage des Unternehmens zu vermitteln (§ 264 Abs. 2 Satz 1 HGB), sind es vor allem die Erläuterungen im **Anhang** des Jahresabschlusses, die zur Vermittlung eines derartigen Bildes beitragen. Nur mit detaillierten Angaben und Erläuterungen im Anhang ist der Jahresabschlußadressat in der Lage, sich ein zutreffendes Bild

---

54 Vgl. etwa die Beiträge von PELTZER, M., Die neue Insiderregelung im Entwurf des Zweiten Finanzmarktförderungsgesetzes, S. 746–752; HOPT, K. J., Grundsatz- und Praxisprobleme nach dem Wertpapierhandelsgesetz, S. 135–163; PELLENS, B./FÜLBIER, R. U., Gestaltung der Ad-hoc-Publizität unter Einbeziehung internationaler Vorgehensweisen, S. 23–64.

55 Vgl. hierzu etwa die Arbeiten von SCHWARZ, R., Die Börseneinführungspublizität neuemittierender Unternehmen; PASKERT, D., Informations- und Prüfungspflichten bei Wertpapieremissionen.

56 Strenggenommen handelt es sich beim Recht des Aktionärs, in der Hauptversammlung vom Vorstand Auskunft zu verlangen, nicht um ein Publizitätsinstrument, sondern eher um ein Informationsrecht des Aktionärs; vgl. hierzu PELLENS, B., Aktionärsschutz, S. 51; HÜFFER, U., Kommentar zum Aktiengesetz, § 131 AktG, S. 536–541, Rn. 1–20.

57 Vgl. m. w. N. BLOHM, H., Geschäftsbericht und Rechnungswesen, Sp. 581–584.

58 Vgl. BAUMANN, K.-H., Geschäftsbericht, S. 93; ADLER, H./DÜRING, W./SCHMALTZ, K., § 284 HGB, S. 5, Rn. 3. Zur besseren begrifflichen Abgrenzung schlägt SCHMIDT den Begriff „Druckbericht" vor; vgl. SCHMIDT, R., Druckbericht, Sp. 369 f. Derartige Abgrenzungsversuche haben sich in der Praxis bisher allerdings nicht durchgesetzt.

von der wirtschaftlichen Lage des Unternehmens zu machen.[59] Insofern nimmt der Anhang eine „Schlüsselposition im Rahmen der Informationsfunktion“[60] ein. Im folgenden Abschnitt werden daher die Bedeutung und die Aufgaben des Anhangs bei der Vermittlung eines der tatsächlichen Lage entsprechenden Bildes erörtert.

23 Die Bedeutung und die Aufgaben des Anhangs als dritter Teil des handelsrechtlichen Jahresabschlusses

Im vorangegangenen Abschnitt wurde festgestellt, daß der handelsrechtliche Jahresabschluß dem Ausgleich divergierender Interessen der Unternehmensbeteiligten dienen soll. Ein ausgewogener, d. h. allen Adressaten in gleichem Maße gerecht werdender Interessenausgleich ist indes nur dann herbeizuführen, wenn auch die Zwecke des Jahresabschlusses zueinander in einem gleichgewichtigen Verhältnis stehen.[61] Hätten nämlich bestimmte Jahresabschlußzwecke Vorrang vor anderen Jahresabschlußzwecken, käme es zu einer einseitigen Gewichtung der Interessen einzelner Adressaten.[62]

---

59 Vgl. WEILAND, H., Qualität der Jahresabschlüsse deutscher Unternehmen, S. 662. Zur Forderung, beispielsweise den durch Anwendung des Lifo-Verfahrens verursachten Fehler in einer erläuternden Fußnote zur Bilanz und zur GuV anzugeben, vgl. bereits BAETGE, J., Möglichkeiten der Objektivierung des Jahreserfolges, S. 47 und S. 95.

60 RUSS, W., Der Anhang als dritter Teil des Jahresabschlusses, S. 19; ähnlich bereits RIEBELL, C., Neues Bilanzrecht und künftige Bilanzanalyse, S. 470. Für den Erläuterungsbericht nach AktG 1965 a. F. vgl. ähnlich FORSTER, K.-H., Neue Pflichten des Abschlußprüfers nach dem AktG 1965, S. 596.

61 Vgl. BAETGE, J., Grundsätze ordnungsmäßiger Buchführung, S. 185 f., Rn. 98; MÜLLER, W., Die Grundsätze ordnungsmäßiger Bilanzierung und ihre Kodifizierung nach neuem Bilanzrecht, S. 18. Im Schrifttum besteht indes keinesfalls Einigkeit über die Gleichrangigkeit der Jahresabschlußzwecke; vgl. m. w. N. WILSDORF, F., Rechnungslegungszwecke der Handelsbilanz und Steuerbilanz, S. 155.

62 Vgl. BAETGE, J., Bilanzen, S. 64.

Die durch Auslegung der handelsrechtlichen Rechnungslegungsvorschriften gewonnenen **Jahresabschlußzwecke**[63]

- Dokumentation,
- Rechenschaft,
- Kapitalerhaltung

stehen also in keinem Über-/Unterordnungsverhältnis zueinander, sondern sind gleichgewichtige Elemente eines Zweck*systems*.[64]

Im folgenden wird zu untersuchen sein, welche Bedeutung die einzelnen Bestandteile des handelsrechtlichen Jahresabschlusses – und hier vor allem der Anhang – bei der Erfüllung der genannten Jahresabschlußzwecke haben.[65] Darauf aufbauend ist es dann möglich, dem Anhang zweckentsprechende Aufgaben zuzuordnen.

Nach der Umsetzung von Artikel 2 Abs. 1 der Vierten EG-Richtlinie in § 264 Abs. 1 Satz 1 HGB umfaßt der handelsrechtliche Jahresabschluß von Kapitalgesellschaften die folgenden drei Bestandteile:

(1) Bilanz,
(2) Gewinn- und Verlustrechnung und
(3) Anhang.

Obwohl die Formulierung des Richtlinientextes „Diese Unterlagen bilden eine Einheit“ eindeutig zu sein scheint, bestehen im Schrifttum durchaus unterschiedliche Auffassungen über die Aufgaben des Anhangs beim Zusammenwirken der drei Bestandteile des Jahresabschlusses. Die Auseinandersetzung im Schrifttum rankt sich vor allem um die Frage, ob der in der **Generalnorm** des § 264 Abs. 2 Satz 1 HGB

63 Zur Ableitung der Zwecke der handelsrechtlichen Rechnungslegung vgl. LEFFSON, U., Die Grundsätze ordnungsmäßiger Buchführung, 1. Aufl., S. 46–65; BAETGE, J./APELT, B., Bedeutung und Ermittlung der Grundsätze ordnungsmäßiger Buchführung, S. 28–34, Rn. 36–46; PELLENS, B., Jahresabschluß (Funktionen), S. 320 f. Die formelle Bezeichnung sowie der Inhalt von Jahresabschlußzwecken werden im Schrifttum nicht einheitlich gehandhabt; vgl. SCHMIDT, K., Handelsrecht, S. 423. Zu einem Überblick über die Begriffsvielfalt vgl. m. w. N. etwa HÄGER, R., Das Publizitätsverhalten mittelgroßer Kapitalgesellschaften, S. 7. Zu einer frühen Auseinandersetzung mit den Zwecken der Bilanz vgl. STÜTZEL, W., Bemerkungen zur Bilanztheorie, S. 321–340.

64 Vgl. BAETGE, J., Grundsätze ordnungsmäßiger Buchführung, S. 185 f., Rn. 98; im Grundsatz auch NIEHUS, R. J., Rechnungslegung und Prüfung der GmbH nach neuem Recht, S. 113, Rn. 12.

65 Die Art des Rechnungslegungsinstruments läßt sich nur hinsichtlich vorab formulierter Rechnungszwecke bestimmen, denn „Der Rechnungszweck bestimmt über das Rechnungsziel den Rechnungsinhalt“: SCHNEIDER, D., Rechnungswesen, S. 52. Ähnlich bereits SIMON, H. V., Die Bilanzen der Aktiengesellschaften und der Kommanditgesellschaften auf Aktien, S. 303–305; SCHMALENBACH, E., Dynamische Bilanz, S. 53.

zum Ausdruck kommende Rechenschaftszweck des Jahresabschlusses durch den Jahresabschluß *als Ganzes* oder nur durch bestimmte Bestandteile des Jahresabschlusses erfüllt werden soll. Gemäß § 264 Abs. 2 Satz 1 HGB hat nämlich der

> *„Jahresabschluß der Kapitalgesellschaft [...] unter Beachtung der Grundsätze ordnungsmäßiger Buchführung ein den tatsächlichen Verhältnissen entsprechendes Bild der Vermögens-, Finanz- und Ertragslage der Kapitalgesellschaft zu vermitteln."*

Mit der Formulierung der Generalnorm in § 264 Abs. 2 Satz 1 HGB wurde Artikel 2 Abs. 3 der Vierten EG-Richtlinie umgesetzt. Strittig ist, welche Rolle Bilanz, Gewinn- und Verlustrechnung und Anhang bei der Vermittlung eines den tatsächlichen Verhältnissen entsprechenden Bildes der wirtschaftlichen Lage der Kapitalgesellschaft spielen und ob der Anhang eventuell ein eigenständiges, d. h. von Bilanz und Gewinn- und Verlustrechnung unabhängiges Informationsinstrument ist. Dieser Streit ist eng mit dem von MOXTER geprägten Begriff der „**Abkopplungsthese**"[66] verbunden. Nach MOXTER sind Bilanz und Gewinn- und Verlustrechnung konzeptionell nicht dazu geeignet, das in § 264 Abs. 2 Satz 1 HGB geforderte Bild zu vermitteln, denn dem Rechenschaftszweck prinzipiell entgegenstehende und – nach MOXTER – vom Vorsichtsprinzip dominierte bilanzielle Ansatz- und Bewertungsvorschriften[67] erlauben nur einen verzerrten Einblick in die wirtschaftliche Lage der Gesellschaft.[68] So führt beispielsweise der Ansatz eines Grundstückes mit seinen historischen Anschaffungskosten oder die Bilanzierung von langfristigen Fertigungsaufträgen nach der sogenannten completed-contract-Methode[69] zu einem Bild der Vermögens- und Ertragslage, das die tatsächlichen Verhältnisse der Gesell-

66 Die Bezeichnung „Abkopplungsthese" findet sich – soweit ersichtlich – erstmals bei MOXTER, A., Bilanzlehre, Band II, S. 67. Von einer Abkopplung der Bilanz von den übrigen Rechnungslegungsinstrumenten spricht MOXTER schon früher; vgl. MOXTER, A., Der Einfluß der EG-Bilanzrichtlinie auf das Bilanzsteuerrecht, S. 1630 f. und implizit MOXTER, A., Die Jahresabschlußaufgaben nach der EG-Bilanzrichtlinie, S. 142.

67 Zur Dominanz der Ansatz- und Bewertungsvorschriften durch das Vorsichtsprinzip vgl. MOXTER, A., Der Einfluß der EG-Bilanzrichtlinie auf das Bilanzsteuerrecht, S. 1630; MOXTER, A., Bilanzlehre, Band II, S. 67; im Ergebnis ähnlich BALLWIESER, W., Grundsätze ordnungsmäßiger Bilanzierung, S. 2 f., Rn. 5; BUDDE, W. D./KARIG, K. P., § 264 HGB, S. 805, Rn. 35.

68 Vgl. MOXTER, A., Bilanzlehre, Band II, S. 67 f.; SCHULZE-OSTERLOH, J., Jahresabschluß, Abschlußprüfung und Publizität der Kapitalgesellschaften nach dem Bilanzrichtlinien-Gesetz, S. 536 f.; BUDDE, W. D./FÖRSCHLE, G., Ausgewählte Fragen zum Inhalt des Anhangs, S. 1460; CLAUSSEN, C. P., § 264 HGB, S. 295, Rn. 26; ähnlich bereits STÜTZEL, W., Bemerkungen zur Bilanztheorie, S. 339 f.

69 Zur Bilanzierung bei Langfristfertigung vgl. PAAL, E., Realisierung sog. Teilgewinne aus langfristigen auftragsbezogenen Leistungen; JUNG, A., Erfolgsrealisation im industriellen Anlagengeschäft; KOHL, S., Gewinnrealisierung bei langfristigen Aufträgen.

schaft am Bilanzstichtag nur unzureichend wiedergibt. Zwischen den Jahresabschlußzwecken „Rechenschaft“ und „Kapitalerhaltung“ kann es insofern zu Konflikten kommen, die es nach MOXTER notwendig erscheinen lassen, den unterschiedlichen Jahresabschlußzwecken durch unterschiedliche Rechnungslegungsinstrumente gerecht zu werden.[70] Wenn Bilanz und Gewinn- und Verlustrechnung das mit Umsetzung der Vierten EG-Richtlinie erstmals geforderte Bild zu liefern konzeptionell nicht in der Lage sind und die Vierte EG-Richtlinie mit dem Anhang zugleich ein neues Rechnungslegungsinstrument eingeführt hat, muß es im Sinne der MOXTERschen Abkopplungsthese Aufgabe des Anhangs sein, die geschilderten Informationsbeeinträchtigungen in der Bilanz und in der Gewinn- und Verlustrechnung durch zusätzliche Ergänzungen und Erläuterungen auszugleichen; die Bilanz wird auf diese Weise vom Einblicksgebot des § 264 Abs. 2 Satz 1 HGB abgekoppelt, und die Generalnorm wird zu einer Generalnorm für den Anhang.[71] Mit anderen Worten: Weil die Bilanz von vorsichtigen, dem Kapitalerhaltungszweck dienenden Ansätzen geprägt sei, werde das gesetzlich geforderte, den tatsächlichen Verhältnissen entsprechende Bild der wirtschaftlichen Lage erst durch die Angaben im Anhang hergestellt.[72] Der Rechenschaftszweck des Jahresabschlusses wird auf diese Weise auf den Anhang verlagert.

Die Abkopplungsthese MOXTERS ist im Schrifttum nicht ohne Widerspruch geblieben. Die Gegenmeinung verweist zu Recht darauf, daß der Gesetzgeber den Anhang nicht als eigenständiges Rechenschaftsinstrument konzipiert hat; vielmehr wird das in § 264 Abs. 2 Satz 1 HGB geforderte Bild erst durch das Zusammenwirken *aller*

70 Vgl. MOXTER, A., Die Jahresabschlußaufgaben nach der EG-Bilanzrichtlinie, S. 142.

71 Vgl. MOXTER, A., Die Jahresabschlußaufgaben nach der EG-Bilanzrichtlinie, S. 142. Im Ergebnis ähnlich und der Abkopplungsthese MOXTERS insofern folgend ADLER, H./DÜRING, W./SCHMALTZ, K., § 264 HGB, S. 29 f., Rn. 88; SCHILDBACH, T., Die neue Generalklausel für den Jahresabschluß von Kapitalgesellschaften, S. 13; BEISSE, H., Die Generalnorm des neuen Bilanzrechts, S. 43 f.; BEISSE, H., Die Generalnorm des neuen Bilanzrechts und ihre steuerrechtliche Bedeutung, S. 22; CLAUSSEN, C. P., § 264 HGB, S. 289, Rn. 8; LANGE, C., Generalnorm, Sp. 607. STREIM bezeichnet – ohne sich allerdings der Abkopplungsthese anzuschließen – den Anhang in diesem Zusammenhang als „Rettungsanker“: STREIM, H., Die Generalnorm des § 264 Abs. 2 HGB, S. 403. Ähnlich – wenn auch sicherlich nicht ganz ernst gemeint – HAKELMACHER, der im Anhang den „Ablaß für die Sünden wider den True and Fair View“ sieht: HAKELMACHER, S., Hakelmachers ABC, S. 21.

72 Vgl. ADLER, H./DÜRING, W./SCHMALTZ, K., § 264 HGB, S. 29 f., Rn. 88; im Ergebnis ähnlich bereits JONAS, H. H., Zur Problematik der 4. EG-Richtlinie, S. 1364 f.; SEMLER, J., Erläuterungs- und Lagebericht, Quartalsberichte sowie Formen der Publizität, S. 178; JONAS, H. H., Die EG-Bilanzrichtlinie, S. 29 f.

drei Bestandteile des Jahresabschlusses erreicht.[73] Insofern ist es nicht möglich, Bilanz und Gewinn- und Verlustrechnung vom Einblicksgebot der Generalnorm abzukoppeln und den Rechenschaftszweck (des Jahresabschlusses) allein auf den Anhang zu verlagern. Auch der Wortlaut des § 264 Abs. 2 Satz 2 HGB, wonach *in Ausnahmefällen*, in denen der Jahresabschluß nicht das in Satz 1 der Vorschrift geforderte Bild vermittelt, *zusätzliche* Anhangangaben zu machen sind, spricht dafür, daß das den tatsächlichen Verhältnissen entsprechende Bild grundsätzlich (d. h. im Normalfall) durch Bilanz, Gewinn- und Verlustrechnung *und* Anhang *gemeinsam* vermittelt werden soll.[74]

Festzuhalten bleibt somit: Der Anhang des Jahresabschlusses ist *ein* wesentliches Instrument zur Erfüllung des Rechenschaftszwecks. Mittels erläuternder und ergänzender Informationen trägt der Anhang zum Verständnis von Bilanz und Gewinn- und Verlustrechnung bei.[75]

Der Inhalt des Anhangs wird durch eine Vielzahl von gesetzlichen Vorschriften konkretisiert, die unterschiedlichen Zwecken dienen und in unterschiedlicher Beziehung zu den übrigen Bestandteilen des Jahresabschlusses stehen.[76] Im Schrifttum werden dem Anhang deshalb regelmäßig vier **Aufgaben** zugewiesen, die nachfolgend kurz dargestellt werden:[77]

(1) Erläuterungs- oder Interpretationsaufgabe,

(2) Ergänzungs- oder Informationsaufgabe,

---

73 Vgl. LEFFSON, U., Die Grundsätze ordnungsmäßiger Buchführung, S. 78–80; MÜLLER, E., Einführung und rechtliche Grundlagen des Lageberichts, S. 5, Rn. 29; KUPFERNAGEL, S., Die Generalnorm für den Jahresabschluß von Kapitalgesellschaften, S. 140–142 und S. 248–250; STREIM, H., Die Generalnorm des § 264 Abs. 2 HGB, S. 403 f.; BAETGE, J./ COMMANDEUR, D., § 264 HGB, S. 1240 f., Rn. 39; BEINE, F., Scheinkonflikte mit dem True and Fair View, S. 475; IDW (Hrsg.), WPH 1996, Band I, S. 420, Rn. F 420; im Ergebnis wohl auch BUDDE, W. D./KARIG, K. P., § 264 HGB, S. 804, Rn. 31.

74 Vgl. STREIM, H., Die Generalnorm des § 264 Abs. 2 HGB, S. 403. Nach MOXTER sind Bedenken gegen die Abkopplungsthese vom Gebot des true and fair view her gesehen allerdings unverständlich; vgl. MOXTER, A., Zum Verhältnis von handelsrechtlichen Grundsätzen ordnungsmäßiger Bilanzierung und True-and-fair-view-Gebot bei Kapitalgesellschaften, S. 427 f. Zu einer umfassenden Würdigung des Meinungsstreits vgl. CLEMM, H., § 264 HGB und Wahlrechte, S. 135–156.

75 Vgl. MÜLLER, E., Einführung und rechtliche Grundlagen des Lageberichts, S. 5, Rn. 29; BOLIN, M., Analyse der Transformationskonzeption der 4. EG-Richtlinie, S. 121–123.

76 Vgl. RUSS, W., Der Anhang als dritter Teil des Jahresabschlusses, S. 19.

77 Vgl. für viele etwa SELCHERT, F. W./KARSTEN, J., Inhalt und Gliederung des Anhangs, S. 1889 f.; RUSS, W., Der Anhang als dritter Teil des Jahresabschlusses, S. 20–23 sowie mit Praxisbeispielen NIEHUS, R. J., Der Anhang in nationaler und internationaler Betrachtung, S. 189–214.

(3) Korrekturaufgabe,
(4) Entlastungsaufgabe.

Ad (1) Erläuterungs- oder Interpretationsaufgabe

Bilanz und Gewinn- und Verlustrechnung bieten aufgrund der vom Gesetzgeber detailliert vorgegebenen Gliederungsvorschriften (§§ 266, 275 HGB) keinen Raum für zusätzliche verbale Erläuterungen. In der **Erläuterungsaufgabe** kommt deshalb die wichtigste Aufgabe des Anhangs zum Ausdruck, Posten der Bilanz und der Gewinn- und Verlustrechnung zu erläutern und auf diese Weise zu einem besseren Verständnis dieser beiden Rechnungslegungsinstrumente beizutragen.[78] Viele handelsrechtliche Vorschriften haben erläuternden Charakter: *Erstens* enthalten die Regelungen des mit „Anhang" überschriebenen Fünften Titels des Dritten Buches des HGB (§§ 284–288 HGB) detaillierte Angabepflichten; die Erläuterungsaufgabe des Anhangs ergibt sich hier vor allem aus der Vorschrift des § 284 HGB „Erläuterung der Bilanz und der Gewinn- und Verlustrechnung". *Zweitens* bestimmen diverse Einzelvorschriften an weiteren Stellen des Dritten Buches, daß erläuternde Angaben in den Anhang aufgenommen werden müssen. *Drittens* gibt es rechtsformspezifische Vorschriften, die zu bestimmten Erläuterungen im Anhang verpflichten.[79]

Ad (2) Ergänzungs- oder Informationsaufgabe

Die **Ergänzungsaufgabe** bezeichnet die Aufgabe des Anhangs, bilanziell nicht erfaßte, aber wichtige finanzielle Sachverhalte zu erläutern.[80] Zu den im Anhang erläuterungspflichtigen Sachverhalten, die indes nicht in der Bilanz oder in der Gewinn- und Verlustrechnung erfaßt werden, zählen zum Beispiel:

- Angaben über die Zusammensetzung der Arbeitnehmerschaft (§ 285 Nr. 7 HGB),
- Angaben über die Bedingungen von Krediten an Organmitglieder (§ 285 Nr. 9 c HGB).

---

78 Vgl. KROPFF, B., Der Lagebericht nach geltendem und zukünftigem Recht, S. 521.

79 Zu einer Übersicht über die im Anhang von Aktiengesellschaften zusätzlich zu machenden rechtsformspezifischen Angaben vgl. ADLER, H./DÜRING, W./SCHMALTZ, K., § 284 HGB, S. 23, Rn. 44 (Pflichtangaben) und S. 25, Rn. 47 (Wahlpflichtangaben). Zum Begriff der „Wahlpflichtangaben" vgl. die Erläuterungen zu Punkt (4) obiger Aufzählung („Entlastungsaufgabe").

80 Vgl. FORSTER, K.-H., Anhang, Lagebericht, Prüfung und Publizität im Regierungsentwurf eines Bilanzrichtlinie-Gesetzes, S. 1578; KUPSCH, P., Der Anhang, S. 16, Rn. 16.

Ad (3) Korrekturaufgabe

Die **Korrekturaufgabe** des Anhangs[81] kommt in der Vorschrift des § 264 Abs. 2 Satz 2 HGB zum Ausdruck, wonach nur beim Vorliegen besonderer Umstände (in Ausnahmefällen) das in § 264 Abs. 2 Satz 1 HGB geforderte Bild durch zusätzliche Angaben im Anhang herzustellen ist.[82] Der Anhang hat insofern *nicht* die Aufgabe, eine mißverständliche oder falsche Darstellung in Bilanz oder Gewinn- und Verlustrechnung zu korrigieren.[83] So darf eine gegen die Grundsätze ordnungsmäßiger Buchführung verstoßende Bilanzierungsweise (etwa die Anwendung der gegen das Realisationsprinzip verstoßenden percentage-of-completion-Methode[84] auf langfristige Fertigungsaufträge) nicht durch eine Angabe im Anhang „geheilt", also korrigiert werden.[85] In diesem Fall würde dem Rechenschaftszweck des handelsrechtlichen Jahresabschlusses widersprochen werden.[86]

Ad (4) Entlastungsaufgabe

Schließlich weist der Gesetzgeber dem Anhang insofern eine **Entlastungsaufgabe** (Alternativfunktion[87]) zu, als bestimmte Angaben statt in der Bilanz oder in der Gewinn- und Verlustrechnung im Anhang gemacht werden dürfen. Angaben dieser Art werden als *Wahlpflichtangaben* bezeichnet.[88] Die Bezeichnung „Wahlpflichtangaben" verdeutlicht, daß es sich bei diesen Angaben um *Pflichtangaben* handelt, die *wahlweise* im Anhang oder in einem der anderen beiden Teile des Jahresabschlusses gemacht werden dürfen. Dadurch, daß Bilanz und Gewinn- und Verlustrechnung von bestimmten Angaben entlastet werden dürfen, wird der Jahresabschluß

---

81 Die Korrekturaufgabe des Anhangs wird von ADLER/DÜRING/SCHMALTZ mißverständlich als Ergänzungsaufgabe bezeichnet; zugleich verwenden die Autoren für die hier als Ergänzungsaufgabe bezeichnete Aufgabe des Anhangs ebenfalls – und insofern zweideutig – diesen Begriff; vgl. ADLER, H./DÜRING, W./SCHMALTZ, K., § 284 HGB, S. 9, Rn. 12 und S. 10, Rn. 15.

82 Vgl. ausführlich LANGE, C., Zur Publizitätspflicht „zusätzlicher Angaben" im Anhang, S. 369–376. Kritisch allerdings STEINER, B., Der Prüfungsbericht des Abschlußprüfers, S. 81, der diese Korrekturaufgabe des Anhangs nur sehr eingeschränkt für möglich hält.

83 Vgl. LEFFSON, U., Die Grundsätze ordnungsmäßiger Buchführung, S. 79 f.; BUDDE, W. D./ KARIG, K. P., § 264 HGB, S. 811, Rn. 52. Für den Erläuterungsbericht nach AktG 1965 bereits BEERMANN, K./FÜLLING, F./SPERL, A., Zusatzinformationen zum Jahresabschluß, S. 200.

84 Vgl. hierzu die Quellenangaben in Fußnote 69 dieses Abschnitts.

85 Vgl. NIEHUS, R. J., Der Anhang in nationaler und internationaler Betrachtung, S. 211.

86 Vgl. LEFFSON, U., Die Grundsätze ordnungsmäßiger Buchführung, S. 79 f.

87 Zu dieser Bezeichnung vgl. CLAUSSEN, C. P., §§ 284–288 HGB, 160 AktG, S. 560, Rn. 2.

88 Vgl. etwa ADLER, H./DÜRING, W./SCHMALTZ, K., § 284 HGB, S. 24 f., Rn. 45–48.

zugleich klarer und übersichtlicher.[89] Angaben aus der Bilanz oder aus der Gewinn- und Verlustrechnung in den Anhang zu verlagern, führt zu keinem Informationsverlust, weil an alle drei Bestandteile des Jahresabschlusses dieselben formalen Publizitätsanforderungen gestellt werden und sie insofern dieselbe Publizitätswirkung entfalten.[90]

24 Grenzen der Berichterstattung im Anhang

Der Gesetzgeber hat den Inhalt des Anhangs durch eine Vielzahl konkreter Vorschriften verhältnismäßig klar umrissen. Dieser Teil des Anhangs wurde in der Einleitung zu dieser Arbeit als **Pflichtteil** bezeichnet. Die pflichtgemäße Berichterstattung im Anhang wird zum einen dadurch begrenzt, daß kein der wirtschaftlichen Lage des Unternehmens widersprechendes Bild vermittelt werden darf; zum anderen muß die Darstellungsform im Anhang klar und übersichtlich sein.[91]

Die Frage nach den Grenzen der Berichterstattung im Anhang stellt sich ferner (und vor allem), wenn **freiwillige Angaben** in den Anhang aufgenommen werden sollen. Unter freiwilligen Angaben werden in dieser Arbeit jene Angaben verstanden, die in keinem unmittelbaren Zusammenhang mit einer gesetzlichen Vorschrift stehen; deshalb zählen Angaben, die zwar den Mindestinhalt einer gesetzlichen Angabepflicht überschreiten, sich allerdings auf konkrete gesetzliche Vorschriften beziehen, hier nicht zu den freiwilligen Anhangangaben.[92] Die im Regierungsentwurf eines Bilanzrichtlinie-Gesetzes noch nicht vorgesehene[93], spätere Öffnung des Anhangs für freiwillige Angaben bietet dem Rechnungslegenden die Möglichkeit, dem wachsenden Bedürfnis der Jahresabschlußadressaten nach entscheidungsrelevanten Informationen, die durch den gesetzlich umschriebenen Inhalt des Anhangs nicht

89 Vgl. BAETGE, J., Bilanzen, S. 618; ADLER, H./DÜRING, W./SCHMALTZ, K., § 284 HGB, S. 9, Rn. 13.

90 Vgl. DEUTSCHER BUNDESTAG (Hrsg.), BT-Drucksache 10/317, S. 75; SCHULZE-OSTERLOH, J., Jahresabschluß, Abschlußprüfung und Publizität der Kapitalgesellschaften nach dem Bilanzrichtlinien-Gesetz, S. 566; ELLROTT, H., § 284 HGB, S. 1206 f., Rn. 35.

91 Vgl. SELCHERT, F. W., Der Anhang als Instrument der Informationspolitik, S. 95.

92 Zu dieser Abgrenzungsfrage vgl. SELCHERT, F. W., Der Anhang als Instrument der Informationspolitik, S. 94 f.

93 Die Anhangvorschriften des Regierungsentwurfs (§§ 270–272 HGB-E) regelten den Inhalt des Anhangs *abschließend*; vgl. DEUTSCHER BUNDESTAG (Hrsg.), BT-Drucksache 10/317, S. 17.

vermittelt werden, entgegenzukommen. Die Berichterstattungspraxis zeigt, daß viele Unternehmen diese Notwendigkeit erkannt haben[94] und die Chance der (besseren) Unterrichtung der Jahresabschlußadressaten nutzen.[95] Ein wesentlicher Faktor für die höhere Qualität der Berichterstattung ist zudem der wachsende Einfluß internationaler (und regelmäßig stärker aktionärsorientierter) Rechnungslegungsnormen.[96, 97] Im Rahmen der freiwilligen Anhangangaben sind deshalb vor allem Angaben denkbar, die die Qualität der Berichterstattung im Anhang an international übliche Standards angleichen.[98]

Beispiele international üblicher, freiwilliger Angaben im Anhang, die in den Geschäftsberichten einiger deutscher Unternehmen bereits zum Standard gehören,[99] sind etwa eine Kapitalflußrechnung gemäß IAS 7[100] sowie eine ausführliche Segmentberichterstattung gemäß IAS 14. Auch die Berichterstattung über Finanzderivate ist gesetzlich nicht umfassend geregelt.[101] Angesichts der zunehmenden Bedeutung

94 Zum Interesse bzw. Zwang der Kapitalnehmer, durch Veröffentlichung von Informationen das Vertrauen der Kapitalgeber zu gewinnen, vgl. STREIM, H., Stellenwert des Lageberichts, S. 715 f.; grundsätzlich etwa EWERT, R./WAGENHOFER, A., Unternehmenspublizität und Konkurrenzwirkungen, S. 297–324.

95 Vgl. NIEHUS, R. J., Freiwillige nicht GoB-konforme Angaben im Anhang und der Bestätigungsvermerk des Abschlußprüfers, S. 93.

96 Vgl. hierzu BAETGE, J., Harmonisierung der Rechnungslegung S. 109–123; KIRSCH, H.-J., Die „Anwendung" von International Accounting Standards in Konzernabschlüssen deutscher Mutterunternehmen, S. 1773–1778; NIEHUS, R. J., Bestätigungsvermerk von „dualen" Konzernabschlüssen, S. 893–898; PELLENS, B./BONSE, A./FÜLBIER, R. U., Organisatorischer und konzeptioneller Rahmen des IASC, S. 264 f. sowie die Beiträge in BAETGE, J. (Hrsg.), Die deutsche Rechnungslegung vor dem Hintergrund internationaler Entwicklungen.

97 Kritisch zuletzt GRUND, M., Internationale Entwicklung und Bilanzrecht, S. 1293–1296; LUTTER, M., Bilanzrecht, S. 1945 f., die unter anderem verfassungsrechtliche Bedenken gegen eine Übernahme internationaler Standards äußern.

98 Vgl. grundsätzlich SCHILDBACH, T., Rechnungslegungsideale, Bilanzkulturen, Harmonisierung und internationaler Wettbewerb, S. 2644.

99 Vgl. BUSSE VON COLBE, W., Anpassung der Rechnungslegung von Kapitalgesellschaften an internationale Normen, S. 377 f.; NIEHUS, R. J., Die neue „Internationalität" deutscher Konzernabschlüsse, S. 1342. Beispielsweise enthält der Geschäftsbericht 1995 der BAYER AG eine nach IAS 7 aufgestellte Kapitalflußrechnung sowie eine sich an IAS 14 anlehnende, über die Pflichtangaben des HGB hinausgehende Segmentberichterstattung.

100 Zu einer dem Rechnungslegungsgrundsatz IAS 7 entsprechenden Form der Kapitalflußrechnung vgl. HFA DES IDW, Die Kapitalflußrechnung als Ergänzung des Jahres- und Konzernabschlusses, S. 210–213.

101 Allenfalls die Angabepflichten zu den Bilanzierungs- und Bewertungsmethoden, zu den sonstigen finanziellen Verpflichtungen sowie zu den sonstigen Rückstellungen haben einen Bezug zu Finanzderivaten; vgl. hierzu EPPERLEIN, J. K./SCHARPF, P., Anhangangaben im Zusammenhang mit sogenannten Finanzinnovationen, S. 1629–1636.

derivativer Finanzierungsinstrumente und des diesen Instrumenten innewohnenden hohen Risikos erlangt die Berichterstattung über den Einsatz von Finanzderivaten aber eine immer größere Bedeutung.[102]

Diese wenigen Beispiele zeigen bereits, daß der Inhalt des Anhangs an jenen Stellen, die der Gesetzgeber nicht mit gesetzlichen Vorschriften besetzt hat, erweiterungsbedürftig ist. Zusätzliche freiwillige Angaben dürfen allerdings aus mehreren Gründen nur begrenzt in den Anhang aufgenommen werden: *Erstens* darf die **Klarheit und Übersichtlichkeit** der Darstellung im Anhang nicht beeinträchtigt werden.[103] *Zweitens* dürfen solche Angaben, die in keinem **sachlichen Zusammenhang** mit dem Jahresabschluß stehen, sondern beispielsweise Werbezwecken und insofern der Selbstdarstellung des Unternehmens dienen, nicht in den Anhang aufgenommen werden.[104] Zu beachten ist ferner *drittens*, daß freiwillige Anhangangaben uneingeschränkt denselben **Prüfungs- und Offenlegungspflichten** wie die übrigen Teile des Jahresabschlusses unterliegen, was ebenfalls dazu führen wird, daß die freiwillige Berichterstattung im Anhang einen bestimmten Umfang in der Regel nicht überschreiten wird.[105]

Der Gesetzgeber hat zudem *viertens* mit dem **Lagebericht** ein weiteres Rechnungslegungsinstrument geschaffen, dessen Aufgabe nach § 289 HGB darin besteht, die Jahresabschlußinformationen zu verdichten sowie den Jahresabschluß zeitlich und sachlich zu ergänzen.[106] Ebenso wie der Inhalt des Anhangs ist indes auch der

---

102 Vgl. GEBHARDT, G., Derivative Finanzinstrumente, S. 609–617; O. V., Publizität von Derivaten, S. 18. Zur Bilanzierung von Swapvereinbarungen vgl. etwa HAPPE, P., Grundsätze ordnungsmäßiger Buchführung für Swapvereinbarungen. Zur Währungsumrechnung nach § 340 h HGB vgl. z. B. SCHLÖSSER, J., Währungsumrechnung.

103 Vgl. MÜLLER, E., Einführung und rechtliche Grundlagen des Lageberichts, S. 6, Rn. 33; NIEHUS, R. J., Freiwillige nicht GoB-konforme Angaben im Anhang und der Bestätigungsvermerk des Abschlußprüfers, S. 96.

104 Vgl. DEUTSCHER BUNDESTAG (Hrsg.), BT-Drucksache 10/317, S. 94; ebenso FORSTER, K.-H., Verbesserung der Aussagefähigkeit des Jahresabschlusses, S. 58; BIENER, H./BERNEKE, W., Bilanzrichtlinien-Gesetz, S. 247; CLAUSSEN, C. P., §§ 284–288 HGB, 160 AktG, S. 566, Rn. 24; BAUMBACH, A./HOPT, K. J., Kurzkommentar HGB, § 284 HGB, S. 749, Rn. 10. Für den Geschäftsbericht nach AktG 1965 MELLEROWICZ, K., § 160 AktG, S. 480, Rn. 3. Zur Abgrenzung der freiwilligen Publizität von Werbung, und zwar unter wettbewerbsrechtlichen Aspekten, vgl. HOPT, K. J., Die Publizität von Kapitalgesellschaften, S. 244.

105 Vgl. BAUMANN, K.-H., Geschäftsbericht, S. 100; RUSS, W., Der Anhang als dritter Teil des Jahresabschlusses, S. 68.

106 Vgl. BAETGE, J./FISCHER, T. R./PASKERT, D., Der Lagebericht, S. 9 f.; KRAWITZ, N., Der Lagebericht und seine Prüfung, S. 4–13.

Inhalt des Lageberichts im Gesetz nicht abschließend geregelt.[107] Dies bedeutet, daß auch in den Lagebericht freiwillige Angaben aufgenommen werden dürfen.

Für den weiteren Gang der Arbeit stellt sich damit die Frage nach einer sachgerechten **Abgrenzung zwischen Anhang und Lagebericht**. Auf der Grundlage der skizzierten und durchaus unterschiedlichen Aufgaben von Anhang und Lagebericht wird zu dieser Frage hier die Meinung vertreten, daß jene freiwilligen Angaben, die die Posten der Bilanz und der Gewinn- und Verlustrechnung ergänzen oder erläutern und in einem unmittelbaren *sachlichen Bezug* zu diesen Bestandteilen des Jahresabschlusses stehen, in den Anhang aufzunehmen sind. Danach sollte etwa eine Kapitalflußrechnung ebenso wie eine Segmentberichterstattung in den Anhang aufgenommen werden. Demgegenüber sind Angaben, die über die Darstellung der Vermögens-, Finanz- und Ertragslage des Unternehmens hinausgehen und das Unternehmen in seinem gesamten wirtschaftlichen, sozialen oder ökologischen *Umfeld* zeigen, Bestandteile des Lageberichts.[108] Konkret bedeutet dies, daß etwa Sozialbilanzen, Wertschöpfungsrechnungen und Umweltberichte nicht in den Anhang gehören, sondern statt dessen in den Lagebericht aufgenommen werden müssen.[109] Anhang und Lagebericht inhaltlich in dieser Weise voneinander abzugrenzen, ist auch vor dem Hintergrund des zunehmenden Einflusses internationaler Rechnungslegungsnormen (IAS, US-GAAP) auf die deutsche Rechnungslegung sinnvoll: So wird in den USA – in Anlehnung an die Vorschriften, die die für die Regulierung der Berichterstattungspflichten zuständige amerikanische Aufsichtsbehörde SEC erlassen hat – unterschieden zwischen

- financial information und
- non financial information.[110]

Zur **financial information** zählen zum einen die Angaben in Bilanz, Gewinn- und Verlustrechnung und Anhang sowie die in den USA vorgeschriebene Kapitalflußrechnung und eine Eigenkapitalveränderungsrechnung. Zum anderen fordert die SEC

---

107 Vgl. BIENER, H./BERNEKE, W., Bilanzrichtlinien-Gesetz, S. 276. Zu einer vollständigen Übersicht über (durch Auslegung des Schrifttums gewonnene) denkbare Angaben im Lagebericht vgl. KRUMBHOLZ, M., Die Qualität publizierter Lageberichte, S. 7.

108 Gleicher Ansicht SELCHERT, F. W., Der Anhang als Instrument der Informationspolitik, S. 95 f.; BAUMANN, K.-H., Geschäftsbericht, S. 102; ADLER, H./DÜRING, W./SCHMALTZ, K., § 284 HGB, S. 17, Rn. 31 sowie für den Lagebericht ADLER, H./DÜRING, W./ SCHMALTZ, K., § 289 HGB, S. 186–188, Rn. 10–16.

109 Zu Grenzen der Lageberichterstattung vgl. m. w. N. KRUMBHOLZ, M., Die Qualität publizierter Lageberichte, S. 27 f.

110 Vgl. PELLENS, B., Internationale Rechnungslegung, S. 310; BROTTE, J., US-amerikanische und deutsche Geschäftsberichte, S. 8–19.

eine Substanz- bzw. Kapitalerhaltungsrechnung, zusätzlich ausgewählte Finanzdaten (beispielsweise Angaben zum Ergebnis oder zum Umsatz) sowie ausgewählte finanzielle Quartalsdaten.[111] Demgegenüber wird die dem Lagebericht nach HGB in etwa vergleichbare Management's Discussion and Analysis ebenso zur **non financial information** gerechnet wie weitere quantitative oder qualitative Informationen, die sich nur indirekt auf den Jahresabschluß beziehen (Beschreibung der Grundlagen der Geschäftstätigkeit, Niederlassungen, Produktionsanlagen, schwebende Gerichtsverfahren etc.).[112]

Im Einzelfall mag es schwierig sein, Angaben dem Anhang oder dem Lagebericht zuzuordnen; der Grundsatz der Klarheit und Übersichtlichkeit der Darstellung im Jahresabschluß verlangt aber, die beiden Berichtsteile in jedem Fall ausreichend voneinander zu trennen und mit entsprechenden Überschriften zu versehen.[113] Bei der Entscheidung, Angaben dem Anhang oder dem Lagebericht zuzuordnen, sollte sich der Bilanzierende stets des engen Bezuges zwischen Angaben im Anhang einerseits und den Posten der Bilanz und der Gewinn- und Verlustrechnung andererseits bewußt sein.[114]

Bevor in Abschnitt 4 der Arbeit die Qualität der Berichterstattung im Anhang empirisch erhoben und kritisch analysiert wird, ist im folgenden Abschnitt 3 ein geeignetes Verfahren (eine geeignete Meßmethode) zu entwickeln, mit der es möglich ist, die Qualität von Anhangangaben hinsichtlich ihres Aussagegehalts objektiv (intersubjektiv nachprüfbar) zu messen und zu beurteilen.

---

111 Vgl. m. w. N. BROTTE, J., US-amerikanische und deutsche Geschäftsberichte, S. 11.

112 Vgl. PELLENS, B., Internationale Rechnungslegung, S. 310.

113 Vgl. MÜLLER, E., Einführung und rechtliche Grundlagen des Lageberichts, S. 6, Rn. 33.

114 Im Ergebnis so auch KROPFF, B., Der Lagebericht nach geltendem und zukünftigem Recht, S. 521.

3 Entwicklung eines Modells zur Beurteilung der Berichterstattungsqualität im Anhang

31 Überblick über Merkmale der vorliegenden Forschungsarbeiten zur Erhebung der Qualität der Unternehmenspublizität

Die empirische Forschung zur Unternehmenspublizität hat nicht nur in Deutschland, sondern vor allem auch im anglo-amerikanischen Sprachraum eine lange Tradition, weshalb dieses Forschungsgebiet in mittlerweile einer Reihe von Arbeiten aus unterschiedlichen Blickrichtungen und mit unterschiedlichen Schwerpunkten bearbeitet worden ist.[1] Vor allem die großen Reformen der Rechnungslegung 1965 und 1985 waren in Deutschland Anlaß, das Publizitätsverhalten nach jeweils neuem Recht zu analysieren sowie das Publizitätsverhalten nach jeweils altem und neuem Recht miteinander zu vergleichen.[2]

Alle empirischen Untersuchungen zur Unternehmenspublizität verfolgen grundsätzlich das **Ziel**, Aussagen über den Informationsgehalt und die Informationseffizienz von veröffentlichten Rechnungslegungsdaten zu treffen.[3] Allerdings unterscheiden sich die Untersuchungen hinsichtlich vieler Merkmale, etwa hinsichtlich des Gegenstandes und des Umfangs der Untersuchung, hinsichtlich des Zeitraums der Untersuchung oder hinsichtlich des methodischen Vorgehens. Für die Einordnung und

1 Vgl. BERNDSEN, H.-P., Unternehmenspublizität in Deutschland, S. 121–134 sowie m. w. N. SCHULTE, K.-W., Aktienrechtliche Rechnungslegung im Spiegel der Geschäftsberichte, S. 10–13. Zu einem umfassenden Überblick über den Stand empirischer Untersuchungen zur Unternehmenspublizität vgl. etwa COENENBERG, A. G. U. A., Empirische Bilanzforschung in Deutschland, S. 495–507 sowie zur Konzernpublizität im besonderen BÖTZEL, S., Ein Modell zur Beschreibung der Publizitätsgüte deutscher Konzerne, S. 202–204. Einen umfangreichen Überblick über anglo-amerikanische Untersuchungen geben GONEDES, N. J./DOPUCH, N., Capital Market Equilibrium, S. 48–129.

2 Vgl. etwa die Untersuchung von SEEMANN, H.-J., Befolgung des neuen Aktiengesetzes. Zu empirischen Insolvenzprognosen aus Jahresabschlüssen nach altem und neuem Aktienrecht vgl. die Monographie von GEBHARDT, G., Insolvenzprognosen aus aktienrechtlichen Jahresabschlüssen.

3 Vgl. BERNDSEN, H.-P., Unternehmenspublizität in Deutschland, S. 121. Die im Schrifttum sehr oft diskutierte Frage der Informationseffizienz von Kapitalmärkten wird im folgenden nicht weiter untersucht; vgl. hierzu etwa die Beiträge von SCHMIDT, R. H., Rechnungslegung als Informationsproduktion auf nahezu effizienten Kapitalmärkten, S. 728–748 und BALLWIESER, W., Informationsökonomie, Rechnungslegungstheorie und Bilanzrichtlinie-Gesetz, S. 47–66.

Abgrenzung der eigenen Arbeit sollen zwei **Arten von Untersuchungen** voneinander unterschieden werden:[4]

(1) Untersuchungen, die das Publizitätsverhalten von Unternehmen *beschreiben*,

(2) Untersuchungen, die darüber hinaus das Publizitätsverhalten von Unternehmen *messen* und anschließend *beurteilen*.

Mit den empirisch-deskriptiven Ansätzen unter (1) wird beschrieben, wie Unternehmen ihrer Verpflichtung zur Rechnungslegung und Publizität nachkommen und wieweit sie darüber hinaus bereit sind, freiwillig weitere Informationen zu veröffentlichen. Die unter (2) zu fassenden Arbeiten verfolgen ein anderes, weitergehendes Ziel: Das beobachtete Publizitätsverhalten eines Unternehmens (Ist-Objekt) wird an einem Soll-Objekt (beispielsweise an der gesetzlichen Vorschrift oder an weitergehenden, aus Adressatensicht wünschenswerten Publizitätsanforderungen) gemessen. Durch Vergleich des Ist-Objekts mit dem Soll-Objekt ist es möglich, die unternehmensindividuelle Berichterstattungsqualität in einem Meßwert abzubilden und verschiedene Unternehmen in dieser Hinsicht miteinander zu vergleichen.

Die eigene Arbeit sowie wichtige Beiträge des Schrifttums, in denen das Publizitätsverhalten von Unternehmen analysiert wird, lassen sich den vorstehend genannten Arten empirischer Arbeiten zur Unternehmenspublizität wie folgt zuordnen:[5]

(1) Die – soweit ersichtlich – einzigen Arbeiten, die die Publizität im Jahres- bzw. Konzernabschluß von Kapitalgesellschaften *vollständig* beschreiben, sind die regelmäßigen Untersuchungen der C&L DEUTSCHE REVISION AG.[6] In ähnlichen (deskriptiven) Arbeiten wird das Publizitätsverhalten von Unternehmen in ausgewählten *Publizitätsbereichen* untersucht.[7]

---

4 Zu einer ähnlichen Systematisierung vgl. BÖTZEL, S., Diagnose von Konzernkrisen, S. 195.

5 Zu einer kurzen, kritischen Auseinandersetzung mit dem Gegenstand empirischer Untersuchungen zur Unternehmenspublizität vgl. etwa BÖTZEL, S., Diagnose von Konzernkrisen, S. 185–202.

6 Vgl. die Verweise in Abschnitt 11 dieser Arbeit (Fußnote 20) sowie die vergleichbare und in Zusammenarbeit mit der C&L DEUTSCHE REVISION AG entstandene Untersuchung von BALLWIESER, W./HÄGER, R., Jahresabschlüsse mittelgroßer Kapitalgesellschaften.

7 Als Beispiel für viele die frühen Untersuchungen von CASTAN, E., Die Erläuterung der Bewertungs- und Abschreibungsmethoden, S. 269–272 und S. 315–318; WYSOCKI, K. V. U. A., Berichterstattung über die Bewertungs- und Abschreibungsmethoden, S. 308–334. Neuere Untersuchungen stammen etwa von SCHULTE, K.-W., Bilanzpolitik und Publizitätsverhalten deutscher Aktiengesellschaften; GELHAUSEN, W. D./MUJKANOVIC, R., Auswertung zur Währungsumrechnung im Konzernabschluß, S. 1724–1730; KRAWITZ, N., Die Abgrenzung des Konsolidierungskreises, S. 342–357.

(2) In Deutschland gibt es bislang nur wenige Arbeiten, die sich mit der *Messung* und der *Beurteilung* des Publizitätsverhaltens befassen.[8] Die Mehrzahl dieser Arbeiten beschränkt sich bei dem Versuch, die Qualität der Berichterstattung zu messen und zu beurteilen, zudem auf einzelne Publizitätsbereiche.[9]

Für die Einordnung der vorliegenden Arbeit bleibt damit zunächst festzuhalten: Eine Untersuchung zur Berichterstattung im Anhang, die die Berichterstattungsqualität im Anhang *vollständig* erhebt (Punkt (1) in obiger Systematik) und sie gleichzeitig *mißt* und *beurteilt* (Punkt (2) in jener Systematik), fehlt bislang.

Im Schrifttum sind verschiedene Ansätze entwickelt und diskutiert worden, wie die Nützlichkeit von veröffentlichten Jahresabschlußinformationen gemessen und beurteilt werden kann.[10] Ohne die Merkmale der verschiedenen Ansätze hier im einzelnen darzustellen, lassen sich im wesentlichen unterscheiden:[11]

- Befragungen von Unternehmensbeteiligten,
- Experimentelle Untersuchungen,
- Kapitalmarktstudien,
- Simulationsstudien,
- Korrelationsstudien und
- Prognosestudien.

Alle Ansätze gehen davon aus, daß die im Jahresabschluß publizierten Informationen in den individuellen Entscheidungsprozeß der Unternehmensbeteiligten eingehen: etwa zur Aufnahme von Geschäftsbeziehungen oder zum Kauf bzw. Verkauf von Aktien des Unternehmens (sogenannte mikroökonomische Betrachtung).[12]

In der vorliegenden Arbeit wird versucht, die entscheidungsorientierten Informationsbedürfnisse der Jahresabschlußadressaten zu ermitteln, indem die Nutzer von Jahresabschlußinformationen nach ihren individuellen Informationsbedürfnissen gefragt

---

8 Einen kurzen Überblick gibt BÖTZEL, S., Diagnose von Konzernkrisen, S. 198–201.

9 Die – soweit ersichtlich – einzige empirische Arbeit, die sich in Deutschland nicht nur ausgewählten Publizitätsbereichen, sondern *umfassend* einem gesetzlich klar abgegrenzten Publizitätsbereich widmet, ist die Untersuchung von KRUMBHOLZ zum Lagebericht; vgl. KRUMBHOLZ, M., Die Qualität publizierter Lageberichte.

10 Vgl. die zusammenfassende Darstellung bei GEBHARDT, G., Insolvenzprognosen aus aktienrechtlichen Jahresabschlüssen, S. 48–99 sowie bei FOSTER, G., Financial Statement Analysis, S. 261–291.

11 Vgl. zu dieser Unterscheidung PELLENS, B., Der Informationswert von Konzernabschlüssen, S. 60.

12 Vgl. POHLMANN, P., Die Wahl von Bewertungskonzeptionen im externen Jahresabschluß, S. 128.

werden (vgl. den ersten Spiegelpunkt der obigen Aufzählung).[13] Die Äußerungen der Befragten zur Nützlichkeit von Jahresabschlußinformationen werden als Ersatzmaßstab für die Entscheidungsrelevanz der Information herangezogen.[14] Indem die Jahresabschlußadressaten nach ihren Informationsbedürfnissen befragt werden, wird der Maßstab zur Beurteilung von Anhangangaben sujektiven Einflüssen weitgehend entzogen und in diesem Sinne objektiviert (intersubjektiv nachprüfbar gemacht).

32 Vorschlag zur Objektivierung eines Modells zur Beurteilung der Berichterstattungsqualität im Anhang

Bei der Messung und Beurteilung des Aussagegehalts von Anhangangaben muß versucht werden, subjektive Einflüsse zu reduzieren bzw. zu vermeiden: die Bewertung muß möglichst willkürfrei und für Dritte nachvollziehbar, also objektiv, sein.

Im philosophischen Sinne bedeutet **objektiv** „vom Gegenstand her bestimmt, im Gegenstand begründet“[15]. Nach POPPER sind wissenschaftliche Aussagen bzw. Theorien aber nicht begründbar, sondern lediglich **intersubjektiv nachprüfbar** und in diesem Sinne objektiv.[16]

Publizitätsbereiche werden dann intersubjektiv nachprüfbar und insofern objektiv gewichtet, wenn die Adressaten der Berichterstattung[17] – also vor allem Aktionäre, Gläubiger, Lieferanten und Arbeitnehmer – nach ihrer Einschätzung einzelner Publizitätsbereiche gefragt würden.[18] Auf diese Weise würde gewährleistet, daß

---

13 Einen Überblick über derartige Studien im anglo-amerikanischen Sprachraum geben etwa BENJAMIN, J. J./STANGA, K. G., Differences in Disclosure Needs, S. 187–192. Für Deutschland vgl. zum Beispiel LANGE, C., Jahresabschlußinformationen und Unternehmensbeurteilung, S. 79 und S. 90 f., Fußnote 10.

14 Vgl. m. w. N. PELLENS, B., Der Informationswert von Konzernabschlüssen, S. 62.

15 BRUGGER, W. (Hrsg.), Philosophisches Wörterbuch, S. 272.

16 Vgl. POPPER, K. R., Logik der Forschung, S. 18 f.

17 Zum Kreis der Adressaten der Berichterstattung vgl. etwa SPRENGER, R., Grundsätze gewissenhafter und getreuer Rechenschaft im Geschäftsbericht, S. 40–88; VOLK, G., Jahresabschluß und Information, S. 45–58; vgl. auch Fußnote 13 in Abschnitt 11 dieser Arbeit.

18 Auch andere Ansätze, Gewichtungsfaktoren für einzelne Publizitätsbereiche zu bestimmen, sind denkbar: So wertet etwa BÖTZEL die Zahl der Schrifttumsbeiträge zu einzelnen Publizitätsbereichen aus. Eine größere Zahl an Veröffentlichungen gilt in jener Untersuchung als Indiz für eine höhere Bedeutung des jeweiligen Publizitätsbereichs; vgl. BÖTZEL, S., Diagnose von Konzernkrisen, S. 206 f.

sich die Beurteilung der Berichterstattungsqualität an den Informationsbedürfnissen der Berichterstattungsadressaten orientiert (**Adressatenbefragung**).[19]

Die Interessen der Adressatengruppen am Jahresabschluß sind indes heterogen;[20] jede Adressatengruppe wird in dieser Hinsicht eigene Interessen postulieren. Dies hat zur Folge, daß einzelne Publizitätsbereiche für die Adressaten der Berichterstattung unterschiedlich bedeutend sind. Ein einzelner Adressat mit individuellen Zielvorstellungen ist mit einer durchschnittlichen Gewichtung einzelner Publizitätsbereiche unter Umständen nicht einverstanden, weil er einzelne Informationselemente für wichtiger hält als der Durchschnitt der Adressaten. Die Adressaten sind zudem oft nicht hinreichend fachkundig, Anhangangaben richtig zu beurteilen,[21] und versichern sich bei ihren Entscheidungen deshalb der Unterstützung von Beratern.

Damit Anhangangaben intersubjektiv nachprüfbar gemessen und beurteilt werden können, werden stellvertretend für die vielfältigen und unterschiedlichen Informationsbedürfnisse der Jahresabschlußadressaten die fachkundigen Urteile von **Wirtschaftsprüfern** und **Finanzanalysten** herangezogen (Stellvertreter-Befragung).[22, 23]

Verschiedene Gründe sprechen dafür, die Berufsgruppe der Wirtschaftsprüfer und der Finanzanalysten stellvertretend für die Jahresabschlußadressaten zu befragen. Nach SCHMALENBACH darf „die Wirtschaftsprüfung [...] kein Geschäft sein, an

---

19 Der Weg der Adressatenbefragung wurde in Deutschland bereits sehr früh von BLOHM beschritten, der in einer Umfrage, die sich 1962 an Banken als Empfänger und Verteiler von Geschäftsberichten richtete, die Frage nach der Einschätzung einzelner Berichtsschwerpunkte durch die Befragten stellte; vgl. BLOHM, H., Geschäftsbericht, S. 48–54. Zu einem Überblick über ähnliche Arbeiten vgl. BERNDSEN, H.-P., Unternehmenspublizität, S. 196.

20 Vgl. etwa SPRENGER, R., Grundsätze gewissenhafter und getreuer Rechenschaft im Geschäftsbericht, S. 93–97. Zu den individuellen Zielen der an einem Unternehmen Beteiligten vgl. auch WAGNER, H., Die Bestimmungsfaktoren der menschlichen Arbeitsleistung im Betrieb, S. 11 f.

21 Vgl. mit Verweis auf entsprechende empirische Untersuchungen BAETGE, J., Möglichkeiten der Objektivierung des Jahreserfolges, S. 62.

22 Zu einem ähnlichen Vorgehen vgl. CHANDRA, G., A Study of the Consensus on Disclosure Among Public Accountants and Security Analysts, S. 733–742 sowie zuletzt KRUMBHOLZ, M., Die Qualität publizierter Lageberichte. Kritisch zu einem wie beschrieben induktiven Vorgehen BEERMANN, K., Prognosemöglichkeiten von Kapitalverlusten, S. 14, der versucht, die Informationsbedürfnisse der Jahresabschlußadressaten deduktiv aus ihrer Entscheidungssituation zu ermitteln.

23 Zu einem Versuch, die Informationsbedürfnisse etwa von Arbeitnehmern, Kunden und Lieferanten zu berücksichtigen, vgl. die Studie von KELLINGHUSEN, G./IRRGANG, W., Der optimale Geschäftsbericht, S. 2277–2283.

dem man verdient, sondern es muß ein Amt im besten Sinne des Wortes sein."[24] Die Informationsnachteile der Unternehmensexternen gegenüber den Unternehmensinternen (dem Management) werden durch die Vorlage des geprüften Jahresabschlusses soweit möglich ausgeglichen.[25] Mit seinem (uneingeschränkten) Bestätigungsvermerk versichert der **Wirtschaftsprüfer**, daß das vom Jahresabschluß vermittelte Bild den tatsächlichen Verhältnissen entspricht.[26] Aufgabe des Wirtschaftsprüfers, die auf Fachkundigkeit beruht, ist es deshalb unter anderem, die Informationsinteressen der externen Unternehmensbeteiligten zu wahren.[27] Aus diesen Gründen ist es sinnvoll, Wirtschaftsprüfer nach ihrer Einschätzung von Anhangangaben zu fragen.

Die wichtigste Aufgabe des **Finanzanalysten** ist die Kommunikation mit Unternehmen sowie mit aktuellen und potentiellen Investoren.[28] Die Stellung des Finanzanalysten als Mittler für den Investor wird mit dem Begriff „'Treuhänder' der Eigentümer"[29] deshalb zutreffend bezeichnet. Extern veröffentlichte Unternehmensdaten liefern dem Finanzanalysten die oftmals erste (und an vielen Stellen noch ergänzungsbedürftige) Grundlage für eine fundierte Analyse der wirtschaftlichen Lage und des inneren Wertes eines Unternehmens. Insofern ist es gerechtfertigt, auch Finanzanalysten stellvertretend für die Jahresabschlußadressaten nach ihrer Einschätzung der Bedeutung einzelner Anhangangaben zu befragen.

---

24 SCHMALENBACH, E., Die Aktiengesellschaft, S. 32. Ähnlich GEßLER, der die Aufgabe des Wirtschaftsprüfers „unter dem Leitbild der treuhänderischen Verpflichtung [...] gegenüber den Gesellschaften, den Aktionären, den Gläubigern und damit der Allgemeinheit" sieht: GEßLER, E., Der Bedeutungswandel der Rechnungslegung im Aktienrecht, S. 164. Ähnlich LOITLSBERGER, E., Treuhand- und Revisionswesen, S. 14 f.; GOERDELER, R., Geschäftsbericht, Konzerngeschäftsbericht und „Abhängigkeitsbericht" aus der Sicht des Wirtschaftsprüfers, S. 114.

25 Vgl. LEFFSON, U., Wirtschaftsprüfung, S. 328; BUCHNER, R., Rechnungslegung und Prüfung der Kapitalgesellschaft, S. 5 f. Zur Aufgabe des Wirtschaftsprüfers als Finanzmittler vgl. HOPT, K. J., Die Publizität von Kapitalgesellschaften, S. 252 f.

26 Vgl. SELCHERT, F. W., Jahresabschlußprüfung der Kapitalgesellschaften, S. 828.

27 Das Phänomen der *„Erwartungslücke"* wird hier nicht weiter vertieft. Vgl. hierzu vor allem BIENER, H., Die Erwartungslücke, S. 37–63 sowie CLEMM, H., Erwartungen an die Abschlußprüfung, S. 645–655; HELBLING, C., Falsche Erwartungen an die Revisionsstelle, S. 181–186.

28 Vgl. RAU, F. H., Auswirkungen des neuen Insiderrechts auf die Arbeit der Finanzanalysten, S. 126; ähnlich HAASE, H., Das Ergebnis je Aktie nach DVFA, S. 77.

29 ARTHUR ANDERSEN AG/SCHWEIZERISCHE VEREINIGUNG FÜR FINANZANALYSE UND VERMÖGENSVERWALTUNG, Information der Aktionäre, S. 85. Zum Begriff des „Finanzintermediärs" vgl. BEAVER, W. H., Financial Reporting, S. 10.

In einer **empirischen Umfrage** zur Objektivierung einzelner Elemente des im folgenden Abschnitt noch zu entwickelnden Kriterienkataloges, mit dem Anhangangaben beurteilt werden sollen, wurden insgesamt 3.028 Wirtschaftsprüfer und 270 Finanzanalysten angeschrieben. An der Umfrage beteiligten sich hinreichend viele Fachleute, so daß die Umfrageergebnisse ein repräsentatives Bild der Einschätzung einzelner Anhangangaben zeichnen.[30] Der Kriterienkatalog wurde den befragten Fachleuten zum einen zur Disposition gestellt, d. h., die Fachleute hatten die Möglichkeit, den ihnen vorgelegten (vorläufigen) Kriterienkatalog gegebenenfalls um ihrer Ansicht nach fehlende Kriterien zu ergänzen, eventuell überflüssige Kriterien zu streichen oder vorgegebene Kriterien zu modifizieren. Die Fachleute wurden zum anderen gebeten, die Bedeutung einzelner Anhangangaben einzuschätzen. Dieses Vorgehen gewährleistet, daß Anhangangaben mit einem willkürfrei (intersubjektiv nachprüfbar) aufgestellten Kriterienkatalog beurteilt werden.

Im folgenden Abschnitt 33 wird gezeigt, wie der Kriterienkatalog zur Beurteilung der Berichterstattungsqualität im Anhang (vorläufig) gewonnen wurde und welche Änderungsvorschläge die befragten Wirtschaftsprüfer und Finanzanalysten in der Umfrage machten.

33 Die Gewinnung eines Kriterienkataloges zur Beurteilung von Anhangangaben

331. Überlegungen zum weiteren Vorgehen

Gemäß § 298 Abs. 3 Satz 1 HGB dürfen der **Konzernanhang** und der **Anhang des Jahresabschlusses** eines Mutterunternehmens zusammengefaßt werden, wenn sie gemeinsam offengelegt werden; die zusammengefaßte Darstellung muß klar und übersichtlich sein.[31] Betreffen bestimmte Angabepflichten in besonderen Fällen nur den Einzelabschluß oder nur den Konzernabschluß (beispielsweise die Erläuterung der Methoden der Währungsumrechnung), so ist deutlich zu machen, ob sich die Erläuterungen auf den Einzelabschluß oder auf den Konzernabschluß beziehen.[32] Wegen der großen Bedeutung des Konzernabschlusses für die Darstellung der Lage

30 Zum Rücklauf und zur Repräsentativität der Umfrage vgl. ausführlich Abschnitt 344. dieser Arbeit.

31 Vgl. ADLER, H./DÜRING, W./SCHMALTZ, K., § 313 HGB, S. 840, Rn. 39; IDW (Hrsg.), WPH 1996, Band I, S. 1010, Rn. M 648.

32 Vgl. ELLROTT, H., § 313 HGB, S. 1694 f., Rn. 28.

der wirtschaftlichen Einheit „Konzern“[33] gehen einige Unternehmen inzwischen dazu über, lediglich den Konzernabschluß und den Konzernlagebericht im Geschäftsbericht zu veröffentlichen und den Einzelabschluß Interessenten nur auf Anfrage zur Verfügung zu stellen.[34] Die Erläuterungen zu Abschlußposten des Einzelabschlusses und des Konzernabschlusses werden im Geschäftsbericht in der Regel gemeinsam nebeneinander dargestellt. Der im folgenden zu entwickelnde Kriterienkatalog ergibt sich deshalb sowohl aus den Angabepflichten zum Anhang des Einzelabschlusses als auch zum Anhang des Konzernabschlusses.

Im Pflichtteil des Anhangs sind einerseits Angaben nach Maßgabe vieler gesetzlicher Vorschriften zu machen, und andererseits dürfen freiwillige Angaben in den Anhang aufgenommen werden (vgl. Abschnitt 11). Die grobe Vor-Strukturierung des Anhangs in einen Pflichtteil und einen freiwilligen Teil wird – wie im folgenden **Abschnitt 332.** gezeigt wird – für die Gewinnung eines strukturierten Kriterienkataloges zur Beurteilung von Anhangangaben genutzt.

Von dieser Vor-Strukturierung ausgehend wird dann in **Abschnitt 333.** gezeigt, wie ein detaillierter und hierarchisch aufgebauter Kriterienkatalog zur Beurteilung von Anhangangaben gewonnen wird. Zugleich werden die von den befragten Wirtschaftsprüfern und Finanzanalysten gemachten Vorschläge, den ihnen vorgelegten Kriterienkatalog zu modifizieren, gewürdigt.

332. Die Strukturierung von Anhangangaben

Von zentraler Bedeutung für den Pflichtteil des (Konzern-)Anhangs sind *erstens* die **gesetzlichen Vorschriften** der mit „Anhang“ und „Konzernanhang“ überschriebenen §§ 284 – 288 HGB sowie §§ 313 und 314 HGB. Daneben enthält das HGB[35] *zweitens* eine Fülle weiterer (verstreuter) Angabepflichten, die den gesetzlichen Pflichtteil des Anhangs bestimmen. Bei der Erstellung und Prüfung des Anhangs von Kapital-

33 Vgl. hierzu ausführlich BUSSE VON COLBE, W./ORDELHEIDE, D., Konzernabschlüsse, S. 16–19; SCHILDBACH, T., Der handelsrechtliche Konzernabschluß, S. 36–45; BAETGE, J., Konzernbilanzen, S. 29–34.

34 Gleichwohl müssen publizitätspflichtige Mutterunternehmen sowohl ihren Einzelabschluß als auch den Konzernabschluß im Bundesanzeiger veröffentlichen; vgl. BUSSE VON COLBE, W., Konzernabschluß, Sp. 1146.

35 Auch an die Vorschriften des EGHGB zum Anhang sei an dieser Stelle erinnert; vgl. vor allem Artikel 28 Abs. 2 EGHGB.

gesellschaften[36] sind *drittens* rechtsformspezifische Vorschriften des AktG und des GmbHG zu beachten. Gemeinsam mit denkbaren **freiwilligen Angaben** ergibt sich ein Bündel unterschiedlichster Anhangangaben.[37] Zu beachten ist hier allerdings, daß kleine und mittelgroße Kapitalgesellschaften bestimmte Angabe- und Offenlegungserleichterungen in Anspruch nehmen dürfen.[38, 39]

Trotz der Vielzahl der im Anhang zu machenden Angaben hat der Gesetzgeber keine konkrete **Gliederung des Anhangs** vorgegeben,[40] so daß der Bilanzierende die Form der Darstellung im Anhang grundsätzlich frei wählen darf. Der Bilanzierende muß allerdings den Grundsatz der Klarheit und Übersichtlichkeit der Darstellung (§§ 243 Abs. 2 und 297 Abs. 2 Satz 1 HGB) sowie – für eine einmal gewählte Darstellungsform im Anhang – den Grundsatz der Darstellungsstetigkeit (§ 265 Abs. 1 Satz 1 HGB i. V. m. § 298 Abs. 1 HGB) beachten.[41] Im Schrifttum besteht zwar weitgehend Einigkeit darüber, daß nur ein nach **sachlichen Gesichtspunkten** strukturierter Anhang auch klar und übersichtlich ist;[42, 43] die von einzelnen Autoren in dieser Hinsicht unterbreiteten Gliederungsvorschläge unterscheiden sich

36 Zur Prüfung des Anhangs vgl. m. w. N. etwa RICHTER, M., Prüfung der Pflichtangaben zum Einzelabschluß, Sp. 26–38; EISELE, W., Prüfung des Konzernanhangs, Sp. 39–48 sowie FARR, W.-M., Checkliste für die Prüfung des Anhangs, S. 234–239.

37 Je nach Rechtsform und Größe des Unternehmens zählt LÜCK bereits für den Einzelabschluß zwischen 55 und 81 Anhangangaben; vgl. LÜCK, W., Der Anhang als dritter Bestandteil des Jahresabschlusses von Kapitalgesellschaften, S. 463.

38 Zu einem Überblick über zwingende Angaben im Anhang vgl. FARR, W.-M., Checkliste für die Prüfung des Anhangs, S. 232–239.

39 Hilfreich sind hier Checklisten, mit denen alle Informationen, die für die systematische Erstellung und Prüfung des Anhangs notwendig sind, vollständig und planmäßig erhoben werden; vgl. DÖBEL, K., Leitfaden für die Erstellung des Anhangs von Kapitalgesellschaften, S. 512. Checklisten werden z. B. vorgelegt von JANZ, R./SCHÜLEN, W., Anhang als Teil des Jahresabschlusses und des Konzernabschlusses, S. 57–65; SCHNAPAUFF, J. A., Fragebogen zur Prüfung des Anhangs, S. 555–566; FARR, W.-M., Checkliste für die Prüfung des Anhangs, S. 232–239.

40 Vgl. BETGE, P., Zur Bedeutung des Anhangs, S. 29.

41 Vgl. m. w. N. ADLER, H./DÜRING, W./SCHMALTZ, K., § 284 HGB, S. 15 f., Rn. 27.

42 Vgl. für viele FORSTER, K.-H., Anhang, Lagebericht, Prüfung und Publizität im Regierungsentwurf eines Bilanzrichtlinie-Gesetzes, S. 1632; SELCHERT, F. W./KARSTEN, J., Inhalt und Gliederung des Anhangs, S. 1889.

43 Zu Vorschlägen, bei der Erstellung des Anhangs *Mustertexte* zu verwenden, vgl. etwa HOFFMANN, W.-D., Grundsatz der Wesentlichkeit im Anhang, S. 1050–1057; KÜFFNER, P., Der Anhang zum Jahresabschluß, S. 73–110; SCHÖNE, W.-D., Anhang und Lagebericht nach dem BiRiLiG, S. 35–68. Kritisch zur Verwendung sogenannter „Textkonserven" CLAUSSEN, C. P., §§ 284–288 HGB, 160 AktG, S. 566, Rn. 24.

indes erheblich voneinander.[44] Die folgende **Struktur des Anhangs** ist für die weitere Betrachtung sowohl sachgerecht als auch in der Praxis der Geschäftsberichterstattung weit verbreitet:[45]

I Allgemeine Angaben zu Inhalt und Gliederung des Einzel- bzw. Konzernabschlusses,

II Grundsätze der Bilanzierung und Bewertung, Währungsumrechnung,

III Erläuterungen zu einzelnen Posten der Bilanz/Konzernbilanz,

IV Erläuterungen zu einzelnen Posten der Gewinn- und Verlustrechnung/Konzern-Gewinn- und Verlustrechnung,

V Angaben zum Konsolidierungskreis,

VI Angaben zu den Konsolidierungsmethoden,

VII Sonstige, vor allem rechtsformspezifische Pflichtangaben,

VIII Freiwillige Angaben.

Diese acht Elemente des Anhangs werden für den weiteren Verlauf der Untersuchung als **Teilberichte des Anhangs** bezeichnet. Entsprechend der Zweiteilung des Anhangs in einen Pflichtteil und in einen freiwilligen Teil werden die Teilberichte I bis VII dem **Pflichtteil** und Teilbericht VIII dem **freiwilligen Teil** des Anhangs zugeordnet. Die folgende Übersicht systematisiert die hier gewählte Strukturierung des Anhangs:

---

44 Zu einer Übersicht über Vorschläge, den Anhang zu gliedern, vgl. etwa KALDENBACH, W., Der Anhang im Jahresabschluß, S. 10 f. sowie m. w. N. ADLER, H./DÜRING, W./SCHMALTZ, K., § 284 HGB, S. 16, Rn. 28 und CLAUSSEN, C. P., §§ 284–288 HGB, 160 AktG, S. 565, Rn. 22. Zu einer ausführlichen Würdigung unterschiedlicher Merkmale, Anhangangaben zu strukturieren, vgl. RUSS, W., Der Anhang als dritter Teil des Jahresabschlusses, S. 229–234; SCHULTE, K.-W., Bilanzpolitik und Publizitätsverhalten deutscher Aktiengesellschaften, S. 462–465.

45 Vgl. JANZ, R./SCHÜLEN, W., Anhang als Teil des Jahresabschlusses und des Konzernabschlusses, S. 59–65; SCHULTE, K.-W., Inhalt und Gliederung des Anhangs, S. 1472–1480; SCHÜLEN, W., Grundsätze für den Inhalt des Anhangs, S. 12–14 (Anlage); FARR, W.-M., Checkliste für die Prüfung des Konzernanhangs, S. 2–10 sowie – auf die gängige Praxis der Anhangberichterstattung verweisend – BAUMANN, K.-H., Geschäftsbericht, S. 96; ADLER, H./DÜRING, W./SCHMALTZ, K., § 313 HGB, S. 839, Rn. 37; ELLROTT, H., § 313 HGB, S. 1693, Rn. 20.

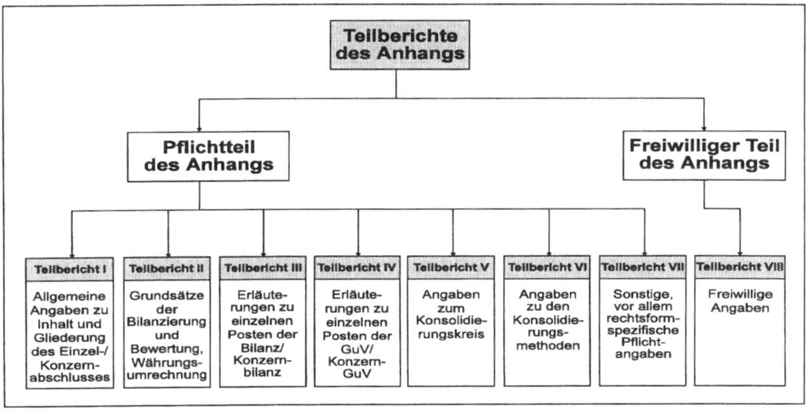

Übersicht 3-1: *Die Strukturierung des Anhangs in acht Teilberichte*

Jedem dieser acht Teilberichte sind gesetzliche Angabepflichten (Teilberichte I bis VII) und freiwillige Angaben (Teilbericht VIII) nach sachlichen Gesichtspunkten zuzuordnen. Auf welche Weise dies geschieht, wird im folgenden Abschnitt 333. dargelegt.

333. Die Gewinnung detaillierter Kriterien zur Beurteilung von Anhangangaben

Die Strukturierung des Anhangs in acht Teilberichte ist ein *erster Schritt* zur Gewinnung eines detaillierten Kriterienkataloges. In einem *zweiten Schritt* sind den acht Teilberichten sogenannte **Hauptkriterien** zuzuordnen, die den Inhalt einzelner Teilberichte konkretisieren.

Weil der Gesetzgeber Angabepflichten im Anhang bereits an vielen Stellen des Gesetzes vorgesehen hat, ergeben sich die Hauptkriterien der **Teilberichte I bis VII** aus den gesetzlichen Vorschriften des HGB, des EGHGB und des AktG,[46] soweit sie Angabepflichten im Anhang betreffen. Beispielsweise bestimmt § 269 Satz 1 HGB, daß im Anhang die in der Bilanz aktivierten Aufwendungen für die Ingangsetzung und Erweiterung des Geschäftsbetriebs zu erläutern sind. In diesem Fall

46 In dieser Arbeit werden ausschließlich die Anhangangaben *börsennotierter* Kapitalgesellschaften untersucht; insofern bedarf es hier nicht des Hinweises auf die Vorschriften des GmbHG.

handelt es sich bei der gesetzlichen Vorschrift um ein Hauptkriterium, das den Inhalt des Teilberichts III „Erläuterungen zu einzelnen Posten der Bilanz bzw. Konzernbilanz“ konkretisiert. Durch sachliche Zuordnung aller gesetzlichen Angabepflichten zu den Teilberichten I bis VII ergibt sich ein grober, 104 Hauptkriterien zählender Kriterienkatalog.

Die Hauptkriterien des **Teilberichts VIII** (Freiwillige Anhangangaben) sind entsprechend den Informationsbedürfnissen der Jahresabschlußadressaten zu ermitteln. Berücksichtigt man die in Abschnitt 24 dieser Arbeit diskutierte Abgrenzung zwischen freiwilligen Angaben im Anhang und freiwilligen Angaben im Lagebericht, so sind nach überwiegender Meinung im Schrifttum im Anhang vor allem folgende freiwillige Angaben von Bedeutung:[47]

(1) Ausführliche Segmentberichterstattung,
(2) Ausweis einer Kapitalflußrechnung,
(3) Erläuterung von Leasinggeschäften,
(4) Berichterstattung über Finanzinnovationen.

Damit liegt ein vorläufiger Katalog von 108 Hauptkriterien zur Beurteilung von Anhangangaben vor. Weil der Gesetzgeber viele Angabepflichten (Hauptkriterien) aber nur verhältnismäßig pauschal formuliert hat, eröffnen sich dem Bilanzierenden Auslegungsspielräume. Abhängig von der Publizitätsbereitschaft eines Unternehmens sind konkrete Anhangangaben deshalb oft unterschiedlich ausgeprägt und somit unterschiedlich aussagekräftig. Konkrete Anhangangaben können nur mit einem detaillierteren Kriterienkatalog beurteilt werden. Dehalb wurden durch systematische **Auswertung des einschlägigen Fach-Schrifttums** für jene Hauptkriterien, die der Gesetzgeber nicht hinreichend konkretisiert hat, in einem *dritten Schritt* **Oberkriterien** ermittelt. Einschlägig sind hier vor allem die Kommentierungen zu den §§ 284–288 HGB (Anhang) sowie §§ 313 und 314 HGB (Konzernanhang), ferner die Kommentierungen zu den übrigen, nicht in den genannten Paragraphen geregelten Anhangangabepflichten, die Stellungnahmen des Instituts der Wirtschaftsprüfer (IDW) zu einzelnen Bilanzierungsproblemen sowie die Beiträge des Schrifttums zu ausgewählten Fragen der Berichterstattung im Anhang. Vor allem die Kommentierungen und die Stellungnahmen des IDW eignen sich zur Gewinnung von Oberkriterien, weil die darin vertretenen Ansichten von den Abschlußprüfern zur Urteils-

---

47 Vgl. etwa ADLER, H./DÜRING, W./SCHMALTZ, K., § 284 HGB, S. 17 f., Rn. 32–34; ELLROTT, H., § 284 HGB, S. 1220, Rn. 80.

findung herangezogen werden sollten.[48] Die Auswertung des Fach-Schrifttums zu einzelnen Hauptkriterien ist auch insofern sinnvoll, als die Gewinnung von Beurteilungskriterien für Dritte zugleich nachvollziehbar, also intersubjektiv nachprüfbar (objektiv) gemacht wird.[49]

Die Auswertung des Fach-Schrifttums ergab, daß einige Hauptkriterien nicht durch Oberkriterien spezifiziert zu werden brauchten (z. B. die Pflicht zur Angabe der im Geschäftsjahr gewährten Gesamtbezüge für Organmitglieder gemäß § 285 Nr. 9 a HGB). Andere Hauptkriterien hingegen waren durch Oberkriterien zu spezifizieren. Zum **Beispiel** wurde das oben genannte Hauptkriterium „Erläuterung der aktivierten Aufwendungen für die Ingangsetzung und Erweiterung des Geschäftsbetriebs" gemäß § 269 Satz 1 HGB durch die folgenden fünf Oberkriterien spezifiziert:

A. Angabe des Grundes für die eingeleitete Maßnahme,[50]
B. Angabe der Bestandteile (der Art) der Ingangsetzungs- und Erweiterungsaufwendungen,[51]
C. Angabe zur Verteilung des Gesamtbetrages der Ingangsetzungs- und Erweiterungsaufwendungen auf einzelne Aufwandarten,[52]
D. Angabe zur Abschreibung der Bilanzierungshilfe,[53]
E. Hinweis auf die Einhaltung des gesetzlichen Deckungsgebotes.[54]

---

48 Vgl. SCHULTE, K.-W., Aktienrechtliche Rechnungslegung im Spiegel der Geschäftsberichte, S. 30.

49 Auf die nachgelagerte Frage, wie auch die *Gewichtung* einzelner Hauptkriterien entsprechend den Einschätzungen der befragten Wirtschaftsprüfer und Finanzanalysten zu objektivieren ist, wird an anderer Stelle (Abschnitt 342.33) eingegangen.

50 Vgl. SCHÜLEN, W., Erläuterungen zur Bilanz, S. 21, Rn. 150; KUPSCH, P., Der Anhang, S. 57, Rn. 140; KUDERT, S., Offene Fragen bei den Aufwendungen für die Ingangsetzung und Erweiterung des Geschäftsbetriebs, S. 442; BUDDE, W. D./KARIG, K. P., § 269 HGB, S. 924, Rn. 12; COMMANDEUR, D., § 269 HGB, S. 1442 f., Rn. 58; DÖRNER, D./WIRTH, M., §§ 284–288 HGB, S. 1917, Rn. 52.

51 Vgl. SCHÜLEN, W., Erläuterungen zur Bilanz, S. 21, Rn. 150; KUPSCH, P., Der Anhang, S. 57, Rn. 140; BUDDE, W. D./KARIG, K. P., § 269 HGB, S. 924, Rn. 12.

52 Vgl. BUDDE, W. D./KARIG, K. P., § 269 HGB, S. 924, Rn. 12. ADLER, H./DÜRING, W./ SCHMALTZ, K., § 269 HGB, S. 259, Rn. 20, halten eine Aufgliederung des Gesamtbetrages auf einzelne Maßnahmen für nicht notwendig, gleichwohl aber für freiwillig möglich; ähnlich KUPSCH, P., Der Anhang, S. 57, Rn. 140.

53 Vgl. KUPSCH, P., Der Anhang, S. 57, Rn. 140; COMMANDEUR, D., § 269 HGB, S. 1443, Rn. 59; BUDDE, W. D./KARIG, K. P., § 269 HGB, S. 924, Rn. 12; IDW (Hrsg.), WPH 1996, Band I, S. 443 f., Rn. F 497.

54 Vgl. IDW (Hrsg.), WPH 1996, Band I, S. 444, Rn. F 497.

Reichte die Konkretisierung von Hauptkriterien durch Oberkriterien für die angemessene Burteilung von Anhangangaben nicht aus, waren in einem *vierten Schritt* auch Oberkriterien durch sogenannte **Unterkriterien** zu spezifizieren. Zum **Beispiel** wurde das Teilbericht II zugeordnete Hauptkriterium, gemäß §§ 284 Abs. 2 Nr. 1 und 313 Abs. 1 Nr. 1 HGB die angewandten Bilanzierungs- und Bewertungsmethoden anzugeben, durch das Oberkriterium „Abschreibung des Sachanlagevermögens" (und weitere Oberkriterien) konkretisiert. Das Oberkriterium „Abschreibung des Sachanlagevermögens" wurde seinerseits durch die Unterkriterien „Abschreibungsmethode" und „Abschreibungssätze/Nutzungsdauern", spezifiziert.

Durch die systematische Auswertung des einschlägigen Fach-Schrifttums zum Anhang ergab sich ein differenzierter – weil je nach Hauptkriterium unterschiedlich viele Hierarchieebenen umfassender – **vorläufiger Kriterienkatalog** mit

- acht Teilberichten,
- 108 Hauptkriterien,
- 291 Oberkriterien und weiteren
- 66 Unterkriterien.

Dieser vorläufige Kriterienkatalog wurde den Wirtschaftsprüfern und Finanzanalysten in der **empirischen Umfrage** mit der Bitte vorgelegt, einerseits fehlende Kriterien im Kriterienkatalog zu ergänzen, überflüssige Kriterien aus dem Kriterienkatalog zu streichen oder vorgegebene Kriterien zu modifizieren; andererseits wurden die Fachleute gebeten, die Bedeutung einzelner Kriterien einzuschätzen. Von der Möglichkeit, Kriterien zu ergänzen, machten die Fachleute erstens insofern Gebrauch, als sie Kriterien vorgaben, die nach der hier vertretenen Auffassung sachlich dem Lagebericht zuzuordnen sind (Wertschöpfungsrechnung, Sozialbilanz, Umweltbericht etc.).[55] Angaben dieser Art betreffen nicht unmittelbar den Jahresabschluß, sondern das wirtschaftliche Umfeld eines Unternehmens. Solche Angaben sollten deshalb vorzugsweise in den Lagebericht (und dort in den Wirtschaftsbericht gemäß § 289 Abs. 1 HGB) aufgenommen werden.[56] Zweitens ergänzten die Fachleute Kriterien, die bereits durch andere Kriterien in anderen Teilberichten abgedeckt waren (etwa die freiwillige Angabe der mittelfristigen Verbindlichkeiten oder der Ausweis eines Rücklagenspiegels; beide Kriterien wurden Teilbericht III „Erläuterungen zu einzelnen Posten der Bilanz" zugeordnet). Die Möglichkeit, vorgegebene Kriterien zu streichen oder zu modifizieren, nahmen die Fachleute nicht wahr.

---

55 Zur Frage, wie Angaben im Anhang von Angaben im Lagebericht abzugrenzen sind, vgl. Abschnitt 24 dieser Arbeit.

56 Gleicher Ansicht ADLER, H./DÜRING, W./SCHMALTZ, K., § 284 HGB, S. 17 f., Rn. 32.

Die hier gewählte Vorgehensweise zur Gewinnung eines objektiven Kriterienkataloges zur Beurteilung von Anhangangaben bedarf der **kritischen Würdigung**: Die Entscheidung, auf die weitere Konkretisierung einer höheren Kriterienebene durch „untere“ Kriterien zu verzichten, ist zwar subjektiv. Zwei Vorkehrungen erhöhen indes die Objektivität des Bewertungsmodells: Einerseits wurde der Kriterienkatalog in der empirischen Umfrage zur Disposition der fachkundigen Befragten gestellt, und andererseits ergaben sich die vorgegebenen Beurteilungskriterien durch Auswertung des einschlägigen Fach-Schrifttums. Zudem ist ein Modell immer „ein [...] Gegenstand, der in *vereinfachender* Weise die *wesentlichsten* Merkmale eines Ausschnittes der Realität wiedergibt“.[57] Das hier entwickelte Modell zur Beurteilung von Anhangangaben erfüllt seinen Zweck, Aussagen über die Qualität von Anhangangaben zu treffen, weil es die Aufmerksamkeit des Bewerters auf *wesentliche* Publizitätsaspekte lenkt.[58]

Im **Ergebnis** ist sichergestellt, daß der Kriterienkatalog alle im Gesetz geregelten Anhangangabepflichten sowie freiwillige Anhangangaben vollständig und objektiviert enthält, die in wesentlichen Fällen durch objektiv ermittelte Oberkriterien und Unterkriterien spezifiziert werden.

Nachstehende Übersicht vermittelt einen Eindruck von der **Struktur des Kriterienkataloges** zur Bewertung von Anhangangaben. Aus Gründen der Übersichtlichkeit der Darstellung werden nur Teilberichte und Hauptkriterien abgebildet. Die Äste bei jedem der acht Teilberichte stehen jeweils für eines der mit arabischen Ziffern bezeichneten 108 Hauptkriterien. Fettgedruckte Ziffern zeigen an, daß das betreffende Hauptkriterium durch Oberkriterien und gegebenenfalls auch durch Unterkriterien spezifiziert wird. Mit der Lupe wird beispielhaft gezeigt, daß das Hauptkriterium Nr. 1 aus Teilbericht VIII durch drei Oberkriterien A., B. und C. spezifiziert wird, wobei Oberkriterium A. seinerseits durch sechs Unterkriterien A.1. bis A.6. weiter spezifiziert wird:

57 HEINEN, E., Einführung in die Betriebswirtschaftslehre, S. 15; Hervorhebungen durch den Verfasser. Zum Modellcharakter des Jahresabschlusses, mit dem die Realität beschrieben wird, vgl. SCHULZE, H.-H., Zum Problem der Messung des wirtschaftlichen Handelns mit Hilfe der Bilanz, S. 166 f.; LIPPMANN, K., Der Beitrag des ökonomischen Gewinns zur Theorie und Praxis der Erfolgsermittlung, S. 22 f.

58 Vgl. grundlegend KOSIOL, E., Modellanalyse als Grundlage unternehmerischer Entscheidungen, S. 319. Zur Anforderung der *Zweckbezogenheit* von Modellen vgl. etwa HEINEN, E., Einführung in die Betriebswirtschaftslehre, S. 15; BAETGE, J., Betriebswirtschaftliche Systemtheorie, S. 48; MAG, W., Entscheidung und Information, S. 14.

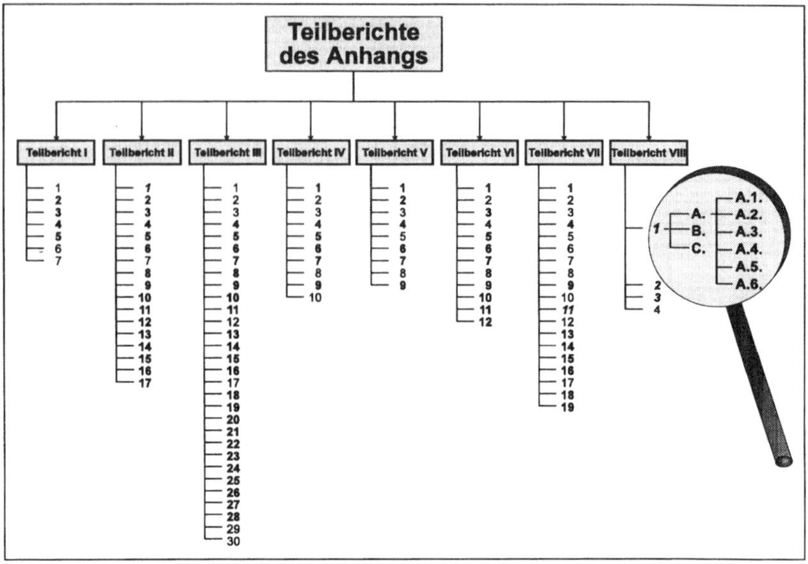

Übersicht 3-2: *Die Struktur des Kriterienkataloges – Teilberichte und Hauptkriterien*

In den nachstehenden Übersichten 3-3 bis 3-10 sind die Bewertungskriterien für alle Teilberichte I bis VIII dokumentiert.[59] Im folgenden Abschnitt 34 wird gezeigt, welches Gewicht (welche Bedeutung) die einzelnen Bewertungskriterien für die befragten Wirtschaftsprüfer und Finanzanalysten haben und wie hierauf aufbauend Anhänge bewertet werden können. In der Anlage zu dieser Arbeit (Seiten 298 bis 319) sind die Gewichte aller Bewertungskriterien dokumentiert; dabei wird auf die Struktur der nachstehenden Übersichten zurückgegriffen.

59 Abweichend von der bisherigen Systematik werden in den nachstehenden Übersichten Absätze von Paragraphen mit römischen Ziffern und Sätze in Paragraphen mit arabischen Ziffern bezeichnet. Bei den Vorschriften handelt es sich – sofern nicht anders vermerkt – um Vorschriften des HGB.

Teilbericht I: Allgemeine Angaben zu Inhalt und Gliederung des Einzel-/ Konzernabschlusses	
Nr.	**Bewertungskriterien (Hauptkriterien, Oberkriterien, Unterkriterien)**
1.	**Zusatzangaben, falls der Jahresabschluß/Konzernabschluß aufgrund besonderer Umstände kein den tatsächlichen Verhältnissen entsprechendes Bild vermittelt (§ 264 II 2/§ 297 II 3)**
2.	**Angabe und Begründung von Abweichungen in der Form der Darstellung aufeinanderfolgender (Konzern-)Bilanzen und (Konzern-)GuV (§ 265 I 2)** A. Angabe des betroffenen Sachverhalts B. Begründung (Ursache und Notwendigkeit des Wechsels)
3.	**Angabe und Erläuterung nicht vergleichbarer Vorjahresbeträge (§ 265 II 2)** A. Angabe der Gründe für die Nicht-Vergleichbarkeit der Beträge B. Angabe der betroffenen Posten im Anhang C. Freiwillige betragsgenaue Angaben, wenn eine Anpassung der Vorjahresbeträge nach § 265 II 3 (vgl. laufende Nr. 4 von Teilbericht I) nicht möglich ist
4.	**Angabe und Erläuterung angepaßter Vorjahresbeträge (§ 265 II 3)** A. Angabe der angepaßten Posten im Anhang B. Angabe der Gründe für die abweichende Ermittlung der Vorjahresbeträge C. Freiwillige Überleitungsrechnung
5.	**Angabe und Begründung der Ergänzung des Abschlusses wegen einer für andere Geschäftszweige vorgeschriebenen Gliederung (§ 265 IV 2)** A. Angabe, nach welcher Grundgliederung der Jahresabschluß aufgestellt wurde B. Angabe der Gründe für diese Vorgehensweise C. Angabe der vorgenommenen Ergänzungen
6.	**Verknüpfung von Bilanz und GuV mit dem Anhang durch Fußnoten**
7.	**Gliederung des Anhangs nach sachlichen Gesichtspunkten**

Übersicht 3-3: Die Bewertungskriterien in Teilbericht I des Anhangs

Teilbericht II: Grundsätze der Bilanzierung und Bewertung, Währungs-umrechnung	
Nr.	**Bewertungskriterien (Hauptkriterien, Oberkriterien, Unterkriterien)**
1.	**Angabe der auf die Posten der Bilanz und GuV angewandten Bilanzierungs- und Bewertungsmethoden (§ 284 II Nr. 1/ § 313 I Nr. 1)** **A. Bewertungsmethoden für Gegenstände des Anlagevermögens** A.1. Erläuterung der Ermittlung der Anschaffungskosten A.2. Erläuterung der Bilanzierung von Zuschüssen A.3. Erläuterung der planmäßigen Abschreibung A.3.1. Abschreibungsmethode A.3.2. Nutzungsdauern/Abschreibungssätze A.4. Angaben über die Abschreibung geringwertiger Wirtschaftsgüter A.5. Angaben über die Behandlung von Abschreibungen im Jahr des Zugangs von Vermögensgegenständen A.6. Erläuterung der Herstellungskosten A.6.1. Bestandteile der Herstellungskosten (Angaben über die Ausübung von Einbeziehungswahlrechten) A.6.2. Angabe des zugrunde gelegten Beschäftigungsgrades A.6.3 Angabe der einbezogenen Kostenstellen **B. Bewertungsmethoden für Gegenstände des Umlaufvermögens** B.1. Erläuterung der Ermittlung der Anschaffungskosten B.2. Erläuterung der Herstellungskosten B.2.1. Herstellungskosten-Bestandteile (Ausübung von Einbeziehungswahlrechten) B.2.2. Angabe des zugrunde gelegten Beschäftigungsgrades B.2.3. Angabe der einbezogenen Kostenstellen

Teilbericht II: Grundsätze der Bilanzierung und Bewertung, Währungsumrechnung

Nr.	Bewertungskriterien (Hauptkriterien, Oberkriterien, Unterkriterien)
	B.3. Angabe der Abschreibungen auf das Umlaufvermögen gemäß der strengen Niederstwertvorschrift B.3.1. Betragsangabe B.3.2. Erläuterung des zur Abschreibung führenden Sachverhalts B.3.3. Erläuterung der Vorgehensweise bei der Ermittlung des niedrigeren beizulegenden Wertes **C. Bewertungsmethoden für Passivposten** C.1. Erläuterung der Bewertungsmethoden für Pensionsrückstellungen C.1.1. Angabe des zugrunde gelegten Zinssatzes C.1.2. Hinweis auf versicherungsmathematische Grundsätze C.1.3. Hinweis auf Entsprechung mit steuerrechtlichen Vorschriften C.2. Erläuterung der Bewertungsmethoden für sonstige Rückstellungen C.2.1. Angaben der wesentlichen Schätzparameter (z. B. Reklamationsquote und Schadenshöhe bei Garantierückstellungen) C.2.2. Hinweis, ob Saldierung mit positiven Erfolgsbeiträgen C.2.3. Angabe, ob Ermittlung auf Teilkosten-/Vollkostenbasis C.2.4 Angaben über das Ausmaß der Inanspruchnahme von Wahlrechten zur Bildung von (Aufwands-) Rückstellungen C.2.5. Angaben über die Abzinsung von Rückstellungen C.2.6. Angaben über die Berücksichtigung von Preissteigerungen
2.	**Angabe der Grundlagen der Währungsumrechnung im Einzelabschluß (§ 284 II Nr. 2)** A. Angaben über die Art der Umrechnungskurse (z. B. Briefkurse) B. Angaben zum Stichtag der Umrechnung C. Angaben über die bei der Währungsumrechnung angewandten GoB D. Angaben zur Behandlung von Umrechnungsdifferenzen E. Ggf. Angaben über die Berücksichtigung von Deckungsgeschäften
3.	**Angabe der Grundlagen der Währungsumrechnung im Konzernabschluß (§ 313 I Nr. 2)** A. Angewandte Methode der Währungsumrechnung B. Angaben über die Art der Umrechnungskurse (z. B. historischer Kurs) C. Angaben zum maßgeblichen Stichtag D. Angaben über den Ausweis der Umrechnungsdifferenzen in der GuV E. Angaben über den Ausweis der Umrechnungsdifferenzen in der Bilanz F. Angaben über Ergebnisauswirkungen G. Ggf. Berichterstattung über Behandlung von Umrechnungsdifferenzen aus Vorjahren H. Ggf. Berichterstattung über das Ausmaß, in dem wesentliche Wechselkursänderungen einzelne Abschlußposten beeinflußt haben I. Ggf. Hinweis auf Besonderheiten bei der Umrechnung von Jahresabschlüssen aus Hochinflationsländern
4.	**Angabe und Begründung der Abweichungen von Bilanzierungs- und Bewertungsmethoden (§ 284 II Nr. 3/§ 313 I Nr. 3)** A. Angabe der Abweichung (Worin besteht die Abweichung?) B. Ausmaß der Abweichung (Worauf erstreckt sich die Abweichung?) C. Begründung der Abweichung
5.	**Gesonderte Darstellung des Einflusses von Abweichungen (vgl. Nr. 4 von Teilbericht II) auf die Vermögens-, Finanz und Ertragslage (§ 284 II Nr. 3/§ 313 I Nr. 3)** A. Gesonderte Darstellung des Saldos der Abweichungen für die jeweiligen Teilbereiche der wirtschaftlichen Lage B. Verbale Darstellung des Umfangs des Einflusses, wenn der Einfluß erkennbar unwesentlich ist C. Zusätzlich quantitative Angabe des Umfangs des Einflusses, wenn dieser Einfluß nicht als unwesentlich bezeichnet oder gar nicht bezeichnet wird
6.	**Angabe und Begründung, wenn die konzerneinheitliche Bewertung von den vom MU angewandten Bewertungsmethoden abweicht (§ 308 I 3)** A. Angabe jeder einzelnen Abweichung B. Begründung: Welche Motive gibt es für die Abweichung?
7.	**Hinweis, wenn auf Sondervorschriften für Kreditinstitute und Versicherungen beruhende Wertansätze beibehalten wurden (§ 308 II 2)**
8.	**Angabe und Begründung, wenn im Konzernabschluß in Ausnahmefällen keine einheitliche Bewertung vorgenommen wurde (§ 308 II 4)** A. Angabe der Tatsache der Abweichung im Konzernanhang B. Quantifizierung der Abweichung

Teilbericht II: Grundsätze der Bilanzierung und Bewertung, Währungsumrechnung	
Nr.	**Bewertungskriterien (Hauptkriterien, Oberkriterien, Unterkriterien)**
9.	**Ausweis der Unterschiedsbeträge bei Anwendung von Bewertungsvereinfachungsverfahren, wenn die Bewertung einen erheblichen Unterschied zu einer Bewertung auf Grundlage des letzten vor dem Abschlußstichtag bekannten Börsen- oder Marktpreises aufweist (§ 284 II Nr. 4)** A. Angabe, welches Bewertungsvereinfachungsverfahren angewandt wurde B. Angabe des Unterschiedsbetrages für jede Gruppe bzw. jeden Bilanzposten in einem Betrag C. Ggf. Angabe, ob das Mengengerüst zu einem erheblichen Unterschiedsbetrag geführt hat
10.	**Angaben über die Einbeziehung von Fremdkapitalzinsen in die Herstellungskosten (§ 284 II Nr. 5)** A. Angabe, ob alle aktivierungsfähigen Fremdkapitalzinsen oder nur einzelne Teile in die Herstellungskosten einbezogen wurden B. Angabe des betroffenen Bilanzpostens C. Angabe des Betrags der aktivierten Fremdkapitalzinsen
11.	**Angabe des Ausmaßes der Ergebnisbeeinflussung durch Anwendung steuerrechtlicher Vorschriften oder Bildung von Sonderposten mit Rücklageanteil im Geschäftsjahr oder in Vorjahren (§ 285 Nr. 5/§ 314 I Nr. 5)** A. Angabe eines Betrages, der die Größenordnung der Ergebnisbeeinflussung erkennen läßt B. Offenlegung, durch welche Bilanzierungs- und Bewertungsmaßnahmen das Ergebnis beeinflußt worden ist C. Angabe, ob bei der Ermittlung Steuern berücksichtigt werden D. Hinweis, ob sich die Angabe auf das Ergebnis vor oder nach Steuern bezieht E. Angabe des zugrunde gelegten Steuersatzes
12.	**Angabe über das Ausmaß erheblicher künftiger Belastungen aus der Inanspruchnahme steuerlicher Vergünstigungen (§ 285 Nr. 5/§ 314 I Nr. 5)** A. Angabe der Art der Belastung B. Angaben zur Höhe der Belastung C. Angabe des zugrunde gelegten Steuersatzes D. Angabe des Betrachtungszeitraums E. Angabe der Bezugsgrößen der Belastung (Ergebnis, eigene Mittel etc.) F. Angabe, ob es sich um Barwerte oder um Nominalwerte handelt
13.	**Angabe der Gründe für die planmäßige Abschreibung des Geschäfts- oder Firmenwertes im Einzelabschluß (§ 285 Nr. 13)** A. Angabe der voraussichtlichen Nutzungsdauer B. Angabe der Abschreibungsmethode C. Begründung der gewählten Abschreibungsmethode
14.	**Gesonderte Angabe der außerplanmäßigen Abschreibungen (Anlagevermögen) nach § 253 II 3 in einem Betrag (§ 277 III 1)** A. Angabe des Betrages der außerplanmäßigen Abschreibung B. Erläuterung des der Abschreibung zugrunde liegenden Sachverhalts C. Differenzierung der außerplanmäßigen Abschreibung nach Bilanzposten
15.	**Gesonderte Angabe der außerplanmäßigen Abschreibungen (Umlaufvermögen) nach § 253 III 3 (§ 277 III 1)** A. Angabe des Betrages der außerplanmäßigen Abschreibung B. Erläuterung des der Abschreibung zugrunde liegenden Sachverhalts C. Differenzierung der außerplanmäßigen Abschreibung nach Bilanzposten
16.	**Angabe und Begründung der im Geschäftsjahr aus steuerlichen Gründen unterlassenen Zuschreibungen (§ 280 III/§308 III 2)** A. Angabe der unterlassenen Zuschreibungen des Geschäftsjahres B. Angabe der auch in Vorjahren unterlassenen Zuschreibungen C. Angabe der steuerrechtlichen Vorschriften, auf denen die Beibehaltung der Wertansätze beruht
17.	**Angabe und Begründung der allein nach steuerrechtlichen Vorschriften gebildeten Abschreibungen getrennt nach Anlage- und Umlaufvermögen (§ 281 II 1/§ 308 III 2)** A. Angabe der Vorschriften, nach denen steuerrechtliche Sonderabschreibungen vorgenommen wurden B. Aufgliederung nach Anlage- und Umlaufvermögen C. Aufgliederung nach Bilanzposten

Übersicht 3-4: *Die Bewertungskriterien in Teilbericht II des Anhangs*

Teilbericht III: Erläuterungen zu einzelnen Posten der Bilanz/Konzernbilanz	
Nr.	**Bewertungskriterien (Hauptkriterien, Oberkriterien, Unterkriterien)**
1.	**Angabe der Mitzugehörigkeit eines Posten zu anderen Posten (§ 265 III 1)**
2.	**Gesonderter Ausweis der in der Bilanz zusammengefaßten Posten (§ 265 VII Nr. 2)**
3.	**Gesonderte Angabe eines Gewinn- oder Verlustvortrags bei Aufstellung der Bilanz unter Berücksichtigung einer teilweisen Gewinnverwendung (§ 268 I Nr. 2 3. HS)**
4.	**Darstellung des Anlagengitters (§ 268 II)** A. Angabe des Mindestschemas B. Ergänzung des Mindestschemas um einen Abschreibungsspiegel C. Über die Angabe der Zuschreibung des Geschäftsjahres hinausgehende Angaben zu Zuschreibungen (Zuschreibungsgitter) D. Berücksichtigung von Auswirkungen aus Änderungen des Konsolidierungskreises im Anlagengitter D.1. Angabe von Änderungen der historischen AK/HK D.2. Angabe der korrigierten kumulierten Abschreibungen E. Berücksichtigung von Auswirkungen der Währungsumrechnung im Anlagengitter E.1. Angabe von Änderungen der historischen AK/HK E.2. Angabe der korrigierten kumulierten Abschreibungen
5.	**Aufgliederung der Abschreibungen des Geschäftsjahres entsprechend der Gliederung des Anlagevermögens (§ 268 II 3)** A. Erläuterung, was unter „Abschreibungen des Geschäftsjahres" verstanden wird B. Ausweis der Abschreibungen entsprechend der Gliederung des Anlagevermögens
6.	**Erläuterung der nach dem Abschlußstichtag entstehenden sonstigen Vermögensgegenstände (RAP) größeren Umfangs (§ 268 IV 2)** A. Tatbestand, der dem antizipativen Posten zugrunde liegt B. Angabe des Betrages des antizipativen Postens C. Hinweis darauf, warum der rechtliche Anspruch erst im neuen Jahr entsteht D. Hinweis darauf, ob der rechtliche Anspruch bis zur Aufstellung der Bilanz entstanden ist
7.	**Erläuterung der nach dem Abschlußstichtag entstehenden Verbindlichkeiten (RAP) größeren Umfangs (§ 268 V 3)** A. Tatbestand, der dem antizipativen Posten zugrunde liegt B. Angabe des Betrages des antizipativen Postens C. Hinweis darauf, warum der rechtliche Anspruch erst im neuen Jahr entsteht D. Hinweis darauf, ob der rechtliche Anspruch bis zur Aufstellung der Bilanz entstanden ist
8.	**Angabe eines Unterschiedsbetrages, der nach § 250 II in den aktiven Rechnungsabgrenzungsposten aufgenommen wird (Disagio; § 268 VI)** A. Betragsangabe B. Angaben über die Abschreibung des Disagios
9.	**Haftungsverhältnisse sowie Pfandrechte und Sicherheiten (§ 268 VII)** A. Haftungsverhältnisse und gewährte Pfandrechte und Sicherheiten B. Gesonderte Angabe der Verpflichtungen gegenüber verbundenen Unternehmen
10.	**Erläuterung der aktivierten Aufwendungen für Ingangsetzung und Erweiterung des Geschäftsbetriebs (§ 269 1)** A. Angabe des Grundes für die eingeleitete Maßnahme B. Bestandteile (Art) der Ingangsetzungs- und Erweiterungsaufwendungen C. Verteilung des Gesamtbetrages auf einzelne Kostenarten D. Angabe zur Abschreibung des Postens E. Hinweis auf die Einhaltung des gesetzlichen Deckungsgebots
11.	**Angabe der Vorschriften, nach denen der Sonderposten mit Rücklageanteil gebildet wurde (§ 273 2/§ 281 I 2)** A. Angabe der jeweiligen Vorschrift B. Freiwillige Trennung nach unversteuerten Rücklagen und steuerrechtlichen Abschreibungen
12.	**Gesonderte Angabe der Rückstellung für latente Steuern (§ 274 I 1)**
13.	**Erläuterung des als Bilanzierungshilfe gesondert in der Bilanz ausgewiesenen Abgrenzungspostens für latente Steuern (§ 274 II 2)** A. Angabe der Gründe für die Abweichung zwischen Handelsbilanzergebnis und Steuerbilanzergebnis B. Angabe des zugrunde gelegten Steuersatzes C. Hinweis auf die Verrechnung mit passivischen Steuerlatenzen

Teilbericht III: Erläuterungen zu einzelnen Posten der Bilanz/Konzernbilanz	
Nr.	**Bewertungskriterien (Hauptkriterien, Oberkriterien, Unterkriterien)**
	D. Erläuterung der Berechnungsmethode E. Erläuterung des Gesamtbetrages der aktivischen latenten Steuern, d. h. auch des Betrages, der wegen des Aktivierungswahlrechts nicht aktiviert wurde
14.	**Gesonderte Angabe der Steuerabgrenzung bei einem Konzernergebnis, das von der Summe der Einzelergebnisse abweicht (§ 306 2)** A. Hinweis auf die Zusammenfassung mit Steuerlatenzen gemäß § 274 B. Angabe der Ursachen der Steuerabgrenzung C. Angabe des zugrunde gelegten Steuersatzes D. Evtl. Hinweis auf Abweichung gegenüber dem Vorjahr
15.	**Angaben zu Verbindlichkeiten (§ 285 Nr. 1 und 2/§ 314 I Nr. 1)** A. Gesetzlich vorgeschriebene Mindestangaben A.1. Angabe des Gesamtbetrages der Verbindlichkeiten mit einer Restlaufzeit von mehr als fünf Jahren A.2. Angabe des Gesamtbetrages der durch Pfandrechte oder ähnliche Rechte gesicherten Verbindlichkeiten unter Angabe von Art und Form der Sicherheit A.3. Aufgliederung der Angaben nach § 285 Nr. 1 für jeden Posten der Verbindlichkeiten A.3.1. Gesamtbetrag der Verbindlichkeit A.3.2. Art und Form der Sicherheit B, Freiwillige Angabe der mittelfristigen Verbindlichkeiten B.1. Gesamtbetrag B.2. Aufgliederung C. Freiwillige übersichtliche Darstellung der Verbindlichkeiten in einem tabellarischen Verbindlichkeitenspiegel
16.	**Angaben zu Unternehmen, an denen das MU, ein TU oder für deren Rechnung ein Dritter mindestens 20 % der Anteile hält (§ 285 Nr. 11/§ 313 II Nr. 4)** A. Name und Sitz des Unternehmens B. Anteil am Kapital des Unternehmens C. Höhe des Eigenkapitals des Unternehmens D. Letztes Jahresergebnis des Unternehmens
17.	**Angabe der Anwendung der Schutzklausel (bezüglich Aufstellung des Anteilbesitzes) nach § 286 III 1 Nr. 2/§ 313 III 1 i. V. m. § 313 II Nr. 4 (§ 286 III 3/§ 313 III 2)**
18.	**Hinweis auf die besondere Aufstellung des Anteilbesitzes und den Ort ihrer Hinterlegung, falls der Anteilbesitz nicht im Anhang angegeben wird** A. Hinweis auf die Hinterlegung der Anteilliste B. Hinweis auf den Ort des Handelsregisters C. Hinweis auf die Nummer des Handelsregisters D. Angaben zur Beteiligungsliste
19.	**Erläuterung von nicht gesondert ausgewiesenen „sonstigen Rückstellungen", die einen nicht unerheblichen Umfang haben (§ 285 Nr. 12)** A. Angabe der einzelnen Teil-Rückstellungen zugrunde liegenden Sachverhalte B. Angabe der Fristigkeiten C. Angabe von Beträgen pro Teil-Rückstellung
20.	**Angabe der Fehlbeträge für laufende Pensionen und Anwartschaften auf Pensionen und ähnliche Verpflichtungen (Artikel 28 II EGHGB)** A. Angabe des Betrages der Unterdeckung B. Angabe der Ursachen für die Unterdeckung
21.	**Angabe des in andere Gewinnrücklagen eingestellten Eigenkapitalanteils von Wertaufholungen und von bei der Gewinnermittlung gebildeten Passivposten (§ 58 IIa 2 AktG)**
22.	**Angabe des für das Geschäftsjahr in die Kapitalrücklage eingestellten bzw. aus der Kapitalrücklage entnommenen Betrages (§ 152 II AktG)** A. Gesetzliche Angaben (Einstellung aus Bilanzgewinn und Jahresüberschuß, Entnahmen) B. Freiwillige Angabe der Bewegungen einzelner Posten der Kapitalrücklage C. Darstellung in Form eines Rücklagenspiegels
23.	**Angabe der einzelnen Beträge der Gewinnrücklagen (§ 152 II AktG)** A. Gesetzliche Angaben (Einstellung aus Bilanzgewinn und Jahresüberschuß, Entnahmen) B. Ausweis eines Rücklagenspiegels

Teilbericht III: Erläuterungen zu einzelnen Posten der Bilanz/Konzernbilanz	
Nr.	**Bewertungskriterien (Hauptkriterien, Oberkriterien, Unterkriterien)**
24.	**Angabe von Zahl und Nennbetrag der Aktien jeder Gattung (§ 160 I Nr. 3 AktG)** A. Gesetzlich geforderte Angaben B. Übersichtliche Zusammenfassung der Angaben im Anhang
25.	**Gesonderte Angabe der Aktien je Gattung, die bei einer bedingten Kapitalerhöhung oder einem genehmigten Kapital im Geschäftsjahr gezeichnet wurden (§ 160 I Nr. 3 AktG)** A. Anlaß der Kapitalerhöhung B. Gesamtnennbetrag der Aktien je Gattung C. Ausgabebetrag der Aktien je Gattung D. Angaben zur bilanziellen Behandlung der Kapitalerhöhung E. Gegenwert der Aktien (Bar- oder Sacheinlage)
26.	**Angaben über das genehmigte Kapital (§ 160 I Nr. 4 AktG)** A. Datum des Hauptversammlungsbeschlusses B. Inhalt des Hauptversammlungsbeschlusses C. Nennbetrag des am Stichtag bestehenden genehmigten Kapitals
27.	**Zahl der Wandelschuldverschreibungen und vergleichbaren Wertpapiere unter Angabe der Rechte, die sie verbriefen (§ 160 I Nr. 5 AktG)** A. Angabe der Gattung B. Angabe der Zahl/Nennbeträge der umlaufenden Stücke je Gattung C. Angabe der verbrieften Rechte (Anleihebedingungen, Zinssatz, Wandlungsverhältnis, Aufgeld, Fälligkeit, Besicherung etc.)
28.	**Angaben über Genußrechte, Besserungsscheine und ähnliche Rechte (§ 160 I Nr. 6 AktG)** A. Art der Rechte B. Zahl der Rechte C. Nennbetrag der Rechte D. Hervorhebung der neu entstandenen Rechte E. Inhalt der einzelnen Rechte (Zweck der Ausgabe, Hauptversammlungsbeschluß, berechtigte Personen, Laufzeit, Änderung der Bedingung, Erlöschen von Rechtsverpflichtungen u. ä.)
29.	**Erläuterung der Zusammensetzung einzelner Posten der Aktivseite**
30.	**Erläuterung der Zusammensetzung einzelner Posten der Passivseite**

Übersicht 3-5: *Die Bewertungskriterien in Teilbericht III des Anhangs*

Teilbericht IV: Erläuterungen zu einzelnen Posten der GuV/Konzern-GuV	
Nr.	**Bewertungskriterien (Hauptkriterien, Oberkriterien, Unterkriterien)**
1.	**Gesonderter Ausweis der in der Gewinn- und Verlustrechnung zusammengefaßten Posten (§ 265 VII Nr. 2)**
2.	**Weitere Aufgliederung der in der GuV ausgewiesenen sonstigen betrieblichen Aufwendungen und Erträge (§ 265 V 1)**
3.	**Erläuterung des Betrages und der Art von außerordentlichen Erträgen und Aufwendungen, soweit diese für die Beurteilung der Ertragslage nicht von untergeordneter Bedeutung sind (§ 277 IV 2)**
4.	**Erläuterung des Betrages und der Art von einem anderen Geschäftsjahr zuzuordnenden Erträgen und Aufwendungen, soweit diese für die Beurteilung der Ertragslage nicht von untergeordneter Bedeutung sind (§ 277 IV 3)**
5.	**Angabe der Erträge aus der Auflösung von Sonderposten mit Rücklageanteil (§ 281 II 2)** A. Angabe des Betrages der Auflösung B. Hinweis, ob es sich um eine planmäßige oder um eine vorzeitige Auflösung des Sonderpostens handelt
6.	**Angabe der Aufwendungen aus der Einstellung in den Sonderposten mit Rücklageanteil (§ 281 II 2)** A. Angabe des Betrages der Einstellung B. Differenzierung der Betragsangabe nach der Art der Einstellung in den Sonderposten mit Rücklageanteil

Teilbericht IV: Erläuterungen zu einzelnen Posten der GuV/Konzern-GuV	
Nr.	**Bewertungskriterien (Hauptkriterien, Oberkriterien, Unterkriterien)** B. Differenzierung der Betragsangabe nach der Art der Einstellung in den Sonderposten mit Rücklageanteil
7.	**Aufgliederung der Umsatzerlöse nach Tätigkeitsbereichen und nach geographisch bestimmten Märkten (§ 285 Nr. 4/§ 314 Nr. 3/§ 314 II)** A. Segmentierung der Umsätze B. Angabe des Abgrenzungskriteriums C. Angabe intersegmentärer Umsätze D. Angabe von Vorjahreszahlen
8.	**Angabe der Belastung des Ergebnisses der gewöhnlichen Geschäftstätigkeit und des außerordentlichen Ergebnisses durch Ertragsteuern (§ 285 Nr. 6)**
9.	**Angaben bei Anwendung des Umsatzkostenverfahrens (Materialaufwand, Personalaufwand; § 285 Nr. 8)** A. Materialaufwand A.1. Angabe des Gesamtbetrages A.2. Angabe der auch nach GKV auszuweisenden Teilbeträge des Materialaufwands A.3. Freiwillige Angabe der Vorjahresbeträge B. Personalaufwand B.1. Angabe des Gesamtbetrages B.2. Angabe der auch nach GKV auszuweisenden Teilbeträge des Personalaufwands B.3. Freiwillige Angabe der Vorjahresbeträge
10.	**Angabe der Entwicklung des Jahresüberschusses/Jahresfehlbetrages zum Bilanzgewinn/Bilanzverlust (§ 158 I 2 AktG)**

Übersicht 3-6: *Die Bewertungskriterien in Teilbericht IV des Anhangs*

Teilbericht V: Angaben zum Konsolidierungskreis	
Nr.	**Bewertungskriterien (Hauptkriterien, Oberkriterien, Unterkriterien)**
1.	**Angaben, die einen Vergleich mit vorhergehenden Abschlüssen erlauben, wenn sich der Konsolidierungskreis geändert hat** A. Begründung für Veränderungen der Zusammensetzung des Konsolidierungskreises B. **Alternative 1:** Vorgehen gemäß § 294 II 1 B.1.1. Angabe, welche/wieviele Tochterunternehmen erstmals oder erstmals nicht mehr einbezogen worden sind B.1.2. Betragsangabe, wie sich dadurch einzelne, wesentliche Konzernabschlußposten verändert haben B.1.2.1. Bilanz B.1.2.2. Gewinn- und Verlustrechnung **Alternative 2:** Vorgehen gemäß § 294 II 2 B.2.1. Angabe, welche/wieviele Tochterunternehmen erstmals oder erstmals nicht mehr einbezogen worden sind B.2.2. Betragsangabe, wie sich dadurch einzelne, wesentliche Konzernabschlußposten verändert haben B.2.2.1. Bilanz B.2.2.2. Gewinn- und Verlustrechnung B.2.3. Zusätzlich Ausweis der nicht angepaßten (ursprünglichen) Vorjahreszahlen im aktuellen Anhang (sogenannter Drei-Spalten-Ausweis)
2.	**Angabe und Begründung, wenn ein Tochterunternehmen nach § 295 I nicht einbezogen wurde (§ 295 III 1)** A. Angabe der Umstände, die für die Nichteinbeziehung ursächlich sind B. Angabe der Posten des Konzernabschlusses, die bei Einbeziehung des Tochterunternehmens ein verzerrtes Bild der VFE-Lage widerspiegeln
3.	**Begründung, wenn ein Tochterunternehmen nach § 296 I oder II nicht einbezogen wurde (§ 296 III)**
4.	**Angaben zu Konzernunternehmen (§ 313 II Nr. 1 Satz 1)** A. Name und Sitz des Tochterunternehmens B. Anteil am Kapital, der dem MU und den einbezogenen TU gehört oder für deren Rechnung gehalten wird C. Sachverhalt, der zur Einbeziehung verpflichtet, sofern diese nicht aufgrund einer der Kapitalbeteiligung entsprechenden Stimmrechtsmehrheit erfolgt

Teilbericht V: Angaben zum Konsolidierungskreis	
Nr.	**Bewertungskriterien (Hauptkriterien, Oberkriterien, Unterkriterien)**
5.	**Angaben für alle Tochterunternehmen, die nach §§ 295, 296 nicht einbezogen wurden (§ 313 II Nr. 1 Satz 2)** A. Name und Sitz des Tochterunternehmens B. Anteil am Kapital, der dem MU und den einbezogenen TU gehört oder für deren Rechnung gehalten wird C. Sachverhalt, der zur Einbeziehung verpflichtet, sofern diese nicht aufgrund einer der Kapitalbeteiligung entsprechenden Stimmrechtsmehrheit erfolgt
6.	**Angaben zu assoziierten Unternehmen (§ 313 II Nr. 2)** A. Name und Sitz des assoziierten Unternehmens B. Anteil am Kapital des assoziierten Unternehmens, der dem MU und den einbezogenen TU gehört oder für deren Rechnung gehalten wird C. Angabe und Begründung, wenn auf die Einbeziehung nach der Equity-Methode verzichtet wird
7.	**Angaben zu quotenkonsolidierten Unternehmen (§ 313 II Nr. 3)** A. Name und Sitz des Gemeinschaftsunternehmens B. Tatbestand, der die Quotenkonsolidierung ermöglicht B.1. Hinweis auf Tatbestand der gemeinsamen Führung B.2. Name und Sitz der gemeinsam mitführenden konzernfremden Unternehmen B.3. Hinweis, von wievielen anderen konzernfremden Unternehmen das gemeinsame Unternehmen geführt wird C. Anteil am Kapital dieser Unternehmen, der dem MU und den einbezogenen TU gehört oder für deren Rechnung gehalten wird
8.	**Angabe der Anwendung der Schutzklausel, wenn die Angaben zu § 313 II nicht gemacht werden (§ 313 III 2)**
9.	**Hinweis auf die besondere Aufstellung des Anteilbesitzes, die die Angaben nach § 313 II ersetzt, und den Ort der Hinterlegung (§ 313 IV 3)** A. Hinweis auf die Hinterlegung der Anteilliste B. Hinweis auf den Ort des Handelsregisters C. Hinweis auf die Nummer des Handelsregisters D. Angaben zur Beteiligungsliste

Übersicht 3-7: *Die Bewertungskriterien in Teilbericht V des Anhangs*

Teilbericht VI: Angaben zu den Konsolidierungsmethoden	
Nr.	**Bewertungskriterien (Hauptkriterien, Oberkriterien, Unterkriterien)**
1.	**Angabe und Begründung der Abweichungen von den auf den vorhergehenden Abschluß angewandten Konsolidierungsmethoden (§ 297 II 4/§ 313 I Nr. 3)** A. Angabe der bisher angewandten und der jetzt angewandten Methode B. Begründung der Unstetigkeit
2.	**Gesonderte Darstellung des Einflusses abweichender Konsolidierungsmethoden auf die VFE-Lage des Konzerns (§ 297 III 5/§ 313 I Nr. 3)**
3.	**Angabe und Begründung, wenn der Abschlußstichtag des Konzerns und der Abschlußstichtag des Mutterunternehmens auseinanderfallen (§ 299 I)** A. Darstellung der Tatsache des abweichenden Stichtags B. Angabe der Unternehmen mit abweichendem Stichtag C. Angabe der Vorgänge und Tatbestände, die dieser Abweichung zugrunde liegen
4.	**Weicht der Abschlußstichtag des Konzerns von demjenigen eines einbezogenen Unternehmens ab und wird kein Zwischenabschluß aufgestellt, so sind dazwischenliegende Vorgänge anzugeben, soweit sie für die VFE-Lage des Konzerns von besonderer Bedeutung sind (§ 299 III)**
5.	**Erwerbsmethode (§ 301)** A. Angabe der gewählten Konsolidierungsmethode B. Angabe des Zeitpunktes, der für die Wertansätze der Kapitalkonsolidierung grundlegend ist C. Erläuterung des aktivischen und passivischen Unterschiedsbetrags aus der Kapitalkonsolidierung sowie dessen wesentliche Änderung gegenüber dem Vorjahr C.1. Erläuterung der Zusammensetzung des Postens C.2. Erläuterung von Veränderungen des Postens

Teilbericht VI: Angaben zu den Konsolidierungsmethoden	
Nr.	**Bewertungskriterien (Hauptkriterien, Oberkriterien, Unterkriterien)**
	D. Angabe der gegeneinander verrechneten aktivischen und passivischen Unterschiedsbeträge E. Angaben zur Abschreibungsmethode
6.	**Interessenzusammenführungsmethode (§ 302 II)** A. Angabe der Anwendung dieser Methode B. Angabe der sich aus der Anwendung dieser Methode ergebenden Rücklagenveränderungen C. Name und Sitz des betroffenen Unternehmens
7.	**Quotenkonsolidierung (§ 310 II)** A. Angabe der gewählten Konsolidierungsmethode B. Angabe des Zeitpunktes, der für die Wertansätze der Kapitalkonsolidierung grundlegend ist C. Erläuterung des aktivischen und passivischen Unterschiedsbetrags aus der Kapitalkonsolidierung sowie dessen wesentliche Änderung gegenüber dem Vorjahr C.1. Erläuterung der Zusammensetzung des Postens C.2. Erläuterung von Veränderungen des Postens D. Angabe der gegeneinander verrechneten aktivischen und passivischen Unterschiedsbeträge
8.	**Equity-Methode (§§ 311, 312)** A. Angabe des Unterschiedsbetrags zwischen Beteiligungsbuchwert und anteiligem Eigenkapital des assoziierten Unternehmens bei erstmaliger Anwendung der Equity-Methode mit Buchausweis B. Angabe des Unterschiedsbetrags zwischen dem Buchwert der Beteiligung in der Einzelbilanz und dem auf die Beteiligung entfallenden Teil des Eigenkapitals des assoziierten Unternehmens zum Zeitpunkt der erstmaligen Anwendung der Kapitalanteilsmethode C. Angabe der angewandten Variante der Equity-Methode D. Angabe des für den Wertansatz grundlegenden gewählten Zeitpunkts E. Angabe, wenn das assoziierte Unternehmen nicht an die konzerneinheitliche Bewertung angepaßt wird
9.	**Angabe, wenn die Zwischenergebniseliminierung wegen untergeordneter Bedeutung unterlassen wurde; Erläuterung des hieraus resultierenden Einflusses auf die VFE-Lage des Konzerns, sofern er wesentlich ist (§ 304 II 2)** A. Angabe, bei welchen Posten auf eine Herausrechnung der Zwischenergebnisse verzichtet wurde B. Angabe der Auswirkung auf die VFE-Lage des Konzerns C. Angabe, warum eine Eliminierung einen unverhältnismäßig hohen Aufwand erfordert
10.	**Schuldenkonsolidierung (§ 303)** A. Allgemeine Angaben zur Schuldenkonsolidierung B. Detaillierte Angaben zur Schuldenkonsolidierung (Behandlung von Aufrechnungsdifferenzen etc.)
11.	**Zwischenergebniseliminierung (§ 304)** A. Allgemeine Angaben zur Zwischenergebniseliminierung B. Detaillierte Angaben zur Zwischenergebniseliminierung (Behandlung von Aufrechnungsdifferenzen etc.)
12.	**Aufwands- und Ertragskonsolidierung (§ 305)** A. Allgemeine Angaben zur Aufwands- und Ertragskonsolidierung B. Detaillierte Angaben zur Aufwands- und Ertragskonsolidierung

***Übersicht 3-8:** Die Bewertungskriterien in Teilbericht VI des Anhangs*

Teilbericht VII: Sonstige, vor allem rechtsformspezifische Pflichtangaben	
Nr.	**Bewertungskriterien (Hauptkriterien, Oberkriterien, Unterkriterien)**
1.	**Angabe des Gesamtbetrags der nicht aus der Bilanz ersichtlichen sonstigen finanziellen Verpflichtungen, soweit sie für die Finanzlage von Bedeutung sind (§ 285 Nr. 3 1. HS/§ 314 I Nr. 2 1. HS)** A. Angabe des Gesamtbetrags B. Freiwillige Untergliederung des Gesamtbetrags C. Angabe, ob es sich um Barwerte oder Nominalwerte handelt D. Freiwillige Erläuterung/Begründung einzelner Arten von sonstigen finanziellen Verpflichtungen E. Angabe der im kommenden Geschäftsjahr fälligen Verpflichtungen F. Angabe der ab dem zweiten folgenden Geschäftsjahr fälligen Verpflichtungen

Teilbericht VII: Sonstige, vor allem rechtsformspezifische Pflichtangaben	
Nr.	**Bewertungskriterien (Hauptkriterien, Oberkriterien, Unterkriterien)**
2.	**Gesonderte Angabe des Gesamtbetrags der nicht aus der Bilanz ersichtlichen sonstigen finanziellen Verpflichtungen gegenüber verbundenen Unternehmen (§ 285 Nr. 3 2. HS)**
3.	**Gesonderte Angabe der nicht aus der Bilanz ersichtlichen sonstigen finanziellen Verpflichtungen und Haftungsverhältnisse, die gegenüber nicht einbezogenen Tochterunternehmen bestehen (§ 314 I Nr. 2 2. HS)**
4.	**Angabe der durchschnittlichen Arbeitnehmerzahl des Konzerns, getrennt nach Gruppen (§ 285 Nr. 7/§ 314 I Nr. 4.1. HS)** A. Untergliederung nach arbeitsrechtlichen Gruppen B. Freiwillige weitere Gruppierung nach Geschlecht, geographisch bestimmten Bereichen etc. C. Freiwillige Angabe der nicht in der Gesamtzahl enthaltenen Zahl der Auszubildenden, Leiharbeiter etc. D. Angabe der Ermittlungsmethode der Arbeitnehmerzahl E. Freiwillige Angabe von Vorjahreszahlen
5.	**Angabe der durchschnittlichen Arbeitnehmerzahl bei nur anteilig einbezogenen Unternehmen (§ 314 I Nr. 4 2. HS)**
6.	**Angabe der im Geschäftsjahr gewährten Gesamtbezüge für Mitglieder der Geschäftsführung, des Aufsichtsrates, des Beirates oder einer ähnlichen Einrichtung jeweils für jede Personengruppe (§ 285 Nr. 9a/§ 314 Nr. 6a)**
7.	**Angabe der Gesamtbezüge der früheren Mitarbeiter der unter Nr. 6 von Teilbericht VII genannten Organe und ihrer Hinterbliebenen (§ 285 Nr. 9b 1 und 2/§ 314 I Nr. 6b 1)**
8.	**Angabe des Betrags der für frühere Organmitglieder und ihre Hinterbliebenen gebildeten Rückstellungen für laufende Pensionen und Anwartschaften auf Pensionen und Betrag der nicht gebildeten Pensionsrückstellungen (§ 285 Nr. 9b 3/§ 314 I Nr. 6b 2)**
9.	**Angabe gemäß § 285 Nr. 9c/§ 314 I Nr. 6c** A. An Organmitglieder gewährte Vorschüsse und Kredite B. Zinssätze C. Wesentliche Bedingungen D. Im Geschäftsjahr zurückgezahlte Beträge E. Eingegangene Haftungsverhältnisse
10.	**Angabe aller Mitglieder des Geschäftsführungsorgans und des Aufsichtsrates (§ 285 Nr. 10)**
11.	**Angabe bei Konzernzugehörigkeit des Namens und Sitzes des Mutterunternehmens, das den Konzernabschluß für den größten und für den kleinsten Kreis von Unternehmen aufstellt, sowie Angabe des Ortes, wo die Konzern-abschlüsse gegebenenfalls erhältlich sind (§ 285 Nr. 14)** A, Konzernabschluß für den größten Kreis von Unternehmen A.1. Name des Mutterunternehmens A.2. Sitz des Mutterunternehmens A.3. Ort, wo der Konzernabschluß gegebenenfalls erhältlich ist A.4. Freiwilliger Hinweis auf Ergebnisabführungsvertrag, falls ein solcher besteht B. Konzernabschluß für den kleinsten Kreis von Unternehmen B.1. Name des Mutterunternehmens B.2. Sitz des Mutterunternehmens B.3. Ort, wo der Konzernabschluß gegebenenfalls erhältlich ist B.4. Freiwilliger Hinweis auf Ergebnisabführungsvertrag, falls ein solcher besteht
12.	**Angaben über einen befreienden Konzernabschluß (§ 291 II Nr. 3)** A. Angabe des befreienden Mutterunternehmens B. Sitz des befreienden Mutterunternehmens C. Hinweis auf die Befreiung D. Freiwillige Angabe des Ortes, wo der befreiende Konzernabschluß erhältlich ist
13.	**Angabe über Bestand, Zugang und ggf. Verwertung von Aktien, die ein Aktionär für die Gesellschaft übernommen hat (§ 160 I Nr. 1 AktG)** A. Zahl der vorhandenen Vorratsaktien B. Gesamtnennbetrag der vorhandenen Vorratsaktien C. Gattung der Vorratsaktien D. Übernahmebedingungen E. Anlaß der Ausgabe der Vorratsaktien F. Name des Übernehmers, wenn es sich bei diesem um ein abhängiges oder um ein in Mehrheitsbesitz stehendes Unternehmen handelt G. Angabe des Zugangs an Vorratsaktien im Geschäftsjahr H. Angabe der Höhe des Verwertungserlöses I. Angaben über die Verwendung des Verwertungserlöses

Teilbericht VII: Sonstige, vor allem rechtsformspezifische Pflichtangaben	
Nr.	**Bewertungskriterien (Hauptkriterien, Oberkriterien, Unterkriterien)**
14.	**Angaben über Bestand, Zugang und gegebenenfalls Änderung des Bestands an eigenen Aktien der Gesellschaft (§ 160 I Nr. 2 AktG)** A. Zahl der vorhandenen Aktien B. Gesamtnennbetrag der vorhandenen eigenen Aktien C. Gattung der Aktien D. Anteil der eigenen Aktien am Grundkapital E. Erwerbs-/Veräußerungspreis F. Zeitpunkt des Erwerbs/Veräußerung G. Anlaß/Gründe des Erwerbs H. Angaben über die Höhe des Verwertungserlöses I. Angaben über die Verwendung des Verkaufserlöses
15.	**Angabe des Bestehens einer wechselseitigen Beteiligung (§ 160 I Nr. 7 AktG)** A. Angabe der anderen wechselseitig beteiligten Gesellschaft B. Angabe der Höhe der jeweiligen wechselseitigen Beteiligungen C. Angabe der Veränderung der wechselseitigen Beteiligung im Geschäftsjahr
16.	**Angabe über das Bestehen einer Beteiligung an der Gesellschaft im Sinne von § 20 I oder IV AktG (§ 160 I Nr. 8 AktG)** A. Wem gehört die Beteiligung? B. Angabe der Höhe der Beteiligung
17.	**Erläuterung der Verwendung von Beträgen aus einer Kapitalherabsetzung und der Auflösung von Gewinnrücklagen (§ 240 3 AktG)**
18.	**Angaben, die nach einer Sonderprüfung wegen unzulässiger Bewertung in besonderen Fällen zu machen sind (§ 261 I 3, 4 AktG)** A. Gründe für einen niedrigeren Wert auf der Aktivseite bzw. einen höheren Wert auf der Passivseite in einem späteren Jahresabschluß B. Darstellung der Entwicklung der von den Sonderprüfern festgestellten Werte zu den Werten im Jahresabschluß in einer Sonderrechnung C. Angabe über die Verwendung eines Ertrages aus zwischenzeitlich abgegangenen, unterbewerteten Gegenständen
19.	**Angabe zum Bestand an Anteilen an dem Mutterunternehmen, die das Mutterunternehmen oder ein Tochterunternehmen oder ein anderer für Rechnung eines in den Konzernabschluß einbezogenen Unternehmens erworben oder als Pfand genommen hat; Zahl und Nennbetrag dieser Anteile sowie deren Anteil am Kapital sind anzugeben (§ 314 I Nr. 7)** A. Zahl der Anteile B. Nennbetrag der Anteile C. Anteil am gezeichneten Kapital des Mutterunternehmens

Übersicht 3-9: Die Bewertungskriterien in Teilbericht VII des Anhangs

Teilbericht VIII: Freiwillige Angaben	
Nr.	**Bewertungskriterien (Hauptkriterien, Oberkriterien, Unterkriterien)**
1.	**Ausführliche Segmentberichterstattung (IAS 14)** A. Segmentangaben A.1. Abschreibungen A.2. F&E-Aufwendungen A.3. Investitionsausgaben A.4. Arbeitnehmer A.5. Ergebnis/Cash Flow A.6. Vermögen B. Überleitung von den Summen der Segmentangaben zu den aggregierten Jahresabschlußzahlen C. Angabe zu Verrechnungspreisen

Teilbericht VIII: Freiwillige Angaben	
Nr.	**Bewertungskriterien (Hauptkriterien, Oberkriterien, Unterkriterien)**
2.	**Erläuterung von Leasinggeschäften (IAS 17)** A. Im Jahresabschluß des Leasingnehmers A.1. Angabe der Höhe der Leasingzahlungen beim operating lease A.2. Angaben zum finance lease A.2.1. Wertansätze der geleasten Gegenstände aufgeteilt nach Hauptgruppen A.2.2. Gesamtbetrag der entsprechenden Verbindlichkeiten, entweder als Summe der Mindestleasingzahlungen oder als Nettozeitwert der Verbindlichkeit (mit Angabe der verwendeten Diskontierungssätze) A.3. Ausweis eines Leasingspiegels mit allen künftigen Zahlungen, differenziert nach Restlaufzeiten A.4. Angabe der wesentlichen Konditionen der Leasingvereinbarung B. Im Jahresabschluß des Leasinggebers B.1. Angaben zum operating lease B.1.1. Wert der Vermögensgegenstände nach Hauptgruppen B.1.2. Kumulierte Abschreibungen nach Hauptgruppen B.1.3. Höhe der Mieteinnahmen, künftige Leasingraten aus unkündbaren Leasingverhältnissen, jeweils in der Summe und für bestimmte künftige Perioden B.2. Angaben zum finance lease B.2.1. Bruttoinvestitionen in die Leasing-Gegenstände B.2.2. Angabe der damit verbundenen, noch nicht realisierten Finanzerträge B.2.3. Angabe der unsicheren Restwerte der Leasing-Gegenstände
3.	**Bericherstattung über derivative Finanzinstrumente (IAS 32)** A. Angabe des Nominal-Volumens der Derivate B. Angabe der Marktwerte der Derivate C. Angabe der Buchwerte der Derivate D. Differenzierung der Angaben zu A., B., und C. nach einzelnen Derivaten E. Angabe der Fristigkeiten (Restlaufzeiten) einzelner Derivate F. Angabe zu Bewertungsmethoden bei Derivaten F.1. Allgemeine Angaben zur Abbildung von Derivaten im Jahresabschluß (Verweis auf zugrunde gelegtes Bewertungskonzept) F.2. Konkrete Angaben zur Abbildung einzelner Derivate im Jahresabschluß F.3. Erläuterung der Bedingungen für die Bildung von Bewertungseinheiten F.4. Angabe zur Abbildung von Bewertungseinheiten im Jahresabschluß (Hedge-Accounting) G. Angaben zu Zielen und Strategien des Einsatzes von Derivaten H. Angaben zum Volumen von Deckungs- und Spekulationsgeschäften I. Erläuterung der zur Risikoüberwachung und -kontrolle getroffenen Maßnahmen J. Angaben zu wesentlichen Bonitätsrisiken K. Angaben zum Preisrisiko/Marktrisiko der Derivate (Angabe des value-at-risk von Handelsgeschäften, Zinsbindungsfristen etc.)
4.	**Kapitalflußrechnung (IAS 7)**

Übersicht 3-10: *Die Bewertungskriterien in Teilbericht VIII des Anhangs*

34 Die Messung der Berichterstattungsqualität qualitativer Anhangangaben

341. Vorbemerkungen

Nachdem im vorangegangenen Abschnitt ein Kriterienkatalog zur Bewertung von Anhangangaben entwickelt und objektiviert wurde, sind – aufbauend auf den Ergebnissen der empirischen Umfrage unter Wirtschaftsprüfern und Finanzanalysten – im folgenden zwei weitergehende Fragen zu erörtern:

(1) Zum einen ist das Problem zu lösen, mit welcher **Bewertungsskala** die Qualität von Anhangangaben objektiv gemessen werden kann. Im vorliegenden Fall müssen *qualitative* Angaben gemessen werden. Beispielsweise ist die Aussagefähigkeit eines Anlagengitters zu beurteilen, das über die gesetzlichen Anforderungen hinaus auch ein Zuschreibungsgitter enthält.

(2) Ist das Problem der Messung qualitativ ausgeprägter Anhangangaben gelöst, muß zum anderen geklärt werden, wie die Qualitätswerte der einzelnen Kriterien zu einem unternehmensindividuellen **Gesamt-Qualitätswert** der Berichterstattung im Anhang zusammengefaßt werden können.

Ein für die Lösung der skizzierten Probleme (1) und (2) geeignetes Verfahren ist die **Nutzwertanalyse**, die im folgenden Abschnitt 342. auf das vorliegende Bewertungsproblem angewendet wird.

342. Die Nutzwertanalyse als Instrument zur Messung der Berichterstattungsqualität qualitativer Anhangangaben

342.1 Zum Grundgedanken der Nutzwertanalyse

Die Nutzwertanalyse zählt in der Entscheidungstheorie zu den **qualitativen Planungsmethoden**. Qualitative Planungsmethoden werden immer dann zur Entscheidungsfindung herangezogen, wenn – anders als bei quantitativen Planungsmethoden – qualitative, d. h. nicht metrisch skalierte Informationen in einem Modell ausgewertet und verarbeitet werden sollen.[60]

---

60 Vgl. hierzu sowie zu Anwendungsgebieten der Nutzwertanalyse etwa ADAM, D., Planung und Entscheidung, S. 407–421. Wie mit Hilfe der Nutzwertanalyse zum Beispiel die Gesamtqualität eines Gutes aus seinen Teileigenschaften bestimmt werden kann, zeigt KAWLATH, A., Theoretische Grundlagen der Qualitätspolitik, S. 70–103.

Der **Begriff der Nutzwertanalyse**[61] bezeichnet

> *„die Analyse einer Menge komplexer Handlungsalternativen mit dem Zweck, die Elemente dieser Menge entsprechend den Präferenzen des Entscheidungsträgers bezüglich eines multidimensionalen Zielsystems zu ordnen. Die Abbildung dieser Ordnung erfolgt durch die Angabe der Nutzwerte (Gesamtwerte) der Alternativen.“*[62]

Übertragen auf das hier zu lösende Problem der Bewertung qualitativer Anhangangaben ergibt sich aus obiger Definition, daß

- eine Menge komplexer Handlungsalternativen (die Anhänge zum Jahresabschluß bestimmter Unternehmen)
- entsprechend den Präferenzen des Entscheidungsträgers (entsprechend den Einschätzungen von Wirtschaftsprüfern und Finanzanalysten)
- bezüglich eines multidimensionalen Zielsystems (durch Anwendung eines hierarchisch strukturierten Kriterienkataloges)
- geordnet (bewertet)

werden sollen.

Formel (1) kennzeichnet die allgemeine **Aggregationsvorschrift der Nutzwertanalyse**:[63]

$$(1) \qquad U_j = \sum_{i=1}^{e} u_{ij} \cdot g_i$$

In dieser Formel steht u_{ij} für den Teilnutzen, den eine Handlungsalternative j bei einem bestimmten Bewertungskriterium i erzielt. Multipliziert mit dem Gewicht g_i, das diesem Bewertungskriterium beigemessen wird, und summiert über alle e Bewertungskriterien ergibt sich schließlich der Gesamtnutzen U_j der betreffenden Handlungsalternative j. Bezogen auf das Problem, Anhangangaben zu bewerten, heißt das: Einzelnen Anhangangaben wird bei der Nutzwertanalye ein bestimmter **Teil-Qualitätswert** zugewiesen. Die Summe aller entsprechend den Einschätzungen der befragten Wirtschaftsprüfer und Finanzanalysten gewichteten Teil-Qualitätswerte

61 Für den Begriff der Nutzwertanalyse werden synonym oft auch die Begriffe „Scoring-Modell“ oder „Punktbewertungsmodell“ verwendet; vgl. etwa BITZ, M., Investition, S. 513. Zum Begriff des Scoring-Modells vgl. etwa DEAN, B. V./NISHRY, M. J., Scoring and Profitability Models, S. 550–569.

62 ZANGEMEISTER, C., Nutzwertanalyse in der Systemtechnik, S. 45.

63 Vgl. etwa ZANGEMEISTER, C., Nutzwertanalyse von Projektalternativen, S. 163; ADAM, D., Planung und Entscheidung, S. 413.

ergibt – aggregriert über alle Anhangangaben – den **Gesamt-Qualitätswert U_j** für den Anhang j eines bestimmten Unternehmens.

Aus obiger Aggregationsvorschrift ergeben sich die einzelnen **Schritte der Nutzwertanalyse**:[64]

(1) Ermittlung geeigneter Kriterien zur Bewertung der Handlungsalternativen,
(2) Gewichtung dieser Bewertungskriterien,
(3) Bestimmung von Ausprägungen für jedes Bewertungskriterium,
(4) Bewertung einer Handlungsalternative anhand aller Bewertungskriterien,
(5) Aggregation der Teil-Qualitätswerte zum Gesamt-Qualitätswert.

Diese Schrittfolge kennzeichnet die **Grundvariante der Nutzwertanalyse**. Im folgenden Abschnitt 342.2 wird gezeigt, daß der soeben skizzierte Ablauf der Nutzwertanalyse in fünf Schritten für den Fall der Bewertung qualitativer Anhangangaben zu modifizieren ist.[65]

342.2 Zur Notwendigkeit der Modifizierung der Grundvariante der Nutzwertanalyse

Die folgenden Überlegungen betreffen die oben genannten Schritte (1) und (3) der Grundvariante der Nutzwertanalyse. Übertragen auf die Bewertung von Anhangangaben lauten die nutzwertanalytischen Schritte:

Schritt (1): Ermittlung geeigneter **Kriterien** zur Bewertung von Anhangangaben,
Schritt (3): Bestimmung von **Ausprägungen** für jedes Bewertungskriterium.

Bei der Bewertung qualitativer Anhangangaben ist eine klare **Abgrenzung dieser beiden Schritte** aber problematisch: So sind zur Bewertung von Anhängen in **Schritt (1)** der Nutzwertanalyse Bewertungskriterien zu ermitteln. Wie in Abschnitt 333. gezeigt wurde, ergeben sich die hier als Hauptkriterien bezeichneten Bewertungskriterien aus gesetzlichen Angabepflichten im Anhang und aus freiwilligen Anhangangaben, die in einer empirischen Umfrage unter Wirtschaftsprüfern und Finanzanalysten jeweils zur Disposition gestellt wurden.

---

64 Ähnlich ZANGEMEISTER, C., Nutzwertanalyse von Projektalternativen, S. 164 f.; SCHMIDT, G., Methode und Techniken der Organisation, S. 302. Gelegentlich werden die genannten Schritte der Nutzwertanalyse um eine Sensitivitätsanalyse ergänzt; vgl. hierzu etwa WEBER, M./KRAHNEN, J./WEBER, A., Scoring-Verfahren, S. 1622 f.

65 Zu einem Überblick über unterschiedliche Varianten und Erweiterungen der Nutzwertanalyse vgl. etwa BITZ, M., Investition, S. 515 f.

In **Schritt (3)** der Nutzwertanalyse wären für mögliche Ausprägungen aller Hauptkriterien Punktwerte auf einer Bewertungsskala festzulegen. Diese Punktwerte würden bestimmen, welchen Teil-Qualitätswert das jeweilige Hauptkriterium zum Gesamt-Qualitätswert des Anhangs beitrüge. Viele Hauptkriterien sind inhaltlich aber sehr unterschiedlich ausgeprägt – man denke etwa an die Pflicht zur Angabe der Namen der Organmitglieder und an die Pflicht, die Bilanzierungs- und Bewertungsmethoden im Anhang anzugeben. In dieser Arbeit wird deshalb bewußt darauf verzichtet, die Qualität der Berichterstattung zu einem Hauptkriterium pauschal auf einer für *alle* Hauptkriterien *einheitlichen* Bewertungsskala (z. B. 0 bis 2 Punkte[66]) zu messen. Statt dessen werden für jedes Hauptkriterium Oberkriterien und gegebenenfalls Unterkriterien aus dem Fach-Schrifttum ermittelt, die das betreffende Hauptkriterium konkretisieren. Auf der untersten Kriterien-Ebene kann dann mit „Ja" oder „Nein" darüber entschieden werden, ob das jeweilige „untere" Kriterium erfüllt ist oder nicht erfüllt ist, ob ein Unternehmen also im für erforderlich gehaltenen Umfang berichtet oder nicht. Das Problem, Ausprägungen von Anhangangaben (Hauptkriterien) zu ermitteln, wird durch Spezifizierung der Hauptkriterien also solange auf eine tiefere Hierarchieebene verlagert, bis es sich „entschärft", bis der Bewerter also mit „Ja" oder „Nein" über das Ausmaß der Berichterstattung entscheiden kann. Im **Ergebnis** ist Schritt (3) der Nutzwertanalyse hier also als Konkretisierung von Schritt (1) zu interpretieren.

In Schritt (2) der Grundvariante der Nutzwertanalyse wird schließlich festgelegt, mit welchem Gewicht eine untere Kriterienebene zur Qualität der nächsthöheren Kriterienebene beiträgt.

Damit ergibt sich die an das vorliegende Bewertungsproblem angepaßte, **modifizierte Schrittfolge der Nutzwertanalyse**:

(a) Ermittlung konkreter Qualitätskriterien zur Bewertung von Anhangangaben,

(b) Gewichtung dieser Qualitätskriterien,

(c) Bewertung eines Anhangs anhand aller Qualitätskriterien,

(d) Aggregation aller Teil-Qualitätswerte zu einem Gesamt-Qualitätswert.

66 Vgl. zu einer solchen Bewertungsskala etwa BÖTZEL, S., Diagnose von Konzernkrisen, S. 206 f., der die Berichterstattung zu konzernbilanzpolitischen Wahlrechten beurteilt und hierfür eine Skala verwendet, die lediglich die Ausprägungen 0 (nicht erfüllt), 1 (erfüllt) und 2 (über-erfüllt) annimmt.

Nachdem feststeht, anhand welcher Kriterien die Qualität von Anhangangaben im **Schritt (a)** zu messen ist,[67] wird im folgenden Abschnitt gezeigt, wie die einzelnen Kriterien gewichtet werden und wie sich der Gesamt-Qualitätswert eines Anhangs aus den Teil-Qualitätswerten einzelner Kriterien ergibt (**Schritte (b) bis (d)**). Die Gewichte der Qualitätskriterien ergeben sich dabei aus den Einschätzungen der befragten Wirtschaftsprüfer und Finanzanalysten.

342.3 Die nutzwertanalytischen Schritte bei der Bewertung qualitativer Angaben im Anhang

342.31 Überblick über das weitere Vorgehen

Entsprechend der allgemeinen Aggregationsvorschrift der Nutzwertanalyse (vgl. Formel (1)) ist der Beitrag einer bestimmten Hierarchieebene zum **Gesamt-Qualitätswert des Anhangs (U_j)** von zwei Faktoren abhängig, und zwar (1) von der Qualität der Berichterstattung auf dieser Hierarchieebene und (2) von dem relativen Gewicht dieser Hierarchieebene. Dieser Zusammenhang sei für die Ebene der Teilberichte an einem **Beispiel** verdeutlicht: Der Beitrag eines von acht Teilberichten zum Gesamt-Qualitätswert des Anhangs hängt (1) ab von der Qualität der Berichterstattung in diesem Teilbericht und (2) vom Gewicht dieses Teilberichts im Verhältnis zum Gewicht der übrigen sieben Teilberichte.

Analog gilt für die Ebene der Hauptkriterien: Ein einzelnes Hauptkriterium bestimmt den Teil-Qualitätswert eines Teilberichts (1) mit seinem Teil-Qualitätswert und (2) mit seinem relativen Gewicht. Wird ein Hauptkriterium durch Oberkriterien spezifiziert, ergibt sich der Teil-Qualitätswert eines Hauptkriteriums aus dem Teil-Qualitätswert und dem relativen Gewicht der jeweiligen Oberkriterien. Entsprechend ist für die Ebene der Oberkriterien zu verfahren. Übersicht 3-11 faßt die Überlegungen zusammen:

67 Vgl. hierzu die Überlegungen, einen Kriterienkatalog zu gewinnen, in Abschnitt 33 dieser Arbeit.

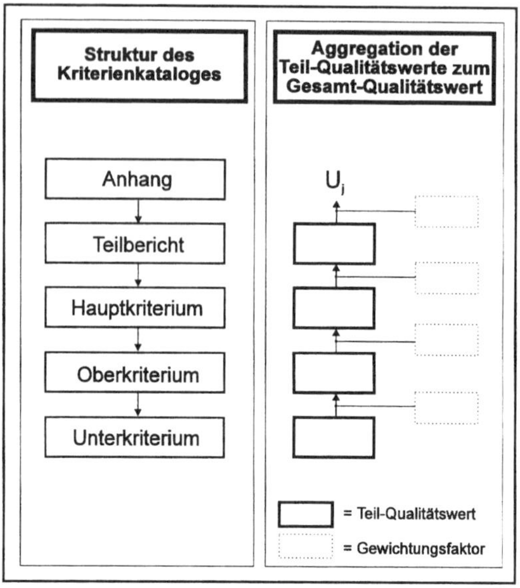

Übersicht 3-11: *Die nutzwertanalytische Bestimmung des Gesamt-Qualitätswerts des Anhangs*

In den folgenden Abschnitten wird gezeigt, wie die Gewichte von Teilberichten, Hauptkriterien, Oberkriterien und Unterkriterien aus den Einschätzungen von Wirtschaftsprüfern und Finanzanalysten empirisch ermittelt wurden.

342.32 Die Gewichtung der Teilberichte des Kriterienkataloges

Überträgt man die allgemeine Aggregationsvorschrift der Nutzwertanalyse

$$(2) \qquad U_j = \sum_{i=1}^{e} u_{ij} \cdot g_i$$

auf das vorliegende Bewertungsproblem, so bestimmt sich der **Gesamt-Qualitätswert U_j** eines Anhangs j aus der Summe der mit dem Gewicht g_i gewichteten Teil-Qualitätswerte u_{ij} der Teilberichte I bis VIII (mit i = I bis VIII). Formal gilt also:

$$(3) \qquad U_j = \sum_{i=I}^{VIII} u_{ij} \cdot g_i \quad \text{mit} \quad \sum_{i=I}^{VIII} g_i = 1$$

Während sich der Teil-Qualitätswert u_{ij} des zum Anhang j gehörenden Teilberichts i aus den Teil-Qualitätswerten der zugehörigen Hauptkriterien zusammensetzt,[68] bestimmt sich das **relative Gewicht g_i eines Teilberichts i** aus der Einschätzung der in der empirischen Umfrage befragten Wirtschaftsprüfer und Finanzanalysten.

Die Fachleute wurden gefragt, welche prozentuale Bedeutung sie einem Teilbericht i im Verhältnis zu den übrigen sieben Teilberichten des Anhangs beimessen. Übersicht 3-12 zeigt, wie die befragten Wirtschaftsprüfer und Finanzanalysten die relative Bedeutung der acht Teilberichte im Mittel einschätzen;[69] zusätzlich wird in der rechten äußeren Spalte von Übersicht 3-12 der zusammengefaßte Antwort-Mittelwert (g_i) ausgewiesen, der sich als arithmetisches Mittel aus den Antwort-Mittelwerten von Wirtschaftsprüfern und Finanzanalysten errechnet und in obiger Formel (3) das relative Gewicht eines Teilberichts i bezeichnet:

Teilbericht i		**Einschätzung in %**		
		Wirtschafts-prüfer (WP)	**Finanz-analysten (FA)**	**Antwort-Mittelwert von WP und FA (g_i)**
I	Allgemeine Angaben zu Inhalt und Gliederung des Einzel- bzw. Konzernabschlusses	12,0	9,4	10,7
II	Grundsätze der Bilanzierung und Bewertung, Währungsumrechnung,	18,2	12,6	15,4
III	Erläuterungen zu einzelnen Posten der Bilanz bzw. Konzernbilanz	16,3	16,9	16,6
IV	Erläuterungen zu einzelnen Posten der Gewinn- und Verlustrechnung bzw. Konzern-Gewinn- und Verlust-rechnung	15,1	20,7	17,9
V	Angaben zum Konsolidierungskreis	9,8	10,3	10,0
VI	Angaben zu den Konsolidierungsmethoden	10,5	9,5	10,0
VII	Sonstige, vor allem rechtsformspezifische Pflicht-angaben	10,1	8,3	9,2
VIII	Freiwillige Angaben	8,0	12,3	10,2
Σ		**100,0**	**100,0**	**100,0**

Übersicht 3-12: *Die Bedeutung der Teilberichte des Anhangs nach der Einschätzung von Wirtschaftsprüfern und Finanzanalysten*

68 Zur Bestimmung der Teil-Qualitätswerte der Hauptkriterien, die den acht Teilberichten zugeordnet wurden, vgl. den folgenden Abschnitt 342.33.

69 Gelegentlich wurde die Bedeutung einzelner Teilberichte von den Fachleuten *nicht* eingeschätzt (Problem der „missing values"). In diesen (seltenen) Fällen wurde nicht der gesamte Fragebogen von der weiteren Analyse ausgeschlossen, sondern nur der betroffene Teilbericht („pairwise selection" oder „variablenweiser Ausschluß"), was zu geringfügig unterschiedlichen Stichprobenumfängen führte. Zum Problem der „missing values" vgl. etwa KRIZ, J./LISCH, R., Methoden-Lexikon, S. 180; BACKHAUS, K. U. A., Multivariate Analysemethoden, S. 54.

Überträgt man die Antwort-Mittelwerte von Wirtschaftsprüfern und Finanzanalysten in ein Säulendiagramm, so ergibt sich folgendes Bild der Bedeutung einzelner Teilberichte des Anhangs:

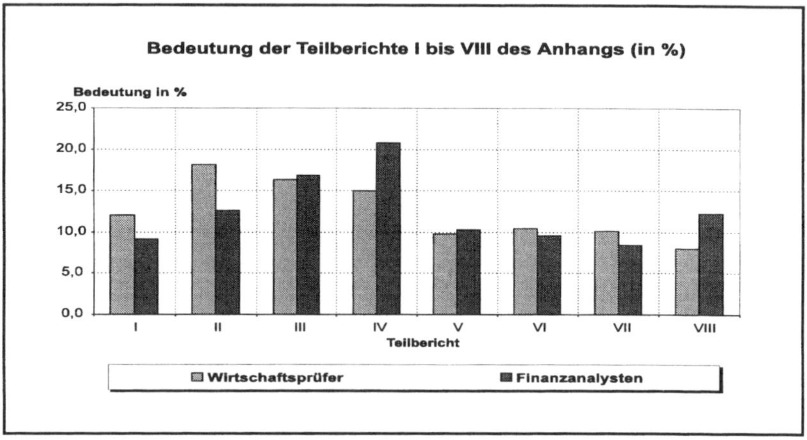

Übersicht 3-13: *Die Bedeutung der Teilberichte des Anhangs nach der Einschätzung von Wirtschaftsprüfern und Finanzanalysten*

Wie Übersicht 3-13 zeigt, haben die acht Teilberichte des Anhangs nach der Einschätzung der befragten Fachleute eine durchaus unterschiedliche Bedeutung. Beide Berufsgruppen messen den Erläuterungen zur Bilanz (Teilbericht III) und zur Gewinn- und Verlustrechnung (Teilbericht IV) eine verhältnismäßig hohe Bedeutung bei, während die übrigen Teilberichte relativ weniger bedeutend sind. Einzige Ausnahme ist hier der Teilbericht II (Angaben zu Bilanzierungs- und Bewertungsmethoden sowie zur Währungsumrechnung), der nach Meinung der befragten Wirtschaftsprüfer von den acht Teilberichten die höchste Bedeutung (18,2 %) hat. Die Präferenzstrukturen von Wirtschaftsprüfern und Finanzanalysten unterscheiden sich allerdings nicht nur in diesem Teilbericht voneinander; vielmehr ergeben sich verhältnismäßig große absolute Unterschiede vor allem in der Einschätzung der Bedeutung von Teilbericht IV (Erläuterungen zu einzelnen Posten der GuV bzw.

Konzern-GuV) und Teilbericht VIII (Freiwillige Angaben).[70] Während für Finanzanalysten die Erläuterungen zur Gewinn- und Verlustrechnung sowie die freiwilligen Anhangangaben verhältnismäßig wichtig sind, sind diese Angaben für Wirtschaftsprüfer *vergleichsweise* weniger wichtig. Die unterschiedliche Einschätzung der Bedeutung einzelner Teilberichte durch Wirtschaftsprüfer und Finanzanalysten mag unter anderem auf das unterschiedliche Betätigungsfeld dieser beiden Berufsgruppen zurückzuführen sein. So sind in der Fundamentalanalyse tätige Finanzanalysten vor allem an *Ertragsdaten* über das Unternehmen (Erläuterungen zur Gewinn- und Verlustrechnung, ausführliche Segmentberichterstattung, aussagefähige Kapitalflußrechnung) interessiert, auf deren Basis sie den inneren Wert eines Unternehmens zu bestimmen versuchen.[71]

Nachdem das relative Gewicht g_i aller Teilberichte empirisch ermittelt wurde, wird im folgenden Abschnitt gezeigt, wie für Formel (3) der gesuchte Teil-Qualitätswert u_{ij} eines Teilberichts i zu ermitteln ist. Dazu ist die nächsttiefere Ebene der Hauptkriterien zu betrachten.

---

70 Allerdings darf gemäß der nachstehenden, auf einer Winkeltransformation basierenden Prüfgröße $\hat{z}$ unter den (hier erfüllten) Voraussetzungen $f_1 l_1 \geq 1$ und $f_1(1 - l_1) \geq 1$ bzw. $f_2 l_2 \geq 1$ und $f_2(1 - l_2) \geq 1$ sowie f_1 und f_2 jeweils ≥ 25 (mit f_1 = Zahl der befragten Wirtschaftsprüfer, f_2 = Zahl der befragten Finanzanalysten, l_1 = Antwort-Mittelwert der Wirtschaftsprüfer und l_2 = Antwort-Mittelwert der Finanzanalysten) für jeden Teilbericht i die Nullhypothese, die Antwort-Mittelwerte von Wirtschaftsprüfern und Finanzanalysten unterschieden sich nicht signifikant, auf einem Vertrauensniveau von $(1 - \alpha) = 95\ \%$ nicht verworfen werden:

$$\hat{z} = \frac{\left| \arcsin \sqrt{l_1} - \arcsin \sqrt{l_2} \right|}{28{,}648 \cdot \sqrt{\frac{1}{f_1} + \frac{1}{f_2}}}$$

Bei den Teilberichten II, IV und VIII ergeben sich zwar die höchsten Werte für die Prüfgröße $\hat{z}$ von jeweils rund 0,8; diese führen aber nicht zur Ablehnung der Nullhypothese. In den übrigen Fällen sind die Prüfgrößen $\hat{z}$ deutlich geringer. Zur Ermittlung obiger Formel und zu dem in der Formel ausgewiesenen Wert von 28,648 vgl. SACHS, L., Angewandte Statistik, S. 441.

71 Zu den Aufgaben der Fundamentalanalyse vgl. FRANKE, G./HAX, H., Finanzwirtschaft des Unternehmens und Kapitalmarkt, S. 395; PERRIDON, L./STEINER, M., Finanzwirtschaft der Unternehmung, S. 212.

342.33 Die Gewichtung der Hauptkriterien des Kriterienkataloges

342.331. Überlegungen zum weiteren Vorgehen

Die ermittelten 108 Hauptkriterien zur Bewertung von Anhangangaben werden im folgenden mit dem Buchstaben k bezeichnet. Analog zu Formel (3) ergibt sich der gesuchte **Teil-Qualitätswert u_{ij}** des zum Anhang j gehörenden Teilberichts i dann wie folgt:

$$(4) \qquad u_{ij} = \sum_{k=1}^{m_i} p_{kij} \cdot w_{ki} \quad \text{mit} \quad \sum_{k=1}^{m_i} w_{ki} = 1$$

In Formel (4) bezeichnet der Term p_{kij} den Nutzen, den ein Hauptkriterium k zur Erfüllung der (gesetzlich geregelten oder freiwillig erwünschten) Angabe im Teilbericht i des Anhangs j beiträgt. Multipliziert mit dem Gewicht w_{ki} des Hauptkriteriums k und summiert über alle Hauptkriterien k (mit k = 1 bis m_i) ergibt sich schließlich der gesuchte Teil-Qualitätswert u_{ij} des Teilberichts i.

In den folgenden Abschnitten sind die folgenden Fragen zu beantworten:

(1) Wie bestimmt sich für obige Formel (4) der Gewichtungsfaktor w_{ki} eines zu Teilbericht i gehörenden Hauptkriteriums k?

(2) Wie bestimmt sich der Teil-Qualitätswert p_{kij} eines Hauptkriteriums k?

342.332. Zur Ermittlung des Gewichtungsfaktors w_{ki} eines Hauptkriteriums k

Anders als bei der Einschätzung der acht Teilberichte wurde den Wirtschaftsprüfern und Finanzanalysten für jedes Hauptkriterium k eine Ordinalskala[72] mit fünf[73] *qualitativen* Antwort-Ausprägungen vorgegeben, denen Klassenwerte von 0 bis 4 zugewiesen wurden (vgl. Übersicht 3-14):

72 Vgl. zum Begriff der Ordinalskala STEVENS, S. S., On the Theory of Scales of Measurement, S. 679.

73 Die Einteilung in fünf Klassen ist auch aus meßtheoretischer Sicht sinnvoll: so weist die hier gewählte Skala einen mittleren Wert sowie ein positives und ein negatives Extremum auf; zugleich wird unterstellt, daß die semantischen Abstände zwischen den vorgegebenen Alternativen gleich sind. Vgl. hierzu etwa KIRSCHHOFER-BOZENHARDT, A. V./KAPLITZA, G., Der Fragebogen, S. 102 f. Eine wie geschildert konzipierte Ordinalskala wird häufig auch als „Rating-Skala“ oder „Likert-Skala“ bezeichnet; vgl. etwa KRIZ, J./LISCH, R., Methoden-Lexikon, S. 158 und S. 215; FRIEDRICHS, J., Methoden empirischer Sozialforschung, S. 175 f.

Bedeutungsklasse eines Hauptkriteriums	**Zugewiesener Klassenwert**
Keine Bedeutung	0
Niedrige Bedeutung	1
Mittlere Bedeutung	2
Hohe Bedeutung	3
Sehr hohe Bedeutung	4

Übersicht 3-14: *Die Klassifikation von Hauptkriterien nach ihrer Bedeutung*

Die Einzelwerte der Ordinalskala spiegeln – in eine aufsteigende Rangordnung gebracht – die zunehmende Bedeutung eines Hauptkriteriums aus Sicht der Fachleute wider. Für die weitere Untersuchung sind die Einschätzungen der Fachleute für jedes Hauptkriterium zu einem (und insofern dann nachprüfbaren) Mittelwert zu verdichten. Ein geeignetes Maß für die **mittlere Einschätzung** eines Hauptkriteriums durch die jeweilige Berufsgruppe ist der Median (Zentralwert), der den Besonderheiten ordinalskalierter Beobachtungswerte (Rangdaten) Rechnung trägt.[74] Für die weitere Untersuchung ist es indes zweckmäßig, die Ordinalskala in eine Intervallskala zu transformieren, wobei die semantischen Abstände zwischen den vorgegebenen Merkmalsausprägungen als gleich unterstellt werden.[75, 76] Anstelle des Medians spiegelt dann das **arithmetische Mittel** a_{ki} die mittlere Bedeutung eines Hauptkriteriums wider. Für jedes Hauptkriterium k wurde deshalb das arithmetische Mittel aus den gleich (jeweils mit 50 %) gewichteten Antworten von Wirtschaftsprüfern und Finanzanalysten ermittelt.

---

74 Der Median ist in einer nach der Größe der Einzelwerte geordneten Reihe derjenige Einzelwert, der die Reihe halbiert, der die Verteilung also in zwei gleichgroße Hälften teilt; vgl. etwa BAMBERG, G./BAUR, F., Statistik, S. 17.

75 Diese Transformation führt – wie ECKENRODE nachweist – zu nicht wesentlich schlechteren Ergebnissen als theoretisch exaktere und den Besonderheiten der Ordinalskala Rechnung tragende Rechenverfahren; vgl. ECKENRODE, R. T., Weighting Multiple Criteria, S. 185. Zur Transformation einer Ordinalskala in eine Intervallskala vgl. allgemein KRIZ, J./LISCH, R., Methoden-Lexikon, S. 215; BACKHAUS, K. U. A., Multivariate Analysemethoden, S. XVI f.

76 Gegen die Möglichkeit, den Median zur Abbildung der durchschnittlichen Einschätzung eines Hauptkriteriums zu verwenden, spricht zum einen, daß im Falle (nur) *eines* zusätzlich zurückgesandten Fragebogens einem Hauptkriterium dann (sprunghaft) eine höhere oder niedrigere Bedeutungsklasse zugeordnet würde. Zum anderen würden Unterschiede innerhalb einer Bedeutungsklasse durch die pauschale Verwendung des Medians nivelliert: denkbar wäre nämlich, daß zwei Hauptkriterien mit einem arithmetischen Mittel von beispielsweise 1,6 und 2,4 denselben Median (2) aufwiesen.

In der Anlage zu dieser Arbeit (Seiten 298 bis 319) wird die mittlere Einschätzung a_{ki} eines Hauptkriteriums k durch Wirtschaftsprüfer und Finanzanalysten für alle Hauptkriterien dokumentiert. Zugleich wird bei der Diskussion konkreter Anhangangaben in Abschnitt 4 dieser Arbeit ausführlich gezeigt, welche Bedeutung die einzelnen Hauptkriterien für die befragten Fachleute haben; an dieser Stelle wird deshalb auf eine vertiefende Darstellung verzichtet.

Aus dem arithmetischen Mittel a_{ki} eines Hauptkriteriums k ergibt sich dann sein relatives Gewicht w_{ki} *innerhalb* eines beliebigen Teilberichts i dann gemäß folgender Formel:

$$(5) \qquad w_{ki} = \frac{a_{ki}}{\sum_{k=1}^{m_i} a_{ki}} \quad \text{für alle i}$$

Nachdem die Frage, wie sich das relative Gewicht w_{ki} eines Hauptkriteriums k bestimmt, beantwortet ist, bleibt die Frage zu klären, wie der Teil-Qualitätswert p_{kij} eines Hauptkriteriums k zu ermitteln ist.

342.333. Zur Ermittlung des Teil-Qualitätswerts p_{kij} eines Hauptkriteriums k

Bei der Ermittlung des Teil-Qualitätswerts p_{kij} eines Hauptkriteriums k sind **zwei Fälle** zu unterscheiden:

(a) Das Hauptkriterium k ist gesetzlich bereits so konkret formuliert, daß es *nicht* durch weitere Oberkriterien spezifiziert zu werden braucht.[77]

(b) Der Wortlaut der gesetzlichen Vorschrift für ein Hauptkriterium k ist derart unbestimmt[78], daß sich bei der Auslegung in der Regel erhebliche Spielräume ergeben. Hauptkriterium k ist dann durch *Oberkriterien* h zu spezifizieren.[79]

Im einfachen **Fall (a)** wird unterstellt, daß der Bewerter bereits auf der Hierarchieebene des Hauptkriteriums k mit „Ja“ oder „Nein“ darüber entscheidet, ob das Unternehmen seiner Berichtspflicht zu diesem Hauptkriterium nachkommt oder nicht.

77 Hierbei handelte es sich nur um 30 der 108 Hauptkriterien.

78 Zum Begriff des „unbestimmten Rechtsbegriffs“ vgl. TIPKE, K., Auslegung unbestimmter Rechtsbegriffe, S. 1–11.

79 Im ganzen waren 78 der 108 Hauptkriterien durch Oberkriterien zu spezifizieren.

Der Teil-Qualitätswert p_{kij} eines Hauptkriteriums k besitzt in diesem Fall die Ausprägungen

- $p_{kij} = 1$, wenn die Berichterstattungspflicht erfüllt wird, oder
- $p_{kij} = 0$, wenn die Berichterstattungspflicht nicht erfüllt wird.

Das Hauptkriterium k geht dann entsprechend seiner in der empirischen Umfrage ermittelten relativen Bedeutung w_{ki} (voll oder gar nicht) in den Kalkül der Nutzwertanalyse ein.

In **Fall (b)** hängt der Wert für p_{kij} indes davon ab, welche Ausprägungen die zum Hauptkriterium k gehörenden Oberkriterien h annehmen (vgl. dazu den folgenden Abschnitt 342.34).

342.34 Die Gewichtung der Oberkriterien des Kriterienkataloges

Die Qualität der Berichterstattung zum Hauptkriterium k wird bei 83 von 108 Hauptkriterien durch die Teil-Qualitätswerte der entsprechenden Oberkriterien h bestimmt. Bezeichnet man mit

- r_k die Zahl der zu einem Hauptkriterium k gehörenden Oberkriterien,
- y_{hkij} den Teil-Qualitätswert, den ein Oberkriterium h zum Teil-Qualitätswert des Hauptkriteriums k beiträgt, und mit
- v_{hk} das Gewicht eines Oberkriteriums h innerhalb des Hauptkriteriums k,

so ergibt sich der gesuchte Teil-Qualitätswert p_{kij} eines durch r_k Oberkriterien spezifizierten Hauptkriteriums k gemäß folgender Formel:

$$(6) \qquad p_{kij} = \sum_{h=1}^{r_k} y_{hkij} \cdot v_{hk} \quad \text{mit} \quad \sum_{h=1}^{r_k} v_{hk} = 1$$

Analog zum bisherigen Vorgehen sind auch hier die Werte für

(1) das relative Gewicht v_{hk} eines Oberkriteriums h und für

(2) den Teil-Qualitätswert y_{hkij} eines Oberkriteriums h

zu ermitteln.

Ad (1) Zur Ermittlung des Gewichtungsfaktors v_{hk}

In der empirischen Umfrage wurden die Wirtschaftsprüfer und Finanzanalysten gebeten, auch die Bedeutung der vorgegebenen Oberkriterien auf einer Skala von „keine Bedeutung" bis „sehr hohe Bedeutung" zu beurteilen (vgl. bereits Übersicht 3-14). Aus den annahmegemäß gleich gewichteten Antwort-Mittelwerten von Wirtschaftsprüfern und Finanzanalysten wurde für jedes Oberkriterium seine mittlere Einschätzung B_{hk} ermittelt.[80] Das relative Gewicht v_{hk} *eines* von r_k Oberkriterien bestimmt sich dann nach folgender Gleichung:

$$(7) \qquad v_{hk} = \frac{B_{hk}}{\sum_{h=1}^{r_k} B_{hk}} \quad \text{für alle k}$$

Ad (2) Zur Ermittlung des Teil-Qualitätswerts y_{hkij} eines Oberkriteriums h

Im **Fall (a)**, wenn ein Oberkriterium nicht durch Unterkriterien spezifiziert wird, nimmt der Teil-Qualitätswert y_{hkij} eines Oberkriteriums h die dichotomen Ausprägungen

- $y_{hkij} = 1$, wenn die Berichterstattungspflicht zu Oberkriterium h erfüllt wird, oder
- $y_{hkij} = 0$, wenn die Berichterstattungspflicht zu Oberkriterium h nicht erfüllt wird,

an.

Für die überwiegende Zahl der Hauptkriterien reicht die Spezifizierung durch Oberkriterien aus. Der Einfluß eines einzelnen Oberkriteriums h auf den Teil-Qualitätswert p_{kij} des Hauptkriteriums k bestimmt sich dann nach seinem relativen Gewicht v_{hk} (vgl. Formel (6)).

Im **Fall (b)** ist die Ebene der Oberkriterien durch die Menge von T_h Unterkriterien c zu spezifizieren.[81] Nur so kann die Qualität der Berichterstattung zu einem Oberkriterium hinreichend genau beurteilt werden. Der Term y_{hkij} nimmt in diesem Fall also nicht eine der beiden Ausprägungen 1 oder 0 an, sondern wird – analog zum bisherigen Vorgehen – ermittelt aus dem Teil-Qualitätswert q_{chkij} der zugehörigen Unterkriterien c, die entsprechend ihrer Bedeutung mit dem empirisch ermittelten relativen Gewicht b_{ch} zu gewichten sind:

$$(8) \qquad y_{hkij} = \sum_{c=1}^{T_h} q_{chkij} \cdot b_{ch} \quad \text{mit} \quad \sum_{c=1}^{T_h} b_{ch} = 1$$

80 Vgl. hierzu die Anlage dieser Arbeit (Seiten 298 bis 319).

81 Fall (b) ergab sich vor allem beim Hauptkriterium „Angabe der auf die Posten der Bilanz und der Gewinn- und Verlustrechnung angewandten Bilanzierungs- und Bewertungsmethoden“ (§ 284 Abs. 2 Nr. 1 HGB). Dieses Hauptkriterium wurde durch Bewertungskriterien auf insgesamt drei Hierarchieebenen spezifiziert.

In der Anlage zu dieser Arbeit (Seiten 298 bis 319) wird für die Ebenen des Kriterienkataloges detailliert gezeigt, wie Wirtschaftsprüfer und Finanzanalysten die Bedeutung aller Bewertungskriterien einschätzen.

342.35 Die Aggregation der Teil-Qualitätswerte zu einem Gesamt-Qualitätswert

Im letzten Schritt der Nutzwertanalyse sind die Teil-Qualitätswerte, die auf den verschiedenen hierarchischen Ebenen erzielt wurden, zu einem Gesamt-Qualitätswert U_j für den Anhang j zu aggregieren. Wegen der unterschiedlich tiefen Gliederung des Kriterienkataloges kann eine *einheitliche* und für *alle* Ebenen des Kriterienkataloges gültige Aggregationsvorschrift nicht ohne weiteres hergeleitet werden.[82] Statt dessen werden die in den vorhergehenden Abschnitten abgeleiteten nutzwertanalytischen Bewertungselemente hier zunächst nur grob aggregiert und anschließend an die Besonderheiten des vorliegenden Bewertungsproblems angepaßt. Die **vorläufige Aggregationsvorschrift** lautet formal (vgl. auch Formeln (3) bis (5)):

$$U_j = \sum_{i=I}^{VIII} g_i \cdot \sum_{k=1}^{m_i} p_{kij} \cdot w_{ki} \quad \text{mit} \quad w_{ki} = \frac{a_{ki}}{\sum_{k=1}^{m_i} a_{ki}} \tag{9}$$

Die Besonderheiten des vorliegenden Bewertungsproblems – nämlich die unterschiedlichen Ausprägungen des Teil-Qualitätswerts p_{kij} eines Hauptkriteriums k in obiger Formel (9) – lassen sich dann unter **drei Fälle** subsumieren, und zwar:

Fall A: Hauptkriterien werden *nicht* durch Oberkriterien spezifiziert.

Fall B: Hauptkriterien werden durch Oberkriterien spezifiziert, die *nicht* durch Unterkriterien spezifiziert werden.

Fall C: Hauptkriterien werden durch Oberkriterien spezifiziert, die durch Unterkriterien spezifiziert werden.

82 Denkbar wäre natürlich, im Modell ausdrücklich zwischen den verschiedenen Aggregationsebenen zu unterscheiden. Hierauf wird (bei acht Teilberichten, 108 Hauptkriterien mit 291 Oberkriterien und weiteren 66 Unterkriterien) aus Gründen der Übersichtlichkeit der Darstellung allerdings verzichtet.

Im einfachen **Fall A** gilt:

- $p_{kij} = 1$, wenn im Anhang zu Hauptkriterium k berichtet wird, oder
- $p_{kij} = 0$, wenn im Anhang zu Hauptkriterium k nicht berichtet wird.

Für den **Fall B** (Standardfall) ist der Teil-Qualitätswert p_{kij} eines Hauptkriteriums k abhängig von der Ausprägung jener Oberkriterien, die das Hauptkriterium konkretisieren. In Formel (9) ist der Term p_{kij} dann wie folgt definiert:

$$p_{kij} = \sum_{h=1}^{r_k} v_{hk} \cdot y_{hkij} \quad \text{mit } v_{hk} = \frac{B_{hk}}{\sum_{h=1}^{r_k} B_{hk}} \quad \text{und } y_{hkij} \in \{0; 1\} \qquad (10)$$

Wenn die Teil-Qualitätswerte y_{hkij} eines Oberkriteriums nicht dichotom ausgeprägt sind (**Fall C**), ergibt sich für den Teil-Qualitätswert p_{kij} eines Hauptkriteriums k:

$$p_{kij} = \sum_{h=1}^{r_k} v_{hk} \cdot \sum_{c=1}^{T_h} b_{ch} \cdot q_{chkij} \quad \text{mit } q_{chkij} \in \{0; 1\} \qquad (11)$$

Hier bezeichnet der Term b_{ch} – analog zur Interpretation der Terme g_i, w_{ki} und v_{hk} – die relative Bedeutung eines Unterkriteriums c innerhalb eines Oberkriteriums h. Der Term q_{chkij} hingegen steht für den Teil-Qualitätswert eines Unterkriteriums c. Für den Fall, daß ein Unterkriterium *nicht* konkretisiert wird, gilt $q_{chkij} \in \{0; 1\}$.

Anderenfalls ist der Term q_{chkij} durch weitere Kriterien solange zu spezifizieren, bis einem Kriterium auf der tiefsten Hierarchieebene ein dichotom ausgeprägter Teil-Qualitätswert von 0 oder 1 zugeordnet werden kann. Auf eine – zum bisherigen Vorgehen analoge – formale Ermittlung des Terms q_{chkij} wird hier indes verzichtet.

Nachstehende Übersicht 3-15 stellt die einzelnen nutzwertanalytischen Aggregationsschritte in einen systematischen Zusammenhang mit der hierarchischen Struktur des hier zugrunde gelegten Kriterienkataloges zur Bewertung von Anhangangaben:

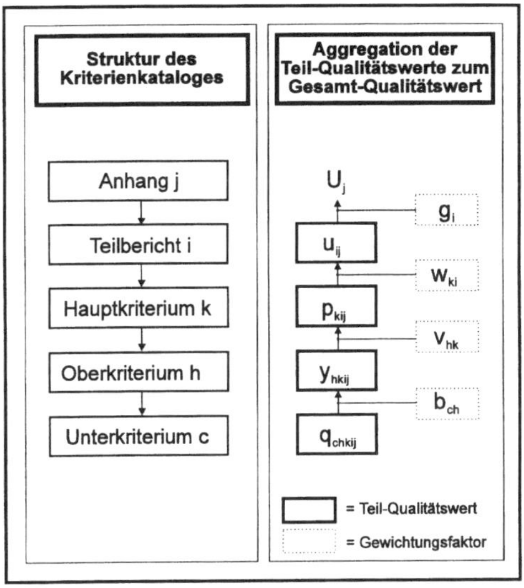

Übersicht 3-15: *Überblick über die einzelnen Aggregationsschritte*

Nachdem alle Teil-Qualitätswerte zum Gesamt-Qualitätswert U_j aggregiert worden sind, läßt sich ein bewerteter Anhang hinsichtlich seines Gesamt-Qualitätswertes mit anderen bewerteten Anhängen vergleichen. Der maximale Gesamt-Qualitätswert eines Anhangs beträgt dabei 100 %.

343. Die Notwendigkeit zur Ergänzung des Bewertungsmodells

Nicht alle denkbaren Ausprägungen von Anhangangaben lassen sich mit dem Kriterienkatalog von acht Teilberichten, 108 Hauptkriterien, 291 Oberkriterien und 66 Unterkriterien erfassen. Das nutzwertanalytische Bewertungsmodell bedarf an jenen Stellen einer Ergänzung, an denen es nicht ohne weiteres möglich ist, der facettenreichen Berichterstattungspraxis durch möglichst weit spezifizierte Bewertungskriterien auf möglichst tiefen Hierarchieebenen gerecht zu werden. Aus diesem Grunde wurden in der empirischen Umfrage (a) für jene Berichtspunkte, die mit einem in der beschriebenen Weise konzipierten Modell nur sehr schwer zu beurteilen sind, **konkrete Beispiele** aus Anhängen zur Beurteilung vorgegeben; andererseits wurden (b) Sachverhalte, die in Anhängen oft unbestimmt bezeichnet werden, mit **Zusatzfragen** (möglichst realitätsnah) erfaßt.

Ad (a) Vorgabe von konkreten Beispielen aus der Praxis der Anhangberichterstattung

Der Gesetzgeber bestimmt zum **Beispiel** in § 277 Abs. 4 Satz 3 HGB, daß einem anderen Geschäftsjahr zuzurechnende Erträge und Aufwendungen, die für die Beurteilung der Ertragslage nicht von untergeordneter Bedeutung sind, hinsichtlich ihres Betrages und ihrer Art im Anhang zu erläutern sind. Die Auswertung des Schrifttums zu der genannten Vorschrift (Hauptkriterium k = 4 im Teilbericht i = IV) führt zu folgenden (vorläufigen) Oberkriterien:

A. Erläuterung des *Betrages* der periodenfremden Erträge und Aufwendungen,[83]
B. Erläuterung der *Art* der periodenfremden Erträge und Aufwendungen (Angabe von Sachverhaltsbezeichnungen, die auf die Periodenfremdheit eines Sachverhaltes hinweisen).[84]

Ein in dieser Weise „spezifiziertes" Hauptkriterium würde die in der Praxis zu beobachtende Berichterstattung allerdings nicht hinreichend genau erfassen: So stellte sich beispielsweise die Frage, wie eine *vollständige* Aufgliederung des Gesamtbetrages der periodenfremden Erträge und Aufwendungen im Vergleich zu einer sichtbar *unvollständigen* Aufgliederung des periodenfremden Ergebnisses zu beurteilen wäre. Der letztgenannte Fall ist in der Praxis durchaus häufig zu beobachten: Quasi als „Deckmantel der Publizitätsscheu" werden Teil-Beträge von geringer Bedeutung ausführlich erläutert, während der Leser des Anhangs zum überwiegenden Teil des in Rede stehenden Postens keine Informationen erhält. Weil die Ziele von Investor Relations, Vertrauen beim breiten Anlegerpublikum zu schaffen,[85] immer mehr an Bedeutung gewinnen, entfalten derartige „Verschleierungs-

83 Der Umfang der Erläuterungspflicht wird im Schrifttum kontrovers diskutiert. Für die Angabe von einzelnen Beträgen etwa RUSS, W., Der Anhang als dritter Teil des Jahresabschlusses, S. 177; SCHÜLEN, W., Angaben zur Gewinn- und Verlustrechnung, S. 2, Rn. 8; SCHULZE-OSTERLOH, J., § 42 GmbHG, S. 750, Rn. 415 f.; CLAUSSEN, C. P., §§ 275–277 HGB, 158 AktG, S. 512, Rn. 113. Nur einen Hinweis auf die *Größenordnung* des Betrages für ausreichend halten etwa KUPSCH, P., Der Anhang, S. 58, Rn. 145; für lediglich *verbale* Angaben etwa FÖRSCHLE, G., § 275 HGB, S. 1121, Rn. 226; SIGLE, H., § 277 HGB, S. 1778, Rn. 140.

84 Zu einem Katalog möglicher periodenfremder Sachverhalte vgl. etwa C&L DEUTSCHE REVISION (Hrsg.), Konzernabschlüsse '95, S. 202, Rn. 337.

85 Erinnert sei hier an das eingangs zitierte Wort GREBERS: „In solchen Fällen ist es wichtig, daß [...] sich die Gesellschaft auf dem Kapitalmarkt eines guten Rufes erfreut.": GREBER, E., Public Relations, S. 51.

taktiken“ eine kontraproduktive Wirkung und führen in der Bewertung von Anhängen deshalb zu einer schlechteren Bewertung.

Das Problem, dem Spektrum der praktischen Berichterstattung mit dem vorliegenden Kriterienkatalog gerecht zu werden, ergibt sich vor allem bei den folgenden, von Wirtschaftsprüfern und Finanzanalysten für besonders wichtig gehaltenen Berichtspunkten:

(1) Angaben zur Abschreibungsmethode,
(2) Angaben zu Nutzungsdauern bzw. Abschreibungssätzen,
(3) Angaben zur Ausübung der Einbeziehungswahlrechte bei der Bemessung der Herstellungskosten,
(4) Erläuterung von nicht gesondert ausgewiesenen sonstigen Rückstellungen,
(5) Freiwillige Aufgliederung der in der Gewinn- und Verlustrechnung ausgewiesenen sonstigen betrieblichen Aufwendungen und Erträge,
(6) Erläuterung des Betrages und der Art von außerordentlichen Aufwendungen und Erträgen,
(7) Erläuterung des Betrages und der Art von periodenfremden Aufwendungen und Erträgen,
(8) Aufgliederung der Umsatzerlöse nach Tätigkeitsbereichen und geographisch bestimmten Märkten,
(9) Freiwillige Aufstellung einer internationalen Standards genügenden Kapitalflußrechnung.

Den befragten Wirtschaftsprüfern und Finanzanalysten wurde zu jedem der oben genannten neun Berichtspunkte eine Liste mit unterschiedlich aussagekräftigen Beispielen aus Anhängen vorgelegt. Die Beispiele wurden so konzipiert, daß sie möglichst viele Fälle praktischer Berichterstattung abdecken. Die Fachleute wurden gebeten, auf einer Skala von 0 % bis 100 % den Aussagegehalt dieser Anhangangaben einzuschätzen. Jedem Berichtspunkt wurde ein als optimal (Aussagegehalt von 100 %) eingestufter Fall vorangestellt. Für das oben eingeführte **Beispiel** der Erläuterung des periodenfremden Ergebnisses (in Übersicht 3-16 beschränkt auf die periodenfremden Erträge) ergab sich aus der empirischen Umfrage folgende Bewertungsskala:

§ 277 Abs. 4 Satz 3 HGB: Erläuterung der einem anderen Geschäftsjahr zuzurechnenden Erträge, die für die Beurteilung der Ertragslage nicht von untergeordneter Bedeutung sind, hinsichtlich ihres Betrages und ihrer Art			
Den Fachleuten vorgegebener Beispielfall	**Aussagegehalt in %**		
	Wirtschafts-prüfer (WP)	**Finanz-analysten (FA)**	**Antwort-Mittelwert von WP und FA**
	(1)	(2)	(3)
1. Vollständige Aufgliederung des Gesamtbetrages (Σ der Einzelbeträge > 90 % des Gesamtbetrages), zugleich Bestimmung der Postenart	100,0 (vorgegeben)	100,0 (vorgegeben)	**100,0**
2. Erkennbar unvollständige Aufgliederung einzelner Posten **mit** verbaler Umschreibung der Zusammensetzung der nicht aufgegliederten („übrigen") Posten: *Von periodenfremden Erträgen in Höhe von 10 Mio. DM entfallen 2 Mio. DM auf Erträge aus der Auflösung von Rückstellungen. Der Rest betrifft Buchgewinne aus Anlagenabgängen und Steuererstattungen.*	57,9	58,8	**58,3**
3. Erkennbar unvollständige Aufgliederung einzelner Posten **ohne** verbale Umschreibung der Zusammensetzung der nicht aufgegliederten („übrigen") Posten: *Von den periodenfremden Erträgen in Höhe von 10 Mio. DM entfallen 2 Mio. DM auf Erträge aus der Auflösung von Rückstellungen und auf Steuererstattungen 1 Mio. DM.*	39,0	41,7	**40,3**
4. Gesamtbetrag ohne Aufgliederung, aber **mit** verbaler Umschreibung der Zusammensetzung des Postens: *Die periodenfremden Erträge in Höhe von 10 Mio. DM betreffen Erträge aus der Auflösung von Rückstellungen und aus Steuererstattungen.*	32,9	29,2	**31,0**
5. Gesamtbetrag ohne Aufgliederung: *Die aperiodischen Erträge betragen 10 Mio. DM.*	17,4	14,8	**15,8**
6. Nur Hinweis auf Sachverhalt, der periodenfremde Erträge begründet	15,3	9,3	**12,3**

Übersicht 3-16: *Der Aussagegehalt von Anhangangaben beim Hauptkriterium „Erläuterung periodenfremder Erträge"*

Die in den Spalten (1) und (2) von Übersicht 3-16 ausgewiesenen Werte zeigen, wie Wirtschaftsprüfer und Finanzanalysten den jeweiligen Fall im Durchschnitt einschätzen. In Spalte (3) wird die zusammengefaßte, annahmegemäß gleich gewichtete Einschätzung der Fachleute wiedergegeben.

Für die übrigen acht der oben aufgeführten neun Berichtspunkte wurde in gleicher Weise verfahren.[86] Mit den Einschätzungen von Wirtschaftsprüfern und Finanzanalysten ist es im **Ergebnis** möglich, im Bewertungsmodell ein wesentlich breiteres Berichterstattungsspektrum abzubilden, als dies etwa mit den zwei für das Beispiel vorgegebenen Oberkriterien möglich wäre.

Ad (b) Zusatzfragen zur realitätsnahen Abbildung der Praxis der Anhangberichterstattung im Bewertungsmodell

In Anhängen sind Angaben wie „Die Bilanzierungsmethoden wurden im wesentlichen beibehalten“ nicht selten.[87] Der externe Anhangleser vermag solche unbestimmten Anhangangaben meist nicht zu beurteilen. Bei der hier betrachteten Angabe ist nicht nachvollziehbar, ob die (in jedem Fall) vorgenommene Methodenänderung für die Beurteilung der wirtschaftlichen Lage *wesentlich* oder eher von *untergeordneter Bedeutung* ist. Ist eine derart unbestimmte Angabe für den Anhangleser „ärgerlich“, so ist sie für das publizierende Unternehmen unter Umständen sogar schädlich: denn Finanzinformationen sollen zu einer richtigen Einschätzung des Unternehmens durch den Kapitalmarkt beitragen.[88] Weitere Erläuterungen im Anhang (im einleitenden Beispiel Erläuterung der Unstetigkeit und ihrer Auswirkungen auf die Vermögens-, Finanz- und Ertragslage) sind deshalb sowohl aus Adressatensicht als auch aus Unternehmenssicht wünschenswert und notwendig.

Mit zusätzlichen Fragen an Wirtschaftsprüfer und Finanzanalysten wurde deshalb versucht, auch unbestimmte Formulierungen der genannten Art aus der Sicht von Fachleuten objektiv im Modell abzubilden. Übersicht 3-17 (vgl. folgende Seite) zeigt jene fünf Sachverhalte, die mit Hilfe von Zusatzfragen spezifiziert wurden:

---

86 Die Umfrageergebnisse zu den genannten neun Berichtspunkten sind in der Anlage (Seiten 316 f.) dokumentiert.

87 So berichtet die AUDI AG im Anhang 1993, daß die Bilanzierungs- und Bewertungsmethoden *grundsätzlich* beibehalten wurden. Wann von diesem Grundsatz abgewichen wurde, wird nicht deutlich; vgl. AUDI AG (Hrsg.), Geschäftsbericht 1993, S. 60.

88 Vgl. DRILL, M., Investor Relations, S. 68.

Sachverhalt	Zusatzfrage: Wie beurteilen Sie den Aussagegehalt ...:		Aussagegehalt in %		
			Wirtschafts-prüfer (WP)	Finanz-analysten (FA)	Antwort-Mittelwert von WP und FA
			(1)	(2)	(3)
1. Abweichungen von Bilanzierungs- und Bewertungsmethoden	... von Angaben, wie:	„Die Bilanzierungs- und Bewertungsmethoden wurden im wesentlichen beibehalten.“?	40,3	29,3	**34,8**
2. Ausmaß der Ergebnisbeeinflussung durch Anwendung steuerrechtlicher Vorschriften oder Bildung von Sonderposten mit Rücklageanteil im Geschäftsjahr oder in Vorjahren	... von Angaben, wie:	„Das Ergebnis wurde durch Anwendung steuerrechtlicher Vorschriften entsprechend beeinflußt.“?	27,4	16,8	**22,1**
3. Erhebliche künftige Belastungen aus der Inanspruchnahme steuerlicher Vergünstigungen	... von Angaben, wie:	„Für die Zukunft sind Steuermehraufwendungen zu erwarten.“?	23,9	24,3	**24,1**
4. Konzern-Anlagengitter	... von Angaben, in denen im Konzern-Anlagengitter Auswirkungen aus Änderungen des Konsolidierungskreises, aus Währungsunterschieden und aus sonstigen Änderungen vermischt werden?		23,9	24,6	**24,3**
5. Kapitalflußrechnung	... einer Kapitalflußrechnung, die im ungeprüften Teil des Geschäftsberichts veröffentlicht wird (100 %: Veröffentlichung im ungeprüften Teil des Geschäftsberichts beeinträchtigt die Aussagekraft *nicht*; 0 %: Veröffentlichung im ungeprüften Teil des Geschäftsberichts hat keinen Aussagegehalt)?		61,9	69,9	**65,9**

Übersicht 3-17: *Überblick über Wirtschaftsprüfern und Finanzanalysten gestellte Zusatzfragen zur Ergänzung des Beurteilungsmodells*

Analog zu Übersicht 3-16 wird in Spalte (3) von Übersicht 3-17 für jeden Sachverhalt ein Mittelwert ausgewiesen, der sich aus den gleich gewichteten Antworten von Wirtschaftsprüfern und Finanzanalysten ergibt.

Zwei **Beispiele**, die zeigen, wie die in Übersicht 3-17 ausgewiesenen Werte im Bewertungsmodell verarbeitet werden, seien hier kurz erläutert:

Die Experten-Umfrage ergab *erstens*, daß der Aussagegehalt von unbestimmten Angaben, wie sie zu den vier erstgenannten Sachverhalten formuliert werden, von Wirtschaftsprüfern und Finanzanalysten deutlich abgewertet wird. Beispielsweise wird die Angabe, die Bilanzierungsmethoden seien *im wesentlichen* beibehalten worden (Zusatzfrage 1), im Bewertungsmodell mit (100 % – 34,8 %) = 65,2 % abgewertet (vgl. den ersten Wert in Spalte (3) von Übersicht 3-17).

Zweitens veröffentlichen viele Unternehmen in ihren Geschäftsberichten inzwischen eine **Kapitalflußrechnung** und passen sich damit internationalen Publizitätsgepflogenheiten an.[89] Mit Zusatzfrage 5 wurde gefragt, ob der Ort, an dem die Kapitalflußrechnung im Geschäftsbericht veröffentlicht wird, ihre Aussagefähigkeit beeinflußt. Die Frage ist insofern berechtigt, als eine Kapitalflußrechnung freiwillig entweder im *geprüften* Teil des Geschäftsberichts (Anhang, Lagebericht) oder im *ungeprüften* Teil des Geschäftsberichts (in den „sonstigen" Teilen des Geschäftsberichts) veröffentlicht werden darf.[90] Der Wirtschaftsprüfer gelangt für den geprüften Teil des Geschäftsberichts zu einem vertrauenswürdigen Urteil;[91] dieser Teil genießt beim Leser also „Vertrauensschutz". Beim ungeprüften Teil des Geschäftsberichts handelt es sich hingegen um eine freiwillige Ergänzung des

---

89 Zu neueren empirischen Befunden zur Verbreitung der Kapitalflußrechnung vgl. HALLER, A./JAKOBY, S., Finanzierungsrechnung, S. 641–649 sowie STAHN, F., Zum praktischen Entwicklungsstand der Konzern-Kapitalflußrechnung in Deutschland, S. 649–657.

90 Im streng formalen Sinne prüft der Wirtschaftsprüfer selbstverständlich nicht den Geschäftsbericht, sondern Jahresabschluß und Lagebericht, welche *dann* in den Geschäftsbericht aufgenommen werden. Bei obiger Frage wird aber unterstellt, daß eine vom Wirtschaftsprüfer geprüfte Kapitalflußrechnung auch in den „geprüften" Teil des Geschäftsberichts aufgenommen wird (Vertrauensschutz). Im Umkehrschluß heißt das: Informationen, die im „ungeprüften" Teil des Geschäftsberichts veröffentlicht sind, gelten als vom Wirtschaftsprüfer nicht geprüft.

91 Die Prüfung des Lageberichts unterscheidet sich von der Prüfung des Jahresabschlusses allerdings insofern, als Inhalt, Form und Zeitbezug des Lageberichts vom Gesetzgeber in erheblich geringerem Maße konkretisiert werden, als dies für die jeweiligen Teile des Jahresabschlusses zutrifft; vgl. BAETGE, J./FISCHER, T. R., § 317 HGB, S. 1879, Rn. 14; KRAWITZ, N., Der Lagebericht und seine Prüfung, S. 14–19 sowie m. w. N. FÖRSCHLE, G./KOFAHL, G., § 317 HGB, S. 1763 f., Rn. 16.

Pflichtteils.[92] Die Akzeptanz freiwillig veröffentlichter Zusatzinformationen wird in dem Maß steigen, wie diese Zusatzinformationen im geprüften Teil des Geschäftsberichts plaziert werden.[93] Diese These wird durch die empirische Umfrage bestätigt: die befragten Wirtschaftsprüfer und Finanzanalysten bewerten den mittleren Aussagegehalt $\overline{x}$ einer Kapitalflußrechnung, die im *un*geprüften Teil des Geschäftsberichts veröffentlicht wird, mit $\overline{x}$ = 65,9 % sehr viel geringer als den Aussagegehalt einer vom Wirtschaftsprüfer geprüften Kapitalflußrechnung. Im Bewertungsmodell wird der Aussagegehalt einer im ungeprüften Teil des Geschäftsberichts veröffentlichten Kapitalflußrechnung deshalb auf 65,9 % abgewertet.

344. Zur Frage der Repräsentativität der empirischen Umfrage

344.1 Der Aufbau der empirischen Umfrage

Bei der Befragung der Wirtschaftsprüfer und Finanzanalysten sind hinsichtlich der versandten Unterlagen **zwei Bearbeitungsschritte** zu unterscheiden: Im **ersten Schritt** der Umfrage wurden die ausgewählten Wirtschaftsprüfer und Finanzanalysten gebeten, anzugeben, welche Bedeutung sie den acht Teilberichten des Anhangs sowie den 108 Hauptkriterien, die diesen Teilberichten zugeordnet sind, beimessen. Analog zur ersten Umfrage wurde in einem **zweiten Schritt** die Bedeutung einzelner Elemente der nächsttieferen Ebenen des Kriterienkataloges abgefragt: Jenen Wirtschaftsprüfern und Finanzanalysten, die sich an der ersten Umfrage beteiligt hatten, wurde ein 291 Oberkriterien sowie weitere 66 Unterkriterien zählender Fragebogen mit der Bitte um Gewichtung dieser Kriterien zugesandt.

Im ersten Schritt der Umfrage wurden
(1a) 1.500 Wirtschaftsprüfungsgesellschaften,
(1b) 1.528 selbständig tätige Wirtschaftsprüfer und
(2) 270 Finanzanalysten
angeschrieben (Grundgesamtheit).

Bei den **Wirtschaftsprüfungsgesellschaften** unter Punkt (1a) handelt es sich nach Auskunft der Geschäftsführung der Wirtschaftsprüferkammer um alle Gesellschaften, deren Jahresumsatz eine kritische Geschäftsumsatzgrenze übersteigt und bei denen

---

92 Vgl. SABI DES IDW, Darstellung der Finanzlage, S. 670; ADLER, H./DÜRING, W./ SCHMALTZ, K., § 284 HGB, S. 18 f., Rn. 36; ELLROTT, H., § 284 HGB, S. 1220, Rn. 82.

93 Vgl. LANGE, C., Publizitätspflicht „zusätzlicher Angaben" im Anhang, S. 376.

insofern von einem gewissen Geschäftsvolumen auszugehen ist. Von der Gesamtzahl der in der Bundesrepublik Deutschland zugelassenen **selbständig tätigen Wirtschaftsprüfer** (Punkt (1b)) wurden jene Wirtschaftsprüfer nicht angeschrieben, die das Pensionsalter erreicht haben oder die nur noch geringfügig tätig sind. Im Falle von Wirtschaftsprüfungsgesellschaften oder Sozietäten (beruflichen Zusammenschlüssen), in denen mehrere Wirtschaftsprüfer zugleich selbständig tätig sind, wurde aus praktischen Erwägungen jeweils ein Mitglied der Gesellschaft oder Sozietät angeschrieben.

Von der Gesamtzahl aller in Deutschland tätigen **Finanzanalysten** wurden für die Umfrage alle Finanzanalysten um ihr fachkundiges Urteil gebeten, die in der Fundamentalanalyse tätig sind. Nach Auskunft der DVFA – dem Berufsverband der deutschen Finanzanalysten – handelt es sich hierbei um 270 dem Verband angeschlossene Mitglieder (vgl. Punkt (2) obiger Aufzählung), die allerdings in erheblich weniger Häusern (Kreditinstituten, Investment-Gesellschaften etc.) tätig sind. Pro Institut wurden also in der Regel mehrere Finanzanalysten angeschrieben.

Im Ergebnis richtete sich die Umfrage somit an alle relevanten Wirtschaftsprüfungsgesellschaften, selbständig tätigen Wirtschaftsprüfer und Finanzanalysten.

344.2 Der Rücklauf im ersten Schritt der empirischen Umfrage

Obwohl bei schriftlichen Umfragen erfahrungsgemäß nur ein verhältnismäßig geringer Teil der Fragebogen beantwortet zurückgesandt wird,[94] beteiligten sich erfreulich viele Fachleute an der empirischen Erhebung zur Bedeutung von Anhangangaben. Die folgende Übersicht gibt für die Berufsgruppe der „Wirtschaftsprüfer" zunächst einen Überblick über die **Struktur** der Grundgesamtheit und des Rücklaufes (der Stichprobe) hinsichtlich des Merkmals „Tätigkeit als Wirtschaftsprüfer in einer Wirtschaftsprüfungsgesellschaft oder als selbständiger Wirtschaftsprüfer":

---

94 Vgl. WILK, L., Die postalische Befragung, S. 190.

Merkmal	**Häufigkeiten in der Grundgesamtheit**		**Häufigkeiten im Rücklauf (in der Stichprobe)**	
	Absolut	**Relativ**	**Absolut**	**Relativ**
	(1)	(2)	(3)	(4)
Wirtschaftsprüfungsgesellschaften (WPG)	1.500	49,54 %	189	49,74 %
Selbständige Wirtschaftsprüfer (WP)	1.528	50,46 %	191	50,26 %
Gesamtzahl befragter WPG/WP	**3.028**	**100,00 %**	**380**	**100,00 %**

Übersicht 3-18: *Die Struktur von Grundgesamtheit und Stichprobe für die Gruppe der WPG/WP im ersten Schritt der Umfrage*

Im ersten Schritt der Umfrage gaben 380 Wirtschaftsprüfer (Spalte (3) obiger Übersicht) ihr Urteil zur Bedeutung der acht Teilberichte des Anhangs und jener Hauptkriterien ab, die diesen Teilberichten zugeordnet sind. Die relative Häufigkeit des Merkmals „Tätigkeit als Wirtschaftsprüfer in einer Wirtschaftsprüfungsgesellschaft oder als selbständiger Wirtschaftsprüfer" ist in der Stichprobe (im Rücklauf) nahezu identisch mit der relativen Häufigkeit dieses Merkmals in der Grundgesamtheit. Der Rücklauf ist in dieser Hinsicht also hoch-repräsentativ für die Grundgesamtheit (annähernde Strukturgleichheit von Grundgesamtheit und Stichprobe).[95]

Zusätzlich zu den 380 Fragebogen, die der Gruppe der **Wirtschaftsprüfer** hinsichtlich des Merkmals „Wirtschaftsprüfungsgesellschaft oder selbständiger Wirtschaftsprüfer" eindeutig zugeordnet werden konnten, wurden im ersten Schritt der Umfrage weitere 62 Fragebogen von Wirtschaftsprüfern beantwortet. Weil diese 62 Fragebogen allerdings anonymisiert zurückgesandt wurden, konnten sie zwar ausgewertet, allerdings keiner der beiden Gruppen zugeordnet werden. Schließlich waren 31 von Wirtschaftsprüfern zurückgesandte Fragebogen nicht auszuwerten. Damit beträgt die Gesamtzahl der von Wirtschaftsprüfern im ersten Schritt der Umfrage bearbeiteten Fragebogen 473, von denen 442 Fragebogen ausgewertet werden konnten.

95 Der Vergleich der relativen Häufigkeiten der Merkmale „Tätigkeit in Wirtschaftsprüfungsgesellschaft (WPG)" oder als „selbständiger Wirtschaftsprüfer (WP)" in Stichprobe und Grundgesamthheit führt zu Prüfgrößen $\hat{z}_{WPG} = 0{,}0192$ und $\hat{z}_{WP} = 0{,}0202$. Bei einer Irrtumswahrscheinlichkeit von $\alpha = 5\ \%$ (kritischer z-Wert $z_c = 1{,}96$) darf die Nullhypothese, die relative Häufigkeit des jeweiligen Merkmals in der Stichprobe sei repräsentativ für die relative Häufigkeit dieses Merkmals in der Grundgesamtheit, nicht verworfen werden. Anders ausgedrückt: Die Wahrscheinlichkeit, die zutreffende Nullhypothese zu verwerfen und sich dabei zu irren, beträgt – legt man die Werte der tabellierten Normalverteilung zugrunde – jeweils rund 98,4 %.

Aus der Berufsgruppe der 270 angeschriebenen **Finanzanalysten** beteiligten sich 34 Personen aus 30 Häusern an der Umfrage.

Damit ergibt sich folgendes Gesamtbild von der **Struktur des Rücklaufs**:

Merkmal		**Zahl der angeschriebenen Fachleute**	**Rücklauf**	
			Absolute Häufigkeit	**Relative Häufigkeit**
		(1)	(2)	(3)
Berufsgruppe „Wirtschafts-prüfer“	Wirtschaftsprüfungsgesellschaften	1.500	189	12,60 %
	Selbständige Wirtschaftsprüfer	1.528	191	12,50 %
	Anonymer Rücklauf	–	62	–
	Zwischensumme I: Auswertbarer Rücklauf	–	442	–
	Nicht auswertbarer Rücklauf	–	31	–
	Zwischensumme II: Rücklauf „Wirtschaftsprüfer“	–	473	–
Berufsgruppe „Finanzanalysten“		270	34	12,59 %
Gesamt		**3.298**	**507**	**15,37 %**

Übersicht 3-19: *Die Struktur des Rücklaufs im ersten Schritt der Umfrage*

Die in Spalte (3) von Übersicht 3-19 ausgewiesenen relativen Häufigkeiten weisen bei der Berufsgruppe der „Wirtschaftsprüfer“ auf eine verhältnismäßig hohe Rücklaufquote hin. Auch die bei der Berufsgruppe der „Finanzanalysten“ ausgewiesene absolute Häufigkeit von 34 auswertbaren Fragebogen (verteilt auf 30 Häuser) führt aufgrund von „nur“ 270 befragten Finanzanalysten zu einer relativen Häufigkeit von 12,59 %. Diese relative Häufigkeit entspricht den relativen Häufigkeiten bei der Berufsgruppe der „Wirtschaftsprüfer“. Wie oben bereits erwähnt, ist zu beachten, daß aus jedem Kreditinstitut und aus jeder Investment-Gesellschaft oft mehrere Finanzanalysten um ihr fachkundiges Urteil gebeten wurden. Dies führte dazu, daß pro Institut in der Regel nur ein Fragebogen zurückgesandt wurde. Nach Auskunft der DFVA handelt es sich bei jenen 30 Instituten, die sich mit 34 Fragebogen an der Umfrage beteiligten, aber um die überwiegende Zahl der in der Fundamentalanalyse führenden Häuser. Insofern sind – trotz der geringen absoluten Zahl von „nur“ 34 Fragebogen – die von den Finanzanalysten gegebenen Antworten als repräsentativ für die Grundgesamtheit der mit der Fundamentalanalyse beschäftigten Finanzanalysten zu bezeichnen.[96]

Als **Zwischenergebnis** ist festzuhalten, daß nach Abschluß des ersten Schritts der Experten-Umfrage die Antworten von 442 Wirtschaftsprüfern und 34 Finanzanalysten zur Bedeutung von Teilberichten und Hauptkriterien vorlagen und ausgewertet wurden.

344.3 Der Rücklauf im zweiten Schritt der empirischen Umfrage

Aufbauend auf dem ersten Schritt der Umfrage wurde im zweiten Schritt jenen 380 Wirtschaftsprüfern und 34 Finanzanalysten, die sich am ersten Teil der Umfrage beteiligt und ihren Fragebogen in nicht anonymisierter Form zurückgesandt hatten, ein weiterer Fragebogen vorgelegt. Bei diesem Fragebogen handelte es sich um eine Aufstellung aller Ober- und Unterkriterien für jedes einzelne Hauptkriterium. Wie bei der ersten Umfrage wurden die Befragten gebeten, die Bedeutung der einzelnen Oberkriterien und Unterkriterien aus ihrer Sicht einzuschätzen. An der zweiten Umfrage beteiligten sich ebenfalls erfreulich viele Fachleute (vgl. Übersicht 3-20):

Merkmal		**Zahl der angeschriebenen Fachleute**	**Rücklauf**	
			Absolute Häufigkeit	**Relative Häufigkeit**
		(1)	(2)	(3)
Berufsgruppe „Wirtschafts-prüfer“	Wirtschaftsprüfungsgesellschaften	189	58	30,69 %
	Selbständige Wirtschaftsprüfer	191	62	32,46 %
	Anonymer Rücklauf	–	13	–
	Gesamt-Rücklauf „Wirtschaftsprüfer“	–	133	–
Berufsgruppe „Finanzanalysten“		34	14	41,18 %
Gesamt-Rücklauf		–	**147**	–

Übersicht 3-20: *Die Struktur des Rücklaufs im zweiten Schritt der Umfrage*

96 Auf welchem *statistischen* Niveau die Antworten von Wirtschaftsprüfern und Finanzanalysten als repräsentativ für die Einschätzungen aller angeschriebenen Fachleute bezeichnet werden dürfen, wird in Abschnitt 344.4 dieser Arbeit diskutiert.

Wie bereits in der Gesamtheit der befragten Wirtschaftsprüfer und wie im ersten Schritt der Umfrage sind die Merkmale „Wirtschaftsprüfungsgesellschaft" oder „selbständiger Wirtschaftsprüfer" auch im zweiten Schritt der Umfrage nahezu gleichverteilt (58 bzw. 62 Fragebogen).[97] 13 Fragebogen konnten keiner der beiden Gruppen zugeordnet werden, wodurch sich der Gesamt-Rücklauf bei der Berufsgruppe der „**Wirtschaftsprüfer**" auf 133 Fragebogen erhöhte. Bezogen auf die Zahl von 380 angeschriebenen Fachleuten entspricht dies einer verhältnismäßig hohen Rücklaufquote von 35,00 %. Auch bei der Berufsgruppe der „**Finanzanalysten**" gelang es, nochmals 14 Fachleute nach ihrer Einschätzung einzelner Oberkriterien und Unterkriterien des Anhangs zu befragen. Die Rücklaufquote betrug hier 41,18 %.[98]

344.4 Die Repräsentativität der bei der empirischen Umfrage unter Wirtschaftsprüfern und Finanzanalysten erzielten Urteile über die Bedeutung von Anhangangaben

Zu klären bleibt schließlich die Frage, ob die Antworten jener Fachleute, die sich an den beiden Umfragen beteiligten (Stichprobe), repräsentativ für die Einschätzungen aller angeschriebenen Fachleute (Grundgesamtheit) sind. Mit anderen Worten: Darf ausgehend von den Ergebnissen der zurückgesandten Fragebogen (Rücklauf) auf den unbekannten Parameter der Grundgesamtheit, d. h. auf die mittlere Einschätzung einer Anhangangabe in der Grundgesamtheit, geschlossen werden (indirekter Schluß oder Repräsentationsschluß[99])? Weil der *quantitative* Umfang bestimmter Merkmalsausprägungen untersucht wird, liegt hier die sogenannte *heterograde*

---

97 Auch die statistische Repräsentativitätsschätzung führte auf einem Vertrauensniveau von 95 % zu diesem Ergebnis (Prüfgrößen von $\hat{z}_{WPG} = 0{,}1009$ und $\hat{z}_{WP} = 0{,}1169$ bei einem kritischen z-Wert von $z_c = 1{,}96$ und einer zugrunde gelegten Grundgesamtheit von 189 Wirtschaftsprüfungsgesellschaften und 191 Wirtschaftsprüfern).

98 Die Rücklaufquoten konnten im Vergleich zum ersten Teil der Umfrage unter anderem deshalb deutlich erhöht werden, weil jenen Fachleuten, die sich an der ersten Umfrage beteiligt hatten, quasi als „Honorierung ihrer Mitarbeit" die Auswertungsergebnisse der ersten Umfrage zugesandt und die Ergebnisse der neuerlichen Umfrage avisiert wurden. Zu Maßnahmen, die Rücklaufquote zu erhöhen, vgl. allgemein etwa WILK, L., Die postalische Befragung, S. 190–192.

99 Zum Begriff des Repräsentationsschlusses vgl. grundsätzlich BLEYMÜLLER, J./GEHLERT, G./GÜLICHER, H., Statistik für Wirtschaftswissenschaftler, S. 85 sowie hinsichtlich Fragestellungen in der Wirtschaftsprüfung LEFFSON, U./LIPPMANN, K./BAETGE, J., Zur Sicherheit und Wirtschaftlichkeit der Urteilsbildung bei Prüfungen, S. 33 f.

Fragestellung vor: von der in der Stichprobe beobachteten durchschnittlichen Bedeutung einer Anhangangabe ($\bar{x}$) wird auf die durchschnittliche Bedeutung einer Anhangangabe in der Grundgesamtheit (μ) geschlossen.[100] Die Ergebnisse einer realisierten Stichprobe sind allerdings zufällig, so daß statistische Aussagen nicht mit absoluter Sicherheit getroffen werden dürfen; statt dessen geben **Vertrauensintervalle** an, in welchem *Bereich* der gesuchte unbekannte Parameter der Grundgesamtheit mit einer bestimmten Sicherheit liegt.[101]

Statt mit Vertrauensintervallen die Repräsentativität der Stichprobe für die Grundgesamtheit zu prüfen, könnte auch erwogen werden, den realisierten Stichprobenumfang n_r mit dem für eine hinreichend sichere und genaue Schätzung notwendigen Stichprobenumfang n_n zu vergleichen. Für $n_r > n_n$ wäre die Stichprobe dann als repräsentativ für die Grundgesamtheit zu bezeichnen. Allerdings ist die Fragestellung hier eine andere: Während der notwendige Stichprobenumfang berechnet wird, *bevor* eine Stichprobe gezogen wird, liegt der Stichprobenumfang hier bereits vor. Zudem ist die für die Berechnung des notwendigen Stichprobenumfangs notwendige Varianz der Grundgesamtheit σ^2 unbekannt; sie durch die Varianz der Stichprobe zu ersetzen, ist nicht ohne weiteres zulässig.[102] Wäre die Varianz der Grundgesamtheit bekannt, ließen sich beide Ansätze (Vertrauensintervall, notwendiger Stichprobenumfang) im übrigen ineinander überführen.

Bildet man statt dessen Vertrauensintervalle für den unbekannten Parameter μ der Grundgesamtheit, so sagt ein Sicherheitsgrad von $(1 - \alpha) = 90\ \%$ aus, daß der gesuchte Parameter in 90 % aller Fälle (einer großen Zahl von Stichproben) von einem Intervall um den Mittelwert $\bar{x}$ einer Stichprobe überdeckt wird.[103] Ein Maß für die Sicherheit der Schätzung ist also der **Sicherheitgrad** $(1 - \alpha)$, während sich der **Genauigkeitsgrad** der Schätzung aus der Breite des ermittelten Vertrauens-

---

100 Zum Begriff der heterograden Fragestellung in der Wirtschaftsprüfung vgl. etwa LEFFSON, U., Wirtschaftsprüfung, S. 174; WYSOCKI, K. v., Grundlagen des betriebswirtschaftlichen Prüfungswesens, S. 181; BUCHNER, R., Wirtschaftliches Prüfungswesen, S. 179; ZIMMERMANN, H.-J., Stichprobenprüfung, Schätzstichprobe, Sp. 1876.

101 Vgl. BORTZ, J., Statistik für Sozialwissenschaftler, S. 98 f.

102 Vgl. BLEYMÜLLER, J./GEHLERT, G./GÜLICHER, H., Statistik für Wirtschaftswissenschaftler, S. 89.

103 Vgl. BLEYMÜLLER, J./GEHLERT, G./GÜLICHER, H., Statistik für Wirtschaftswissenschaftler, S. 86 f.; VOGEL, F., Beschreibende und schließende Statistik, S. 195 f.

intervalls ableitet.[104] Sicherheit und Genauigkeit stehen in einem umgekehrt proportionalen Verhältnis zueinander: Vergrößert sich die Breite des Vertrauensintervalls (sinkt also die Genauigkeit der Schätzung), steigt der Sicherheitsgrad der statistischen Aussage, und umgekehrt.

Die Formel für ein Vertrauensintervall für den unbekannten Parameter μ der Grundgesamtheit bei unbekannter Varianz der Grundgesamtheit lautet nach dem Verfahren der freien Hochrechnung beim Ziehen ohne Zurücklegen:[105]

$$(12) \qquad \bar{x} - t \cdot \frac{s}{\sqrt{n}} \cdot \sqrt{\frac{N-n}{N}} \leq \mu \leq \bar{x} + t \cdot \frac{s}{\sqrt{n}} \cdot \sqrt{\frac{N-n}{N}}$$

In dieser Formel bezeichnet t die Werte einer studentverteilten Zufallsvariablen, s die in der Stichprobe beobachtete Standardabweichung, N den Umfang der Grundgesamtheit (Zahl der angeschriebenen Fachleute) und n den Stichprobenumfang (Zahl der zurückgesandten Fragebogen). Nach dem Zentralen Grenzwertsatz der Statistik[106] darf für einen Stichprobenumfang von n > 30 die Zufallsvariable t durch die Zufallsvariable z der Standardnormalverteilung angenähert werden.[107] Weil die Streuung der Werte in der Grundgesamtheit (σ^2) unbekannt ist, wird σ^2 üblicherweise durch die Stichprobenvarianz Var geschätzt. Für den Schätzwert $\hat{\sigma}^2$ gilt dann:[108]

$$(13) \qquad \hat{\sigma}^2 = Var = \frac{1}{n-1} \cdot \sum_{i=1}^{n} (x_i - \bar{x})^2$$

Am **ersten Teil der Umfrage** beteiligten sich n_{WP} = 442 Wirtschaftsprüfer und n_{FA} = 34 Finanzanalysten, so daß in obiger Formel (12) t durch z ersetzt werden darf. Für die Grundgesamtheit der angeschriebenen Fachleute galt: N_{WP} = 3.028 und N_{FA} = 270. Stellt man – getrennt nach Berufsgruppen – die Frage nach einem

104 Zu den Begriffen „Sicherheit“ und „Genauigkeit“ vgl. HFA DES IDW, Zur Anwendung stichprobengestützter Prüfungsmethoden bei der Jahresabschlußprüfung, S. 243 f.; BAETGE, J., Sicherheit und Genauigkeit, S. 691 f.; BUCHNER, R., Wirtschaftliches Prüfungswesen, S. 188–190.

105 Vgl. VOGEL, F., Beschreibende und schließende Statistik, S. 200.

106 Vgl. hierzu etwa BORTZ, J., Statistik für Sozialwissenschaftler, S. 91 f.; VOGEL, F., Beschreibende und schließende Statistik, S. 177 f.

107 Vgl. BLEYMÜLLER, J./GEHLERT, G./GÜLICHER, H., Statistik für Wirtschaftswissenschaftler, S. 88.

108 Vgl. VOGEL, F., Beschreibende und schließende Statistik, S. 200.

Vertrauensintervall für die durchschnittliche Einschätzung einer Anhangangabe durch die Berufsgruppe, so ergibt sich bei einem geforderten Sicherheitsgrad der Schätzung von $(1 - \alpha) = 90$ % für die Berufsgruppe der **Wirtschaftsprüfer,** daß – abgesehen von einem Ausnahmefall[109] – bei allen 108 Hauptkriterien der unbekannte Parameter μ der Grundgesamtheit (die mittlere Bedeutung einer Anhangangabe) deutlich innerhalb eines 10 %-Vertrauensintervalls um den Mittelwert der Stichprobe liegt. Die Genauigkeit der Schätzung beträgt hier also jeweils mindestens 90 %.

Bei der Berufsgruppe der **Finanzanalysten** ergibt sich zunächst ein etwas anderes Bild: Für einem Sicherheitsgrad von $(1 - \alpha) = 90$ % liegt das arithmetische Mittel μ bei

(1) nur 5 % aller Hauptkriterien in einem 10 %-Vertrauensintervall,

(2) weiteren 63 % der Hauptkriterien in einem 20 %-Vertrauensintervall,

(3) weiteren 23 % der Hauptkriterien in einem 30 %-Vertrauensintervall, und

(4) in 9 % aller Fälle liegt μ in einem Vertrauensintervall, das mit 30 % bis 40 % um den Mittelwert der Stichprobe streut.

Mit anderen Worten: Die Genauigkeit der Schätzung beträgt bei 68 % der Hauptkriterien (Fälle (1) und (2)) mindestens 80 % und bei 91 % aller Hauptkriterien (Fälle (1), (2) und (3)) mindestens 70 %. Dieses im Vergleich zur Berufsgruppe der Wirtschaftsprüfer schlechtere Ergebnis ist vor allem auf die verhältnismäßig geringe Zahl von „nur" 270 in der Fundamentalanalyse tätigen Finanzanalysten und einen entsprechend „geringen" Rücklauf von 34 Fragebogen zurückzuführen. Zu beachten ist allerdings zum einen, daß sich die 270 angeschriebenen Finanzanalysten (Grundgesamtheit) nach Auskunft der DVFA auf erheblich weniger Institute verteilen. Zum anderen ist davon auszugehen, daß sich die Einschätzungen von Finanzanalysten, die im selben Haus tätig sind, nicht wesentlich voneinander unterscheiden, so daß es grundsätzlich ausreicht, einen Fragebogen pro Institut zurückzuerhalten. Wie die Auswertung der zurückgesandten Fragebogen ergab, handelt es sich bei den 34 zurückgesandten Fragebogen um die Einschätzungen von Finanzanalysten aus 30 Häusern.[110] Die Genauigkeit der Schätzung ist insofern als erheblich besser zu beurteilen, als es die oben genannten Zahlen ausdrücken.

---

109 Hierbei handelt es sich um das Hauptkriterium $k = 6$ aus Teilbericht $i = I$ (Freiwillige Verknüpfung von Bilanz und Gewinn- und Verlustrechnung mit dem Anhang durch Fußnoten). Der Genauigkeitsgrad der Schätzung beträgt hier 88,85 %.

110 Bei diesen 30 Häusern handelt es sich nach Angaben der DVFA um nahezu alle in der Fundamentalanalyse tätigen Häuser. Eine „Nachfaßaktion" bei jenen Instituten, die keinen Fragebogen zurückgesandt hatten, führte zu keiner Erhöhung des Rücklaufes.

Die Antworten im **zweiten Teil der Umfrage** ergeben ein ähnliches Bild. So liegen für die Berufsgruppe der **Wirtschaftsprüfer** bei einem Sicherheitsgrad von $(1 - \alpha) = 90$ % 259 von 357 Ober- und weiteren Unterkriterien in einem 90 %-Vertrauensintervall um den Mittelwert der Stichprobe und weitere 69 Kriterien in einem 85 %-Vertrauensintervall, so daß die Schätzung von fast 92 % aller Ober- und Unterkriterien eine Genauigkeit von mehr als 85 % hat.

Bei der Berufsgruppe der **Finanzanalysten** hingegen sind die Stichprobenwerte aufgrund der verhältnismäßig geringen Zahl von 14 zurückgesandten Fragebogen breiter gestreut, wodurch die Genauigkeit des Repräsentationsschlusses von der Stichprobe auf die Grundgesamtheit beeinträchtigt wird. Hier liegen die beobachteten Einschätzungen für knapp 65 % der Ober- und Unterkriterien mindestens in einem 70 %-Vertrauensintervall und für knapp 90 % der Ober- und Unterkriterien mindestens in einem 60 %-Vertrauensintervall um den jeweiligen Mittelwert der Stichprobe. Allerdings sind auch hier die bereits oben dargelegten Besonderheiten bei der Berufsgruppe der Finanzanalysten zu beachten.[111]

35 Besondere Probleme der Messung der Berichterstattungsqualität im Anhang

351. Das Problem der „Nicht-Berichterstattung" im Anhang

Der durch Auswertung des Fach-Schrifttums ermittelte und unter Wirtschaftsprüfern und Finanzanalysten objektivierte Kriterienkatalog umfaßt alle Berichterstattungspunkte, zu denen *große* Kapitalgesellschaften grundsätzlich berichten müssen oder freiwillig berichten sollten. Bei der Bewertung von Anhangangaben sind aber zwei Fälle denkbar, in denen der Kriterienkatalog in der vorliegenden Form nicht angewendet werden darf:

(1) Wenn ein bestimmter Sachverhalt nicht vorliegt, kann das Unternehmen zu dem entsprechenden Berichtspunkt keine Angaben machen. In diesem Fall muß die Frage entschieden werden, ob **Fehlanzeigen** abgegeben werden müssen und wie dieser Fall im Modell abzubilden ist.

(2) Handelt es sich bei dem berichterstattenden Unternehmen nicht um eine große Kapitalgesellschaft im Sinne der **Größenklasse** des § 267 Abs. 3 Sätze 1

111 Die Genauigkeitsgrade bzw. Ungenauigkeitsgrade aller Haupt-, Ober- und Unterkriterien sind in der Anlage zu dieser Arbeit (Seiten 298 bis 319) dokumentiert.

und 2 HGB, ist zu klären, an welchen Stellen und in welcher Weise das Modell zu modifizieren ist.

Ad (1) Zur Frage der Abgabe von Fehlanzeigen

Aus Adressatensicht wäre es zu begrüßen, wenn ein Unternehmen in jenen Fällen, in denen ein bestimmter Sachverhalt nicht vorliegt, mit einer Fehlanzeige hierauf hinwiese. Sollten beispielsweise die Bilanzierungs- und Bewertungsmethoden gegenüber dem Vorjahr unverändert beibehalten worden sein, so wäre dies durch einen entsprechenden Hinweis im Anhang zu dokumentieren. Nur so vermag der Anhangleser die Zahlen des vorliegenden Abschlusses im Vergleich zu den Zahlen des Vorjahresabschlusses richtig zu beurteilen. Der Gesetzgeber sieht eine Pflicht, Fehlanzeigen anzugeben, indes nicht ausdrücklich vor, so daß nach überwiegender Meinung im Schrifttum nicht vorliegende Sachverhalte auch nicht angezeigt werden müssen.[112] Im Bewertungsmodell wird deshalb regelmäßig nach dem Grundsatz „in dubio pro reo" verfahren, d. h., zugunsten des berichterstattenden Unternehmens wird für den Fall, daß zu einem bestimmten Berichterstattungspunkt keine Angaben gemacht werden, angenommen, daß ein entsprechender Sachverhalt auch nicht vorliegt. Der betreffende Berichterstattungspunkt wird folglich nicht mit „Nein" (als nicht erfüllt) bewertet, sondern statt dessen aus der Bewertung herausgenommen. Konkret bedeutet dies, daß die Bewertungsbasis um den Gewichtsanteil des jeweiligen (fehlenden) Berichterstattungspunktes am Gesamtgewicht zu reduzieren ist. Könnte ein Unternehmen zum **Beispiel** zu einem Zehntel aller geforderten (und annahmegemäß gleich bedeutenden) Anhangangaben keine Angaben machen (weil entsprechende Sachverhalte nicht vorliegen) und erreichte es bei den übrigen neun (gleich bedeutenden) Zehnteln der Anhangangaben 36 % der maximal möglichen Qualitätswerte, so ergäbe sich der Gesamt-Qualitätswert U_j des Anhangs laut nachstehender Rechnung:

$$(14) \qquad U_j = 36\,\% \cdot \frac{100\,\%}{(100\,\% - 10\,\%)} = 40\,\%$$

112 Vgl. SCHÜLEN, W., Grundsätze für den Inhalt des Anhangs, S. 5, Rn. 30; CLAUSSEN, C. P., §§ 284–288 HGB, 160 AktG, S. 564, Rn. 17; ADLER, H./DÜRING, W./SCHMALTZ, K., § 284 HGB, S. 12, Rn. 21; ELLROTT, H., § 284 HGB, S. 1205, Rn. 22. Das IDW formuliert prägnant: „Schweigen im Anhang bedeutet immer, daß entsprechende angabepflichtige Sachverhalte nicht vorliegen.": IDW (Hrsg.), WPH 1996, Band I, S. 423, Rn. F 434.

Implizit wird das (explizit nicht bewertete) Kriterium mit dem Durchschnitt der bei den übrigen Kriterien erzielten Qualitätswerte bewertet.[113] Auf diese Weise ist sichergestellt, daß ein Unternehmen im Vergleich zu anderen Unternehmen, die bei dem betreffenden Kriterium überdurchschnittlich berichten, nicht schlechter gestellt wird.

Ad (2) Zum Problem der Größenklasse

Kapitalgesellschaften gelten als große Kapitalgesellschaften einerseits dann, wenn sie mit ihrer Geschäftstätigkeit zwei der in § 267 Abs. 2 HGB genannten Größenkriterien überschreiten (§ 267 Abs. 3 Satz 1 HGB), andererseits stets, wenn ihre Aktien oder andere von ihr ausgegebene Wertpapiere an einer Börse in einem Mitgliedstaat der EWG zum amtlichen Handel oder zum geregelten Markt zugelassen sind oder die Zulassung beantragt wurde oder wenn die Wertpapiere in den geregelten Freiverkehr einbezogen sind (§ 267 Abs. 3 Satz 2 HGB). Kapitalgesellschaften, die diese Voraussetzungen nicht erfüllen, sind je nach Größe entweder kleine (§ 267 Abs. 1 HGB) oder mittelgroße Kapitalgesellschaften (§ 267 Abs. 2 HGB). Gemäß §§ 274 a und 288 HGB dürfen kleine und mittelgroße Kapitalgesellschaften – was die Berichterstattung im Anhang betrifft – bestimmte **größenabhängige Erleichterungen** in Anspruch nehmen.[114] Wird der Kriterienkatalog auf den Anhang kleiner und mittelgroßer Kapitalgesellschaften angewendet, so ist das Berichterstattungs-Soll um die betreffenden Vorschriften – analog zum Vorgehen unter (1) – zu reduzieren, d. h., die betreffenden Vorschriften sind mit ihren zugehörigen Gewichten aus dem Kriterienkatalog zu streichen. Im empirischen Teil der vorliegenden Arbeit stellt sich dieses Problem allerdings nicht, da es sich bei den untersuchten Unternehmen um börsennotierte und insofern um große Kapitalgesellschaften im Sinne des § 267 Abs. 3 HGB handelt.

113 Ähnlich BÖTZEL, S., Diagnose von Konzernkrisen, S. 205 f., der ein solches Vorgehen als „Korrektur" von Informationsklassen bezeichnet.

114 Zu einem Katalog größenabhängiger Erleichterungen im Sinne des § 288 HGB vgl. etwa ELLROTT, H., § 288 HGB, S. 1308 f., Rn. 2 (kleine Kapitalgesellschaften) und S. 1309, Rn. 5 (mittelgroße Kapitalgesellschaften). Bei der Aufstellung eines Konzernanhangs dürfen kleine und mittelgroße Kapitalgesellschaften in ihrer Eigenschaft als Mutterunternehmen indes keine größenabhängigen Erleichterungen beanspruchen; vgl. § 298 Abs. 1 HGB.

352. Zur Problematik der Wahlpflichtangaben

Wahlpflichtangaben dürfen entweder in der Bilanz oder Gewinn- und Verlustrechnung einerseits oder im Anhang andererseits gemacht werden. Bilanz und Gewinn- und Verlustrechnung werden auf diese Weise von Angaben entlastet, so daß der Jahresabschluß klarer und übersichtlicher wird.[115] Beispielsweise darf das Anlagengitter gemäß § 268 Abs. 2 Satz 1 HGB statt in der Bilanz auch im Anhang ausgewiesen werden, wovon die Praxis häufig Gebrauch macht.[116]

Die Möglichkeit, Angaben wahlweise im Anhang oder in Bilanz und Gewinn- und Verlustrechnung ausweisen zu dürfen, führt beim vorliegenden Problem der Erhebung der Berichterstattungsqualität im Anhang dazu, daß nicht nur Angaben, die unmittelbar im Anhang gemacht werden, untersucht werden müssen, sondern darüber hinaus auch die wahlweise in Bilanz und Gewinn- und Verlustrechnung ausgewiesenen Angaben. Für diese Arbeit wird ferner festgelegt, daß Angaben, die weder unmittelbar in Bilanz oder Gewinn- und Verlustrechnung noch im Anhang ausgewiesen werden, gleichfalls aber zum Publizitätsbereich „Anhang" zu zählen sind, ebenfalls untersucht werden müssen. Hierunter fallen zum Beispiel das Anlagengitter oder die Kapitalflußrechnung, die oft zwischen den genannten Berichtsteilen ausgewiesen werden, diesen aber nicht eindeutig zugeordnet werden können.[117] Nur so lassen sich Unternehmen, die sich für unterschiedliche Ausweisvarianten bei den Wahlpflichtangaben entschieden haben, miteinander vergleichen.

---

115 Vgl. bereits Abschnitt 23 dieser Arbeit.

116 Vgl. etwa die Untersuchung der C&L DEUTSCHE REVISION (Hrsg.), Konzernabschlüsse '95, S. 123, Rn. 187: Danach wiesen 35 von 100 Unternehmen das Anlagengitter im Konzernanhang aus.

117 Vgl. erneut die jüngste Untersuchung der C&L DEUTSCHE REVISION (Hrsg.), Konzernabschlüsse '95, S. 123, Rn. 187, wonach sich bei der Plazierung des Anlagengitters 64 von 100 Unternehmen für eine „Zwischenlösung" zwischen Bilanz und Anhang entschieden.

4 Analyse der Publizitätspraxis in den Anhängen börsennotierter Kapitalgesellschaften

41 Anmerkungen zum weiteren Vorgehen

Aufgrund der hohen volkswirtschaftlichen Bedeutung börsennotierter Kapitalgesellschaften[1] wird das Modell zur Bewertung von Anhangangaben auf die Anhänge von 150 zufällig ausgewählten börsennotierten Kapitalgesellschaften (Industrie- und Handelsunternehmen) angewendet (**Stichprobe**). Die Stichprobe wurde aus dem Gesamtbestand jener 416 Geschäftsberichte[2] von Industrie- und Handelsunternehmen gezogen, die 1996 am Wettbewerb „Der beste Geschäftsbericht" teilnahmen (**Grundgesamtheit**).[3] Dieser Wettbewerb wird seit 1995 von der Zeitschrift „manager magazin" mit dem Ziel ausgeschrieben, die inhaltliche, gestalterische und sprachliche Qualität in den Geschäftsberichten der 500 größten (amtlich oder im geregelten Markt) notierten deutschen Kapitalgesellschaften (Industrie- und Handelsunternehmen, Banken, Versicherungen sowie aller Börsenneulinge) zu bewerten.[4, 5] Bereinigt man die Gesamtzahl der 678 an deutschen Börsen notierten deutschen Kapitalgesellschaften[6] um die Zahl der 117 im Freiverkehr gehandelten Werte[7],

---

1 Ein Indiz für die volkswirtschaftliche Bedeutung börsennotierter Kapitalgesellschaften ist die Börsenkapitalisierung inländischer Kapitalgesellschaften, die Ende 1995 bei 826 Mrd. DM lag; vgl. DEUTSCHE BÖRSE AG (Hrsg.), Fact Book 1995, S. 9.

2 Aus praktischen Erwägungen wird in der folgenden Untersuchung auf jene Anhänge zurückgegriffen, die in den allgemein zugänglichen Geschäftsberichten (freiwillig) veröffentlicht werden und für Jahresabschlußadressaten jederzeit verfügbar sind. Streng genommen wären die im Bundesanzeiger veröffentlichten Anhänge zu prüfen. Implizit wird darauf vertraut, daß sich Anhangangaben im Geschäftsbericht und im Bundesanzeiger nicht voneinander unterscheiden.

3 Bei der Zufallsauswahl handelte es sich um eine systematische Auswahl mit Zufallsstart, bei der aus einer alphabetisch sortierten Grundgesamtheit – beginnend an einem zufälligen Startpunkt – jedes zehnte Element gezogen wurde. Vgl. zu diesem Verfahren für den Bereich der Wirtschaftsprüfung etwa BUCHNER, R., Wirtschaftliches Prüfungswesen, S. 170.

4 Der Wettbewerb „Der beste Geschäftsbericht" wurde 1983 von der Zeitschrift „Industriemagazin" initiiert und 1994 von der Zeitschrift „TopBusiness" (vormals „Industriemagazin") letztmalig ausgerichtet. Zu den Wettbewerbsergebnissen 1996 vgl. BADEN, K./WILHELM, W., Reden ist Gold, S. 158–183. Zu ähnlichen Wettbewerben vgl. bereits in den fünfziger Jahren HUNDHAUSEN, C., Industrielle Publizität als Public Relations, S. 143.

5 Bei 84 der am Wettbewerb teilnehmenden 500 Unternehmen handelte es sich um Banken, Versicherungen und Börsenneulinge, woraus sich die oben genannte Zahl von 416 Industrie- und Handelsunternehmen ergibt.

6 Vgl. zu dieser Zahl DEUTSCHE BÖRSE AG (Hrsg.), Fact Book 1995, S. 28.

7 Vgl. zu dieser Zahl DEUTSCHE BÖRSE AG (Hrsg.), Fact Book 1995, S. 8.

um die Zahl von rund 65 notierten Banken und Versicherungen[8] sowie um die Zahl der 20 Börsenneulinge[9] des Jahres 1995, so steht die Grundgesamtheit der 416 am genannten Wettbewerb teilnehmenden Industrie- und Handelsunternehmen stellvertretend für den überwiegenden Teil der rund 476 im amtlichen Handel oder im geregelten Markt notierten deutschen Industrie- und Handelsunternehmen.[10]

Schließlich wird auch die Qualität der Berichterstattung in den Anhängen aller[11] 20 **Börsenneulinge des Jahres 1995** bewertet, um festzustellen, ob sich das Publizitätsverhalten im Anhang von Standard-Börsenwerten und Börsenneulingen signifikant unterscheidet.[12]

Bei den ausgewählten Geschäftsberichten handelt es sich um die Geschäftsberichte für das **Geschäftsjahr 1995** oder **1994/1995**.

Ausgehend von diesem Untersuchungsgegenstand ergibt sich das weitere Vorgehen in Abschnitt 42 dieser Arbeit aus der Strukturierung des Anhangs in die acht Teilberichte I bis VIII. Für jeden Teilbericht sind jeweils **drei Schritte** zu unterscheiden. In einem **ersten Schritt** wird kurz dargestellt, für wie bedeutend die befragten 442 Wirtschaftsprüfer und 34 Finanzanalysten die einzelnen Hauptkriterien, die dem jeweiligen Teilbericht zugeordnet wurden, auf einer 4-Punkte-Skala einschätzen.

Für jeden Teilbericht wird in einem **zweiten Schritt** gezeigt, durch welche Qualitätsmerkmale sich Anhangangaben zu einzelnen Hauptkriterien auszeichnen, d. h., welche Extrempole guter und schlechter Anhangberichterstattung denkbar und in der Praxis anzutreffen sind. Konkrete **Beispiele**, die den untersuchten Anhängen entnommen werden, belegen, wie unterschiedlich ausführlich in Anhängen deutscher Unternehmen zur Zeit berichtet wird. Der Aussagegehalt der ausgewählten Beispiele ist in diesem Zusammenhang darzustellen und kritisch zu würdigen.

Wegen der großen Zahl von Beurteilungskriterien ist es notwendig, die Analyse der Publizitätspraxis auf **ausgewählte Hauptkriterien** zu konzentrieren. Daher werden für den zweiten Schritt grundsätzlich alle Hauptkriterien ausgewählt, die nach Meinung der befragten Wirtschaftsprüfer und Finanzanalysten besonders bedeutend sind.

---

8 Diese Zahl ergibt sich nach Auskunft der DEUTSCHEN BÖRSE AG.

9 Vgl. hierzu die Aufstellung in DEUTSCHE BÖRSE AG (Hrsg.), Fact Book 1995, S. 7.

10 Zum Nachweis der Börsennotiz der ausgewählten Unternehmen sei verwiesen auf die Bekanntmachungen der Börsenzeitung; vgl. etwa O. V., Kursteil Aktien – Inländische Aktien, S. 17–19.

11 Insofern handelt es sich in Bezug auf dieses Merkmal um eine Vollerhebung.

12 Vgl. hierzu ausführlich Abschnitt 57 dieser Arbeit.

Bei der Bewertung der Anhänge stellte sich allerdings heraus, daß die ausgewählten Unternehmen zu gewissen, von den Wirtschaftsprüfern und Finanzanalysten als bedeutend eingestuften Berichterstattungspunkten keine oder nur sehr selten Angaben machten. Die Angabe unterblieb in der Regel, weil der entsprechende Sachverhalt am Bilanzstichtag nicht vorlag bzw. während des Geschäftsjahres nicht vorgelegen hatte. Beispielsweise machte nur die DOUGLAS HOLDING AG in ihrem Geschäftsbericht Angaben zu § 277 Abs. 3 Satz 1 HGB, wonach außerplanmäßige Abschreibungen auf den sogenannten „Zukunftsschwankungswert" bei Gegenständen des Umlaufvermögens (§ 253 Abs. 3 Satz 3 HGB) im Anhang anzugeben sind.[13] Sogar in keinem der untersuchten Anhänge wurden zusätzliche Angaben gemäß § 264 Abs. 2 Satz 2 HGB verzeichnet. Auf eine vollständige Darstellung der Publizitätspraxis zu diesen und ähnlichen – zwar bedeutenden, indes grundsätzlich wenig praxisrelevanten – Kriterien wird deshalb verzichtet.[14]

Gleiches gilt für jene Fälle, in denen der Gesetzgeber den Spielraum zur Gestaltung von Anhangangaben durch eine sehr konkrete Formulierung des Gesetzestextes eingeengt hat; dies trifft etwa zu für die Pflicht, die Gesamtbezüge der Organe der Gesellschaft offenzulegen (§ 285 Nr. 9 a HGB) oder die gesetzlich geforderten Angaben zu den Beteiligungsunternehmen zu machen (§ 285 Nr. 11 HGB). Hauptkriterien dieser Art ausführlich zu würdigen, ist angesichts der konkreten gesetzlichen Vorgabe nicht lohnend.

Im **dritten Schritt** wird für jeden der acht Teilberichte dargestellt, in welchem Maße die zufällig ausgewählten 150 Unternehmen ihre Berichterstattungspflicht im Anhang erfüllen. Um die Struktur der Ergebnisse beschreiben zu können, werden zehn **Qualitätswertklassen** (mit jeweils gleichen Abständen zwischen 0 % und 100 %) gebildet. Die in der Stichprobe ermittelten Teil-Qualitätswerte der jeweiligen Teilberichte werden diesen Qualitätswertklassen zugeordnet, wodurch sich entsprechende **Häufigkeitsverteilungen** ergeben.[15]

13 Vgl. DOUGLAS HOLDING AG, Geschäftsbericht 1995, S. 45. Dieses Ergebnis wird auch von der jüngsten Untersuchung der C&L DEUTSCHE REVISION AG bestätigt; vgl. C&L DEUTSCHE REVISION (Hrsg.), Konzernabschlüsse '95, S. 156 f., Rn. 262–264. Zur Bedeutung dieser Vorschrift vgl. grundsätzlich SCHULTE, K.-W., Imparitätsprinzip und Niederstwertvorschrift, S. 509 f.

14 Zu einer vollständigen Beschreibung der Berichterstattungspraxis im Anhang vgl. vor allem die Erhebungen der C&L DEUTSCHE REVISION AG.

15 Die konkreten Qualitätswerte der in die Stichprobe gelangten Unternehmen werden in der Anlage zu dieser Arbeit (Seiten 347 bis 372) dokumentiert.

42 Empirische Befunde zur Qualität der Berichterstattung in den Teilberichten des Anhangs

421. Teilbericht I: Allgemeine Angaben zu Inhalt und Gliederung des Einzel- und Konzernabschlusses

421.1 Zur Bedeutung der Hauptkriterien in Teilbericht I des Anhangs

Gemäß § 243 Abs. 2 HGB ist der Jahresabschluß **klar** und **übersichtlich** aufzustellen. Dieser Rahmengrundsatz[16] gilt auch für den Anhang als dritten Teil des handelsrechtlichen Jahresabschlusses. In Teilbericht I des Kriterienkataloges werden zum einen die *gesetzlichen Vorschriften*, die den Grundsatz der Klarheit und Übersichtlichkeit im Anhang explizieren, zusammengestellt. Hierbei handelt es sich vor allem um die Pflicht, eine vom Vorjahr abweichende Darstellungsform im Jahresabschluß anzugeben und im Anhang zu begründen (§ 265 Abs. 1 Satz 2 HGB), sowie um die Pflicht, nicht vergleichbare oder angepaßte Vorjahresbeträge anzugeben und zu erläutern (§ 265 Abs. 2 Sätze 2 und 3 HGB). Zum anderen werden mit dem Kriterienkatalog Anforderungen an die Berichterstattung im Anhang gestellt, die sich nicht unmittelbar aus gesetzlichen Vorschriften, sondern nur mittelbar aus dem Rahmengrundsatz der Klarheit und Übersichtlichkeit ergeben. Gesetzlich beispielsweise nicht ausdrücklich gefordert ist eine Gliederung des Anhangs nach sachlichen Gesichtspunkten – etwa entsprechend dem hier vorgelegten Strukturierungsvorschlag – sowie eine Verknüpfung der Angaben in Bilanz und Gewinn- und Verlustrechnung mit den Angaben im Anhang durch fortlaufende Fußnoten.

Der erste Teil der empirischen Experten-Umfrage ergab für Teilbericht I ein relatives Gewicht von 10,7 %. Dieser Wert setzt sich zusammen aus der gleich gewichteten Einschätzung der Wirtschaftsprüfer (12,0 %) und der Finanzanalysten (9,4 %). In derselben Umfrage beurteilten Wirtschaftsprüfer und Finanzanalysten auch die Bedeutung der einzelnen Hauptkriterien in Teilbericht I. In Übersicht 4-1 werden auf der Abszisse die jeweiligen Hauptkriterien abgetragen; die Ordinate weist den Bedeutungswert des jeweiligen Hauptkriteriums gemäß der in Abschnitt 342.332.

16 Zum Begriff des „Rahmengrundsatzes“ innerhalb des Systems der Grundsätze ordnungsmäßiger Buchführung vgl. LEFFSON, U., Die Grundsätze ordnungsmäßiger Buchführung, 1. Aufl., S. 71–129; MOXTER, A., Fundamentalgrundsätze ordnungsmäßiger Rechenschaft, S. 91–94.

erläuterten Skalierung aus.[17] Die Hauptkriterien werden hier wie im folgenden nur mit einer „Kurzfassung" bezeichnet; die ausführlichen Bezeichnungen einschließlich der zugrunde liegenden gesetzlichen Vorschriften sind in der Anlage zu dieser Arbeit (Seiten 271 bis 277) dokumentiert.

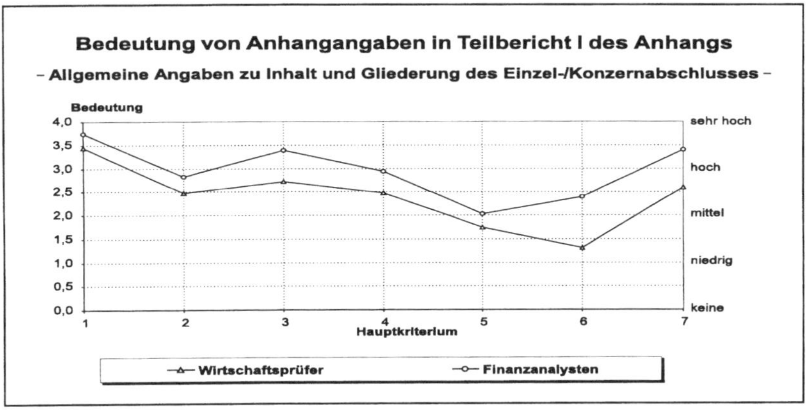

1. Zusatzangaben, falls der Jahresabschluß/Konzernabschluß aufgrund besonderer Umstände kein den tatsächlichen Verhältnissen entsprechendes Bild vermittelt
2. Angabe und Begründung von Abweichungen in der Darstellungsform aufeinanderfolgender (Konzern-)Bilanzen und (Konzern-)GuV
3. Angabe und Erläuterung nicht vergleichbarer Vorjahresbeträge
4. Angabe und Erläuterung angepaßter Vorjahresbeträge
5. Angabe und Begründung der Ergänzung des Abschlusses wegen einer für andere Geschäftszweige vorgeschriebenen Gliederung
6. Verknüpfung von Bilanz und GuV mit dem Anhang durch Fußnoten
7. Gliederung des Anhangs nach sachlichen Gesichtspunkten

Übersicht 4-1: *Die Bedeutung von Anhangangaben in Teilbericht I des Anhangs*

Die Einschätzungen der befragten Finanzanalysten bezüglich der Bedeutung einzelner Hauptkriterien liegen bei allen Hauptkriterien in Teilbericht I über den Einschätzungen der befragten Wirtschaftsprüfer. Zudem bewegen sich die mittleren Einschätzungen von Finanzanalysten und Wirtschaftsprüfern tendenziell in die

17 Die Mittelwerte der einzelnen Hauptkriterien werden in der Graphik (für jede Berufsgruppe) zwar durch Linien miteinander verbunden. Gleichwohl darf nicht der Eindruck entstehen, die Hauptkriterien stünden in einer (stetigen) Beziehung zueinander. Tatsächlich sind die Hauptkriterien *unabhängig* voneinander, weshalb die Daten hier theoretisch sauberer in einem sogenannten „Fehler-Diagramm" hätten abgebildet werden müssen. Dies wurde aus Gründen der Klarheit der Darstellung allerdings unterlassen.

gleiche Richtung, d. h., von Finanzanalysten als bedeutend eingestufte Hauptkriterien werden auch von Wirtschaftsprüfern meist als bedeutend angesehen. Diese Aussagen treffen auch für die überwiegende Zahl der Hauptkriterien der übrigen Teilberichte zu.

Die Fachleute schätzen übereinstimmend vor allem Angaben zu Hauptkriterium Nr. 1 als sehr bedeutend ein; Zusatzangaben bei Vermittlung eines nicht den tatsächlichen Verhältnissen entsprechenden Bildes der wirtschaftlichen Lage (§ 264 Abs. 2 Satz 2 HGB) waren allerdings in keinem der untersuchten Anhänge festzustellen, so daß darauf verzichtet wird, diese Angabepflicht weiter zu kommentieren. Statt dessen werden im folgenden die Hauptkriterien Nr. 3, Nr. 4, Nr. 6 und Nr. 7 näher untersucht, die – wie Übersicht 4-1 zeigt – von Wirtschaftsprüfern und Finanzanalysten als ebenfalls sehr bedeutend eingeschätzt werden.

421.2 Qualitätsbestimmende Merkmale von Anhangangaben in Teilbericht I des Anhangs

421.21 Zur Gliederung des Anhangs nach sachlichen Gesichtspunkten

Der Gesetzgeber schreibt nicht verbindlich vor, wie ein Anhang aufzubauen oder zu gliedern ist. Wegen der großen Zahl von Anhangangaben und ihres heterogenen Inhalts erlangt der Rahmengrundsatz der Klarheit und Übersichtlichkeit eine besondere Bedeutung für die Darstellung von Anhangangaben. Notwendig ist daher eine **sachlogische Strukturierung des Anhangs.**[18]

Die Auswertung der 150 Anhänge ergab, daß 143 von 150 Unternehmen (95,33 %) ihren Anhang in einer Weise gliedern, die dem oben unterbreiteten Gliederungsvorschlag weitgehend entspricht.[19] So werden – meist in einem grundsätzlichen Kapitel – Angaben zu den im Jahresabschluß angewandten Bilanzierungs- und Bewertungsmethoden gemacht (in der vorliegenden Arbeit mit römischer Ziffer als „Teilbericht II" bezeichnet); diese Angaben werden für den Fall, daß ein Konzernabschluß aufgestellt werden muß, um (in sich geschlossene) Angaben zum Konsolidierungskreis (Teilbericht V) und zu den Konsolidierungsmethoden (Teilbericht VI) ergänzt. In der Regel orientiert sich die weitere Struktur der Anhangangaben dann

---

18 Vgl. GZUK, R., Konzernanhang, S. 11, Rn. 22.

19 Damit wird die in Abschnitt 332. aufgestellte These, wonach der hier unterbreitete Strukturierungsvorschlag dem Vorgehen in der Praxis entspricht, bestätigt.

an der Gliederung von Bilanz (Teilbericht III) und Gewinn- und Verlustrechnung (Teilbericht IV).[20] In einem abschließenden Teil werden jene Angaben, die keinem der genannten Teilberichte eindeutig zugeordnet werden können, zusammengefaßt (Teilbericht VII).

Nur sieben der hier untersuchten 150 Anhänge (4,67 %) genügen dem Grundsatz der Klarheit und Übersichtlichkeit der Darstellung im Anhang nicht. Unzureichend strukturierte Anhangangaben[21] erfüllen die hier gestellten Qualitätsanforderungen ebensowenig wie Angaben, die Erläuterungen grundlegender Art zu den Bilanzierungs- und Bewertungsmethoden mit konkreten Erläuterungen zur Zusammensetzung und Veränderung von Posten der Bilanz und der Gewinn- und Verlustrechnung vermischen; in diesen Fällen kommt es regelmäßig zu Wiederholungen.[22]

Zusammenfassend bleibt festzuhalten, daß – von wenigen Ausnahmen abgesehen – die untersuchten Anhänge klar und übersichtlich gegliedert sind. Oft werden zudem optische Hilfsmittel (unterschiedliche Schrifttypen, Farben, Hervorhebungen, Graphiken, Tabellen etc.) eingesetzt, die die Lesbarkeit der Texte erleichtern und den Leseanreiz von Anhangangaben erhöhen.[23]

---

20 Unternehmen, die ihre Bilanzierung an internationalen Standards ausrichten, gehen inzwischen dazu über, die Gewinn- und Verlustrechnung *vor* der Bilanz zu erläutern; vgl. etwa die Geschäftsberichte der BAYER AG, der HEIDELBERGER ZEMENT AG oder der HOECHST AG.

21 So orientiert sich die FORD AG in ihrem Anhang lediglich an der Struktur von Bilanz und Gewinn- und Verlustrechnung; vgl. FORD AG (Hrsg.), Geschäftsbericht 1995, S. 73–80.

22 In dieser Weise verfährt etwa die OTTO REICHELT AG; vgl. OTTO REICHELT AG (Hrsg.), Geschäftsbericht 1995, S. 34–40. Für die Bündelung allgemeiner Angaben in einem grundlegenden Kapitel vgl. TREUARBEIT (Hrsg.), Jahres- und Konzernabschlüsse '88, S. 63, Rn. 104; CASTAN, E., Rechnungslegung der Unternehmung, S. 329; ADLER, H./DÜRING, W./SCHMALTZ, K., § 284 HGB, S. 28, Rn. 54; a. A. SCHÜLEN, W., Die Aufstellung des Anhangs, S. 227, der für eine Erläuterung der Bilanzierungs- und Bewertungsmethoden in der Reihenfolge der Jahresabschlußposten plädiert.

23 Zu Formen der Informationsdarstellung im Geschäftsbericht vgl. ausführlich DAMM, G., Kommunikationsmedium Geschäftsbericht, S. 139–168. Wenn KÜTING bei der Frage, wie gut Unternehmen mit ihrem Geschäftsbericht informieren, „keinen Wert auf Ablenkungsversuche durch bunte Bildchen oder grafische Gags" legt (Gespräch mit HILLEBRAND in „Capital"; HILLEBRAND, W., Summa cum laude, S. 66), so geht dies sicherlich zu weit. Gut aufbereitete Graphiken etwa dienen dem Verständnis von Texten und sind insofern ein unverzichtbarer Bestandteil des Geschäftsberichts (und zunehmend auch des Anhangs).

421.22 Zur Verwendung fortlaufender Fußnoten im Anhang

Gemäß § 264 Abs. 1 Satz 1 HGB bilden Bilanz, Gewinn- und Verlustrechnung und Anhang eine Einheit. Während Bilanz und Gewinn- und Verlustrechnung verhältnismäßig selbständig nebeneinander stehen, bestehen zwischen diesen beiden Elementen der Rechnungslegung und dem Anhang vielfältige Beziehungen, die in den Aufgaben des Anhangs (Erläuterungs-, Ergänzungs-, Korrektur- und Entlastungsaufgabe)[24] zum Ausdruck kommen. Eine Verknüpfung der Angaben in Bilanz und Gewinn- und Verlustrechnung mit den Angaben im Anhang ist daher sinnvoll und bringt die inhaltlichen Beziehungen zwischen Bilanz, Gewinn- und Verlustrechnung und Anhang auch formal-optisch zum Ausdruck.[25] Die vor allem in angelsächsischen Rechnungslegungskreisen weit verbreitete Technik, Bilanz und Gewinn- und Verlustrechnung durch **Fußnoten** mit dem Anhang zu verknüpfen, ist hier ein geeignetes Hilfsmittel.[26] Der Leser erfährt auf diese Weise zum einen, ob ein bestimmter Posten im Anhang erläutert wird und für diesen Fall zum anderen, an welcher Stelle im Anhang (unter welcher Fußnote) er diese Erläuterung finden wird.[27]

Die **empirische Untersuchung** ergab, daß die Fußnotentechnik auch in deutschen Geschäftsberichten ein übliches Mittel ist, den Jahresabschluß klarer und übersichtlicher zu gestalten.[28] So werden in 98 der untersuchten 150 Anhänge entsprechende Fußnoten verwendet. Vereinzelt führt eine den Leser verwirrende Darstellung aber zu einer Abwertung bei diesem Qualitätskriterium: Zum Beispiel weist die

---

24 Zu den Aufgaben des Anhangs vgl. ausführlich Abschnitt 23 dieser Arbeit.

25 Gleicher Ansicht FORSTER, K.-H., Anhang, Lagebericht, Prüfung und Publizität im Regierungsentwurf eines Bilanzrichtlinie-Gesetzes, S. 1632; BAUMANN, K.-H., Geschäftsbericht, S. 96; KUPSCH, P., Der Anhang, S. 33, Rn. 63; CASTAN, E., Rechnungslegung der Unternehmung, S. 319; IDW (Hrsg.), WPH 1996, Band I, S. 424, Rn. F 435.

26 Die Fußnoten sollten aus Gründen der Übersichtlichkeit im Anhang *geschlossen* (als „Block") dargestellt werden: auf diese Weise wird auch die Bedeutung des Anhangs als selbständiger Teil des Jahresabschlusses zum Ausdruck gebracht; vgl. CASTAN, E., Rechnungslegung der Unternehmung, S. 320; CLAUSSEN, C. P., §§ 284–288 HGB, 160 AktG, S. 565, Rn. 22; mit Verweis auf eine fehlende gesetzliche Regelung a. A. NIEHUS, R. J./SCHOLZ, W., §§ 238–335 HGB, S. 947 f., Rn. 859; GLADE, A., Praxishandbuch der Rechnungslegung und Prüfung, S. 1729, Rn. 7.

27 Vgl. IDW (Hrsg.), WPH 1996, Band I, S. 424, Rn. F 435.

28 Allerdings trifft diese Aussage nicht auf die Geschäftsberichte von Banken und vor allem von Versicherungen zu. Eine Auswertung am Institut für Revisionswesen der Westfälischen Wilhelms-Universität Münster ergab 1996, daß nur 10 von 34 untersuchten Banken Fußnoten in ihren Geschäftsberichten verwenden; bei 30 untersuchten Versicherungsunternehmen wurden Angaben in Bilanz und GuV und Anhangangaben in keinem Fall durch Fußnoten miteinander verknüpft.

SCHWÄBISCHE ZELLSTOFF AG an erster Stelle ihres Jahresabschlusses die Gewinn- und Verlustrechnung aus, der die Bilanz und das Anlagengitter folgen. Im Anhang wird die Gewinn- und Verlustrechnung allerdings erst im Anschluß an die Bilanz erläutert. Folgerichtig – indes auf den ersten Blick verwirrend – beginnt die Fußnotenzählung innerhalb der Gewinn- und Verlustrechnung bereits mit der Zahl (18).[29]

In vielen Fällen werden die einleitenden Angaben zu den Bilanzierungs- und Bewertungsmethoden – gegebenenfalls ergänzt um Angaben zum Konsolidierungskreis und zu den Konsolidierungsmethoden – sowie die Erläuterungen zu Sachverhalten, die sich nicht unmittelbar auf Posten der Bilanz und der Gewinn- und Verlustrechnung beziehen, nicht mit Fußnotennummern versehen. In diesen Fällen beginnt die Fußnotenzählung beim Anlagevermögen und endet meist beim Aufwandsposten „Steuern".[30] Anders verfährt etwa die BMW AG, die bereits die Erläuterungen zum Konsolidierungskreis mit der Fußnotennummer (1) versieht.[31] Allen Darstellungsvarianten gemein ist aber, daß sie die Klarheit und Übersichtlichkeit des Anhangs verbessern.

Zum besseren Verständnis des in Abschnitt 3 entwickelten Modells zur Bewertung von Anhangangaben sei an dieser Stelle kurz die Bewertung des betrachteten Hauptkriteriums Nr. 6 in Teilbericht I erläutert: Weil es sich beim Qualitätskriterium „Fußnotentechnik" um ein Kriterium handelt, das nicht durch weitere Oberkriterien konkretisiert werden mußte, wird sein Teil-Qualitätswert in den genannten Fällen jeweils mit $p_{6Ij} = 1$ (Angabepflicht erfüllt) bewertet. Multipliziert mit dem relativen Gewicht w_{6I} des Hauptkriteriums – dies beträgt im vorliegenden Fall knapp 12 % innerhalb aller sieben Hauptkriterien in Teilbericht I[32] – ergibt sich der Nutzen, den das Hauptkriterium „Fußnotentechnik" zum Qualitätswert des Teilberichts I beim betreffenden Anhang j beiträgt.[33]

---

29 Vgl. SCHWÄBISCHE ZELLSTOFF AG (Hrsg.), Bericht über das Rumpfgeschäftsjahr 1. Januar 1995 bis 30. September 1995, S. 13.

30 Vgl. etwa GELSENWASSER AG (Hrsg.), Geschäftsbericht 1995, S. 77–86; GEHE AG (Hrsg.), Geschäftsbericht 1995, S. 72–77.

31 Vgl. BMW AG (Hrsg.), Geschäftsbericht 1995, S. 122. Denkbar sind weitere Varianten der Fußnotenzählung, die hier aber nicht erörtert werden sollen.

32 Zur Bedeutung einzelner Hauptkriterien vgl. die Anlage zu dieser Arbeit (Seiten 298 bis 319).

33 Zur formalen Ableitung dieser Bewertung vgl. Abschnitt 342.33 dieser Arbeit.

421.23 Vergleichbarkeit mit Vorjahreszahlen gemäß § 265 Abs. 2 HGB

421.231. Überblick

In den beiden vorstehenden Abschnitten wurden Möglichkeiten erörtert, den Anhang freiwillig klarer und übersichtlicher zu gestalten. In bestimmten Fällen verlangt aber auch der Gesetzgeber Angaben, die die äußere Form und Gestaltung des Anhangs betreffen. Als verhältnismäßig relevant hat sich in der empirischen Untersuchung die Vorschrift des § 265 Abs. 2 HGB erwiesen. Danach sind im Anhang zusätzliche Angaben zu machen, wenn die Vorjahreszahlen in Bilanz und Gewinn- und Verlustrechnung nicht ohne weiteres mit den Zahlen des laufenden Geschäftsjahres vergleichbar sind. Die Vorschrift des § 265 Abs. 2 HGB ist besonders für bilanzanalytische Zwecke wichtig: Sollen für einen Periodenvergleich aufeinanderfolgende Jahresabschlüsse eines Unternehmens analysiert und miteinander verglichen werden, um die wirtschaftliche Entwicklung des Unternehmens zu beurteilen, muß gewährleistet sein, daß die Jahresabschlußposten in gleicher Weise und nach den gleichen Regeln erfaßt und bewertet worden sind.[34] Falls der Vergleich der Zahlen des vorliegenden Jahresabschlusses mit den Zahlen des Vorjahresabschlusses zu einem Bild der wirtschaftlichen Lage des Unternehmens führen sollte, das den tatsächlichen Verhältnissen widerspricht, sieht der Gesetzgeber in § 265 Abs. 2 HGB zwei Möglichkeiten vor, die Vergleichbarkeit aufeinanderfolgender Jahresabschlüsse herzustellen:

(1) Angabe und Erläuterung nicht vergleichbarer Vorjahresbeträge (Satz 2),

(2) Angabe und Erläuterung angepaßter Vorjahresbeträge (Satz 3).

421.232. Angabe und Erläuterung nicht vergleichbarer Vorjahresbeträge

Die Vorschrift des § 265 HGB zählt gesetzessystematisch zu den *Gliederungsvorschriften.* Mit dieser Vorschrift wird also geregelt, wie aufeinanderfolgende Jahresabschlüsse, die aufgrund von Änderungen im *Ausweis* nur eingeschränkt miteinander vergleichbar sind, durch Zusatzangaben im Anhang vergleichbar gemacht werden können. Änderungen der *Bilanzierungs- und Bewertungsmethoden*

---

34 Vgl. LEFFSON, U., Bilanzanalyse, S. 103; BAETGE, J./THIELE, S., Bilanzanalyse, Sp. 255; KÜTING, K./WEBER, C.-P., Die Bilanzanalyse, S. 43–47. Zum Grundsatz der Vergleichbarkeit vgl. BAETGE, J./COMMANDEUR, D., Vergleichbar, S. 326–335.

lösen insofern keine Pflicht zur Berichterstattung nach § 265 Abs. 2 HGB aus; vielmehr ist in diesen Fällen die Vorschrift des § 284 Abs. 2 Nr. 3 HGB einschlägig.[35]

Nach überwiegender Meinung im Schrifttum lösen auch Änderungen in der Rechtsform des Unternehmens, Umstrukturierungen oder Verschmelzungen keine Berichtspflicht nach § 265 Abs. 2 HGB aus.[36] Im Anhang muß dann allerdings gemäß § 265 Abs. 2 HGB berichtet werden, wenn Jahresabschlußposten umgegliedert wurden; denn ohne entsprechende Anhangangaben könnten aufeinanderfolgende Jahresabschlüsse zeitlich nicht sinnvoll miteinander verglichen werden.[37] Auch Vorjahreszahlen, die sich auf ein Rumpfgeschäftsjahr beziehen, sind mit den Zahlen des laufenden Geschäftsjahres nicht vergleichbar; weil die Vorjahreszahlen nicht gemäß § 265 Abs. 2 Satz 3 HGB angepaßt werden können, ist die Perioden-Vergleichbarkeit durch geeeignete Nebenrechnungen im Anhang herzustellen.[38]

Welche konkreten Angaben der Gesetzgeber im Falle nicht vergleichbarer Vorjahresbeträge im Anhang verlangt, wird durch systematische Auswertung des Schrifttums zur Vorschrift des § 265 Abs. 2 Satz 2 HGB ermittelt; danach ergeben sich die folgenden **Oberkriterien**:

A. Angabe der **betroffenen Posten** im Anhang,[39]

B. Angabe der **Gründe für die Nicht-Vergleichbarkeit** der Vorjahresbeträge,[40]

C. Freiwillige **betragsgenaue Angaben**.[41]

---

35 Vgl. ADLER, H./DÜRING, W./SCHMALTZ, K., § 265 HGB, S. 58, Rn. 30; zugleich § 284 HGB, S. 42, Rn. 102; BUDDE, W. D./GEIßLER, H., § 265 HGB, S. 818, Rn. 6; HFA DES IDW, Vergleichszahlen im Jahresabschluß und im Konzernabschluß, S. 42; a. A. STREIM, H., § 265 HGB, S. 7, Rn. 4, der neben Ausweisänderungen auch Änderungen im Ansatz und in der Bewertung unter die Vorschrift des § 265 Abs. 2 HGB subsumiert.

36 Vgl. vor allem HFA DES IDW, Vergleichszahlen im Jahresabschluß und im Konzernabschluß, S. 42.

37 Zu einem Beispiel vgl. BUDDE, W. D./GEIßLER, H., § 265 HGB, S. 817, Rn. 6.

38 Vgl. HFA DES IDW, Vergleichszahlen im Jahresabschluß und im Konzernabschluß, S. 42; mit Verweis auf die mangelnde Praktikabilität dieses Vorgehens a. A. BUDDE, W. D./GEIßLER, H., § 265 HGB, S. 817, Rn. 6.

39 Vgl. ADLER, H./DÜRING, W./SCHMALTZ, K., § 265 HGB, S. 59, Rn. 32.

40 Vgl. HFA DES IDW, Vergleichszahlen im Jahresabschluß und im Konzernabschluß, S. 42; BUDDE, W. D./GEIßLER, H., § 265 HGB, S. 817, Rn. 6; IDW (Hrsg.), WPH 1996, Band I, S. 441, Rn. F 487.

41 Zwar sind nach überwiegender Meinung im Schrifttum schon verbale Angaben ausreichend und Zahlenangaben insofern nicht notwendig; vgl. etwa BUDDE, W. D./GEIßLER, H., § 265 HGB, S. 817, Rn. 6; WEBER, H., § 265 HGB, S. 1250, Rn. 23. Zahlenangaben sind allerdings dann sinnvoll, wenn eine Anpassung der Vorjahresbeträge nach § 265 Abs. 2 Satz 3 HGB nicht möglich ist; vgl. ADLER, H./DÜRING, W./SCHMALTZ, K., § 265 HGB, S. 59, Rn. 32.

Die empirische Untersuchung der ausgewählten Anhänge bestätigt, daß in der Publizitätspraxis nur über wenige Sachverhalte gemäß § 265 Abs. 2 Satz 2 HGB berichtet wird. So werden nur in neun von 150 Anhängen entsprechende Angaben zu Änderungen im Ausweis gemacht (Oberkriterien A. und B.). Bei keinem dieser Unternehmen werden darüber hinausgehende freiwillige, betragsgenaue Angaben zu Oberkriterium C. festgestellt. Beispielsweise berichtet die ANDREAE-NORIS ZAHN AG unter der Überschrift „Vergleichbarkeit der Vorjahresbeträge“:

> *„Die ausgewiesenen Vorjahreszahlen betreffen das Rumpfgeschäftsjahr vom 1. Januar bis 31. August 1994.“*[42]

Die ANDREAE-NORIS ZAHN AG veröffentlicht allerdings keine Vergleichszahlen für vergleichbare Zeiträume (zum Beispiel in Form von Nebenrechnungen); ein sinnvoller Vergleich aufeinanderfolgender Jahresabschlüsse – und hier vor allem der zeitraumbezogenen Erfolgsrechnungen – ist nicht möglich, so daß Oberkriterium C. im vorliegenden Fall als nicht erfüllt gewertet wird.[43]

421.233. Angabe und Erläuterung angepaßter Vorjahresbeträge

Grundsätzlich darf die Vergleichbarkeit aufeinanderfolgender Jahresabschlüsse auch durch Anpassung der Vorjahresbeträge hergestellt werden.[44] Die Vorschrift des § 265 Abs. 2 Satz 3 HGB ist deshalb grundsätzlich als Alternative zu Satz 2 dieser Vorschrift zu verstehen.[45] Beispielsweise könnten die Vorjahresbeträge angepaßt werden, wenn die Gewinn- und Verlustrechnung vom Gesamtkostenverfahren auf das Umsatzkostenverfahren umgestellt würde. In diesem Fall ist im Anhang auf die Anpassung hinzuweisen; zusätzlich ist zu erläutern, worin die Änderung der Vorjahreszahlen gegenüber dem festgestellten Vorjahresabschluß besteht und warum die Vorjahreszahlen angepaßt wurden.[46]

---

42 ANDREAE-NORIS ZAHN AG (Hrsg.), Geschäftsbericht 1994/95, S. 44.

43 Ein ähnlicher Fall ist im Geschäftsbericht der PATRIZIER-BRÄU KGAA (Hrsg.), Geschäftsbericht 1995, S. 14, zu verzeichnen.

44 Vgl. ADLER, H./DÜRING, W./SCHMALTZ, K., § 265 HGB, S. 59, Rn. 33.

45 Allerdings sind Fälle denkbar, in denen es nicht möglich ist, die Vorjahreszahlen anzupassen, etwa bei der Umstellung der Abrechnungsperiode.

46 Vgl. SCHÜLEN, W., Grundsätze für den Inhalt des Anhangs, S. 10, Rn. 46.

Die Auswertung des Schrifttums zum Hauptkriterium „Angabe und Erläuterung angepaßter Vorjahresbeträge" wird in den folgenden **Oberkriterien** zusammengefaßt:

A. **Angabe der angepaßten Posten** im Anhang,[47]

B. **Gründe** für die abweichende Ermittlung der Vorjahresbeträge,[48]

C. Freiwillige **Überleitungsrechnung**.[49]

Auch bei diesem Hauptkriterium ergibt die empirische Untersuchung, daß nur verhältnismäßig wenige der ausgewählten Unternehmen die Form des Ausweises im Jahresabschluß änderten. Beispielsweise berichtet die COMPUTER 2000 AG:

> *„Um die Rechnungslegung des Unternehmens an international vorherrschende Verfahren anzugleichen, wurde bei der Darstellung der Gewinn- und Verlustrechnung auf das Umsatzkostenverfahren übergegangen. Die Vorjahreszahlen wurden entsprechend angepaßt."*[50]

Für diese Angaben werden die Oberkriterien A. und B. als erfüllt gewertet; eine freiwillige Überleitungsrechnung (Oberkriterium C.) kann weder dem Anhang der COMPUTER 2000 AG noch einem anderen in Frage kommenden Anhang entnommen werden.[51]

421.24 Zusammenfassung

Die Untersuchung von 150 Anhängen ergibt folgendes Bild der Berichterstattungsqualität in Teilbericht I des Anhangs:

(1) Nahezu alle untersuchten Unternehmen gliedern ihren Anhang klar und übersichtlich.

(2) Deutlich weniger, nämlich nur 98 Unternehmen, bedienen sich der Fußnotentechnik, um die formale Einheit von Bilanz, Gewinn- und Verlustrechnung und Anhang auch optisch zu dokumentieren und die Lesbarkeit des Anhangs zu erhöhen.

---

47 Vgl. ADLER, H./DÜRING, W./SCHMALTZ, K., § 265 HGB, S. 63, Rn. 38; WEBER, H., § 265 HGB, S. 1250, Rn. 25.

48 Vgl. etwa BUDDE, W. D./GEIßLER, H., § 265 HGB, S. 817, Rn. 6.

49 Vgl. ADLER, H./DÜRING, W./SCHMALTZ, K., § 265 HGB, S. 61, Rn. 38.

50 COMPUTER 2000 AG (Hrsg.), Geschäftsbericht 1994/95, S. 46.

51 Zu Möglichkeiten etwa der Überleitung des Umsatzkostenverfahrens in das Gesamtkostenverfahren vgl. BAETGE, J./FISCHER, T. R., Externe Erfolgsanalyse auf der Grundlage des Umsatzkostenverfahrens, S. 9–13.

(3) In Ausnahmefällen sind nicht vergleichbare Vorjahresbeträge im Anhang zu erläutern gewesen. In diesen Fällen wird auf aussagefähige, freiwillige Angaben aber zumeist verzichtet.

421.3 Zur Verteilung der Qualitätswerte in Teilbericht I des Anhangs

Übersicht 4-2 zeigt in Form eines Säulendiagramms für Teilbericht I, wie sich die ermittelten (Teil-)Qualitätswerte von 150 Anhängen bei einem maximalen Qualitätswert von 100 % auf 10 gleichbreite Qualitätswertklassen verteilen. Ebenso wie in den entsprechenden Übersichten für die übrigen sieben Teilberichte II bis VIII wird in Übersicht 4-2 auf der Abszisse die jeweilige Qualitätswertklasse abgetragen, während die Ordinate die Zahl der Anhänge, die auf eine Qualitätswertklasse entfallen, ausweist.

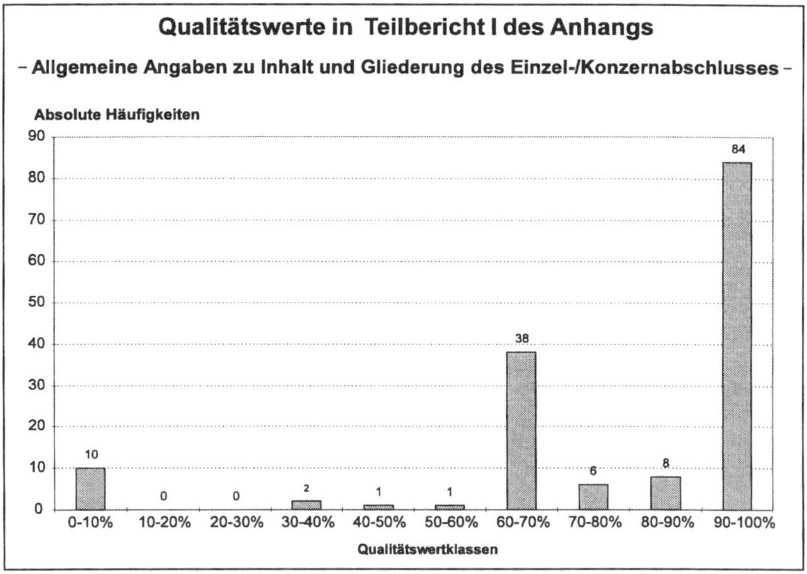

Übersicht 4-2: *Überblick über die Qualitätswerte in Teilbericht I des Anhangs*

Der **Qualitäts-Mittelwert** in Teilbericht I des Anhangs beträgt 80,54 % bei einer (hohen) Standardabweichung von 27,95 %-Punkten.

84 Anhänge, also mehr als die Hälfte der untersuchten 150 Anhänge, liegen in der höchsten Qualitätswertklasse [90 % bis 100 %], während lediglich 13 Anhänge weniger als 50 % des maximalen Qualitätswertes erreichen. Neben der offensichtlich hohen Qualität der Berichterstattung in Teilbericht I des Anhangs „Allgemeine Angaben zu Inhalt und Gliederung des Jahresabschlusses" fällt auch die verhältnismäßig hohe Zahl von 38 Unternehmen auf, die der Qualitätswertklasse [60 % bis 70 %] zugeordnet werden. Zwar gliedern diese Unternehmen ihren Anhang in der hier verlangten Weise[52] und verknüpfen die Anhangangaben durch Fußnoten mit den Angaben in Bilanz und Gewinn- und Verlustrechnung;[53] allerdings wird nur unzureichend zu den übrigen Qualitätskriterien in Teilbericht I – und hier vor allem zu nicht vergleichbaren oder angepaßten Vorjahresbeträgen[54] – berichtet. Bei den 84 Unternehmen in der Qualitätswertklasse [90 % bis 100 %] deuten indes keine Angaben auf eine eingeschränkte Vergleichbarkeit der Vorjahresbeträge hin, so daß das entsprechende Bewertungskriterium in diesen Fällen nach dem Grundsatz „in dubio pro reo" aus dem Kriterienkatalog gestrichen und nicht bewertet wird.[55] Läge der Tatbestand nicht vergleichbarer oder angepaßter Vorjahresbeträge auch bei den 38 Unternehmen in der Qualitätswertklasse [60 % bis 70 %] nicht vor, wäre das entsprechende Bewertungskriterium zu streichen gewesen, und der empirische Befund über die Qualität der Berichterstattung in Teilbericht I fiele vermutlich noch günstiger aus.

---

52 Vgl. hierzu Abschnitt 421.21.

53 Vgl. hierzu Abschnitt 421.22.

54 Vgl. hierzu Abschnitt 421.23.

55 Zur Begründung dieses Vorgehens vgl. Abschnitt 351. dieser Arbeit.

422. Teilbericht II: Bilanzierungs- und Bewertungsmethoden, Währungsumrechnung

422.1 Zur Bedeutung der Hauptkriterien in Teilbericht II des Anhangs

Der erste Teil der empirischen Umfrage unter Wirtschaftsprüfern und Finanzanalysten ergab, daß Teilbericht II „Angaben zu den Bilanzierungs- und Bewertungsmethoden sowie zur Währungsumrechnung" von den Wirtschaftsprüfern mit dem relativ höchsten Gewicht von 18,2 % belegt wird, während die Finanzanalysten diesem Teilbericht ein nur leicht überdurchschnittliches Gewicht von 12,6 % beimessen. Damit ergibt sich ein Antwort-Mittelwert für das Gewicht des Teilberichts II von 15,4 %.[56]

Die verhältnismäßig hohe Bedeutung von Teilbericht II ist unter anderem damit zu erklären, daß der Gesetzgeber an vielen Stellen des Handelsgesetzbuches vom Bilanzierenden Angaben im Anhang verlangt, die den Bilanzierungs- und Bewertungsmethoden zuzuordnen sind. So umfaßt der Kriterienkatalog für Teilbericht II 17 Hauptkriterien, die durch 82 Oberkriterien und weitere Unterkriterien konkretisiert werden. Übersicht 4-3 zeigt die Einschätzungen von Wirtschaftsprüfern und Finanzanalysten für alle Hauptkriterien, die die angewandten Bilanzierungs- und Bewertungsmethoden sowie die Methoden der Währungsumrechnung konkretisieren:

56 Vgl. Abschnitt 342.32 dieser Arbeit.

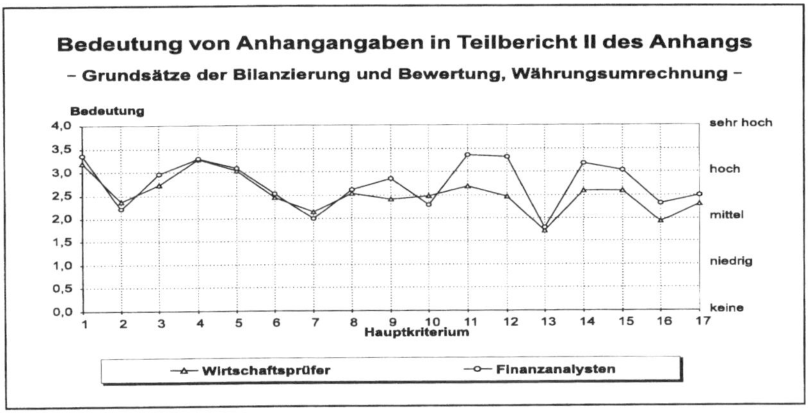

1. Angabe der auf die Posten der Bilanz und GuV angewandten Bilanzierungs- und Bewertungsmethoden
2. Angabe der Grundlagen der Währungsumrechnung im Einzelabschluß
3. Angabe der Grundlagen der Währungsumrechnung im Konzernabschluß
4. Angabe und Begründung der Abweichungen von Bilanzierungs- und Bewertungsmethoden
5. Gesonderte Darstellung des Einflusses von Abweichungen auf die Vermögens-, Finanz- und Ertragslage
6. Angabe und Begründung, wenn die konzerneinheitliche Bewertung von den vom Mutterunternehmen angewandten Bewertungsmethoden abweicht
7. Hinweis, wenn auf Sondervorschriften für Kreditinstitute und Versicherungen beruhende Wertansätze beibehalten wurden
8. Angabe und Begründung, wenn im Konzernabschluß in Ausnahmefällen keine einheitliche Bewertung vorgenommen wurde
9. Ausweis der Unterschiedsbeträge bei Anwendung von Bewertungsvereinfachungsverfahren, wenn die Bewertung einen erheblichen Unterschied zu einer Bewertung auf der Grundlage des letzten vor dem Abschlußstichtag bekannten Börsen- oder Marktpreis aufweist
10. Angaben über die Einbeziehung von Fremdkapitalzinsen in die Herstellungskosten
11. Angabe des Ausmaßes der Ergebnisbeeinflussung durch Anwendung steuerrechtlicher Vorschriften oder Bildung von Sonderposten mit Rücklageanteil im Geschäftsjahr oder in Vorjahren
12. Angabe über das Ausmaß erheblicher künftiger Belastungen aus der Inanspruchnahme steuerlicher Vergünstigungen
13. Angabe der Gründe für die planmäßig Abschreibung des Geschäfts- oder Firmenwertes im Einzelabschluß
14. Gesonderte Angabe der außerplanmäßigen Abschreibungen (Anlagevermögen) nach §§ 253 II 3 in einem Betrag
15. Gesonderte Angabe der außerplanmäßigen Abschreibungen (Umlaufvermögen) nach § 253 III 3
16. Angabe und Begründung der im Geschäftsjahr aus steuerlichen Gründen unterlassenen Zuschreibungen
17. Angabe und Begründung der allein nach steuerrechtlichen Vorschriften gebildeten Abschreibungen getrennt nach Anlage- und Umlaufvermögen

Übersicht 4-3: *Die Bedeutung von Anhangangaben in Teilbericht II des Anhangs*

Im folgenden eingehend zu erörtern – weil von zentraler Bedeutung für das richtige Verständnis und die richtige Beurteilung der Angaben in Bilanz und Gewinn- und Verlustrechnung – sind die Vorschriften des § 284 Abs. 2 Nr. 1 HGB (Einzelabschluß) und des § 313 Abs. 1 Nr. 1 HGB (Konzernabschluß), wonach die auf den jeweiligen Abschluß angewandten Bilanzierungs- und Bewertungsmethoden anzugeben sind (Hauptkriterium Nr. 1 in obiger Übersicht).[57] Bei der Angabe der Bilanzierungs- und Bewertungsmethoden darf es sich allerdings regelmäßig nicht um eine Wiedergabe des Gesetzestextes handeln;[58] vielmehr ist konkret darzustellen, wie im vorliegenden Jahresabschluß etwa gesetzliche Wahlrechte ausgeübt und Ermessenspielräume ausgefüllt wurden.[59]

Im engen Zusammenhang mit diesen Vorschriften zu sehen sind die Pflichten zur Angabe und Begründung abweichender Bilanzierungs- und Bewertungsmethoden (§§ 284 Abs. 2 Nr. 3 1. HS und 313 Abs. 1 Nr. 3 1. HS HGB) sowie zur gesonderten Darstellung des Einflusses von abweichenden Bilanzierungs- und Bewertungsmethoden (§§ 284 Abs. 2 Nr. 3 2. HS und 313 Abs. 1 Nr. 3 2. HS HGB). Diese beiden Hauptkriterien Nr. 4 und Nr. 5, die auch in der Experten-Umfrage als bedeutend eingestuft wurden, werden im folgenden ebenfalls ausführlich dargestellt.[60]

57 RUSS verweist darauf, daß die große Bedeutung dieser Vorschrift zu einer Vielzahl von empirischen Untersuchungen zu dieser Angabepflicht geführt hat; vgl. RUSS, W., Der Anhang als dritter Teil des Jahresabschlusses, S. 104. Nach SCHULZE-OSTERLOH, J., § 42 GmbHG, S. 743, Rn. 397 sind die Angaben zu den Bilanzierungs- und Bewertungsmethoden ein „Kernstück des Anhangs".

58 Vgl. BUDDE, W. D./FÖRSCHLE, G., Ausgewählte Fragen zum Inhalt des Anhangs, S. 1461. Im folgenden wird allerdings zu zeigen sein, daß eine (stereotype) Wiedergabe des Gesetzestextes in der Praxis der Geschäftsberichterstattung durchaus zu beobachten ist.

59 Vgl. BUDDE, W. D./FÖRSCHLE, G., Ausgewählte Fragen zum Inhalt des Anhangs, S. 1461.

60 Die Angaben zu den Hauptkriterien Nr. 11, 12, 14 und 15, die sich in der Umfrage ebenfalls als sehr bedeutend erwiesen, werden im folgenden nicht erörtert, denn den ausgewählten 150 Anhängen waren nur in Ausnahmefällen entsprechende Angaben zu entnehmen.

422.2 Qualitätsbestimmende Merkmale von Anhangangaben in Teilbericht II des Anhangs

422.21 Angabe der Bilanzierungs- und Bewertungsmethoden (§§ 284 Abs. 2 Nr. 1 und 313 Abs. 1 Nr. 1 HGB)

422.211. Überblick und Abgrenzung

Die repräsentative Umfrage unter Wirtschaftsprüfern und Finanzanalysten ergab in ihrem ersten Teil, daß die in diesem Abschnitt betrachtete Pflicht, die im Jahresabschluß angewandten Bilanzierungs- und Bewertungsmethoden anzugeben, von zentraler Bedeutung für die Beurteilung von Bilanz und Gewinn- und Verlustrechnung ist. Während die befragten Wirtschaftsprüfer der genannten Berichtspflicht ein mittleres Gewicht von 3,19 Punkten auf einer 4-Punkte-Skala zuordnen, gewichten Finanzanalysten dieses Hauptkriterium mit einem Faktor von 3,35 – vgl. Übersicht 4-3.

Der Gesetzgeber sieht an vielen Stellen des Handelsgesetzbuches bereits konkrete Angaben zu den Bilanzierungs- und Bewertungsmethoden vor – etwa in § 284 Abs. 2 Nr. 5 HGB, wonach darüber zu berichten ist, in welchem Umfang Fremdkapitalzinsen in die Herstellungskosten einbezogen wurden. Gleichwohl sind viele Bilanzierungsbereiche denkbar, die nicht von konkreten Einzelvorschriften, sondern erst von den – bewußt sehr allgemein formulierten – Regelungen der §§ 284 Abs. 2 Nr. 1 und 313 Abs. 1 Nr. 1 HGB erfaßt werden: Beispielsweise ergibt sich die Pflicht, im Einzelabschluß Angaben zu den Abschreibungsmethoden zu machen, nicht aus einer ausdrücklichen gesetzlichen Regelung,[61] sondern aus der allgemeinen Vorschrift des § 284 Abs. 2 Nr. 1 HGB. Die erwähnten Einzelvorschriften sind folglich von jenen Angabepflichten, die durch Auslegung der §§ 284 Abs. 2 Nr. 1 und 313 Abs. 1 Nr. 1 HGB gewonnen wurden, abzugrenzen, d. h., sie fallen nicht unter das hier betrachtete Hauptkriterium.

In den Vorschriften der §§ 284 Abs. 2 Nr. 1 und 313 Abs. 1 Nr. 1 HGB verwendet der Gesetzgeber den Begriff „Methoden"; nach überwiegender Meinung im Schrifttum ist das berichterstattende Unternehmen nicht verpflichtet, Angaben über Inhalt,

---

61 In § 160 Abs. 2 Satz 1 AktG 1965 war eine solche Angabepflicht noch *ausdrücklich* vorgesehen. In der Regierungsbegründung zum BiRiLiG heißt es zu dieser Änderung: „Die Abschreibungsmethoden werden nicht mehr ausdrücklich erwähnt, weil sie Teil der im Sechsten Titel geregelten Bewertungsmethoden sind."; vgl. DEUTSCHER BUNDESTAG (Hrsg.), BT-Drucksache 10/317, S. 92.

Zusammensetzung und Veränderungen von Bilanz- und GuV-Posten zu machen.[62] Vielmehr erstreckt sich

- die Pflicht, Angaben zu den *Bilanzierungsmethoden* zu machen, auf die Bilanzierungsentscheidung dem Grunde nach sowie auf den Zeitpunkt der Bilanzierung,
- die Pflicht, Angaben zu den *Bewertungsmethoden* zu machen, hingegen darauf, das Verfahren der Wertfindung zu erläutern.[63]

Aus der Fülle der hier in Frage kommenden Angabepflichten zu den Bilanzierungs- und Bewertungsmethoden werden im folgenden drei zentrale Angabepflichten (Oberkriterien) zu diesem Hauptkriterium erläutert, und zwar jene, die sich im zweiten Teil der Experten-Umfrage als besonders bedeutend erwiesen haben:

- Erläuterung, wie Gegenstände des Anlagevermögens **planmäßig abzuschreiben** sind (siehe Abschnitt 422.212.),
- Erläuterung, wie die **Herstellungskosten** bei Gegenständen des Umlaufvermögens zusammengesetzt sind (siehe Abschnitt 422.213.),
- Erläuterung der **Wertfindung bei den sonstigen Rückstellungen** (siehe Abschnitt 422.214.).

422.212. Planmäßige Abschreibungen auf Gegenstände des Anlagevermögens

Die Erläuterung, wie ein Unternehmen Gegenstände des Anlagevermögens planmäßig abschreibt, zählt für Wirtschaftsprüfer und Finanzanalysten zu den wichtigsten Informationen innerhalb der Angaben zu den Bilanzierungs- und Bewertungsmethoden: Auf einer 4-Punkte-Skala vergeben Wirtschaftsprüfer für dieses Oberkriterium einen Bedeutungswert von 2,78 Punkten, während der entsprechende Wert bei den Finanzanalysten sogar bei 3,25 Punkten liegt. Diese Werte führen zu der durchschnittlichen Gesamt-Einschätzung dieser Angabe von 3,02 Punkten. Die hohe Einschätzung dieser Angabe ist auf mehrere Faktoren zurückzuführen: Vor allem anlagenintensive Unternehmen verfügen über ein sehr großes Abschreibungsvolumen

---

62 Vgl. ELLROTT, H., § 284 HGB, S. 1221, Rn. 85; ADLER, H./DÜRING, W./SCHMALTZ, K., § 284 HGB, S. 27, Rn. 53 sowie – mit Verweis auf die Entstehungsgeschichte der Vorschrift – BIENER, H./BERNEKE, W., Bilanzrichtlinien-Gesetz, S. 250.

63 Vgl. für viele ADLER, H./DÜRING, W./SCHMALTZ, K., § 284 HGB, S. 28–31, Rn. 55–62.

bzw. -potential.[64] Darüber hinaus eröffnen die beiden Parameter „Abschreibungsmethode" und „Nutzungsdauer" dem bilanzierenden Unternehmen – selbst wenn der Grundsatz der Stetigkeit beachtet wird – vielfältige Möglichkeiten, die Höhe der jährlichen Abschreibungen nicht nur unter dem Aspekt der Innenfinanzierung[65], sondern auch unter bilanzpolitischen Gesichtspunkten zu steuern.[66] Die Tatsache, daß die Größe „Abschreibungen" auch in viele bilanzanalytische Kennzahlen – etwa zur Vermögensstruktur oder zur finanz- und erfolgswirtschaftlichen Lage des Unternehmens – eingeht, ist vorbehaltlich aller Interpretationsschwierigkeiten daher nur konsequent.

Im folgenden ist zu zeigen, welche qualitativen Publizitätsanforderungen das Schrifttum an die beiden wesentlichen abschreibungspolitischen Parameter – (1) Abschreibungsmethode und (2) Nutzungsdauer – stellt und zu welchen Ergebnissen die empirische Untersuchung der Anhänge bei diesen Unterkriterien geführt hat.[67]

Ad (1) Angaben zur Abschreibungsmethode

Im ersten Teil der empirischen Umfrage wurde das Unterkriterium „Abschreibungsmethode" mit einem Wert von 3,11 Punkten von den befragten Fachleuten als hoch bedeutend eingestuft (Wirtschaftsprüfer: 2,84 Punkte; Finanzanalysten: 3,39 Punkte).

Wie das hier betrachtete Unterkriterium weiter konkretisiert wurde, ist im folgenden kurz zu erläutern: In Abschnitt 343. dieser Arbeit wurde auf die Notwendigkeit hingewiesen, das Modell zur Bewertung qualitativer Anhangangaben an jenen Stellen zu ergänzen, an denen es nicht ohne weiteres möglich ist, der Praxis der Berichterstattung mit einem hierarchischen System von Qualitätskriterien gerecht zu werden. Aus diesem Grunde wurden den Fachleuten für bestimmte Berichtspunkte Beispiele aus Anhängen zur Beurteilung vorgegeben. Übersicht 4-4 zeigt für den Fall der Angaben zu den Abschreibungsmethoden die hier zugrunde gelegten vier Kategorien

---

64 Die Höhe der Abschreibungen auf das Anlagevermögen betrug 1995 bei deutschen Unternehmen 430,6 Mrd. DM, die Höhe der nicht entnommenen Gewinne für dasselbe Jahr 56,9 Mrd. DM; vgl. zu diesen Zahlen INSTITUT DER DEUTSCHEN WIRTSCHAFT KÖLN (Hrsg.), Zahlen zur wirtschaftlichen Entwicklung der Bundesrepublik Deutschland, Rn. 27 (ohne Seitenangabe).

65 Zur Bedeutung der Finanzierung aus Abschreibungen als Teil der Innenfinanzierung vgl. PERRIDON, L./STEINER, M., Finanzwirtschaft der Unternehmung, S. 462–467.

66 Vgl. FEDERMANN, R., Bilanzierung nach Handelsrecht und Steuerrecht, S. 326.

67 Weitere abschreibungspolitische Parameter – wie die Abschreibung geringwertiger Wirtschaftsgüter oder die Behandlung von Abschreibungen im Jahr des Zugangs von Vermögensgegenständen – wurden in der empirischen Untersuchung ebenfalls erhoben, sollen an dieser Stelle aber nicht vertieft werden.

mit jeweils *kursiv* gedruckten repräsentativen Anhang-Beispielen[68], den Aussagegehalt dieser Beispiele aus Experten-Sicht sowie die in der Stichprobe beobachtete Häufigkeit ihres Vorkommens. Die in der Übersicht ausgewiesenen Werte von 0 % und 100 % wurden in der Umfrage bereits vorgegeben; diese Aussage trifft auch auf alle folgenden Übersichten zu:

Kategorie	Sachverhalt	Mittlerer Aussagegehalt in %			Häufigkeit in der Stichprobe
		Wirtschaftsprüfer (WP)	Finanzanalysten (FA)	Antwort-Mittelwert von WP und FA	
1.	**Eindeutige und vollständige Angaben**	100,0	100,0	100,0	68
2.	**Vollständige, aber mehrdeutige Angaben** • *Abschreibungen werden planmäßig degressiv oder linear vorgenommen.* • *Abschreibungen erfolgen unter Ausnutzung aller steuerlichen Möglichkeiten.* • *Abschreibungen erfolgen in steuerlich zulässigem Rahmen.*	53,8	34,2	44,0	67
3.	**Eindeutige, aber unvollständige Angaben** • *Abnutzbare Anlagegegenstände werden überwiegend degressiv abgeschrieben.*	42,7	33,5	38,1	2
4.	**Mehrdeutige und unvollständige Angaben**	0,0	0,0	0,0	12
Summe					**149***

* Bei einem Unternehmen mußte das Kriterium gestrichen werden, so daß sich die Zahl der Unternehmen hier von 150 auf 149 reduzierte.

Übersicht 4-4: *Befund über die Berichterstattung zu Methoden planmäßiger Abschreibungen auf das Anlagevermögen*

Aus obenstehender Übersicht geht einerseits hervor, daß die befragten Fachleute den Aussagegehalt von Angaben, die entweder mehrdeutig oder unvollständig sind (Kategorien 2 und 3), deutlich abwerten. Wegen der skizzierten Bedeutung des Postens „Abschreibungen" sind mehrdeutige oder unvollständige Angaben zur Abschreibungspolitik bei der externen Beurteilung des Unternehmens nur von geringem Nutzen. Zugleich wird aus den angegebenen Einschätzungen der Finanzanalysten deutlich, daß eindeutige und vollständige Angaben zu den Abschreibungsmethoden für die externe Finanzanalyse von großer Bedeutung sind: vergleicht man nämlich

68 Die Einteilung in die vier Kategorien orientiert sich am Vorgehen von SCHULTE; vgl. SCHULTE, K.-W., Bilanzpolitik und Publizitätsverhalten deutscher Aktiengesellschaften, S. 159–183.

die oben genannten Einschätzungen der beiden Berufsgruppen miteinander, zeigt sich, daß Angaben der Kategorien 2 und 3 von Finanzanalysten erheblich stärker abgewertet werden, als dies Wirtschaftsprüfer tun.

Andererseits läßt Übersicht 4-4 Rückschlüsse auf das Publizitätsverhalten börsennotierter Standardwerte zu[69]: Nur knapp die Hälfte aller untersuchten Unternehmen macht zu den im Jahresabschluß angewandten Abschreibungsmethoden sowohl eindeutige als auch vollständige Angaben (68 Unternehmen in Kategorie 1). Hierbei handelt es sich regelmäßig um die Angabe der Abschreibungsart (lineare, degressive Abschreibung etc.);[70] zusätzlich wird in vielen Fällen darauf hingewiesen, daß planmäßig von der degressiven zur linearen Abschreibung übergegangen wird, sobald letztere zu höheren jährlichen Abschreibungsbeträgen führt.

Angaben, die für die externe Beurteilung des Unternehmens wertlos sind, werden der Kategorie 4 („Aussagegehalt" von 0 %) zugeordnet; in der empirischen Untersuchung werden Angaben dieser Art bei 12 Unternehmen festgestellt, beispielsweise im Anhang der RHEINHOLD & MAHLA AG:

> *„Die Bilanzierung der Sachanlagen erfolgte zu Anschaffungs- bzw. Herstellungskosten, vermindert um planmäßige, nutzungsbedingte Abschreibungen."*[71]

Weitergehende Angaben zu den Methoden planmäßiger Abschreibung sind dem Anhang der Rheinhold & Mahla AG nicht zu entnehmen; die Aussage beschränkt sich also quasi darauf, die Vorschrift des § 253 Abs. 2 Sätze 1 und 2 HGB wiederzugeben.[72]

Ad (2) Angaben zu Nutzungsdauern bzw. zu Abschreibungssätzen

Der zweite wesentliche Parameter, der den Abschreibungsbetrag bestimmt, ist die Nutzungsdauer eines Anlagegegenstandes bzw. der Abschreibungssatz, mit dem die Anschaffungs- oder Herstellungskosten eines Anlagegegenstandes über die Nutzungsdauer verteilt werden. Wirtschaftsprüfer schätzen dieses Unterkriterium mit einem Wert von 2,62 Punkten, Finanzanalysten mit einem Wert von 3,42 Punkten ein. Im

---

69 Zu einem ähnlichen Befund – allerdings für Jahresabschlüsse nach altem Aktienrecht – vgl. SCHULTE, K.-W., Bilanzpolitik und Publizitätsverhalten deutscher Aktiengesellschaften, S. 170.

70 Zu zulässigen Methoden planmäßiger Abschreibung vgl. etwa FEDERMANN, R., Bilanzierung nach Handelsrecht und Steuerrecht, S. 331–337; BAETGE, J., Bilanzen, S. 233–261.

71 RHEINHOLD & MAHLA AG (Hrsg.), Geschäftsbericht 1995, S. 40.

72 Kritisch zu einem solchen Vorgehen BUDDE, W. D./FÖRSCHLE, G., Ausgewählte Fragen zum Inhalt des Anhangs, S. 1461.

Mittel ergibt sich damit ein Bedeutungswert von 3,02 Punkten auf einer 4-Punkte-Skala.

Nach überwiegender Meinung im Schrifttum sind die Nutzungsdauern für die einzelnen Gruppen von Anlagegegenständen anzugeben;[73] aussagefähige Verweise auf die von der Finanzverwaltung oder von Branchenverbänden veröffentlichten Abschreibungstabellen sind zulässig.[74] Analog zum Vorgehen unter Punkt (1) wurden den befragten Fachleuten auch hier Kategorien von unterschiedlich aussagefähigen Anhangangaben vorgegeben, deren jeweiliger Aussagegehalt auf einer Skala von 0 % bis 100 % einzuschätzen war. Das Ergebnis dieser Umfrage sowie der Auswertung von 150 Anhängen zeigt nachstehende Übersicht:

Kategorie	Sachverhalt	Mittlerer Aussagegehalt in %			Häufigkeit in der Stichprobe
		Wirtschaftsprüfer (WP)	Finanzanalysten (FA)	Antwort-Mittelwert von WP und FA	
1.	Eindeutige Angaben zu Nutzungsdauern/ Abschreibungssätzen, differenziert nach Anlagegegenständen; alternativ eindeutiger Hinweis auf steuerliche Abschreibungstabellen	100,0	100,0	100,0	80
2.	Ungenaue Bezeichnung der Abschreibungssätze/Nutzungsdauern	38,5	28,8	33,7	35
3.	Unvollständige Nennung der Abschreibungssätze/Nutzungsdauern	33,2	25,0	29,1	1
4.	Hinweis auf „vorsichtige Schätzung" oder „branchenübliche Nutzungsdauern"	32,7	14,3	23,5	14
5.	Keine Angaben	0,0	0,0	0,0	19
Summe					**149***

* Bei einem Unternehmen mußte das Kriterium gestrichen werden, so daß sich die Zahl der Unternehmen hier von 150 auf 149 reduzierte.

Übersicht 4-5: *Befund über die Berichterstattung zu Nutzungsdauern bzw. Abschreibungssätzen bei Gegenständen des Anlagevermögens*

Übersicht 4-5 läßt folgende Aussagen zu:

(a) Anhangangaben zu Nutzungsdauern bzw. Abschreibungssätzen, die nicht den Anforderungen der Kategorie 1 genügen, werden von Wirtschaftsprüfern und Finanzanalysten deutlich abgewertet. Zugleich liegen die Einschätzungen der Finanzanalysten deutlich unter den Einschätzungen der Wirtschaftsprüfer;

73 Vgl. m. w. N. ELLROTT, H., § 284 HGB, S. 1224, Rn. 107.

74 Vgl. KUPSCH, P., Der Anhang, S. 43, Rn. 86; ADLER, H./DÜRING, W./SCHMALTZ, K., § 284 HGB, S. 33, Rn. 70.

hierin wird – wie bereits unter (1) festgestellt – offenkundig, daß vollständige und eindeutige Angaben zur Abschreibungspolitik für die Finanzanalyse von großer Bedeutung sind.

(b) Die praktische Berichterstattung zum Qualitätskriterium „Angabe von Nutzungsdauern bzw. Abschreibungssätzen" genügt den Anforderungen von Wirtschaftsprüfern und Finanzanalysten hingegen nicht. Nur in rund 54 % der untersuchten Anhänge (80 von 149 Unternehmen) sind ausreichende Angaben der Kategorie 1 zu verzeichnen. Beispielsweise geben die BAYER AG und die HOECHST AG detailliert an, welche Nutzungsdauern sie der Abschreibung der Gegenstände des Sachanlagevermögens zugrunde legen.[75]

Angaben wie

„Die planmäßigen Abschreibungen wurden nach der betriebsgewöhnlichen Nutzungsdauer von 2 bis 50 Jahren berechnet."[76]

werden hingegen der Kategorie 2 in 35 Fällen zugeordnet.

In 14 Anhängen verweist das jeweils berichterstattende Unternehmen auf die vorsichtige Schätzung der Nutzungsdauern[77] oder darauf, branchenübliche Nutzungsdauern zugrunde zu legen (Kategorie 4).[78] Schließlich werden 19 Anhangangaben den hier gestellten Anforderungen in keiner Weise gerecht und insofern der Kategorie 5 zugeordnet. In Fällen wie

„Die Abschreibungen sind entsprechend der Nutzungsdauer vorgenommen worden."[79]

wird nämlich lediglich auf die gesetzliche Vorschrift verwiesen.

Im **Ergebnis** bleibt die Berichterstattung zum Qualitätskriterium „Planmäßige Abschreibungen" deutlich hinter den von Wirtschaftsprüfern und Finanzanalysten gestellten Anforderungen zurück. Jeweils etwa der Hälfte der untersuchten Unternehmen bieten die Parameter „Abschreibungsmethode" und „Nutzungsdauer" ein großes Potential, die Anhangberichterstattung an dieser Stelle zu verbessern.

---

75 Vgl. BAYER AG (Hrsg.), Geschäftsbericht 1995, S. 65; HOECHST AG (Hrsg.), Geschäftsbericht 1995, S. 58. Die BAYER AG unterscheidet zwischen neun Gruppen von Anlagegegenständen, bei der HOECHST AG werden fünf unterschiedliche Gruppen verzeichnet.

76 Vgl. STÖHR & CO. AG (Hrsg.), Geschäftsbericht 1995, S. 44.

77 Vgl. etwa KOLBENSCHMIDT AG (Hrsg.), Geschäftsbericht 1994/95, S. 52.

78 Vgl. KOEPP AG (Hrsg.), Geschäftsbericht 1995, S. 11.

79 MAIHAK AG, Geschäftsbericht 1994/95 (Seitenangabe fehlt).

422.213. Ermittlung der Herstellungskosten bei selbsterstellten Gegenständen des Umlaufvermögens

Bilanzpolitische Möglichkeiten eröffnen sich dem bilanzierenden Unternehmen auch bei der Ermittlung der zu aktivierenden Herstellungskosten.[80] Das Bewertungswahlrecht des § 255 Abs. 2 Sätze 3 und 4 HGB, wonach selbsterstellte Erzeugnisse innerhalb einer bestimmten Bandbreite mit ihren Herstellungskosten zu bewerten sind, bietet der Unternehmensleitung – selbst wenn das Gebot der Bewertungsstetigkeit (§ 252 Abs. 1 Nr. 6 HGB) beachtet wird – erhebliche Möglichkeiten, die Ausschüttung zu gestalten und die Rechenschaft über die wirtschaftliche Lage des Unternehmens zu beeinflussen.[81]

Die Antworten von Wirtschaftsprüfern und Finanzanalysten auf die Frage, für wie bedeutend sie ausführliche Erläuterungen zur Ermittlung und Zusammensetzung der Herstellungskosten selbsterstellter Erzeugnisse halten, bestätigen den Stellenwert dieser Anhangangabe. So versehen die befragten Wirtschaftsprüfer dieses Qualitätskriterium mit einem Gewicht von 3,10 Punkten, und auch Finanzanalysten schätzen seine Bedeutung mit einem Gewicht von 2,85 Punkten auf einer 4-Punkte-Skala ähnlich hoch ein. An die Berichterstattung, ob und in welchem Umfang vom Bewertungswahlrecht des § 255 Abs. 2 HGB Gebrauch gemacht wurde, sind deshalb besondere Anforderungen zu stellen. Zur Beurteilung von konkreten Anhangangaben wurden durch Auswertung des Schrifttums die folgenden konkretisierenden **Qualitätskriterien** (Unterkriterien) ermittelt:[82]

A. Angabe der **Bestandteile** der Herstellungskosten, d. h. Angabe, in welcher Weise das gesetzliche Einbeziehungswahlrecht ausgeübt wurde,[83]

---

80 Vgl. BAETGE, J., Möglichkeiten der Objektivierung des Jahreserfolges, S. 42 f.; BAETGE, J./BALLWIESER, W., Zum bilanzpolitischen Spielraum der Unternehmensleitung, S. 210; BAETGE, J./UHLIG, A., Zur Ermittlung der handelsrechtlichen „Herstellungskosten", S. 274–280; BAETGE, J., Konzernbilanzen, S. 340–345; FORSTER, K.-H., Bilanzpolitik und Bilanzrichtlinie-Gesetz, S. 32 f.; KÜTING, K., Analyse von 182 Konzernabschlüssen nach dem Saarbrücker Modell, S. 7 (BddW v. 29.11.1994). Zu Möglichkeiten, den Periodenerfolg zu beeinflussen, grundsätzlich auch MOXTER, A., Bilanzlehre, S. 300.

81 Vgl. CLEMM, H., § 264 HGB und Wahlrechte, S. 145. Zu einer wie hier verstandenen Definition bilanzpolitischer Maßnahmen vgl. BAETGE, J./BALLWIESER, W., Zum bilanzpolitischen Spielraum der Unternehmensleitung, S. 201.

82 Die Angabepflicht des § 284 Abs. 2 Nr. 5 HGB, wonach anzugeben ist, in welchem Umfang Fremdkapitalzinsen in die Herstellungskosten einbezogen werden, ist bei der Beurteilung von Anhangangaben ein eigenständiges Hauptkriterium und wird hier nicht weiter erörtert. Zu einer vorbildlichen Form der Erläuterung (einschließlich der Angabe des Betrages aktivierter Fremdkapitalzinsen) vgl. den Geschäftsbericht 1995 der VEBA AG, S. 87.

83 Über diese Berichterstattungspflicht besteht im Schrifttum Einigkeit.

B. Angabe des zugrunde gelegten **Beschäftigungsgrades,**[84, 85]

C. Angabe, welche **Kostenstellen** in die Ermittlung der Herstellungskosten einbezogen wurden.[86]

Die Umfrage ergab, daß die Fachleute Unterkriterium A. ein hohes Gewicht (Mittelwert von 2,97 Punkten) beimessen, während die Unterkriterien B. und C. nur von durchschnittlicher Bedeutung sind (Mittelwerte von 2,34 und 2,13 Punkten). Unterkriterium A. erhält im Bewertungsmodell insofern ein relatives Gewicht von rund 41 %, die übrigen beiden Unterkriterien erhalten ein relatives Gewicht von 31 % und 28 %. Um den Aussagegehalt von Anhangangaben noch differenzierter beurteilen zu können, wird Unterkriterium A. weiter konkretisiert und in die folgenden **Kategorien** eingeteilt:

A.1. Bestandteile der Herstellungskosten sind **eindeutig** identifizierbar.

A.2. Bestandteile der Herstellungskosten sind nur in einem **Intervall** identifizierbar.[87]

A.3. Bestandteile der Herstellungskosten sind **nicht** identifizierbar.

Nachstehende Übersicht 4-6 zeigt zum einen, wie die Fachleute den Aussagegehalt von mehrdeutigen (Intervall-)Angaben der Kategorie A.2. einschätzen, und zum anderen, wie in der Untersuchung von 150 Anhängen über die Qualität der Berichterstattung zu Unterkriterium A. befunden wurde:

---

84 Vgl. für das Bilanzrecht vor BiRiLiG NETH, M., Die Berechnung der Herstellungskosten als bilanzpolitisches Mittel, S. 138; FÜLLING, F., GoB für Vorräte, S. 139–147 sowie für das geltende Bilanzrecht etwa HEUSER, P. J., Die neue Bilanz der GmbH, 3. Aufl., S. 184, Rn. 647; SCHÜLEN, W., Erläuterungen zur Bilanz, S. 4, Rn. 8; RICHTER, M., Das Sachanlagevermögen, S. 152, Rn. 361; ELLROTT, H., § 284 HGB, S. 1226, Rn. 111; IDW (Hrsg.), WPH 1996, Band I, S. 435, Rn. F 464; ADLER, H./DÜRING, W./SCHMALTZ, K., § 284 HGB, S. 33, Rn. 68.

85 Welchen Einfluß Variationen des Beschäftigungsgrades bei der Ermittlung der Herstellungskosten auf die Darstellung der wirtschaftlichen Lage des Unternehmens haben, zeigen GÖLLERT, K./RINGLING, W., Strategie statt Taktik, S. 1005–1008; vgl. auch BAETGE, J., Herstellungskosten: Vollaufwand versus Teilaufwand, S. 53–84.

86 Vgl. ELLROTT, H., § 284 HGB, S. 1225, Rn. 111.

87 Zu dieser Kategorie zählen auch Angaben, die auf die steuerliche Regelung der R 33 EStR verweisen. Weil auch das Steuerrecht eine (wenn auch engere) Bandbreite bei der Bemessung der Herstellungskosten vorsieht, ist eine Angabe wie „Die Herstellungskosten wurden entsprechend den steuerlichen Regelungen ermittelt" nicht eindeutig; vgl. KRAWITZ, N., § 284 HGB, S. 23, Rn. 47 sowie m. w. N. DÖRNER, D./WIRTH, M., §§ 284–288 HGB, S. 1925, Rn. 98.

Kategorie	Sachverhalt	Mittlerer Aussagegehalt in %			Häufigkeit in der Stichprobe
		Wirtschaftsprüfer (WP)	Finanzanalysten (FA)	Antwort-Mittelwert von WP und FA	
A.1.	Bestandteile der Herstellungskosten sind eindeutig identifizierbar	100,0	100,0	100,0	77
A.2.	Bestandteile der Herstellungskosten sind nur in einem Intervall identifizierbar	48,5	33,5	41,0	37
A.3.	Bestandteile der Herstellungskosten sind nicht identifizierbar	0,0	0,0	0,0	13
Summe					127*

* Bei 23 Unternehmen mußte das Kriterium gestrichen werden, weil – soweit ersichtlich – Gegenstände des Umlaufvermögens nicht selbst hergestellt wurden.

Übersicht 4-6: *Befund über die Berichterstattung zum Umfang der Herstellungskosten bei selbsterstellten Gegenständen des Umlaufvermögens*

Intervallangaben, die nicht eindeutig erkennen lassen, welche Kostenbestandteile in die Herstellungskosten eingehen, werden von den befragten Fachleuten deutlich abgewertet (Aussagegehalt von 41,0 %), und zwar von Finanzanalysten stärker (Aussagegehalt von nur noch 33,5 %) als von Wirtschaftsprüfern (Aussagegehalt von 48,5 %). Gemessen an der hohen Bedeutung eindeutiger Angaben zu diesem Qualitätskriterium zeichnet die empirische Auswertung ein Bild unzureichender Berichterstattung. In 50 von 127 in Frage kommenden Anhängen sind Angaben zu verzeichnen, die die Zusammensetzung der Herstellungskosten nur andeutungsweise (37 Fälle) oder nicht (13 Fälle) erkennen lassen. Ein **Beispiel** mehrdeutiger Intervallangaben liefert etwa der Anhang der PROGRESS-WERK OBERKIRCH AG:

„Die unfertigen und fertigen Erzeugnisse wurden zu Herstellungskosten bewertet. Allgemeine Verwaltungskosten und Fremdkapitalzinsen sind nicht eingerechnet.“[88]

In diesem Fall wird die Herstellungskostenobergrenze negativ abgegrenzt, was dann zulässig ist, wenn der verbleibende Teil eindeutig identifiziert werden kann. Bei der vorliegenden Anhangangabe bleibt allerdings offen, ob weitere Kostenbestandteile nicht in die Herstellungskosten einbezogen wurden.

88 PROGRESS-WERK OBERKIRCH AG (Hrsg.), Geschäftsbericht 1995, S. 15.

Nicht eindeutig ist auch die Anhangangabe der UNIVERSITÄTSDRUCKEREI H. STÜRTZ AG:

> *„Die Herstellungskosten umfassen Einzelkosten für Material und Lohn sowie anteilige Gemeinkosten."*[89]

Hier wird nicht deutlich, welche Gemeinkosten in die Herstellungskosten eingehen. Auch wenn die Angabe den Eindruck erweckt, sich eng an der gesetzlichen Vorschrift zu orientieren, und man insofern unterstellen dürfte, daß es sich bei den (pauschal) erwähnten Gemeinkosten um jene im Gesetz spezifizierten Gemeinkosten handelt, ist für Anhangleser eine eindeutige Angabe doch in jedem Fall von Nutzen.

Wie oben bereits angedeutet, sind Verweise auf die einschlägige Regelung des Steuerrechts dann nicht ausreichend, wenn sie den steuerrechtlichen Bewertungsspielraum nicht explizieren.[90] Hierunter fallen zum Beispiel Angaben der folgenden Art:

> *„Erzeugnisse sind zu Herstellungskosten bewertet, die steuerlichen Bestimmungen entsprechen."*[91]

Der Vollständigkeit halber seien auch Angaben zitiert, die in keiner Weise erkennen lassen, in welchem Umfang Herstellungskosten aktiviert wurden. Selbstverständliche Angaben wie

> *„Die unfertigen Erzeugnisse sind zu Herstellungskosten bewertet."*[92]

sind in der empirischen Auswertung 13 Mal zu verzeichnen und werden in die Kategorie A.3. eingeordnet.

Demgegenüber machen 77 Unternehmen eindeutige Angaben der Kategorie A.1. Beispielsweise berichtet die AUGSBURGER KAMMGARN-SPINNEREI AG:

> *„Die Herstellungskosten [...] enthalten Rohstoff- und Fertigungskosten. Es werden nur die nach R 33 EStR aktivierungspflichtigen Bestandteile aktiviert."*[93]

---

89 UNIVERSITÄTSDRUCKEREI H. STÜRTZ AG (Hrsg.), Geschäftsbericht 1995, S. 20.

90 Das IDW hält einen Hinweis auf die steuerliche Regelung dagegen für ausreichend; vgl. IDW (Hrsg.), WPH 1996, Band I, S. 435, Rn. F 464.

91 DUEWAG AG (Hrsg.), Geschäftsbericht 1994/95, S. 10.

92 ENERGIEVERSORGUNG OSTBAYERN AG (Hrsg.), Geschäftsbericht 1995, S. 58.

93 AUGSBURGER KAMMGARN-SPINNEREI AG (Hrsg.), Geschäftsbericht 1995, S. 24.

In gleicher Weise eindeutig informiert die PIRELLI AG:

> *„In die Herstellungskosten sind gemäß § 255 Abs. 2 HGB neben den direkt zurechenbaren Einzelkosten auch Material- und Fertigungsgemeinkosten sowie Abschreibungen einbezogen."*[94]

Der Wortlaut dieser Angabe läßt zwar die theoretische Möglichkeit offen, daß über die genannten Kostenbestandteile hinaus weitere Kostenbestandteile in die Herstellungskosten einbezogen werden. Von dieser Interpretationsmöglichkeit soll hier jedoch – in dubio pro reo – abgesehen werden. Semantische Unterschiede in Anhangangaben, die möglicherweise darauf hinweisen, daß Wahlrechte unterschiedlich ausgeübt werden, sind teilweise auch *innerhalb* eines Anhangs zu verzeichnen. So erläutert beispielsweise die STAHLWERKE BOCHUM AG die Zusammensetzung der Herstellungskosten im *Anlagevermögen* wie folgt:

> *„Die Herstellungskosten enthalten a u c h angemessene Teile der Material- und Fertigungsgemeinkosten"*[95],

wohingegen die Herstellungskosten für Vermögensgegenstände des *Umlaufvermögens* wie folgt umschrieben werden:

> *„Unfertige und fertige Erzeugnisse werden mit Herstellungskosten bewertet, die angemessene Teile der Material- und Fertigungsgemeinkosten [...] enthalten."*[96]

Ob solche Nuancen in der Berichterstattung zufällig oder beabsichtigt sind, können Anhangleser regelmäßig nicht beurteilen.

Während nahezu alle in die Stichprobe gelangten Unternehmen (in irgendeiner Weise) Angaben zu den Bestandteilen der Herstellungskosten (Unterkriterium A.) machen, sind Angaben zu (1) Unterkriterium B. (Beschäftigungsgrad) und (2) Unterkriterium C. (Kostenstellen) nur in sehr seltenen Fällen zu verzeichnen gewesen.

Ad (1) Angabe des zugrunde gelegten Beschäftigungsgrades

Falls bei der Ermittlung der Herstellungskosten nicht die Normalbeschäftigung oder die tatsächlich angefallenen Kosten zugrunde gelegt werden, ist im Anhang auf den abweichenden Beschäftigungsgrad hinzuweisen.[97] Von 127 Unternehmen, die

94 PIRELLI AG (Hrsg.), Geschäftsbericht 1995, S. 20.

95 STAHLWERKE BOCHUM AG (Hrsg.), Geschäftsbericht 1994/95, S. 15; Hervorhebung durch den Verfasser.

96 STAHLWERKE BOCHUM AG (Hrsg.), Geschäftsbericht 1994/95, S. 15.

97 Vgl. die in Fußnote 84 angegebenen Nachweise im Schrifttum. Zu einer Erhebung des Publizitätsverhaltens vgl. CASTAN, E., Die Erläuterung der Bewertungs- und Abschreibungsmethoden, S. 316.

Angaben zur Zusammensetzung der Herstellungskosten selbsterstellter Leistungen machen, verdeutlichen nur fünf Unternehmen, welchen Beschäftigungsgrad sie der Ermittlung der Herstellungskosten zugrunde legen.[98] So berichtet die HOECHST AG:

> *„Die Herstellungskosten enthalten neben den direkt zurechenbaren Kosten auch angemessene Teile der Material- und Fertigungsgemeinkosten sowie lineare Abschreibungen unter Annahme einer Normalauslastung.“*[99]

Eine ähnliche Aussagekraft besitzt die Angabe der BASF AG:

> *„Die Herstellungskosten umfassen die verursachungsgerecht zurechenbaren Kosten [...] bei normaler Auslastung der Produktionsanlagen.“*[100]

Bei den übrigen 122 Unternehmen, die nicht auf den zugrunde gelegten Beschäftigungsgrad hinweisen, wird dieses Qualitätskriterium als „nicht erfüllt“ bewertet.

Ad (2) Angabe der in die Ermittlung der Herstellungskosten einbezogenen Kostenstellen

Angaben zu diesem Unterkriterium macht (von 127 in Frage kommenden Unternehmen) – andeutungsweise – nur die BASF AG:

> *„Die Herstellungskosten umfassen die verursachungsgerecht zurechenbaren Kosten und anteilige Gemeinkosten d e s P r o d u k t i o n s b e r e i c h s bei normaler Auslastung der Produktionsanlagen.“*[101]

Als **Ergebnis** der bisherigen Untersuchung ist festzuhalten:

(1) Erläuterungen, wie das Wahlrecht, bestimmte Kostenbestandteile in die Herstellungskosten einzubeziehen, ausgeübt wird, sind für Wirtschaftsprüfer und Finanzanalysten von hoher Bedeutung.

(2) Während noch rund die Hälfte der Unternehmen ausreichende Angaben zur Zusammensetzung der Herstellungskosten macht, sinkt diese Zahl hinsichtlich der Qualitätskriterien „Beschäftigungsgrad“ und „einbezogene Kostenstellen“ deutlich.

---

98 MOXTER weist darauf hin, daß in Geschäftsberichten üblicherweise keine Angaben zu finden sind, die über die Angaben zu den Bestandteilen der Herstellungskosten sowie zum zugrunde gelegten Beschäftigungsgrad hinausgehen; vgl. MOXTER, A., Bilanzlehre, S. 139.

99 HOECHST AG (Hrsg.), Geschäftsbericht 1995, S. 58.

100 BASF AG, Geschäftsbericht 1995, S. 42. In ähnlicher Weise berichten auch die GUTBROD AG (Hrsg.), Geschäftsbericht 1995, S. 28, die SCHUMAG AG (Hrsg.), Geschäftsbericht 1994/95, S. 25 und die SKW TROSTBERG AG (Hrsg.), Geschäftsbericht 1995, S. 67.

101 BASF AG (Hrsg.), Geschäftsbericht 1995, S. 42; Hervorhebung durch den Verfasser.

422.214. Erläuterung der Bewertungsmethoden für sonstige Rückstellungen

Die Bedeutung von Rückstellungen im Bilanzrecht nimmt – zum Beispiel angesichts vielfältiger Entsorgungs- und Umweltschutzverpflichtungen – ständig zu.[102] Die Bewertung von Rückstellungen beruht regelmäßig auf Schätzungen, wodurch sich für den Bilanzierenden erhebliche Ermessenspielräume ergeben.[103] In welchem Maße diese Ermessenspielräume bei der Bewertung von Rückstellungen ausgefüllt werden, soll der Bilanzierende durch die Angabe nach § 284 Abs. 2 Nr. 1 HGB im Anhang offenlegen. Die Auswertung der empirischen Umfrage unterstreicht die Bedeutung dieser Angabepflicht: Nahezu übereinstimmend schätzen Wirtschaftsprüfer und Finanzanalysten Angaben zur Bewertung von Rückstellungen als hoch bedeutend ein (2,82 bzw. 2,92 Punkte).

Nach § 253 Abs. 2 Satz 2 HGB dürfen Rückstellungen nur in Höhe des Betrages angesetzt werden, der nach vernünftiger kaufmännischer Beurteilung notwendig ist. Die Anhangangabe darf sich allerdings nicht auf die sinngemäße Wiedergabe dieser Vorschrift beschränken;[104] vielmehr muß die Angabe erkennen lassen, welche Aufwendungen und Erträge auf welche Weise bei der Rückstellungsbildung berücksichtigt werden. Durch Auswertung des Fach-Schrifttums ergeben sich die folgenden konkretisierenden **Unterkriterien**:

A. Angabe der wesentlichen **Schätzparameter**, die der Rückstellungsbildung zugrunde liegen (z. B. Umsatz bei der Wertfindung für Gewährleistungsrückstellungen).[105]

B. Angabe, ob künftige **positive und negative Erfolgsbeiträge** miteinander **saldiert** werden (vor allem bei der Bildung von Drohverlustrückstellungen).[106]

---

102 Vgl. etwa BUDDE, W. D., Berücksichtigung von Umweltschäden und Altlasten bei der Bodenbewertung, S. 103.

103 Vgl. BUSSE VON COLBE, W. U. A. (Hrsg.), Ergebnis nach DVFA/SG, S. 33; KÜTING, K./ WEBER, C.-P., Die Bilanzanalyse, S. 109 f. Zur Bedeutung der Bewertung von Rückstellungen für die Bilanzpolitik vgl. MOXTER, A., Bilanzlehre, S. 300.

104 Vgl. BUDDE, W. D./FÖRSCHLE, G., Ausgewählte Fragen zum Inhalt des Anhangs, S. 1461. Restriktiver allerdings GLADE, A., Praxishandbuch der Rechnungslegung und Prüfung, S. 1740, Rn. 19, der einen Verweis auf die Berücksichtigung aller erkennbaren Risiken und ungewissen Schulden für ausreichend hält.

105 Vgl. KRAWITZ, N., § 284 HGB, S. 25, Rn. 58; SELCHERT, F. W., Der Anhang als Instrument der Informationspolitik, S. 67; KUPSCH, P., Der Anhang, S. 44, Rn. 91; ADLER, H./DÜRING, W./SCHMALTZ, K., § 284 HGB, S. 38, Rn. 91; DÖRNER, D./WIRTH, M., §§ 284–288 HGB, S. 1926, Rn. 102.

106 Zur Bedeutung dieser Angabepflicht vgl. m. w. N. BAETGE, J., Bilanzen, S. 375–377.

C. Angabe, ob die Höhe der Rückstellungen auf **Teilkostenbasis** oder auf **Vollkostenbasis** ermittelt wird.[107]

D. Angabe, ob und wieweit das Wahlrecht zur Bildung von – steuerlich nicht zulässigen – **Aufwandsrückstellungen** gemäß § 249 Abs. 2 HGB ausgeübt wird. Bei der Aufwandsrückstellung handelt es sich um eine Verpflichtung des Kaufmanns gegenüber sich selbst (Innenverpflichtung), die insofern nicht durch eine Verpflichtung gegenüber Dritten objektiviert wird. An die Bildung einer Aufwandsrückstellung sind deshalb hohe Anforderungen zu stellen,[108] und der entsprechende Sachverhalt bedarf einer besonderen Erläuterung im Anhang.[109]

E. Angaben zur **Abzinsung** von Rückstellungen (etwa bei Dauerschuldverhältnissen).[110]

F. Angaben über die Berücksichtigung **künftiger Preissteigerungen** (etwa bei der Wertfindung für Drohverlustrückstellungen bei Absatzgeschäften).[111]

In der empirischen Umfrage wurde die Bedeutung dieser sechs Unterkriterien abgefragt. Dabei zeigt sich (vgl. Übersicht 4-7), daß Wirtschaftsprüfer und Finanzanalysten vor allem über die Bildung von Aufwandsrückstellungen informiert werden möchten („hohe" Bedeutung des Unterkriteriums D. von rund 3,0 Punkten). Angaben, nach welchen Schätzparametern sich die Höhe der Rückstellungen bemißt (Unterkriterium A.) und ob beispielsweise Drohverlustrückstellungen auf der Basis von Vollkosten oder von Teilkosten ermittelt werden (Unterkriterium C.), sind eben-

---

107 Vgl. KRAWITZ, N., § 284 HGB, S. 25, Rn. 58; SELCHERT, F. W., Der Anhang als Instrument der Informationspolitik, S. 67; KUPSCH, P., Der Anhang, S. 44, Rn. 91; ADLER, H./DÜRING, W./SCHMALTZ, K., § 284 HGB, S. 38, Rn. 91; IDW (Hrsg.), WPH 1996, Band I, S. 437, Rn. F 473.

108 Vgl. HERZIG, N., Meinungsspiegel zu „Bilanzierung von Rückstellungen nach neuem Recht", S. 365 f. Zu einer systematischen Darstellung, an welche Voraussetzungen die Bildung von Aufwandsrückstellungen geknüpft ist, vgl. NAUMANN, K.-P., Die Bewertung von Rückstellungen in der Einzelbilanz nach Handels- und Ertragsteuerrecht, S. 131–140.

109 Vgl. BUDDE, W. D./FÖRSCHLE, G., Ausgewählte Fragen zum Inhalt des Anhangs, S. 1461; KUPSCH, P., Der Anhang, S. 44, Rn. 90; CLAUSSEN, C. P., §§ 284–288 HGB, 160 AktG, S. 573, Rn. 47; ELLROTT, H., § 284 HGB, S. 1229, Rn. 130.

110 Zur Frage der Abzinsung von Rückstellungen vgl. BÖCKING, H.-J., Bilanzrechtstheorie und Verzinslichkeit, S. 268; GROH, M., Abzinsung von Rückstellungen?, S. 119–126; GEIB, G./WIEDMANN, H., Zur Abzinsung von Rückstellungen in der Handels- und Steuerbilanz, S. 369–377 sowie ADLER, H./DÜRING, W./SCHMALTZ, K., § 253 HGB, S. 155–157, Rn. 197–202.

111 Vgl. GROH, M., Verbindlichkeitsrückstellung und Verlustrückstellung, S. 27–33 sowie m. w. N. ADLER, H./DÜRING, W./SCHMALTZ, K., § 253 HGB, S. 155, Rn. 196; BAETGE, J., Bilanzen, S. 373 f.

falls überdurchschnittlich bedeutend (jeweils rund 2,6 Punkte auf einer 4-Punkte-Skala). Demgegenüber schätzen die Fachleute Angaben über die Berücksichtigung künftiger Preissteigerungen (Unterkriterium F.) als nur durchschnittlich wichtig ein (2,17 Punkte auf einer 4-Punkte-Skala).

Unterkriterium	Mittlere Bedeutung			Häufigkeit in der Stichprobe
	Wirtschaftsprüfer (WP)	Finanzanalysten (FA)	Antwort-Mittelwert von WP und FA	
A. Wesentliche Schätzparameter	2,45	2,77	2,61	10
B. Saldierung positiver und negativer Erfolgsbeiträge	2,46	2,62	2,54	0
C. Ermittlung auf Teil- oder Vollkostenbasis	2,82	2,38	2,60	5
D. Bildung von Aufwandsrückstellungen	2,91	3,00	2,96	47
E. Abzinsung von Rückstellungen	2,53	2,54	2,53	9
F. Berücksichtigung künftiger Preissteigerungen	2,35	2,00	2,17	0

Übersicht 4-7: *Befund über die Erläuterung der Bewertungsmethoden für sonstige Rückstellungen*

Die Auswertung der 150 Anhänge börsennotierter Standardwerte zeichnet ein Bild der derzeitigen Publizitätspraxis, das – auf sehr niedrigem Niveau – den Erwartungen der befragten Fachleute entspricht. In den meisten Fällen beschränken sich die Anhangangaben auf den allgemeinen Hinweis, daß Rückstellungen nach vernünftiger kaufmännischer Beurteilung gebildet werden und daß die Rückstellungen allen erkennbaren Risiken in angemessenem Umfang Rechnung tragen.[112] Allerdings schenken die berichterstattenden Unternehmen jenen Unterkriterien, die aus Sicht der befragten Fachleute von besonderem Interesse sind, auch besondere Aufmerksamkeit. Diese Unterkriterien werden im folgenden in der Reihenfolge ihrer Bedeutung erläutert.

47 von 150 Anhängen sind Angaben zu entnehmen, die darauf schließen lassen, in welchem Maße vom handelsrechtlichen Wahlrecht, **Aufwandsrückstellungen** zu bilden, Gebrauch gemacht wird (Unterkriterium D.). Während etwa die DEUTSCHE BABCOCK AG mittels einer ausdrücklichen Fehlanzeige in ihrem Anhang darauf

112 Vgl. beispielhaft für viele die Angabe der HARPEN AG (Hrsg.), Geschäftsbericht 1995, S. 57. Zu einem ähnlichen Befund vgl. C&L DEUTSCHE REVISION (Hrsg.), Konzernabschlüsse '95, S. 166, Rn. 279.

hinweist, daß keine Aufwandsrückstellungen gebildet werden,[113] umschreibt die LEONISCHE DRAHTWERKE AG die Bildung von Aufwandsrückstellungen wie folgt:

> *„Darüber hinaus bestehen Rückstellungen für Verpflichtungen, die steuerlich nicht anerkannt sind."*[114]

Macht ein Unternehmen (vor allem durch konkrete Betragsangaben) deutlich, in welchem Umfang es Aufwandsrückstellungen gebildet hat, eröffnet sich dem externen Analysten die Möglichkeit, das Jahresergebnis um den Einfluß dieser Bewertungsmaßnahme zu bereinigen. Auf diese Weise lassen sich dann – unter sonst gleichen Bedingungen – Unternehmen, die keine Aufwandsrückstellungen gebildet haben, mit Unternehmen vergleichen, die dieses Wahlrecht in Anspruch genommen haben.[115] Betragsangaben über den Umfang von Aufwandsrückstellungen sind etwa den Erläuterungen zur Gewinn- und Verlustrechnung der GERRESHEIMER GLAS AG zu entnehmen:

> *„Im Geschäftsjahr wurden im Konzern 20,3 Mio. DM [...] den Aufwandsrückstellungen gemäß § 249 Abs. 1 und 2 HGB zugeführt."*[116]

Unterkriterium A. „Angabe der wesentlichen **Schätzparameter**, die der Rückstellungsbildung zugrunde liegen" hat nach Einschätzung der Fachleute eine überdurchschnittliche Bedeutung. Die Angaben, die zehn Unternehmen zu diesem Qualitätskriterium machen, verdeutlichen im wesentlichen, welche Schätzparameter der Bildung von *Gewährleistungsrückstellungen* zugrunde gelegt werden. Bei der TIPTEL AG ist etwa folgende Angabe zu verzeichnen:

> *„Die Rückstellung für Garantieverpflichtungen wurde mit einem Prozentsatz vom garantiebehafteten Inlandsumsatz berechnet."*[117]

Weitere Angaben zu diesem Qualitätskriterium sind denkbar, beispielsweise die Angabe des garantiebehafteten Inlandsumsatzes oder ein Hinweis auf den verwendeten Prozentsatz. Allerdings erlaubt die hier zitierte Angabe einen vergleichsweise besseren Einblick in die Verpflichtungslage des Unternehmens, und zwar verglichen

---

113 Vgl. DEUTSCHE BABCOCK AG (Hrsg.), Geschäftsbericht 1994/95, S. 67; aufgrund einheitlicher Bewertungsvorschriften im Konzern findet sich eine entsprechende Angabe auch bei der BABCOCK-BSH AG (Hrsg.), Geschäftsbericht 1994/95, S. 38.

114 LEONISCHE DRAHTWERKE AG (Hrsg.), Geschäftsbericht 1995, S. 30.

115 Vgl. BUSSE VON COLBE, W. U. A. (Hrsg.), Ergebnis nach DVFA/SG, S. 33; KÜTING, K./ WEBER, C.-P., Die Bilanzanalyse, S. 70 f.

116 GERRESHEIMER GLAS AG (Hrsg.), Geschäftsbericht 1995, S. 42.

117 TIPTEL AG (Hrsg.), Geschäftsbericht 1995, S. 25.

mit Unternehmen, die die entsprechenden Angaben nicht freiwillig veröffentlichen; hierzu zählen 140 der hier untersuchten 150 Unternehmen.

Aus Übersicht 4-7 geht weiter hervor, daß fünf Unternehmen angeben, ob bei der Bildung bestimmter Rückstellungsarten **Vollkosten oder Teilkosten** angesetzt werden (Unterkriterium C.).[118] Während vier Unternehmen auf den Ansatz von Drohverlustrückstellungen und anderen Rückstellungen zu Vollkosten hinweisen, berichtet die FLENDER ATB-LOHER ANTRIEBSTECHNIK AG:

> *„Bei der Beurteilung der Notwendigkeit von Rückstellungen für nicht kostendeckende Kundenaufträge wurden die Teilkosten angesetzt.“*[119]

Auch in diesem Fall handelt es sich um eine Angabe, die über das übliche Maß der Berichterstattung hinausgeht und zusätzliche Informationen für eine angemessene Beurteilung der wirtschaftlichen Lage des Unternehmens bereitstellt.[120]

Schließlich berichten neun von 150 Unternehmen darüber, daß sie bestimmte Arten von Rückstellungen **abzinsen**. In diesen Fällen wird in der Regel auch der verwendete Abzinsungsfaktor veröffentlicht. Beispielsweise berichtet die SPAR AG:

> *„Bei den sonstigen Rückstellungen werden erwartete Verluste aus Dauerschuldverhältnissen mit 5,5 % p. a. abgezinst.“*[121]

Angaben zu den Unterkriterien B. und F. sind in keinem Anhang zu verzeichnen.

Zusammenfassend bleibt festzuhalten, daß beim Qualitätskriterium „Bewertungsmethoden bei sonstigen Rückstellungen“ ein erhebliches Berichterstattungspotential besteht.

---

118 Bei diesen Unternehmen handelt es sich um die ALLWEILER AG, die ASEA BROWN BOVERI AG, die EX-CELL-O AG, die FLENDER ATB-LOHER ANTRIEBSTECHNIK AG und die OBERLAND GLAS AG.

119 FLENDER ATB-LOHER ANTRIEBSTECHNIK AG (Hrsg.), Geschäftsbericht 1994/1995, S. 19.

120 Zusätzlich denkbar wären im vorliegenden Fall Angaben, aus denen hervorgeht, welche wesentlichen Kostenarten in die Teilkosten einbezogen wurden; vgl. m. w. N. ADLER, H./ DÜRING, W./SCHMALTZ, K., § 284 HGB, S. 38, Rn. 91.

121 SPAR AG (Hrsg.), Geschäftsbericht 1995, S. 55. Ähnlich für drohende Verluste aus schwebenden Geschäften berichtet etwa die MASSA AG (Hrsg.), Geschäftsbericht 1995, S. 31. Die Tatsache, daß Rückstellungen *nicht* abgezinst werden, zeigt die PATRIZIER-BRÄU KGAA (Hrsg.), Geschäftsbericht 1995, S. 14, an.

422.22 *Angabe und Begründung abweichender Bilanzierungs- und Bewertungsmethoden (§§ 284 Abs. 2 Nr. 3 1. HS und 313 Abs. 1 Nr. 3 1. HS HGB)*

In Abschnitt 421.23 dieser Arbeit wurde gezeigt, daß die zu den Gliederungsvorschriften zählende Vorschrift des § 265 Abs. 2 HGB regelt, wie aufeinanderfolgende Jahresabschlüsse, deren Vergleichbarkeit aufgrund von *Ausweisänderungen* beeinträchtigt ist, durch zusätzliche Angaben im Anhang vergleichbar gemacht werden können. Bilanziert oder bewertet ein Unternehmen im Vergleich zum Vorjahr hingegen anders, durchbricht es insofern den in § 252 Abs. 1 Nr. 6 HGB kodifizierten Grundsatz der Stetigkeit[122], werden zusätzliche Berichtspflichten im Anhang ausgelöst, und zwar:

(1) Angabe der Tatsache abweichender Bilanzierungs- und Bewertungsmethoden sowie zusätzlich Angabe von Gründen für das Abweichen: diese Angabepflicht wird in diesem Abschnitt erörtert.

(2) Angabe, in welchem Maße abweichende Bilanzierungs- und Bewertungsmethoden die Darstellung der wirtschaftlichen Lage des Unternehmens beeinflußt haben (vgl. hierzu den folgenden Abschnitt 422.23).[123]

Wichtig sind diese Regelungen vor allem für die vergleichende Analyse zeitlich aufeinanderfolgender Jahresabschlüsse; denn nur nach gleichen Grundsätzen aufgestellte Jahresabschlüsse lassen sich – unter sonst gleichen Bedingungen – miteinander vergleichen.[124]

Wie wichtig die Angabepflicht zu (1) ist, zeigen die Einschätzungen von Wirtschaftsprüfern und Finanzanalysten. Im ersten Teil der Umfrage bewerten die 442 Wirtschaftsprüfer das Qualitätskriterium mit einem Wert von 3,27 Punkten, während die 34 Finanzanalysten hier einen Wert von 3,29 Punkten vergeben. Nur die Angabepflicht nach § 264 Abs. 2 Satz 2 HGB (Hauptkriterium Nr. 1 in Teilbericht I) wird von den befragten Fachleuten innerhalb des *gesamten* Kriterienkataloges mit 3,59 Punkten als noch bedeutender eingestuft.

---

122 Zum gesetzessystematischen Zusammenhang zwischen den hier betrachteten Vorschriften der §§ 284 Abs. 2 und 313 Abs. 1 HGB einerseits und § 252 Abs. 1 HGB andererseits vgl. für den Einzelabschluß ADLER, H./DÜRING, W./SCHMALTZ, K., § 284 HGB, S. 42, Rn. 101; ELLROTT, H., § 284 HGB, S. 1234, Rn. 157.

123 Denkbar wären auch Änderungen in den *Konsolidierungs*methoden. Dieses Hauptkriterium wird allerdings Teilbericht VI „Konsolidierungsmethoden" zugeordnet (Abschnitt 426. dieser Arbeit).

124 Vgl. LEFFSON, U., Bilanzanalyse, S. 103; ELLROTT, H., § 284 HGB, S. 1231, Rn. 140; KÜTING, K., Undurchsichtige Bilanzen, S. 7.

Welche Angaben im Einzelfall notwendig sind, um der Angabepflicht zu genügen, wurde durch Auswertung des Schrifttums ermittelt. So ergaben sich die folgenden **Oberkriterien**:

A. Anzugeben ist, worin die **Abweichung** besteht, von welcher Methode oder von welchem Grundsatz also abgewichen wurde.[125]

B. Anzugeben ist, auf welche **Einzelposten** sich die Abweichung erstreckt.[126]

C. Schließlich schreibt der Gesetzgeber vor, daß auch die **Gründe**, die das Unternehmen dazu bewogen haben, die Bilanzierungs- und Bewertungsmethoden zu ändern, anzugeben sind.[127] Die gesetzliche Verpflichtung, das Abweichen von einmal gewählten Bilanzierungs- und Bewertungsmethoden sachlich rechtfertigen zu müssen, entfaltet damit zugleich eine prohibitive Wirkung; Unstetigkeiten aufgrund von willkürlichen oder sachfremden Erwägungen sollen auf diese Weise unterbunden werden.[128]

Übersicht 4-8 zeigt zum einen, welche Bedeutung die Fachleute den jeweiligen Oberkriterien zuweisen und zum anderen, wie häufig den 150 Anhängen Angaben zu diesen Oberkriterien zu entnehmen sind:

Oberkriterium	Mittlere Bedeutung			Häufigkeit in der Stichprobe
	Wirtschaftsprüfer (WP)	Finanzanalysten (FA)	Antwort-Mittelwert von WP und FA	
A. Angabe, worin die Abweichung besteht	3,04	3,00	3,02	55
B. Angabe, auf welche Posten sich die Abweichung erstreckt	2,91	2,93	2,92	21
C. Angabe von Gründen für die Abweichung	2,67	2,79	2,73	17

Übersicht 4-8: *Befund über die Berichterstattung zu geänderten Bilanzierungs- und Bewertungsmethoden*

125 Vgl. SELCHERT, F. W., Der Anhang als Instrument der Informationspolitik, S. 70; KUPSCH, P., Der Anhang, S. 46, Rn. 101; ADLER, H./DÜRING, W./SCHMALTZ, K., § 284 HGB, S. 44, Rn. 109. Zu Beispielen für Abweichungen von Bilanzierungs- und Bewertungsmethoden vgl. ELLROTT, H., § 284 HGB, S. 1233–1235, Rn. 143–157.

126 Vgl. SELCHERT, F. W., Der Anhang als Instrument der Informationspolitik, S. 70; SABI DES IDW, Zum Grundsatz der Bewertungsstetigkeit und zu den Angaben bei Abweichungen von Bilanzierungs- und Bewertungsmethoden, S. 50; ELLROTT, H., § 284 HGB, S. 1232, Rn. 143; HFA DES IDW, Zum Grundsatz der Bewertungsstetigkeit, S. 533.

127 Vgl. SELCHERT, F. W., Der Anhang als Instrument der Informationspolitik, S. 71; ELLROTT, H., § 284 HGB, S. 1232, Rn. 143 sowie ADLER, H./DÜRING, W./SCHMALTZ, K., § 284 HGB, S. 44, Rn. 109.

128 Vgl. SCHÜLEN, W., Erläuterungen zur Bilanz, S. 10, Rn. 56; ADLER, H./DÜRING, W./SCHMALTZ, K., § 284 HGB, S. 44, Rn. 109.

Aus Übersicht 4-8 geht hervor, daß die Fachleute die vorgegebenen Oberkriterien im Verhältnis der Oberkriterien zueinander nahezu gleich einschätzen; Angaben, die zeigen, worin die Abweichung gegenüber dem Regelfall oder gegenüber dem Vorjahr besteht (Oberkriterium A.), besitzen dabei ein geringfügig höheres Gewicht. Auch die Reihenfolge der Bedeutung einzelner Oberkriterien wird von Wirtschaftsprüfern und Finanzanalysten gleich gesehen. Wie die Umfrage ebenfalls zeigt, teilen Wirtschaftsprüfer und Finanzanalysten auch hinsichtlich der Gewichtung einzelner Oberkriterien etwa die gleiche Meinung.

Angaben, die der hier betrachteten Berichtspflicht nach § 284 Abs. 2 Nr. 3 1. HS HGB bzw. nach § 313 Abs. 1 Nr. 3 1. HS HGB zuzuordnen sind, werden in 55 der 150 zufällig ausgewählten Anhänge registriert. In diesem Zusammenhang veranlaßt vor allem der wachsende Einfluß internationaler Rechnungslegungsnormen und -usancen auf die nationale Rechnungslegung einige Unternehmen, die in den Vorjahresabschlüssen angewandten Bilanzierungs- und Bewertungsmethoden zu ändern und sich internationalen Standards anzupassen.[129] Obwohl im Schrifttum Einigkeit darüber besteht, daß **Fehlanzeigen** nicht abgegeben werden müssen,[130] wird in 29 der 55 Anhänge ausdrücklich und eindeutig darauf hingewiesen, daß die Bilanzierungs- und Bewertungsmethoden gegenüber dem Vorjahr unverändert beibehalten wurden.[131] Bei den 95 Unternehmen, die weder Angaben zu geänderten Bilanzierungs- und Bewertungsmethoden machen noch in einer Fehlanzeige auf unveränderte Bilanzierungs- und Bewertungsmethoden hinweisen, wird **Oberkriterium A.** „Angabe, worin die Abweichung besteht" als nicht erfüllt gewertet. In dieser Weise vorzugehen führt zwar zu einem Abweichen vom Grundsatz „in dubio pro reo"[132], wonach in Zweifelsfällen zugunsten des berichtenden Unternehmens angenommen wird, daß ein nicht angezeigter Sachverhalt tatsächlich auch

129 Zu diesen Unternehmen zählen in der hier ausgewerteten Stichprobe für das Geschäftsjahr 1995 bzw. 1994/95 etwa die DEUTSCHE BABCOCK AG, die HOECHST AG, die MERCK KGAA und die VEBA AG.

130 An dieser Stelle sei nochmals das IDW zitiert: „Schweigen im Anhang bedeutet immer, daß entsprechende angabepflichtige Sachverhalte nicht vorliegen": IDW (Hrsg.), WPH 1996, Band I, S. 423, Rn. F 434. Hinsichtlich der Möglichkeit, auf nicht geänderte Bilanzierungs- und Bewertungsmethoden *nicht* hinweisen zu müssen, vgl. ELLROTT, H., § 284 HGB, S. 1232, Rn. 143.

131 Vgl. etwa die entsprechenden Hinweise bei der BASF AG (Hrsg.), Geschäftsbericht 1995, S. 43; PIPER GENERALVERTRETUNG DEUTSCHLAND AG (Hrsg.), Geschäftsbericht 1994/95, S. 14. Am Rande notiert sei hier, daß die BASF AG auf die „Fortführung", die PIPER AG hingegen auf die „Beibehaltung" der Bilanzierungs- und Bewertungsmethoden hinweist.

132 Vgl. Abschnitt 351. dieser Arbeit.

nicht vorliegt. Allerdings werden jene 29 Unternehmen, die eine Fehlanzeige abgeben, für ihre adressatenorientierte – und in diesem Punkt vor allem eindeutige – Publizitätspolitik „belohnt", während nicht berichtende Unternehmen dafür, daß sie den Anhangleser über die tatsächlichen Verhältnisse im unklaren lassen, insofern schlechter gestellt werden.[133] Zugleich soll der Anreiz, zu wesentlichen Berichtspunkten gegebenenfalls Fehlanzeigen abzugeben, durch dieses Vorgehen gesteigert werden.

Neben 29 Unternehmen, die ausdrückliche Fehlanzeigen in ihren Anhang aufnehmen, werden in weiteren fünf Anhängen **Fehlanzeigen besonderer Art** festgestellt. So berichtet die ROSENTHAL AG:

(1) „Die Bilanzierungs- und Bewertungsmethoden wurden gegenüber dem Vorjahr g r u n d s ä t z l i c h fortgeführt."[134]

In ähnlicher Form berichtet auch die UNIVERSITÄTSDRUCKEREI H. STÜRTZ AG. Im Anhang heißt es:

(2) „In den Bewertungsmethoden sind gegenüber 1994 grundsätzlich keine Änderungen eingetreten."[135]

Während die erste Fehlanzeige zwar ungenau, aber vollständig ist, ist die zweite Fehlanzeige weder genau noch vollständig. Der Anhangleser erfährt in Fall (2) zum einen nicht, in welchen Fällen unstetig bilanziert wird – diese Unsicherheit besteht auch bei der Angabe der ROSENTHAL AG –, zum anderen wird er bei der UNIVERSITÄTSDRUCKEREI H. STÜRTZ AG darüber im unklaren gelassen, ob auch die *Bilanzierungs*methoden (im Sinne von Ansatzmethoden) unverändert beibehalten oder geändert wurden.[136]

---

133 Nähme man anderenfalls das Qualitätskriterium aus der Wertung heraus, würde man dieses Qualitätskriterium implizit mit dem Durchschnitt der bei den übrigen Qualitätskriterien erreichten Punkte bewerten; in diesem Fall würde Nicht-Berichterstattung im Anhang nicht mit Punktabzug bestraft werden. Vgl. ausführlich Abschnitt 351. dieser Arbeit.

134 ROSENTHAL AG (Hrsg.), Geschäftsbericht 1995, S. 48; Hervorhebung durch den Verfasser.

135 UNIVERSITÄTSDRUCKEREI H. STÜRTZ AG (Hrsg.), Geschäftsbericht 1995, S. 20.

136 Bereits der Wortlaut der Vorschrift des § 284 Abs. 2 Nr. 3 HGB macht deutlich, daß gegebenenfalls auch Abweichungen von *Bilanzierungs*methoden angezeigt werden müssen. Vgl. auch ADLER, H./DÜRING, W./SCHMALTZ, K., § 284 HGB, S. 44 f., Rn. 109 f. A. A. RUSS, W., Der Anhang als dritter Teil des Jahresabschlusses, S. 142 f., der – gesetzessystematisch argumentierend – auf den eingeschränkten Geltungsbereich des § 252 Abs. 1 Nr. 6 HGB hinweist. Hinsichtlich § 252 Abs. 1 Nr. 6 HGB ebenso KALABUCH, J., Der Stetigkeitsgrundsatz, S. 257 f.

Ähnlich nuancenreich berichtet die WMF AG:

(3) *„Die Bewertungs- und Abschreibungsmethoden blieben unverändert.“*[137]

Auch in diesem Fall bleibt unklar, ob das Unternehmen seine *Bilanzierungs*methoden im Vergleich zum Vorjahr oder im Vergleich zum Regelfall geändert hat.

Nach überwiegender Meinung im Schrifttum lösen geänderte tatsächliche Verhältnisse, die der Bilanzierung zugrunde liegen, dann keine Berichtspflicht nach § 284 Abs. 2 Nr. 3 1. HS HGB bzw. nach § 313 Abs. 1 Nr. 3 1. HS HGB aus, wenn die geänderten Verhältnisse nicht zugleich auch eine Methodenänderung bewirkt haben.[138] Die Angabe der STOLBERGER ZINK AG illustriert diesen Fall:

(4) *„Die Bilanzierungs- und Bewertungsmethoden sind – bis auf die durch die Neustrukturierung der Gesellschaft bedingten Vorgänge – grundsätzlich beibehalten worden.“*[139]

In diesem Fall (der Neustrukturierung der Gesellschaft) käme eine Angabepflicht nach §§ 264 Abs. 2 Satz 2, 265 Abs. 2 Sätze 2 und 3 HGB in Frage.[140] Allerdings bleibt an obiger Angabe zu bemängeln, daß ihr Aussagegehalt durch den Vermerk „grundsätzlich“ insofern beeinträchtigt wird, als Ausnahmen von der grundsätzlichen Übung nicht expliziert werden.[141]

Mit den geschilderten fünf Fällen stellt sich die Frage, wie ungenaue Angaben der genannten Art im Bewertungsmodell abzubilden sind. In Abschnitt 343. dieser Arbeit wurde versucht, durch Zusatzfragen konkrete Sachverhalte möglichst realitätsnah zu bewerten. Die Zusatzfrage, die den Fachleuten im Rahmen der zweiten Umfrage

---

137 WMF AG (Hrsg.), Geschäftsbericht 1995, S. 36. Offensichtlich bezieht sich diese Angabe auf § 160 Abs. 2 Satz 4 1. HS AktG 1965.

138 Vgl. SCHULTE, K.-W., Inhalt und Gliederung des Anhangs, S. 1471; ADLER, H./DÜRING, W./SCHMALTZ, K., § 284 HGB, S. 44, Rn. 108 und S. 48, Rn. 119; DÖRNER, D./WIRTH, M., §§ 284–288 HGB, S. 1927, Rn. 108.

139 STOLBERGER ZINK AG (Hrsg.), Geschäftsbericht 1994/95, S. 24.

140 Vgl. SCHULTE, K.-W., Inhalt und Gliederung des Anhangs, S. 1471; zur Vorschrift des § 265 Abs. 2 Sätze 2 und 3 HGB vgl. auch Abschnitt 421.23 dieser Arbeit. Entsprechende Angaben im Sinne der genannten Vorschriften sind dem Anhang der STOLBERGER ZINK AG allerdings nicht zu entnehmen.

141 Ein ähnlicher Fall ergibt sich (5) im Geschäftsbericht der FERNHEIZWERK NEUKÖLLN AG (Hrsg.), Geschäftsbericht 1995, S. 15. Hingegen verweist die ASEA BROWN BOVERI AG – in deren Anhang ebenfalls die Rede von „grundsätzlich“ unveränderten Bilanzierungs- und Bewertungsmethoden ist – ausdrücklich auf jene Bereiche, in denen Methoden geändert wurden; vgl. ASEA BROWN BOVERI AG (Hrsg.), Geschäftsbericht 1995, S. 43 f.

für den hier vorliegenden Fall ungenauer Angaben zu abweichenden Bilanzierungs- und Bewertungsmethoden gestellt wurde, lautete:

Wie beurteilen Sie den Aussagegehalt von Angaben, wie: „Die Bilanzierungs- und Bewertungsmethoden wurden im wesentlichen beibehalten."?

Die Umfrage ergab, daß Wirtschaftsprüfer Angaben dieser Art mit knapp 60 % abwerten (Aussagegehalt von 40,76 %); bei den Finanzanalysten beträgt der Abwertungsfaktor sogar mehr als 70 % (Aussagegehalt von nur noch 29,29 %). Im Durchschnitt der Einschätzungen aller Fachleute wird jenen Angaben, die die oben bezeichneten fünf Unternehmen in ihren Anhängen als „Fehlanzeigen" publizieren, nur noch ein Aussagegehalt von 35,02 % beigemessen.

Angaben zu den hier betrachteten gesetzlichen Vorschriften machen – wie gesagt – 55 von 150 Unternehmen. Von diesen 55 Unternehmen veröffentlichen 29 Unternehmen eindeutige Fehlanzeigen, fünf weitere Unternehmen ungenaue, mehrdeutige Fehlanzeigen, die abgewertet werden mußten. Bei den verbleibenden 21 Unternehmen wird in den Anhängen darauf hingewiesen, daß die Bilanzierungs- und Bewertungsmethoden geändert wurden und worin die Abweichung gegenüber dem Vorjahr oder dem Regelfall besteht (Oberkriterium A.).

Die Analyse der weiteren Oberkriterien B. und C. zeigt ein verhältnismäßig positives Bild der Berichterstattungspraxis: So geben alle 21 Unternehmen an, auf welche Einzelposten sich die Abweichung erstreckt (**Oberkriterium B.**). Die BARMAG AG berichtet etwa:

„Im Jahresabschluß der Barmag AG wurden [...] Bewertungsänderungen vorgenommen, die das Jahresergebnis mit insgesamt 8,6 Mill. DM positiv beeinflußt haben. Hiervon entfallen 6,6 Mill. DM auf [...] Messe-, Leih- und Versuchsmaschinen."[142]

Eine ähnliche Angabe wird auch im Anhang der SEKTKELLEREI SCHLOSS WACHENHEIM AG i. V. ausgewiesen:

„Die unfertigen Erzeugnisse und Leistungen sowie fertigen Erzeugnisse werden abweichend vom Vorjahr grundsätzlich nach der retrograden Methode bewertet, um erstmals eine verlustfreie Bewertung sicherzustellen."[143]

Auch zu **Oberkriterium C.** „Angabe der für den Methodenwechsel maßgeblichen Gründe" machen 17 der 21 in Frage kommenden Unternehmen Angaben (vgl. Über-

142 BARMAG AG (Hrsg.), Geschäftsbericht 1995, S. 37.

143 SEKTKELLEREI SCHLOß WACHENHEIM AG I. V. (Hrsg.), Geschäftsbericht 1994/1995, S. 16. Diese Angabe weist zugleich auf den Grund der Bewertungsänderung hin (Oberkriterium C.).

sicht 4-8). Zusätzlich zum zuletzt zitierten Anhang sei hier auf den Anhang der SEDLBAUER AG verwiesen, die zu diesem Qualitätskriterium wie folgt berichtet:

„Bei den unfertigen und fertigen Erzeugnissen wurden, im Gegensatz zum Vorjahr, die Verwaltungsgemeinkosten nicht aktiviert [...]. Aufgrund des Standes der Umstrukturierung [...] wurde vom Gebot der Bewertungsstetigkeit entsprechend § 252 Abs. 2 HGB, SABI 2/1987, Tz. Nr. 5, abgewichen."[144]

Festzuhalten bleibt an dieser Stelle, daß jene Unternehmen, die ausdrücklich auf abweichende Bilanzierungs- und Bewertungsmethoden hinweisen, in der Regel auch angeben, auf welche Jahresabschlußposten sich die Abweichung bezieht und aus welchen Gründen abweichend bilanziert oder bewertet wurde. Das Publizitätsniveau ist in diesem Fall also als hoch zu bezeichnen. Allerdings sollten jene Unternehmen, die unverändert bilanzieren oder bewerten, auf diesen Umstand durch eine ausdrückliche Fehlanzeige hinweisen.[145]

Im folgenden Abschnitt ist zu zeigen, welche Angaben den ausgewählten Anhängen darüber zu entnehmen sind, wie geänderte Bilanzierungs- und Bewertungsmethoden die Vermögens-, Finanz- und Ertragslage des Unternehmens beeinflußt haben.

422.23 Gesonderte Darstellung des Einflusses von abweichenden Bilanzierungs- und Bewertungsmethoden (§§ 284 Abs. 2 Nr. 3 2. HS und 313 Abs. 1 Nr. 3 2. HS HGB)

Ändert ein Unternehmen seine Bilanzierungs- und Bewertungsmethoden, ist die Vergleichbarkeit des Jahresabschlusses für das abzuschließende Geschäftsjahr mit dem Vorjahresabschluß beeinträchtigt. In diesem Fall wird das Unternehmen vom Gesetzgeber dazu verpflichtet, im Anhang gesondert darzustellen, wie abweichende Bilanzierungs- und Bewertungsmethoden die wirtschaftliche Lage des Unternehmens beeinflußt haben. Die folgenden **Oberkriterien** wurden für die Beurteilung von Anhangangaben zu diesem Hauptkriterium ermittelt:

A. Im Schrifttum besteht Einigkeit darüber, daß in jedem Fall mindestens **verbal** über den Einfluß von Methodenänderungen auf die wirtschaftliche Lage des Unternehmens zu berichten ist.[146] In der Untersuchung werden verbale Angaben für hinreichend befunden, wenn ersichtlich ist, daß die Methoden-

144 SEDLBAUER AG (Hrsg.), Geschäftsbericht 1995, S. 13.

145 So auch RICHTER, M., Das Sachanlagevermögen, S. 154, Rn. 368.

146 Vgl. m. w. N. ADLER, H./DÜRING, W./SCHMALTZ, K., § 284 HGB, S. 54, Rn. 148.

änderungen die wirtschaftliche Lage des Unternehmens nur *unwesentlich* beeinflußt haben. Anderenfalls – wenn also nicht ersichtlich ist, daß es sich um einen unwesentlichen Einfluß handelt – wird ein wesentlicher Einfluß unterstellt und zusätzliche, quantitative Angaben gefordert (Oberkriterium B.)

B. Zusätzliche **quantitative Angaben** sind zu veröffentlichen, wenn Methodenänderungen die Lage des Unternehmens *wesentlich* beeinflußt haben.[147]

C. In diesem Fall ist gesondert für die Teilbereiche der wirtschaftlichen Lage (Vermögens-, Finanz- und Ertragslage) auch über den **Saldo der jeweiligen Abweichungen** zu berichten.[148]

Die Umfrage unter Fachleuten ergab, daß Angaben über den Einfluß von Methodenänderungen auf die wirtschaftliche Lage des Unternehmens von großer Bedeutung sind. Nahezu identisch stufen Wirtschaftsprüfer (3,03 Punkte) und Finanzanalysten (3,09 Punkte – vgl. bereits Übersicht 4-3) das hier betrachtete Hauptkriterium in die Klasse der Hauptkriterien mit hoher Bedeutung ein. Wie die Fachleute die Bedeutung der oben dargestellten Oberkriterien A. bis C. einschätzen und wie häufig entsprechende Angaben in der Stichprobe beobachtet werden, zeigt Übersicht 4-9:

Oberkriterium	Mittlere Bedeutung			Häufigkeit in der Stichprobe
	Wirtschaftsprüfer (WP)	Finanzanalysten (FA)	Antwort-Mittelwert von WP und FA	
A. Verbale Angabe bei unwesentlichem Einfluß von Methodenänderungen	1,52	1,00	1,26	2
B. Zusätzliche quantitative Angaben bei wesentlichem Einfluß von Methodenänderungen	2,53	3,00	2,77	14
C. Gesonderte Darstellung des Saldos für Teilbereiche der wirtschaftlichen Lage	2,62	2,64	2,63	14

Übersicht 4-9: *Befund über die Berichterstattung zum Einfluß von geänderten Bilanzierungs- und Bewertungsmethoden auf die wirtschaftliche Lage des Unternehmens*

147 Vgl. JONAS, H. H., Die EG-Bilanzrichtlinie, S. 207; HEUSER, P. J., Die neue Bilanz der GmbH, 3. Aufl., S. 243 f., Rn. 834; SCHÜLEN, W., Erläuterungen zur Bilanz, S. 10 f., Rn. 60; CASTAN, E., Rechnungslegung der Unternehmung, S. 335; IDW (Hrsg.), WPH 1996, Band I, S. 440, Rn. F 483; HFA DES IDW, Zum Grundsatz der Bewertungsstetigkeit, S. 533; ohne Begründung a. A. ELLROTT, H., § 284 HGB, S. 1235, Rn. 170; GLADE, A., Praxishandbuch der Rechnungslegung und Prüfung, S. 1744, Rn. 33.

148 Vgl. BIENER, H./BERNEKE, W., Bilanzrichtlinien-Gesetz, S. 255; ADLER, H./DÜRING, W./ SCHMALTZ, K., § 284 HGB, S. 54, Rn. 149; ELLROTT, H., § 284 HGB, S. 1235, Rn. 170.

Aus Übersicht 4-9 geht hervor, daß verbale Angaben, die den Einfluß geänderter Bilanzierungs- und Bewertungsmethoden auf die wirtschaftliche Lage des Unternehmens kennzeichnen sollen, nur eine geringe Bedeutung haben (1,26 Punkte). Vor allem externe Finanzanalysten sind auf Angaben angewiesen, die den Einfluß von Methodenänderungen quantifizieren. Während diese Berufsgruppe verbalen Angaben (Oberkriterium A.) nur eine Bedeutung von 1,00 Punkten zuordnet (Wirtschaftsprüfer: 1,52 Punkte), sind zusätzliche quantitative Angaben (Oberkriterium B.) nach Ansicht der Finanzanalysten hoch bedeutend (Finanzanalysten: 3,00 Punkte; Wirtschaftsprüfer: 2,53 Punkte). Nahezu gleich schätzen Wirtschaftsprüfer und Finanzanalysten die gesonderte Darstellung des Einflusses auf die drei Teilbereiche der wirtschaftlichen Lage ein (2,62 Punkte bei Wirtschaftsprüfern bzw. 2,64 Punkte bei Finanzanalysten für Oberkriterium C.).

Im vorhergehenden Abschnitt wurde festgestellt, daß 21 der 150 Unternehmen in ihren Anhängen angeben, die Bilanzierungs- und Bewertungsmethoden geändert zu haben und zusätzlich erläutern, worin die Abweichung gegenüber dem Vorjahr oder dem Regelfall besteht. Von diesen 21 Unternehmen weisen zwei Unternehmen (vgl. Übersicht 4-9) darauf hin, daß durch die Methodenänderung die Vermögens-, Finanz- und Ertragslage des Unternehmens nur unwesentlich beeinflußt wird. In beiden Fällen wird Oberkriterium A. als erfüllt angesehen, und die Oberkriterien B. und C. werden nicht bewertet. Bei den verbleibenden 19 Unternehmen werden Angaben verzeichnet, die den Einfluß von Methodenänderungen nicht als unwesentlich erkennen lassen und die daher an den Oberkriterien B. und C. zu messen sind. Dabei ergibt die Auswertung, daß jeweils 14 Unternehmen in ihren Anhängen hinreichende Angaben zu den genannten Oberkriterien machen, während bei fünf Unternehmen keine entsprechenden Angaben festzustellen sind. Gemessen an den übrigen Unternehmen ist etwa die HOECHST AG positiv hervorzuheben, die ihren Jahresabschluß erstmals nach den Standards des IASC erstellt. In einem gesonderten Abschnitt erläutert die HOECHST AG, wie sich durch Anwendung der IAS der Wert bestimmter Bilanzposten geändert hat und wie sich diese Änderungen auf den Gewinn vor Ertragsteuern ausgewirkt haben.[149] Detailliert berichtet auch die MERCK KGAA darüber, wie durch die erstmalige Bilanzierung nach IAS einzelne Bilanzposten

149 Vgl. HOECHST AG (Hrsg.), Geschäftsbericht 1995, S. 59. Ähnlich ausführlich die VEBA AG für eine Anpassung der Bilanzierungs- und Bewertungsmethoden an US-GAAP; vgl. VEBA AG (Hrsg.), Geschäftsbericht 1995, S. 81–83.

beeinflußt wurden und wie sich aufgrund dieser Anpassungsmaßnahmen der Eigenkapitalausweis verändert hat.[150]

Auch die DEUTSCHE BABCOCK AG berichtet ausführlich:

> *„Die Abschreibungen auf das Sachanlagevermögen wurden in Anlehnung an internationale Praxis jetzt konzerneinheitlich nach der linearen Methode vorgenommen und die pauschalen Garantierückstellungen im Konzern reduziert. Die Ergebnisverbesserung vor Steuern aus der Umstellung beträgt für die lineare Afa 22 Millionen DM und für die pauschalen Garantierückstellungen 20 Millionen DM.“*[151]

Ein weiteres Beispiel für eine hinreichende Berichterstattung ist etwa dem Anhang der ASEA BROWN BOVERI AG zu entnehmen:

> *„Für die im Rahmen des Risiko-Managements einheitlich gesteuerten Produkte wurden Bewertungseinheiten gebildet. Bei Anwendung dieser Methode auch im Vorjahr wäre das Vorjahresergebnis um 2,6 Mio. DM höher ausgefallen.“*[152]

Die Qualität der Berichterstattung zu dem hier diskutierten Hauptkriterium ist im **Ergebnis** als durchaus positiv zu bezeichnen. Die Mehrzahl jener Unternehmen, die ihre Bilanzierungs- und Bewertungsmethoden geändert haben, macht ausführliche und den hier gestellten Anforderungen genügende Angaben zum Einfluß der Methodenänderung auf die wirtschaftliche Lage des Unternehmens. Nur wenige Unternehmen (in der Stichprobe fünf von 19 in Frage kommenden Unternehmen) entsprechen diesen Anforderungen nicht.

422.24 Zusammenfassung

Die Untersuchung der Berichterstattungsqualität zu ausgewählten Hauptkriterien in Teilbericht II des Anhangs hat zu folgenden Ergebnissen geführt:

(1) Vor allem bei den Angaben zu den Abschreibungsmethoden, zu den Ermittlungsmethoden für Herstellungskosten und sonstige Rückstellungen sowie zu Methodenänderungen ergeben sich in der Stichprobe erhebliche Qualitätsunterschiede.

(2) Während Angaben zu den vorstehend aufgeführten Bilanzierungs- und Bewertungsmethoden im Durchschnitt relativ knapp und wenig aussagekräftig

---

150 Vgl. MERCK KGAA (Hrsg.), Geschäftsbericht 1995, S. 79–81.

151 DEUTSCHE BABCOCK AG (Hrsg.), Geschäftsbericht 1994/95, S. 65 f.

152 ASEA BROWN BOVERI AG (Hrsg.), Geschäftsbericht 1995, S. 51.

formuliert werden, zeichnen sich Angaben zum Einfluß von Methodenänderungen auf die wirtschaftliche Lage durch deutlich höhere Qualitätswerte aus.

Wie im gesamten Teilbericht II – also zu *allen* Hauptkriterien – berichtet wird, ist im folgenden Abschnitt abschließend zu zeigen.

422.3 Zur Verteilung der Qualitätswerte in Teilbericht II des Anhangs

Einen zusammenfassenden Überblick über die Praxis der Berichterstattung in Teilbericht II des Anhangs gibt nachstehende Übersicht 4-10:

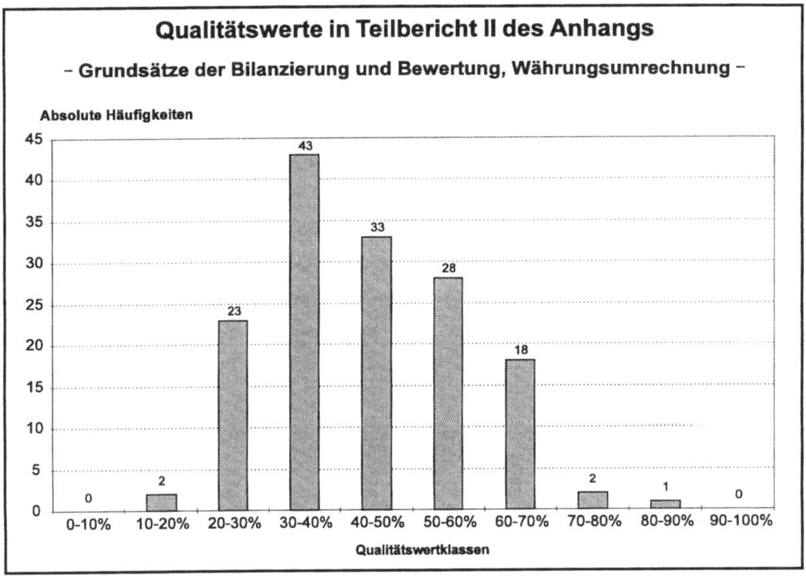

Übersicht 4-10: *Überblick über die Qualitätswerte in Teilbericht II des Anhangs*

Der **Qualitäts-Mittelwert** in Teilbericht II des Anhangs beträgt 43,99 % bei einer Standardabweichung von 13,60 %-Punkten. Verglichen mit der zuvor dargestellten Qualität der Berichterstattung in Teilbericht I ergibt sich hier ein deutlich schlechteres Bild: Nur 49 von 150 Unternehmen, also weniger als ein Drittel der ausgewählten Unternehmen, erreichen einen Qualitätswert von mehr als 50 %; die Berichterstattungsqualität bleibt bei den übrigen 101 Unternehmen deutlich hinter den gesetzlichen und den von Wirtschaftsprüfern und Finanzanalysten gestellten Anforderungen zurück.

Verantwortlich für diesen Befund unzureichender Publizität ist vermutlich die große Zahl von Angabepflichten, die der Gesetzgeber verhältnismäßig unbestimmt formuliert hat.[153] Was der Gesetzgeber beispielweise unter „Angabe von Bilanzierungs- und Bewertungsmethoden" (§ 284 Abs. 2 Nr. 1 HGB) versteht, bedarf der Auslegung durch das Fach-Schrifttum. Bis dahin eröffnen sich dem berichterstattenden Unternehmen Berichterstattungsspielräume, die es im eigenen Ermessen ausfüllen darf.

423. Teilbericht III: Erläuterungen zu einzelnen Posten der (Konzern-) Bilanz

423.1 Zur Bedeutung der Hauptkriterien in Teilbericht III des Anhangs

Erläuterungen zu einzelnen Posten der Bilanz besitzen für Wirtschaftsprüfer und Finanzanalysten eine besondere Bedeutung. Stellvertretend und repräsentativ für die Interessen von Jahresabschlußadressaten gewichten Wirtschaftsprüfer Teilbericht III mit 16,34 %, während Finanzanalysten Erläuterungen zu Bilanzposten eine Bedeutung von 16,86 % beimessen. Hieraus ergibt sich für Teilbericht III innerhalb der acht Teilberichte des Anhangs eine mittlere Bedeutung von 16,60 %; damit liegt dieser Teilbericht hinter den Erläuterungen zur Gewinn- und Verlustrechnung (Teilbericht IV mit einem mittleren Gewicht von 17,92 %) an zweiter Stelle in der Bedeutungsreihenfolge der acht untersuchten Teilberichte.

Innerhalb der Erläuterungen zu Teilbericht III wurden 30 Angabepflichten (Hauptkriterien) festgestellt, die der Gesetzgeber an vielen Stellen des Handelsgesetzbuches und des Aktiengesetzes vorgesehen hat. Welche Bedeutung diese Hauptkriterien für die befragten Wirtschaftsprüfer und Finanzanalysten haben, zeigt Übersicht 4-11:

---

153 Bezogen auf die Zeit vor Inkrafttreten des Bilanzrichtliniengesetzes macht RUSS für einen ähnlichen Befund zum AktG 1965 die knappe Kommentierung des entsprechenden § 160 Abs. 2 Satz 2 AktG 1965 verantwortlich; vgl. RUSS, W., Der Anhang als dritter Teil des Jahresabschlusses, S. 104 f.

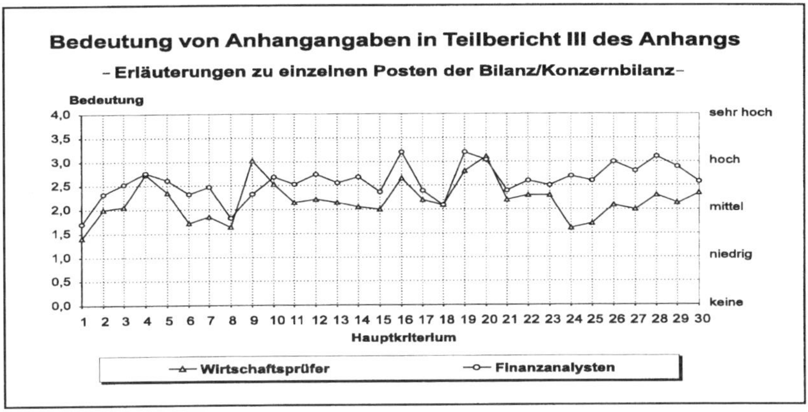

1. Angabe der Mitzugehörigkeit eines Postens zu anderen Posten
2. Gesonderter Ausweis der in der Bilanz zusammengefaßten Posten
3. Gesonderte Angabe eines Gewinn- oder Verlustvortrags bei Aufstellung der Bilanz unter Berücksichtigung einer teilweisen Gewinnverwendung
4. Darstellung des Anlagengitters
5. Aufgliederung der Abschreibungen des Geschäftsjahres entsprechend der Gliederung des Anlagevermögens
6. Erläuterung nach dem Stichtag entstehender sonstiger Vermögensgegenstände (RAP) größeren Umfangs
7. Erläuterung der nach dem Abschlußstichtag entstehenden Verbindlichkeiten (RAP) größeren Umfangs
8. Angabe des Unterschiedsbetrages, der nach § 250 II in den aktiven Rechnungsabgrenzungsposten aufgenommen wird
9. Gesonderte Angabe der Haftungsverhältnisse
10. Erläuterung der aktivierten Aufwendungen für Ingangsetzung und Erweiterung des Geschäftsbetriebs
11. Angabe der Vorschriften, nach denen der Sonderposten mit Rücklageanteil gebildet wurde
12. Gesonderte Angabe der Rückstellung für latente Steuern
13. Erläuterung des als Bilanzierungshilfe gesondert in der Bilanz ausgewiesenen Abgrenzungspostens für latente Steuern
14. Gesonderte Angabe der Steuerabgrenzung bei Konzernergebnis, das von der Summe der Einzelergebnisse abweicht
15. Angaben zu Verbindlichkeiten
16. Angaben zu Unternehmen, an denen das MU, ein TU oder für deren Rechnung ein Dritter mindestens 20 % der Anteile hält
17. Angabe der Anwendung der Schutzklausel (bezüglich Aufstellung des Anteilsbesitzes)
18. Hinweis auf die besondere Aufstellung des Anteilsbesitzes und den Ort ihrer Hinterlegung, falls der Anteilsbesitz nicht im Anhang angegeben wird
19. Erläuterung nicht gesondert ausgewiesener sonstiger Rückstellungen, die einen nicht unerheblichen Umfang haben
20. Angabe der Fehlbeträge für laufende Pensionen und Anwartschaften auf Pensionen und ähnliche Verpflichtungen
21. Angabe des in andere Gewinnrücklagen eingestellten Eigenkapitalanteils von Wertaufholungen und von bei der Gewinnermittlung gebildeten Passivposten
22. Angabe des für das Geschäftsjahr in die Kapitalrücklage eingestellten bzw. daraus entnommenen Betrages
23. Angabe der einzelnen Beträge der Gewinnrücklagen
24. Angabe von Zahl und Nennbetrag der Aktien jeder Gattung
25. Gesonderte Angabe der Aktien je Gattung, die bei einer bedingten Kapitalerhöhung oder einem genehmigten Kapital im Geschäftsjahr gezeichnet wurden
26. Angaben über das genehmigte Kapital
27. Zahl der Wandelschuldverschreibungen und vergleichbaren Wertpapiere unter Angabe der Rechte, die sie verbriefen
28. Angaben über Genußrechte, Besserungsscheine und ähnliche Rechte
29. Erläuterung der Zusammensetzung einzelner Posten der Aktivseite
30. Erläuterung der Zusammensetzung einzelner Posten der Passivseite

Übersicht 4-11: *Die Bedeutung von Anhangangaben in Teilbericht III des Anhangs*

Wie Übersicht 4-11 zeigt, sehen auch bei Teilbericht III die Finanzanalysten in den meisten Kriterien eine höhere Bedeutung als Wirtschaftsprüfer. Die Fachleute halten (in der Reihenfolge der Hauptkriterien) Angaben zu den folgenden vier Hauptkriterien für besonders wichtig (mittlere Einschätzung von Wirtschaftsprüfern und Finanzanalysten, jeweils bezogen auf eine 4-Punkte-Skala):

(1) Darstellung des Anlagengitters gemäß § 268 Abs. 2 Satz 1 HGB (mittlere Bedeutung von 2,75 Punkten für Hauptkriterium Nr. 4),

(2) Angaben zum Anteilsbesitz gemäß §§ 285 Nr. 11 und 313 Abs. 2 Nr. 4 HGB (mittlere Bedeutung von 2,93 Punkten für Hauptkriterium Nr. 16),

(3) Erläuterung der nicht gesondert ausgewiesenen, erheblichen sonstigen Rückstellungen gemäß § 285 Nr. 12 HGB (mittlere Bedeutung von 2,96 Punkten für Hauptkriterium Nr. 19),

(4) Angabe der Fehlbeträge für laufende Pensionen und Anwartschaften auf Pensionen und ähnliche Verpflichtungen gemäß Artikel 28 Abs. 2 EGHGB (mittlere Bedeutung von 3,04 Punkten für Hauptkriterium Nr. 20).

Die empirische Auswertung der 150 Anhänge ergab in diesem Zusammenhang unter anderem:

(a) Angaben zum Anteilsbesitz (Punkt (2) in obiger Aufzählung) unterbleiben zulässigerweise zum einen, wenn auf eine besondere und beim Handelsregister hinterlegte Aufstellung (§§ 287 Abs. 3 und 313 Abs. 4 Satz 3 HGB) hingewiesen wird oder zum anderen, wenn das betreffende Unternehmen keine Anteile an Beteiligungsunternehmen hält. In beiden Fällen erübrigt sich eine Beurteilung der Berichterstattung.[154] Im dritten Fall, daß Anteile an anderen Unternehmen gehalten und die entsprechenden Angaben *im Anhang* gemacht werden, ergab die empirische Auswertung, daß die Angaben in der Regel vollständig gemacht werden.

(b) Angaben gemäß Artikel 28 Abs. 2 EGHGB (Punkt (4) in obiger Aufzählung) werden – sofern eine Unterdeckung gegeben ist – in der Regel vollständig gemacht.

Insofern wird an dieser Stelle entschieden, die aus Sicht von Wirtschaftsprüfern und Finanzanalysten wichtigen, aber aus empirischer Sicht weniger interessanten

---

154 Im ersten Fall kann nur die Vollständigkeit des Hinweises auf die gesonderte, beim Handelsregister hinterlegte Aufstellung, d. h. Angabe von Ort und Nummer des Handelsregisters, beurteilt werden; vgl. GSCHREI, M. J., Die Berichterstattung über den Anteilsbesitz im Jahresabschluß, S. 1588 f. Vgl. grundsätzlich für den Einzelabschluß KLEIN, W./SAHNER, F., Berichtspflichtiger Anteilsbesitz im Anhang, S. 235–250 und für den Konzernabschluß WEHRHEIM, M., Anteilsbesitz im Einzel- bzw. Konzernanhang, S. 454–456.

Angaben zu obigen Punkten (2) und (4) hier nicht zu vertiefen, sondern vielmehr die Angaben zu den Punkten (1) und (3) im folgenden Abschnitt 423.2 näher zu erörtern. So vorzugehen ist sinnvoll, weil bei den Angaben zu den Berichtspunkten (1) und (3) erhebliche Berichterstattungsspielräume auftreten, die eine weitere Analyse nützlich erscheinen lassen.

423.2 Qualitätsbestimmende Merkmale von Anhangangaben in Teilbericht III des Anhangs

423.21 Darstellung des Anlagengitters gemäß § 268 Abs. 2 HGB

Im sogenannten Anlagengitter[155] ist gemäß § 268 Abs. 2 HGB darzustellen, wie sich die Buchwerte der im Anlagevermögen ausgewiesenen Vermögensgegenstände im Geschäftsjahr entwickelt haben.[156] Die Angabe nach § 268 Abs. 2 HGB darf wahlweise in der Bilanz oder im Anhang gemacht werden (*Wahlpflichtangabe*).[157] Die empirische Untersuchung ergab, daß nur wenige Unternehmen das Anlagengitter innerhalb der Bilanz ausweisen. Die überwiegende Zahl der Unternehmen plaziert das Anlagengitter zwischen Bilanz und Gewinn- und Verlustrechnung einerseits und Anhangerläuterungen andererseits. Nur wenige Unternehmen weisen das Anlagengitter im Anhang innerhalb der Erläuterungen zum Anlagevermögen aus.[158]

Die Auswertung des Fach-Schrifttums ergab die folgenden **Oberkriterien** zur Beurteilung von Anlagengittern:

A. Die Sätze 2 und 3 des § 268 Abs. 2 HGB legen fest, welche **Mindestangaben** in das Anlagengitter aufzunehmen sind.[159] Hierbei handelt es sich um sechs verbindlich vorgeschriebene Angaben; ergänzt um die Angabe der Abschreibungen des Geschäftsjahres und um die Angabe der Restbuchwerte des Geschäftsjahres und des Vorjahres ergibt sich ein maximal neun Spalten

155 Die Darstellung nach AktG 1965 wurde regelmäßig als *Anlagenspiegel* bezeichnet; vgl. hierzu NIEHUS, R. J., Rechnungslegung und Prüfung der GmbH nach neuem Recht, S. 244 f., Rn. 219; KÜTING, K./HAEGER, B./ZÜNDORF, H., Die Erstellung des Anlagengitters nach künftigem Bilanzrecht, S. 1949.

156 Vgl. NORDMEYER, A., Sachanlagen, S. 12, Rn. 57.

157 Zur Definition von „Wahlpflichtangaben" vgl. Abschnitt 23.

158 Vgl. etwa KÜPPERSBUSCH AG (Hrsg.), Geschäftsbericht 1995, S. 15–20.

159 Vgl. zum Aufbau des Anlagengitters etwa ADLER, H./DÜRING, W./SCHMALTZ, K., § 268 HGB, S. 214–216, Rn. 43–46; KÜTING, K./HAEGER, B./ZÜNDORF, H., Die Erstellung des Anlagengitters nach künftigem Bilanzrecht, S. 1948–1957.

zählendes Anlagengitter.[160] Hierbei ist zu beachten, daß die Restbuchwerte des Vorjahres gemäß § 265 Abs. 2 Satz 1 HGB ebenso wie die Restbuchwerte des abzuschließenden Geschäftsjahres in jedem Fall (auch) in der Bilanz anzugeben sind; die Abschreibungen des Geschäftsjahres dürfen in einer der Gliederung des Anlagevermögens entsprechenden Form ebenfalls in der Bilanz ausgewiesen werden (§ 268 Abs. 2 Satz 3 HGB). Aus Gründen der Klarheit und Übersichtlichkeit der Darstellung im Jahresabschluß empfiehlt sich allerdings eine zusammenfassende Darstellung der genannten neun Angabepflichten im Anlagengitter, das dann wahlweise in der Bilanz oder im Anhang auszuweisen wäre.[161] Für die vorliegende Untersuchung wurde als Oberkriterium A. deshalb ein in der vorstehend erörterten Weise konzipiertes **Mindestschema** (Neun-Spalten-Schema) ermittelt.

B. Über die Mindestangaben zum Anlagengitter hinaus steht es dem berichtenden Unternehmen frei, zusätzlich ein **Abschreibungsgitter** zu veröffentlichen. Das Abschreibungsgitter enthält – ausgehend von den kumulierten Abschreibungen zu Beginn des Geschäftsjahres und nach Verrechnung mit den Zuschreibungen der Vorjahre – (1) die Abschreibungen des Geschäftsjahres, (2) gegebenenfalls umzubuchende Abschreibungen aufgrund von Umgliederungen innerhalb des Anlagevermögens oder zwischen Anlagevermögen und Umlaufvermögen sowie (3) die kumulierten Abschreibungen auf die im Geschäftsjahr abgegangenen Vermögensgegenstände.[162] In diesem Zusammenhang sollte das Unternehmen auch darstellen, was es unter „Abschreibungen des Geschäftsjahres" versteht.[163] Die Diskussion dieser Frage bewegt sich im Schrifttum in zwei Richtungen: Zum einen wird die Auffassung vertreten, daß die Abschreibungen des Geschäftsjahres betragsidentisch mit den in der Gewinn- und Verlustrechnung ausgewiesenen Abschreibungen (§ 275 Abs. 2 Nr. 7 a HGB) sein müssen. Die Abschreibungen des Geschäftsjahres enthielten dann auch die Abschreibungen auf jene Vermögensgegenstände, die im Geschäftsjahr

160 Vgl. etwa SCHNICKE, C./SCHMIDT-WENDT, D., Teilkommentierung zu § 268 HGB, S. 894 f., Rn. 13; BAETGE, J., Bilanzen, S. 305–309.

161 Gleicher Ansicht ADLER, H./DÜRING, W./SCHMALTZ, K., § 268 HGB, S. 215, Rn. 44; IDW (Hrsg.), WPH 1996, Band I, S. 313, Rn. F 43 und S. 315, Rn. F 51.

162 Vgl. NORDMEYER, A., Sachanlagen, S. 15, Rn. 64; SCHNICKE, C./SCHMIDT-WENDT, D., Teilkommentierung zu § 268 HGB, S. 897, Rn. 17.

163 Zu einer umfassenden Würdigung dieser Frage vgl. mit entsprechenden Nachweisen ADLER, H./DÜRING, W./SCHMALTZ, K., § 268 HGB, S. 223 f., Rn. 68.

abgegangen sind.[164] In diesem Fall wären die Abschreibungen des Geschäftsjahres allerdings *keine* Untermenge der kumulierten Abschreibungen; letztere weisen nur die Abschreibungen auf jene Vermögensgegenstände aus, die am Abschlußstichtag noch zum Vermögen des Unternehmens zählen. Zum anderen vertreten beispielsweise KÜTING/HAEGER/ZÜNDORF die Auffassung, daß es sich bei der Angabe der Abschreibungen des Geschäftsjahres um einen Davon-Vermerk zu den kumulierten Abschreibungen handelt. Dies hat zur Folge, daß die so definierten und im Anlagengitter ausgewiesenen Abschreibungen des Geschäftsjahres gegebenenfalls (bei Abgängen im Geschäftsjahr) geringer sind als die in der Gewinn- und Verlustrechnung ausgewiesenen Jahresabschreibungen.[165] Dem Grundsatz der Klarheit der Darstellung folgend sollte bei der Angabe im Anhang zum Ausdruck kommen, in welchem Sinne die Abschreibungen des Geschäftsjahres zu interpretieren sind.[166]

C. Über die Pflichtangabe der Zuschreibungen des Geschäftsjahres hinaus ist es dem Unternehmen freigestellt, weiterführende Angaben zu Zuschreibungen in Form eines sogenannten **Zuschreibungsgitters** zu machen.[167] Weil die entsprechenden Daten im Unternehmen ohnehin vorliegen, verursachte ein Zuschreibungsgitter keinen zusätzlichen Aufwand.[168]

Auch im Konzernabschluß ist die Entwicklung des Anlagevermögens in einem **Konzernanlagengitter** darzustellen (§ 298 Abs. 1 HGB i. V. m. § 268 Abs. 2

164 Vgl. zu dieser Auffassung etwa NORDMEYER, A., Sachanlagen, S. 21, Rn. 101; RICHTER, M., Das Sachanlagevermögen, S. 68, Rn. 134; LORSON, P. C., Teilkommentierung zu § 268 HGB, S. 1382 f., Rn. 116.

165 Vgl. KÜTING, K./HAEGER, B./ZÜNDORF, H., Die Erstellung des Anlagengitters nach künftigem Bilanzrecht, S. 1952; ebenso SCHNICKE, C./SCHMIDT-WENDT, D., Teilkommentierung zu § 268 HGB, S. 896, Rn. 16.

166 Vgl. ADLER, H./DÜRING, W./SCHMALTZ, K., § 268 HGB, S. 224, Rn. 68; SCHNICKE, C./ SCHMIDT-WENDT, D., Teilkommentierung zu § 268 HGB, S. 896, Rn. 16.

167 Vgl. KÜTING, K./HAEGER, B./ZÜNDORF, H., Die Erstellung des Anlagengitters nach künftigem Bilanzrecht, S. 1953; ADLER, H./DÜRING, W./SCHMALTZ, K., § 268 HGB, S. 221 f., Rn. 63; RICHTER, M., Das Sachanlagevermögen, S. 66, Rn. 129; SCHNICKE, C./ SCHMIDT-WENDT, D., Teilkommentierung zu § 268 HGB, S. 899, Rn. 20; LORSON, P. C., Teilkommentierung zu § 268 HGB, S. 1379 f., Rn. 104. Zur Bedeutung von Zuschreibungen für die Beurteilung der Erfolgslage vgl. LEFFSON, U., Bilanzanalyse, S. 51; GRÄFER, H., Möglichkeiten der Bilanzanalyse, S. 119 f., Rn. 223; KÜTING, K./WEBER, C.-P., Die Bilanzanalyse, S. 244.

168 Vgl. HEUSER, P. J., Die neue Bilanz der GmbH, S. 49, Rn. 125. Zur bücherlichen Abwicklung von Zuschreibungen vgl. FLURI, H., Wertaufholungsgebot, S. 1146–1150; HAEGER, B., Berichterstattung über unterlassene Zuschreibungen, S. 393 sowie EISELE, W., Technik des betrieblichen Rechnungswesens, S. 214 und S. 322–324.

HGB). Grundsätzlich gilt für das Konzernanlagengitter deshalb das zum Anlagengitter oben Gesagte. Allerdings sind bei der Aufstellung des Konzernanlagengitters gegebenenfalls Besonderheiten zu beachten, die sich aus der Eigenart des Konzerns als wirtschaftlicher Einheit rechtlich selbständiger Unternehmen ergeben.

Von besonderer Bedeutung sind erstens **Änderungen des Konsolidierungskreises**: Aus Sicht des Konzerns als einheitlichem Unternehmen handelt es sich bei Zugängen in den bzw. Abgängen aus dem Konsolidierungskreis um den Einzelerwerb bzw. die Einzelveräußerung der Vermögensgegenstände (und Schulden) der neu hinzugekommenen bzw. ausgeschiedenen Unternehmen.[169] Erworbene Vermögensgegenstände sind im Konzernanlagengitter grundsätzlich als Zugang, veräußerte Vermögensgegenstände grundsätzlich als Abgang zu erfassen. Für Zwecke der Vergleichbarkeit empfiehlt es sich bei wesentlich geänderter Zusammensetzung des Konsolidierungskreises, das (mindestens neun Spalten umfassende) Konzernanlagengitter um eine Zusatzspalte „Veränderungen des Konsolidierungskreises" zu erweitern.[170] Zur Beurteilung von Anhängen wird deshalb **Unterkriterium D.1.** wie folgt formuliert:

D.1. Angabe, wie Änderungen im Konsolidierungskreis die historischen Anschaffungs- oder Herstellungskosten des Anlagevermögens beeinflußt haben.

Zusätzlich wird mit **Unterkriterium D.2.** erhoben, ob – wenn man eine Übernahme der Vermögensgegenstände zu Buchwerten unterstellt – neben den historischen Anschaffungs- oder Herstellungskosten auch der Posten „kumulierte Abscheibungen" an die Veränderungen im Konsolidierungskreis angepaßt wird:[171]

D.2. Angabe, wie sich Veränderungen im Konsolidierungskreis auf die kumulierten Abschreibungen ausgewirkt haben.

Zweitens wird die Darstellung des Konzernanlagengitters durch **Wechselkursänderungen** beeinflußt, wenn die Jahresabschlüsse ausländischer Tochterunternehmen nach der Stichtagskursmethode in den Konzernabschluß einbezogen

---

169 Vgl. ADLER, H./DÜRING, W./SCHMALTZ, K., § 298 HGB, S. 288, Rn. 117.

170 Vgl. BERNDT, H., § 298 HGB, S. 928, Rn. 35; BUSSE VON COLBE, W./ORDELHEIDE, D., Konzernabschlüsse, S. 422; HERRMANN, D., Die Änderung von Beteiligungsverhältnissen im Konzernabschluß, S. 332; BUDDE, W. D./LUST, P., § 298 HGB, S. 1452, Rn. 32; HFA DES IDW, Konzernrechnungslegung bei Änderungen des Konsolidierungskreises, S. 697; KRAWITZ, N., Die Abgrenzung des Konsolidierungskreises, S. 353. Im Ergebnis auch DUSEMOND, M., Die Abgrenzung des Konsolidierungskreises, S. 1739.

171 Vgl. ADLER, H./DÜRING, W./SCHMALTZ, K., § 298 HGB, S. 294, Rn. 137; KRAWITZ, N., Die Abgrenzung des Konsolidierungskreises, S. 353.

werden.[172] Entsprechend dem Vorgehen bei Oberkriterium D. wird auch **Oberkriterium E.** durch zwei Unterkriterien E.1. und E.2. konkretisiert:[173]

E.1. Angabe, wie sich Wechselkursänderungen auf die kumulierten historischen Anschaffungs- oder Herstellungskosten ausgewirkt haben,

E.2. Angabe, wie sich Wechselkursänderungen auf die kumulierten Abschreibungen ausgewirkt haben.

In der Praxis der Anhangberichterstattung ist stellenweise zu beobachten, daß Unternehmen Einflüsse eines geänderten Konsolidierungskreises und Einflüsse aus Wechselkursänderungen im Konzernanlagengitter nicht – wie für eine eindeutige Darstellung notwendig – getrennt voneinander, sondern zusammengefaßt ausweisen.[174] Die befragten Wirtschaftsprüfer und Finanzanalysten wurden im zweiten Teil der Umfrage deshalb auch gebeten, den Aussagegehalt von in dieser Weise zusammengefaßten Angaben zu beurteilen.

Übersicht 4-12 faßt die Einschätzungen der Fachleute zur Bedeutung einzelner Angabepflichten zum Anlagengitter bzw. zum Konzernanlagengitter zusammen:

Oberkriterium bzw. Unterkriterium		Mittlere Einschätzung		
		Wirtschaftsprüfer (WP)	Finanzanalysten (FA)	Antwort-Mittelwert von WP und FA
A.	Mindestschema	2,51	3,14	2,82
B.	Abschreibungsgitter	2,55	3,21	2,88
C.	Zuschreibungsgitter	1,93	2,69	2,31
D.1.	Einfluß von Änderungen im Konsolidierungskreis auf historische AK/HK	2,13	2,71	2,42
D.2.	Einfluß von Änderungen im Konsolidierungskreis auf die kumulierten Abschreibungen	2,25	2,79	2,52
E.1.	Einfluß von Wechselkursänderungen auf historische AK/HK	2,02	2,07	2,05
E.2.	Einfluß von Wechselkursänderungen auf die kumulierten Abschreibungen	2,11	2,07	2,09
Zusatzfrage:	Wie beurteilen Sie den Aussagegehalt (in %) von Angaben, in denen Angaben zu D. und E. zusammengefaßt werden?	23,51	24,64	24,08

Legende: AK/HK = Anschaffungs- oder Herstellungskosten

Übersicht 4-12: *Befund über die Bedeutung einzelner Bestandteile des (Konzern)-Anlagengitters*

172 Vgl. BERNDT, H., § 298 HGB, S. 928, Rn. 35; BUSSE VON COLBE, W./ORDELHEIDE, D., Konzernabschlüsse, S. 429 f.; BUDDE, W. D./LUST, P., § 298 HGB, S. 1453, Rn. 33.

173 Die Beurteilung dieses Sachverhalts mit zwei Oberkriterien orientiert sich an der Vorgehensweise der C&L DEUTSCHE REVISION AG; vgl. C&L DEUTSCHE REVISION (Hrsg.), Konzernabschlüsse '95, S. 126, Rn. 201–205. Vgl. auch BUSSE VON COLBE, W./ORDELHEIDE, D., Konzernabschlüsse, S. 172.

174 Vgl. die Befunde der C&L DEUTSCHE REVISION (Hrsg.), Konzernabschlüsse '95, S. 124, Rn. 195 und S. 126, Rn. 203.

Wie bereits bei anderen Hauptkriterien festgestellt worden ist, schätzen Finanzanalysten auch beim Anlagengitter die Bedeutung einzelner Qualitätskriterien höher ein als Wirtschaftsprüfer. Besonders große Unterschiede zeigen sich in der Einschätzung der Oberkriterien A., B. und C. So legen Finanzanalysten besonderen Wert auf die Veröffentlichung eines Abschreibungsgitters (hohe Bedeutung von 3,21 Punkten), während dieses Qualitätskriterium von Wirtschaftsprüfern nur mit einem Wert von 2,55 Punkten belegt wird.

Aus Übersicht 4-12 geht weiter hervor, daß Angaben, wie Wechselkursänderungen die Werte des Konzernanlagengitters beeinflußt haben (Oberkriterium E.), von den befragten Fachleuten übereinstimmend als nur von durchschnittlicher Bedeutung beurteilt werden. Für die Berufsgruppe der Wirtschaftsprüfer trifft diese Aussage auch für Oberkriterium D. zu, wonach darzustellen ist, wie Änderungen des Konsolidierungskreises den Ausweis des Anlagevermögens im Konzernanlagengitter beeinflußt haben.

Sehr deutlich ist die mit der Zusatzfrage ermittelte Abwertung von Aussagen, in denen Angaben zu den Oberkriterien D. und E. nicht getrennt voneinander ausgewiesen werden. Übereinstimmend stufen Wirtschaftsprüfer und Finanzanalysten Angaben dieser Art als nur von geringem Wert für die Beurteilung des Unternehmens ein (Aussagegehalt von jeweils knapp 25 %).

Im folgenden sind die **Ergebnisse der empirischen Untersuchung** der 150 Anhänge darzustellen. Dabei stellte sich heraus, daß der überwiegende Teil der Unternehmen (146 Unternehmen) ein Anlagengitter veröffentlicht, das den für diese Untersuchung festgelegten **Mindestanforderungen** (Oberkriterium A.) entspricht. Zu einer Abwertung kommt es allerdings dann, wenn im Anlagengitter nicht auch der Restbuchwert des Vorjahres ausgewiesen und insofern nicht dem Grundsatz der Klarheit und Übersichtlichkeit der Darstellung entsprochen wird.[175]

Die Qualität der Berichterstattung zu Oberkriterium B. (**Abschreibungsgitter**) fällt gegenüber dem zuvor dargestellten Oberkriterium deutlich ab. Nur noch 90 von 150 untersuchten Unternehmen veröffentlichen über die Mindestangaben hinaus auch freiwillig eine Übersicht über die Entwicklung der Abschreibungen auf das Anlagevermögen. Positiv hervorzuheben ist hier beispielhaft das Anlagengitter der LEFFERS AG, die in ihrem Abschreibungsgitter neben dem Vortrag der kumulierten Abschrei-

175 Vgl. etwa MCS MODULARE COMPUTER UND SOFTWARE SYSTEME AG (Hrsg.), Geschäftsbericht 1995, S. 36. In diesem Anlagengitter werden im übrigen auch die Zuschreibungen nicht separat (in einer Spalte), sondern lediglich in einer Fußnote zu den kumulierten Abschreibungen ausgewiesen.

bungen die Abschreibungen des Geschäftsjahres, Umbuchungen sowie die auf Abgänge entfallenden Abschreibungen ausweist.[176]

Ein freiwillig veröffentlichtes **Zuschreibungsgitter** (Oberkriterium C.) wurde in keinem der untersuchten Geschäftsberichte festgestellt. Dieser empirische Befund ist insofern nicht erstaunlich, als Vermögensgegenstände in der Praxis selten zugeschrieben werden. Ein Fehlbericht ist insofern (nach dem Grundsatz „in dubio pro reo") nicht nötig.

103 der untersuchten 150 Unternehmen veröffentlichen als Mutterunternehmen einen (Teil-)Konzernabschluß[177] und kommen damit für eine Berichterstattung zu den Oberkriterien D. und E. in Frage. Von diesen 103 Unternehmen sind allerdings nur 79 Unternehmen von **Änderungen im Konsolidierungskreis** (Oberkriterium D.) betroffen.[178] Bei 65 der 79 Unternehmen werden Änderungen im Konsolidierungskreis als wesentlich oder nicht als unwesentlich bezeichnet, so daß die nachfolgenden Befunde mit dieser Zahl zu vergleichen sind.

Von den 65 Unternehmen weisen 46 Unternehmen in einer gesonderten Spalte des Konzernanlagengitters aus, in welcher Weise Änderungen des Konsolidierungskreises die historischen Anschaffungs- oder Herstellungskosten der Anlagegegenstände beeinflußt haben. Während 46 von 65 Mutterunternehmen den Anforderungen des Kriterienkataloges bei Unterkriterium D.1. gerecht werden, ist diese Zahl bei Unterkriterium D.2. deutlich geringer: Nur 28 von 65 in Frage kommenden Mutterunternehmen weisen in einer zusätzlichen Spalte gesondert aus, wie geänderte Verhältnisse im Konsolidierungskreis die Höhe der kumulierten Abschreibungen beeinflußt haben. Angaben *sowohl* zu Unterkriterium D.1. *als auch* zu Unterkriterium D.2. machen nur 27 von 65 Unternehmen.[179]

176 Vgl. LEFFERS AG (Hrsg.), Geschäftsbericht 1995, S. 36–38. Auch die C. A. KUPFERBERG & CIE. KGAA macht in ihrem Anlagengitter die Abschreibungen auf Abgänge kenntlich; vgl. C. A. KUPFERBERG & CIE. KGAA (Hrsg.), Geschäftsbericht 1994/95, S. 27.

177 In einigen Fällen wurde ein Konzernabschluß freiwillig erstellt, obwohl ein sogenannter befreiender Konzernabschluß eines übergeordneten Mutterunternehmens vorlag.

178 Mit Hauptkriterium 1 in Teilbericht V wurde abgefragt, wie ein Unternehmen die Vergleichbarkeit des vorliegenden Konzernabschlusses mit dem Vorjahresabschluß herstellt und darüber berichtet, wenn sich der Konsolidierungskreis wesentlich geändert hat. Vgl. hierzu Abschnitt 425.2 dieser Arbeit.

179 Als vorbildlich ist hier beispielsweise das Anlagengitter der ASKO AG zu bezeichnen; vgl. ASKO AG (Hrsg.), Geschäftsbericht 1994/95, S. 39 f. Zu einer Übersicht über Bezeichnungen, mit denen in der Praxis Änderungen des Konsolidierungskreises überschrieben werden, vgl. C&L DEUTSCHE REVISION (Hrsg.), Konzernabschlüsse '95, S. 125, Rn. 197.

Ein ähnlicher Befund ergibt sich bei Oberkriterium E. (Einfluß von **Wechselkursänderungen** auf die Darstellung im Konzernanlagengitter). Nur 35 Unternehmen machen Angaben zu dem in Übersicht 4-12 ausgewiesenen Unterkriterium E.1.; zusätzliche Angaben, die den Einfluß von Wechselkursänderungen auf die Höhe der kumulierten Abschreibungen verdeutlichen (Unterkriterium E.2.), sind lediglich in 19 Geschäftsberichten zu verzeichnen. Angaben zu *beiden* der hier unterschiedenen Unterkriterien macht etwa die HOECHST AG, die in einem 16 Zeilen[180] umfassenden Konzernanlagengitter Einflüsse aus Wechselkursänderungen jeweils für die historischen Anschaffungs- oder Herstellungskosten und für die kumulierten Abschreibungen gesondert ausweist.[181]

Mit der in Übersicht 4-12 ausgewiesenen **Zusatzfrage** wird festgestellt, ob im Konzernanlagengitter ausdrücklich unterschieden wird, wie die historischen Anschaffungs- oder Herstellungskosten und die kumulierten Abschreibungen im Geschäftsjahr durch Konsolidierungskreisänderungen (Oberkriterium D.) und durch Wechselkursänderungen (Oberkriterium E.) beeinflußt wurden. Die Angaben zu den Oberkriterien D. und E. werden unter zwei Voraussetzungen jeweils um den Faktor (100 % – 24,08 %) = 75,92 %[182] abgewertet: *Erstens* bedarf es im konkreten Fall sowohl eines geänderten Konsolidierungskreises als auch einer Änderung der Wechselkurse, mit denen die Abschlüsse ausländischer Tochterunternehmen am Stichtag umgerechnet werden. Die beim Konzernanlagengitter maximal erreichbare Wertung wird dann um 75,92 % reduziert, wenn zusätzlich *zweitens* die Einflüsse aus Konsolidierungskreisänderungen und aus Wechselkursänderungen im Konzernanlagengitter zusammengefaßt ausgewiesen werden, also nicht gesondert (etwa in gesonderten Spalten) kenntlich gemacht werden.

Ein solcher Fall tritt etwa im Anhang der THYSSEN INDUSTRIE AG auf, die in ihrem Konzernanlagengitter in einer Ergänzungsspalte zu den Bruttowerten der

180 Im Gegensatz zur üblichen Darstellung weist die HOECHST AG die Einzelposten des Anlagevermögens *spalten*weise aus, ihre Veränderung während des Geschäftsjahres wird hingegen *zeilen*weise entwickelt.

181 Vgl. HOECHST AG (Hrsg.), Geschäftsbericht 1995, S. 64 f. In gleicher Weise vorbildlich berichten – neben weiteren 15 Unternehmen – etwa die PFLEIDERER AG (Hrsg.), Geschäftsbericht 1994/95, S. 40 f., die BABCOCK-BSH AG (Hrsg.), Geschäftsbericht 1994/95, S. 32 f. und die BARMAG AG. Letztere bezeichnet den Einfluß aus Wechselkursänderungen – auf den ersten Blick indes nicht eindeutig – als „Umbewertungen"; vgl. BARMAG AG (Hrsg.), Geschäftsbericht 1995, S. 32 f.

182 Vgl. zu den genannten Werten die letzte Zeile in Übersicht 4-12.

Anlagegegenstände sogenannte „Sonstige Veränderungen“ ausweist. Dazu heißt es in einer erläuternden Fußnote:

> *„Als sonstige Veränderungen werden die bei erstmaliger Einbeziehung von Unternehmen übernommenen aufgelaufenen Abschreibungen sowie Unterschiede aus der Währungsumrechnung ausgewiesen.“*[183]

Ähnlich undifferenziert berichtet die AESCULAP AG, die ihr Konzernanlagengitter zwar bei den historischen Anschaffungs- oder Herstellungskosten und bei den kumulierten Abschreibungen jeweils um eine Spalte erweitert, in diesen Zusatzspalten allerdings „Umrechnungsdifferenzen“ und „Zugänge/Abgänge Konsolidierungskreis“ *zusammengefaßt* ausweist.[184]

Im **Ergebnis** bleibt festzuhalten, daß die Berichterstattung zum Anlagengitter die Mindestanforderungen von wenigen Ausnahmen abgesehen erfüllt. Freiwillige Angaben (Abschreibungsgitter) werden hingegen nicht regelmäßig veröffentlicht. Zudem explizieren Konzernobergesellschaften nicht immer konzernspezifische Einflüsse auf die Darstellung des Anlagengitters.

423.22 Erläuterung der nicht gesondert ausgewiesenen sonstigen Rückstellungen erheblichen Umfangs (§ 285 Nr. 12 HGB)

Zu den sonstigen Rückstellungen zählen gemäß § 266 Abs. 3 Buchst. B Nr. 3 HGB alle Rückstellungen mit Ausnahme der Rückstellungen für Pensionen und ähnliche Verpflichtungen, der Steuerrückstellungen und der gemäß § 274 Abs. 1 Satz 1 HGB gesondert auszuweisenden Rückstellung für latente Steuern. Sonstige Rückstellungen von nicht unerheblichem Umfang sind im Anhang zu erläutern, wenn sie in der Bilanz nicht gesondert ausgewiesen werden (§ 285 Nr. 12 HGB).[185] Während in Abschnitt 422.214. dieser Arbeit gezeigt wurde, welche bilanzpolitisch relevanten Wahlrechte ein Unternehmen bei der *Bewertung* von Rückstellungen hat und wie hierüber im Anhang berichtet wird, werden in diesem Abschnitt weitergehende Aussagen zur *Zusammensetzung* der sonstigen Rückstellungen getroffen. Erläuternde

---

183 THYSSEN INDUSTRIE AG (Hrsg.), Geschäftsbericht 1994/95, S. 54, sowie das auf der folgenden Geschäftsberichtsseite ausgewiesene Anlagengitter.

184 Vgl. AESCULAP AG (Hrsg.), Geschäftsbericht 1994/95, S. 44 f.

185 Für kleine Kapitalgesellschaften gilt diese Erläuterungspflicht nicht (§ 288 Satz 1 HGB); mittelgroße Kapitalgesellschaften brauchen diesen Teil des Anhangs nicht zum Handelsregister einzureichen (§ 327 Satz 2 Nr. 2 HGB).

Angaben im Anhang zur Zusammensetzung der sonstigen Rückstellungen sollen den Einblick in die Finanzlage, und hier vor allem in die Risikostruktur des Unternehmens, verbessern.[186]

Oben wurde bereits darauf hingewiesen, daß Wirtschaftsprüfer und Finanzanalysten erläuternde Angaben zur Zusammensetzung der sonstigen Rückstellungen mit einem Wert von 2,96 Punkten auf einer 4-Punkte-Skala als hoch bedeutend einschätzen. Dieser Mittelwert ergibt sich aus einem Wert von 2,77 Punkten für Wirtschaftsprüfer und einem Wert von 3,15 Punkten für Finanzanalysten. Damit der externe Analyst die finanzielle Situation des Unternehmens besser einschätzen kann, sind nach Auffassung des Schrifttums hier vor allem die folgenden Angaben im Anhang notwendig:

A. Angabe der Sachverhalte, die einzelnen Teil-Rückstellungen zugrunde liegen; vor allem sollte ersichtlich werden, aus welchem **Grund** die jeweilige Rückstellung gebildet worden ist.[187]

B. Angabe von **Fristigkeiten** einzelner Teil-Rückstellungen: Der externe Analyst ist in erster Linie daran interessiert zu erfahren, wieweit die Rückstellungen dem Unternehmen unter Finanzierungsaspekten langfristig zur Verfügung stehen.[188]

---

186 Vgl. KUPSCH, P., Der Anhang, S. 71, Rn. 196. Zur Bedeutung der Rückstellungsbildung für die Bilanzpolitik vgl. etwa KÜTING, K./KESSLER, H., Finanzwirtschaftliche Bilanzanalyse, S. 1032; WÖHE, G., Bilanzierung und Bilanzpolitik, S. 715–718. Zur Notwendigkeit, für Zwecke der Bilanzanalyse kurzfristige Rückstellungen von langfristigen Rückstellungen zu trennen, vgl. etwa BAETGE, J./JERSCHENSKY, A., Beurteilung der wirtschaftlichen Lage von Unternehmen, S. 1582 f.

187 Vgl. SELCHERT, F. W./KARSTEN, J., Inhalt und Gliederung des Anhangs, S. 1890; SCHÜLEN, W., Erläuterungen zur Bilanz, S. 25, Rn. 181; ADLER, H./DÜRING, W./SCHMALTZ, K., § 285 HGB, S. 145, Rn. 242; DÖRNER, D./WIRTH, M., §§ 284–288 HGB, S. 1974, Rn. 288; ELLROTT, H., § 285 HGB, S. 1295, Rn. 231; IDW (Hrsg.), WPH 1996, Band I, S. 446, Rn. F 507. Gegen die Pflicht zur Angabe von Gründen SCHULZE-OSTERLOH, J., § 42 GmbHG, S. 747, Rn. 408, der darauf hinweist, daß sich eine entsprechende Angabe bei gesondertem Ausweis der sonstigen Rückstellungen in der Bilanz ebenfalls nicht ergäbe. Ähnlich CLAUSSEN, C. P., §§ 284–288 HGB, 160 AktG, S. 597, Rn. 131.

188 Vgl. LEFFSON, U., Bilanzanalyse, S. 59; WÖHE, G., Bilanzierung und Bilanzpolitik, S. 715–718; BAETGE, J./JERSCHENSKY, A., Beurteilung der wirtschaftlichen Lage von Unternehmen, S. 1582 f. Zur Bedeutung der Finanzierung aus Rückstellungen vgl. PERRIDON, L./STEINER, M., Finanzwirtschaft der Unternehmung, S. 467–469. RUSS weist darauf hin, daß eine entsprechende Angabepflicht im RegE zum AktG 1965 vorgesehen war; vgl. m. w. N. RUSS, W., Der Anhang als dritter Teil des Jahresabschlusses, S. 197 f.

C. Angabe von **Beträgen** pro Teil-Rückstellung: D. h., Rückstellungen, die einen nicht unerheblichen Umfang haben, sind ihrem Betrag nach im Anhang zu erläutern.[189]

Die kritische Analyse der Berichterstattungspraxis zeigt, daß Teil-Beträge der sonstigen Rückstellungen von geringer Bedeutung oft ausführlich erläutert werden, während der überwiegende Teil des hier betrachteten Postens nicht aufgegliedert wird. Um auch Nuancen dieser Berichterstattungsart im Bewertungsmodell zu erfassen, wurde Oberkriterium C. in der folgenden Weise weiter spezifiziert:

C.1. Vollständige Aufgliederung von mehr als 90 % des Gesamtbetrages der sonstigen Rückstellungen,

C.2. Unvollständige Aufgliederung von weniger als 90 % des Gesamtbetrages der sonstigen Rückstellungen, aber *mit* verbaler Umschreibung der Zusammensetzung der übrigen Posten,

C.3. Unvollständige Aufgliederung von weniger als 90 % des Gesamtbetrages der sonstigen Rückstellungen, indes *ohne* verbale Umschreibung der Zusammensetzung der übrigen Posten,

C.4. Keine Aufgliederung des Gesamtbetrages der sonstigen Rückstellungen.

Die folgende Übersicht zeigt, wie Wirtschaftsprüfer und Finanzanalysten auf einer 4-Punkte-Skala die Bedeutung der ermittelten Oberkriterien A. bis C. einschätzen:

Oberkriterium	Mittlere Einschätzung			Häufigkeit in der Stichprobe *
	Wirtschaftsprüfer (WP)	Finanzanalysten (FA)	Antwort-Mittelwert von WP und FA	
A. Angabe über einzelnen Rückstellungen zugrunde liegende Sachverhalte	2,70	2,93	2,81	149
B. Angabe über Fristigkeiten einzelner Rückstellungen	2,27	2,57	2,42	5
C. Aufgliederung einzelner Rückstellungen	2,38	2,79	2,59	40

* Von jeweils 149 in Frage kommenden Unternehmen.

Übersicht 4-13: *Befund über die Bedeutung von erläuternden Angaben zu den sonstigen Rückstellungen*

189 Zu einer Würdigung der im Schrifttum vertretenen Auffassungen vgl. CLAUSSEN, C. P., §§ 284–288 HGB, 160 AktG, S. 596 f., Rn. 131–133.

Für das weiter konkretisierte Oberkriterium C. wurden die folgenden Werte unter Wirtschaftsprüfern und Finanzanalysten ermittelt:

Kategorie	Mittlere Einschätzung in %			Häufigkeit in der Stichprobe *
	Wirtschafts-prüfer (WP)	Finanz-analysten (FA)	Antwort-Mittelwert von WP und FA	
C.1. Vollständige Aufgliederung von mehr als 90 % des Gesamtbetrages der sonstigen Rückstellungen	100,00	100,00	100,00	9
C.2. Unvollständige Aufgliederung mit verbaler Umschreibung des Rests	67,69	58,08	62,89	18
C.3. Unvollständige Aufgliederung ohne verbale Umschreibung des Rests	37,54	17,31	27,43	13
C.4. Keine Aufgliederung	0,00	0,00	0,00	109
Summe				**149**

* Von jeweils 149 in Frage kommenden Unternehmen.

Übersicht 4-14: *Befund über den Aussagegehalt von aufgliedernden Angaben zu den sonstigen Rückstellungen*

Angaben über **Sachverhalte**, für die bestimmte Rückstellungen gebildet wurden, sind nach Meinung sowohl der befragten Wirtschaftsprüfer als auch der befragten Finanzanalysten von großer Bedeutung für die Beurteilung der Finanzlage eines Unternehmens (vgl. Oberkriterium A. in Übersichte 4-13). Während erläuternde Angaben über die **Fristigkeiten** einzelner Rückstellungen nur von leicht überdurchschnittlicher Bedeutung sind (Oberkriterium B.), stimmen Wirtschaftsprüfer und Finanzanalysten darin überein, Angaben zur **Größenordnung** einzelner Rückstellungen als vergleichsweise bedeutender zu bewerten (Oberkriterium C.).

Der Aussagegehalt unterschiedlich stark segmentierender Angaben zu den sonstigen Rückstellungen geht aus Übersicht 4-14 hervor. Danach werden einerseits Aussagen, in denen die sonstigen Rückstellungen nur zu einem geringen Teil aufgegliedert werden und der verbleibende (große) Restbetrag nicht erläutert wird, von beiden Berufsgruppen deutlich abgewertet (mittlerer Aussagegehalt von lediglich noch 27,43 % in Kategorie C.3.). Andererseits läßt eine verbale Erläuterung des verbleibenden Restbetrages den mittleren Aussagegehalt auf 62,89 % steigen (Kategorie C.2.).

Die bisher nur theoretisch formulierten Anforderungen an aussagefähige Anhangangaben zu den sonstigen Rückstellungen werden im folgenden an konkreten Beispielen, die aus den untersuchten 150 Anhängen stammen, illustriert. Bei der Analyse der Anhänge ergab sich, daß 149 von 150 Unternehmen einen Posten „sonstige Rückstellungen" in ihrer Bilanz ausweisen. In allen 149 Anhängen sind Angaben zu verzeichnen, die auf die **Sachverhalte**, die der Rückstellungsbildung zugrunde liegen, hinweisen (Oberkriterium A.).[190]

Demgegenüber fällt die Qualität der Berichterstattung bei Oberkriterium B. (Angabe von **Fristigkeiten** für einzelne Rückstellungen) deutlich schlechter aus. Nur fünf von 149 Anhängen ist zu entnehmen, für welchen Zeitraum die sonstigen Rückstellungen dem Unternehmen zu Finanzierungszwecken zur Verfügung stehen. Die BASF AG weist dabei „nur" in ihrem *Lagebericht* auf die Fristigkeit von Rückstellungen hin.[191] Die übrigen vier Unternehmen[192] machen die entsprechenden Angaben jeweils im Anhang. Stellvertretend für die genannten vier Unternehmen sei hier die Angabe der VEBA AG zitiert:

> *„Von den übrigen Rückstellungen haben DM 14.644 Mio (Vorjahr DM 12.550 Mio) langfristigen Charakter."*[193]

Auch zu Oberkriterium C. (**Aufgliederung** der sonstigen Rückstellungen) berichten die untersuchten Unternehmen nur unzureichend. In 109 von 149 in Frage kommenden Anhängen sind keine Angaben zu verzeichnen, die auf die Größenordnung einzelner Rückstellungen hinweisen. Während also mehr als zwei Drittel der ausgewählten Unternehmen der **Kategorie C.4**. zugeordnet werden, gliedern neun Unternehmen die sonstigen Rückstellungen vollständig auf (**Kategorie C.1.**). Beispielweise weist die VEBA AG acht Rückstellungskategorien übersichtlich in Form einer Tabelle in ihrem Anhang aus.[194] Auch die HEIN, LEHMANN AG gliedert den Gesamtbetrag der sonstigen Rückstellungen in acht Kategorien auf – allerdings nicht tabellenförmig, sondern in einem gesonderten Absatz verbal.[195] Die vollständige Angabe der HEIN, LEHMANN AG zeichnet sich zusätzlich dadurch

---

190 Zu einem ähnlich positiven Ergebnis kommt auch die C&L DEUTSCHE REVISION AG in ihrer Untersuchung; vgl. TREUARBEIT (Hrsg.), Jahres- und Konzernabschlüsse '88, S. 59, Rn. 98 f.

191 Vgl. BASF AG (Hrsg.), Geschäftsbericht 1995, S. 9. Weil der Lagebericht denselben Publizitätsanforderungen unterliegt wie der Anhang, wurde in diesem besonderen Fall ausnahmsweise die Angabe im Lagebericht einer Angabe im Anhang gleichgestellt.

192 Bei diesen Unternehmen handelt es sich um die CARL SCHENCK AG, die HEIDELBERGER ZEMENT AG, die HOECHST AG und die VEBA AG.

193 VEBA AG (Hrsg.), Geschäftsbericht 1995, S. 94.

194 Vgl. VEBA AG (Hrsg.), Geschäftsbericht 1995, S. 94.

195 Vgl. HEIN, LEHMANN AG (Hrsg.), Geschäftsbericht 1995, S. 20.

aus, daß auch kleinere Beträge erläutert werden (im vorliegenden Fall eine Rückstellung für Jahresabschlußkosten, die nur rund 1,5 % der Bilanzsumme[196] ausmacht). 31 Unternehmen gliedern die sonstigen Rückstellungen nur unvollständig auf und werden deshalb einer der beiden Kategorien C.2. oder C.3. zugeordnet. 18 dieser 31 Unternehmen erläutern verbal die Zusammensetzung des nicht gesondert aufgegliederten Restbetrages (**Kategorie C.2.**). Beispielsweise ordnet die SPAR AG rund 69 % ihrer sonstigen Rückstellungen den Rückstellungsarten „Rückstellungen für drohende Verluste aus schwebenden Geschäften" und „Rückstellungen für Personalaufwand" zu. Die verbleibenden rund 31 % des Gesamtbetrages werden als „übrige Rückstellungen" bezeichnet, und ihre Zusammensetzung wird verbal erläutert.[197] Demgegenüber fehlt bei den 13 Unternehmen, die der **Kategorie C.3.** zugeordnet werden, eine zusätzliche Erläuterung des nicht aufgegliederten Betrages. In dieser Weise verfährt beispielsweise die SEDLBAUER AG, die nur *Teil*-Beträge ihrer sonstigen Rückstellungen detailliert aufschlüsselt, die Zusammensetzung des verbleibenden Restbetrages allerdings nicht erläutert.[198]

Die Analyse der Berichterstattungsqualität zu Oberkriterium C. hat im **Ergebnis** zum einen gezeigt, daß sich mehr als zwei Dritteln der hier untersuchten Unternehmen die Möglichkeit bietet, die Berichterstattung an dieser Stelle erheblich zu erweitern. Zum anderen steht die Zahl von nur neun Unternehmen, die in diesem Zusammenhang vollständige Angaben machen, in einem erheblichen Mißverhältnis zu der Bedeutung, die Wirtschaftsprüfer und Finanzanalysten diesem Qualitätskriterium beimessen.

---

196 Im Schrifttum bestehen unterschiedliche Auffassungen darüber, auf welche Jahresabschlußgröße das vom Gesetzgeber vorgegebene Kriterium der „Wesentlichkeit" zu beziehen ist. Vgl. m. w. N. etwa CLAUSSEN, C. P., §§ 284–288 HGB, 160 AktG, S. 597, Rn. 133. Zum Grundsatz der Wesentlichkeit im Bilanzrecht vgl. etwa HOFFMANN, W.-D., Grundsatz der Wesentlichkeit im Anhang, S. 1050–1057; LEFFSON, U., Wesentlich, S. 434–447; OSSADNIK, W., Wesentlichkeit als Bestimmungsfaktor für Angabepflichten in Jahresabschluß und Lagebericht, S. 1763–1767.

197 Vgl. SPAR AG (Hrsg.), Geschäftsbericht 1995, S. 61.

198 Vgl. SEDLBAUER AG (Hrsg.), Geschäftsbericht 1995, S. 14.

423.3 Zur Verteilung der Qualitätswerte in Teilbericht III des Anhangs

Die Verteilung der Qualitätswerte in Teilbericht III des Anhangs ergibt im Vergleich zu anderen Teilberichten ein Bild nur durchschnittlicher Berichterstattungsqualität:

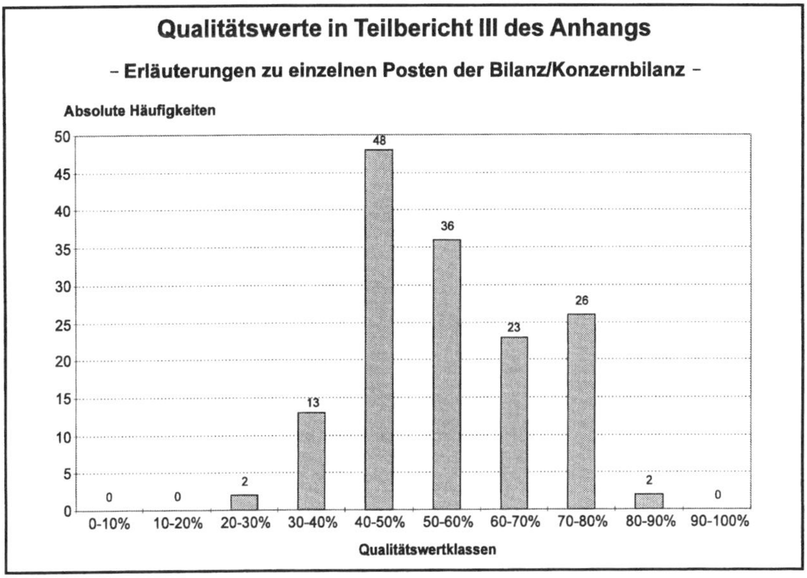

Übersicht 4-15: *Überblick über die Qualitätswerte in Teilbericht III des Anhangs*

Rund die Hälfte der in die Stichprobe gelangten 150 Unternehmen (87 Unternehmen) erreicht in Teilbericht III zwar Qualitätswerte von mehr als 50 %; allerdings erzielen von diesen 87 Unternehmen nur 28 Unternehmen Qualitätswerte größer 70 %. Die Anhänge von zwei Unternehmen werden in Teilbericht III mit Qualitätswerten von jeweils mehr als 80 % bewertet.[199] Auffallend ist, daß nur zwei von 150 Unternehmen weniger als 30 % und nur weitere 13 Unternehmen weniger als 40 % der Maximalpunktzahl erreichen. Die überwiegende Zahl von 107 Anhängen (also mehr als zwei Drittel von 150 Anhängen) nimmt somit Qualitätswerte für Teilbericht III an, die zwischen 40 % und 70 % der Maximalpunktzahl liegen. Dieser Befund spricht dafür, daß jeder Anhang bestimmte Mindestangaben zu Posten der Bilanz enthält, während sich „gute" Anhänge durch deutlich weitergehende Informationen auszeichnen. Die hier erörterten Beobachtungen sind in einem **Qualitäts-Mittelwert** von 54,70 % bei einer Standardabweichung von 12,45 %-Punkten zusammenzufassen.

199 Hierbei handelt es sich um die BAYER AG und um die VEBA AG.

424. Teilbericht IV: Erläuterungen zu einzelnen Posten der (Konzern-) Gewinn- und Verlustrechnung

424.1 Zur Bedeutung der Hauptkriterien in Teilbericht IV des Anhangs

Innerhalb der Berichterstattung im Anhang sind Angaben, die die Posten der Gewinn- und Verlustrechnung und damit vor allem die Ertragslage des Unternehmens näher erläutern, von großer Bedeutung. Für die 442 Wirtschaftsprüfer und 34 Finanzanalysten, die sich am ersten Teil der Umfrage beteiligten, besitzt dieser Teilbericht im Vergleich mit den übrigen sieben Teilberichten des Anhangs das relativ höchste Gewicht von 17,92 %. Dieser Wert ergibt sich als arithmetisches Mittel aus den Einschätzungen der Wirtschaftsprüfer (15,04 %) und der Finanzanalysten (20,80 %).

Teilbericht IV wurden für den ersten Teil der Umfrage zehn Hauptkriterien zugeordnet. Bei diesen Hauptkriterien handelt es sich um neun gesetzlich vorgeschriebene Anhangangaben; darüber hinaus wird mit dem Hauptkriterium „Erläuterung der sonstigen betrieblichen Aufwendungen und Erträge“ ein gesetzlich nicht vorgesehenes Qualitätskriterium in den Anforderungskatalog aufgenommen (vgl. Übersicht 4-16):

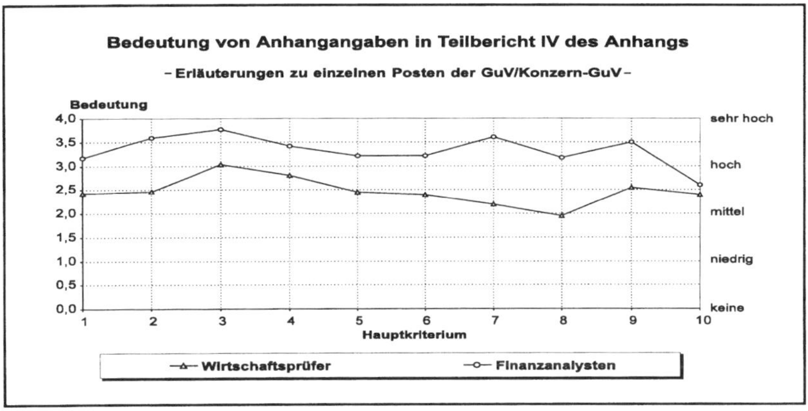

1.	Gesonderter Ausweis der in der Gewinn- und Verlustrechnung zusammengefaßten Posten
2.	Weitere Aufgliederung der in der GuV ausgewiesenen sonstigen betrieblichen Aufwendungen und Erträge
3.	Erläuterung des Betrages und der Art von außerordentlichen Erträgen und Aufwendungen, soweit diese für die Beurteilung der Ertragslage nicht von untergeordneter Bedeutung sind
4.	Erläuterung des Betrages und der Art von einem anderen Geschäftsjahr zuzuordnenden Erträgen und Aufwendungen, soweit diese für die Beurteilung der Ertragslage nicht von untergeordneter Bedeutung sind
5.	Angabe der Erträge aus der Auflösung von Sonderposten mit Rücklageanteil
6.	Angabe der Aufwendungen aus der Einstellung in den Sonderposten mit Rücklageanteil
7.	Aufgliederung der Umsatzerlöse nach Tätigkeitsbereichen und geographisch bestimmten Märkten
8.	Angabe der Belastung des Ergebnisses der gewöhnlichen Geschäftstätigkeit und des außerordentlichen Ergebnisses durch Ertragsteuern
9.	Angaben bei Anwendung des Umsatzkostenverfahrens (Materialaufwand, Personalaufwand)
10.	Angabe der Entwicklung des Jahresüberschusses/Jahresfehlbetrages zum Bilanzgewinn/Bilanzverlust

***Übersicht 4-16:** Die Bedeutung von Anhangangaben in Teilbericht IV des Anhangs*

Die Umfrage ergab, daß für Wirtschaftsprüfer und Finanzanalysten vor allem die folgenden fünf Hauptkriterien von Bedeutung sind:

(1) Erläuterung des außerordentlichen Ergebnisses gemäß § 277 Abs. 4 Satz 2 HGB (Gewicht von 3,40 Punkten für Hauptkriterium Nr. 3),

(2) Erläuterung des periodenfremden Ergebnisses gemäß § 277 Abs. 4 Satz 3 HGB (Gewicht von 3,11 Punkten für Hauptkriterium Nr. 4),

(3) Freiwillige Erläuterung der sonstigen betrieblichen Aufwendungen und Erträge (Gewicht von 3,03 Punkten für Hauptkriterium Nr. 2),

(4) Gegebenenfalls Angabe von Materialaufwand und Personalaufwand bei Anwendung des Umsatzkostenverfahrens gemäß § 285 Nr. 8 HGB (Gewicht von 3,01 Punkten für Hauptkriterium Nr. 9),

(5) Aufgliederung der Umsatzerlöse nach Tätigkeitsbereichen und nach geographisch bestimmten Regionen gemäß §§ 285 Nr. 4 und 314 Abs. 1 Nr. 3 HGB i. V. m. § 314 Abs. 2 HGB (Gewicht von 2,90 Punkten für Hauptkriterium Nr. 7).

In der empirischen Untersuchung der ausgewählten Anhänge zeigte sich, daß für den Fall von Angaben zu den Bestandteilen des außerordentlichen Ergebnisses (Punkt (1) obiger Aufzählung) und des periodenfremden Ergebnisses (Punkt (2) obiger Aufzählung) diese Angaben verhältnismäßig ausführlich sind.[200] Demgegenüber fällt die Qualität der Berichterstattung bei Punkt (3) obiger Aufzählung „Erläuterung sonstiger betrieblicher Aufwendungen und Erträge“ deutlich ab, was eine ausführliche Diskussion des Anforderungsprofils bei diesem Kriterium lohnender erscheinen läßt. Um Wiederholungen in der Darstellung zu vermeiden, wird das Hauptkriterium „Aufgliederung der Umsatzerlöse“ (Punkt (5) obiger Aufzählung) zusammen mit dem Hauptkriterium „Segmentberichterstattung“ in Abschnitt 428.21 (Freiwillige Anhangangaben in Teilbericht VIII) erläutert.

Auf eine Erörterung der Angabepflicht (4) in obiger Aufzählung wird wegen des konkreten Gesetzeswortlautes ebenso verzichtet wie auf die Erörterung der übrigen in Teilbericht IV geforderten, aber aus Sicht von Wirtschaftsprüfern und Finanzanalysten weniger bedeutenden Hauptkriterien.

424.2 Qualitätsbestimmende Merkmale von Anhangangaben in Teilbericht IV des Anhangs: Erläuterung sonstiger betrieblicher Aufwendungen und Erträge

Die Posten „sonstige betriebliche Aufwendungen“ und „sonstige betriebliche Erträge“ nehmen alle Aufwendungen und Erträge auf, die nicht an anderer Stelle in der Gewinn- und Verlustrechnung auszuweisen sind.[201] Von RUSS werden sie

---

200 Waren keine entsprechenden Angaben zu verzeichnen, wurde nach dem Grundsatz „in dubio pro reo“ zugunsten des berichtenden Unternehmens angenommen, daß entsprechende Sachverhalte im Laufe des abgeschlossenen Geschäftsjahres nicht aufgetreten waren. Das jeweilige Hauptkriterium wurde dann aus dem Anforderungskatalog gestrichen.

201 Vgl. (für die sonstigen betrieblichen Erträge) CLAUSSEN, C. P., §§ 275–277 HGB, 158 AktG, S. 488, Rn. 36.

deshalb folgerichtig (wenn auch drastisch) als „Mülleimer der GuV"[202] bezeichnet. Anders als im Regierungsentwurf zum Bilanzrichtlinien-Gesetz[203] vorgesehen, hat der Gesetzgeber eine Pflicht, bestimmte Bestandteile der sonstigen betrieblichen Aufwendungen und Erträge im Jahresabschluß gesondert auszuweisen, nicht in den endgültigen Gesetzestext übernommen.[204] Die Möglichkeiten der externen Erfolgsanalyse werden insofern deutlich beeinträchtigt.[205] Regelmäßig erreichen die sonstigen betrieblichen Aufwendungen und Erträge eine beachtliche Größenordnung;[206] Sachverhalte, die nach AktG 1965 noch gesondert auszuweisen waren (etwa die Erträge aus dem Abgang von Gegenständen des Anlagevermögens oder Erträge aus der Auflösung von Rückstellungen), sind nach HGB 1985 unter den sonstigen betrieblichen Aufwendungen oder Erträgen – und insofern nicht mehr gesondert – auszuweisen.[207] Im Interesse einer besseren Aussagefähigkeit der Gewinn- und Verlustrechnung wird im Schrifttum deshalb eine freiwillige Aufgliederung dieser Posten gefordert.[208, 209] Haben einzelne Bestandteile der sonstigen betrieblichen Aufwendungen und Erträge eine besondere Bedeutung, kommt auch

---

202 RUSS, W., Der Anhang als dritter Teil des Jahresabschlusses, S. 175. Ihm zustimmend, in der Aussage allerdings weniger drastisch („Auffangposten" oder „Sammelposten"), etwa LACHNIT, L., § 275 HGB, S. 36, Rn. 79 und S. 46, Rn. 117; WESTERMANN, W., S. 14, Rn. 91; MAUL, K.-H., Sonstige betriebliche Aufwendungen und Erträge, Sp. 1829; BORCHERT, D., § 275 HGB, S. 1672, Rn. 38 und S. 1687, Rn. 70; RÜRUP, L., Die Erfolgsrechnung, S. 101, Rn. 222.

203 Zum Wortlaut des Gesetzentwurfes für § 253 Abs. 4 Satz 2 HGB-E vgl. DEUTSCHER BUNDESTAG (Hrsg.), BT-Drucksache 10/317, S. 11.

204 Vgl. die synoptische Gegenüberstellung von HGB-E und HGB bei BIENER, H./BERNEKE, W., Bilanzrichtlinien-Gesetz, S. 871. M. w. N. vgl. etwa LEONARDI, H., Externe Erfolgsanalysen, S. 49–54.

205 Vgl. LACHNIT, L., Externe Erfolgsanalyse, S. 36 f.; MAYER, A., Externe Analyse der Einzelabschlüsse von Kapitalgesellschaften, S. 206 und S. 218; LEONARDI, H., Externe Erfolgsanalysen, S. 51; BAETGE, J., Bilanzen, S. 560. Zur nur noch eingeschränkten Möglichkeit der Erfolgsspaltung vgl. LEFFSON, U., Die Grundsätze ordnungsmäßiger Buchführung, S. 456–458 sowie LACHNIT, L., Erfolgsspaltung, S. 774 f.

206 Vgl. etwa RUSS, W., Der Anhang als dritter Teil des Jahresabschlusses, S. 175.

207 Vgl. RÜRUP, L., Die Erfolgsrechnung, S. 38, Rn. 41; BAETGE, J., Bilanzen, S. 558–560.

208 Vgl. bereits 1979 KOMMISSION RECHNUNGSWESEN IM VERBAND DER HOCHSCHULLEHRER FÜR BETRIEBSWIRTSCHAFT E. V., Reformvorschläge zur handelsrechtlichen Rechnungslegung, S. 26; CLAUSSEN, C. P., §§ 275–277 HGB, 158 AktG, S. 489, Rn. 38; BORCHERT, D., § 275 HGB, S. 1673, Rn. 40; BAETGE, J., Bilanzen, S. 560. Nach LEFFSON ergibt sich – mangels ausdrücklicher gesetzlicher Regelung – die Pflicht, ordentliche von außerordentlichen Erfolgskomponenten zu trennen, aus den GoB; vgl. LEFFSON, U., Die Grundsätze ordnungsmäßiger Buchführung, S. 334–339 und S. 457, Fußnote 100.

209 Allerdings sei hier an die Pflicht, Zuführungen zum und Auflösungen des Sonderposten(s) mit Rücklageanteil *gesondert* auszuweisen, erinnert.

eine weitere Untergliederung des Sammelpostens gemäß § 265 Abs. 5 Satz 1 HGB in Frage.[210]

Für die Untersuchung der Berichterstattungsqualität beim Hauptkriterium „Erläuterung sonstiger betrieblicher Aufwendungen und Erträge" wurde das Hauptkriterium nicht durch detaillierte Oberkriterien konkretisiert. Um die Nuancen in der Berichterstattung angemessen erfassen und beurteilen zu können, wurden die angeschriebenen Wirtschaftsprüfer und Finanzanalysten statt dessen gebeten, den Aussagegehalt von vorgegebenen, konkreten Beispielen aus der Berichterstattungspraxis einzuschätzen. Dabei steht jedes Beispiel stellvertretend für eine bestimmte Berichterstattungskategorie. Bei der Analyse der ausgewählten Anhänge wurde die jeweilige Anhangangabe einer dieser Kategorien zugeordnet und entsprechend dem für diese Kategorie in der Umfrage ermittelten Aussagegehalt bewertet. Die nachstehende Übersicht zeigt einerseits, welche Beispielkategorien vorgegeben wurden und andererseits, wie jene Wirtschaftsprüfer und Finanzanalysten, die sich am zweiten Teil der Experten-Umfrage beteiligten, den Aussagegehalt von Angaben der jeweiligen Kategorie einschätzen:

Kategorie	Vorgegebenes Beispiel	Mittlerer Aussagegehalt in %		
		Wirtschaftsprüfer (WP)	Finanzanalysten (FA)	Antwort-Mittelwert von WP und FA
A.	Vollständige Aufgliederung des Gesamtbetrages (Σ der Einzelbeträge > 90 % des Gesamtbetrages)	100,00	100,00	100,00
B.	Aufgliederung einzelner Posten u n d verbale Umschreibung der Zusammensetzung der nicht aufgegliederten („übrigen") Posten • *Die sonstigen betrieblichen Aufwendungen (5 Mio. DM) enthalten 1 Mio. DM Aufwendungen aus Kursverlusten. Die übrigen Aufwendungen entfallen auf Verluste aus Anlagenabgängen sowie auf Zuweisungen zu Wertberichtigungen.*	60,26	56,54	58,40
C.	Aufgliederung einzelner Posten o h n e verbale Umschreibung der Zusammensetzung nicht aufgegliederter („übriger") Posten • *Die sonstigen betrieblichen Aufwendungen (5 Mio. DM) enthalten mit 1 Mio. DM Aufwendungen aus Kursverlusten.*	33,38	44,23	38,80
D.	Verbale Umschreibung der Zusammensetzung des Postens • *Die sonstigen betrieblichen Aufwendungen enthalten Aufwendungen aus Kursverlusten und Zuweisungen zu Wertberichtigungen.*	20,58	8,08	14,33
E.	Keine Aufgliederung	0,00	0,00	0,00

Übersicht 4-17: *Befund über den Aussagegehalt von aufgliedernden Angaben zu den sonstigen betrieblichen Aufwendungen und Erträgen*

210 Vgl. hierzu sowie mit einem entsprechenden Beispiel ADLER, H./DÜRING, W./SCHMALTZ, K., § 265 HGB, S. 72, Rn. 57 sowie BAETGE, J., Bilanzen, S. 560.

Bei den bisher erörterten Hauptkriterien, deren mögliche Bandbreite in der Berichterstattung durch konkrete Beispiele abgedeckt wurde, zeigte sich, daß Wirtschaftsprüfer und Finanzanalysten ungenaue, unvollständige Angaben mit deutlichen Qualitätsabschlägen bewerten.[211] Diese Tendenz wird beim Hauptkriterium „Aufgliederung der sonstigen betrieblichen Aufwendungen und Erträge“ bestätigt (vgl. Übersicht 4-17). Während unvollständige Angaben der Kategorie B. nur noch rund die Hälfte der maximal erreichbaren Punkte erzielen, werten die Experten Angaben der Kategorie C. mit knapp zwei Dritteln der Maximalpunktzahl deutlich ab. Mit Angaben der Kategorie D., die lediglich verbaler Art sind, erzielt ein berichtendes Unternehmen nach Einschätzung von Wirtschaftsprüfern und Finanzanalysten nur noch rund 14 % von möglichen 100 %. Bei verbalen Angaben der Kategorie D. fällt vor allem auf, daß diese Form der Berichterstattung für die Finanzanalyse nahezu wertlos ist (mittlerer Aussagegehalt von nur noch 8,08 %), während Wirtschaftsprüfer für Angaben dieser Art (immerhin) noch 20,58 % von 100 % vergeben. Bei der Einschätzung von Angaben der übrigen Kategorien B. und C. sind sich beide Berufsgruppen in ihrem Urteil indes tendenziell einig.

Im deutlichen Gegensatz zur skizzierten Bedeutung von Aufgliederungen der sonstigen betrieblichen Aufwendungen und Erträge einerseits und der nach Expertenmeinung notwendigen Abschläge für ungenaue und unvollständige Angaben andererseits steht die Qualität der Berichterstattung zu dem hier betrachteten Hauptkriterium. Die folgende Übersicht gibt einen Überblick über das in der Stichprobe beobachtete Publizitätsverhalten:

Kategorie	Zahl der berichtenden Unternehmen in der Stichprobe	
	Aufwendungen	Erträge
A. Vollständige Aufgliederung des Gesamtbetrages (Σ der Einzelbeträge > 90 % des Gesamtbetrages)	11	8
B. Aufgliederung einzelner Posten u n d verbale Umschreibung der Zusammensetzung der nicht aufgegliederten („übrigen“) Posten	41	47
C. Aufgliederung einzelner Posten o h n e verbale Umschreibung der Zusammensetzung der nicht aufgegliederten („übrigen“) Posten	18	28
D. Verbale Umschreibung der Zusammensetzung des Postens	56	45
E. Keine Aufgliederung	24	22
Summe	**150**	**150**

Übersicht 4-18: *Befund über die Berichterstattungspraxis zu den sonstigen betrieblichen Aufwendungen und Erträgen*

211 Vgl. etwa Übersicht 4-14 in Abschnitt 423.22 für das Hauptkriterium „Aufgliederung sonstiger Rückstellungen“.

Bei der Auswertung der 150 Anhänge wurden Angaben zu den sonstigen betrieblichen Aufwendungen und zu den sonstigen betrieblichen Erträgen jeweils getrennt voneinander untersucht. Die Analyse ergab, daß alle Unternehmen die hier untersuchten Posten in ihrer Gewinn- und Verlustrechnung ausweisen. Wie ein Vergleich der mittleren Spalte mit der rechten, äußeren Spalte in obiger Übersicht zeigt, ist das Publizitätsverhalten hinsichtlich des Objekts der Berichterstattung (sonstige betriebliche Aufwendungen bzw. sonstige betriebliche Erträge) als relativ gleichmäßig zu bezeichnen: die Zahlen der pro Kategorie (sonstige betriebliche Aufwendungen bzw. sonstige betriebliche Erträge) jeweils berichtenden Unternehmen unterscheiden sich nur geringfügig voneinander, so daß im folgenden lediglich die Angaben zu den sonstigen betrieblichen Aufwendungen als Erläuterungsbeispiel näher untersucht werden.[212]

Nur 11 von 150 Anhängen sind Angaben zu entnehmen, in denen die sonstigen betrieblichen Aufwendungen vollständig aufgeschlüsselt werden. Diesen in Kategorie A. vorbildlich berichtenden 11 Unternehmen stehen 24 Unternehmen der Kategorie E. gegenüber, die keine Angaben zu diesem Qualitätskriterium machen und im Anhang lediglich den *Gesamtbetrag* der sonstigen betrieblichen Aufwendungen ausweisen. Von den verbleibenden 115 Unternehmen macht rund die Hälfte (56 Unternehmen) nur verbale Angaben, die der Kategorie D. zugeordnet werden. Anders ausgedrückt: Nur rund ein Drittel der untersuchten 150 Unternehmen (52 Unternehmen) erläutert die sonstigen betrieblichen Aufwendungen in einer Weise, die den Anforderungen der ersten Kategorien A. und B. gerecht wird. Die Berichterstattung zu dem hier betrachteten Hauptkriterium ist daher als nur von unterdurchschnittlicher Qualität zu bezeichnen.

Im folgenden wird an verschiedenen **Beispielen** demonstriert, in welcher Weise die Berichterstattung zu den sonstigen betrieblichen Aufwendungen und Erträgen vorbildlich gestaltet werden sollte und welche Mängel in anderen Anhängen festgestellt wurden.

Die DOUGLAS HOLDING AG weist in der Gewinn- und Verlustrechnung des Konzerns sonstige betriebliche Erträge mit einem Betrag von rund 233 Mio. DM aus. In einer ergänzenden Tabelle im Anhang werden vier Arten von sonstigen

212 Allerdings ist häufig zu beobachten, daß ein Unternehmen, das zu den sonstigen betrieblichen Aufwendungen in einer gewissen Art und Weise berichtet, bei der Erläuterung der sonstigen betrieblichen Erträge einer *anderen* Kategorie zugeordnet werden muß. Insofern ist bei jeder Kategorie die kleinere absolute Zahl nicht unbedingt eine echte Untermenge der größeren absoluten Zahl.

betrieblichen Erträgen unterschieden und aufgegliedert; ein verbleibender Betrag von rund 27 Mio. DM (das sind rund 11 % des Gesamtbetrages der sonstigen betrieblichen Erträge) wird als „übrige Erträge" bezeichnet.[213] Von diesen „übrigen Erträgen" werden Erträge aus der Auflösung von Rückstellungen mit 7,6 Mio. DM und Erträge aus Schadensfällen mit 1,7 Mio. DM abgespalten. Mit anderen Worten: Vom Gesamtbetrag der sonstigen betrieblichen Erträge (233 Mio. DM) ordnet die DOUGLAS HOLDING AG Erträge in Höhe von 215 Mio. DM (= 92,5 %) bestimmten Ertragskategorien zu. Zieht der externe Finanzanalyst zusätzlich die Vergleichszahlen des Vorjahres heran, kann er grundsätzlich feststellen, wie der betriebliche Erfolg zustande gekommen ist und wie sich bestimmte Erfolgskomponenten entwickelt haben. Auf der Grundlage dieser Auswertung kann dann auf die künftige Erfolgsentwicklung des Unternehmens geschlossen werden.[214]

Ähnlich ausführlich und ebenso wie die DOUGLAS HOLDING AG in die **Kategorie A.** (100 %) eingeordnet, berichtet beispielsweise auch die MASCHINENFABRIK ESTERER AG. Das Unternehmen ordnet die sonstigen betrieblichen Aufwendungen des Konzerns in Höhe von rund 10 Mio. DM sieben verschiedenen Aufwandsarten zu. Nicht zugeordnet und als „übrige Aufwendungen" bezeichnet werden lediglich 3 TDM (nur 0,3 ‰ des Gesamtbetrages).[215] Dieses offene Publizitätsverhalten ist umso positiver zu bewerten, als es sich bei der MASCHINENFABRIK ESTERER AG um ein verhältnismäßig kleines Unternehmen handelt (Umsatzerlöse in Höhe von rund 60 Mio. DM, gezeichnetes Kapital in Höhe von 3 Mio. DM). Im Vergleich zu Großunternehmen verfügen kleinere Unternehmen regelmäßig über ein weniger ausgebautes Informations- und Berichtssystem; zudem besteht für kleinere Unternehmen tendenziell eher die Gefahr, durch ein Zuviel an Jahresabschlußinformationen dem Selbstschutzinteresse des Unternehmens zuwider zu handeln.[216]

---

213 Vgl. DOUGLAS HOLDING AG (Hrsg.), Geschäftsbericht 1995, S. 54. In ähnlicher Weise verfährt das Unternehmen auch bei den sonstigen betrieblichen Aufwendungen (Seite 55 des Geschäftsberichts).

214 Auf die Grenzen und Probleme der klassischen Bilanzanalyse sei hier nur verwiesen; vgl. hierzu etwa BAETGE, J./NIEHAUS, H.-J., Moderne Verfahren der Jahresabschlußanalyse, S. 144–147 sowie m. w. N. BALLWIESER, W., Bilanzanalyse, Sp. 219 f.

215 Vgl. MASCHINENFABRIK ESTERER AG (Hrsg.), Geschäftsbericht 1994/95, S. 18.

216 Vgl. zu dieser Frage für den Lagebericht SIEBEN, G., Offene Fragen bei der Erstellung und Prüfung des Lageberichts, S. 588 f. Diesem folgend und einen „Grundsatz der Informationsabstufung nach Art und Größe des Unternehmens" in das System der Grundsätze ordnungsmäßiger Lageberichterstattung einführend BAETGE, J./FISCHER, T. R./PASKERT, D., Der Lagebericht, S. 22–25.

Zu den Unternehmen, die der **Kategorie B.** in Übersicht 4-18 (Aufgliederung einzelner Posten und verbale Umschreibung der Zusammensetzung der nicht aufgegliederten („übrigen") Posten) zugeordnet werden, gehört zum Beispiel die AESCULAP AG. Das Unternehmen weist in der Gewinn- und Verlustrechnung des Konzerns sonstige betriebliche Erträge in Höhe von rund 18 Mio. DM aus, von denen nur rund 5 Mio. DM aufgegliedert werden. Wie sich die „übrigen Erträge" in Höhe von rund 13 Mio. DM zusammensetzen, erläutert die AESCULAP AG lediglich verbal und erzielt damit nur noch 58,40 % der möglichen Punkte (vgl. Übersicht 4-17).[217]

Auf 38,80 % werden Anhangangaben abgewertet, in denen die Zusammensetzung der sonstigen betrieblichen Aufwendungen und Erträge in einer Weise erläutert wird, wie es der in Übersicht 4-18 vorgegebenen **Kategorie C.** entspricht. Die GEHE AG etwa gliedert in ihrem Anhang nur rund 24 % der sonstigen betrieblichen Erträge auf, während die restlichen 76 % als „übrige Erträge" bezeichnet und weder quantitativ noch verbal erläutert werden.[218] Angaben dieser Art sind für die externe Finanzanalyse nur noch von geringem Nutzen.

Von noch geringerem Nutzen sind nach Einschätzung von Wirtschaftsprüfern und Finanzanalysten Angaben verbaler Art (**Kategorie D.**), wie sie etwa die FLENDER ATB-LOHER ANTRIEBSTECHNIK AG in ihrem Anhang publiziert:

> *„Die sonstigen betrieblichen Aufwendungen enthalten insbesondere Betriebs-, Verwaltungs- und Vertriebskosten sowie Abschreibungen und Wertberichtigungen auf Vermögensgegenstände des Umlaufvermögens und die Bildung von Rückstellungen, soweit sie den übrigen Aufwandspositionen nicht gesondert zugeordnet werden können."*[219]

Der **Kategorie E.** (Keine Aufgliederung) werden neben jenen Unternehmen, die die sonstigen betrieblichen Aufwendungen oder Erträge nicht erläutern, zusätzlich Unternehmen zugeordnet, deren „erläuternde" Anhangangaben lediglich Selbstverständliches ausdrücken. Beispielsweise berichtet die INDUS HOLDING AG:

> *„Der Betrag [der sonstigen betrieblichen Aufwendungen im Konzern] setzt sich im wesentlichen aus den Beträgen der einzelnen Gewinn- und Verlustrechnungen zusammen."*[220]

---

217 Vgl. AESCULAP AG (Hrsg.), Geschäftsbericht 1994/95, S. 52.

218 Vgl. GEHE AG (Hrsg.), Geschäftsbericht 1995, S. 76. Anders hingegen bei den sonstigen betrieblichen Aufwendungen: Hier erläutert die GEHE AG zumindest verbal die Zusammensetzung des nicht aufgegliederten Restsbetrages; vgl. Seite 76 des Geschäftsberichts.

219 FLENDER ATB-LOHER ANTRIEBSTECHNIK AG (Hrsg.), Geschäftsbericht 1994/1995, S. 25.

220 INDUS HOLDING AG (Hrsg.), Geschäftsbericht 1995, S. 20; Ergänzung durch den Verfasser.

Angaben zu den sonstigen betrieblichen Aufwendungen der Kategorie D. werden in 56 Anhängen und Angaben der Kategorie E. in weiteren 24 Anhängen identifiziert. Mehr als die Hälfte der Unternehmen berichtet also in einer Weise, die nach Meinung der befragten Experten nur von geringem Nutzen ist. Angesichts der Bedeutung des diskutierten Qualitätskriteriums sollten diese Untersuchungsergebnisse zum Anlaß genommen werden, die Qualität der Berichterstattung in diesem Punkt zu verbessern.

424.3 Zur Verteilung der Qualitätswerte in Teilbericht IV des Anhangs

Die Analyse von 150 Anhängen börsennotierter Unternehmen ergibt ein sehr differenziertes Bild der Berichterstattungsqualität in Teilbericht IV des Anhangs (vgl. nachstehende Übersicht):

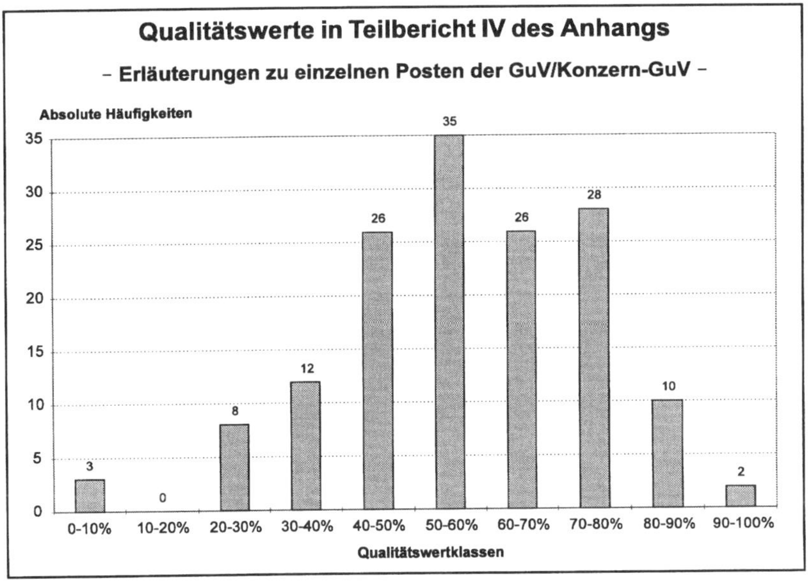

Übersicht 4-19: *Überblick über die Qualitätswerte in Teilbericht IV des Anhangs*

So sind – von den jeweils äußeren Qualitätswertklassen abgesehen – alle Qualitätswertklassen verhältnismäßig breit gestreut. „Nur“ 49 von 150 Unternehmen erzielen in Teilbericht IV weniger als 50 % der maximal erreichbaren Punktzahl. Allerdings sind nur bei 12 Unternehmen Qualitätswerte von mehr als 80 % zu verzeichnen. Damit liegen knapp zwei Drittel der untersuchten Unternehmen (89 von 150 Unternehmen) in Qualitätswertklassen zwischen 50 % und 80 %. Die nur durchschnittliche Qualität der Berichterstattung in Teilbericht IV des Anhangs kommt zusammenfassend in einem **Qualitäts-Mittelwert** von 57,04 % bei einer verhältnismäßig hohen Standardabweichung von 18,17 %-Punkten zum Ausdruck.

425. Teilbericht V: Erläuterungen zum Konsolidierungskreis

425.1 Zur Bedeutung der Hauptkriterien in Teilbericht V des Anhangs

Im HGB finden sich an verschiedenen Stellen Angabepflichten, nach denen das (Konzern-)Rechnung legende Unternehmen über die Zusammensetzung und über Veränderungen des Konsolidierungskreises zu berichten hat. Teilbericht V des Anhangs „Erläuterungen zum Konsolidierungskreis" werden insgesamt neun Angabepflichten (Hauptkriterien) sachlich zugeordnet. Bei diesen Angaben handelt es sich im wesentlichen um konstitutive Angaben zu (einbezogenen und nicht einbezogenen) Konzernunternehmen,[221] um Angaben zu Konzernunternehmen, die wahlweise oder aufgrund eines Einbeziehungsverbotes nicht in den Konzernabschluß einbezogen wurden sowie um Angaben über Veränderungen in der Zusammensetzung des Konsolidierungskreises. Nachstehende Übersicht zeigt die Einschätzung der Hauptkriterien durch die befragten Fachleute:

221 Hierbei handelt es sich um Namen und Sitz des Konzernunternehmens, um den Kapitalanteil der Konzernobergesellschaft am Konzernunternehmen und um den Konsolidierungstatbestand. Alternativ dürfen diese Angaben in einer Aufstellung über den Anteilsbesitz hinterlegt werden (§ 313 Abs. 4 Satz 3 HGB).

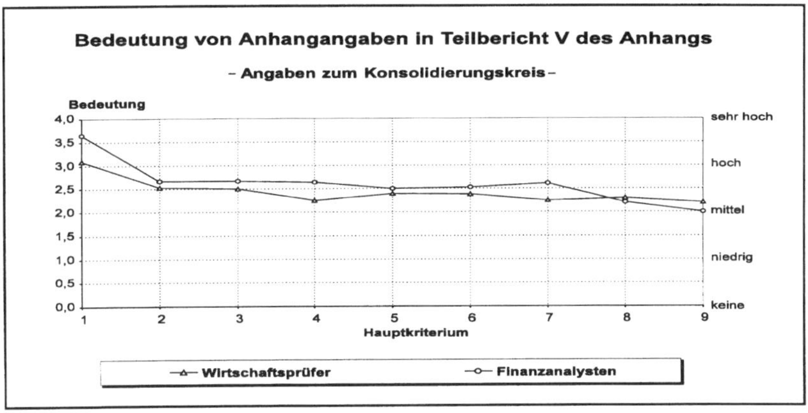

1. Angaben, die einen Vergleich mit vorhergehenden Abschlüssen erlauben, wenn sich der Konsolidierungskreis geändert hat
2. Angabe und Begründung, wenn ein Tochterunternehmen nach § 295 I nicht einbezogen wurde
3. Begründung, wenn ein Tochterunternehmen nach § 296 I oder II nicht einbezogen wurde
4. Konstitutive Angaben zu einbezogenen Konzernunternehmen
5. Gleiche Angaben wie zu V. 4. für alle Tochterunternehmen, die nach §§ 295, 296 nicht einbezogen wurden
6. Angaben zu assoziierten Unternehmen
7. Angaben zu quotenkonsolidierten Unternehmen
8. Angabe der Anwendung der Schutzklausel, wenn die Angaben zu § 313 II nicht gemacht werden
9. Hinweis auf die besondere Aufstellung des Anteilsbesitzes, die die Angaben nach § 313 II ersetzt, und den Ort der Hinterlegung

Übersicht 4-20: *Die Bedeutung von Anhangangaben in Teilbericht V des Anhangs*

Im ersten Schritt der empirischen Umfrage stellte sich zunächst heraus, daß die befragten Wirtschaftsprüfer und Finanzanalysten erläuternden Angaben zum Kreis der konsolidierten Unternehmen in Teilbericht V nur ein unterdurchschnittliches Gewicht von 10,03 % beimessen. Die Experten sind sich in dieser Einschätzung weitgehend einig. Während für die Wirtschaftsprüfer ein Wert von 9,80 % ermittelt wurde, beträgt der entsprechende Wert bei den Finanzanalysten 10,27 %.[222]

Innerhalb der neun Hauptkriterien, die Teilbericht V zugeordnet wurden, ist Hauptkriterium Nr. 1 von herausragender Bedeutung. Der Gesetzgeber schreibt mit dieser Angabepflicht in § 294 Abs. 2 HGB Angaben im Konzenabschluß vor, die – bei

222 Zur Bedeutung der Abgrenzung des Konsolidierungskreises für die Konzernabschlußpolitik vgl. KRAWITZ, N., Die Abgrenzung des Konsolidierungskreises, S. 343.

wesentlich verändertem Konsolidierungskreis – die Vergleichbarkeit aufeinanderfolgender Konzernabschlüsse gewährleisten. Von Wirtschaftsprüfern wird diesem Qualitätskriterium eine hohe Bedeutung von 3,09 Punkten auf einer 4-Punkte-Skala beigemessen; Finanzanalysten vergeben hier sogar einen Bedeutungswert von 3,65 Punkten. Im folgenden Abschnitt 425.2 wird einerseits zu untersuchen sein, wie diese Angabepflicht nach Auffassung des Schrifttums konkret auszufüllen ist; andererseits wird gezeigt, in welchem Maße die in die Stichprobe gelangten Unternehmen der hier skizzierten Bedeutung der Angabepflicht mit ihrer Berichterstattung gerecht werden.

Auf eine ausführliche Erörterung weiterer Hauptkriterien in Teilbericht V wird verzichtet, weil sie sich zum einen aus Expertensicht als vergleichsweise weniger bedeutend erwiesen haben (jeweils nur durchschnittliche Bedeutung von rund 2,5 Punkten auf einer 4-Punkte-Skala; vgl. Übersicht 4-20) und weil in der empirischen Untersuchung der Anhänge zum anderen nur geringe Spielräume in der Berichterstattung zu diesen Kriterien registriert wurden.

425.2 Qualitätsbestimmende Merkmale von Anhangangaben in Teilbericht V des Anhangs: Erläuterung von Änderungen in der Zusammensetzung des Konsolidierungskreises

Hat sich die Zusammensetzung des Konsolidierungskreises im Geschäftsjahr wesentlich geändert, hat das bilanzierende Unternehmen zwei Möglichkeiten, die zeitliche Vergleichbarkeit von aufeinanderfolgenden Konzernabschlüssen herzustellen (§ 294 Abs. 2 HGB). So sind entweder zusätzliche Angaben in den Konzernabschluß aufzunehmen (Satz 1), oder die entsprechenden Beträge des Vorjahres-Konzernabschlusses sind an die geänderten Verhältnisse im Konsolidierungskreis anzupassen (Satz 2). Beide Möglichkeiten sind als Alternativen zu verstehen. Entsprechend wurden für beide Alternativen Oberkriterien gebildet und den angeschriebenen Wirtschaftsprüfern und Finanzanalysten mit der Bitte um Einschätzung vorgelegt.

Für die Angabepflicht nach **§ 294 Abs. 2 Satz 1 HGB** (zusätzliche Angaben im Konzernabschluß) wurden die folgenden beiden Oberkriterien durch Auswertung des Schrifttums ermittelt:

A. Angabe, welche Konzernunternehmen erstmals oder erstmals nicht mehr in den Konsolidierungskreis einbezogen worden sind,[223]

B. Angabe, wie einzelne wesentliche Konzernabschlußposten durch Änderungen im Konsolidierungskreis beeinflußt wurden.[224]

Paßt das berichtende Unternehmen die Vorjahreszahlen an die geänderten Verhältnisse im Konsolidierungskreis an (alternatives Vorgehen gemäß **§ 294 Abs. 2 Satz 2 HGB**), sind vor allem die folgenden Informationen bereitzustellen:[225]

A. Angabe, welche Konzernunternehmen erstmals oder erstmals nicht mehr in den Konsolidierungskreis einbezogen worden sind,[226]

B. Ausweis der angepaßten Vorjahreszahlen bzw. Ausweis der Veränderung der Vorjahreszahlen,[227]

C. Zusätzlich zum Ausweis der aktuellen Zahlen des Geschäftsjahres auf der Grundlage des aktuellen Konsolidierungskreises und der angepaßten Vorjahreszahlen auf der Grundlage des angepaßten Konsolidierungskreises wird im Schrifttum zusätzlich die (freiwillige) Angabe der nicht angepaßten Vorjahreszahlen gefordert (sogenannter Drei-Spalten-Ausweis).[228]

Nachstehende Übersicht zeigt, wie die befragten Wirtschaftsprüfer und Finanzanalysten die Bedeutung der oben ermittelten Oberkriterien einschätzen:

---

223 Vgl. BUDDE, W. D./SEIF, F. T., § 294 HGB, S. 1411, Rn. 23; BAETGE, J., Konzernbilanzen, S. 130.

224 Vgl. GZUK, R., Konzernanhang, S. 15 f., Rn. 40; SAHNER, F./KAMMERS, H., § 294 HGB, S. 862 f., Rn. 16; HERRMANN, D., Die Änderung von Beteiligungsverhältnissen im Konzernabschluß, S. 323 f.; ADLER, H./DÜRING, W./SCHMALTZ, K., § 294 HGB, S. 185 f., Rn. 220.

225 Zu beachten ist allerdings, daß die Vorjahreszahlen bei *Zugängen* in den Konsolidierungskreis – wenn überhaupt – nur sehr schwer angepaßt werden können; vgl. BIENER, H./ BERNEKE, W., Bilanzrichtlinien-Gesetz, S. 311; ORDELHEIDE, D., Anwendungsbereich und Erstkonsolidierung, S. 27, Rn. 125; BUDDE, W. D./SEIF, F. T., § 294 HGB, S. 1412, Rn. 26; DUSEMOND, M., Die Abgrenzung des Konsolidierungskreises, S. 1739. In diesem Fall kämen zur Herstellung der Vergleichbarkeit Angaben nach § 294 Abs. 2 *Satz 1* HGB in Frage.

226 Vgl. BUDDE, W. D./SEIF, F. T., § 294 HGB, S. 1411, Rn. 23; BAETGE, J., Konzernbilanzen, S. 130.

227 Vgl. für viele ADLER, H./DÜRING, W./SCHMALTZ, K., § 294 HGB, S. 186, Rn. 21.

228 Vgl. für viele HFA DES IDW, Konzernrechnungslegung bei Änderungen des Konsolidierungskreises, S. 697; WYSOCKI, K. V./WOHLGEMUTH, M., Konzernrechnungslegung, S. 327.

Oberkriterium	Mittlere Einschätzung			Häufigkeit in der Stichprobe *
	Wirtschaftsprüfer (WP)	Finanzanalysten (FA)	Antwort-Mittelwert von WP und FA	
Alternative 1: Angabe nach § 294 Abs. 2 Satz 1 HGB				
A. Angaben über zugegangene/ abgegangene Konzernunternehmen	2,88	3,07	2,98	28
B. Angaben über Beeinflussung von Konzernabschlußposten	2,79	3,43	3,11	25
Alternative 2: Angabe nach § 294 Abs. 2 Satz 2 HGB				
A. Angaben über zugegangene/ abgegangene Konzernunternehmen	2,79	3,43	3,11	4
B. Ausweis angepaßter Vorjahreszahlen	2,69	3,57	3,13	4
C. Drei-Spalten-Ausweis	2,49	3,14	2,82	3

* Für ein Vorgehen gemäß Alternative 1 (Alternative 2) kamen 61 (vier) Unternehmen in Frage, so daß die in dieser Spalte ausgewiesenen absoluten Häufigkeiten jeweils an diesen Zahlen zu messen sind.

Übersicht 4-21: *Befund über die Bedeutung von erläuternden Angaben zu Veränderungen des Konsolidierungskreises*

Finanzanalysten schätzen die Bedeutung des hier betrachteten Hauptkriteriums deutlich höher ein als Wirtschaftsprüfer. Diese Beobachtung trifft auch für die in Übersicht 4-21 ausgewiesenen Oberkriterien zu. Während für Wirtschaftsprüfer – abgesehen vom Ausweis eines Drei-Spalten-Schemas – alle Angaben etwa gleich bedeutend sind, legen Finanzanalysten großen Wert auf die Veröffentlichung der angepaßten Vorjahreszahlen (Oberkriterium B. bei einem Vorgehen gemäß Alternative 2). Ähnlich wie bei den Wirtschaftsprüfern hat der Ausweis eines Drei-Spalten-Schemas auch bei den Finanzanalysten eine im Verhältnis zu den übrigen Oberkriterien untergeordnete Bedeutung. Ausschlaggebend für diese Beobachtung mag die in der Praxis nur selten zu beobachtende Anwendung der Vorschrift des § 294 Abs. 2 Satz 2 HGB sein.[229]

Bei 65 von 103 Unternehmen, die neben dem Einzelabschluß zusätzlich einen Konzernabschluß veröffentlichen, wurden wesentliche bzw. als nicht unwesentlich bezeichnete Änderungen des Konsolidierungskreises festgestellt. In der Regel wird in einem gesonderten Abschnitt „Konsolidierungskreis“ auf die geänderte bzw.

229 Wie im folgenden gezeigt wird, gehen nur vier von 65 in Frage kommenden Unternehmen gemäß Alternative 2 vor. Zu einem ähnlichen Befund gelangt die C&L DEUTSCHE REVISION AG; vgl. C&L DEUTSCHE REVISION (Hrsg.), Konzernabschlüsse ’95, S. 52, Rn. 36.

unveränderte Zusammensetzung des Konsolidierungskreises hingewiesen. Von dieser Regel abweichend sind dem Konzernanhang in Ausnahmefällen nur *indirekt* Hinweise auf geänderte Konzernverhältnisse zu entnehmen. So weist die WMF AG in ihrem Anhang zwar einen Abschnitt „Konsolidierungskreis" aus, in dem die Zahl der einbezogenen und der nicht einbezogenen Unternehmen angegeben wird. Allerdings erfährt der Leser erst durch die Analyse des Konzern-Anlagengitters, daß sich die Zusammensetzung des Konsolidierungskreises gegenüber dem Vorjahr geändert hat.[230] Eindeutige Angaben im dafür vorgesehenen Abschnitt „Konsolidierungskreis" trügen an dieser Stelle erheblich zum besseren Verständnis des Konzernabschlusses bei.

Von den 65 Unternehmen, deren Anhänge für eine weitere Analyse in Frage kommen, macht die überwiegende Zahl von 61 Unternehmen von der **Alternative 1** Gebrauch und stellt im Anhang dar, wie ein geänderter Konsolidierungskreis wesentliche Abschlußposten beeinflußt hat (§ 294 Abs. 2 Satz 1 HGB). 28 Unternehmen geben eindeutig an, welche bzw. (bei großen Konzernen) wieviele Unternehmen in den Konsolidierungskreis aufgenommen wurden oder aus dem Konsolidierungskreis ausgeschieden sind. Beispielsweise berichtet die HOECHST AG von 122 erstmals einbezogenen, 30 ausgeschiedenen und zehn fusionierten Unternehmen,[231] während die BUDERUS AG konkret angibt, um welche Unternehmen es sich bei Zugängen in den und Abgängen aus dem Konsolidierungskreis handelt.[232] Beide Formen der Erläuterung erfüllen die bei **Oberkriterium A.** gestellten Anforderungen.

Wenig anders verhält es sich bei **Oberkriterium B.**, das aus Sicht der befragten Fachleute im Gegensatz zu Oberkriterium A. eine deutlich höhere Bedeutung hat. Nur 25 von 61 in Frage kommenden Unternehmen stellen vollständig dar, wie Änderungen im Konsolidierungskreis wesentliche Abschlußposten beeinflußt haben. Hervorzuheben ist hier etwa der Anhang der BASF AG, die in absoluten und relativen Zahlen darstellt, welche Auswirkungen Akquisitionen und Erweiterungen des Konsolidierungskreises auf die Konzernbilanz und auf die Konzern-Erfolgsrechnung haben.[233] Während die BASF AG noch verhältnismäßig grob zwischen Änderungen des Anlage- und Umlaufvermögens, des Eigenkapitals, von Rückstellungen und Verbindlichkeiten sowie von Umsatz und Ergebnis unterscheidet, stellt die LEHNKERING MONTAN TRANSPORT AG darüber hinausgehend dar, wie sich *einzelne*

230 Vgl. WMF AG (Hrsg.), Geschäftsbericht 1995, S. 34–36.

231 Vgl. HOECHST AG (Hrsg.), Geschäftsbericht 1995, S. 57.

232 Vgl. BUDERUS AG (Hrsg.), Geschäftsbericht 1994/95, S. 59.

233 Vgl. BASF AG (Hrsg.), Geschäftsbericht 1995, S. 40.

Bilanz- und GuV-Posten verändert haben.[234] Auch bei der FELTEN & GUILLEAUME ENERGIETECHNIK AG findet sich eine überzeugende Darstellungsvariante, in der die Auswirkungen des geänderten Konsolidierungskreises – anders als bei den beiden vorstehend genannten Gesellschaften – nicht *innerhalb* eines Abschnitts „Konsolidierungskreis" ausgewiesen werden, sondern in Zusammenhang mit der Erläuterung der Abschlußposten in Form von „davon-Vermerken".[235]

Nicht überzeugend hingegen berichtet etwa die RHEINISCH-WESTFÄLISCHE KALKWERKE AG (RWK AG). Im Geschäftsbericht heißt es:

> *„Die Vergleichbarkeit der Konzernbilanz mit dem Vorjahresabschluß [sic!] ist beeinträchtigt, da im Geschäftsjahr die niederländischen Betongesellschaften und die Stelcon AG aus dem Konsolidierungskreis ausgeschieden sind."*[236]

Abgesehen von der Darstellung des (Konzern-)Anlagengitters bezieht sich die einzige, weiterführende – gemäß § 152 Abs. 3 AktG aber ohnehin zu machende und dort bewertete – Anhangangabe auf Veränderungen der anderen Gewinnrücklagen des Konzerns im Zusammenhang mit der Entkonsolidierung der genannten Gesellschaften. Darüber hinaus verweist die RWK AG auf Seite 19 ihres Geschäftsberichts nur noch auf durch die ausgeschiedenen Unternehmen bedingte Umsatzrückgänge.

Vier von 65 Unternehmen haben gemäß § 294 Abs. 2 Satz 2 HGB die Vorjahreszahlen an die geänderten Verhältnisse im Konsolidierungskreis angepaßt (**Alternative 2**). Alle vier Unternehmen geben an, welche bzw. wieviele Unternehmen erstmals oder erstmals nicht mehr in den Konsolidierungskreis einbezogen werden (**Oberkriterium A.**). Gleichzeitig weisen alle Unternehmen die an den geänderten Konsolidierungskreis angepaßten Vorjahreszahlen aus (**Oberkriterium B.**). Ein mit **Oberkriterium C.** geforderter Drei-Spalten-Ausweis ist hingegen nur bei drei Unternehmen festzustellen. Vorbildlich ist in dieser Hinsicht der Jahresabschluß der PIPER GENERALVERTRETUNG DEUTSCHLAND AG, die in Bilanz und Gewinn- und Verlustrechnung die aktuellen Jahresabschlußzahlen, die angepaßten Vorjahreszahlen und zusätzlich die Zahlen des Vorjahresabschlusses ausweist und so die zeitliche Vergleichbarkeit aufeinanderfolgender Konzernabschlüsse gewährleistet.[237]

---

234 Vgl. LEHNKERING MONTAN TRANSPORT AG (Hrsg.), Geschäftsbericht 1994/95, S. 41. Ähnlich ALLWEILER AG (Hrsg.), Geschäftsbericht 1995, S. 35.

235 Vgl. FELTEN & GUILLEAUME ENERGIETECHNIK AG (Hrsg.), Geschäftsbericht 1995, S. 54 mit Hinweis auf dieses Vorgehen sowie konkret S. 58–74.

236 RHEINISCH-WESTFÄLISCHE KALKWERKE AG (Hrsg.), Geschäftsbericht 1995, S. 15.

237 Vgl. PIPER GENERALVERTRETUNG DEUTSCHLAND AG (Hrsg.), Geschäftsbericht 1994/95, S. 8 f. und S. 11.

Ein **zusammenfassendes Urteil** über die Qualität der Berichterstattung bei Änderungen des Konsolidierungskreises zu treffen, fällt schwer. Einerseits zeichnen sich jene Unternehmen, deren Konzernabschluß von diesen Änderungen beeinflußt ist und die hierüber berichten, durch ein verhältnismäßig hohes Niveau der Berichterstattung aus. Andererseits ist in vielen Fällen zu beobachten, daß über die Auswirkungen geänderter Konzernverhältnisse *nicht* berichtet wird.

425.3 Zur Verteilung der Qualitätswerte in Teilbericht V des Anhangs

Bei der Auswertung der Geschäftsberichte ergab sich für Teilbericht V die nachstehend dargestellte Verteilung der Qualitätswerte:[238]

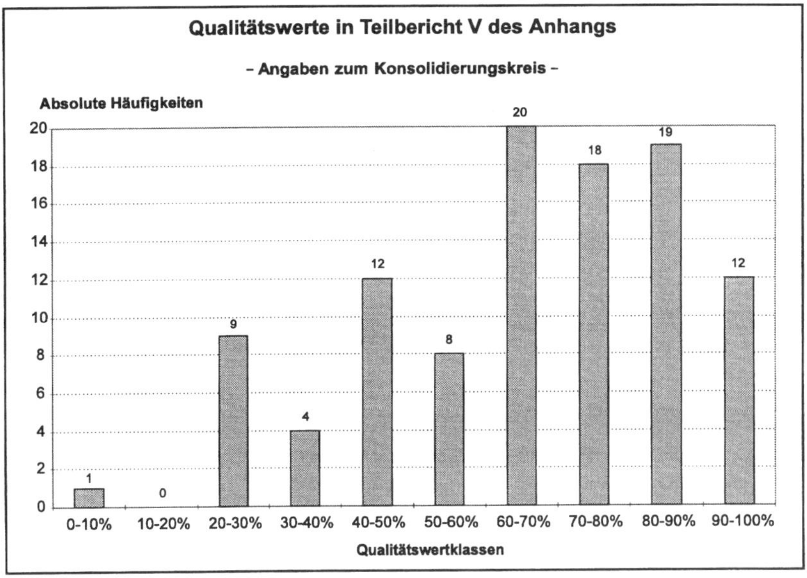

Übersicht 4-22: *Überblick über die Qualitätswerte in Teilbericht V des Anhangs*

Wie bereits in Abschnitt 423.21 erwähnt, sind 103 von 150 Unternehmen als Mutterunternehmen verpflichtet, einen (Teil-)Konzernabschluß aufzustellen. Diese Unter-

238 Zu einer aktuellen Auswertung, wie Unternehmen zur Abgrenzung des Konsolidierungskreises berichten, vgl. auch GELHAUSEN, W. D., Aktuelle Entwicklungen der Konzernrechnungslegung, S. 75–77.

nehmen zeichnen sich in Teilbericht V durch eine überdurchschnittliche Qualität ihrer Berichterstattung, aber auch durch eine hohe Streuung der Qualitätswerte aus. So beträgt der **Qualitäts-Mittelwert** hier 65,35 % bei einer Standardabweichung von 27,70 %-Punkten. Lediglich 26 von 103 Unternehmen erreichen Qualitätswerte, die unter 50 % liegen, während 12 Unternehmen mit ihren Anhangangaben in der höchsten Qualitätswertklasse [90 % bis 100 %] liegen.

Bei der Würdigung der in obiger Übersicht dargestellten Qualitätswerte in Teilbericht V sind zwei Besonderheiten zu beachten: *Erstens* räumt der Gesetzgeber den Unternehmen in § 313 Abs. 4 Satz 3 HGB die Möglichkeit ein, die in § 313 Abs. 2 HGB geforderten konstitutiven Angaben zu den in den Konzernabschluß einbezogenen Unternehmen in einer gesonderten Aufstellung machen zu dürfen und diese Aufstellung beim zuständigen Handelsregister zu hinterlegen. Von diesem Recht machen 54 von 103 Unternehmen Gebrauch, was dazu führt, daß die entsprechenden detaillierten Angaben nach § 313 Abs. 2 HGB im Anhang nicht gemacht zu werden brauchen und die jeweiligen Beurteilungskriterien deshalb aus dem Kriterienkatalog zu streichen sind.[239] Insofern ist nur die Berichterstattung zum Hauptkriterium „Hinweis auf die besondere Hinterlegung der Anteilsliste" zu beurteilen, was – bei einem geringen Spielraum, dieses Hauptkriterium auszufüllen – zu einer verhältnismäßig einheitlichen Bewertung der betroffenen Unternehmen bei diesem Qualitätskriterium führt.

Zweitens hatte sich nicht bei allen 103 in Frage kommenden Unternehmen die Zusammensetzung des Konsolidierungskreises während des Geschäftsjahres geändert, so daß bei den nicht von einem geänderten Konsolidierungskreis betroffenen Unternehmen das entsprechende Qualitätskriterium aus der Wertung herauszunehmen war.

Beide Faktoren – Möglichkeit, die Anteilsliste zu hinterlegen und unveränderter Konsolidierungskreis – führen gemeinsam dazu, daß der oben festgestellte Standard in der Berichterstattung zum Konsolidierungskreis nur eingeschränkt als hoch bezeichnet werden darf. Denn lägen anderenfalls die jeweiligen Tatbestände vor, stünde zu vermuten, daß sich ein differenzierteres (vermutlich eingeschränkt positives) Bild der Berichterstattungspraxis in Teilbericht V ergäbe.

239 Gleichwohl ist in einigen Fällen zu beobachten, daß im Anhang *trotz* Hinterlegung der vollständigen Anteilsliste beim Handelsregister die konstitutiven Merkmale *wesentlicher* Konzernunternehmen genannt werden; vgl. etwa VEBA AG (Hrsg.), Geschäftsbericht 1995, S. 107–111. Für diese Fälle enthält der Kriterienkatalog ein Oberkriterium, das die Qualität der Berichterstattung von Unternehmen, die – wie die VEBA AG – die konstitutiven Merkmale wesentlicher Konzernunternehmen im Anhang nennen und Unternehmen, die lediglich auf die Registerpublizität verweisen, in diesem Punkt vergleichbar macht.

426. Teilbericht VI: Erläuterungen zu den Konsolidierungsmethoden

426.1 Zur Bedeutung der Hauptkriterien in Teilbericht VI des Anhangs

In Teilbericht VI des Anhangs werden alle gesetzlichen Vorschriften zusammengefaßt, die dem Bereich der Konsolidierungsmethoden sachlich zuzuordnen sind. Der Begriff „Konsolidierungsmethoden" bezeichnet alle Maßnahmen zur Entwicklung des konsolidierten Abschlusses aus den Einzelabschlüssen der Konzernunternehmen.[240]

Wie sich in der ersten Umfrage unter den 442 Wirtschaftsprüfern und 34 Finanzanalysten herausstellte, haben die Angaben zu den Konsolidierungsmethoden nur eine unterdurchschnittliche Bedeutung. So schätzen Wirtschaftsprüfer die Bedeutung von Teilbericht VI mit einem Wert von 10,48 % ein, während der entsprechende Wert für Finanzanalysten bei 9,55 % liegt. Damit ergibt sich für Teilbericht VI eine mittlere Bedeutung von 10,01 %.

Wesentlicher Bestandteil der Angaben in Teilbericht VI sind Erläuterungen zu den Methoden der Kapitalkonsolidierung, zu den übrigen in den §§ 303 bis 305 HGB vorgesehenen Konsolidierungsmaßnahmen, zu gegebenenfalls vom Vorjahr abweichenden Konsolidierungsmethoden sowie zum Abschlußstichtag der in den Konzernabschluß einbezogenen Einzelabschlüsse. Wirtschaftsprüfer und Finanzanalysten schätzen diese Hauptkriterien wie nachstehend abgebildet ein (Übersicht 4-23):

---

240 Vgl. HARTLE, J., Grundlagen und Grundsätze des Konzernabschlusses, S. 24, Rn. 192 f.

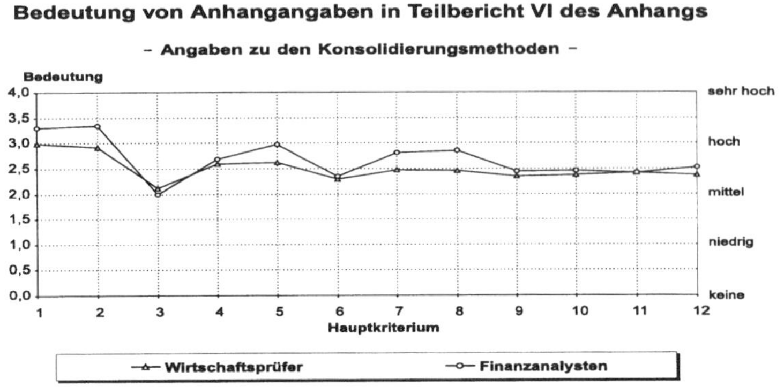

1. Angabe und Begründung der Abweichungen von den auf den vorhergehenden Abschluß angewandten Konsolidierungsmethoden
2. Gesonderte Darstellung des Einflusses abweichender Konsolidierungsmethoden auf die VFE-Lage des Konzerns
3. Angabe und Begründung, wenn der Abschlußstichtag des Konzerns und der Abschlußstichtag des Mutterunternehmens auseinanderfallen
4. Weicht der Abschlußstichtag des Konzerns von demjenigen eines einbezogenen Unternehmens ab und wird kein Zwischenabschluß aufgestellt, so sind dazwischenliegende Vorgänge anzugeben, soweit sie für die VFE-Lage des Konzerns von besonderer Bedeutung sind
5. Angaben zur Erwerbsmethode
6. Angaben zur Interessenzusammenführungsmethode
7. Angaben zur Quotenkonsolidierung
8. Angaben zur Equity-Methode
9. Angabe, wenn Zwischenergebniseliminierung wegen untergeordneter Bedeutung unterlassen wurde; Erläuterung hieraus resultierenden Einflusses auf die VFE-Lage des Konzerns, sofern er wesentlich ist
10. Detaillierte Angaben zur Schuldenkonsolidierung
11. Detaillierte Angaben zur Zwischenergebniseliminierung
12. Detaillierte Angaben zur Aufwands- und Ertragskonsolidierung

Übersicht 4-23: Die Bedeutung von Anhangangaben in Teilbericht VI des Anhangs

Die Expertenbefragung ergab einerseits, daß Angaben zu den vom Vorjahresabschluß unter Umständen abweichenden Konsolidierungsmethoden (Hauptkriterium Nr. 1) und zu dem Einfluß dieser Abweichungen auf die wirtschaftliche Lage des Konzerns (Hauptkriterium Nr. 2) für Wirtschaftsprüfer und Finanzanalysten von besonderer

Bedeutung sind.[241] Beide Berichtspflichten schätzen Wirtschaftsprüfer und Finanzanalysten mit einem zusammengefaßten Wert von jeweils 3,14 Punkten auf einer 4-Punkte-Skala als hoch bedeutend ein.

Andererseits sind Angaben zur Methode der Kapitalkonsolidierung bei Vollkonsolidierung (§ 301 HGB) für die Beurteilung eines Unternehmens ebenfalls sehr wichtig: für Hauptkriterium Nr. 5 wurde in der Umfrage eine mittlere Bedeutung von 2,80 Punkten festgestellt.

Demgegenüber haben die übrigen in Teilbericht VI zusammengefaßten Hauptkriterien nur eine vergleichsweise durchschnittliche Bedeutung. Für den nachfolgenden Gang der Arbeit wird deshalb festgelegt, die Qualität der Berichterstattung bei den drei vorstehend genannten und aus Expertensicht besonders wichtigen Hauptkriterien näher zu analysieren.

426.2 Qualitätsbestimmende Merkmale von Anhangangaben in Teilbericht VI des Anhangs

426.21 Abweichung von im Vorjahresabschluß angewandten Konsolidierungsmethoden (§§ 297 Abs. 3 Sätze 4 und 5/313 Abs. 1 Nr. 3 HGB)

Weichen die im vorliegenden Konzernabschluß angewandten Konsolidierungsmethoden von den im Vorjahresabschluß angewandten Konsolidierungsmethoden ab, so werden nach HGB zwei Berichtspflichten ausgelöst, die die Vergleichbarkeit aufeinanderfolgender Konzernabschlüsse sicherstellen sollen:

(1) **Angabe und Begründung der Abweichung** von den im Vorjahresabschluß angewandten Konsolidierungsmethoden (§§ 297 Abs. 3 Satz 4 und 313 Abs. 1 Nr. 3 1. HS HGB),

(2) **Angabe des Einflusses dieser Abweichungen** auf die wirtschaftliche Lage des Konzerns (§§ 297 Abs. 3 Satz 5 und 313 Abs. 1 Nr. 3 2. HS HGB).

241 Die in § 297 Abs. 3 Sätze 4 und 5 HGB und *zusätzlich* in § 313 Abs. 1 Nr. 3 HGB – insofern zweifach – geregelte Angabepflicht läßt die hohe Bedeutung dieser Vorschrift aus der Sicht des Gesetzgebers erkennen; vgl. ELLROTT, H., § 313 HGB, S. 1713 f., Rn. 137.

Ad (1) Angabe und Begründung der Tatsache abweichender Konsolidierungsmethoden

Nach Auffassung des Schrifttums hat ein Unternehmen hier folgende Angaben zu machen, um seiner Berichtspflicht zu genügen:

A. Einerseits sind die im Vorjahresabschluß und im vorliegenden Konzernabschluß angewandten (unterschiedlichen) Konsolidierungsmethoden anzugeben.[242] Dieses Oberkriterium wird von Wirtschaftsprüfern und Finanzanalysten übereinstimmend mit einem Gewicht von 2,93 Punkten auf einer 4-Punkte-Skala versehen.

B. Andererseits ist zu begründen, warum vom Grundsatz der Stetigkeit der Konsolidierungsmethoden abgewichen wurde.[243] Die Angabe von Gründen für das Abweichen von der bisher geübten Konsolidierungspraxis erlaubt dem externen Analysten zu beurteilen, ob der Grundsatz der Stetigkeit willkürlich oder begründet durchbrochen wurde.[244] Wirtschaftsprüfer schätzen dieses Oberkriterium mit 2,76 Punkten leicht geringer ein, als dies Finanzanalysten tun (2,86 Punkte).

Bei der Analyse der 103 in Frage kommenden Anhänge (von Mutterunternehmen) stellt sich zu **Oberkriterium A.** heraus, daß 92 Unternehmen in keiner Weise auf gegebenenfalls abweichende Konsolidierungsmethoden hinweisen oder – im Fall unverändert beibehaltener Konsolidierungsmethoden – dies ebenfalls nicht durch eine Fehlanzeige dokumentieren. Während bei 92 Unternehmen das entsprechende Oberkriterium A. also mit „Nein" bewertet wird,[245] sind bei elf Unternehmen Angaben zu verzeichnen, mit denen das Berichterstattungs-Soll erfüllt wird.

---

242 Vgl. ALBRECHT, W., § 297 HGB, S. 8, Rn. 16; BAETGE, J./KIRSCH, H.-J., § 297 HGB, S. 906, Rn. 84; BUDDE, W. D./LUST, P., § 297 HGB, S. 1441, Rn. 25; ADLER, H./DÜRING, W./SCHMALTZ, K., § 297 HGB, S. 241, Rn. 60.

243 Vgl. m. w. N. etwa ADLER, H./DÜRING, W./SCHMALTZ, K., § 297 HGB, S. 241 f., Rn. 60.

244 Vgl. ALBRECHT, W., § 297 HGB, S. 8, Rn. 16. Nach CSIK ist der Bericht über abweichende Konsolidierungsmethoden nur eine „Information über eine Maßnahme, nicht aber die Legitimation für die Maßnahme": CSIK, A., §§ 313, 314 HGB, S. 1655, Rn. 162.

245 Bei der hier betrachteten Angabepflicht wird vom Grundsatz „in dubio pro reo" abgewichen und das Fehlen einer Fehlanzeige als „Nicht-Berichterstattung" gewertet. Unternehmen, die eine Fehlanzeige abgeben, werden für ihre adressatenorientierte Publizitätspolitik insofern „belohnt", während nicht berichtende Unternehmen in dieser Hinsicht „bestraft" werden.

In neun dieser elf Fälle wird in einer Fehlanzeige auf unveränderte Konsolidierungsmethoden hingewiesen;[246] nur zwei Unternehmen hingegen haben ihre Konsolidierungsmethoden im Geschäftsjahr geändert und dokumentieren diesen Umstand auch in nachvollziehbarer Weise.[247] So berichtet die TRAUB AG, daß die Methode der Kapitalkonsolidierung eines Tochterunternehmens zum Bilanzstichtag geändert wurde; zugleich erläutert die TRAUB AG ausführlich, aus welchen Gründen die Kapitalkonsolidierungsmethode geändert wurde,[248] so daß **Oberkriterium B.** ebenfalls als erfüllt gewertet wird.

Ad (2) Angabe des Einflusses abweichender Konsolidierungsmethoden auf die wirtschaftliche Lage des Konzerns

Der Gesetzgeber schreibt in §§ 297 Abs. 3 Satz 5 und 313 Abs. 1 Nr. 3 2. HS HGB zusätzlich vor, den Einfluß abweichender Konsolidierungsmethoden auf die Vermögens-, Finanz- und Ertragslage des Konzerns anzugeben. Nach überwiegender Meinung im Fach-Schrifttum muß ein Unternehmen in der Regel quantitative Angaben und Erläuterungen im Anhang machen, um das Berichterstattungs-Soll zu erfüllen.[249]

Beide hier in Frage kommenden Unternehmen quantifizieren den Einfluß abweichender Konsolidierungsmethoden auf die wirtschaftliche Lage des Konzerns und versetzen den externen Analysten damit in die Lage, sich ein Bild davon zu machen, wie der Konzernabschluß bei unverändert beibehaltenen Konsolidierungsmethoden ausgesehen hätte.[250]

Im **Ergebnis** zeichnet die Stichprobe ein Bild unzureichender Berichterstattungspraxis bei abweichenden Konsolidierungsmethoden. Bei 92 von 103 Unternehmen hätte ein Hinweis (Fehlanzeige) auf nicht geänderte Konsolidierungsmethoden Unsicherheiten über möglicherweise nicht vergleichbare Konzernabschlüsse aufeinanderfolgender Jahre zu beseitigen vermocht. Auf diese Weise vorbildlich verfahren

246 Vgl. etwa PIPER GENERALVERTRETUNG DEUTSCHLAND AG (Hrsg.), Geschäftsbericht 1994/95, S. 16: „Die auf den vorangegangenen Konzernabschluß angewandten Konsolidierungsmethoden wurden beibehalten".

247 Zu einem ähnlichen Befund verhältnismäßig seltener Angaben zu diesem Hauptkriterium vgl. C&L DEUTSCHE REVISION (Hrsg.), Konzernabschlüsse '95, S. 96, Rn. 131.

248 Vgl. TRAUB AG (Hrsg.), Geschäftsbericht 1995, S. 54.

249 Vgl. ALBRECHT, W., § 297 HGB, S. 8, Rn. 17; BAETGE, J./KIRSCH, H.-J., § 297 HGB, S. 906, Rn. 85; ADLER, H./DÜRING, W./SCHMALTZ, K., § 297 HGB, S. 242, Rn. 61; IDW (Hrsg.), WPH 1996, Band I, S. 1027, Rn. M 695.

250 Vgl. etwa die Angaben der TRAUB AG (Hrsg.), Geschäftsbericht 1995, S. 54.

lediglich neun Unternehmen, die in einer Fehlanzeige auf unveränderte Konsolidierungsmethoden hinweisen, während zwei Unternehmen ihre Berichtspflichten bei geänderten Konsolidierungsmethoden vollständig erfüllen.

426.22 Kapitalkonsolidierung bei voll zu konsolidierenden Tochterunternehmen gemäß § 301 HGB

Angaben zur Kapitalkonsolidierung von Tochterunternehmen sind für Wirtschaftsprüfer und Finanzanalysten von hoher Bedeutung: Wirtschaftsprüfer (2,62 Punkte) und Finanzanalysten (2,97 Punkte) messen diesem Hauptkriterium eine zusammengefaßte Bedeutung von 2,80 Punkten auf einer 4-Punkte-Skala bei.

§ 301 HGB regelt die Aufrechnung der Beteiligung des Mutterunternehmens mit dem (anteiligen) Eigenkapital des Tochterunternehmens.[251] In den Absätzen 1, 2 und 3 dieser Vorschrift schreibt der Gesetzgeber dem bilanzierenden Unternehmen vor, im Anhang Angaben über die gewählte Methode der Kapitalkonsolidierung und den Zeitpunkt der Kapitalkonsolidierung zu machen, ferner aktivische und passivische Unterschiedsbeträge aus der Kapitalkonsolidierung sowie wesentliche Änderungen gegenüber dem Vorjahr zu erläutern und gegeneinander verrechnete aktivische und passivische Unterschiedsbeträge anzugeben. Aus § 313 Abs. 1 Nr. 1 HGB, wonach die auf den Konzernabschluß angewandten Bilanzierungs- und Bewertungsmethoden im Anhang anzugeben sind, ergibt sich für den Bilanzierenden ferner die Pflicht, Angaben über die Behandlung eines bei der Kapitalkonsolidierung entstandenen aktivischen Unterschiedsbetrages zu machen.[252] Die nachstehende Übersicht 4-24 faßt in der linken äußeren Spalte die Kriterien zusammen, die das hier zu diskutierende Hauptkriterium konkretisieren, und zeigt darüber hinaus, wie die befragten Wirtschaftsprüfer und Finanzanalysten die einzelnen Ober- und Unterkriterien einschätzen:

---

251 Zur Technik der Kapitalkonsolidierung vgl. etwa BUSSE VON COLBE, W./ORDELHEIDE, D., Konzernabschlüsse, S. 191–321; SCHILDBACH, T., Der handelsrechtliche Konzernabschluß, S. 147–207; BAETGE, J., Konzernbilanzen, S. 208–235.

252 Vgl. ELLROTT, H., § 313 HGB, S. 1707, Rn. 80; ADLER, H./DÜRING, W./SCHMALTZ, K., § 313 HGB, S. 850, Rn. 63.

Oberkriterium bzw. Unterkriterium		Mittlere Einschätzung		
		Wirtschaftsprüfer (WP)	Finanzanalysten (FA)	Antwort-Mittelwert von WP und FA
A.	Angabe der gewählten Methode der Kapitalkonsolidierung	2,70	2,97	2,83
B.	Angabe des für die Wertansätze der Kapitalkonsolidierung grundlegenden Zeitpunktes	2,52	2,88	2,70
C.	Erläuterung des aktivischen/passivischen Unterschiedsbetrages aus der Kapitalkonsolidierung sowie dessen wesentliche Änderungen gegenüber dem Vorjahr			
	C.1. Erläuterung der Zusammensetzung des Postens	2,81	3,07	2,94
	C.2. Erläuterung von Veränderungen des Postens	2,68	3,07	2,88
D.	Angabe der gegeneinander verrechneten aktivischen und passivischen Unterschiedsbeträge	2,56	2,97	2,77
E.	Angabe über die Behandlung eines aktivischen Unterschiedsbetrages aus der Kapitalkonsolidierung	2,70	2,98	2,84

Übersicht 4-24: *Befund über die Bedeutung von erläuternden Angaben zur Kapitalkonsolidierung von Tochterunternehmen*

Die Auswertung der Umfrageergebnisse zur Kapitalkonsolidierung zeigt, daß alle hier unterschiedenen Qualitätskriterien nach Meinung der befragten Experten etwa die gleiche, verhältnismäßig hohe Bedeutung haben. Zugleich wird erneut deutlich, daß Finanzanalysten einzelne Qualitätskriterien in der Regel für bedeutender erachten, als dies Wirtschaftsprüfer tun. Innerhalb welchen Spektrums in der Praxis zu diesen Qualitätskriterien berichtet wird, ist im folgenden zu zeigen.

Gemäß § 301 Abs. 1 Satz 2 HGB hat ein Mutterunternehmen bei der Kapitalkonsolidierung eines Tochterunternehmens ein Methodenwahlrecht zwischen der Buchwertmethode (Nr. 1 der Vorschrift) und der Neubewertungsmethode (Nr. 2).[253] Bei **Oberkriterium A.** ist anzugeben, in welcher Weise das Methodenwahlrecht bei der Kapitalkonsolidierung ausgeübt wird (§ 301 Abs. 1 Satz 5 HGB). Die Analyse der Anhänge von 103 Unternehmen, die einen (Teil-)Konzernabschluß aufstellen, ergab, daß nur drei Unternehmen keine Angaben zu diesem Oberkriterium machen. Bei zwei Unternehmen ist die fehlende Angabe darauf zurückzuführen, daß im betreffenden Geschäftsjahr keine konsolidierungspflichtigen Zugänge in den Konsolidierungs-

253 Zu einem neueren empirischen Befund darüber, wie häufig die jeweilige Kapitalkonsolidierungsmethode im Konzernabschluß angewendet wird, vgl. die Untersuchung von GELHAUSEN, W. D., Aktuelle Entwicklungen der Konzernrechnungslegung, S. 78.

kreis zu verzeichnen waren;[254] in beiden Fällen wird Oberkriterium A. deshalb nicht bewertet. Im Fall der PFLEIDERER BAU- UND VERKEHRSSYSTEME AG hingegen wird das Oberkriterium als „nicht erfüllt“ gewertet; im Geschäftsbericht heißt es:

> *„Die Kapitalkonsolidierung erfolgt nach der Buchwert- b z w . Neubewertungsmethode durch Verrechnung der Anschaffungskosten der Beteiligung mit dem Konzernanteil am Eigenkapital der einbezogenen Unternehmen.“*[255]

Die Angabe läßt offen, welche der beiden genannten Methoden der Kapitalkonsolidierung angewendet wird oder ob sogar beide Methoden parallel angewendet werden.[256] In diesem Fall wäre allerdings zu begründen gewesen, warum Buchwertmethode und Neubewertungsmethode parallel angewendet werden.[257]

In allen anderen Fällen (100 Unternehmen) ist dem Anhang eindeutig zu entnehmen, welche Methode zur Kapitalkonsolidierung herangezogen wird. Die Qualität der Berichterstattung zeichnet sich bei diesem Oberkriterium also durch ein sehr hohes Niveau aus.

Mit **Oberkriterium B.** wird analysiert, ob gemäß § 301 Abs. 2 Satz 2 HGB der Zeitpunkt, der der Erstkonsolidierung zugrunde gelegt wurde, im Anhang angegeben wird.[258] Von 101 in Frage kommenden Mutterunternehmen – bei zwei Unternehmen waren keine konsolidierungspflichtigen Zugänge in den Konsolidierungskreis zu verzeichnen – geben 86 Unternehmen den Zeitpunkt der Erstkonsolidierung an, während diese Angabe bei 15 Unternehmen unterbleibt, ohne daß ein Grund für dieses Fehlen zu erkennen wäre.

Mit den Oberkriterien C. und D. wird untersucht, in welcher Weise aktivische und passivische Unterschiedsbeträge, die bei der Kapitalkonsolidierung entstehen, im Anhang erläutert werden. **Oberkriterium C.** (§ 301 Abs. 3 Satz 2 HGB) wird durch

---

254 Die Pflicht, die Methode der Kapitalkonsolidierung im Anhang anzugeben, bezieht sich nur auf den Zeitpunkt der *Erstkonsolidierung*.

255 PFLEIDERER BAU- UND VERKEHRSSYSTEME AG (Hrsg.), Geschäftsbericht 1994/95, S. 43; Hervorhebung durch den Verfasser.

256 Grundsätzlich dürfen Buchwertmethode und Neubewertungsmethode parallel in einem Konzernabschluß angewendet werden; allerdings ist das Gebot der zeitlichen und sachlichen Stetigkeit zu beachten. Vgl. FÖRSCHLE, G., § 301 HGB, S. 1496, Rn. 45; ADLER, H./ DÜRING, W./SCHMALTZ, K., § 301 HGB, S. 398, Rn. 44 f.

257 Vgl. FÖRSCHLE, G., § 301 HGB, S. 1511, Rn. 120.

258 Vgl. zu dieser Angabepflicht etwa NIEHUS, R. J./SCHOLZ, W., §§ 238–335 HGB, S. 1075 f., Rn. 1183; FÖRSCHLE, G., § 301 HGB, S. 1515, Rn. 155; ADLER, H./DÜRING, W./SCHMALTZ, K., § 301 HGB, S. 426, Rn. 123 f.

die beiden in Übersicht 4-24 ausgewiesenen Unterkriterien C.1. (Erläuterung der Zusammensetzung des Unterschiedsbetrages aus der Kapitalkonsolidierung) und C.2. (Erläuterung von Veränderungen des Postens) weiter konkretisiert. Bei der Frage, wie die untersuchten Unternehmen ihrer Berichterstattungspflicht zu Oberkriterium C. nachkommen, ist zu beachten, daß eine Erläuterungspflicht nur dann besteht, wenn der Unterschiedsbetrag aus der Kapitalkonsolidierung nicht in die Rücklagen eingestellt oder mit diesen verrechnet wird (§ 309 Abs. 1 Satz 3 HGB). In diesem Fall, von dem 61 Unternehmen betroffen sind, geht der Unterschiedsbetrag aus der Kapitalkonsolidierung unter, so daß die betreffenden Unternehmen von der Angabepflicht nach § 301 Abs. 3 Satz 2 HGB entbunden sind. Beispielsweise berichtet die G. M. PFAFF AG:

> *„Die anderen Gewinnrücklagen des Konzerns umfassen neben den unveränderten Gewinnrücklagen der G. M. Pfaff AG die aktiven und passiven Unterschiedsbeträge aus der Kapitalkonsolidierung der Tochtergesellschaften."*[259]

Von den verbleibenden 42 Unternehmen, die Unterschiedsbeträge nicht gegen die Rücklagen verrechnen, erläutert nur die Hälfte die Zusammensetzung des Unterschiedsbetrages (**Unterkriterium C.1.**) in hinreichender Weise, während das Qualitätskriterium bei der anderen Hälfte mangels eindeutiger Angaben als nicht erfüllt gewertet werden muß. Als vorbildlich sind etwa die Angaben der ASKO DEUTSCHE KAUFHAUS AG zu bezeichnen, die in ihrem Anhang unter anderem ausführt:

> *„Die Firmenwerte zum 30.9 betreffen mit 422 Millionen DM den Deutsche SB-Kauf-Konzern, mit 148 Millionen DM den Praktiker-Konzern und mit 543 Millionen DM die MHB-/Massa-Gruppe."*[260]

Ähnlich ausführlich berichtet die THYSSEN INDUSTRIE AG:

> *„Von dem Geschäfts- oder Firmenwert zum 30. September stammen 333,7 Mio DM aus der Kapitalkonsolidierung, 31,6 Mio DM aus der Equity-Bewertung und 26,5 Mio DM aus den Einzelabschlüssen."*[261]

In § 301 Abs. 3 Satz 2 HGB wird weiterhin gefordert, wesentliche Änderungen des Unterschiedsbetrages aus der Kapitalkonsolidierung gegenüber dem Vorjahr zu erläutern (**Unterkriterium C.2.**). Dieser Angabepflicht genügt ein Unternehmen dann, wenn es die Ursachen der Änderung des Unterschiedsbetrages offenlegt und Angaben über Zugänge, Abgänge und Abschreibungen des Unterschiedsbetrages

---

259 G. M. PFAFF AG (Hrsg.), Geschäftsbericht 1995, S. 55.

260 ASKO DEUTSCHE KAUFHAUS AG (Hrsg.), Geschäftsbericht 1994/95, S. 45.

261 THYSSEN INDUSTRIE AG (Hrsg.), Geschäftsbericht 1994/95, S. 54.

macht.[262] Von den 42 hierfür in Frage kommenden Unternehmen macht nur knapp die Hälfte (19 Unternehmen) auf Änderungen des Unterschiedsbetrages aufmerksam. In allen anderen Fällen (23 Unternehmen) wird nach dem Grundsatz „in dubio pro reo" davon ausgegangen, daß sich der aus der Kapitalkonsolidierung resultierende Unterschiedsbetrag im Geschäftsjahr nicht wesentlich geändert hat.[263]

Der Angabe etwa der ASKO DEUTSCHE KAUFHAUS AG kann der externe Analyst entnehmen, auf welche Ursachen wesentliche Änderungen des Unterschiedsbetrages aus der Kapitalkonsolidierung zurückzuführen sind:

> *„Die Zugänge in der Position Geschäfts- oder Firmenwerte ergeben sich im wesentlichen aus dem Erwerb der MHB-/Massa-Gruppe (633 Millionen DM). Die Abgänge resultieren aus der Endkonsolidierung von zwei Tochtergesellschaften."*[264]

Ebenso informativ berichtet die BERLINER ELEKTRO HOLDING AG:

> *„Die Veränderungen des Firmenwertes resultieren aus den Zugängen des Jahres 1995 [die erläutert werden] abzüglich planmäßiger Abschreibungen sowie aus der Verrechnung der Firmenwerte Schaltbau AG und PFA Partner für Fahrzeugausstattung GmbH."*[265]

Beide Angaben lassen wesentliche Ursachen für Änderungen des Unterschiedsbetrages erkennen.

Für den Fall, daß sich bei der Kapitalkonsolidierung mehrerer Tochterunternehmen sowohl Geschäfts- oder Firmenwerte ergeben, die nicht mit den Konzernrücklagen verrechnet werden, als auch passivische Unterschiedsbeträge aus der Kapitalkonsolidierung entstehen, eröffnet der Gesetzgeber dem bilanzierenden Unternehmen in § 301 Abs. 3 Satz 3 HGB die Möglichkeit, aktivische und passivische Unterschiedsbeträge aus der Kapitalkonsolidierung miteinander zu verrechnen.[266] In diesem Fall ist im Konzernanhang auf die Verrechnung hinzuweisen, und die gegeneinander verrechneten Unterschiedsbeträge sind anzugeben (**Oberkriterium D.**). Eine solche Angabepflicht besteht allerdings nur insoweit, als aktivische oder passivische Unterschiedsbeträge (nach Verrechnung) *gesondert* auf der Aktivseite oder der Passivseite

---

262 Vgl. ADLER, H./DÜRING, W./SCHMALTZ, K., § 301 HGB, S. 430, Rn. 140.

263 Zur *Abschreibung* des Unterschiedsbetrages aus der Kapitalkonsolidierung vgl. Oberkriterium E.

264 ASKO DEUTSCHE KAUFHAUS AG (Hrsg.), Geschäftsbericht 1994/95, S. 45.

265 BERLINER ELEKTRO HOLDING AG (Hrsg.), Geschäftsbericht 1995, S. 96; Ergänzung durch den Verfasser.

266 Kritisch zu diesem Wahlrecht NIEHUS, R. J./SCHOLZ, W., Konsolidierungswahlrechte und Berichterstattung, S. 221, die auf einen Verstoß gegen das Saldierungsverbot hinweisen, den Informationsverlust indes durch die entsprechende Anhangangabe als geheilt betrachten.

der Bilanz ausgewiesen und insofern nicht in die Konzernrücklagen eingestellt bzw. mit diesen verrechnet werden. Bei der empirischen Untersuchung der Anhänge war kein Fall zu verzeichnen, in dem aktivische und passivische Unterschiedsbeträge aus der Kapitalkonsolidierung miteinander verrechnet werden und der Saldo anschließend *nicht* mit den Konzernrücklagen verrechnet wird. 15 Fälle, in denen ein Saldo aus verrechneten aktivischen und passivischen Unterschiedsbeträgen über die Konzernrücklagen gebucht wird, sind – wie gesagt – nicht unter dieses Oberkriterium zu subsumieren. Beispielsweise berichtet die DOUGLAS HOLDING AG:

> *„Im Berichtsjahr wurden **aktivische Unterschiedsbeträge** mit 314 TDM sowie **passivische Unterschiedsbeträge** in Höhe von 10.223 TDM mit den Gewinnrücklagen verrechnet.“*[267]

Angaben über die Behandlung von aktivischen Unterschiedsbeträgen aus der Kapitalkonsolidierung (**Oberkriterium E.**) sind aus Sicht der Fachleute von besonderer Bedeutung. Aktivische Unterschiedsbeträge sind gemäß § 309 Abs. 1 Sätze 1 und 2 HGB i. V. m. § 301 Abs. 3 HGB grundsätzlich als Geschäfts- oder Firmenwert auf der Aktivseite der Bilanz anzusetzen und planmäßig über vier (Folge-)Jahre oder über die voraussichtliche Nutzungsdauer abzuschreiben. Gemäß § 309 Abs. 1 Satz 3 HGB darf der aktivische Unterschiedsbetrag auch offen mit den Rücklagen verrechnet werden.[268] Wird der aktivische Unterschiedsbetrag als Geschäfts- oder Firmenwert angesetzt, ergibt sich aus § 313 Abs. 1 Nr. 1 HGB die Pflicht, Angaben zur Abschreibung des Postens zu machen. In 15 von 25 Fällen, in denen ein aktivischer Unterschiedsbetrag als Geschäfts- oder Firmenwert auf der Aktivseite der Bilanz ausgewiesen wird, kommen die betreffenden Unternehmen ihrer Berichtspflicht in hinreichendem Maße nach. Die MICHAEL WEINIG AG berichtet etwa:

> *„Die Abschreibung von im Geschäftswert aus Kapitalkonsolidierung enthaltenen aktivischen Unterschiedsbeträgen erfolgt – mit Ausnahme des aus der Erstkonsolidierung der Michael Weinig Australia Pty. Limited resultierenden Firmenwertes in Höhe von TDM 16, der aus Vereinfachungsgründen sofort vollständig abgeschrieben wurde – planmäßig über eine Nutzungsdauer von 15 Jahren.“*[269]

---

267 DOUGLAS HOLDING AG (Hrsg.), Geschäftsbericht 1995, S. 50; Hervorhebung im Original. Eine ähnliche Angabe macht auch die KONRAD HORNSCHUCH AG; vgl. KONRAD HORNSCHUCH AG (Hrsg.), Geschäftsbericht 1995, S. 28.

268 Ob ein aktivischer Unterschiedsbetrag aus der Kapitalkonsolidierung auch *ratierlich* mit den Rücklagen verrechnet werden darf, ist strittig; vgl. ORDELHEIDE, D., Kapitalkonsolidierung und Konzernerfolg, S. 295 f.; SABI DES IDW, Unterschiedsbetrag aus der Kapitalkonsolidierung, S. 623 f. sowie GELHAUSEN, W. D., Aktuelle Entwicklungen der Konzernrechnungslegung, S. 80.

269 MICHAEL WEINIG AG (Hrsg.), Geschäftsbericht 1995, S. 32.

Ebenso eindeutig berichtet die PIRELLI DEUTSCHLAND AG:

> *„Der Abschreibung auf den als Geschäfts- oder Firmenwert aktivierten Unterschiedsbetrag aus der Kapitalkonsolidierung liegt eine Nutzungsdauer von 20 Jahren zugrunde. Erworbene Geschäfts- oder Firmenwerte werden in zehn bzw. fünfzehn Jahren abgeschrieben."*[270]

Die PIRELLI DEUTSCHLAND AG unterscheidet bei dieser Angabe deutlich zwischen Geschäfts- oder Firmenwerten aus der Kapitalkonsolidierung und erworbenen Geschäfts- oder Firmenwerten, die auch im Einzelabschluß des Unternehmens aktiviert werden. Im Anhang der SALAMANDER AG hingegen heißt es unter „Konsolidierungsgrundsätze":

> *„Ein sich ergebender Goodwill wird unter den Immateriellen Vermögensgegenständen aktiviert und abgeschrieben."*[271]

und im Zusammenhang mit der Erläuterung der Bilanzierungs- und Bewertungsgrundsätze weiter:

> *„Erworbene Geschäfts- oder Firmenwerte werden grundsätzlich über 15 Jahre, im Einzelhandel über 10 Jahre abgeschrieben."*[272]

Ein (weiterer, dritter) Blick in das Anlagengitter des Salamander-Konzerns und des Mutterunternehmens macht deutlich, daß im Einzelabschluß – im Gegensatz zum Konzernabschluß – keine Geschäfts- oder Firmenwerte aktiviert werden. Hieraus ist zu schließen, daß sich obige Angaben zur Abschreibung des Geschäfts- oder Firmenwertes auf den bei der Kapitalkonsolidierung entstandenen Geschäfts- oder Firmenwert oder unter Umständen auf die von Tochterunternehmen übernommenen Geschäfts- oder Firmenwerte beziehen. Das Problem, daß für eine Information im pragmatischen, also zweckorientierten Sinne[273], drei Angaben benötigt werden, könnte durch eine einfache Zusammenfassung der entsprechenden Teil-Informationen gelöst werden.

Eine **zusammenfassende Beurteilung** der Berichterstattung zur Kapitalkonsolidierung von Tochterunternehmen muß einerseits festhalten, daß Angaben zur Methode und zum Zeitpunkt der Kapitalkonsolidierung von der überwiegenden Zahl der Unternehmen gemacht werden. Weiterführende Angaben zur bilanziellen Behandlung

---

270 PIRELLI DEUTSCHLAND AG (Hrsg.), Geschäftsbericht 1995, S. 20.

271 SALAMANDER AG (Hrsg.), Geschäftsbericht 1995, S. 41.

272 SALAMANDER AG (Hrsg.), Geschäftsbericht 1995, S. 42.

273 Zur Unterscheidung von Informationen auf einer syntaktischen, semantischen und pragmatischen Ebene vgl. MAG, W., Entscheidung und Information, S. 4–6.

von Unterschiedsbeträgen aus der Kapitalkonsolidierung sind andererseits in deutlich weniger Fällen zu registrieren.

426.3 Zur Verteilung der Qualitätswerte in Teilbericht VI des Anhangs

Die Analyse der 103 in Frage kommenden Anhänge (von Mutterunternehmen) ergab in Teilbericht VI bei einer verhältnismäßig geringen Standardabweichung von 13,34 %-Punkten einen **Qualitäts-Mittelwert** von 41,14 % (vgl. nachstehende Übersicht 4-25):

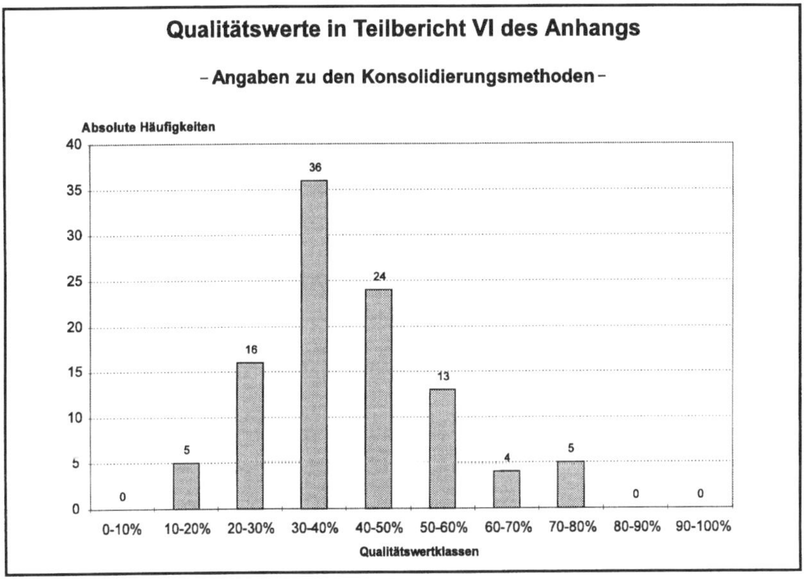

Übersicht 4-25: *Überblick über die Qualitätswerte in Teilbericht VI des Anhangs*

Ein Vergleich der Qualitäts-Mittelwerte aller Teilberichte zeigt, daß in Teilbericht VI nach Teilbericht VIII (Freiwillige Angaben) am schlechtesten berichtet wird. So erläutern nur 22 von 103 Unternehmen die im Konzernabschluß angewandten Konsolidierungsmethoden in einer Weise, die zu einer (ausreichenden) Bewertung mit mehr als 50 % der maximal erreichbaren Punktzahl führt.

427. Teilbericht VII: Erläuterung sonstiger, vor allem rechtsformspezifischer Pflichtangaben

427.1 Zur Bedeutung der Hauptkriterien in Teilbericht VII des Anhangs

Teilbericht VII des Anhangs „Sonstige, vor allem rechtsformspezifische Pflichtangaben" faßt alle Pflichtangaben zusammen, die keinem der übrigen sechs Teilberichte des Pflichtteils im Anhang sachlich zugeordnet werden können. Hierbei handelt es sich vor allem um Angaben zu nicht aus der Bilanz ersichtlichen sonstigen finanziellen Verpflichtungen, zu Arbeitnehmern und Organmitgliedern des Unternehmens sowie um Angaben, die die Eigenkapitalverhältnisse des Unternehmens näher erläutern und die sich vor allem aus aktienrechtlichen Vorschriften (vgl. § 160 Abs. 1 AktG) ergeben.

Die erste Umfrage unter Wirtschaftsprüfern und Finanzanalysten ergab, daß die in Teilbericht VII zusammengefaßten Angaben ein deutlich unterdurchschnittliches Gewicht besitzen. Während die befragten Wirtschaftsprüfer hier ein Gewicht von 10,15 % vergeben, liegt der entsprechende Wert bei den befragten Finanzanalysten mit 8,39 % deutlich niedriger. Aus den genannten Werten ergibt sich eine mittlere Bedeutung für Teilbericht VII von 9,27 %.

Teilbericht VII wurden 19 Hauptkriterien zugeordnet. Die Bedeutung dieser Hauptkriterien zeigt Übersicht 4-26:

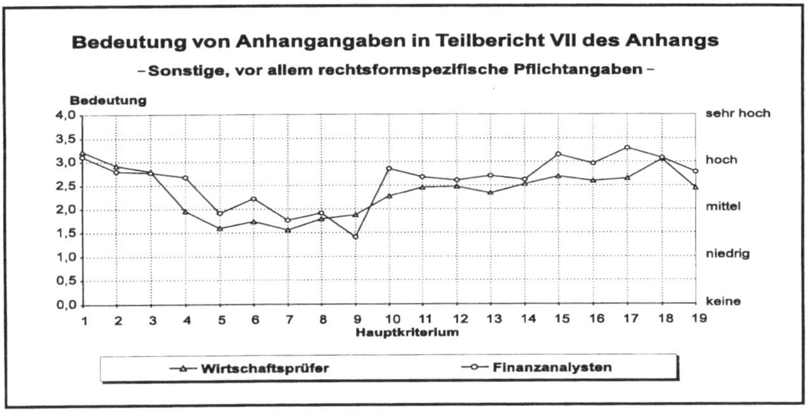

1.	Angabe des Gesamtbetrages der nicht aus der Bilanz ersichtlichen sonstigen finanziellen Verpflichtungen, soweit sie für die Finanzlage von Bedeutung sind
2.	Gesonderte Angabe des Gesamtbetrages der nicht aus der Bilanz ersichtlichen sonstigen finanziellen Verpflichtungen gegenüber verbundenen Unternehmen
3.	Gesonderte Angabe der nicht aus der Bilanz ersichtlichen sonstigen finanziellen Verpflichtungen und Haftungsverhältnisse, die gegenüber nicht einbezogenen Tochterunternehmen bestehen
4.	Angabe der durchschnittlichen Arbeitnehmerzahl des Konzerns, getrennt nach Gruppen
5.	Angabe der durchschnittlichen Arbeitnehmerzahl bei nur anteilig einbezogenen Unternehmen
6.	Angabe der im Geschäftsjahr gewährten Gesamtbezüge für Mitglieder der Geschäftsführung, des Aufsichtsrates, des Beirates oder einer ähnlichen Einrichtung jeweils für jede Personengruppe
7.	Angabe der Gesamtbezüge der unter laufender Nr. VII. 6. genannten Organe und ihrer Hinterbliebenen
8.	Angabe des Betrages der für frühere Organmitglieder und ihre Hinterbliebenen gebildeten Rückstellungen für laufende Pensionen und Anwartschaften auf Pensionen und Betrag der nicht gebildeten Pensionsrückstellungen
9.	Angabe von Vorschüssen, Krediten an Organmitglieder
10.	Angabe aller Mitglieder des Geschäftsführungsorgans und des Aufsichtsrates
11.	Angabe bei Konzernzugehörigkeit von Namen und Sitz des Mutterunternehmens, das den Konzernabschluß für den größten und für den kleinsten Kreis von Unternehmen aufstellt sowie Angabe des Ortes, wo die Konzernabschlüsse gegebenenfalls erhältlich sind
12.	Angaben über einen befreienden Konzernabschluß
13.	Angabe über Bestand, Zugang und gegebenenfalls Verwertung von Aktien, die ein Aktionär für die Gesellschaft übernommen hat
14.	Angabe über Bestand, Zugang und gegebenenfalls Änderung des Bestands an eigenen Aktien der Gesellschaft
15.	Angabe des Bestehens einer wechselseitigen Beteiligung
16.	Angabe über das Bestehen einer Beteiligung an der Gesellschaft
17.	Erläuterung der Verwendung von Beträgen aus einer Kapitalherabsetzung und der Auflösung von Gewinnrücklagen
18.	Angabe, die nach einer Sonderprüfung wegen unzulässiger Bewertung in besonderen Fällen zu machen sind
19.	Angaben zum Bestand an Anteilen an dem Mutterunternehmen, die das Mutterunternehmen oder ein Tochterunternehmen oder ein anderer für Rechnung eines in den Konzernabschluß einbezogenen Unternehmens erworben oder als Pfand genommen hat; Zahl und Nennbetrag dieser Anteile sowie deren Anteil am Kapital sind anzugeben

***Übersicht 4-26:** Die Bedeutung von Anhangangaben in Teilbericht VII des Anhangs*

Die erste Umfrage unter Wirtschaftsprüfern und Finanzanalysten, in der die Bedeutung aller Hauptkriterien ermittelt wurde, ergab einerseits, daß vor allem

(1) Angaben zu den sonstigen finanziellen Verpflichtungen (§§ 285 Nr. 3 1. HS und 314 Abs. 1 Nr. 2 1. HS HGB; vgl. Hauptkriterium Nr. 1 in obiger Übersicht),

(2) Angaben über das Bestehen einer wechselseitigen Beteiligung (§ 160 Abs. 1 Nr. 7 AktG; vgl. Hauptkriterium Nr. 15),

(3) Erläuterungen zur Verwendung von Beträgen aus einer Kapitalherabsetzung (§ 240 Abs. 3 AktG; vgl. Hauptkriterium Nr. 17) sowie

(4) Angaben, die nach einer Sonderprüfung wegen unzulässiger Bewertung in besonderen Fällen zu machen sind (§ 261 Abs. 1 Sätze 3 und 4 AktG; vgl. in obiger Übersicht Hauptkriterium Nr. 18),

von besonderer Bedeutung für die Fachleute sind. Alle genannten Angabepflichten erreichen in der Umfrage eine Bedeutung von deutlich mehr als 2,90 Punkten auf einer 4-Punkte-Skala.[274]

Demgegenüber haben andererseits Angaben zu den Arbeitnehmern und zu den Organmitgliedern des Unternehmens regelmäßig nur eine untergeordnete Bedeutung von weniger als 2 Punkten auf einer 4-Punkte-Skala.

Angaben zu den Punkten (2), (3) und (4) in obiger Aufzählung sind den in die Stichprobe gelangten Anhängen in keinem Fall zu entnehmen, was auf den Ausnahmecharakter der diesen Vorschriften zugrundeliegenden Sachverhalte hindeutet. Im folgenden wird nur die Pflicht zur Angabe der sonstigen finanziellen Verpflichtungen (Nr. (1) in obiger Aufzählung) näher untersucht; diese hat sich in der Experten-Umfrage als besonders wichtig und in der empirischen Analyse als praktisch relevant erwiesen (zugleich Hauptkriterium Nr. 1).[275]

---

274 Zugrunde gelegt wird jeweils das arithmetische Mittel aus der Einschätzung von Wirtschaftsprüfern und Finanzanalysten.

275 Zu einer empirischen Untersuchung über diesen Publizitätsbereich vgl. die Monographie von KORTMANN, H.-W., Die Berichterstattung über die sonstigen finanziellen Verpflichtungen sowie ausgedehnt auf den Publizitätsbereich „Finanzvermögen" HÜBNER, N., Die Publizität des Finanzvermögens.

427.2 Qualitätsbestimmende Merkmale von Anhangangaben in Teilbericht VII des Anhangs: Sonstige finanzielle Verpflichtungen

Die Pflicht, den Gesamtbetrag der sonstigen finanziellen Verpflichtungen[276] im Anhang anzugeben, trägt gemeinsam mit den Regelungen zur Gliederung der Verbindlichkeiten nach Restlaufzeiten[277] und der Pflicht zur gesonderten Angabe der in § 251 HGB genannten Haftungsverhältnisse dazu bei, den Einblick in die Finanzlage des Unternehmens zu verbessern.[278] Gemäß §§ 285 Nr. 3 und 314 Abs. 1 Nr. 2 HGB gilt die Berichtspflicht für den Einzelabschluß und analog für den Konzernabschluß. Gleichwohl bedarf es eines – gesetzlich nicht vorgesehenen – Finanzplans, um ein den tatsächlichen Verhältnissen entsprechendes Bild der Finanzlage zu vermitteln.[279]

Für die Auswertung von Anhangangaben zur Darstellung der sonstigen finanziellen Verpflichtungen wurden durch Auswertung des Schrifttums die folgenden sechs **Oberkriterien** ermittelt:

A. Bereits aus dem Wortlaut des Gesetzes ergibt sich die Pflicht zur Angabe des **Gesamtbetrages** der sonstigen finanziellen Verpflichtungen. Um unnötige Rechenoperationen zu vermeiden, sollte der Gesamtbetrag auch dann angegeben werden, wenn er vollständig untergliedert wird.[280]

---

276 Zu einer begrifflichen Abgrenzung der sonstigen finanziellen Verpflichtungen vgl. SELCHERT, F. W., Sonstige finanzielle Verpflichtungen, S. 546; FEY, G., Haftungsverhältnisse, S. 134–137. Zum Zusammenhang zwischen „sonstigen finanziellen Verpflichtungen" und „Haftungsverhältnissen", die eine gesonderte Angabe im Anhang auslösen (§ 268 Abs. 7 HGB), vgl. FEY, G., Haftungsverhältnisse, S. 140–149.

277 Vgl. §§ 285 Nr. 1 und 2 und 314 Abs. 1 Nr. 1 HGB; zum Vorschlag, die Verbindlichkeiten in einem sogenannten „Verbindlichkeitenspiegel" zusammenfassend darzustellen, siehe BAETGE, J., Bilanzen, S. 347 f. sowie m. w. N. ADLER, H./DÜRING, W./ SCHMALTZ, K., § 285 HGB, S. 78, Rn. 26.

278 Vgl. KRAWITZ, N., § 285 HGB, S. 20, Rn. 22. Zur eingeschränkten Aussagefähigkeit der Jahresabschlußangaben zur Finanzlage des Unternehmens vgl. OSSADNIK, W., Darstellung der Finanzlage S. 813 f.

279 Vgl. IDW (Hrsg.), WPH 1996, Band I, S. 450, Rn. F 522. Zu einer Synthese von Jahresabschluß und Kapitalflußrechnung vgl. LEFFSON, U., Vollständiger Kapitaldispositionsnachweis, S. 8–16.

280 Vgl. OTT, J./HEYMANN, G., Sonstige finanzielle Verpflichtungen, S. 8, Rn. 37.

B. Im Schrifttum wird ferner gefordert, den Gesamtbetrag der sonstigen finanziellen Verpflichtungen freiwillig zu **untergliedern**.[281] Mit RUSS wäre die Angabe nur des Gesamtbetrages „aus der Sicht der Jahresabschlußadressaten als eine große Unzulänglichkeit dieser Vorschrift"[282] zu werten. Mit einer Untergliederung genügte ein Unternehmen zugleich internationalen Standards der Berichterstattung in diesem Publizitätsbereich.[283]

C. Darüber hinaus sollten einzelne **Arten** von sonstigen finanziellen Verpflichtungen freiwillig erläutert werden.[284]

D. Für die Beurteilung der Finanzlage ist zusätzlich anzugeben, ob es sich beim Gesamtbetrag der sonstigen finanziellen Verpflichtungen um **Barwerte** oder um **Nominalwerte** handelt, ob einzelne Beträge unter Umständen also abgezinst werden.[285]

E. Werden bestimmte Teilbeträge der sonstigen finanziellen Verpflichtungen bereits in dem Geschäftsjahr, das dem abzuschließenden Geschäftsjahr folgt, fällig, so geben Fälligkeiten Auskunft über die zeitliche Verteilung der Verpflichtungen.[286] Diese unter liquiditätspolitischen Gesichtspunkten besonders wichtigen Angaben tragen dazu bei, den Einblick in die Finanzlage des Unternehmens zusätzlich zu verbessern. Mit Oberkriterium E. wird deshalb die Angabe der **im kommenden Geschäftsjahr fälligen Verpflichtungen** gefordert.

---

281 Vgl. für den Einzelabschluß DÖRNER, D./WIRTH, M., §§ 284–288 HGB, S. 1942, Rn. 164; ELLROTT, H., § 285 HGB, S. 1251 f., Rn. 27; ADLER, H./DÜRING, W./SCHMALTZ, K., § 285 HGB, S. 94, Rn. 76 sowie für den Konzernabschluß CSIK, A., §§ 313, 314 HGB, S. 1691, Rn. 328; ADLER, H./DÜRING, W./SCHMALTZ, K., § 314 HGB, S. 876, Rn. 13; a. A. SCHERRER, G., § 314 HGB, S. 10, Rn. 14, der eine Untergliederung für nicht erforderlich hält.

282 RUSS, W., Der Anhang als dritter Teil des Jahresabschlusses, S. 206.

283 Vgl. für Großbritannien etwa JOHNSON, B./PATIENT, M., Accounting Provisions S. 185–187. Zur Angabepflicht nach IAS vgl. FEY, G., Ungewisse Ansprüche und Verbindlichkeiten, S. 10.

284 Vgl. SELCHERT, F. W., Der Anhang als Instrument der Informationspolitik, S. 57; DÖRNER, D./WIRTH, M., §§ 284–288 HGB, S. 1942, Rn. 164; CSIK, A., §§ 313, 314 HGB, S. 1691, Rn. 328.

285 Vgl. GZUK, R., Konzernanhang, S. 36, Rn. 124.

286 Vgl. SELCHERT, F. W., Der Anhang als Instrument der Informationspolitik, S. 57 f.; CLAUSSEN, C. P., §§ 284–288 HGB, 160 AktG, S. 581, Rn. 76; ELLROTT, H., § 285 HGB, S. 1252, Rn. 27; ADLER, H./DÜRING, W./SCHMALTZ, K., § 285 HGB, S. 94, Rn. 76.

F. Bei Verpflichtungen aus Dauerschuldverhältnissen oder aus wiederkehrenden Schuldverhältnissen ist darüber hinaus der Betrag der **in den folgenden Geschäftsjahren fälligen Verpflichtungen** anzugeben.[287]

In den beiden empirischen Umfragen unter Wirtschaftsprüfern und Finanzanalysten wurde die Bedeutung des Hauptkriteriums „Angabe des Gesamtbetrages der sonstigen finanziellen Verpflichtungen" und der sechs Oberkriterien abgefragt. Wirtschaftsprüfer weisen dem Hauptkriterium ein (hohes) Gewicht von 3,22 Punkten auf einer 4-Punkte-Skala zu; der entsprechende Wert für Finanzanalysten liegt bei 3,12 Punkten. Die Gewichtung der sechs Oberkriterien geht aus nachstehender Übersicht hervor:

Oberkriterium	Mittlere Einschätzung		
	Wirtschaftsprüfer (WP)	Finanzanalysten (FA)	Antwort-Mittelwert von WP und FA
A. Angabe des Gesamtbetrages	3,03	3,00	3,02
B. Untergliederung des Gesamtbetrages	2,66	3,00	2,83
C. Erläuterung einzelner Teilbeträge	2,53	2,93	2,73
D. Angabe, ob es sich um Barwerte oder um Nominalwerte handelt	2,43	2,64	2,54
E. Angabe der im folgenden Geschäftsjahr fälligen Verpflichtungen	2,77	3,00	2,88
F. Angabe der ab dem zweiten folgenden Geschäftsjahr fälligen Verpflichtungen	2,45	2,79	2,62

***Übersicht 4-27:** Befund über die Bedeutung von erläuternden Angaben zum Gesamtbetrag der sonstigen finanziellen Verpflichtungen*

Die Angabe und Aufgliederung des Gesamtbetrages der sonstigen finanziellen Verpflichtungen sowie Angaben zu den im kommenden Geschäftsjahr fälligen Verpflichtungen sind für Wirtschaftsprüfer und Finanzanalysten von besonderer Bedeutung. Demgegenüber treten Angaben über eine mögliche Abzinsung der sonstigen finanziellen Verpflichtungen sowie Angaben über die in folgenden Geschäftsjahren fälligen Verpflichtungen in ihrer Bedeutung etwas zurück.

Die Analyse der 150 Anhänge ergab ein verhältnismäßig positives Bild der Berichterstattungspraxis zu **Oberkriterium A.** Von 150 Unternehmen geben 118 Unternehmen (also knapp 80 % aller Unternehmen) den Gesamtbetrag der sonstigen finan-

287 Vgl. CLAUSSEN, C. P., §§ 284–288 HGB, 160 AktG, S. 581, Rn. 76; im Grundsatz auch SABI DES IDW, Darstellung der Finanzlage, S. 671.

ziellen Verpflichtungen im Anhang an. 16 Unternehmen weisen in einer Fehlanzeige darauf hin, daß keine sonstigen finanziellen Verpflichtungen, die für die Beurteilung der Finanzlage des Unternehmens von Bedeutung sind,[288] bestehen. In diesem Fall wird das Oberkriterium aus der Bewertungsbasis genommen. Bei den übrigen 16 Unternehmen wird das Oberkriterium mangels weiterer Angaben als „nicht erfüllt" gewertet.

Oberkriterium B. (Aufgliederung des Gesamtbetrages der sonstigen finanziellen Verpflichtungen) wird – über die 16 Unternehmen hinaus, die ausdrücklich auf das Fehlen sonstiger finanzieller Verpflichtungen hinweisen – bei weiteren 14 Unternehmen nicht bewertet. Diese Unternehmen vermerken im Anhang, daß nur eine Kategorie sonstiger finanzieller Verpflichtungen besteht, die aufzugliedern insofern nicht möglich ist. Während die Anhänge von 30 Unternehmen in dieser Hinsicht nicht zu bewerten sind, berichten von den verbleibenden 120 Unternehmen 84 Unternehmen in einer Weise, die zu einer Bewertung des Oberkriteriums B. mit „erfüllt" führt. Beispielsweise unterteilt die VOLKSWAGEN AG die sonstigen finanziellen Verpflichtungen in „Verpflichtungen aus Kapitaleinzahlungen" und „Verpflichtungen aus langfristigen Miet- und Leasingverträgen"; von letzteren werden Zahlungsverpflichtungen gegenüber zwei assoziierten Leasing-Unternehmen separiert.[289] In ähnlich differenzierter Weise berichten auch die übrigen 83 Unternehmen, die den Gesamtbetrag der sonstigen finanziellen Verpflichtungen aufgliedern.

Wenn der Einblick in die tatsächlichen Verhältnisse der Finanzlage durch Angabe des Gesamtbetrages und zusätzliche Aufgliederung des Gesamtbetrages nicht vermittelt werden kann, sind einzelne Posten der sonstigen finanziellen Verpflichtungen zusätzlich zu erläutern (**Oberkriterium C.**). Die empirische Auswertung der Anhänge ergab, daß nur knapp die Hälfte, nämlich 62 von 134 Unternehmen, den Gesamtbetrag oder Teilbeträge der sonstigen finanziellen Verpflichtungen erläutern. Eine „Erläuterung" verlangt in diesem Zusammenhang eine Kommentierung und Interpretation, so daß der Inhalt und/oder die Ursache des Sachverhalts ersichtlich werden.[290] Das Bewertungskriterium wird also nicht bereits dann als erfüllt gewertet, wenn bestimmte Arten sonstiger finanzieller Verpflichtungen gesondert ausgewiesen und – beispielsweise – als Verpflichtungen aus Mietverhältnissen und

---

288 Diese Formulierung ist Ausdruck des Grundsatzes der Wesentlichkeit. Zu einer Konkretisierung des Begriffs „für die Beurteilung der Finanzlage von Bedeutung" vgl. m. w. N. ADLER, H./DÜRING, W./SCHMALTZ, K., § 285 HGB, S. 93, Rn. 73.

289 Vgl. VOLKSWAGEN AG (Hrsg.), Geschäftsbericht 1995, S. 89.

290 Vgl. SELCHERT, F. W./KARSTEN, J., Inhalt und Gliederung des Anhangs, S. 1890.

aus Leasingverhältnissen bezeichnet werden. Vorbildlich berichtet in diesem Zusammenhang die DAIMLER-BENZ AG, die auf einer Seite ihres Anhangs detailliert über die Zusammensetzung der sonstigen finanziellen Verpflichtungen berichtet. Auszugsweise sei an dieser Stelle die Erläuterung der Verpflichtungen aus Leasing-Verträgen zitiert, die über das gewöhnliche Maß hinausgeht:

> *„Zur Finanzierung des Bauvorhabens am Potsdamer Platz in Berlin haben wir mit mehreren Objektgesellschaften Leasing-Verträge abgeschlossen, aus denen wir uns zur Zahlung künftiger Leasingraten verpflichten. Diese Leasingraten, die auf Basis der für den Gesamtkomplex veranschlagten Herstellungskosten in Höhe von 3,3 Mrd. DM berechnet werden und voraussichtlich Ende 1998 in vollem Umfang einsetzen, sind derzeit nicht valutierbar."*[291]

Sonstige finanzielle Verpflichtungen bestehen regelmäßig in beachtlicher Größenordnung; handelt es sich zudem um längerfristige Verpflichtungen, gewinnt die Angabe, ob im Anhang (abgezinste) Barwerte oder Nominalwerte ausgewiesen werden, besondere Bedeutung (**Oberkriterium D.**).[292] Dennoch ist zu registrieren, daß nur sieben der 134 in Frage kommenden Unternehmen zu Oberkriterium D. berichten, während 127 Anhängen keine Angaben zur eventuellen Abzinsung des Gesamtbetrages sonstiger finanzieller Verpflichtungen zu entnehmen sind. Die Angabe der RHEINHOLD & MAHLA AG, aus der der Ausweis von Barwerten hervorgeht, sei hier zitiert:

> *„Neben den in der Bilanz ausgewiesenen Rückstellungen und Verpflichtungen bestehen sonstige finanzielle Verpflichtungen aus wesentlichen Miet- und Leasingverträgen in Höhe der abgezinsten Zahlungen. Sie betragen am 31.12.1995 in der AG DM 20.578.691."*[293]

Hingegen macht die HOECHST AG ausdrücklich darauf aufmerksam, daß die sonstigen finanziellen Verpflichtungen nicht abgezinst werden:

> *„Bei den genannten Zahlen handelt es sich um Nominalwerte."*[294]

Bei Verpflichtungen etwa aufgrund von Leasingverhältnissen oder aus begonnenen Investitionsvorhaben erstreckt sich die Fälligkeit der Verpflichtung regelmäßig über

291 DAIMLER-BENZ AG (Hrsg.), Geschäftsbericht 1995, S. 66.

292 Die Diskussion, ob der Gesamtbetrag der sonstigen finanziellen Verpflichtungen abgezinst werden darf oder ob Nominalwerte im Anhang anzugeben sind, wird an dieser Stelle nicht geführt. Vgl. zu dieser im Schrifttum strittigen Frage SELCHERT, F. W., Sonstige finanzielle Verpflichtungen, S. 548 sowie m. w. N. ELLROTT, H., § 285 HGB, S. 1252, Rn. 30.

293 RHEINHOLD & MAHLA AG (Hrsg.), Geschäftsbericht 1995, S. 46. Ähnlich berichten auch die BMW AG (Hrsg.), Geschäftsbericht 1995, S. 131 und die UNIVERSITÄTSDRUCKEREI H. STÜRTZ AG (Hrsg.), Geschäftsbericht 1995, S. 28.

294 HOECHST AG (Hrsg.), Geschäftsbericht 1995, S. 71.

einen längeren Zeitraum. Unter liquiditätspolitischen Gesichtspunkten ist in diesem Fall die Angabe des jährlichen Verpflichtungsbetrages sowie des voraussichtlichen Zeitraums bis zur Fälligkeit der Verpflichtung von besonderer Bedeutung.[295] Von jeweils 134 Unternehmen machen 69 Unternehmen Angaben zu den im kommenden Geschäftsjahr fälligen Verpflichtungen (**Oberkriterium E.**), und bei 58 Unternehmen werden Angaben zu den ab dem folgenden zweiten Geschäftsjahr fälligen sonstigen finanziellen Verpflichtungen (**Oberkriterium F.**) registriert. Zu den bei diesem Qualitätskriterium vorbildlich berichtenden Unternehmen zählt etwa die VEBA AG, die den Gesamtbetrag der Verpflichtungen aus Miet-, Pacht- und Leasingverträgen sechs (jeweils ein Geschäftsjahr umfassenden) Fälligkeitskategorien zuordnet.[296] In ähnlicher Weise informiert auch die SPAR AG, die für verschiedene Arten sonstiger finanzieller Verpflichtungen fünf Fälligkeitskategorien bildet.[297]

Die Tatsache, daß rund die Hälfte aller in die Stichprobe gelangten Unternehmen Angaben zu Fälligkeiten einzelner Verpflichtungen macht, zeichnet gemeinsam mit dem bei den übrigen Oberkriterien beobachteten Publizitätsstandard ein verhältnismäßig positives Bild der Berichterstattungspraxis zum Qualitätskriterium „Angabe des Gesamtbetrages sonstiger finanzieller Verpflichtungen".[298] Einzige Ausnahme ist hier die Berichterstattung zur Abzinsung von Verpflichtungen; in diesem Punkt verfügen die Unternehmen über ein großes noch auszufüllendes Berichterstattungspotential.

427.3 Zur Verteilung der Qualitätswerte in Teilbericht VII des Anhangs

Die Analyse der 150 ausgewählten Anhänge ergab in Teilbericht VII bei einer geringen Standardabweichung von 12,36 %-Punkten einen **Qualitäts-Mittelwert** von 76,00 % (vgl. nachstehende Übersicht 4-28):

---

295 Vgl. JONAS, H. H., Die EG-Bilanzrichtlinie, S. 218.

296 Vgl. VEBA AG (Hrsg.), Geschäftsbericht 1995, S. 97.

297 Vgl. SPAR AG (Hrsg.), Geschäftsbericht 1995, S. 63.

298 Zu einem ähnlich positiven Befund gelangen für ein empirisches Feld von 60 börsennotierten Aktiengesellschaften auch SCHULTE, K.-W./MÜLLER, S., Berichterstattung über die Finanzlage, S. 550 und S. 553 f.

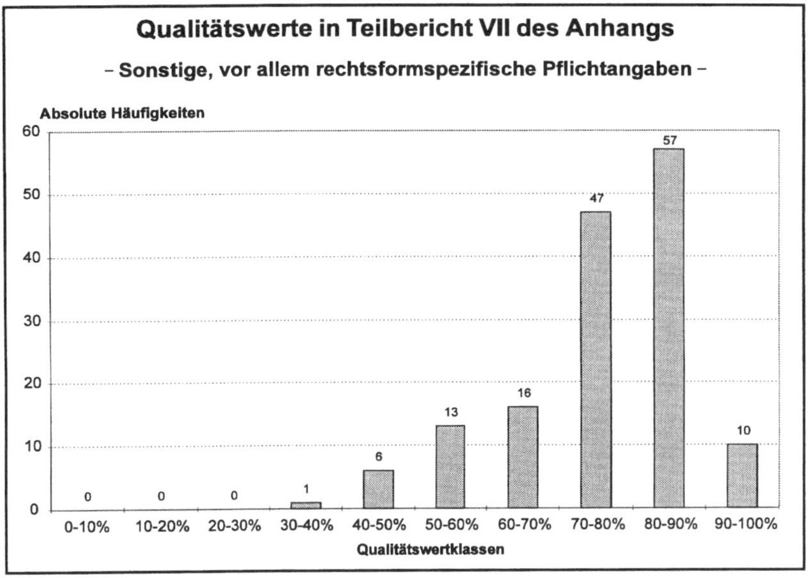

Abb. 4-28: *Überblick über die Qualitätswerte in Teilbericht VII des Anhangs*

Vergleicht man die Qualitäts-Mittelwerte aller acht Teilberichte miteinander, so zeigt sich, daß in Teilbericht VII nach Teilbericht I (Allgemeine Angaben zu Inhalt und Gliederung des Jahresabschlusses)[299] objektiv am besten berichtet wird: Nur sieben von 150 Unternehmen informieren in nicht ausreichender Weise (Qualitätswerte von weniger als 50 %), während 114 Unternehmen Qualitätswerte von mehr als 70 % erzielen; von diesen wiederum liegen zehn Unternehmen sogar in der höchsten Qualitätswertklasse [90 % bis 100 %].

Die Frage nach den Ursachen für die hohe Qualität der Berichterstattung in Teilbericht VII des Anhangs führt zu zwei Antworten. *Erstens* handelt es sich bei den Angabepflichten in Teilbericht VII im wesentlichen um Angaben, denen eine konkret formulierte gesetzliche Vorschrift zugrunde liegt. Das berichterstattende Unternehmen verfügt insofern nur über einen geringen Berichterstattungsspielraum, den auszufüllen verhältnismäßig leicht fällt. Denkt man beispielsweise an die Pflicht zur

299 Vgl. zu dem entsprechenden Befund Abschnitt 421. dieser Arbeit.

Angabe der Namen aller Organmitglieder (§ 285 Nr. 10 HGB),[300] so wird klar, daß über den gesetzlich geforderten Umfang der Berichterstattung hinaus kaum zusätzliche, freiwillige Angaben denkbar sind, um dieses Qualitätskriterium (besser) zu erfüllen. *Zweitens* umfaßt Teilbericht VII auch Vorschriften, von denen ein berichterstattendes Unternehmen nur in seltenen Fällen betroffen ist (Kapitalherabsetzung, Sonderprüfung etc.), was bei der Bewertung der Anhänge dazu führte, daß die betreffenden Kriterien aus dem Anforderungskatalog gestrichen wurden. Wenn die Auswertung von 150 Anhängen also ein verhältnismäßig positives Bild der Berichterstattungspraxis in Teilbericht VII zeichnet, sind die beiden genannten Faktoren stets zu beachten.

428. Teilbericht VIII: Freiwillige Angaben

428.1 Zur Bedeutung der Hauptkriterien in Teilbericht VIII des Anhangs

Jedem Unternehmen ist es grundsätzlich freigestellt, über die gesetzlich geforderten Angaben hinaus zusätzlich freiwillige Angaben in den Anhang aufzunehmen (freiwilliger Teil des Anhangs).[301] Im Gegensatz zu den Teilberichten I bis VII, denen die gesetzlich vorgeschriebenen Anhangangaben sachlich zugeordnet werden (Pflichtteil des Anhangs – vgl. Übersicht 1-1), umfaßt Teilbericht VIII vier Hauptkriterien *freiwilliger* Art, und zwar:

- Segmentberichterstattung,
- Erläuterung von Leasinggeschäften,
- Angaben zu derivativen Finanzinstrumenten,
- Kapitalflußrechnung.

In jüngster Zeit wird der Druck internationaler Institutionen auf die nationale Rechnungslegung immer stärker. Immer mehr deutsche Unternehmen orientieren ihre Rechnungslegung bereits an internationalen Standards,[302] in denen zum Teil Angaben gefordert werden, die nach deutschem Recht nicht vorgesehen sind, aller-

300 NIEHUS verweist darauf, daß die Namen der Organmitglieder des Unternehmens nach HGB 1985 in der Regel *zweimal* im Geschäftsbericht erscheinen werden, nämlich unter dem Bericht des Vorstands/Aufsichtsrates und im Anhang; vgl. NIEHUS, R. J., Der Anhang in nationaler und internationaler Betrachtung, S. 181.

301 Vgl. m. w. N. Abschnitt 24 dieser Arbeit.

302 Zu einer Übersicht über alternative Vorgehensweisen, die Rechnungslegung an internationale Standards anzupassen, vgl. GRUND, M., Internationale Entwicklung und Bilanzrecht, S. 1294.

dings freiwillig gemacht werden dürfen. Mit den hier in Teilbericht VIII zusammengefaßten Qualitätskriterien wird deshalb versucht, die Anforderungen, die vor allem ausländische Finanzanalysten und institutionelle Anleger an die Berichterstattung im Anhang stellen, zu erfassen. Beispielsweise ist es international seit langem üblich, eine Kapitalflußrechnung zu veröffentlichen oder die Segmentberichterstattung über die Segmentierung der Umsatzerlöse hinaus auszudehnen. Die für jedes Hauptkriterium gebildeten Oberkriterien orientieren sich insofern an den von internationalen Gremien formulierten Anforderungen an die Berichterstattung.[303]

In Abschnitt 342.32 wurde bereits darauf hingewiesen, daß freiwillige Angaben im Anhang für Wirtschaftsprüfer nur von untergeordneter Bedeutung sind: der in der ersten Umfrage ermittelte Gewichtungsfaktor beträgt hier nur 8,02 %, während der entsprechende Wert für die Finanzanalysten bei 12,30 % liegt. Die unterschiedliche Einschätzung der Bedeutung von Teilbericht VIII durch Wirtschaftsprüfer und Finanzanalysten ist vor allem auf das unterschiedliche Betätigungsfeld dieser beiden Berufsgruppen zurückzuführen.

Die befragten Fachleute hatten die Möglichkeit, besonders bei Teilbericht VIII (aber auch bei allen anderen Teilberichten) ihrer Ansicht nach fehlende Kriterien zu ergänzen und überflüssige Kriterien zu streichen. Von der Möglichkeit, Kriterien zu ergänzen, wurde bei Teilbericht VIII in Ausnahmefällen Gebrauch gemacht. Hierzu ist allerdings folgendes anzumerken: Bei den zusätzlichen Kriterien, die die Fachleute angaben, handelte es sich entweder um Kriterien, die bereits durch andere Kriterien in anderen Teilberichten abgedeckt waren (etwa die freiwillige Angabe der mittelfristigen Verbindlichkeiten oder der Ausweis eines Rücklagenspiegels; beide Kriterien wurden Teilbericht III „Erläuterungen zu einzelnen Posten der Bilanz“ zugeordnet), oder die Fachleute ergänzten Kriterien, die nach der hier vertretenen, aber auch von anderen Autoren geteilten Auffassung sachlich dem *Lagebericht* zuzuordnen sind, etwa Sozialbilanzen, Umweltberichte, Wertschöpfungsrechnungen.[304] Aus diesem Grunde wurde die Qualität der Berichterstattung in Teilbericht VIII lediglich an den oben genannten vier Qualitätskriterien gemessen.

Die empirische Umfrage zur Bedeutung dieser vier Hauptkriterien ergab folgendes Bild (Übersicht 4-29):

303 Die in obenstehender Spiegelpunkt-Aufzählung genannten Hauptkriterien lehnen sich an die Standards IAS 14 (Segmentberichterstattung), 17 (Leasing), IAS 32 (Derivate) und IAS 7 (Kapitalflußrechnung) an.

304 Vgl. bereits Abschnitt 24.

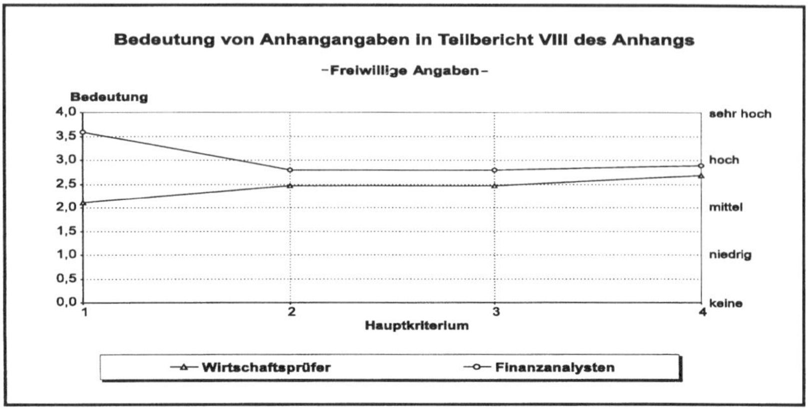

1. Ausführliche Segmentberichterstattung
2. Erläuterung von Leasinggeschäften
3. Berichterstattung über derivative Finanzinstrumente
4. Kapitalflußrechnung

Übersicht 4-29: *Die Bedeutung von Anhangangaben in Teilbericht VIII des Anhangs*

Wie schon bei Hauptkriterien der anderen sieben Teilberichte festgestellt, schätzen Finanzanalysten die Bedeutung einzelner Hauptkriterien auch bei Teilbericht VIII höher ein, als dies Wirtschaftsprüfer tun. Bei dem hier betrachteten Teilbericht fällt allerdings besonders auf, daß Finanzanalysten im Vergleich zu Wirtschaftsprüfern die Bedeutung einzelner Hauptkriterien *deutlich* höher einschätzen. So beträgt der Unterschied beim Hauptkriterium „Segmentberichterstattung", das für Finanzanalysten eine überragende Bedeutung von 3,59 Punkten hat, nahezu 1,5 Punkte und beim Hauptkriterium „Leasing" immerhin noch knapp 0,4 Punkte. Die Unterschiede bei den Hauptkriterien Nr. 3 und Nr. 4 fallen demgegenüber geringer aus.

Die Umfrageergebnisse zeigen, daß das Hauptkriterium „Segmentberichterstattung" von Finanzanalysten am höchsten eingestuft wird (3,59 Punkte auf einer 4-Punkte-Skala), während dieses Kriterium für die befragten Wirtschaftsprüfer von den vier Hauptkriterien den geringsten Stellenwert hat (2,11 Punkte auf einer 4-Punkte-Skala). Finanzanalysten schätzen die Segmentberichterstattung als hoch bedeutend ein, weil das künftige Ertragspotential des Unternehmens auf der Basis segmentierter Daten

– und hier vor allem segmentierter Ergebnisse – erheblich besser beurteilt werden kann.[305]

Die Untersuchungen im folgenden Abschnitt beschränken sich auf die Analyse der Berichterstattung zu den Hauptkriterien „Segmentberichterstattung“ und „Kapitalflußrechnung“, weil die empirische Auswertung der Anhänge ergab, daß zu diesen Hauptkriterien verhältnismäßig offen berichtet wird, während zu den Hauptkriterien „Leasing“ und „Derivate“ nur in vereinzelten Fällen ausführlich berichtet wird.

428.2 Qualitätsbestimmende Merkmale von Anhangangaben in Teilbericht VIII des Anhangs

428.21 Segmentberichterstattung

428.211. Anmerkungen zum weiteren Vorgehen

Unternehmen dehnen ihre Geschäftstätigkeit zunehmend auf ausländische Märkte und/oder auf unterschiedliche Geschäftsfelder aus. Mit der Diversifikation werden vor allem strategische Zielsetzungen verfolgt, denn unterschiedliche Entwicklungen in bestimmten Regionen oder Geschäftsfeldern tragen dazu bei, das unternehmerische Risiko zu begrenzen.[306] Im Jahresabschluß allerdings werden Daten der einzelnen Segmente (Regionen und/oder Geschäftsfelder) aggregiert ausgewiesen, so daß regionen- und/oder geschäftsfeldspezifische Besonderheiten (Erfolgs- und Risikounterschiede) vom externen Analysten nicht mehr eindeutig identifiziert werden können.[307] Dieses Problem trifft auf den Konzernabschluß in besonderem Maße zu, was – bei einer zunehmenden Bedeutung des Konzernabschlusses für die Bilanzanalyse – den Bedarf an segmentierten Daten steigen läßt.[308]

Mit Umsetzung der Vierten EG-Bilanzrichtlinie in deutsches Recht sind große Kapitalgesellschaften seit 1985 verpflichtet, Umsatzerlöse nach Tätigkeitsbereichen und nach geographisch bestimmten Märkten im Anhang aufzugliedern (§ 285 Nr. 4

---

305 Vgl. SCHNEIDER, M./MENN, B.-J., Segmentpublizität, S. 285 und S. 288.

306 Vgl. BAUMANN, K.-H., Segment-Berichterstattung, S. 3; HALLER, A./PARK, P., Grundsätze ordnungsmäßiger Segmentberichterstattung, S. 499; BERNARDS, O., Segmentberichterstattung, S. 1363.

307 Vgl. HAASE, K. D., Segmentpublizität, Sp. 1758.

308 Vgl. BERNARDS, O., Segmentberichterstattung, S. 1363; RISSE, A., Segmentberichterstattung, S. 737. Zu Auswirkungen der Diversifizierung auf die Bilanzanalyse vgl. BERNARDS, O., Bilanzanalyse diversifizierter Unternehmen, S. 1284–1287.

HGB);[309] Analoges regelt § 314 Abs. 1 Nr. 3 HGB für den Konzernabschluß.[310] Im Gegensatz zum deutschen Recht sind nach internationalen Gepflogenheiten über die Umsatzerlöse hinaus auch andere Größen wie Ergebnis, Cash Flow, Investitionen, Vermögensgegenstände und Abschreibungen zu segmentieren.

Die Berichtspflichten der §§ 285 Nr. 4 und 314 Abs. 1 Nr. 3 HGB werden sachlich Teilbericht IV (Angaben zu Posten der Gewinn- und Verlustrechnung) zugeordnet; freiwillig über die Segmentierung der Umsatzerlöse hinausgehende Segmentierungen weiterer Größen werden in Teilbericht VIII (Freiwillige Anhangangaben) untersucht. Um Wiederholungen zu vermeiden, wurde in Abschnitt 424. auf eine Darstellung der Berichterstattungspraxis zur **Umsatzsegmentierung** gemäß §§ 285 Nr. 4 und 314 Abs. 1 Nr. 3 HGB (vorläufig) verzichtet. Statt dessen wird im nun folgenden Abschnitt 428.212. – und insofern in die Systematik der Segmentberichterstattung eingeordnet – gezeigt, wie die ausgewählten Unternehmen ihrer gesetzlichen Pflicht, die Umsatzerlöse zu segmentieren, nachkommen sollten.[311] In einem weiteren Schritt (Abschnitt 428.213.) wird dann gezeigt, in welchem Maße die Unternehmen freiwillig auch internationalen Anforderungen an die **Segmentberichterstattung** genügen.

428.212. Segmentierung der Umsatzerlöse gemäß §§ 285 Nr. 4 und 314 Abs. 1 Nr. 3 HGB

Umsatzerlöse durch Absatz von Produkten zu erzielen, ist ein wesentlicher Zweck der unternehmerischen Betätigung; die Umsatzerlöse sind zugleich ein bestimmender Faktor für die Höhe des Gesamtergebnisses eines Unternehmens. Mit der Segmentierung der Umsatzerlöse nach Tätigkeitsbereichen und nach geographisch bestimmten Märkten soll der externe Analyst Informationen über die Tätigkeitsfelder des Unternehmens erhalten, die es ihm erlauben, die Ertragslage – und hier vor allem die Absatzsituation – des Unternehmens hinsichtlich möglicher Risikofaktoren besser

---

309 Zu einer frühen Interpretation dieser Vorschrift vgl. SELCHERT, F. W., Die Aufgliederung der Umsatzerlöse, S. 560–565.

310 Die genannten Vorschriften für den Einzelabschluß und für den Konzernabschluß stimmen materiell überein; vgl. m. w. N. VEIT, K.-R./BERNARDS, O., Segmentberichterstattung, S. 493.

311 Zu einer frühen empirischen Untersuchung dieses Publizitätsbereichs vgl. REIGE, J., Publizitätspraxis, S. 1653–1655 sowie in einer Nachfolgeuntersuchung REIGE, J., Nutzung ausgewählter handelsrechtlicher Wahlrechte, S. 666 f.

beurteilen zu können.[312] Die gebildeten Segmente sollten dabei in sich möglichst homogen und untereinander möglichst heterogen sein.[313]

Im ersten Teil der empirischen Umfrage unter Wirtschaftsprüfern und Finanzanalysten wurde die große Bedeutung von segmentierten Umsatzerlösen offensichtlich: Während die befragten Wirtschaftsprüfer dieser Angabepflicht eine Bedeutung von 2,19 Punkten beimessen, liegt der entsprechende Wert für die Finanzanalysten bei sehr hohen 3,61 Punkten (jeweils gemessen auf einer 4-Punkte-Skala). Daraus ergibt sich ein arithmetisches Mittel von 2,90 Punkten.

Im zweiten Teil der empirischen Umfrage lagen den Experten die folgenden **Oberkriterien** zur Einschätzung vor:

A. Betragsangaben (Aufgliederung),[314]
B. Konkrete Angabe des Abgrenzungskriteriums, z. B. Produktgruppen, Kundengruppen, Vertriebswege,[315]
C. Angabe von Innenumsätzen,[316]
D. Angabe von Vorjahreszahlen.[317]

Nachstehende Übersicht 4-30 weist die Ergebnisse der Experten-Umfrage aus:

Oberkriterium	Mittlere Einschätzung		
	Wirtschaftsprüfer (WP)	Finanzanalysten (FA)	Antwort-Mittelwert von WP und FA
A. Betragsangaben (Aufgliederung)	2,53	3,71	3,12
B. Abgrenzungskriterium	2,09	3,21	2,65
C. Innenumsätze	1,94	3,29	2,61
D. Vorjahreszahlen	2,38	3,57	2,97

***Übersicht 4-30:** Befund über die Bedeutung von Angaben zur Umsatzsegmentierung*

---

312 Vgl. für viele SELCHERT, F. W., Die Aufgliederung der Umsatzerlöse, S. 561. Zur Bedeutung segmentierter Daten für die Ergebnisprognose vgl. BALLWIESER, W., Informationsökonomie, Rechnungslegungstheorie und Bilanzrichtlinie-Gesetz, S. 60; zur Konkurrenzwirkung segmentierter Daten vgl. EWERT, R./WAGENHOFER, A., Unternehmenspublizität und Konkurrenzwirkungen, S. 301; MÜLLER, K., Earnings per Share, Shareholder Value und Segmentberichterstattung, S. 449 f.

313 Vgl. SELCHERT, F. W., Aufgliederung der Umsatzerlöse, S. 561 f.

314 Zu einer weiteren Konkretisierung dieses Bewertungskriteriums vgl. die Darstellung im Anschluß an Übersicht 4-31.

315 Vgl. HAASE, K. D., Segmentpublizität, Sp. 1761 f.; ELLROTT, H., § 285 HGB, S. 1263, Rn. 72; ADLER, H./DÜRING, W./SCHMALTZ, K., § 314 HGB, S. 878–880, Rn. 22 f.

316 Vgl. KRAWITZ, N., § 285 HGB, S. 28, Rn. 63; HAASE, K. D., Segmentpublizität, Sp. 1760, sowie auf die internationale Praxis verweisend HALLER, A./PARK, P., Grundsätze ordnungsmäßiger Segmentberichterstattung, S. 513 f.

317 Vgl. m. w. N. ADLER, H./DÜRING, W./SCHMALTZ, K., § 285 HGB, S. 97, Rn. 85.

Für **Oberkriterium A.** (Aufgliederung des Gesamtbetrages der Umsatzerlöse) werden darüber hinaus acht Kategorien von Angaben gebildet, mit denen die in der Praxis üblichen Nuancen in der Berichterstattung systematisch erfaßt werden können:

A.1. *Matrixförmige* Aufgliederung der Umsatzerlöse nach Sparten und nach *einzelnen* Regionen,[318]

A.2. *Matrixförmige* Aufgliederung der Umsatzerlöse nach Sparten und Regionen *Inland/Ausland,*[319]

A.3. Aufgliederung der Umsatzerlöse getrennt (also nicht in Form einer Matrix) nach Sparten *und* nach *einzelnen* Regionen,

A.4 Aufgliederung der Umsatzerlöse getrennt nach Sparten *und* nach Regionen *Inland/Ausland,*

A.5. Aufgliederung der Umsatzerlöse *nur* nach Sparten, *ohne* Regionen,

A.6. Aufgliederung der Umsatzerlöse *nur* nach *einzelnen* Regionen, *ohne* Sparten,

A.7. Aufgliederung der Umsatzerlöse *nur* nach Regionen *Inland/Ausland, ohne* Sparten,

A.8. Keine Aufgliederung.

Wirtschaftsprüfer und Finanzanalysten schätzten den Aussagegehalt von Angaben der verschiedenen Kategorien der Umsatzsegmentierung wie folgt ein (vgl. Übersicht 4-31):

Kategorie		Mittlerer Aussagegehalt in %		
		Wirtschafts-prüfer (WP)	Finanz-analysten (FA)	Antwort-Mittelwert von WP und FA
A.1.	Matrix (Sparten und einzelne Regionen)	100,00	100,00	100,00
A.2.	Matrix (Sparten und Inland/Ausland)	78,72	82,14	80,43
A.3.	Sparten und einzelne Regionen getrennt	69,87	72,50	71,19
A.4.	Sparten und Inland/Ausland getrennt	63,52	63,57	63,55
A.5.	Nur Sparten, ohne Regionen	38,37	44,64	41,51
A.6.	Nur einzelne Regionen, ohne Sparten	45,75	38,93	42,34
A.7.	Nur Regionen Inland/Ausland, ohne Sparten	38,08	27,50	32,79
A.8.	Keine Aufgliederung	0,00	0,00	0,00

Übersicht 4-31: *Befund über den Aussagegehalt von aufgliedernden Angaben zum Gesamtbetrag der Umsatzerlöse*

318 Mit dem Begriff „einzelne Regionen" werden Segmentierungen bezeichnet, in denen Umsatzerlöse nicht nur nach Inland/Ausland, sondern nach weiteren Regionen unterschieden werden.

319 Eine Unterscheidung Inland/Ausland genügt, wenn der Auslandsumsatz nur einen geringen Anteil am Gesamtumsatz hat; vgl. BAUMANN, K.-H., Segment-Berichterstattung, S. 21. Anderenfalls sind die Umsatzerlöse nach Ländern oder Ländergruppen aufzugliedern; vgl. ELLROTT, H., § 285 HGB, S. 1264, Rn. 76.

Die Übersichten 4-30 und 4-31 zeigen, welche Bedeutung Wirtschaftsprüfer und Finanzanalysten einzelnen Oberkriterien zur Bewertung von Anhangangaben im Bereich der Umsatzerlöse beimessen und wie sie den Aussagegehalt von Angaben einschätzen, in denen die Umsatzerlöse in einer bestimmten Weise segmentiert werden. Bereits für das Hauptkriterium „Aufgliederung der Umsatzerlöse" wurde festgestellt, daß Finanzanalysten die Bedeutung dieser Angabepflicht deutlich höher einschätzen als Wirtschaftsprüfer. Aus Übersicht 4-30 geht hervor, daß diese Beobachtung auch für die vier Oberkriterien des hier betrachteten Hauptkriteriums zutrifft. Während Wirtschaftsprüfer hier in der Regel nur durchschnittliche Werte von rund 2,0 Punkten vergeben, liegen die entsprechenden Werte bei den Finanzanalysten deutlich über dem Wert von 3,0 Punkten für eine hohe Bedeutung. Einig sind sich die Experten in ihrer Einschätzung, daß einer Aufgliederung der Umsatzerlöse (Oberkriterium A.) innerhalb der vier vorgegebenen Oberkriterien die relativ höchste Bedeutung zukommt. Ähnlich wichtig ist eine auf die Form der Aufgliederung abgestimmte Angabe von Vorjahreszahlen, die die zeitliche Vergleichbarkeit der getroffenen Aufgliederung sicherstellt (Oberkriterium D.). Verhältnismäßig weniger wichtig sind demgegenüber Angaben, nach welchen Merkmalen einzelne Segmente abgegrenzt wurden und in welcher Höhe Absatzgeschäfte zwischen den Segmenten getätigt wurden (Oberkriterien B. und C.).

Aus Übersicht 4-31 geht der abgestufte Aussagegehalt von Angaben der jeweils vorgegebenen Kategorie hervor. Dabei fällt zum einen auf, daß Wirtschaftsprüfer und Finanzanalysten Angaben der Kategorien A.2., A.3. und A.4. nahezu gleich bewerten; hingegen sind größere Unterschiede in der Einschätzung der übrigen Kategorien zu verzeichnen. Während Wirtschaftsprüfer eine Aufgliederung der Umsatzerlöse nur nach Regionen (Kategorien A.6. und A.7.) im Vergleich zu einer Aufgliederung nur nach Sparten (Kategorie A.5.) für vergleichsweise aussagekräftiger halten, schätzen Finanzanalysten dies umgekehrt ein: sie ziehen eine Aufgliederung nach Sparten einer Aufgliederung nach Regionen deutlich vor. Zum anderen wird erwartungsgemäß deutlich, daß Wirtschaftsprüfer und Finanzanalysten den Verzicht auf eine Segmentierung der Umsatzerlöse sowohl nach Sparten als auch nach Regionen (Kategorien A.5. bis A.8.) deutlich abwerten: Beim „Sprung" von der Kategorie A.4. in die Kategorie A.5. verlieren entsprechende Angaben nach Meinung der befragten Wirtschaftsprüfer rund 25 %-Punkte an Aussagekraft, während der Abschlag bei den Finanzanalysten rund 20 %-Punkte beträgt.

Das Qualitätskriterium „Aufgliederung der Umsatzerlöse" kann nur bei 141 von 150 in die Stichprobe gelangten Unternehmen ausgewertet werden, denn die übrigen neun Unternehmen erzielen ihre Umsatzerlöse nur in einem Tätigkeitsbereich bzw.

in einer Region. Angaben zu den Oberkriterien A. bis D. können in diesem Fall nicht gefordert werden. Wie die verbleibenden 141 Unternehmen ihren Angabepflichten im einzelnen nachkommen, wird im folgenden zu untersuchen sein. Die folgende Übersicht zeigt vorab, wie häufig Angaben zu den einzelnen Kategorien bei **Oberkriterium A.** festgestellt werden (Übersicht 4-32):

Kategorie	Absolute Häufigkeit in der Stichprobe
A.1. Matrix (Sparten und einzelne Regionen)	3
A.2. Matrix (Sparten und Inland/Ausland)	6
A.3. Sparten und einzelne Regionen getrennt	62
A.4. Sparten und Inland/Ausland getrennt	26
A.5. Nur Sparten, ohne Regionen	17
A.6. Nur einzelne Regionen, ohne Sparten	9
A.7. Nur Regionen Inland/Ausland, ohne Sparten	11
A.8. Keine Aufgliederung	7
Σ der Kategorien A.1. – A.8.	**141**

Übersicht 4-32: *Befund über die Häufigkeit von aufgliedernden Angaben zum Gesamtbetrag der Umsatzerlöse*

88 von 141 Unternehmen gliedern ihre Umsatzerlöse nach Sparten und zusätzlich nach Regionen (**Kategorien A.3. und A.4.**) auf, ohne allerdings die matrixförmige Darstellung der ersten beiden Kategorien zu wählen. Die Mehrzahl dieser 88 Unternehmen (62 Unternehmen) segmentiert ihre Umsatzerlöse dabei nicht nur in Inlands- und Auslandsumsätze; vielmehr werden die Auslandsumsätze weiter aufgegliedert. Auf eine Zählung der jeweils unterschiedenen regionalen Segmente wird hier verzichtet, da die Zahl der Segmente in der Regel von der Größe des Arbeitsfeldes eines einzelnen Unternehmens abhängt und insofern nicht pauschal bewertet werden sollte;[320] gleichwohl wird bei der Bewertung eine weitere Aufgliederung der Auslandsumsätze verlangt, falls nicht ausdrücklich darauf hingewiesen wird, daß die Umsätze nur im Inland oder nur in *einer* Auslandsregion erzielt werden.

Matrizenförmige Angaben der Kategorien A.1. und A.2. sind nur in drei bzw. sechs seltenen Fällen zu verzeichnen.[321] Als vorbildlich und der **Kategorie A.1.** zugeordnet ist hier die Berichterstattung der HEIDELBERGER ZEMENT AG zu bezeichnen,

---

320 Vgl. zu einem entsprechenden Vorgehen etwa REIGE, J., Nutzung ausgewählter handelsrechtlicher Wahlrechte, S. 667 sowie für die USA in einem 15-Jahres-Vergleich AHADIAT, N., Geographic Segment Reporting, S. 145 f.

321 Zur Bedeutung einer (freiwilligen) matrixförmigen Segmentierung der Umsatzerlöse vgl. NIETHAMMER, D., Aufgliederung der Umsatzerlöse S. 436; ADLER, H./DÜRING, W./ SCHMALTZ, K., § 285 HGB, S. 101, Rn. 96; IDW (Hrsg.), WPH 1996, Band I, S. 458, Rn. F 552.

die ihre in den Sparten „Zement“, „Beton“ und „Baustoffe“ erzielten Umsätze zusätzlich – und zwar für jede Sparte, insofern also matrizenförmig – nach vier Regionen segmentiert; Spartenumsätze in einer bestimmten Region lassen sich auf diese Weise identifizieren.[322]

Eine matrizenförmige Aufgliederung der besonderen Art wählt die STÖHR & CO. AG. Zunächst werden die Umsatzerlöse hinsichtlich dreier Sparten segmentiert. Anschließend wird für jede Sparte der Exportanteil am Spartenumsatz beziffert, und die Auslandsumsätze werden hinsichtlich der Regionen „EU-Staaten“, „übriges Europa“ und „sonstiges Ausland“ unterschieden.[323] Diese Darstellung kommt einer Matrixform (Kategorie A.1.) inhaltlich gleich; allerdings könnte die Klarheit und Übersichtlichkeit der Darstellung durch eine Zusammenfassung von jeweils gleich segmentierten Daten erheblich erhöht werden.[324]

Angaben der in **Kategorie A.2.** vorgegebenen und mit 80,43 % bewerteten Art macht etwa die JOSEPH VÖGELE AG: Hier werden die Umsatzerlöse nach den Sparten „Straßenfertiger“ und „Schmierungstechnik“ sowie gleichzeitig nach den Absatzmärkten „Inland“ und „Export“ unterschieden.[325]

44 von 141 Unternehmen – also ein knappes Drittel jener Unternehmen, bei denen das Qualitätskriterium ausgewertet werden kann – gliedern ihre Umsatzerlöse entweder nur nach Sparten oder nur nach Regionen oder weder nach Sparten noch nach Regionen (**Kategorien A.5 bis A.8**). Mangels anderer Informationen im Anhang ist davon auszugehen, daß eine weitergehende Aufgliederung durchaus möglich wäre, weshalb die Anhangangaben in diesen Fällen entsprechend den Einschätzungen der befragten Fachleute abgewertet wurden.

Mit **Oberkriterium B.** wurde abgefragt, nach welchen Merkmalen Sparten oder Regionen abgegrenzt werden. Denkbar wäre zum Beispiel, Regionen nach Produktionsstätten oder nach Absatzgebieten und Tätigkeitsbereiche produktorientiert oder marktorientiert abzugrenzen.[326] Die Berichterstattung der analysierten Unternehmen zu diesem Oberkriterium ist als verhältnismäßig knapp zu bezeichnen: Nur 31 von 141 Unternehmen machen entsprechende Angaben. Positiv zu beurteilen ist beispielsweise, wie die SIEMENS AG ihre Umsatzerlöse einerseits nach neun „Arbeits-

---

322 Vgl. HEIDELBERGER ZEMENT AG (Hrsg.), Geschäftsbericht 1995, S. 54.

323 Vgl. STÖHR & CO. AG (Hrsg.), Geschäftsbericht 1995, S. 53 f.

324 Gleichwohl wurde auch für diese Art der Darstellung die höchste Wertung vergeben.

325 Vgl. JOSEPH VÖGELE AG (Hrsg.), Geschäftsbericht 1995, S. 26. Ähnlich auch die NORDCEMENT AG (Hrsg.), Geschäftsbericht 1995, S. 28.

326 Vgl. BAUMANN, K.-H., Segment-Berichterstattung, S. 11–15.

gebieten“ aufgliedert und andererseits in regionaler Hinsicht zwischen Umsatzerlösen, die am Sitz der Kunden und Umsatzerlösen, die am Sitz der (Produktions-)Gesellschaften erzielt werden, unterscheidet.[327] Ähnlich vorbildlich berichtet in diesem Punkt auch die LEHNKERING MONTAN TRANSPORT AG, die zusätzlich zur Aufgliederung der Umsatzerlöse nach Tätigkeitsbereichen und nach geographischen Regionen verbal ausführt:

> *„Diese Umsatzaufgliederung [nach geographischen Regionen] ergibt sich aus der Rechnungslegung gegenüber den Auftraggebern.“*[328]

Auch die ADIDAS AG grenzt geographische Regionen verbal ab:

> *„Die Umsatzerlöse sind jeweils der geographischen Region zugeordnet, in der die Umsatzerlöse gebucht wurden.“*[329]

Den 110 Unternehmen, die keine Angaben zu diesem Qualitätskriterium machen, bietet sich hier die Gelegenheit, mit verhältnismäßig wenig Aufwand die Qualität der Berichterstattung zu erhöhen.

Deutlich schlechter fällt die Berichterstattungsqualität zu **Oberkriterium C.** aus, wonach die Höhe der Innenumsätze zu beziffern ist.[330] Bedeutung erlangt diese Angabe, wenn zwischen einzelnen Segmenten starke Leistungsverflechtungen bestehen. Allerdings machen nur neun von 141 Unternehmen Angaben zu diesem Qualitätskriterium.[331] Positiv hervorzuheben ist hier etwa die Berichterstattung der DYCKERHOFF AG, die die Höhe der Innenumsätze in den Erläuterungen zur Gewinn- und Verlustrechnung im Vergleich zum Vorjahr ausweist.[332] Darüber hinausgehend differenziert die HEIDELBERGER ZEMENT AG die Innenumsätze zusätzlich nach Regionen;[333] bei der SIEMENS AG finden sich die entsprechenden Angaben differenziert nach Arbeitsgebieten.[334] In den übrigen 132 Anhängen sind keine Angaben zu diesem Oberkriterium zu verzeichnen.

---

327 Vgl. SIEMENS AG (Hrsg.), Geschäftsbericht ’95, S. 60 f.

328 LEHNKERING MONTAN TRANSPORT AG (Hrsg.), Geschäftsbericht 1994/95, S. 50; Ergänzung durch den Verfasser.

329 ADIDAS AG (Hrsg.), Geschäftsbericht 1995, S. 50.

330 Zur Bedeutung dieser Information vgl. HAASE, K. D., Segmentpublizität, Sp. 1760.

331 Zu einem ähnlich negativen Befund der Publizitätspraxis im Jahr 1995 kommt BERNARDS, O., Segmentberichterstattung, S. 1368.

332 Vgl. DYCKERHOFF AG (Hrsg.), Geschäftsbericht 1995, S. 45.

333 Vgl. HEIDELBERGER ZEMENT AG (Hrsg.), Geschäftsbericht 1995, S. 54.

334 Vgl. SIEMENS AG (Hrsg.), Geschäftsbericht ’95, S. 60.

Demgegenüber zeichnet sich die Berichterstattung zu **Oberkriterium D.** durch eine vergleichsweise hohe Qualität aus: 121 von 134 Unternehmen, die ihre Umsatzerlöse in irgendeiner Form (vgl. die Kategorien A.1. bis A.7. zu Oberkriterium A.) aufgliedern, geben für die jeweiligen Segmente auch die entsprechenden Vorjahreszahlen an, wodurch die ausgewiesenen Zahlen zeitlich vergleichbar werden.[335] Dieses Ergebnis ist umso bemerkenswerter, als es sich bei der Angabe von Vorjahreszahlen im Anhang (in diesem Fall) um eine *freiwillige* Angabe handelt.[336]

Festzuhalten bleibt: Die Qualität der Berichterstattung zum Hauptkriterium „Aufgliederung der Umsatzerlöse" hat noch erhebliche Defizite. Weitergehende matrizenförmige Segmentierungen, Angaben zum gewählten Abgrenzungskriterium sowie zu Innenumsätzen trügen dazu bei, diese Defizite abzubauen.

Welche – über die Segmentierung der Umsätze hinausgehenden – zusätzlichen Anforderungen an die Segmentberichterstattung aus internationaler Sicht gestellt werden, wird im folgenden Abschnitt erörtert.

428.213. Internationalen Anforderungen genügende Segmentberichterstattung

Die Pflicht zur Segmentberichterstattung nach deutschem Recht bleibt deutlich hinter internationalen Standards zurück.[337] Die eher rudimentären kontinentaleuropäischen Vorschriften, nur die Umsatzerlöse zu segmentieren, sind auf den Kompromißcharakter der EG-Richtlinien zurückzuführen.[338] Demgegenüber dehnen vor allem die stärker kapitalmarktorientierten anglo-amerikanischen Rechnungslegungssysteme die Segmentberichterstattung auf weitere Berichtsobjekte aus.[339] Anlehnend an die

335 In einer ähnlichen Untersuchung von 152 Großunternehmen kommt BERNARDS im Jahr 1995 zu einem ähnlichen Ergebnis; vgl. BERNARDS, O., Segmentberichterstattung, S. 1368.

336 Vgl. WEBER, H., § 265 HGB, S. 1251, Rn. 26.

337 Vgl. BAUMANN, K.-H., Unternehmenspublizität, S. 70; BERNARDS, O., Segmentberichterstattung, S. 1368.

338 Vgl. HALLER, A./PARK, P., Grundsätze ordnungsmäßiger Segmentberichterstattung, S. 505.

339 Das FASB hat mit SFAS 14 und das IASC mit IAS 14 die Segmentberichterstattung umfassend geregelt. Zu einem Vergleich der deutschen, der FASB- sowie der IASC-Vorschriften vgl. HALLER, A./PARK, P., Grundsätze ordnungsmäßiger Segmentberichterstattung, S. 506–509.

Verlautbarungen des IASC werden für das Hauptkriterium „Segmentberichterstattung" hier die folgenden Ober- und Unterkriterien formuliert:[340]

A. **Segmentangaben**:
   A.1. Ergebnis/Cash Flow,
   A.2. Vermögen,
   A.3. Investitionen,
   A.4. Abschreibungen,
   A.5. F&E-Aufwendungen,
   A.6. Arbeitnehmer,

B. **Überleitung** von den Summen der Segmentangaben zu den aggregierten Jahresabschlußzahlen,[341]

C. Angaben zu **Verrechnungspreisen**.[342]

Die Umfrage unter Wirtschaftsprüfern und Finanzanalysten zur Bedeutung der einzelnen Ober- und Unterkriterien ergab folgendes Bild (Übersicht 4-33):

Oberkriterium bzw. Unterkriterium	Mittlere Einschätzung			Absolute Häufigkeit in der Stichprobe
	Wirtschafts-prüfer (WP)	Finanz-analysten (FA)	Antwort-Mittelwert von WP und FA	
A. Segmentdaten	2,29	3,64	2,96	–
A.1. Ergebnis/Cash Flow	2,41	3,71	3,06	18
A.2. Vermögen	2,23	2,93	2,58	9
A.3. Investitionen	2,31	3,57	2,94	20
A.4. Abschreibungen	2,08	3,14	2,61	6
A.5. F&E-Aufwendungen	2,27	3,14	2,71	5
A.6. Arbeitnehmer	1,83	2,64	2,24	32
B. Überleitungsrechnung	2,21	3,63	2,93	7
C. Angaben zu Verrechnungspreisen	2,28	2,93	2,61	2

Übersicht 4-33: *Befund über die Bedeutung von Angaben zu einer internationalen Anforderungen genügenden Segmentberichterstattung*

340 Der einschlägige Standard IAS 14 wird zur Zeit überarbeitet; vgl. RISSE, A., Segmentberichterstattung, S. 738–740 sowie mit Bezug auf jüngste Reaktionen auf einen überarbeiteten Vorentwurf des IASC RISSE, A., Standardentwurf zur Segmentberichterstattung, S. 747 f. Dieser Quelle ist auch eine Übersicht zu Unterschieden zwischen den (im wesentlichen allerdings übereinstimmenden) Standards des FASB und des IASC zur Segmentberichterstattung zu entnehmen.

341 Der Zusammenhang zwischen segmentierten Daten und aggregierten Jahresabschlußdaten wird bestimmt von der Diskussion um den „Ansatz autonomer Daten" (Segmente gelten als voneinander unabhängige Wirtschaftseinheiten) und dem sogenannten „Disaggregationsansatz" (Ausgangspunkt der Segmentierung ist der aggregierte Jahresabschluß). Vgl. zu dieser – hier nicht geführten – Diskussion etwa HALLER, A./PARK, P., Grundsätze ordnungsmäßiger Segmentberichterstattung, S. 511–513.

342 Zur Festlegung von Verrechnungspreisen vgl. HAASE, K. D., Segmentpublizität, Sp. 1762; HALLER, A./PARK, P., Grundsätze ordnungsmäßiger Segmentberichterstattung, S. 516 f.

Einerseits sind Angaben, die die Höhe des Segment-Ergebnisses oder des Segment-Cash-Flows quantifizieren, von besonderer Bedeutung für Wirtschaftsprüfer und Finanzanalysten. Ähnlich wichtig sind andererseits Angaben zu den Segment-Investitionen, die Rückschlüsse auf die künftige strategische Ausrichtung des Unternehmens erlauben; die beiden Unterkriterien A.1. und A.3. werden von den stellvertretend für Jahresabschlußadressaten befragten Wirtschaftsprüfern und Finanzanalysten im Vergleich zu den übrigen vier Unterkriterien des **Oberkriteriums A.** am höchsten eingestuft. In dieser relativen Einschätzung sind sich die befragten Fachleute einig. Einig sind sich beide Berufsgruppen auch in der vergleichsweise geringeren Einschätzung von Segmentangaben zu Vermögen, Abschreibungen und F&E-Aufwendungen. Von deutlich geringerer Bedeutung sind nach Meinung der Befragten Angaben zu den in einem bestimmten Segment tätigen Arbeitnehmern.[343]

Im Schrifttum besteht weitgehend Einigkeit darin, bei der Segmentierung von den aggregierten Daten des Jahresabschlusses auszugehen.[344] Um den Zusammenhang zwischen den Jahresabschlußdaten und den segmentierten Daten in der Segmentberichterstattung nachvollziehen zu können, bedarf es einer Überleitungsrechnung von den Segmenten zum Jahresabschluß (**Oberkriterium B.**). Die veröffentlichten Segmentinformationen lassen insofern erkennen, welche Bedeutung ein einzelnes Segment für die wirtschaftliche Lage und die Entwicklung des gesamten Unternehmens hat.[345] Die empirische Umfrage ergab, daß diese Angabe für Finanzanalysten von besonderer Bedeutung ist (3,63 Punkte auf einer 4-Punkte-Skala), während Wirtschaftsprüfer diesem Kriterium nur eine durchschnittliche Bedeutung von 2,21 Punkten auf einer 4-Punkte-Skala beimessen.

Gegenüber der Bedeutung von Segmentangaben und einer Überleitungsrechnung verliert das **Oberkriterium C.** an Gewicht. Die Bedeutung von Angaben, welche internen Preise (Verrechnungspreise) intersegmentären Umsätzen zugrunde gelegt werden, wird von Finanzanalysten erheblich geringer eingeschätzt als die Bedeutung

343 Eine ähnlich niedrige Einschätzung von Angaben zum Personal- und Sozialbereich ermittelten zu Beginn der sechziger Jahre BLOHM in einer Umfrage unter Banken sowie in einer neueren Untersuchung (zum Lagebericht) im Jahre 1993 durch Befragung von Wirtschaftsprüfern und Finanzanalysten KRUMBHOLZ; vgl. BLOHM, H., Geschäftsbericht, S. 50 sowie KRUMBHOLZ, M., Die Qualität publizierter Lageberichte, S. 112. Zu den Informationsbedürfnissen von Arbeitnehmern vgl. SCHEIBE-LANGE, I., Informationsanforderungen der Gewerkschaften an die Rechnungslegung, S. 47–67.

344 Vgl. m. w. N. HALLER, A./PARK, P., Grundsätze ordnungsmäßiger Segmentberichterstattung, S. 513.

345 Vgl. BAUMANN, K.-H., Segment-Berichterstattung, S. 11; HALLER, A./PARK, P., Grundsätze ordnungsmäßiger Segmentberichterstattung, S. 512.

der beiden anderen abgefragten Oberkriterien; für Wirtschaftsprüfer sind die drei hier in Rede stehenden Oberkriterien nahezu gleichbedeutend.

Die **Auswertung** von 150 Anhängen hinsichtlich der Veröffentlichung von Segmentangaben (**Oberkriterium A.**) führt zu folgendem groben Ergebnis:[346] Während Angaben zu Segment-Ergebnissen oder Segment-Cash-Flows (18 Fälle), Segment-Investitionen (20 Fälle) und den in bestimmten Segmenten tätigen Arbeitnehmern (32 Fälle) in verhältnismäßig vielen Anhängen[347] festgestellt werden, sind Angaben zu Segment-Vermögen (neun Fälle), Segment-Abschreibungen (sechs Fälle) und F&E-Aufwendungen in bestimmten Segmenten (fünf Fälle) nur in Ausnahmefällen zu verzeichnen.[348]

Als in jeder Hinsicht vorbildlich ist die Segmentberichterstattung der BAYER AG[349] und der HOECHST AG[350] zu bezeichnen. Beide Unternehmen gliedern Umsatzerlöse, Betriebsergebnis, Cash Flow, Vermögen, Fremdkapital, Investitionen, Abschreibungen, Forschungskosten und Mitarbeiter nach Arbeitsgebieten und Regionen auf. Die BAYER AG weist darüber hinaus auch segmentbezogene Kennziffern, wie Umsatzrendite, Kapitalrendite, Finanzierungsquote und F&E-Kosten in Prozent vom Umsatz, aus. Demgegenüber berichtet die HOECHST AG in einem eigenständigen Abschnitt über wesentliche Segmentierungsgrundsätze.[351]

Auch die SIEMENS AG weist Umsatzerlöse (getrennt nach Umsätzen am Sitz der Kunden und Umsätzen am Sitz der Gesellschaften), Ergebnis, Vermögen[352],

346 Zu einer frühen Auswertung der Segmentberichterstattung von 33 großen deutschen Industrieunternehmen im Jahre 1973/1974 vgl. SCHULTE, E. B./KRÜGER, R., Ausweis des Spartenerfolges, S. 187–189.

347 Hierbei ist allerdings zu beachten, daß ausnahmsweise auch Angaben zu den genannten Unterkriterien, die im geprüften *Lagebericht* veröffentlicht wurden, in die Bewertung einbezogen werden.

348 Zu einem ähnlichen Ergebnis hinsichtlich der Veröffentlichung segmentierter Ergebnis- und Vermögenszahlen gelangt 1996 RISSE, A., Segmentberichterstattung, S. 741.

349 Vgl. BAYER AG (Hrsg.), Geschäftsbericht 1995, S. 58 f. Auf die traditionell gute Segmentberichterstattung der BAYER AG weisen SCHNEIDER/MENN hin; vgl. SCHNEIDER, M./ MENN, B.-J., Segmentpublizität, S. 282.

350 Vgl. HOECHST AG (Hrsg.), Geschäftsbericht 1995, S. 60 f. Allerdings gibt die HOECHST AG keine Innenumsätze an, was beim Bewertungskriterium „Aufgliederung der Umsatzerlöse" in Teilbericht IV berücksichtigt wird.

351 Vgl. HOECHST AG (Hrsg.), Geschäftsbericht 1995, S. 59.

352 Während die HOECHST AG und die SIEMENS AG mit „Vermögen" die Summe der Aktiva bezeichnen, segmentieren etwa die BAYER AG und die HEIDELBERGER ZEMENT AG lediglich das Sachanlagevermögen und die immateriellen Vermögensgegenstände. Vgl. zu dieser Abgrenzungsfrage BAUMANN, K.-H., Segment-Berichterstattung, S. 17 f.

Investitionen und Abschreibungen getrennt nach Arbeitsgebieten und nach Regionen im Anhang aus;[353] die segmentierten Daten für Auftragseingang und Mitarbeiter hingegen werden nicht im Rahmen der Segmentberichterstattung im Anhang, sondern im Lagebericht ausgewiesen.

Die mit **Oberkriterium B.** geforderte Überleitungsrechnung von den segmentierten Daten in der Segmentberichterstattung zu den aggregierten Jahresabschlußzahlen wird in nur sieben von 150 Anhängen registriert. So weist etwa die HOECHST AG in einer zusätzlichen Spalte der Segmentberichterstattung für jedes Segmentobjekt (zum Beispiel die Umsatzerlöse) die zugehörige Konzernzahl aus, die sich durch Addition der entsprechenden Segmentzahlen ergibt.[354] Zusätzlich führt die HOECHST AG aus:

> *„Vermögen und Schulden, die den Geschäftsfeldern nicht zugeordnet sind, sind in einem separaten Segment ausgewiesen, um die Überleitung auf die Konzernzahl herzustellen."*[355]

Zu **Oberkriterium C.** (Verrechnungspreise für intersegmentäre Lieferungen und Leistungen) machen lediglich zwei der in die Stichprobe gelangten Unternehmen Angaben. So berichtet die BAYER AG:

> *„Die Verrechnungspreise für konzerninterne Umsätze werden marktorientiert festgelegt (Arm's-length-Prinzip)."*[356]

In ähnlicher Weise informiert auch die HOECHST AG:

> *„Konzerninterne Umsätze werden, soweit sie rechtlich selbständige Unternehmen betreffen, zu Konditionen abgewickelt, die grundsätzlich denen im Verhältnis zu fremden Dritten entsprechen."*[357]

Nimmt man alle 150 Geschäftsberichte zusammen, dann bleibt im **Ergebnis** festzuhalten: Einerseits ist ein sehr niedriges Publizitätsniveau bei den zugrunde gelegten Bewertungskriterien festzustellen. Weiterführende Angaben zur Segmentberichterstattung sind – trotz ihrer festgestellten großen Bedeutung für die Finanzanalyse – in den untersuchten Anhängen regelmäßig kaum vorhanden. Andererseits zeichnet sich aber die Segmentberichterstattung jener Unternehmen, die sich mit ihrem Geschäftsbericht an internationale Kapitalanleger wenden und die in der Regel

---

353 Vgl. SIEMENS AG (Hrsg.), Geschäftsbericht '95, S. 60 f.

354 Vgl. HOECHST AG (Hrsg.), Geschäftsbericht 1995, S. 60. In ähnlicher Weise berichten auch die BAYER AG, die HEIDELBERGER ZEMENT AG und die SIEMENS AG.

355 HOECHST AG (Hrsg.), Geschäftsbericht 1995, S. 59.

356 BAYER AG (Hrsg.), Geschäftsbericht 1995, S. 60.

357 HOECHST AG (Hrsg.), Geschäftsbericht 1995, S. 59.

bereits nach international anerkannten Rechnungslegungsgrundsätzen bilanzieren, durch sehr detaillierte und aussagekräftige Angaben aus, die das international übliche Berichterstattungsniveau zum Teil sogar überschreiten.[358]

428.22 Kapitalflußrechnung

Mit einer Kapitalflußrechnung werden in übersichtlicher Form die Herkunft und die Verwendung finanzieller Mittel zeitraumbezogen einander gegenübergestellt und zugleich Ursachen für mögliche Veränderungen eines auf eine bestimmte Weise abgegrenzten Finanzmittelfonds offengelegt.[359] Damit liefert die Kapitalflußrechung wichtige Informationen über die finanzielle Lage des Unternehmens, die Bilanz und Gewinn- und Verlustrechnung nicht unmittelbar entnommen werden können.[360]

Finanzwirtschaftliche Aspekte werden in den veröffentlichten Jahresabschlüssen regelmäßig vernachlässigt – und dies, obwohl Kapitalgesellschaften gemäß § 264 Abs. 2 HGB bzw. § 297 Abs. 2 HGB dazu verpflichtet sind, mit dem Jahresabschluß auch für die *Finanz*lage des Unternehmens bzw. des Konzerns ein den tatsächlichen Verhältnissen entsprechendes Bild zu zeichnen.[361] Gleichwohl hat der deutsche Gesetzgeber Forderungen, neben Bilanz, Gewinn- und Verlustrechnung und Anhang eine Kapitalflußrechnung als verbindlichen Teil in den Jahresabschluß aufzunehmen,[362] nicht entsprochen.[363] Demgegenüber werden Finanzierungs- oder Kapitalflußrechnungen[364] vor allem in anglo-amerikanischen Rechnungslegungskreisen

358 Zu einer Würdigung der Segmentberichterstattungs-Praxis in Geschäftsberichten deutscher Unternehmen 1994/1995 vgl. auch KÜTING, K./HAYN, S., Übergang auf die internationalisierte Konzernrechnungslegung, S. 262.

359 Vgl. SCHOPPEN, W., Darstellung der Finanzlage mit Hilfe der Kapitalflußrechnung, S. 61 f. sowie grundsätzlich bereits BUSSE VON COLBE, W., Kapitalflußrechnungen, S. 82–114.

360 Vgl. KALINSKI, R., Die Rechnungslegung zur Finanzlage der Unternehmung, S. 30 f. und S. 60–62.

361 Vgl. CHMIELEWICZ, K./CASPARI, B., Problematik von Finanzierungsrechnungen, S. 156.

362 Vgl. KÄFER, K., Kapitalflußrechnungen, S. 5. Auf KÄFER geht auch die Bezeichnung der Kapitalflußrechnung als „dritte Jahresrechnung" (zur Finanzlage) zurück.

363 Zu den Gründen für dieses Unterlassen vgl. m. w. N. RUSS, W., Der Anhang als dritter Teil des Jahresabschlusses, S. 207.

364 Zu in der Praxis gebräuchlichen (zwölf) unterschiedlichen Bezeichnungen für die Kapitalflußrechnung vgl. SCHULTE, K.-W./MÜLLER, S., Berichterstattung über die Finanzlage, S. 552.

seit langem veröffentlicht.[365] Wegen der zunehmenden Internationalisierung der Rechnungslegung scheint indes eine wachsende Bereitschaft deutscher Unternehmen festzustellen zu sein, eine Kapitalflußrechnung freiwillig in den Jahresabschluß oder zumindest in den Geschäftsbericht aufzunehmen.[366] Diese Bereitschaft, die Finanzlage über das gesetzlich vorgeschriebene Maß an Publizität hinaus zu erläutern, wird in Zukunft dadurch verstärkt werden, daß mit der Stellungnahme des HFA des IDW 1/1995[367] eine normative Empfehlung vorliegt, wie Kapitalflußrechnungen dem internationalen Standard IAS 7 entsprechend und insofern international vergleichbar aufzustellen sind.[368]

Die Umfrage unter Wirtschaftsprüfern und Finanzanalysten zeigt die große Bedeutung einer im Geschäftsbericht veröffentlichten Kapitalflußrechnung.[369] Für Wirtschaftsprüfer ist die Kapitalflußrechnung mit 2,69 Punkten auf einer 4-Punkte-Skala deutlich wichtiger als eine ausführliche Segmentberichterstattung (2,11 Punkte auf einer 4-Punkte-Skala). Anders sehen dies hingegen Finanzanalysten: nach der Bedeutung einer Kapitalflußrechnung gefragt, vergeben sie hier einen Wert von 2,88 Punkten auf einer 4-Punkte-Skala, der nicht an den Wert von 3,59 Punkten für die Segmentberichterstattung heranreicht.[370] Im arithmetischen Mittel sind beide Rechenschaftsinstrumente etwa gleich bedeutend: hier erzielt die Kapitalflußrechnung 2,79 Punkte, während der Wert für die Segmentberichterstattung bei 2,85 Punkten liegt.

365 Vgl. jeweils m. w. N. HALLER, A./JACOBY, S., Finanzierungsrechnung, S. 641; KÜTING, K./PFUHL, J. M., Konzernkapitalflußrechnung S. 1507.

366 Vgl. etwa HALLER, A./JACOBY, S., Finanzierungsrechnung, S. 646; SCHULTE, K.-W./ MÜLLER, S., Berichterstattung über die Finanzlage, S. 547 f.; STAHN, F., Zum praktischen Entwicklungsstand der Konzern-Kapitalflußrechnung in Deutschland, S. 653.

367 Vgl. HFA DES IDW, Die Kapitalflußrechnung als Ergänzung des Jahres- und Konzernabschlusses, S. 210–213 sowie hierzu kritisch AMEN, M., Kapitalflußrechnung, S. 498–509; MANSCH, H./STOLBERG, K./WYSOCKI, K. V., Kapitalflußrechnung, S. 185–203; WYSOCKI, K. V., Kapitalflußrechnungen, S. 466–475.

368 Hinzuweisen ist darauf, daß seit 1994 von der US-amerikanischen Börsenaufsichtsbehörde SEC eine nach IAS 7 aufgestellte Kapitalflußrechnung für die Zulassung an einer US-amerikanischen Börse akzeptiert wird; vgl. AMEN, M., Kapitalflußrechnung, S. 500.

369 Zu den nachfolgenden Werten vgl. bereits Übersicht 4-29.

370 KRUMBHOLZ gelangt bei seiner Befragung im Jahre 1993 für die Kapitalflußrechnung zu ähnlichen Ergebnissen. Allerdings sind die unter 38 Wirtschaftsprüfern und 29 Finanzanalysten ermittelten Werte nur bedingt mit den hier ermittelten Werten vergleichbar, weil KRUMBHOLZ seiner Befragung eine 3-Punkte-Skala zugrunde legt; vgl. KRUMBHOLZ, M., Die Qualität publizierter Lageberichte, S. 212.

Den Fachleuten wurden über die Frage nach der Bedeutung einer Kapitalflußrechnung hinaus zwei weitere Fragen gestellt. *Erstens* wurde den Fachleuten eine Liste vorgelegt, die sechs verschiedene Formen der Finanzierungsrechnung[371] umfaßt (vgl. Übersicht 4-34). *Zweitens* sollte die Umfrage ergeben, welchen Einfluß der Ort, an dem eine Finanzierungsrechnung im Geschäftsbericht plaziert wird, auf ihren Aussagegehalt ausübt – vgl. ebenfalls Übersicht 4-34:

Kategorie	**Mittlerer Aussagegehalt in %**		
	Wirtschaftsprüfer (WP)	**Finanzanalysten (FA)**	**Antwort-Mittelwert von WP und FA**
A. Kapitalflußrechnung nach internationalen Standards	100,00	100,00	100,00
B. Kapitalflußrechnung nach HFA 1/1995	86,06	76,07	81,07
C. Kapitalflußrechnung mit separatem Finanzmittelfonds, allerdings *nicht* entsprechend HFA 1/1995	71,53	62,86	67,19
D. Finanzierungsrechnung unter Einbeziehung von GuV-Daten	65,74	55,36	60,55
E. Erweiterte Bewegungsbilanz unter Einbeziehung der Kontenumsätze	51,94	37,50	44,72
F. Beständedifferenzenbilanz	40,25	28,33	34,29
G. Keine Finanzierungsrechnung	0,00	0,00	0,00
Zusatzfrage: Wie beurteilen Sie auf einer 100 %-Skala den Aussagegehalt einer im ungeprüften Teil des Geschäftsberichts veröffentlichten Finanzierungsrechnung?	61,90	69,85	65,87

Übersicht 4-34: *Befund über den Aussagegehalt von verschiedenen Formen der Finanzierungsrechnung*

Für die in Übersicht 4-34 ausgewiesenen verschiedenen Formen von Finanzierungsrechnungen wurden folgende **Annahmen** getroffen: *Erstens* hat eine etwa nach IAS 7 aufgestellte Kapitalflußrechnung einen Aussagegehalt von 100 %; damit wird den Ansprüchen internationaler Jahresabschlußadressaten an die nationale Rechnungslegung Rechnung getragen. Die Kapitalflußrechnung nach den Grundsätzen des IASC wurde als Referenzmaßstab herangezogen, weil die in IAS 7 gestellten Anforderungen offensichtlich den aktuellen Stand der internationalen Diskussion widerspiegeln.[372, 373] Die Kapitalflußrechnung nach HFA 1/1995 lehnt sich weitgehend an den Standard IAS 7 an; in der Anlage zur Stellungnahme HFA 1/1995

371 Strenggenommen handelt es sich nur bei den ersten drei Vorgaben um Kapitalflußrechnungen, bei den übrigen drei Formen hingegen um verschiedene Arten von Finanzierungsrechnungen. Zu den hier unterschiedenen Arten der Finanzierungsrechnung vgl. HALLER, A./JACOBY, S., Finanzierungsrechnung, S. 642–645.

372 Vgl. WYSOCKI, K. v., Kapitalflußrechnungen, S. 468. Auch der HFA des IDW lehnt sich in seiner Stellungnahme 1/1995 an diesen Standard an.

373 Abweichend von dieser Regel werden die Kapitalflußrechnungen der DAIMLER-BENZ AG und der VEBA AG, die beide nach US-GAAP bilanzieren, ebenfalls mit 100 % bewertet.

formulierte „zusätzliche Angaben nach IAS 7“[374] sollen zu einer vollständigen Übereinstimmung mit den Mindestanforderungen nach IAS 7 führen.[375] Insofern steht *zweitens* eine nach HFA 1/1995 aufgestellte Kapitalflußrechnung als Alternative neben einer Kapitalflußrechnung nach IAS 7. Um das Spektrum möglicher Berichterstattung besser erfassen zu können, kommt *drittens* eine nicht nach den Empfehlungen HFA 1/1995 aufgestellte Kapitalflußrechnung als weitere Alternative hinzu. *Viertens* wird für die Bewertung festgelegt, daß eine Kapitalflußrechnung, die im nicht geprüften Teil des Geschäftsberichts veröffentlicht wird, entsprechend den Vorgaben von Wirtschaftsprüfern und Finanzanalysten abgewertet wird.[376]

Die in Übersicht 4-34 ausgewiesenen **Umfrageergebnisse** erlauben interessante Rückschlüsse auf den Aussagegehalt von Finanzierungsrechnungen. So besitzt eine nach HFA 1/1995 aufgestellte Kapitalflußrechnung für Wirtschaftsprüfer einen annähernd gleich hohen Aussagegehalt wie eine nach IAS 7 aufgestellte Kapitalflußrechnung (86,06 % im Vergleich zu 100 %). Finanzanalysten sehen dies anders und werten eine Kapitalflußrechnung nach HFA 1/1995 um rund 25 % im Vergleich zu IAS 7 ab. Die Tendenz der Finanzanalysten, Finanzierungsrechnungen, die nicht IAS 7 entsprechen, stärker abzuwerten, als dies Wirtschaftsprüfer tun, setzt sich bei den übrigen Formen der Finanzierungsrechnung fort. So liegen die von Finanzanalysten vergebenen Werte jeweils zwischen 10 % und 30 % unter den entsprechenden Werten der Wirtschaftsprüfer, wobei sich die Abwertungstendenz mit zunehmender „Entfernung“ von der 100 %-Vorgabe IAS 7 verstärkt.

Interessant ist auch, wie die in Übersicht 4-34 formulierte **Zusatzfrage** von den Fachleuten beantwortet wird. Die Kapitalflußrechnung darf – wie alle über die handelsrechtliche Pflichtpublizität hinausgehenden freiwilligen Angaben – entweder im prüfungspflichtigen Teil des Geschäftsberichts (Jahresabschluß, Lagebericht) plaziert werden oder in den allgemeinen Teil des Geschäftsberichts aufgenommen und auf diese Weise dem Prüfungsfeld des Wirtschaftsprüfers entzogen werden; freiwillige Zusatzinformationen im allgemeinen (nicht prüfungspflichtigen) Teil des Geschäftsberichts sind insofern nicht vom Bestätigungsvermerk des Abschlußprüfers

374 HFA DES IDW, Die Kapitalflußrechnung als Ergänzung des Jahres- und Konzernabschlusses, S. 212 f. Hierzu zählt etwa der Ausweis von Kauf- bzw. Verkaufspreisen beim Erwerb oder Verkauf von Unternehmen und sonstigen Geschäftseinheiten.

375 Vgl. hierzu ausführlich WYSOCKI, K. V., Abgrenzung und Offenlegung des Finanzmittelfonds, S. 824–826.

376 Vgl. die in Übersicht 4-34 gestellte Zusatzfrage sowie die nachfolgenden Ausführungen.

gedeckt.[377] Die Umfrage unter Wirtschaftsprüfern und Finanzanalysten ergab, daß der Ort, an dem die Kapitalflußrechnung im Geschäftsbericht plaziert wird, den Aussagegehalt der Kapitalflußrechnung stark beeinflußt.[378] So sind Wirtschaftsprüfer der Ansicht, daß eine Veröffentlichung der Kapitalflußrechnung im ungeprüften Teil des Geschäftsberichts ihren Aussagegehalt um knapp 40 % mindert, während dieser Umstand den Aussagegehalt einer Kapitalflußrechnung für Finanzanalysten um immerhin rund 30 % einschränkt.[379]

Die empirische **Auswertung** von 150 Anhängen börsennotierter Unternehmen ergab ein sehr differenziertes Bild der Veröffentlichung von Finanzierungsrechnungen:[380]

Kategorie	**Häufigkeit in der Stichprobe**	
	Absolut	**Relativ**
A. Kapitalflußrechnung nach IAS 7	5	3,33 %
B. Kapitalflußrechnung nach HFA 1/1995	44	29,33 %
C. Kapitalflußrechnung mit separatem Finanzmittelfonds, allerdings nicht nach HFA 1/1995	7	4,67 %
D. Finanzierungsrechnung unter Einbeziehung von GuV-Daten	19	12,67 %
E. Erweiterte Bewegungsbilanz unter Einbeziehung der Kontenumsätze	6	4,00 %
F. Beständedifferenzenbilanz	2	1,33 %
Σ **der Kategorien A. – F.**	**83**	**55,33 %**
(davon Veröffentlichung im ungeprüften Teil des Geschäftsberichts)	(18)	(21,69 %)
G. Keine Finanzierungsrechnung	67	44,67 %
Σ **der Kategorien A. – G.**	**150**	**100,00 %**

Übersicht 4-35: *Befund über die Häufigkeit von verschiedenen Formen der Finanzierungsrechnung*

377 Vgl. LANGE, C., Publizitätspflicht „zusätzlicher Angaben" im Anhang, S. 375 f.

378 Vgl. zu einer ähnlichen, allerdings nicht empirisch gestützten Einschätzung RISSE, A., Segmentberichterstattung, S. 741.

379 Zur (strittigen) Frage, ob die Kapitalflußrechnung dem Anhang oder dem Lagebericht zuzuordnen ist, vgl. m. w. N. RUSS, W., Der Anhang als dritter Teil des Jahresabschlusses, S. 209. In der vorliegenden Arbeit werden Kapitalflußrechnungen sowohl im Anhang und im Lagebericht als auch im ungeprüften Teil des Geschäftsberichts – und für diesen Fall mit Abzug – bewertet. International üblich ist indes, die Kapitalflußrechnung im Anhang (in den notes) zu veröffentlichen; vgl. HALLER, A./JAKOBY, S., Finanzierungsrechnung, S. 648.

380 Vgl. zu ähnlichen empirischen Auswertungen die Beiträge von GÖRGES, T./SCHULTE, J., Publizitätspolitik börsennotierter Teilkonzerne, hier S. 572–574; HALLER, A./JAKOBY, S., Finanzierungsrechnung, hier S. 646–649; SCHULTE, K.-W./MÜLLER, S., Berichterstattung über die Finanzlage, hier S. 550–552.

Die Auswertung ergab, daß nur etwas mehr als die Hälfte der Unternehmen (83 Unternehmen = 55,33 %) eine Finanzierungsrechnung veröffentlicht. Damit werden in etwa die jeweils 1994 ermittelten empirischen Ergebnisse von GÖRGES/SCHULTE (54,54 %), HALLER/JAKOBY (66,00 %) sowie von SCHULTE/MÜLLER (58,33 %) bestätigt.[381] Die Ergebnisse sind allerdings nur eingeschränkt miteinander vergleichbar: zu beachten ist, daß die genannten Autoren jeweils deutlich weniger als die in dieser Arbeit untersuchten 150 Unternehmen in ihre Stichprobe einbezogen.[382]

Der zunehmende Einfluß internationaler Rechnungslegungsstandards auf die nationale Rechnungslegung führt dazu, daß bei den untersuchten 150 Geschäftsberichten der Geschäftsjahre 1994/1995 bereits in fünf Geschäftsberichten (deutscher Großunternehmen) eine nach IAS oder US-GAAP aufgestellte Kapitalflußrechnung zu registrieren ist.[383] Erstaunlich hoch ist auch die Zahl jener 44 von 83 Unternehmen, die sich mit ihrer Kapitalflußrechnung an der Empfehlung des HFA des IDW orientieren;[384] die Empfehlung HFA 1/1995 scheint hier – bereits im Jahr der Veröffentlichung – deutlich richtungsweisenden Charakter zu haben.[385] Angesichts der Tendenz, sich mit der Veröffentlichung einer Kapitalflußrechnung internationalen Standards anzupassen, werden die bei insgesamt 34 Unternehmen festgestellten Kapitalflußrechnungen der Kategorien C. bis F. hier nicht näher untersucht.

Wie gesagt, wurde in 83 von 150 Geschäftsberichten eine Kapitalflußrechnung der Kategorien A. bis F. festgestellt. Jede fünfte Kapitalflußrechnung (21,69 %) wird im ungeprüften Teil des Geschäftsberichts veröffentlicht, so daß der mit der jeweiligen Kategorie verbundene Aussagegehalt statt mit 100 % nur mit 65,87 % bewertet wird (vgl. zu dieser Rechnung Übersicht 4-34).[386]

---

381 Vgl. die in vorstehender Fußnote verzeichneten Quellen.

382 So untersuchten GÖRGES/SCHULTE 55 Unternehmen, HALLER/JAKOBY 100 Unternehmen und SCHULTE/MÜLLER 60 Unternehmen.

383 Vgl. die nach IAS 7 aufgestellten Kapitalflußrechnungen der BAYER AG, der HOECHST AG und der HEIDELBERGER ZEMENT AG sowie die nach US-GAAP aufgestellten Kapitalflußrechnungen der DAIMLER-BENZ AG und der VEBA AG.

384 Vgl. beispielsweise die im Lagebericht (Seite 12 des Geschäftsberichts) ausgewiesene Kapitalflußrechnung der BARMAG AG oder die sehr übersichtliche und im Anhang plazierte Kapitalflußrechnung der OTTO REICHELT AG (Seiten 32 f. des Geschäftsberichts).

385 Vgl. zu einer entsprechenden Absichtserklärung HFA DES IDW, Die Kapitalflußrechnung als Ergänzung des Jahres- und Konzernabschlusses, S. 210.

386 An welcher Stelle eine Kapitalflußrechnung im Geschäftsbericht plaziert wird, werten unter anderem GÖRGES, T./SCHULTE, J., Publizitätspolitik börsennotierter Teilkonzerne, S. 573 und HALLER, A./JAKOBY, S., Finanzierungsrechnung, S. 648, aus.

In der Stichprobe weist bereits mehr als jedes zweite Unternehmen eine Kapitalflußrechnung (in irgendeiner Form) aus; vier von fünf jener Unternehmen, die eine Kapitalflußrechnung ausweisen, lassen diese auch prüfen: damit wird die Aussagefähigkeit des veröffentlichten Geschäftsberichts in besonderem Maße gesteigert. Das eingangs formulierte Ziel, den Einblick in die Finanzlage des Unternehmens zu verbessern, wird damit erreicht; zugleich wird die Akzeptanz nationaler Abschlüsse bei international orientierten Kapitalanlegern erhöht.

428.3 Zur Verteilung der Qualitätswerte in Teilbericht VIII des Anhangs

Die Auswertung der 150 Anhänge führte bei Teilbericht VIII zu folgendem Ergebnis:

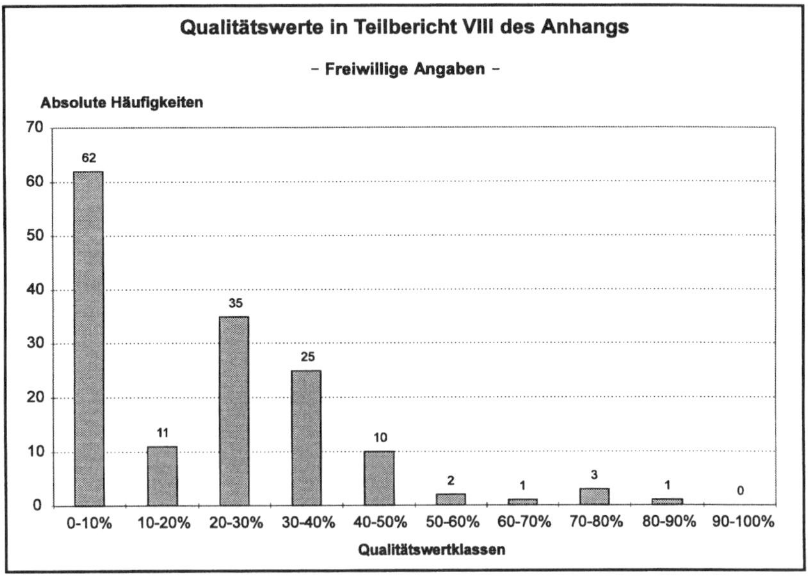

Übersicht 4-36: *Überblick über die Qualitätswerte in Teilbericht VIII des Anhangs*

Bei einer Standardabweichung von 18,11 %-Punkten ergibt sich in Teilbericht VIII ein **Qualitäts-Mittelwert** von 19,71 % für alle Geschäftsberichte gemeinsam. Damit fällt die Qualität der Berichterstattung aller 150 Geschäftsberichte in Teilbericht VIII im Vergleich zu den übrigen Teilberichten am schlechtesten aus. Die nächst-schlechteren Qualitäts-Mittelwerte folgen für Teilbericht VI (Konsolidierungsmethoden) mit

41,14 % und für Teilbericht II (Bilanzierungs- und Bewertungsmethoden, Währungsumrechnung) mit 43,99 % mit deutlichem Abstand. Wie aus Übersicht 4-36 hervorgeht, erzielen nur sieben von 150 Unternehmen ausreichende oder bessere Qualitätswerte. Nur eines dieser sieben Unternehmen erreicht die Qualitätswertklasse [80 % bis 90 %].[387] Demgegenüber werden bei 143 von 150 Unternehmen nicht-ausreichende Qualitätswerte registriert. Von 62 Unternehmen, die der Qualitätswertklasse [0 % bis 10 %] zugeordnet werden, machen 29 Unternehmen sogar *überhaupt keine* Angaben zu den in Teilbericht VIII zugrunde gelegten Qualitätskriterien.

Stellt man die Frage nach den **Ursachen** dieses Befundes schlechter Berichterstattung in Teilbericht VIII und analysiert die einzelnen Qualitätskriterien, so sind folgende Punkte festzuhalten:

Erstens ist ein deutliches Gefälle in der Berichterstattung zu den Hauptkriterien Nr. 1 und Nr. 4 einerseits und den Hauptkriterien Nr. 2 und Nr. 3 andererseits festzustellen. Leasinggeschäfte (Hauptkriterium Nr. 2) werden in der Regel nur im Rahmen der Berichterstattung zu den sonstigen finanziellen Verpflichtungen „erläutert"; dabei erschöpft sich die Berichterstattung meist in der Angabe der jährlichen Verpflichtungen aus Leasinggeschäften.[388] Weitergehende Angaben sind nur in wenigen der untersuchten Anhänge zu verzeichnen: Beispielsweise beziffert die SIEMENS AG in einem gesonderten Abschnitt „Leasing- und Mietverträge" unter anderem auch die Höhe des Mietaufwandes für Leasinggegenstände und gibt zusätzlich die Verteilung der Leasing- und Mietverpflichtungen auf die kommenden Geschäftsjahre an.[389]

Ähnlich spärlich wird *zweitens* zum Einsatz derivativer Finanzinstrumente (Hauptkriterium Nr. 3) berichtet.[390] Nur wenige Unternehmen „wagen sich an die Publizi-

387 Hierbei handelt es sich um die BAYER AG.

388 Zu den (internationalen) Anforderungen an die Anhang-Berichterstattung zu Leasinggeschäften vgl. GEFIU, Leasingverträge in der Rechnungslegung, S. 336 f.; GELHAUSEN, W. D./GELHAUSEN, H. F., Bilanzierung von Leasingverträgen, S. 67, Rn. 200 (Bilanzierung beim Leasinggeber) und S. 68, Rn. 204 (Bilanzierung beim Leasingnehmer).

389 Vgl. SIEMENS AG (Hrsg.), Geschäftsbericht '95, S. 62. Die HEIDELBERGER ZEMENT AG macht darüber hinaus Angaben zum Buchwert der im Sachanlagevermögen aktivierten Leasinggegenstände; vgl. HEIDELBERGER ZEMENT AG (Hrsg.), Geschäftsbericht 1995, S. 59.

390 Zu den hier verlangten Angabepflichten vgl. vor allem EPPERLEIN, J. K./SCHARPF, P., Anhangangaben im Zusammenhang mit sogenannten Finanzinnovationen, S. 1629–1636; PFEFFER, A., Publizitätspflichten für derivative Finanzinstrumente, S. 411–415. Zu einer ersten empirischen Untersuchung aus dem Jahr 1995 vgl. GEBHARDT, G., Derivative Finanzinstrumente, S. 609–617.

tät von Derivaten"[391]; bestimmend für dieses Publizitätsverhalten sind vor allem viele noch ungeklärte Fragen zur Bewertung von Derivaten, die steigende und zunehmend unübersichtlicher werdende Zahl von derivativen Finanzinstrumenten sowie die mangelnde Erfahrung mit der Bilanzierung dieser Instrumente. Nur 21 von 150 Unternehmen machen Angaben zum Einsatz von Derivaten; in jenen 129 Fällen, in denen keine Angaben zu diesem Publizitätsbereich festzustellen sind, wird das Hauptkriterium nach dem Grundsatz „in dubio pro reo" nicht bewertet.[392]

Drittens ist zu beachten, daß vor allem kleinere Unternehmen im Vergleich zu großen und international ausgerichteten Konzernen weniger daran interessiert sein dürften, mit ihrer Berichterstattung internationalen Qualitätsstandards gerecht zu werden.[393] Die empirische Untersuchung bestätigt diesen Gedanken: Bei den Unternehmen, die in Teilbericht VIII die höchsten Wertungen erzielen, handelt es sich – in alphabetischer Reihenfolge und zugleich absteigender Reihenfolge der Qualitätswerte – um die BAYER AG, die DAIMLER-BENZ AG, die HOECHST AG, um die SIEMENS AG sowie um die VEBA AG.

Im **Ergebnis** sind die drei genannten Faktoren im wesentlichen für den Befund schlechter Berichterstattung in Teilbericht VIII verantwortlich.

391 O. V., Publizität von Derivaten, S. 18. Zu möglichen Angaben in diesem Publizitätsbereich vgl. etwa den Anhang der DAIMLER-BENZ AG (Hrsg.), Geschäftsbericht 1995, S. 64 f.

392 Ausnahmsweise wird durch Fehlanzeigen darauf hingewiesen, daß keine derivativen Finanzinstrumente eingesetzt werden; vgl. etwa HERLITZ INTERNATIONAL TRADING AG (Hrsg.), Geschäftsbericht 1995, S. 46: „Es bestehen keine Derivatgeschäfte." Ähnlich VEW AG (Hrsg.), Geschäftsbericht 1995, S. 64.

393 Strenggenommen handelt es sich hierbei um eine Hypothese. Nach bestimmten Merkmalen differenzierte Hypothesen über die Qualität der Berichterstattung im Anhang werden in Abschnitt 5 dieser Arbeit getestet.

43 Zusammenfassung

In Abschnitt 42 dieser Arbeit wurde für jeden der acht Teilberichte des Anhangs

(1) gezeigt, welche Qualitätswerte die in die Stichprobe gelangten 150 Unternehmen mit ihrer Anhangberichterstattung in den jeweiligen Teilberichten erzielen,

(2) ein Bündel qualitätsbestimmender Merkmale (Qualitätskriterien) identifiziert, die für Wirtschaftsprüfer und Finanzanalysten von besonderer Bedeutung sind und/oder die sich in der Praxis durch ein besonders breites Berichterstattungsspektrum auszeichnen und für Ersteller von Anhängen deshalb von besonderem Interesse sein dürften.

Abschließend bleibt zu zeigen, wie aggregiert über *alle* acht Teilberichte im Anhang berichtet wird. Mit anderen Worten: welchen **Gesamt-Qualitätswert** $\mathbf{U_j}$ erreichen 150 Unternehmen mit ihrer Berichterstattung im Anhang? Einen Überblick gibt Übersicht 4-37:

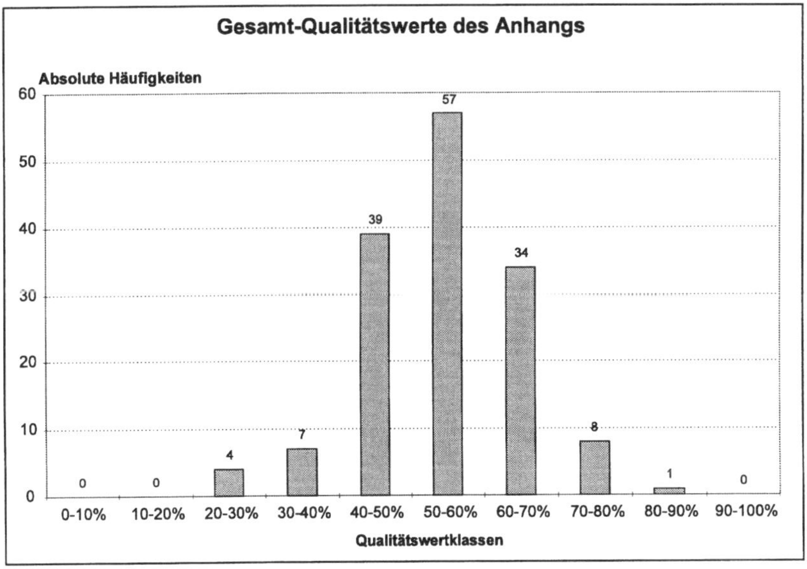

Übersicht 4-37: *Überblick über die Gesamt-Qualitätswerte im Anhang*

Ein Drittel der zufällig ausgewählten 150 Unternehmen erreicht einen Gesamt-Qualitätswert der Berichterstattung im Anhang, der „nicht ausreichend“ ist und auf die unteren Qualitätswertklassen [0 % bis 50 %] entfällt. Bei vier dieser 50 Unternehmen sind sogar Gesamt-Qualitätswerte < 30 % zu verzeichnen. Ebensowenig vermag die Tatsache zu überzeugen, daß lediglich neun von 150 Unternehmen Qualitätswerte > 70 % erreichen; davon entfallen acht Unternehmen auf die dritthöchste Qualitätswertklasse [70 % bis 80 %].

Als einziges von 150 Unternehmen erreicht die HOECHST AG mit einem Gesamt-Qualitätswert von 81,59 % die zweithöchste Qualitätswertklasse [80 % bis 90 %].[394] Ein breites Mittelfeld von 91 Unternehmen, die den Qualitätswertklassen [50 % bis 70 %] zugeordnet werden, führt schließlich zu einem **Gesamt-Qualitäts-Mittelwert** von 54,06 % bei einer Standardabweichung von 10,34 %-Punkten.

In einer vom Ansatz her ähnlichen Studie zum *Lagebericht* ermittelte KRUMBHOLZ[395] einen Gesamt-Qualitäts-Mittelwert im Lagebericht von 26,35 %.[396] Die qualitativ bessere Berichterstattung in den hier untersuchten Anhängen aus den Jahren 1995 bzw. 1994/1995 mag zum einen darauf zurückzuführen sein, daß die Erhebung von KRUMBHOLZ sich auf Lageberichte der Jahre 1991 bzw. 1991/92 bezieht und sich hier insofern ein bereits an anderer Stelle[397] festgestellter Trend zu einer publizitätsfreundlicheren Form der Finanzkommunikation bemerkbar macht. Zum anderen hat der Gesetzgeber den Inhalt des Anhangs erheblich detaillierter geregelt als den Inhalt des Lageberichts. Das berichterstattende Unternehmen ist also bereits *verpflichtet*, bestimmte Mindestangaben im Anhang zu machen, während sich ihm bei der Lageberichterstattung mehr Berichterstattungsspielräume bieten, die – und das zeigt die Erhebung von KRUMBHOLZ – oft nicht genutzt worden sind. Der höhere Gesamt-Qualitäts-Mittelwert im Anhang ist insofern auch vor dem Hintergrund umfangreicher Publizitätsvorschriften zum Anhang zu sehen.

Bisher nicht untersucht wurde die Frage, ob sich **strukturelle Unterschiede** in der Qualität der Anhangberichterstattung feststellen lassen, wenn die 150 zufällig ausgewählten Unternehmen nach bestimmten Merkmalen unterschieden werden. Diese Frage wird im folgenden Abschnitt 5 ausführlich erörtert.

---

394 In der Anlage zu dieser Arbeit (Seiten 325 bis 346) wird dokumentiert, wie der Anhang der HOECHST AG anhand des ermittelten Kriterienkataloges bewertet wurde und welche Ergebnisse die HOECHST AG bei dieser Bewertung im einzelnen erzielte.

395 KRUMBHOLZ, M., Die Qualität publizierter Lageberichte.

396 Vgl. KRUMBHOLZ, M., Die Qualität publizierter Lageberichte, S. 245.

397 Vgl. Abschnitt 24 dieser Arbeit.

5 Beurteilung möglicher Einflußfaktoren auf die Qualität der Berichterstattung im Anhang

51 Überlegungen zum methodischen Vorgehen

In Abschnitt 4 dieser Arbeit wurde gezeigt, wie 150 zufällig ausgewählte börsennotierte Unternehmen ihren Publizitätspflichten im Anhang nachkommen und in welchem Maße sie darüber hinaus freiwillig weitergehenden Publizitätsanforderungen gerecht werden. Dabei wurde aber nicht nur beschrieben, wieviele Unternehmen welche Informationen im Anhang ausweisen;[1] vielmehr wurde mit einem in Abschnitt 3 entwickelten Bewertungsmodell versucht, die Qualität der Berichterstattung im Anhang zu *messen* und in einem intersubjektiv nachprüfbaren Maß abzubilden. Die bisher erzielten Ergebnisse – Zahl der zu einem bestimmten Berichterstattungskriterium berichtenden Unternehmen einerseits und Maß der Qualität der Berichterstattung im Anhang andererseits – *beschreiben* zunächst das Publizitätsverhalten deutscher Börsengesellschaften im Anhang (deskriptiver Ansatz) und dienen als Ausgangspunkt für weitere Untersuchungen.

Über die Beschreibung des Publizitätsverhaltens hinaus wird nun versucht, das beobachtete Publizitätsverhalten auch zu *erklären*.[2] D. h., es wird die Frage untersucht, ob sich empirische Gesetzmäßigkeiten feststellen lassen, wonach bestimmte Unternehmen in gleicher Weise (gleich gut oder gleich schlecht) im Anhang berichten.

Zu diesem Zweck sind in einem ersten Schritt Faktoren ausfindig zu machen, die das Publizitätsverhalten eines Unternehmens möglicherweise beeinflussen; in einem zweiten Schritt sind dann **Hypothesen** über vermutete Zusammenhänge zwischen dem beobachteten Publizitätsverhalten und möglichen Einflußfaktoren aufzustellen und in einem dritten Schritt zu prüfen.[3] Stabile und verläßliche Zusammenhänge zwischen dem Publizitätsverhalten einerseits und möglichen Einflußfaktoren auf das Publizitätsverhalten andererseits zu bestimmen, setzt eine **Theorie der Unternehmensberichterstattung** voraus.[4] Nach H. K. SCHNEIDER darf die allgemeine Frage nach dem „Warum" niemals durch den Hinweis auf Fakten beantwortet werden; vielmehr ist es „unerläßlich, Vorstellungen über die Zusammenhänge in der Wirklichkeit zu gewinnen, anders ausgedrückt: gedanklich in die Struktur der

---

1 Vgl. zu solchen Arbeiten im Überblick BERNDSEN, H.-P., Unternehmenspublizität in Deutschland, S. 121–134.

2 Vgl. HEINEN, E., Handelsbilanzen, S. 32 f. Zu diesem als *realwissenschaftlich* bezeichneten Ansatz vgl. ALBERT, H., Theorie und Prognose in den Sozialwissenschaften, S. 126–130.

3 Vgl. HÄGER, R., Das Publizitätsverhalten mittelgroßer Kapitalgesellschaften, S. 133.

4 Vgl. MAYNTZ, R./HOLM, K./HÜBNER, P., Methoden der empirischen Soziologie, S. 192; WAGENHOFER, A., Informationspolitik und Jahresabschluß, S. 222 f.

Realität einzudringen."[5] Ohne eine theoretische Fundierung der Unternehmensberichterstattung wäre zum Beispiel nicht zu entscheiden, ob ein empirisch beobachteter Zusammenhang zwischen einem bestimmten Maß der Berichterstattungsqualität im Anhang und einem Einflußfaktor zufällig ist oder ob der beobachtete Zusammenhang nicht auf einen dritten, gemeinsamen Faktor zurückzuführen ist.[6]

An dieser Stelle tritt allerdings das **Problem** auf, daß im Bereich der Unternehmensberichterstattung eine Theorie in Form von begründbaren Vorstellungen, die Ursache-Wirkungs-Zusammenhänge zwischen Variablen erklären, nicht exisiert;[7] Vorwürfe in methodischer Hinsicht, entsprechende Ansätze betrieben „measurement without theory"[8], sind insofern berechtigt. Wenn im folgenden dennoch versucht wird, mit statistischen Methoden vermutete Zusammenhänge zwischen unternehmensspezifischen Merkmalen und der Qualität der Berichterstattung im Anhang zu analysieren, so sind diese Untersuchungen weniger als Test von (*theoretisch* nicht begründbaren) Hypothesen über Ursache-Wirkungs-Zusammenhänge, sondern eher (einschränkend) als *weitergehende beschreibende* Analyse von Zusammenhängen zwischen Publizitätsverhalten und Einflußfaktoren zu verstehen.[9] Im Gegensatz zu sogenannten „Ad-hoc-Hypothesen", die willkürlich gebildet werden, beruhen die im folgenden formulierten Hypothesen allerdings auf begründeten Erwägungen und Plausibilitätsüberlegungen.[10, 11]

---

5 SCHNEIDER, H. K., Methoden und Methodenfragen der Volkswirtschaftslehre, S. 3.

6 Vgl. grundsätzlich SCHNEIDER, H. K., Methoden und Methodenfragen der Volkswirtschaftslehre, S. 7. Zum (ähnlich gelagerten) Problem, wie der Zusammenhang zwischen Preisen und Absatzmengen durch Preisabsatzfunktionen abgebildet werden kann, vgl. KAAS, K. P., Empirische Preisabsatzfunktionen bei Konsumgütern, S. 4–13.

7 Vgl. HEINEN, E., Handelsbilanzen, S. 33; WASSER, G., Bestimmungsfaktoren freiwilliger Prognosepublizität, S. 62, der darauf hinweist, daß die Veröffentlichung von Informationen „als Ausfluß menschlicher Entscheidungen angesehen werden" muß. Ein weiteres Problem liegt in der Kausalität des Zusammenhangs zwischen zwei Größen: So kann ein Unternehmen *proagieren*, d. h. Publizitätserwartungen von Jahresabschlußadressaten antizipieren, oder auf bestimmte Ereignisse *reagieren*; vgl. m. w. N. WAGENHOFER, A., Informationspolitik und Jahresabschluß, S. 226.

8 Vgl. zu solchen Vorwürfen WATTS, R. L./ZIMMERMAN, J. L., Positive Accounting Theory, S. 10; ähnlich SCHANZ, G., Betriebswirtschaftslehre, S. 528.

9 Vgl. im Vorgehen ähnlich HÄGER, R., Das Publizitätsverhalten mittelgroßer Kapitalgesellschaften, S. 133 f. Zu den Grenzen einer Prüfung von Hypothesen über Einflußfaktoren vgl. auch WASSER, G., Bestimmungsfaktoren freiwilliger Prognosepublizität, S. 62–68.

10 Vgl. MARTIN, A., Die empirische Forschung in der Betriebswirtschaftslehre, S. 183.

11 WITTE/GRÜN/BRONNER machen darauf aufmerksam, daß jede bewährte Aussage ernst zu nehmen sei, „weil sie einen Fortschritt gegenüber dem Zustand des Nichtwissens bedeutet, in dem alle konkurrierenden Aussagen gleich wahrscheinlich sind": WITTE, E./GRÜN, O./BRONNER, R., Pluralismus in der betriebswirtschaftlichen Forschung, S. 798.

Welche Faktoren (unternehmensspezifischen Merkmale), die die Qualität der Berichterstattung im Anhang möglicherweise beeinflussen, ausgewählt wurden, wird im folgenden Abschnitt 52 erläutert; in den Abschnitten 53 bis 57 ist dann der Einfluß dieser Merkmale auf das Publizitätsverhalten im Anhang zu untersuchen.

52 Auswahl geeigneter Einflußfaktoren auf die Qualität der Berichterstattung im Anhang

In den folgenden Abschnitten sollen Aussagen über mögliche Zusammenhänge zwischen der Qualität der Anhangberichterstattung und vermuteten Einflußfaktoren getroffen werden. Im Schrifttum existieren bereits viele Arbeiten, die sich mit dem Einfluß **unternehmensspezifischer Merkmale** auf das Publizitätsverhalten beschäftigen.[12] Aus der Vielzahl der dort genannten (vermuteten) Einflußfaktoren werden für die hier vorliegende Arbeit die folgenden Faktoren herausgegriffen:[13, 14]

(1) Maßstab für die **Größe** eines Unternehmens ist hier das in der Bilanz bzw. Konzernbilanz ausgewiesene Grundkapital (GK). Dabei werden drei Größenklassen gebildet:[15]
   - $GK \leq 50$ Mio. DM,
   - 50 Mio. DM $< GK \leq 250$ Mio. DM,
   - $GK > 250$ Mio. DM.

---

12 Vgl. zu einem Überblick über vor allem in den sechziger und siebziger Jahren entstandene Arbeiten BERNDSEN, H.-P., Unternehmenspublizität in Deutschland, S. 133. Zu einem Überblick über neuere Untersuchungen vgl. HOLDHOF, G., Das Bilanzierungsverhalten mittelständischer Unternehmen, S. 109–113.

13 Zu Problemen bei der Ermittlung von geeigneten Einflußfaktoren vgl. HÄGER, R., Das Publizitätsverhalten mittelgroßer Kapitalgesellschaften, S. 145 f.

14 Eine Übersicht über jene Unternehmen, die für die Untersuchung ausgewählt wurden, und ihre spezifischen Merkmale findet sich in der Anlage zu dieser Arbeit (Seiten 320 bis 324).

15 Auf eine Unterscheidung der Größenklassen im Sinne von § 267 HGB wurde aus zwei Gründen verzichtet: Erstens sind alle für diese Arbeit ausgewählten Unternehmen an einer deutschen Börse notiert, so daß sie formal als große Kapitalgesellschaften gelten. Zweitens sind die unteren Grenzwerte für die Klasse der großen Kapitalgesellschaften in § 267 HGB so niedrig, daß nahezu alle ausgewählten Unternehmen zu den großen Kapitalgesellschaften zu rechnen wären, legte man die gesetzlichen Größenkriterien zugrunde.

(2) Vermutlich beeinflußt auch die Zugehörigkeit zu einem Aktienindex (**DAX 30** oder **DAX 100**) das Publizitätsverhalten eines Unternehmens.[16]

(3) Als wesentliches Kennzeichen für die **Aktionärsstruktur** eines Unternehmens wird der Anteil breit gestreuter Aktien am gezeichneten Kapital des Unternehmens ausgewählt (Streubesitzanteil SBA).[17] Auch hier werden zur besseren Unterscheidung vier Klassen gebildet:

- SBA < 25 %,
- 25 % ≤ SBA ≤ 50 %,
- 50 % < SBA ≤ 75 %,
- SBA > 75 %.

(4) Ob die Zugehörigkeit zu einer **Branche**[18] das Publizitätsverhalten beeinflußt, soll nachfolgend ebenfalls festgestellt werden.

Die folgende Übersicht zeigt, wie sich die 416 Unternehmen der Grundgesamtheit und die 150 Unternehmen der Stichprobe hinsichtlich der skizzierten **Merkmale (1) bis (3)** unterscheiden:[19]

---

16 Der DAX 100 umfaßt neben den Werten des DAX 30 weitere 70 variabel gehandelte Werte (MDAX), die hinsichtlich Börsenumsatz und Marktkapitalisierung auf die 30 Standardwerte des DAX 30 folgen; vgl. DEUTSCHE BÖRSE AG (Hrsg.), DAX, S. 4–18. Zur Neuordnung von DAX 30 und MDAX im Juli 1996 vgl. o. V., DAX-Neuordnung wie erwartet, S. 29.

17 Bei der Berechnung des Streubesitzanteils wurde zurückgegriffen auf WOLFF, R., Deutsche Aktiengesellschaften 95/96. Zu einer empirischen Auswertung der Aktionärsstruktur in Deutschland vgl. IBER, B., Zur Entwicklung der Aktionärsstruktur in der Bundesrepublik Deutschland, S. 1101–1119.

18 Mischkonzerne einer bestimmten Branche zuzuordnen, ist problematisch; die Unternehmen werden hier entsprechend der Einstufung im „Handbuch der Großunternehmen 1995" 16 Branchen zugeordnet; vgl. VERLAG HOPPENSTEDT & CO. (Hrsg.), Handbuch der Großunternehmen 1995. Zur Bestimmung der Branchen vgl. STATISTISCHES BUNDESAMT (Hrsg.), Zahl und Nominalkapital der Kapitalgesellschaften 1993, S. 28–33.

19 Wie die Unternehmen der Grundgesamtheit und der Stichprobe bestimmt wurden, wurde in Abschnitt 41 gezeigt.

Merkmalsgruppe		**Zahl der Unternehmen in der Grundgesamtheit**		**Zahl der Unternehmen in der Stichprobe**	
		Absolut (N)	**Relativ (θ)**	**Absolut (n)**	**Relativ (P)**
(1) Größenklasse	Klein	249	59,85 %	89	59,33 %
	Mittel	118	28,37 %	40	26,67 %
	Groß	49	11,78 %	21	14,00 %
(2a) DAX 30	Ja	23	5,53 %	10	6,67 %
	Nein	393	94,47 %	140	93,33 %
(2b) DAX 100	Ja	74	17,79 %	32	21,33 %
	Nein	342	82,21 %	118	78,67 %
(3) Streubesitzanteil	< 25 %	172	41,35%	64	42,67 %
	25 % – 50 %	148	35,58 %	54	36,00 %
	50 % – 75 %	52	12,50 %	21	14,00 %
	> 75 %	44	10,57 %	11	7,33 %
Σ in jeder Merkmalsgruppe (1) bis (3)		**416**	**100,00 %**	**150**	**100,00 %**

Übersicht 5-1: *Differenzierung der Unternehmen nach den Merkmalen „Größenklasse“, „DAX 30“, „DAX 100“, „Streubesitzanteil“*

Welchen Branchen (**Merkmal (4)**) die Unternehmen der Grundgesamtheit und die Unternehmen der Stichprobe zugeordnet werden, zeigt die nachstehende Übersicht:

Branche	Zahl der Unternehmen in der Grundgesamtheit		Zahl der Unternehmen in der Stichprobe	
	Absolut (N)	Relativ (θ)	Absolut (n)	Relativ (P)
Energie- und Wasserversorgung, Bergbau	26	6,25 %	13	8,67 %
Chemische Industrie, Mineralölverarbeitung	24	5,77 %	8	5,33 %
Herstellung von Kunststoff- und Gummiwaren	13	3,13 %	7	4,67 %
Gewinnung und Verarbeitung von Steinen und Erden; Feinkeramik, Glasgewerbe	21	5,05 %	13	8,67 %
Metallerzeugung und -bearbeitung	13	3,13 %	6	4,00 %
Fahrzeugbau	19	4,57 %	5	3,33 %
Stahl- und Maschinenbau; Herstellung von Büromaschinen, Datenverarbeitungsgeräten und -einrichtungen	58	13,94 %	22	14,67 %
Elektrotechnik, Feinmechanik, Herstellung von Eisen-, Blech- und Metallwaren usw.	38	9,13 %	18	12,00 %
Holz-, Papier- und Druckgewerbe	17	4,09 %	3	2,00 %
Leder-, Textil- und Bekleidungsgewerbe	28	6,73 %	5	3,33 %
Ernährungsgewerbe, Tabakverarbeitung	43	10,34 %	17	11,33 %
Baugewerbe	14	3,37 %	5	3,33 %
Großhandel, Handelsvermittlung	23	5,53 %	10	6,67 %
Einzelhandel	9	2,16 %	4	2,67 %
Verkehr, Nachrichtenübermittlung (ohne Bundesbahn, -post)	6	1,44 %	2	1,33 %
Dienstleistungen, soweit von Unternehmen und freien Berufen erbracht	64	15,37 %	12	8,00 %
Σ	**416**	**100,00 %**	**150**	**100,00 %**

Übersicht 5-2: *Differenzierung der Unternehmen nach dem Merkmal „Branche"*

Von den Beobachtungen in der Stichprobe ausgehend können statistisch gesicherte Aussagen über die Grundgesamtheit nur dann getroffen werden, wenn die Stichprobe auf statistisch hohem Niveau ähnliche Merkmale besitzt wie die Grundgesamtheit

(**Repräsentativität der Stichprobe für die Grundgesamtheit**).[20] Ob die in der Stichprobe beobachtete relative Häufigkeit P eines Merkmals repräsentativ für die relative Häufigkeit θ dieses Merkmals in der Grundgesamtheit ist, kann mit einer Prüfgröße $\hat{z}$, die wie folgt definiert ist, geprüft werden:[21]

$$(16) \qquad \hat{z} = \frac{|P - \theta| - \frac{1}{2n}}{\sqrt{\frac{\theta\,(1-\theta)}{n} \cdot \frac{N-n}{N-1}}}$$

In Formel (16) bezeichnet N den jeweiligen Umfang der Grundgesamtheit und n den jeweiligen Umfang der Stichprobe (vgl. auch Übersichten 5-1 und 5-2). Für eine Irrtumswahrscheinlichkeit von $\alpha = 5\ \%$ ergibt sich – Normalverteilung der relativen Häufigkeiten unterstellt[22] – ein kritischer z-Wert von $z_c = 1{,}96$. Für $|\hat{z}| > z_c$ ist die Nullhypothese, die relative Häufigkeit eines Merkmals in der Stichprobe sei repräsentativ für die relative Häufigkeit dieses Merkmals in der Grundgesamtheit, zu verwerfen; anderenfalls ist sie nicht zu verwerfen. Verwendet man Formel (16) für die Merkmale in Übersicht 5-1, ergeben sich die folgenden Prüfgrößen $\hat{z}$:[23]

20 Weil in diesem Fall die Repräsentativität von relativen Häufigkeiten bei einem binär skalierten Merkmal untersucht wird, spricht man auch von Fehleranteilstatistik oder von einer homograden Fragestellung. Zum Begriff der homograden Fragestellung vgl. etwa LEFFSON, U., Wirtschaftsprüfung, S. 174; WYSOCKI, K. V., Grundlagen des betriebswirtschaftlichen Prüfungswesens, S. 181; BUCHNER, R., Wirtschaftliches Prüfungswesen, S. 172–178; HELLMUND, U./KLITZSCH, W./SCHUMANN, K., Grundlagen der Statistik, S. 128.

21 Vgl. zu diesem Vorgehen SACHS, L., Angewandte Statistik, S. 440–442.

22 Theoretisch exakt müßte für den folgenden Test eine Binominalverteilung zugrunde gelegt werden. Allerdings läßt sich die Binominalverteilung für obige Formel bereits bei sehr kleinen Stichprobenumfängen durch die Normalverteilung annähern, und zwar, wenn gilt: $n \cdot P > 5$ sowie $n \cdot (1 - P) > 5$. Vgl. hierzu SACHS, L., Angewandte Statistik, S. 440.

23 Bei den Merkmalen „Größenklasse – groß“, „Zugehörigkeit zum DAX 30 – ja“ sowie „Streubesitz zwischen 50 % und 75 % oder mehr als 75 %“ ist wegen der geringen Stichprobenumfänge eine der oben genannten Approximationsvoraussetzungen (hier: $n \cdot P > 5$) verletzt. Allerdings sind nach der Methode der Schnellschätzung von CLOPPER/PEARSON die relativen Häufigkeiten der Stichprobe mit einer Sicherheit von 99 % repräsentativ für jene der Grundgesamtheit. Zu dieser Methode vgl. CLOPPER, C. J./PEARSON, E. S., The Use of Confidence of Fiducial Limits, S. 411.

Merkmal			Prüfgröße $\hat{z}$
(1)	Größenklasse	Klein Mittel Groß	- 0,0086 0,0765 - 0,0297
(2a)	DAX 30	Ja Nein	- 0,6952 0,5031
(2b)	DAX 100	Ja Nein	0,3866 1,0939
(3)	Streubesitzanteil	< 25 % 25 % – 50 % 50 % – 75 % > 75 %	0,1102 - 0,0965 - 0,1566 - 0,1603

Übersicht 5-3: *Test auf Repräsentativität der Anteilwerte der Stichprobe für die Anteilwerte der Grundgesamtheit*

Mit $z_c = 1{,}96$ gilt für alle **Merkmale (1) bis (3)** in Übersicht 5-1: $|\hat{z}| < z_c$, so daß die Nullhypothese, die relative Häufigkeit eines Merkmals in der Stichprobe sei repräsentativ für die relative Häufigkeit dieses Merkmals in der Grundgesamtheit, nicht verworfen werden darf. Die Stichprobe ist hinsichtlich der Häufigkeit der genannten Merkmale deshalb als repräsentativ für die Grundgesamtheit zu bezeichnen.

Wegen der geringen Stichprobenumfänge in einzelnen Branchen (**Merkmal (4)**) darf für die Repräsentativitätsschätzung – anders als bei den zuvor betrachteten Merkmalen – die Normalverteilung hier nicht herangezogen werden. Allerdings ergibt die Methode der Repräsentativitätsschätzung nach CLOPPER/PEARSON auch bei der Einteilung der Unternehmen in Branchen, daß mit einer Sicherheit von mindestens 95 % die relativen Häufigkeiten der Stichprobe repräsentativ für die relativen Häufigkeiten in der Grundgesamtheit sind.[24]

Über die ausgewählten 150 Standard-Börsenwerte hinaus wurde die Berichterstattung in den Anhängen aller 20 **Börsenneulinge des Jahres 1995** untersucht. Hier ist keine Repräsentativität angestrebt; vielmehr wird der vorliegende Befund genutzt, um die Berichterstattungsqualität im Anhang von Börsenneulingen und im Anhang von Unternehmen, die schon länger an der Börse notiert sind, miteinander zu vergleichen.

24 Zur Methode der Repräsentativitätsschätzung nach CLOPPER/PEARSON vgl. vorstehende Fußnote.

In den Abschnitten 53 bis 57 dieser Arbeit wird für jeden der vermuteten Einflußfaktoren hergeleitet und begründet, in welcher Weise der jeweilige Einflußfaktor die Berichterstattungsqualität im Anhang möglicherweise beeinflußt. Die entsprechend formulierte Arbeitshypothese ist anschließend am ermittelten Datenmaterial auf empirische Signifikanz zu testen.

53 Vergleichende Beurteilung der Untersuchungsergebnisse hinsichtlich der Größe des berichterstattenden Unternehmens

Einer der im Schrifttum am häufigsten genannten Einflußfaktoren auf die Qualität der externen Finanzberichterstattung bzw. auf die Bereitschaft zur Berichterstattung ist die Unternehmensgröße.[25] Eine Vielzahl von **Plausibilitätsüberlegungen** spricht dafür, daß mit wachsender Unternehmensgröße die Bereitschaft zur Publizität steigt.

Erstens nimmt mit wachsender Unternehmensgröße die Komplexität der im Rechnungswesen zu verarbeitenden Informationen zu. Verglichen mit kleineren Unternehmen verfügen große Unternehmen deshalb in der Regel über ein breiter ausgebautes und leistungsfähigeres Informations- und Kontrollsystem. Vorausgesetzt, die Kosten etwa der Informationsbeschaffung und Informationsverarbeitung enthalten auch fixe Kostenbestandteile, werden mit wachsender Unternehmensgröße steigende Informationskosten ein großes Unternehmen *relativ* weniger belasten als ein kleines Unternehmen (Fixkostendegression).[26] Für große Unternehmen ist es deshalb verhältnismäßig weniger aufwendig, Rechnungsweseninformationen, die ohnehin vorliegen und verfügbar sind, im Anhang zu veröffentlichen.

Zweitens spielt die Finanzierung über den Kapitalmarkt für große Unternehmen bei globaler werdenden Wirtschafts- und Finanzmärkten eine vergleichsweise bedeutendere Rolle als für kleinere Unternehmen. Ein Kapitalgeber wird einem Unternehmen Kapital aber nur dann zu angemessenen Konditionen zur Verfügung stellen, wenn er sich von der Lage des Unternehmens ein Bild gemacht hat. Informationen sind für eine fundierte Kapitalentscheidung daher unerläßlich. In besonderem Maße sind

25 Vgl. m. w. N. WYSOCKI, K. v., Publizitätsverhalten deutscher Unternehmen, S. 747 f.

26 Vgl. CERF, A. R., Corporate Reporting and Investment Decisions, S. 21; DAMM, G., Kommunikationsmedium Geschäftsbericht, S. 30; WAGENHOFER, A., Informationspolitik und Jahresabschluß, S. 229.

Kapitalgeber aus den anglo-amerikanischen Ländern regelmäßig ein höheres, eher vom true and fair view denn vom Vorsichtsprinzip geprägtes Publizitätsniveau gewohnt und erwarten entsprechende (über das Publizitäts-Soll hinausgehende) Informationen deshalb auch von kapitalnachfragenden deutschen Unternehmen. Hierauf aufbauend wird argumentiert, daß eine größere Bereitschaft, Informationen über die wirtschaftliche Lage des Unternehmens zu veröffentlichen, für größere Unternehmen den Zugang zum Kapitalmarkt erleichtert.[27]

Drittens wird darauf hingewiesen, daß kleinere Unternehmen von den möglichen negativen Folgen der Veröffentlichung unternehmensspezifischer Daten ungleich stärker betroffen sind als große Unternehmen und insofern fürchten, ihre Wettbewerbsposition durch eine zu weitgehende Berichterstattung zu beeinträchtigen.[28] Das Selbstschutzinteresse kleiner Unternehmen würde bei diesen Unternehmen deshalb zu einer eingeschränkten Berichterstattung führen.[29] Allerdings sind auch in diesem Zusammenhang weitere Faktoren, die das Publizitätsverhalten möglicherweise beeinflussen, zu berücksichtigen (Struktur des Marktes, Ein- oder Mehrproduktunternehmen etc.).[30]

Schließlich wird argumentiert, daß *viertens* das Bedürfnis der Unternehmensleitung nach Anerkennung durch andere vor allem bei Großunternehmen besonders ausgeprägt ist.[31] Das Streben der Unternehmensleitung, die Bedeutung des Unternehmens und damit der eigenen Position durch umfangreiche Publizität auch nach außen kundzutun, wird vor allem darauf zurückgeführt, daß Großunternehmen regelmäßig eine starke Aufmerksamkeit durch die Wirtschaftspresse erfahren und insofern besonders im Blickpunkt der Öffentlichkeit stehen.

Aufbauend auf den genannten Plausibilitätsüberlegungen soll hier die folgende **Hypothese** untersucht werden:

Größere Unternehmen berichten im Anhang besser als kleinere Unternehmen.

---

27 Vgl. SINGHVI, S. S./DESAI, H. B., Corporate Financial Disclosure, S. 131. Einschränkend WASSER, G., Bestimmungsfaktoren freiwilliger Prognosepublizität, S. 72, der darauf hinweist, daß nicht nur die Unternehmensgröße, sondern etwa auch Zahl und Struktur der Kapitalgeber die Finanzierungssituation des Unternehmens bestimmen.

28 Vgl. CERF, A. R., Corporate Reporting and Investment Decisions, S. 21; SINGHVI, S. S./DESAI, H. B., Corporate Financial Disclosure, S. 131.

29 Zum sogenannten „Grundsatz der Informationsabstufung nach Art und Größe des Unternehmens" vgl. BAETGE, J./FISCHER, T. R./PASKERT, D., Der Lagebericht, S. 22–25.

30 Vgl. WASSER, G., Bestimmungsfaktoren freiwilliger Prognosepublizität, S. 72.

31 Vgl. MOXTER, A., Der Einfluß von Publizitätsvorschriften auf das unternehmerische Verhalten, S. 10.

Für die folgende Untersuchung wird dabei auf die in Abschnitt 52 getroffene Einteilung der Unternehmen in kleine, mittelgroße und große Unternehmen zurückgegriffen.

Nachstehende Übersicht 5-4 zeigt den empirischen Befund über die Qualität der Berichterstattung im Anhang der 150 in die Stichprobe gelangten Unternehmen:

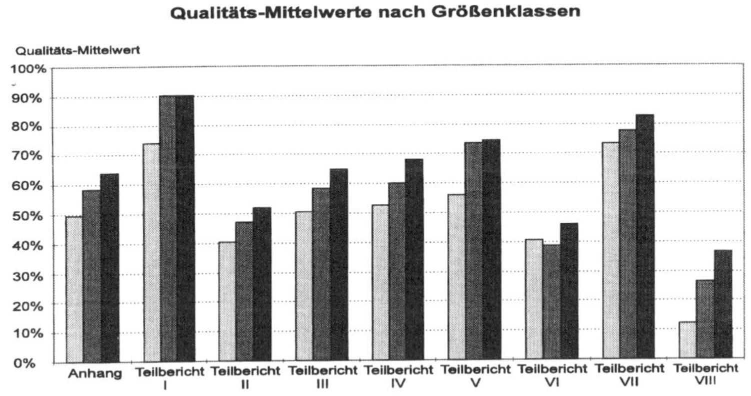

	Anhang	Teilbericht I	Teilbericht II	Teilbericht III	Teilbericht IV	Teilbericht V	Teilbericht VI	Teilbericht VII	Teilbericht VIII
Klein	49,56 %	73,92 %	40,49 %	50,36 %	52,73 %	56,09 %	40,59 %	73,45 %	12,19 %
Mittel	58,30 %	90,18 %	47,07 %	58,44 %	60,13 %	73,67 %	38,66 %	77,65 %	26,51 %
Groß	63,94 %	90,22 %	51,99 %	64,77 %	67,93 %	74,67 %	45,88 %	82,74 %	36,67 %

Klein **Mittel** **Groß**

Übersicht 5-4: *Qualitäts-Mittelwerte im Anhang differenziert nach Unternehmensgrößen*

In Übersicht 5-4 sind auf der Ordinate die Qualitätswerte abgetragen, die die 150 untersuchten Unternehmen im Gesamt-Anhang und in den acht Teilberichten durchschnittlich erzielen (**Qualitäts-Mittelwerte**). Auf der Abszisse wird jeweils für den Gesamt-Anhang und die Teilberichte I bis VIII zwischen kleinen, mittelgroßen und großen Unternehmen unterschieden.

Bereits der **graphische Vergleich** der Qualitäts-Mittelwerte macht deutlich, daß mit zunehmender Größe des Unternehmens die Qualität der Berichterstattung im Anhang steigt. Abgesehen von Teilbericht VI trifft diese Beobachtung sowohl für die übrigen sieben Teilberichte als auch für den Gesamt-Anhang zu. In Teilbericht VI liegen die Qualitäts-Mittelwerte kleiner Unternehmen nur geringfügig über den entsprechenden Werten für mittelgroße Unternehmen.

Die oben aufgestellte Hypothese, daß größere Unternehmen im Anhang besser berichten als vergleichsweise kleinere Unternehmen, wird im folgenden mit Hilfe des **Zweistichprobentests** für die Differenz zweier arithmetischer Mittelwerte statistisch auf Signifikanz getestet.[32] Der Test setzt einerseits unabhängige Stichproben voraus; andererseits müssen beide Stichproben aus normalverteilten Grundgesamtheiten stammen, oder die beiden Stichprobenumfänge sind jeweils so groß, daß der Zentrale Grenzwertsatz der Wahrscheinlichkeitsrechnung angewendet werden darf ($n > 30$).

Aus Übersicht 5-1 geht hervor, daß n_{klein} und n_{mittel} jeweils größer als 30 sind, weshalb in diesen beiden Fällen der Zentrale Grenzwertsatz der Wahrscheinlichkeitsrechnung wirksam wird und von einer normalverteilten Grundgesamtheit ausgegangen werden darf.[33] Wie aus Übersicht 5-1 auch ersichtlich ist, beträgt der Stichprobenumfang für große Unternehmen $n_{groß} = 21$, so daß hier die Annahme der normalverteilten Grundgesamtheit großer Unternehmen geprüft werden muß. Der auf dieses Problem angewendete KOLMOGOROFF-SMIRNOV-Anpassungstest prüft die Anpassung einer beobachteten Verteilung an eine theoretische Verteilung.[34] Besonders beim Vorliegen kleiner Stichprobenumfänge entdeckt der KOLMOGOROFF-SMIRNOV-Anpassungstest Abweichungen von der Normalverteilung eher als der χ^2-Anpassungstest.[35] Das mit dem Programm SPSS für Windows ermittelte Signifikanzniveau für die hier betrachtete Stichprobe großer Unternehmen von $n_{groß} = 21$ beträgt 0,9996, weshalb die Nullhypothese, die Stichprobe entstamme einer normalverteilten Grundgesamtheit, selbst auf dem 1 %-Signifikanzniveau nicht abgelehnt werden darf.[36]

Die Modellvoraussetzungen des Zweistichprobentests für die Differenz zweier arithmetischer Mittelwerte sind damit für alle drei Stichproben erfüllt. Im folgenden werden die Qualitäts-Mittelwerte im Gesamt-Anhang großer, mittelgroßer und kleiner

---

32 Vgl. zu diesem Testverfahren etwa SACHS, L., Angewandte Statistik, S. 355–357; BORTZ, J., Statistik für Sozialwissenschaftler, S. 132–134.

33 Vgl. BLEYMÜLLER, J./GEHLERT, G./GÜLICHER, H., Statistik für Wirtschaftswissenschaftler, S. 88.

34 Vgl. BOHLEY, P., Statistik, S. 562–565; BORTZ, J., Statistik für Sozialwissenschaftler, S. 155.

35 Vgl. HARTUNG, J./ELPELT, B./KLÖSENER, K.-H., Statistik, S. 183.

36 Müssen für den KOLMOGOROFF-SMIRNOV-Anpassungstest Mittelwert und Varianz wie hier aus der Stichprobe geschätzt werden, dann sind die nach KOLMOGOROFF/SMIRNOV ermittelten Resultate als sehr konservativ zu bezeichnen; exakte Schranken liefert der Anpassungstest nach LILLIEFORS; vgl. HARTUNG, J./ELPELT, B./KLÖSENER, K.-H., Statistik, S. 184 f.

Unternehmen paarweise miteinander verglichen.[37] Getestet wird in allen Fällen auf dem 5 %-Niveau, d. h., bei der Prüfung der Hypothesen wird eine Irrtumswahrscheinlichkeit von höchstens $\alpha = 5$ % in Kauf genommen.[38]

Erstens wird die Nullhypothese „Die Qualitäts-Mittelwerte großer und kleiner Unternehmen im Anhang sind gleich" gegen die Alternativhypothese „Die Qualitäts-Mittelwerte großer Unternehmen im Anhang sind signifikant höher als die Qualitäts-Mittelwerte kleiner Unternehmen" getestet.[39] Die unter obigen Voraussetzungen anzuwendende statistische Prüfgröße lautet bei Gültigkeit der Nullhypothese:[40, 41]

(17)
$$z = \frac{\overline{U_{j1}} - \overline{U_{j3}}}{\sqrt{\frac{s_1^2}{n_1} + \frac{s_3^2}{n_3}}}$$

Wie aus Übersicht 5-4 hervorgeht, beträgt der Qualitäts-Mittelwert im Anhang großer Unternehmen $\overline{U_{j1}} = 63{,}94$ %; der Qualitäts-Mittelwert im Anhang kleiner Unternehmen beträgt dagegen $\overline{U_{j3}} = 49{,}56$ %. Mit $n_1 = 21$ und $n_3 = 89$ sowie $s_1 = 9{,}33$ % und $s_3 = 8{,}94$ %[42] ergibt sich schließlich ein Wert der Prüfgröße von $\hat{z} = 6{,}40$. Aus der Tabelle der Standardnormalverteilung findet man bei einseitiger Fragestellung ($\overline{U_{j1}} > \overline{U_{j3}}$) und einem Signifikanzniveau von $\alpha = 5$ % einen kritischen z-Wert von $z_c = 1{,}65$. Dies bedeutet: Für $\hat{z} > 1{,}65$ wird die Nullhypothese abgelehnt; im umgekehrten Fall darf sie nicht zurückgewiesen werden. Im vorliegenden Fall gilt: 6,40 > 1,65; damit ist die durchschnittliche Qualität der Berichterstattung im Anhang großer Unternehmen signifikant höher als die durchschnittliche Qualität der Berichterstattung im Anhang kleiner Unternehmen.

37 Entsprechend den Regeln der Kombinatorik ergeben sich bei drei Klassen 3!/(2! · 1!) = 3 Paarvergleiche. Große Unternehmen werden im folgenden mit dem Index d = 1 bezeichnet, mittelgroße Unternehmen mit dem Index d = 2 und kleine Unternehmen mit dem Index d = 3.

38 Das Signifikanzniveau von 5 % gilt in der empirischen Sozialforschung als Konvention; vgl. BORTZ, J., Statistik für Sozialwissenschaftler, S. 110.

39 Vgl. zu diesem Vorgehen grundsätzlich BORTZ, J., Statistik für Sozialwissenschaftler, S. 104–107.

40 Vgl. etwa BORTZ, J., Statistik für Sozialwissenschaftler, S. 132 f.; SACHS, L., Angewandte Statistik, S. 355–357.

41 Der Index j steht in nachstehender Formel für die Zahl der Unternehmen, die auf die jeweilige Klasse entfallen.

42 Die Standardabweichung wurde aus den Stichprobenwerten ermittelt.

Der Vergleich der Qualitäts-Mittelwerte von großen Unternehmen und mittelgroßen Unternehmen führt *zweitens* zu einer Prüfgröße von $\hat{z} = 2{,}38$;[43] und *drittens* wird beim Vergleich von mittelgroßen mit kleinen Unternehmen eine Prüfgröße von $\hat{z} = 5{,}70$ registriert.[44] Mit anderen Worten: Auch die beiden letztgenannten Signifikanztests ergeben, daß mit steigender Unternehmensgröße die Qualität der Berichterstattung im Anhang zunimmt. Damit kann eine im Schrifttum schon häufig geäußerte Vermutung für den Publizitätsbereich „Anhang" bestätigt werden.[45]

Wie bereits in Abschnitt 51 erörtert, wird mit diesem statistischen Befund das in der Stichprobe beobachtete Publizitätsverhalten großer, mittelgroßer und kleiner Unternehmen lediglich *beschrieben*; das hier gewählte Vorgehen ist insofern von einem Test *theoretisch* abgeleiteter Hypothesen über Kausalzusammenhänge zwischen Publizitätsverhalten und Einflußfaktoren zu unterscheiden.[46]

54 Vergleichende Beurteilung der Untersuchungsergebnisse hinsichtlich der Zugehörigkeit zu einem Aktienindex

541. Plausibilitätsüberlegungen

Die Zugehörigkeit zu einem Aktienindex ist ein weiterer möglicher Einflußfaktor auf das Publizitätsverhalten börsennotierter Kapitalgesellschaften. Zu diesem Zweck werden die in die Stichprobe einbezogenen 150 Unternehmen hinsichtlich ihrer Zugehörigkeit

- zum DAX 30 bzw.
- zum DAX 100

unterschieden.

43 Hier gilt: $n_1 = 21$ und $n_2 = 40$ sowie $s_1 = 9{,}33$ % und $s_2 = 7{,}62$ %. Die Qualitäts-Mittelwerte sind Übersicht 5-4 zu entnehmen.

44 In diesem Fall beträgt $n_2 = 40$ und $n_3 = 89$ sowie $s_2 = 7{,}62$ % und $s_3 = 8{,}94$ %. Die Qualitäts-Mittelwerte sind Übersicht 5-4 zu entnehmen.

45 Zu einem einschränkenden Befund vgl. aber WYSOCKI, K. V., Publizitätsverhalten deutscher Unternehmen, S. 748. Dieser Befund ist allerdings unter anderem auf eine sehr homogene Zusammensetzung der Stichprobe (nur große Unternehmen im Sinne des Publizitätsgesetzes) zurückzuführen.

46 Vgl. MAYNTZ, R./HOLM, K./HÜBNER, P., Methoden der empirischen Soziologie, S. 31.

Der von der DEUTSCHEN BÖRSE AG berechnete DAX 30 umfaßt die 30 größten und (börsen-)umsatzstärksten deutschen Aktien,[47] die zusammen mehr als 60 % des gesamten Grundkapitals inländischer börsennotierter Gesellschaften darstellen.[48] Entsprechend der Konzeption des DAX 30 bildet der DAX 100 den Kursverlauf der 100 größten und (börsen-)umsatzstärksten inländischen Gesellschaften ab, die zum amtlichen Handel an der Frankfurter Wertpapierbörse zugelassen sind.[49]

Das Merkmal der Zugehörigkeit zu einem Aktienindex korreliert aufgrund der von der DEUTSCHEN BÖRSE AG verwendeten Auswahlkriterien „Börsenkapitalisierung" und „Börsenumsatz" stark mit dem in vorstehendem Abschnitt diskutierten Kriterium der Unternehmensgröße, d. h., in großen börsennotierten Unternehmen werden in der Regel auch große Börsenumsätze getätigt. Insofern sind die dort angeführten Überlegungen für einen vermuteten (positiven) Einfluß der Unternehmensgröße auf das Publizitätsverhalten auch beim hier betrachteten Merkmal der Indexzugehörigkeit zu würdigen. Zusätzlich kann argumentiert werden, daß die Marktgängigkeit der Indexwerte und ihre Nähe zum Kapitalmarkt für eine bessere Information der Kapitalgeber verantwortlich zeichnen, denn Börsen orientieren sich regelmäßig nicht an den gesetzlich vorgeschriebenen Informationen, sondern setzen höhere Publizitätsstandards. Umfangreiche Informationen über die wirtschaftliche Lage des Unternehmens spielen danach eine bedeutende Rolle im Zusammenhang mit einer wirksamen Investor-Relations-Politik.[50]

Aufbauend auf den genannten Plausibilitätsüberlegungen ergibt sich die folgende **Hypothese**:

Indexwerte berichten im Anhang besser als Nicht-Indexwerte.

In den beiden folgenden Abschnitten wird gezeigt, zu welchen empirischen Befunden die Auswertung von 150 Anhängen, differenziert nach den Kriterien „Zugehörigkeit zum DAX 30" und „Zugehörigkeit zum DAX 100", geführt hat.

47 Auswahlkriterien für den DAX sind Börsenkapitalisierung und Börsenumsatz.

48 Vgl. DEUTSCHE BÖRSE AG (Hrsg.), DAX, S. 4.

49 Vgl. DEUTSCHE BÖRSE AG (Hrsg.), DAX, S. 6.

50 Vgl. SEMLER, J., Unternehmensüberwachung durch den Kapitalmarkt, S. 71.

542. Empirische Befunde über die Qualität der Berichterstattung

542.1 Zugehörigkeit zum DAX 30

Die empirisch ermittelten Qualitäts-Mittelwerte für die Anhänge von 10 DAX-30-Unternehmen und 140 Nicht-DAX-30-Unternehmen zeigt nachstehende die Übersicht 5-5:

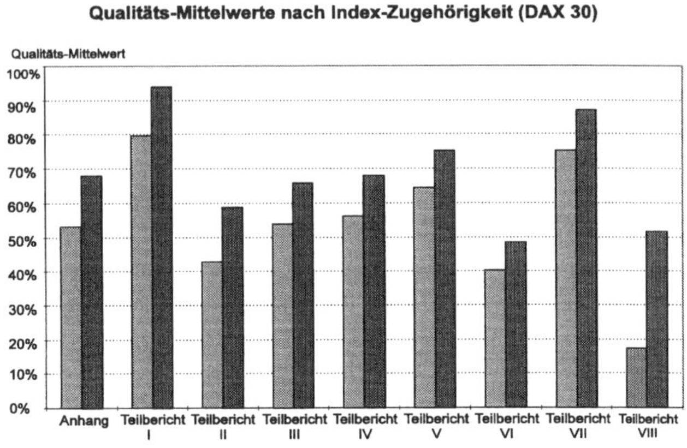

	Anhang	Teilbericht I	Teilbericht II	Teilbericht III	Teilbericht IV	Teilbericht V	Teilbericht VI	Teilbericht VII	Teilbericht VIII
Nicht-DAX-30-Unternehmen	53,07 %	79,58 %	42,93 %	53,90 %	56,26 %	64,30 %	40,34 %	75,21 %	17,43 %
DAX-30-Unternehmen	67,85 %	93,94 %	58,69 %	65,87 %	67,99 %	75,09 %	48,54 %	87,10 %	51,60 %

▒ Nicht-DAX-30-Unternehmen ■ DAX-30-Unternehmen

Übersicht 5-5: *Qualitäts-Mittelwerte im Anhang differenziert nach Zugehörigkeit zum DAX 30*

Der **graphische Vergleich** ergibt, daß Unternehmen, die zum Aktienindex DAX 30 zählen, in jedem der acht Teilberichte des Anhangs und damit auch im Gesamt-Anhang besser berichten, als dies Unternehmen tun, die diesem Aktienindex nicht angehören. Während der Qualitäts-Mittelwert im Gesamt-Anhang für DAX-30-Unternehmen 67,85 % beträgt, liegt der entsprechende Wert für die Nicht-DAX-30-Unternehmen nur bei 53,07 %. Besonders auffallend ist der Unterschied in Teilbericht VIII, in dem die DAX-30-Unternehmen mit 51,60 % ein nahezu dreimal so hohes Qualitätsniveau erreichen wie die Nicht-DAX-30-Unternehmen mit lediglich 17,43 %. Die Bereitschaft, über die Pflichtangaben des Anhangs hinaus freiwillige Informationen der in Abschnitt 428. dieser Arbeit diskutierten Art zu veröffentlichen, ist bei nicht indexzugehörigen Werten (Nicht-DAX-30-Unternehmen) also deutlich geringer ausgeprägt als bei Indexwerten.

Ob diese Vermutungen auch empirisch signifikant sind, ist für den Gesamt-Anhang analog zur Vorgehensweise in Abschnitt 53 zu testen.

Weil lediglich zehn der in die Stichprobe gelangten Unternehmen dem DAX 30 angehören, ist mit Hilfe des KOLMOGOROFF-SMIRNOV-Anpassungstests zunächst die Annahme der Normalverteilung der zugrundeliegenden Grundgesamtheit zu prüfen. Dabei ergibt sich ein hohes Signifikanzniveau von 0,9141, so daß die Voraussetzungen für den **Zweistichprobentest** für die Differenz zweier arithmetischer Mittelwerte erfüllt sind.

Die für diesen Test berechnete Prüfgröße beträgt $\hat{z} = 7{,}73$.[51] Die Prügröße nimmt damit einen höheren Wert an als der kritische z-Wert von $z_c = 1{,}65$, so daß DAX-30-Unternehmen im Anhang auf dem 5 %-Niveau signifikant besser berichten als Nicht-DAX-30-Unternehmen. Mit diesem Befund wird die bereits beim graphischen Vergleich angestellte Vermutung, die Qualitäts-Mittelwerte von Indexwerten und Nicht-Indexwerten unterschieden sich signifikant voneinander, empirisch bestätigt.

542.2 Zugehörigkeit zum DAX 100

Im vorstehenden Abschnitt wurde mit statistischen Methoden untersucht, wie die Zugehörigkeit eines Unternehmens zum DAX 30 das Publizitätsverhalten dieses Unternehmens beeinflußt. Analog ist in diesem Abschnitt zu untersuchen, ob sich das Publizitätsverhalten von Unternehmen, die dem DAX 100 angehören, signifikant vom Publizitätsverhalten jener Unternehmen unterscheidet, die nicht zu diesem Aktienindex zählen. Nachstehende Übersicht 5-6 systematisiert die bei der Auswertung von 150 Anhängen erzielten Untersuchungsergebnisse:

51 Es gilt: $n_{DAX\,30} = 10$, $n_{Nicht\text{-}DAX\text{-}30} = 140$ sowie $s_{DAX\,30} = 5{,}48\,\%$ und $s_{Nicht\text{-}DAX\text{-}30} = 9{,}59\,\%$.

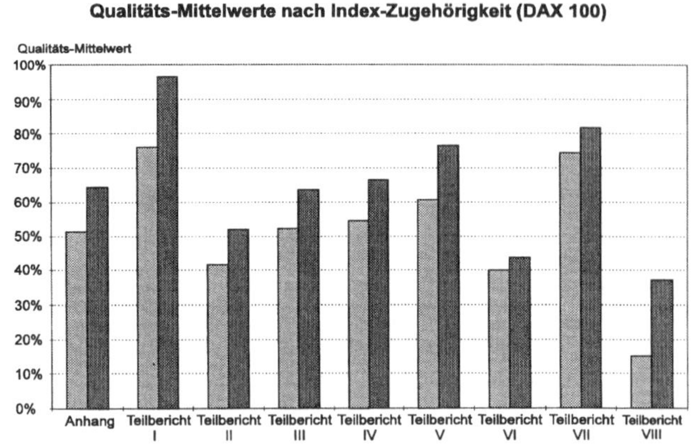

	Anhang	Teilbericht I	Teilbericht II	Teilbericht III	Teilbericht IV	Teilbericht V	Teilbericht VI	Teilbericht VII	Teilbericht VIII
Nicht-DAX-100-Unternehmen	51,28 %	76,20 %	41,79 %	52,24 %	54,47 %	60,56 %	40,00 %	74,46 %	14,92 %
DAX-100-Unternehmen	64,31 %	96,55 %	52,09 %	63,77 %	66,53 %	76,48 %	43,77 %	81,68 %	37,35 %

▒ Nicht-DAX-100-Unternehmen ■ DAX-100-Unternehmen

Übersicht 5-6: *Qualitäts-Mittelwerte im Anhang differenziert nach Zugehörigkeit zum DAX 100*

Der **graphische Vergleich** der Qualitäts-Mittelwerte von 32 DAX-100-Unternehmen und 118 Nicht-DAX-100-Unternehmen zeigt erhebliche Unterschiede in der Bereitschaft, Anhang-Informationen zu veröffentlichen. Die Abweichungen in den Qualitäts-Mittelwerten der hier unterschiedenen beiden Gruppen von Unternehmen sind ähnlich stark ausgeprägt wie beim zuvor diskutierten Merkmal der Zugehörigkeit zum DAX 30.

Ob die Unterschiede in der Berichterstattung im Gesamt-Anhang von DAX-100-Unternehmen und Nicht-DAX-100-Unternehmen signifikant sind, ist mit Hilfe des **Zweistichprobentests** für die Differenz zweier arithmetischer Mittelwerte zu prüfen. Die empirisch ermittelte Prüfgröße beträgt $\hat{z} = 7{,}01$[52] und ist damit nur geringfügig kleiner als die im vorstehenden Abschnitt ermittelte Prüfgröße. Der Vergleich mit dem kritischen z-Wert von $z_c = 1{,}65$ führt somit ebenfalls zu dem Ergebnis, daß DAX-100-Unternehmen im Anhang auf dem 5 %-Niveau signifikant besser berichten als Nicht-DAX-100-Unternehmen, insofern also eher bereit zu sein scheinen, Jahresabschlußadressaten mit Anhanginformationen zu versorgen.

52 Hier gilt $n_{DAX\ 100} = 32$, $n_{Nicht\text{-}DAX\text{-}100} = 118$ sowie $s_{DAX\ 100} = 9{,}49\ \%$, $s_{Nicht\text{-}DAX\text{-}100} = 8{,}72\ \%$.

55 Vergleichende Beurteilung der Untersuchungsergebnisse hinsichtlich der Höhe des Streubesitzanteils

Wesentliches Kennzeichen der Aktionärsstruktur eines Unternehmens ist der Anteil breit gestreuter Aktien am Aktienkapital des Unternehmens (Streubesitzanteil). Dafür, daß der Streubesitzanteil als Ausdruck der Eigentumsverhältnisse eines Unternehmens das Publizitätsverhalten beeinflußt, sprechen verschiedene **Gründe**: Einerseits ist der Einfluß des einzelnen Aktionärs auf Entscheidungen der Unternehmensleitung umso geringer, je mehr Aktionäre an einer Aktiengesellschaft beteiligt sind. Andererseits gewinnt die Rechenschaft der Unternehmensleitung über das wirtschaftliche Gebaren im Unternehmen bei Aktiengesellschaften – und hier vor allem bei Gesellschaften mit einem hohen Anteil breit gestreuter Aktien am Aktienkapital – eine besondere Bedeutung.[53] Ob die Unternehmensleitung diesem – gesetzlich auch als schutzwürdig befundenen – Bedürfnis nach Rechenschaft (vgl. etwa § 264 Abs. 1 Satz 1 HGB) allerdings in angemessener Weise nachkommt, ist fraglich: Denn es wäre denkbar, daß das Unternehmen einem einzelnen Großaktionär nach Maßgabe der aus seinem Aktienbesitz resultierenden Rechte (oder etwa durch einen Sitz im Aufsichtsrat des betreffenden Unternehmens) sogar interne Unterlagen des Unternehmens zur Verfügung stellt, während der einzelne Kleinaktionär lediglich aus dem Geschäftsbericht (ihm möglicherweise noch unbekannte) Informationen entnehmen kann. Insofern ist das Argument zumindest kritisch zu würdigen, daß Aktiengesellschaften, die im Besitz einer großen Zahl von Aktionären stehen, einem größeren Rechenschaftsdruck ihrer Gesellschafter ausgesetzt seien als Aktiengesellschaften mit einem kleineren Aktionärskreis.[54] Der behauptete positive Zusammenhang zwischen der Zahl der Aktionäre und der Bereitschaft, Informationen über das Unternehmen zu veröffentlichen, ist plausibel, wenn Kleinaktionäre ihre Interessen Schutzvereinen oder Verbänden übertragen und sich von diesen Institutionen beraten und vertreten lassen.[55]

Für die Hypothese einer größeren Informationsbereitschaft mit dem Geschäftsbericht bei einer größeren Zahl von Gesellschaftern spricht, daß Unternehmen mit einer großen und vielfach wechselnden Zahl von Aktionären mehr auf das Vertrauen der

---

53 Vgl. BESTE, T., Geschichte und Gegenwart der Publizität im Aktienwesen, S. 188. Zur Spaltung der Unternehmerfunktion in Unternehmensleitung und Eigentum am Unternehmen vgl. m. w. N. bereits Abschnitt 22 dieser Arbeit.

54 Vgl. CERF, A. R., Corporate Reporting and Investment Decisions, S. 21; SINGHVI, S. S./ DESAI, H. B., Corporate Financial Disclosure, S. 132.

55 Vgl. WASSER, G., Bestimmungsfaktoren freiwilliger Prognosepublizität, S. 81.

breiten Öffentlichkeit angewiesen sind als Unternehmen mit einer begrenzten und festen Zahl von Aktionären.[56] Vertrauen zum Unternehmen wird nur durch eine stetige, langfristig ausgerichtete und vor allem offene Finanzkommunikation mit den Unternehmensbeteiligten aufgebaut. Zudem verfügen Unternehmen mit breit gestreutem Kapital in der Öffentlichkeit meist über einen hohen Bekanntheitsgrad, weshalb Nachrichten und Berichte über die wirtschaftliche Lage des Unternehmens einen hohen Aufmerksamkeitswert erzielen; Informationen über das Unternehmen sind deshalb wesentlicher Bestandteil einer wirksamen Investor-Relations-Politik.[57]

Ein weiteres, in jüngster Zeit aktuell gewordenes Argument spricht dafür, daß die hypothesenförmig formulierte Vermutung eines positiven Zusammenhangs zwischen der Höhe des Streubesitzanteils am Aktienkapital und der Bereitschaft zur Publizität zutrifft: Große nationale Publikumsgesellschaften – etwa die DEUTSCHE TELEKOM AG – fragen Kapital zunehmend auch auf internationalen Kapitalmärkten nach und streben deshalb – und zwar im Wettbewerb mit anderen Unternehmen – die Zulassung ihrer Aktien an ausländischen Börsen an.[58] Für die Anlageentscheidung internationaler, regelmäßig an eine offenere Publizität gewöhnter Kapitalgeber ist die Finanzberichterstattung im Geschäftsbericht aber eine wichtige Informationsgrundlage. Aus diesem Grunde liegt die Vermutung nahe, daß Unternehmen mit breit gestreutem Aktienkapital (Publikumsgesellschaften) eine weitergehende Publizität im Anhang anstreben bzw. pflegen als Unternehmen mit nur wenigen Aktionären.[59]

Aufbauend auf diesen Argumenten lautet die **Hypothese**:

Unternehmen mit breit gestreutem Aktienkapital berichten im Anhang besser als Unternehmen mit kleinerem Aktionärskreis.

Zur besseren Unterscheidung werden vier Klassen für die Höhe des Streubesitzanteils (SBA) gebildet. Nachstehende Übersicht zeigt, welche Qualitäts-Mittelwerte 150 Unternehmen abhängig von der Höhe des Streubesitzanteils im Anhang erzielen:[60]

---

56 Vgl. HARTMANN, H. K., Die große Publikumsgesellschaft und ihre Investor Relations, S. 88 f.

57 Vgl. HARTMANN, H. K., Die große Publikumsgesellschaft und ihre Investor Relations, S. 73.

58 Vgl. BUSSE VON COLBE, W., Anpassung der Rechnungslegung von Kapitalgesellschaften an internationale Normen, S. 376.

59 Auf diesen Umstand wies ELMENDORFF bereits 1958 hin; vgl. ELMENDORFF, W., Ursachen des verstärkten Dranges nach Unterrichtung, S. 478 f.

60 In Abschnitt 52 dieser Arbeit wurde gezeigt, welche vier Klassen unterschiedlichen Streubesitzanteils gebildet wurden.

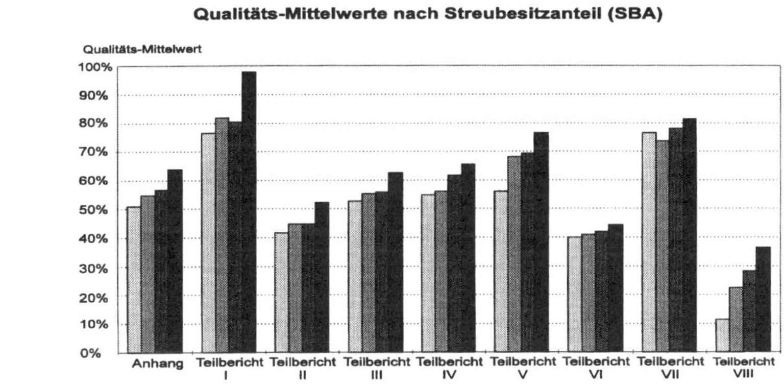

	Anhang	Teilbericht I	Teilbericht II	Teilbericht III	Teilbericht IV	Teilbericht V	Teilbericht VI	Teilbericht VII	Teilbericht VIII
0%≤SBA<25%	50,99 %	76,48 %	41,59 %	52,63 %	54,88 %	55,90 %	40,06 %	76,47 %	11,57 %
25%≤SBA≤50%	54,68 %	81,90 %	44,83 %	55,15 %	56,05 %	68,21 %	40,81 %	73,63 %	22,59 %
50%<SBA≤75%	56,62 %	80,31 %	44,82 %	55,69 %	61,63 %	69,40 %	41,97 %	77,91 %	28,32 %
SBA>75%	63,96 %	97,87 %	52,19 %	62,70 %	65,67 %	76,44 %	44,21 %	81,28 %	36,45 %

0%–25% 25%–50% 50%–75% 75%–100%

Übersicht 5-7: *Qualitäts-Mittelwerte im Anhang differenziert nach der Höhe des Streubesitzanteils*

Der **graphische Vergleich** der abgebildeten Säulen scheint die oben aufgestellte Hypothese zu bestätigen: Abgesehen von zwei Ausnahmen in den Teilberichten II und VII nimmt die Qualität der Berichterstattung im Anhang mit steigendem Anteil breit gestreuter Aktien am Aktienkapital grundsätzlich zu. Besonders auffallend sind die Unterschiede in Teilbericht VIII (Freiwillige Angaben im Anhang): Während Unternehmen, die nur maximal 25 % ihrer Aktien breit gestreut haben, hier einen mittleren Qualitätswert von nur 11,57 % erzielen, steigt dieser Wert bei jenen Unternehmen, die zu mehr als 75 % im Besitz vieler Aktionäre stehen, auf 36,45 %. Auch in den übrigen sieben Teilberichten und im Gesamt-Anhang sind die Unterschiede zwischen den beiden genannten Extremklassen erheblich; ob sie auch signifikant sind, ist im folgenden statistisch zu testen.

Für den **Zweistichprobentest** für die Differenz zweier arithmetischer Mittelwerte ist vorab zu prüfen, ob bei den Stichprobenunternehmen der Streubesitzklassen [50 % bis 75 %] und [75 % bis 100 %] angenommen werden darf, die jeweils zugrundeliegende Grundgesamtheit sei normalverteilt. Die Stichprobenumfänge betragen im ersten Fall nämlich $n_{50\% \text{ bis } 75\%} = 21$ und im zweiten Fall $n_{75\% \text{ bis } 100\%} = 11$, so daß eine (alternative) Anwendungsvoraussetzung des Zweistichprobentests ($n > 30$) nicht erfüllt ist. Der KOLMOGOROFF-SMIRNOV-Anpassungstest ergibt im ersten Fall allerdings ein hohes Signifikanzniveau von 0,9967 bzw. im zweiten Fall von 0,9409, so daß die alternative Voraussetzung normalverteilter Grundgesamtheiten signifikant erfüllt ist.

Die im Gesamt-Anhang erzielten Qualitäts-Mittelwerte werden für alle Streubesitzklassen jeweils paarweise miteinander verglichen.[61] Nachstehende Übersicht faßt die Ergebnisse übersichtlich zusammen. In der Tabelle bezeichnen die Großbuchstaben A und B diejenigen (also jeweils zwei von vier) Streubesitzklassen, die miteinander verglichen werden:

61 Gemäß den Regeln der Kombinatorik ergeben sich bei vier Streubesitzklassen insgesamt $4!/(2! \cdot 2!) = 6$ Paarvergleiche. Der Vollständigkeit halber werden alle sechs Paarvergleiche dokumentiert.

Stichprobenwerte	**Streu-besitz-klasse**	**Vergleich der Streubesitzklassen [A] und [B]**					
		(1)	**(2)**	**(3)**	**(4)**	**(5)**	**(6)**
	[A]:	[0 % bis 25 %]	[0 % bis 25 %]	[0 % bis 25 %]	[25 % bis 50 %]	[25 % bis 50 %]	[50 % bis 75 %]
	[B]:	[25 % bis 50 %]	[50 % bis 75 %]	[75 % bis 100 %]	[50 % bis 75 %]	[75 % bis 100 %]	[75 % bis 100 %]
Stichproben-Mittelwert in [A]		50,99 %	50,99 %	50,99 %	54,88 %	54,88 %	56,62 %
Stichproben-Mittelwert in [B]		54,88 %	56,62 %	63,96 %	56,62 %	63,96 %	63,96 %
Stichprobenumfang in [A]		64	64	64	54	54	21
Stichprobenumfang in [B]		54	21	11	21	11	11
Stichprobenvarianz in [A]		78,45 $\%^2$	78,45 $\%^2$	78,45 $\%^2$	92,79 $\%^2$	92,79 $\%^2$	158,27 $\%^2$
Stichprobenvarianz in [B]		92,79 $\%^2$	158,27 $\%^2$	115,40 $\%^2$	158,27 $\%^2$	115,40 $\%^2$	115,40 $\%^2$
Prüfgröße $\hat{z}$		**2,27**	**1,90**	**3,80**	**0,57**	**2,60**	**1,73**

Übersicht 5-8: *Ermittlung der empirischen Prüfgrößen beim Vergleich der Qualitäts-Mittelwerte in unterschiedlichen Streubesitzklassen*

Legt man dem statistischen Test ein kritisches Signifikanzniveau von $(1 - \alpha) = 95\ \%$ zugrunde, so beträgt der kritische z-Wert, bis zu dem die Hypothese, das Publizitätsverhalten im Anhang von Publikumsgesellschaften und von Gesellschaften im Besitz weniger Großaktionäre unterscheide sich nicht, nicht verworfen werden darf, $z_c = 1{,}65$. Der Vergleich des kritischen z-Wertes mit dem empirisch ermittelten und in der letzten Zeile von Übersicht 5-8 ausgewiesenen $\hat{z}$-Wert ergibt – mit Ausnahme des in Spalte (4) ausgewiesenen Falles – grundsätzlich einen statistisch signifikanten Zusammenhang.[62] Anders ausgedrückt: Mit steigendem Streubesitzanteil am Aktienkapital nimmt die Qualität der Berichterstattung im Anhang signifikant zu. Ergaben die bisherigen Tests der beiden Einflußfaktoren „Unternehmensgröße" und „Index-Zugehörigkeit" in der Regel hohe empirische Prüfgrößen, so sind die statistischen Prüfgrößen bei dem hier diskutierten Merkmal der Höhe des Streubesitzanteils allerdings vergleichsweise gering, die Unterschiede zwischen den jeweils verglichenen Qualitäts-Mittelwerten also statistisch weniger signifikant.

56 Vergleichende Beurteilung der Untersuchungsergebnisse hinsichtlich der Zugehörigkeit zu einer Branche

Die Zugehörigkeit eines Unternehmens zu einer bestimmten Branche – also der Unternehmensgegenstand – wird im Schrifttum als einer der bedeutendsten Einflußfaktoren auf das Publizitätsverhalten angesehen.[63] Der Einfluß der Branche auf das Publizitätsverhalten eines Unternehmens wird damit begründet, daß für den Fall, daß Branchenverbände für die verbandsangehörigen Unternehmen Bilanzierungsrichtlinien herausgeben, diese dann zu einem verhältnismäßig einheitlichen (aber nicht unbedingt adressatenorientierten) Bilanzierungs- und Publizitätsverhalten innerhalb der Branche führen.[64]

Darüber hinaus ist denkbar, daß Branchenunternehmen ihr eigenes Publizitätsverhalten am Publizitätsverhalten des für die Branche maßgeblichen Unternehmens orientieren, was ebenfalls zu einer verhältnismäßig homogenen Berichterstattung

62 Zu ähnlichen empirischen Befunden gelangen auch CERF, A. R., Corporate Reporting and Investment Decisions, S. 31; SINGHVI, S. S./DESAI, H. B., Corporate Financial Disclosure, S. 132; WASSER, G., Bestimmungsfaktoren freiwilliger Prognosepublizität, S. 86.

63 Vgl. HAUSCHILDT, J., Entwicklungslinien der Bilanzanalyse, S. 348 sowie m. w. N. WYSOCKI, K. v., Publizitätsverhalten deutscher Unternehmen, S. 749.

64 Vgl. WYSOCKI, K. v., Publizitätsverhalten deutscher Unternehmen, S. 749.

innerhalb einer Branche führt.[65] Veröffentlichen konkurrierende Unternehmen also freiwillig bestimmte Informationen, so schafft dies Anreize – unter Umständen Zwänge[66] –, das eigene Publizitätsverhalten ebenfalls auszuweiten und sich dem Standard des in der Branche führenden Unternehmens anzupassen.[67]

DAMM weist darauf hin, daß die Öffentlichkeit bestimmten Branchen ein stärkeres Interesse entgegenbringt als anderen Branchen.[68] Diesem – oft kritischen – Interesse mit Informationen über die Branche im allgemeinen und das Unternehmen im besonderen zu begegnen, ist (unter anderem) Aufgabe der Investor-Relations-Arbeit. Insofern liegt die Vermutung nahe, daß die Zugehörigkeit zu einer bestimmten Branche – etwa der Chemischen Industrie – das Publizitätsverhalten beeinflußt.

Die vorgetragenen Argumente zusammenfassend, ergibt sich folgende (ungerichtete)[69] **Hypothese** über den Einfluß der Branchenzugehörigkeit auf das Publizitätsverhalten:

> *Die Zugehörigkeit zu einer bestimmten Branche übt einen die Anhangqualität homogenisierenden Einfluß auf das Publizitätsverhalten aus.*

Nachstehende Übersicht zeigt für alle Branchen, welche empirischen Befunde über die Qualität der Berichterstattung im Anhang die Auswertung von 150 Anhängen ergeben hat:[70]

---

65 Diese Beobachtung wird von CERF als „follow-the-leader-Effekt" bezeichnet; vgl. CERF, A. R., Corporate Reporting and Investment Decisions, S. 23.

66 Hingewiesen sei hier etwa auf eine Art „Publizitäts-Wettlauf" unter den IG-Farben-Nachfolgeunternehmen. Anders stellt sich die Situation allerdings bei den Automobilherstellern dar.

67 Vgl. HAVERMANN, H., Zur Publizitätsfreudigkeit deutscher Aktiengesellschaften, S. 201.

68 Vgl. DAMM, G., Kommunikationsmedium Geschäftsbericht, S. 36.

69 Die Richtung des Brancheneinflusses auf das Publizitätsverhalten kann allerdings nicht näher konkretisiert werden; vgl. ähnlich WAGENHOFER, A., Informationspolitik und Jahresabschluß, S. 235.

70 Zur Einteilung der Branchen vgl. Abschnitt 52 sowie die Anlage zu dieser Arbeit (Seiten 320 bis 324).

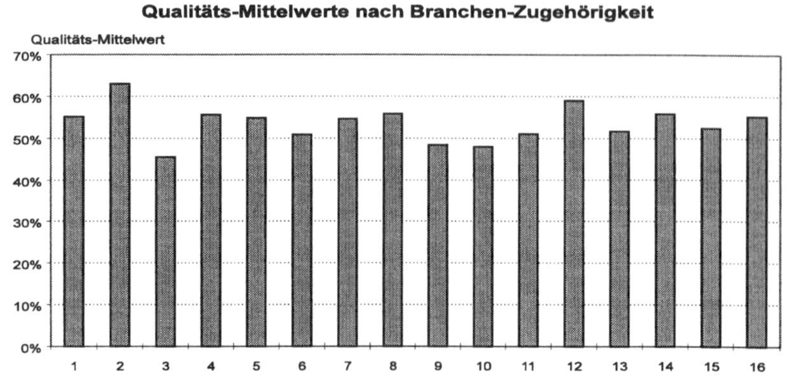

1	Energie- und Wasserversorgung, Bergbau	9	Holz-, Papier- und Druckgewerbe
2	Chemische Industrie, Mineralölverarbeitung	10	Leder-, Textil- und Bekleidungsgewerbe
3	Herstellung von Kunststoff- und Gummiwaren	11	Ernährungsgewerbe, Tabakverarbeitung
4	Gewinnung und Verarbeitung von Steinen und Erden, Feinkeramik, Glasgewerbe	12	Baugewerbe
5	Metallerzeugung und- bearbeitung	13	Großhandel, Handelsvermittlung
6	Fahrzeugbau	14	Einzelhandel
7	Stahl- und Maschinenbau usw.	15	Verkehr und Nachrichtenübermittlung
8	Elektrotechnik, Feinmechanik usw.	16	Dienstleistungen

Übersicht 5-9: *Gesamt-Qualitäts-Mittelwerte im Anhang differenziert nach Branchenzugehörigkeit*

Abweichend von der bisherigen Darstellungsweise wird aus Gründen der Übersichtlichkeit darauf verzichtet, auch die Qualitäts-Mittelwerte, die in den einzelnen Teilberichten des Anhangs erzielt werden, graphisch abzubilden. Übersicht 5-10 gibt einen entsprechenden Überblick; zu beachten ist, daß für den Gesamt-Anhang und für jeden Teilbericht der höchste Qualitäts-Mittelwert schattiert und der geringste Qualitäts-Mittelwert in (größerem) Fettdruck ausgewiesen werden:

Branche		Qualitäts-Mittelwert in %								
		Gesamt-Anhang	Teilbericht I	Teilbericht II	Teilbericht III	Teilbericht IV	Teilbericht V	Teilbericht VI	Teilbericht VII	Teilbericht VIII
		(1)	(2)	(3)	(4)	(5)	(6)	(7)	(8)	(9)
1:	Energie, Wasser, Bergbau	55,18	83,71	39,34	57,67	63,73	65,03	35,18	74,25	21,61
2:	Chemie, Mineralöl	62,99	92,32	50,32	57,18	64,46	85,93	51,72	78,90	34,66
3:	Kunststoff, Gummi	**45,50**	**56,93**	44,18	48,41	**35,91**	78,83	39,01	77,65	17,77
4:	Steine, Erden, Keramik, Glas	55,68	74,94	46,96	57,34	59,42	73,61	54,01	69,83	22,90
5:	Metall	54,90	95,45	41,87	54,11	54,69	65,95	**32,07**	77,61	18,39
6:	Fahrzeugbau	55,39	70,12	41,97	55,25	60,53	79,98	43,20	80,22	30,19
7:	Stahl- und Maschinenbau	55,57	81,15	47,01	55,20	56,43	73,04	36,83	82,18	19,48
8:	Elektrotechnik, Feinmechanik	55,84	95,78	43,01	53,68	58,90	64,26	39,55	78,19	16,83
9:	Holz, Papier, Druck	48,41	66,47	**30,17**	54,39	55,90	78,33	36,46	69,56	6,87
10:	Leder, Textil, Bekleidung	47,98	77,19	35,06	**47,40**	53,42	60,29	36,93	**59,47**	22,79
11:	Ernährung, Tabak	51,07	80,10	42,25	49,53	51,43	51,08	41,68	79,21	16,19
12:	Bau	59,07	99,99	45,19	61,53	65,42	62,74	33,11	80,30	23,57
13:	Großhandel, Handelsvermittlung	51,70	61,05	45,14	53,21	50,75	69,00	46,63	78,36	26,82
14:	Einzelhandel	55,90	80,99	54,38	63,31	62,99	**42,78**	50,69	78,11	**2,62**
15:	Verkehr, Nachrichtenübermittlung	52,50	80,99	50,52	50,79	62,63	65,68	34,10	66,27	2,89
16:	Dienstleistungen	55,30	80,33	49,32	53,49	60,35	55,52	41,66	83,84	20,56

Übersicht 5-10: *Befund über die Qualität der Berichterstattung im Gesamt-Anhang und in den Teilberichten des Anhangs für einzelne Branchen*

Aus Übersicht 5-9 und Spalte (1) von Übersicht 5-10 geht hervor, daß die Unterschiede im Publizitätsverhalten hinsichtlich des Merkmals „Branche" relativ gering sind. Unternehmen der Branche Nr. 2 (Chemische Industrie, Mineralölverarbeitung) erzielen im Gesamt-Anhang mit 62,99 % den höchsten Qualitäts-Mittelwert,[71] während Unternehmen der Branche Nr. 3 (Herstellung von Kunststoff- und Gummiwaren) mit 45,50 % im Gesamt-Anhang am schlechtesten berichten. Ebenfalls nicht ausreichend (Qualitäts-Mittelwerte < 50 %) berichten im Gesamt-Anhang Unternehmen der Branchen Nr. 9 (Holz-, Papier- und Druckgewerbe) und Nr. 10 (Leder-, Textil- und Bekleidungsgewerbe). Die übrigen Branchen hingegen zeigen keine deutlichen Unterschiede in der Qualität der Berichterstattung im Gesamt-Anhang.

Im Gegensatz zum Gesamt-Anhang zeigen sich in den verschiedenen Teilberichten allerdings erhebliche Unterschiede in der Qualität der Berichterstattung. So betragen die absoluten Unterschiede zwischen der am umfangreichsten und der am wenigsten berichtenden Branche in den Teilberichten I (Allgemeine Angaben und Gliederung des Anhangs) und V (Angaben zum Konsolidierungskreis) jeweils mehr als 40 %-Punkte; die geringste Spannweite ist in Teilbericht III (Erläuterungen zur Bilanz) zu verzeichnen. Hier bewegt sich die Qualität der Berichterstattung zwischen den Extremwerten 47,40 % und 63,31 %; zwischen diesen Polen wird dann auf etwa gleich hohem bzw. niedrigem Niveau berichtet. Zum anderen fällt auf, daß in Teilbericht VIII (Freiwillige Anhangangaben) die relative Spannweite am größten ist. In den Anhängen von Unternehmen des Einzelhandels sind kaum freiwillige Angaben der hier definierten Art zu verzeichnen (Qualitäts-Mittelwert von nur 2,62 % in Branche Nr. 14), während Unternehmen der Chemischen und mineralölverarbeitenden Industrie (Branche Nr. 2) hier einen Qualitäts-Mittelwert von 34,66 % erzielen.[72] An dieser Stelle bestätigt sich die eingangs geäußerte Vermutung, daß Unternehmen „sensibler", d. h. im Blickpunkt der Öffentlichkeit stehender Branchen eher bereit (oder gezwungen) sind, freiwillige Angaben zu veröffentlichen, während Unternehmen vergleichsweise „unspektakulärer" Branchen sich hier deutliche Defizite in der Berichterstattung leisten können.

Statistisch signifikante Aussagen über den Einfluß der Branchenzugehörigkeit auf das Publizitätsverhalten dürfen nicht getroffen werden, da weder die Annahme

71 Zu diesen Unternehmen zählen unter anderem die BASF AG, die BAYER AG und die HOECHST AG, die sich – verglichen mit anderen Unternehmen – durch einen sehr hohen Publizitätsstandard auszeichnen.

72 Vgl. auch vorstehende Fußnote.

ausreichend großer Stichprobenumfänge noch die alternative Annahme normalverteilter Grundgesamtheiten[73] gegeben ist.

57 Vergleichende Beurteilung der Untersuchungsergebnisse hinsichtlich der Dauer der Börsennotiz

Zusätzlich zur Untersuchung von 150 Anhängen bereits länger börsennotierter Kapitalgesellschaften (Standardwerte) wurde auch die Qualität der Berichterstattung in den Anhängen aller 20 Unternehmen erhoben, die 1995 erstmals an einer deutschen Börse notiert wurden (Börsenneulinge).

Lohnend scheint die Untersuchung der Frage zu sein, ob Standardwerte und Börsenneulinge im Anhang qualitativ unterschiedlich berichten. Verschiedene Argumente sprechen für diese Vermutung. Der Entschluß eines Unternehmens, an die Börse zu gehen, spiegelt in der Regel die Notwendigkeit wider, die Ausstattung des Unternehmens mit Eigenkapital zu verbessern. Auf diese Weise soll die Finanzierung der Unternehmensexpansion sichergestellt werden. Eine erfolgreiche Plazierung der Aktien an der Börse setzt die Steigerung des Bekanntheitsgrades des Unternehmens voraus. Das Unternehmen muß potentielle Kapitalgeber also über seine Absicht, an die Börse zu gehen, informieren und zugleich davon überzeugen, in das Unternehmen zu investieren.[74] Die Finanzkommunikation mit Anlegern und Finanzanalysten hat in diesem Zusammenhang daher einen hohen Stellenwert.

Allerdings verfügen vor allem große Publikumsgesellschaften in der Regel über eine jahrzehntelange Erfahrung im Umgang mit Finanzanalysten und Aktionären, während Börsenneulinge mit dem Feld der Investor-Relations-Arbeit oft Neuland betreten. Diese Tatsache führt zu der Vermutung, daß Standardwerte im Anhang qualitativ besser berichten als Börsenneulinge. Umgekehrt kann argumentiert werden, daß Erfahrung oft zur Routine, d. h. zu einer standardisierten oder sogar stereotypen Berichterstattung führt. Börsenneulinge treten – *wegen* mangelnder Erfahrung – aber unter Umständen offener (innovationsfreudiger) an die Finanzberichterstattung heran, als dies Standardwerte tun.

---

73 Der KOLMOGOROFF-SMIRNOV-Anpassungstest auf Normalverteilung führte hier zu jeweils nicht signifikanten Ergebnissen.

74 Beispielsweise bereitete die DEUTSCHE TELEKOM AG ihren Börsengang Ende 1996 mit einem erheblichen Werbeaufwand vor.

Die differenzierten Erörterungen zeigen, daß eine gerichtete Hypothese über Unterschiede im Publizitätsverhalten von Börsenneulingen und Standardwerten nicht formuliert werden darf. Gleichwohl wurde gezeigt, daß Grund zu folgender (ungerichteter) **Hypothese** besteht:

Das Publizitätsverhalten im Anhang von Börsenneulingen und Standardwerten unterscheidet sich.

Nachstehende Übersicht 5-11 zeigt, welche Qualitäts-Mittelwerte 150 Standardwerte und 20 Börsenneulinge im Gesamt-Anhang und in den acht Teilberichten des Anhangs erzielen:

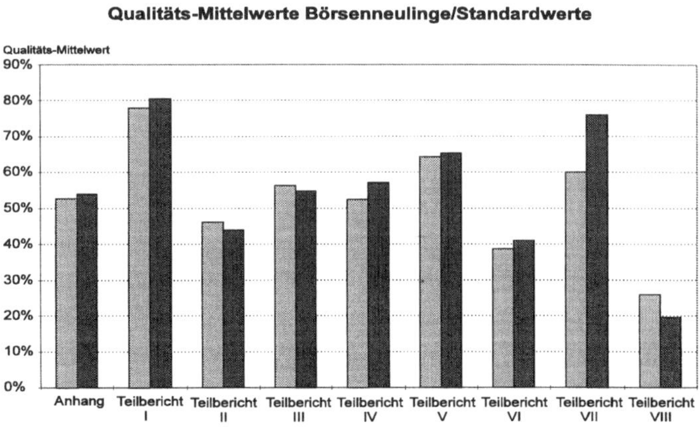

Börsenneulinge	52,65 %	77,90 %	46,21 %	56,20 %	52,47 %	64,21 %	38,75 %	60,03 %	25,87 %
Standardwerte	54,06 %	80,54 %	43,99 %	54,70 %	57,04 %	65,35 %	41,14 %	76,00 %	19,71 %

Übersicht 5-11: *Qualitäts-Mittelwerte im Anhang von Börsenneulingen und Standardwerten*

Aus der Übersicht geht hervor, daß sich – bezogen auf den Untersuchungsgegenstand „Gesamt-Anhang" – die Qualitäts-Mittelwerte von Börsenneulingen und Standardwerten nur marginal voneinander unterscheiden (52,65 % bzw. 54,06 %). Das heißt: entweder werden auch in einzelnen Teilberichten annähernd gleiche Qualitäts-Mittelwerte erzielt, oder die Qualitäts-Mittelwerte in den einzelnen Teilberichten entwickeln sich bei Börsenneulingen und Standardwerten gegensätzlich.[75] Beides ist in der vorliegenden Erhebung der Fall: Während Börsenneulinge und Standardwerte in den Teilberichten I bis VI etwa gleiche Qualitäts-Mittelwerte erzielen, berichten Standardwerte in Teilbericht VII besser als Börsenneulinge; umgekehrt sind Börsenneulinge eher bereit, freiwillige Angaben in den Teilbericht VIII des Anhangs aufzunehmen.

Interessant ist auch die Frage, welchen Platz der beste Börsenneuling unter den Standardwerten einnimmt. Im Gesamt-Anhang am besten berichtet die MERCK KGAA, die mit einem Gesamt-Qualitätswert von 76,35 % bei den Standardwerten hinter der HOECHST AG, der BASF AG und der BAYER AG (in dieser Reihenfolge) den vierten Platz belegt hätte.

Grundsätzlich stellt sich die Frage, ob sich hinter dem insgesamt sehr inhomogenen Publizitätsverhalten bestimmte Faktoren verbergen, die das Publizitätsverhalten in einer bestimmten Weise beeinflussen. In den Abschnitten 53 bis 56 dieser Arbeit wurde die Stichprobe der 150 Standardwerte hinsichtlich der Merkmale „Unternehmensgröße", „Indexzugehörigkeit", „Streubesitzanteil" und „Branchenzugehörigkeit" unterschieden. Eine Unterteilung auch der Börsenneulinge nach Indexzugehörigkeit und Branchenzugehörigkeit verbietet sich aufgrund der dabei entstehenden geringen Gruppenstärken. Der Anteil breit gestreuter Aktien am Aktienkapital der Börsenneulinge war zum Untersuchungszeitpunkt nicht bekannt.

Aus diesem Grunde werden die Börsenneulinge nach dem Merkmal „Unternehmensgröße" unterschieden: bei dieser Unterteilung werden neun Börsenneulinge der Klasse der kleinen Unternehmen, weitere neun Börsenneulinge der Klasse der mittelgroßen Unternehmen und zwei Börsenneulinge der Klasse der großen Unternehmen zugeordnet.[76] Die nachfolgenden Übersichten 5-12 bis 5-14 zeigen, wie sich das Publizitätsverhalten der Börsenneulinge vom Publizitätsverhalten der Standardwerte, jeweils differenziert nach dem Merkmal der Unternehmensgröße, unterscheidet.

75 Strenggenommen gilt dies nur bei gleich gewichteten Teilberichten.

76 Statistisch signifikante Aussagen sind jeweils nicht möglich.

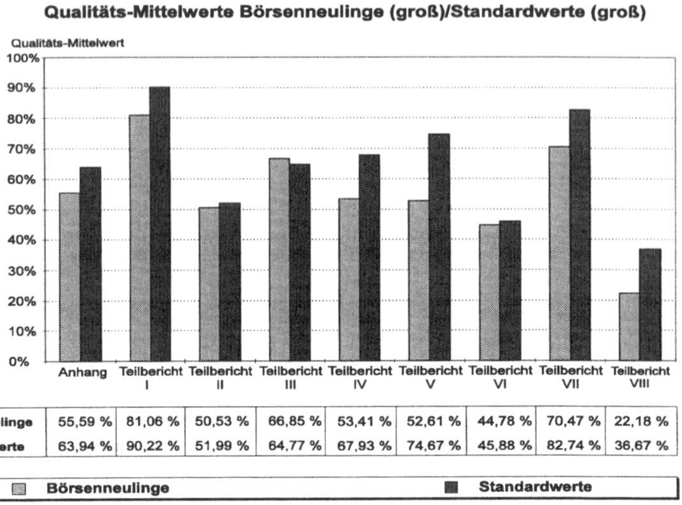

Börsenneulinge	55,59 %	81,06 %	50,53 %	66,85 %	53,41 %	52,61 %	44,78 %	70,47 %	22,18 %
Standardwerte	63,94 %	90,22 %	51,99 %	64,77 %	67,93 %	74,67 %	45,88 %	82,74 %	36,67 %

Übersicht 5-12: *Vergleich der Qualitäts-Mittelwerte im Anhang von Börsenneulingen und Standardwerten: Unternehmensgröße „groß“*

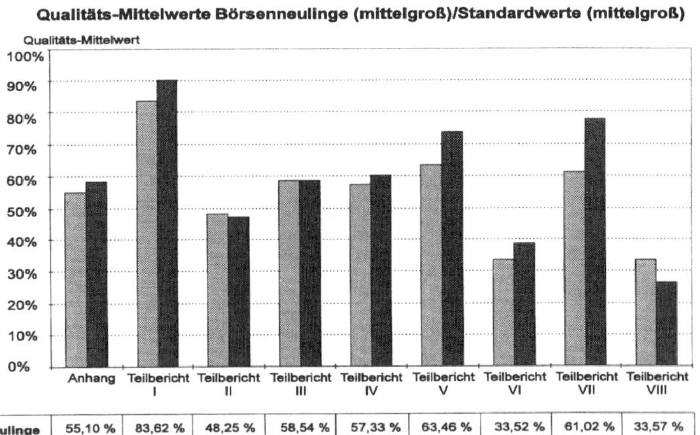

Börsenneulinge	55,10 %	83,62 %	48,25 %	58,54 %	57,33 %	63,46 %	33,52 %	61,02 %	33,57 %
Standardwerte	58,30 %	90,18 %	47,07 %	58,44 %	60,13 %	73,67 %	38,66 %	77,65 %	26,51 %

Übersicht 5-13: *Vergleich der Qualitäts-Mittelwerte im Anhang von Börsenneulingen und Standardwerten: Unternehmensgröße „mittelgroß“*

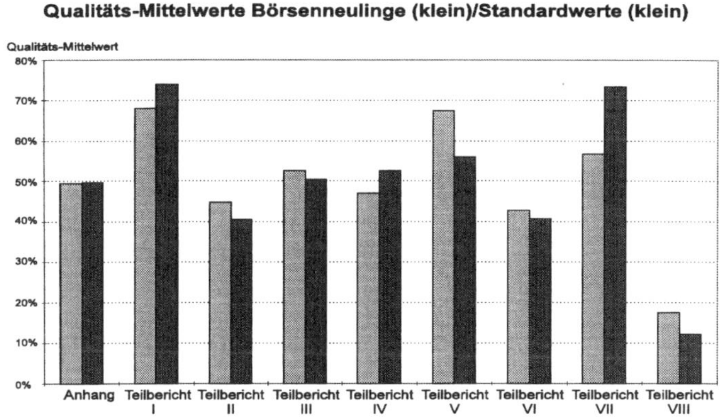

	Anhang	Teilbericht I	Teilbericht II	Teilbericht III	Teilbericht IV	Teilbericht V	Teilbericht VI	Teilbericht VII	Teilbericht VIII
Börsenneulinge	49,41 %	67,94 %	44,78 %	52,61 %	46,94 %	67,54 %	42,80 %	56,83 %	17,61 %
Standardwerte	49,56 %	73,92 %	40,49 %	50,36 %	52,73 %	56,09 %	40,59 %	73,45 %	12,19 %

▨ Börsenneulinge ■ Standardwerte

Übersicht 5-14: *Vergleich der Qualitäts-Mittelwerte im Anhang von Börsenneulingen und Standardwerten: Unternehmensgröße „klein“*

Wie aus **Übersicht 5-12** hervorgeht, berichten große Standardwerte in allen Teilberichten besser als große Börsenneulinge – abgesehen von Teilbericht III: hier erzielen Börsenneulinge einen leicht höheren Qualitäts-Mittelwert. In diesem Untersuchungsergebnis spiegelt sich vermutlich unter anderem der Erfahrungsschatz großer Kapitalgesellschaften (zu denen auch die Mehrzahl der DAX-30-Unternehmen zählt) im Umgang mit Aktionären und Finanzanalysten.

Zu einer tendenziell ähnlichen Einschätzung führt der Vergleich der mittelgroßen Börsenneulinge und mittelgroßen Standardwerte (**Übersicht 5-13**). Abgesehen von den Teilberichten III und IV – hier berichten die neun Börsenneulinge nur marginal besser – und abgesehen von Teilbericht VIII – hier machen die neun Börsenneulinge deutlich mehr freiwillige Angaben als Standardwerte – weisen die Standardwerte in den übrigen fünf Teilberichten bessere Informationen aus, als dies Börsenneulinge tun. Allerdings sind die Unterschiede in den jeweiligen Teilberichten nicht mehr so deutlich, wie dies bei den jeweils großen Unternehmen noch der Fall war. Hier ist zu vermuten, daß der Einfluß der Unternehmensgröße auf das Publizitätsverhalten abnimmt, während der aus der Tatsache der Börseneinführung resultierende – und hier als positiv unterstellte – Einfluß auf das Publizitätsverhalten zunimmt.

Diese Vermutung wird durch einen Vergleich der kleinen Börsenneulinge mit den kleinen Standardwerten bestätigt (**Übersicht 5-14**). Nur in drei von acht Teilberichten geben die Standardwerte mehr Informationen als die Börsenneulinge. Im Gesamt-Anhang ergeben sich nahezu identische Qualitäts-Mittelwerte (49,41 % bzw. 49,56 %). Die Tendenzumkehr macht sich vor allem in Teilbericht VIII bemerkbar, in dem kleine Börsenneulinge deutlich höhere Qualitäts-Mittelwerte erzielen als kleine Standardwerte. Der Einfluß der Unternehmensgröße auf das Publizitätsverhalten scheint damit weiter zurückzugehen und vom unterstellt positiven Einfluß der erstmaligen Börsennotiz überlagert zu werden.

6 Zusammenfassung

Auf der Grundlage der Nutzwertanalyse wurde ein Modell entwickelt, mit dem die Qualität der Berichterstattung im Anhang von börsennotierten Kapitalgesellschaften untersucht wurde. Bewertungsmaßstab war ein hierarchisch strukturierter Kriterienkatalog bestehend aus acht Teilberichten und 465 Haupt-, Ober- und Unterkriterien auf verschiedenen Hierarchieebenen. Das Bewertungsmodell wurde insofern objektiviert, als in zwei repräsentativen Umfragen Wirtschaftsprüfer und Finanzanalysten als Stellvertreter von Jahresabschlußadressaten um ihre Einschätzung der Bedeutung einzelner Anhangangaben gebeten wurden. Die Meinungen der Fachleute wurden in zwei Umfrage-Schritten erhoben; die **Ergebnisse der Umfragen** sind wie folgt zusammenzufassen:

(1) Für beide Umfragen gilt, daß Finanzanalysten einzelne Bewertungskriterien grundsätzlich höher einschätzen, als dies Wirtschaftsprüfer tun. Die Einschätzungen der Fachleute bewegen sich aber tendenziell stets in die gleiche Richtung.

(2) Im ersten Schritt der Umfrage wurden die Fachleute gebeten, die Bedeutung einzelner Teilberichte des Anhangs einzuschätzen. Dabei zeigte sich, daß vor allem die Angaben zu den Bilanzierungs- und Bewertungsmethoden in Teilbericht II, die Erläuterungen zu Posten der Bilanz (Teilbericht III) und die Erläuterungen zu Posten der Gewinn- und Verlustrechnung (Teilbericht IV) von überdurchschnittlicher Bedeutung für Wirtschaftsprüfer und Finanzanalysten sind. Demgegenüber sind die übrigen fünf Teilberichte nur von unterdurchschnittlicher Bedeutung.

(3) Die Fachleute wurden bei der ersten Umfrage zusätzlich gebeten, auch die Bedeutung von 108 Hauptkriterien, die den acht Teilberichten sachlich zugeordnet wurden, einzuschätzen. Dabei wurden auf einer Bedeutungsskala von 0 bis 4 Punkten für alle Bewertungskriterien die Einschätzungen abgegeben.

(4) Im zweiten Teil der Umfrage wurde die Bedeutung von Ober- und Unterkriterien, die einzelne Hauptkriterien konkretisieren, abgefragt.

Mit den Einschätzungen der einzelnen Hierarchieebenen des Kriterienkataloges lag ein an den Informationsbedürfnissen der Jahresabschlußadressaten objektivierter Bewertungsmaßstab vor, der in einem weiteren Untersuchungsschritt auf den Anhang von 150 börsennotierten Kapitalgesellschaften angewendet wurde. In einer zusätzlichen Untersuchung wurde auch die **Qualität der Berichterstattung** in den Anhängen aller 20 Börsenneulinge des Jahres 1995 erhoben. Die empirische Untersuchung qualitativer Anhangangaben in den acht Teilberichten des Anhangs führte zu folgenden wesentlichen Ergebnissen:

(1) Der Qualitäts-Mittelwert in Teilbericht I beträgt 80,54 %. Die hohe Qualität der Berichterstattung ist vor allem darauf zurückzuführen, daß der Anhang in den meisten Fällen klar und übersichtlich strukturiert und durch Fußnoten mit Bilanz und Gewinn- und Verlustrechnung verknüpft wird.

(2) In Teilbericht II werden die Bilanzierungs- und Bewertungsmethoden sowie die Methoden der Währungsumrechnung nur unzureichend erläutert. Der Qualitäts-Mittelwert beträgt hier nur 43,99 %. Verantwortlich für diesen Befund ist vor allem die bei vielen Hauptkriterien dieses Teilberichts unbestimmte Formulierung des Gesetzestextes, die dem Bilanzierenden Auslegungsspielräume eröffnet, die für bilanzpolitische Zwecke genutzt werden.

(3) Aufgrund verhältnismäßig konkreter gesetzlicher Vorschriften bezüglich der in Teilbericht III des Anhangs (Erläuterung von Posten der Bilanz) zusammengefaßten Kriterien fällt die Qualität der Berichterstattung mit einem Qualitäts-Mittelwert von 54,70 % hier besser aus.

(4) Einen ähnlichen Qualitäts-Mittelwert (57,04 %) erzielen auch die Angaben in Teilbericht IV des Anhangs (Erläuterung von Posten der Gewinn- und Verlustrechnung).

(5) Teilbericht V (Angaben zum Konsolidierungskreis) wurde nur bei 103 von 150 Unternehmen bewertet, die einen (Teil-)Konzernabschluß aufstellen. Der Qualitäts-Mittelwert beträgt hier 65,35 %. Bei der Würdigung dieses relativ positiven Befundes der Berichterstattungsqualität ist zum einen zu beachten, daß bestimmte Angaben (z. B. eine Anteilsliste) statt im Anhang in einer gesonderten Aufstellung gemacht werden dürfen; zum anderen waren nicht alle untersuchten Unternehmen von Änderungen im Konsolidierungskreis betroffen. In beiden Fällen wurden die entsprechenden Bewertungskriterien aus dem Kriterienkatalog gestrichen, was dazu führte, daß die Kriterien nicht bewertet wurden.

(6) In Teilbericht VI (Konsolidierungsmethoden) erzielen die 103 untersuchten Unternehmen nur einen Qualitäts-Mittelwert von 41,14 %. Verantwortlich für diesen Befund sind vor allem fehlende aussagekräftige Angaben zur Kapitalkonsolidierung von Tochterunternehmen.

(7) Teilbericht VII faßt alle Pflichtangaben zusammen, die keinem der bisher genannten sechs Teilberichte zugeordnet werden können. Der Qualitäts-Mittelwert ist hier mit 76,00 % verhältnismäßig hoch, was darauf zurückzuführen ist, daß (a) die gesetzlichen Vorschriften in der Regel keine großen Aus-

legungsspielräume eröffnen und (b) einige Bewertungskriterien aus der Bewertungsbasis zu streichen waren, weil entsprechende Sachverhalte bei den Unternehmen nicht vorlagen.

(8) Mit Teilbericht VIII werden Anforderungen an den Anhang gestellt, die nicht auf gesetzlichen Vorschriften beruhen, also freiwilliger Art sind. Vor allem angesichts internationaler Einflüsse auf die nationale Rechnungslegung werden über das Publizitäts-Soll hinausgehende Angaben immer wichtiger. Demgegenüber wird in diesem Teilbericht nur ein Qualitäts-Mittelwert von 19,71 % verzeichnet. Von wenigen Ausnahmen abgesehen, macht die Mehrzahl der untersuchten Unternehmen zu den hier verlangten Bewertungskriterien keine oder nur sehr unzureichende Angaben.

Aufbauend auf den Ergebnissen der empirischen Auswertung von 150 Anhängen wurde in einem weiteren Schritt untersucht, ob sich **Unterschiede im Publizitätsverhalten** feststellen lassen, wenn die Unternehmen nach bestimmten Merkmalen unterschieden werden. Die Ergebnisse lassen sich hier wie folgt zusammenfassen:

(1) Das Merkmal „Unternehmensgröße" führt zu signifikanten Unterschieden im Publizitätsverhalten von großen, mittelgroßen und kleinen Kapitalgesellschaften: danach berichten größere Unternehmen im Durchschnitt besser als kleinere Unternehmen.

(2) Zu einem signifikanten Ergebnis führt auch die Unterscheidung nach dem Merkmal „Zugehörigkeit zu einem Aktienindex": Unternehmen, die dem DAX 30 oder dem DAX 100 angehören, machen qualitativ bessere Anhangangaben als Unternehmen, die keinem Aktienindex angehören.

(3) Als weiterer möglicher Einflußfaktor auf das Publizitätsverhalten wurde die Höhe des Streubesitzanteils identifiziert. Der empirische Befund ergab, daß Unternehmen mit breit gestreutem Aktienkapital (Publikumsgesellschaften) im Anhang signifikant besser berichten als Unternehmen mit einem kleineren Aktionärskreis.

(4) Im Gegensatz zu den festgestellten signifikanten Ergebnissen bei den bisher diskutierten Merkmalen waren keine statistisch signifikanten Unterschiede hinsichtlich des Merkmals „Branchenzugehörigkeit" zu verzeichnen.

(5) In einer zusätzlichen Untersuchung wurde auch die Qualität der Berichterstattung im Anhang aller 20 Börsenneulinge des Jahres 1995 erhoben. Dabei ergab sich – was den Gesamt-Qualitätswert im Anhang betrifft – kein wesentlicher Unterschied in der Anhangberichterstattung von Börsenneulingen und Standardwerten. Differenziert nach dem Merkmal „Unternehmensgröße" zeigte

sich allerdings, daß große Standardwerte im Anhang besser berichten als große Börsenneulinge, während sich diese Tendenz bei den kleinen Unternehmen umkehrt: Hier berichten kleine Börsenneulinge besser als kleine Standardwerte.

Als **Gesamtergebnis** läßt sich festhalten, daß die Aktiengesellschaften noch viele Möglichkeiten haben, die Berichterstattungsqualität im Anhang zu erhöhen. Angesichts eines zunehmenden internationalen Drucks auf die nationale Rechnungslegung wird eine qualitativ gute Berichterstattung auch im Anhang immer wichtiger und künftig zunehmen.

7 Anlage

7 Anlage

71 Fragebogen zum Inhalt und zur Qualität von Anhängen

711. Erster Schritt der Befragung von Wirtschaftsprüfern und Finanzanalysten

Wir haben die im HGB, EGHGB und im AktG kodifizierten Angabepflichten großer Kapitalgesellschaften im Anhang des Jahresabschlusses den folgenden acht Teilberichten I. bis VIII. sachlich zugeordnet:

I Allgemeine Angaben zu Inhalt und Gliederung des Einzel- bzw. Konzernabschlusses,

II Grundsätze der Bilanzierung und Bewertung, Währungsumrechnung,

III Erläuterungen zu einzelnen Posten der Bilanz/Konzernbilanz,

IV Erläuterungen zu einzelnen Posten der Gewinn- und Verlustrechnung/Konzern-Gewinn- und Verlustrechnung,

V Angaben zum Konsolidierungskreis,

VI Angaben zu den Konsolidierungsmethoden,

VII Sonstige, vor allem rechtsformspezifische Pflichtangaben,

VIII Freiwillige Angaben.

A. Zur Bedeutung einzelner Angaben innerhalb der acht Teilberichte des (Konzern-) Anhangs

Welche Bedeutung haben für Sie nachstehende Sachverhalte, über die in dem jeweiligen Teilbericht des (Konzern-)Anhangs zu berichten ist, bei der Beurteilung der wirtschaftlichen Lage eines Unternehmens bzw. Konzerns?

Gehen Sie davon aus, daß der betreffende Sachverhalt bei dem Unternehmen vorliegt, und zwar in durchschnittlicher Ausprägung (Ausmaß).

Sollten Sie Kriterien ändern, streichen oder ergänzen wollen, so vermerken Sie dies bitte auf dem Fragebogen.

Bitte kreuzen Sie für jeden der folgenden Sachverhalte an, welche Bedeutung der jeweilige Sachverhalt für Sie hat:

- Keine Bedeutung,
- Niedrige Bedeutung,
- Mittlere Bedeutung,
- Hohe Bedeutung,
- Sehr hohe Bedeutung.

Teilbericht I: Allgemeine Angaben zu Inhalt und Gliederung des Einzel-/ Konzernabschlusses

Nr.	Bewertungskriterien (Hauptkriterien, Oberkriterien, Unterkriterien)	Bedeutung				
		keine	niedrig	mittel	hoch	sehr hoch
1.	Zusatzangaben, falls der Jahresabschluß/Konzernabschluß aufgrund besonderer Umstände kein den tatsächlichen Verhältnissen entsprechendes Bild vermittelt (§ 264 II 2/§ 297 II 3)	O	O	O	O	O
2.	Angabe und Begründung von Abweichungen in der Form der Darstellung aufeinanderfolgender (Konzern-)Bilanzen und (Konzern-)GuV (§ 265 I 2)	O	O	O	O	O
3.	Angabe und Erläuterung nicht vergleichbarer Vorjahresbeträge (§ 265 II 2)	O	O	O	O	O
4.	Angabe und Erläuterung angepaßter Vorjahresbeträge (§ 265 II 3)	O	O	O	O	O
5.	Angabe und Begründung der Ergänzung des Abschlusses wegen einer für andere Geschäftszweige vorgeschriebenen Gliederung (§ 265 IV 2)	O	O	O	O	O
6.	Verknüpfung von Bilanz und GuV mit dem Anhang durch Fußnoten	O	O	O	O	O
7.	Gliederung des Anhangs nach sachlichen Gesichtspunkten	O	O	O	O	O

Teilbericht II: Grundsätze der Bilanzierung und Bewertung, Währungsumrechnung

Nr.	Bewertungskriterien (Hauptkriterien, Oberkriterien, Unterkriterien)	Bedeutung				
		keine	niedrig	mittel	hoch	sehr hoch
1.	Angabe der auf die Posten der Bilanz und GuV angewandten Bilanzierungs- und Bewertungsmethoden (§ 284 II Nr. 1/§ 313 I Nr. 1)	O	O	O	O	O
2.	Angabe der Grundlagen der Währungsumrechnung im Einzelabschluß (§ 284 II Nr. 2)	O	O	O	O	O
3.	Angabe der Grundlagen der Währungsumrechnung im Konzernabschluß (§ 313 I Nr. 2)	O	O	O	O	O
4.	Angabe und Begründung der Abweichungen von Bilanzierungs- und Bewertungs- methoden (§ 284 II Nr. 3/§ 313 I Nr. 3)	O	O	O	O	O
5.	Gesonderte Darstellung des Einflusses von Abweichungen (vgl. Nr. 4 von Teilbericht II) auf die Vermögens-, Finanz und Ertragslage (§ 284 II Nr. 3/§ 313 I Nr. 3)	O	O	O	O	O
6.	Angabe und Begründung, wenn die konzerneinheitliche Bewertung von den vom MU angewandten Bewertungsmethoden abweicht (§ 308 I 3)	O	O	O	O	O
7.	Hinweis, wenn auf Sondervorschriften für Kreditinstitute und Versicherungen beruhende Wertansätze beibehalten wurden (§ 308 II 2)	O	O	O	O	O
8.	Angabe und Begründung, wenn im Konzernabschluß in Ausnahmefällen keine einheitliche Bewertung vorgenommen wurde (§ 308 II 4)	O	O	O	O	O
9.	Ausweis der Unterschiedsbeträge bei Anwendung von Bewertungsvereinfachungsverfahren, wenn die Bewertung einen erheblichen Unterschied zu einer Bewertung auf Grundlage des letzten vor dem Abschlußstichtag bekannten Börsen- oder Marktpreises aufweist (§ 284 II Nr. 4)	O	O	O	O	O
10.	Angaben über die Einbeziehung von Fremdkapitalzinsen in die Herstellungskosten (§ 284 II Nr. 5)	O	O	O	O	O
11.	Angabe des Ausmaßes der Ergebnisbeeinflussung durch Anwendung steuerrechtlicher Vorschriften oder Bildung von Sonderposten mit Rücklageanteil im Geschäftsjahr oder in Vorjahren (§ 285 Nr. 5/§ 314 I Nr. 5)	O	O	O	O	O
12.	Angabe über das Ausmaß erheblicher künftiger Belastungen aus der Inanspruchnahme steuerlicher Vergünstigungen (§ 285 Nr. 5/§ 314 I Nr. 5)	O	O	O	O	O
13.	Angabe der Gründe für die planmäßige Abschreibung des Geschäfts- oder Firmenwertes im Einzelabschluß (§ 285 Nr. 13)	O	O	O	O	O
14.	Gesonderte Angabe der außerplanmäßigen Abschreibungen (Anlagevermögen) nach § 253 II 3 in einem Betrag (§ 277 III 1)	O	O	O	O	O

Teilbericht II: Grundsätze der Bilanzierung und Bewertung, Währungsumrechnung						
Nr.	**Bewertungskriterien (Hauptkriterien, Oberkriterien, Unterkriterien)**	**Bedeutung**				
		keine	**niedrig**	**mittel**	**hoch**	**sehr hoch**
15.	Gesonderte Angabe der außerplanmäßigen Abschreibungen (Umlaufvermögen) nach § 253 II 3 (§ 277 II 1)	O	O	O	O	O
16.	Angabe und Begründung der im Geschäftsjahr aus steuerlichen Gründen unterlassenen Zuschreibungen (§ 280 III/§308 III 2)	O	O	O	O	O
17.	Angabe und Begründung der allein nach steuerrechtlichen Vorschriften gebildeten Abschreibungen getrennt nach Anlage- und Umlaufvermögen (§ 281 II 1/§ 308 III 2)	O	O	O	O	O

Teilbericht III: Erläuterungen zu einzelnen Posten der Bilanz/Konzernbilanz						
Nr.	**Bewertungskriterien (Hauptkriterien, Oberkriterien, Unterkriterien)**	**Bedeutung**				
		keine	**niedrig**	**mittel**	**hoch**	**sehr hoch**
1.	Angabe der Mitzugehörigkeit eines Posten zu anderen Posten (§ 265 III 1)	O	O	O	O	O
2.	Gesonderter Ausweis der in der Bilanz zusammengefaßten Posten (§ 265 VII Nr. 2)	O	O	O	O	O
3.	Gesonderte Angabe eines Gewinn- oder Verlustvortrags bei Aufstellung der Bilanz unter Berücksichtigung einer teilweisen Gewinnverwendung (§ 268 I Nr. 2 3. HS)	O	O	O	O	O
4.	Darstellung des Anlagengitters (§ 268 II)	O	O	O	O	O
5.	Aufgliederung der Abschreibungen des Geschäftsjahres entsprechend der Gliederung des Anlagevermögens (§ 268 II 3)	O	O	O	O	O
6.	Erläuterung der nach dem Abschlußstichtag entstehenden sonstigen Vermögensgegenstände (RAP) größeren Umfangs (§ 268 IV 2)	O	O	O	O	O
7.	Erläuterung der nach dem Abschlußstichtag entstehenden Verbindlichkeiten (RAP) größeren Umfangs (§ 268 V 3)	O	O	O	O	O
8.	Angabe eines Unterschiedsbetrages, der nach § 250 II in den aktiven Rechnungs-abgrenzungsposten aufgenommen wird (Disagio; § 268 VI)	O	O	O	O	O
9.	Gesonderte Angabe der Haftungsverhältnisse und Pfandrechte (§ 268 VII)	O	O	O	O	O
10.	Erläuterung der aktivierten Aufwendungen für Ingangsetzung und Erweiterung des Geschäftsbetriebs (§ 269 1)	O	O	O	O	O
11.	Angabe der Vorschriften, nach denen der Sonderposten mit Rücklageanteil gebildet wurde (§ 273 2/§ 281 I 2)	O	O	O	O	O
12.	Gesonderte Angabe der Rückstellung für latente Steuern (§ 274 I 1)	O	O	O	O	O
13.	Erläuterung des als Bilanzierungshilfe gesondert in der Bilanz ausgewiesenen Abgrenzungspostens für latente Steuern (§ 274 II 2)	O	O	O	O	O
14	Gesonderte Angabe der Steuerabgrenzung bei einem Konzernergebnis, das von der Summe der Einzelergebnisse abweicht (§ 306 2)	O	O	O	O	O
15.	Angaben zu Verbindlichkeiten (§ 285 Nr. 1 und 2/§ 314 I Nr. 1)	O	O	O	O	O
16.	Angaben zu Unternehmen, an denen das MU, ein TU oder für deren Rechnung ein Dritter mindestens 20 % der Anteile hält (§ 285 Nr. 11/§ 313 II Nr. 4)	O	O	O	O	O
17.	Angabe der Anwendung der Schutzklausel (bezüglich Aufstellung des Anteilsbesitzes) nach § 286 III 1 Nr. 2/§ 313 III 1 i. V. m. § 313 II Nr. 4 (§ 286 III 3/§ 313 III 2)	O	O	O	O	O
18.	Hinweis auf die besondere Aufstellung des Anteilbesitzes und den Ort ihrer Hinterlegung, falls der Anteilbesitz nicht im Anhang angegeben wird	O	O	O	O	O
19.	Erläuterung von nicht gesondert ausgewiesenen „sonstigen Rückstellungen", die einen nicht unerheblichen Umfang haben (§ 285 Nr. 12)	O	O	O	O	O

Teilbericht III: Erläuterungen zu einzelnen Posten der Bilanz/Konzernbilanz						
Nr.	Bewertungskriterien (Hauptkriterien, Oberkriterien, Unterkriterien)	Bedeutung				
		keine	niedrig	mittel	hoch	sehr hoch
20.	Angabe der Fehlbeträge für laufende Pensionen und Anwartschaften auf Pensionen und ähnliche Verpflichtungen (Artikel 28 II EGHGB)	O	O	O	O	O
21.	Angabe des in andere Gewinnrücklagen eingestellten Eigenkapitalanteils von Wertaufholungen und von bei der Gewinnermittlung gebildeten Passivposten (§ 58 IIa 2 AktG)	O	O	O	O	O
22.	Angabe des für das Geschäftsjahr in die Kapitalrücklage eingestellten bzw. aus der Kapitalrücklage entnommenen Betrages (§ 152 II AktG)	O	O	O	O	O
23.	Angabe der einzelnen Beträge der Gewinnrücklagen (§ 152 II AktG)	O	O	O	O	O
24.	Angabe von Zahl und Nennbetrag der Aktien jeder Gattung (§ 160 I Nr. 3 AktG)	O	O	O	O	O
25.	Gesonderte Angabe der Aktien je Gattung, die bei einer bedingten Kapitalerhöhung oder einem genehmigten Kapital im Geschäftsjahr gezeichnet wurden (§ 160 I Nr. 3 AktG)	O	O	O	O	O
26.	Angaben über das genehmigte Kapital (§ 160 I Nr. 4 AktG)	O	O	O	O	O
27.	Zahl der Wandelschuldverschreibungen und vergleichbaren Wertpapiere unter Angabe der Rechte, die sie verbriefen (§ 160 I Nr. 5 AktG)	O	O	O	O	O
28.	Angaben über Genußrechte, Besserungsscheine, ähnliche Rechte (§ 160 I Nr. 6 AktG)	O	O	O	O	O
29.	Erläuterung der Zusammensetzung einzelner Posten der Aktivseite	O	O	O	O	O
30.	Erläuterung der Zusammensetzung einzelner Posten der Passivseite	O	O	O	O	O

Teilbericht IV: Erläuterungen zu einzelnen Posten der GuV-/Konzern GuV						
Nr.	Bewertungskriterien (Hauptkriterien, Oberkriterien, Unterkriterien)	Bedeutung				
		keine	niedrig	mittel	hoch	sehr hoch
1.	Gesonderter Ausweis der in der Gewinn- und Verlustrechnung zusammengefaßten Posten (§ 265 VII Nr. 2)	O	O	O	O	O
2.	Weitere Aufgliederung der in der GuV ausgewiesenen sonstigen betrieblichen Aufwendungen und Erträge (§ 265 V 1)	O	O	O	O	O
3.	Erläuterung des Betrages und der Art von außerordentlichen Erträgen und Aufwendungen, soweit diese für die Beurteilung der Ertragslage nicht von unter-geordneter Bedeutung sind (§ 277 IV 2)	O	O	O	O	O
4.	Erläuterung des Betrages und der Art von einem anderen Geschäftsjahr zuzuordnenden Erträgen und Aufwendungen, soweit diese für die Beurteilung der Ertragslage nicht von untergeordneter Bedeutung sind (§ 277 IV 3)	O	O	O	O	O
5.	Angabe der Erträge aus der Auflösung von Sonderposten mit Rücklageanteil (§ 281 II 2)	O	O	O	O	O
6.	Angabe der Aufwendungen aus der Einstellung in den Sonderposten mit Rücklageanteil (§ 281 II 2)	O	O	O	O	O
7.	Aufgliederung der Umsatzerlöse nach Tätigkeitsbereichen und nach geographisch bestimmten Märkten (§ 285 Nr. 4/§ 314 Nr. 3/§ 314 II)	O	O	O	O	O
8.	Angabe der Belastung des Ergebnisses der gewöhnlichen Geschäftstätigkeit und des außerordentlichen Ergebnisses durch Ertragsteuern (§ 285 Nr. 6)	O	O	O	O	O
9.	Angaben bei Anwendung des Umsatzkostenverfahrens (Materialaufwand, Personal-aufwand; (§ 285 Nr. 8)	O	O	O	O	O
10.	Angabe der Entwicklung des Jahresüberschusses/Jahresfehlbetrages zum Bilanzgewinn/Bilanzverlust (§ 158 I 2 AktG)	O	O	O	O	O

Teilbericht V: Angaben zum Konsolidierungskreis						
Nr.	**Bewertungskriterien (Hauptkriterien, Oberkriterien, Unterkriterien)**	**Bedeutung**				
		keine	**niedrig**	**mittel**	**hoch**	**sehr hoch**
1.	Angaben, die einen Vergleich mit vorhergehenden Abschlüssen erlauben, wenn sich der Konsolidierungskreis geändert hat	O	O	O	O	O
2.	Angabe und Begründung, wenn ein Tochterunternehmen nach § 295 I nicht einbezogen wurde (§ 295 III 1)	O	O	O	O	O
3.	Begründung, wenn ein Tochterunternehmen nach § 296 I oder II nicht einbezogen wurde (§ 296 III)	O	O	O	O	O
4.	Angaben zu Konzernunternehmen (§ 313 II Nr. 1 Satz 1)	O	O	O	O	O
5.	Angaben für alle Tochterunternehmen, die nach §§ 295, 296 nicht einbezogen wurden (§ 313 II Nr. 1 Satz 2)	O	O	O	O	O
6.	Angaben zu assoziierten Unternehmen (§ 313 II Nr. 2)	O	O	O	O	O
7.	Angaben zu quotenkonsolidierten Unternehmen (§ 313 II Nr. 3)	O	O	O	O	O
8.	Angabe der Anwendung der Schutzklausel, wenn die Angaben zu § 313 II nicht gemacht werden (§ 313 III 2)	O	O	O	O	O
9.	Hinweis auf die besondere Aufstellung des Anteilbesitzes, die die Angaben nach § 313 II ersetzt, und den Ort der Hinterlegung (§ 313 IV 3)	O	O	O	O	O

Teilbericht VI: Angaben zu den Konsolidierungsmethoden						
Nr.	**Bewertungskriterien (Hauptkriterien, Oberkriterien, Unterkriterien)**	**Bedeutung**				
		keine	**niedrig**	**mittel**	**hoch**	**sehr hoch**
1.	Angabe und Begründung der Abweichungen von den auf den vorhergehenden Abschluß angewandten Konsolidierungsmethoden (§ 297 II 4/§ 313 I Nr. 3)	O	O	O	O	O
2.	Gesonderte Darstellung des Einflusses abweichender Konsolidierungsmethoden auf die VFE-Lage des Konzerns (§ 297 III 5/§ 313 I Nr. 3)	O	O	O	O	O
3.	Angabe und Begründung, wenn der Abschlußstichtag des Konzerns und der Abschlußstichtag des Mutterunternehmens auseinanderfallen (§ 299 I)	O	O	O	O	O
4.	Weicht der Abschlußstichtag des Konzerns von demjenigen eines einbezogenen Unternehmens ab und wird kein Zwischenabschluß aufgestellt, so sind dazwischenliegende Vorgänge anzugeben, soweit sie für die VFE-Lage des Konzerns von besonderer Bedeutung sind (§ 299 III)	O	O	O	O	O
5.	Erwerbsmethode (§ 301)	O	O	O	O	O
6.	Interessenzusammenführungsmethode (§ 302 II)	O	O	O	O	O
7.	Quotenkonsolidierung (§ 310 II)	O	O	O	O	O
8.	Equity-Methode (§§ 311, 312)	O	O	O	O	O
9.	Angabe, wenn die Zwischenergebniseliminierung wegen untergeordneter Bedeutung unterlassen wurde; Erläuterung des hieraus resultierenden Einflusses auf die VFE-Lage des Konzerns, sofern er wesentlich ist (§ 304 II 2)	O	O	O	O	O
10.	Schuldenkonsolidierung (§ 303)	O	O	O	O	O
11.	Zwischenergebniskonsolidierung (§ 304)	O	O	O	O	O
12.	Aufwands- und Ertragskonsolidierung (§ 305)	O	O	O	O	O

Teilbericht VII: Sonstige, vor allem rechtsformspezifische Pflichtangaben

Nr.	Bewertungskriterien (Hauptkriterien, Oberkriterien, Unterkriterien)	Bedeutung				
		keine	niedrig	mittel	hoch	sehr hoch
1.	Angabe des Gesamtbetrags der nicht aus der Bilanz ersichtlichen sonstigen finanziellen Verpflichtungen, soweit sie für die Finanzlage von Bedeutung sind (§ 285 Nr. 3 1. HS/§ 314 I Nr. 2 1. HS)	O	O	O	O	O
2.	Gesonderte Angabe des Gesamtbetrags der nicht aus der Bilanz ersichtlichen sonstigen finanziellen Verpflichtungen gegenüber verbundenen Unternehmen (§ 285 Nr. 3 2. HS)	O	O	O	O	O
3.	Gesonderte Angabe der nicht aus der Bilanz ersichtlichen sonstigen finanziellen Verpflichtungen und Haftungsverhältnisse, die gegenüber nicht einbezogenen Tochterunternehmen bestehen (§ 314 I Nr. 2 2. HS)	O	O	O	O	O
4.	Angabe der durchschnittlichen Arbeitnehmerzahl des Konzerns, getrennt nach Gruppen (§ 285 Nr. 7/§ 314 I Nr. 4.1. HS)	O	O	O	O	O
5.	Angabe der durchschnittlichen Arbeitnehmerzahl bei nur anteilig einbezogenen Unternehmen (§ 314 I Nr. 4 2. HS)	O	O	O	O	O
6.	Angabe der im Geschäftsjahr gewährten Gesamtbezüge für Mitglieder der Geschäftsführung, des Aufsichtsrates, des Beirates oder einer ähnlichen Einrichtung jeweils für jede Personengruppe (§ 285 Nr. 9a/§ 314 Nr. 6a)	O	O	O	O	O
7.	Angabe der Gesamtbezüge der früheren Mitarbeiter der unter Nr. 6 von Teilbericht VII genannten Organe und ihrer Hinterbliebenen (§ 285 Nr. 9b 1 und 2/§ 314 I Nr. 6b 1)	O	O	O	O	O
8.	Angabe des Betrags der für frühere Organmitglieder und ihre Hinterbliebenen gebildeten Rückstellungen für laufende Pensionen und Anwartschaften auf Pensionen und Betrag der nicht gebildeten Pensionsrückstellungen (§ 285 Nr. 9b 3/§ 314 I Nr. 6b 2)	O	O	O	O	O
9.	Angabe gemäß § 285 Nr. 9c/§ 314 I Nr. 6c	O	O	O	O	O
10.	Angabe aller Mitglieder des Geschäftsführungsorgans und des Aufsichtsrates (§ 285 Nr. 10)	O	O	O	O	O
11.	Angabe bei Konzernzugehörigkeit des Namens und des Sitzes des Mutterunternehmens, das den Konzernabschluß für den größten und für den kleinsten Kreis von Unternehmen aufstellt, sowie Angabe des Ortes, wo die Konzernabschlüsse gegebenenfalls erhältlich sind (§ 285 Nr. 14)	O	O	O	O	O
12.	Angaben über einen befreienden Konzernabschluß (§ 291 II Nr. 3)	O	O	O	O	O
13.	Angabe über Bestand, Zugang und ggf. Verwertung von Aktien, die ein Aktionär für die Gesellschaft übernommen hat (§ 160 I Nr. 1 AktG)	O	O	O	O	O
14.	Angaben über Bestand, Zugang und gegebenenfalls Änderung des Bestands an eigenen Aktien der Gesellschaft (§ 160 I Nr. 2 AktG)	O	O	O	O	O
15.	Angabe des Bestehens einer wechselseitigen Beteiligung (§ 160 I Nr. 7 AktG)	O	O	O	O	O
16.	Angabe über das Bestehen einer Beteiligung an der Gesellschaft im Sinne von § 20 I oder IV AktG (§ 160 I Nr. 8 AktG)	O	O	O	O	O
17.	Erläuterung der Verwendung von Beträgen aus einer Kapitalherabsetzung und der Auflösung von Gewinnrücklagen (§ 240 3 AktG)	O	O	O	O	O
18.	Angaben, die nach einer Sonderprüfung wegen unzulässiger Bewertung in besonderen Fällen zu machen sind (§ 261 I 3, 4 AktG)	O	O	O	O	O
19.	Angabe zum Bestand an Anteilen an dem Mutterunternehmen, die das Mutterunternehmen oder ein Tochterunternehmen oder ein anderer für Rechnung eines in den Konzernabschluß einbezogenen Unternehmens erworben oder als Pfand genommen hat; Zahl und Nennbetrag dieser Anteile sowie deren Anteil am Kapital sind anzugeben (§ 314 I Nr. 7)	O	O	O	O	O

Teilbericht VIII: Freiwillige Angaben						
Nr.	**Bewertungskriterien (Hauptkriterien, Oberkriterien, Unterkriterien)**	**Bedeutung**				
		keine	**niedrig**	**mittel**	**hoch**	**sehr hoch**
1.	Ausführliche Segmentberichterstattung (IAS 14)	O	O	O	O	O
2.	Erläuterung von Leasinggeschäften (IAS 17)	O	O	O	O	O
3.	Bericherstattung über derivative Finanzinstrumente (IAS 32)	O	O	O	O	O
4.	Kapitalflußrechnung (IAS 7)	O	O	O	O	O

B. *Zur Gewichtung (Bedeutung) der acht Teilberichte des Anhangs*

Bitte ordnen Sie abschließend noch jedem der acht Teilberichte entsprechend seiner Bedeutung ein prozentuales Gewicht zu!

Sollten zum Beispiel die acht vorgegebenen Teilberichte für Sie gleichbedeutend sein, so wäre jedem Teilbericht ein Gewicht von 12,5 % zuzuordnen (8 · 12,5 % = 100 %).

Teilbericht des Anhangs		**Bedeutung dieses Teilberichts in %**
I.	Allgemeine Angaben zu Inhalt und Gliederung des Einzel- bzw. Konzernabschlusses	
II.	Grundsätze der Bilanzierung und Bewertung, Währungsumrechnung	
III.	Erläuterungen zu einzelnen Posten der Bilanz/Konzernbilanz	
IV.	Erläuterungen zu einzelnen Posten der Gewinn- und Verlustrechnung/ Konzern-Gewinn- und Verlustrechnung	
V.	Angaben zum Konsolidierungskreis	
VI.	Angaben zu den Konsolidierungsmethoden	
VII.	Sonstige, vor allem rechtsformspezifische Pflichtangaben	
VIII.	Freiwillige Angaben	
Σ		**100 %**

712. Zweiter Schritt der Befragung von Wirtschaftsprüfern und Finanzanalysten

A. Vorinformationen

Im ersten Schritt der Umfrage baten wir Sie um Ihre Einschätzung der Bedeutung einzelner Anhangangaben. Hierbei handelte es sich um insgesamt 104 gesetzlich vorgeschriebene und vier weitere freiwillige Angaben (Hauptkriterien).

30 der 104 gesetzlich vorgeschriebenen Anhangangaben hat der Gesetzgeber so konkret formuliert, daß sich hinsichtlich der Berichterstattung im Anhang keine nennenswerten Spielräume ergeben. Bei den verbleibenden 74 gesetzlichen Angaben und den vier freiwilligen Angaben ist es zur Beurteilung der Berichterstattungsqualität notwendig, das jeweilige Hauptkriterium durch Oberkriterien und Unterkriterien zu konkretisieren. Beispielsweise gehören zur Berichterstattung über die Bilanzierungs- und Bewertungsmethoden auch Erläuterungen der Abschreibungsmethoden und des Umfangs der Herstellungskosten.

Derart konkretisierte Kriterien haben wir in nachstehendem Fragebogen zusammengefaßt. Der Vollständigkeit halber haben wir auch jene 30 Hauptkriterien, die nicht konkretisiert worden sind, noch einmal mit aufgeführt.

B. Hinweise zur Bearbeitung des Fragebogens

Der folgende Fragebogen umfaßt – wie gesagt – die Untergliederung von 74 gesetzlich vorgesehenen Angaben und vier denkbaren freiwilligen Angaben. Wir haben diese Anhangangaben auf der Grundlage des Kommentarschrifttums weiter untergliedert. Die jeweiligen verfeinerten Bewertungskriterien sind nachfolgend mit großen Buchstaben (A., B., C. etc.) bezeichnet.

Bitte kreuzen Sie für jeden der folgenden Sachverhalte an, welche Bedeutung bzw. welchen Aussagegehalt die jeweilige Angabe für Sie hat:

- Keine Bedeutung,
- Niedrige Bedeutung,
- Mittlere Bedeutung,
- Hohe Bedeutung,
- Sehr hohe Bedeutung.

Gehen Sie davon aus, daß der betreffende Sachverhalt bei dem Unternehmen vorliegt, und zwar in durchschnittlicher Ausprägung (Ausmaß).

Für einige Anhangangaben werden zusätzlich konkrete Beispiele und Zusatzfragen formuliert, die Sie bitte ebenfalls hinsichtlich ihrer Aussagekraft beurteilen wollen.

Teilbericht I: Allgemeine Angaben zu Inhalt und Gliederung des Einzel-/Konzernabschlusses

Nr.	Bewertungskriterien (Hauptkriterien, Oberkriterien, Unterkriterien)	Bedeutung				
		keine	niedrig	mittel	hoch	sehr hoch
1.	**Zusatzangaben, falls der Jahresabschluß/Konzernabschluß aufgrund besonderer Umstände kein den tatsächlichen Verhältnissen entsprechendes Bild vermittelt (§ 264 II 2/§ 297 II 3)**					
2.	**Angabe und Begründung von Abweichungen in der Form der Darstellung aufeinanderfolgender (Konzern-)Bilanzen und (Konzern-)GuV (§ 265 I 2)**					
	A. Angabe des betroffenen Sachverhalts	O	O	O	O	O
	B. Begründung (Ursache und Notwendigkeit des Wechsels)	O	O	O	O	O
3.	**Angabe und Erläuterung nicht vergleichbarer Vorjahresbeträge (§ 265 II 2)**					
	A. Angabe der Gründe für die Nicht-Vergleichbarkeit der Beträge	O	O	O	O	O
	B. Angabe der betroffenen Posten im Anhang	O	O	O	O	O
	C. Freiwillige betragsgenaue Angaben, wenn eine Anpassung der Vorjahresbeträge nach § 265 II 3 (vgl. laufende Nr. 4 von Teilbericht I) nicht möglich ist	O	O	O	O	O
4.	**Angabe und Erläuterung angepaßter Vorjahresbeträge (§ 265 II 3)**					
	A. Angabe der angepaßten Posten im Anhang	O	O	O	O	O
	B. Angabe der Gründe für die abweichende Ermittlung der Vorjahresbeträge	O	O	O	O	O
	C. Freiwillige Überleitungsrechnung	O	O	O	O	O
5.	**Angabe und Begründung der Ergänzung des Abschlusses wegen einer für andere Geschäftszweige vorgeschriebenen Gliederung (§ 265 IV 2)**					
	A. Angabe, nach welcher Grundgliederung der Jahresabschluß aufgestellt wurde	O	O	O	O	O
	B. Angabe der Gründe für diese Vorgehensweise	O	O	O	O	O
	C. Angabe der vorgenommenen Ergänzungen	O	O	O	O	O
6.	**Verknüpfung von Bilanz und GuV mit dem Anhang durch Fußnoten**					
7.	**Gliederung des Anhangs nach sachlichen Gesichtspunkten**					

Teilbericht II: Grundsätze der Bilanzierung und Bewertung, Währungsumrechnung

Nr.	Bewertungskriterien (Hauptkriterien, Oberkriterien, Unterkriterien)	Bedeutung				
		keine	niedrig	mittel	hoch	sehr hoch
1.	**Angabe der auf die Posten der Bilanz und GuV angewandten Bilanzierungs- und Bewertungsmethoden (§ 284 II Nr. 1/§ 313 I Nr. 1)**					
	A. Bewertungsmethoden für Gegenstände des Anlagevermögens	O	O	O	O	O
	A.1. Erläuterung der Ermittlung der Anschaffungskosten	O	O	O	O	O
	A.2. Erläuterung der Bilanzierung von Zuschüssen	O	O	O	O	O
	A.3. Erläuterung der planmäßigen Abschreibung	O	O	O	O	O
	A.3.1. Abschreibungsmethode	O	O	O	O	O
	A.3.2. Nutzungsdauern/Abschreibungssätze	O	O	O	O	O
	A.4. Angaben über die Abschreibung geringwertiger Wirtschaftsgüter	O	O	O	O	O
	A.5. Angaben über die Behandlung von Abschreibungen im Jahr des Zugangs von Vermögensgegenständen	O	O	O	O	O
	A.6. Erläuterung der Herstellungskosten	O	O	O	O	O
	A.6.1. Bestandteile der Herstellungskosten (Angaben über die Ausübung von Einbeziehungswahlrechten)	O	O	O	O	O
	Á.6.2. Angabe des zugrunde gelegten Beschäftigungsgrades	O	O	O	O	O
	A.6.3 Angabe der einbezogenen Kostenstellen	O	O	O	O	O
	B. Bewertungsmethoden für Gegenstände des Umlaufvermögens	O	O	O	O	O
	B.1. Erläuterung der Ermittlung der Anschaffungskosten	O	O	O	O	O
	B.2. Erläuterung der Herstellungskosten	O	O	O	O	O
	B.2.1. Herstellungskostenbestandteile (Ausübung von Einbeziehungswahlrechten)	O	O	O	O	O
	B.2.2. Angabe des zugrunde gelegten Beschäftigungsgrades	O	O	O	O	O
	B.2.3. Angabe der einbezogenen Kostenstellen	O	O	O	O	O
	B.3. Angabe der Abschreibungen auf das Umlaufvermögen gemäß der strengen Niederstwertvorschrift	O	O	O	O	O
	B.3.1. Betragsangabe	O	O	O	O	O
	B.3.2. Erläuterung des zur Abschreibung führenden Sachverhalts	O	O	O	O	O
	B.3.3. Erläuterung der Vorgehensweise bei der Ermittlung des niedrigeren beizulegenden Wertes	O	O	O	O	O
	C. Bewertungsmethoden für Passivposten	O	O	O	O	O
	C.1. Erläuterung der Bewertungsmethoden für Pensionsrückstellungen	O	O	O	O	O
	C.1.1. Angabe des zugrunde gelegten Zinssatzes	O	O	O	O	O
	C.1.2. Hinweis auf versicherungsmathematische Grundsätze	O	O	O	O	O
	C.1.3. Hinweis auf Entsprechung mit steuerrechtlichen Vorschriften	O	O	O	O	O
	C.2. Erläuterung der Bewertungsmethoden für sonstige Rückstellungen	O	O	O	O	O
	C.2.1. Angaben der wesentlichen Schätzparameter (z. B. Reklamationsquote und Schadenshöhe bei Garantierückstellungen)	O	O	O	O	O
	C.2.2. Hinweis, ob Saldierung mit positiven Erfolgsbeiträgen	O	O	O	O	O
	C.2.3. Angabe, ob Ermittlung auf Teilkosten-/Vollkostenbasis	O	O	O	O	O
	C.2.4. Angaben über das Ausmaß der Inanspruchnahme von Wahlrechten zur Bildung von (Aufwands-)Rückstellungen	O	O	O	O	O
	C.2.5. Angaben über die Abzinsung von Rückstellungen	O	O	O	O	O
	C.2.6. Angaben über die Berücksichtigung von Preissteigerungen	O	O	O	O	O
2.	**Angabe der Grundlagen der Währungsumrechnung im Einzelabschluß (§ 284 II Nr. 2)**					
	A. Angaben über die Art der Umrechnungskurse (z. B. Briefkurse)	O	O	O	O	O
	B. Angaben zum Stichtag der Umrechnung	O	O	O	O	O
	C. Angaben über die bei der Währungsumrechnung angewandten GoB	O	O	O	O	O
	D. Angaben zur Behandlung von Umrechnungsdifferenzen	O	O	O	O	O
	E. Ggf. Angaben über die Berücksichtigung von Deckungsgeschäften	O	O	O	O	O

Teilbericht II: Grundsätze der Bilanzierung und Bewertung, Währungsumrechnung						
Nr.	**Bewertungskriterien (Hauptkriterien, Oberkriterien, Unterkriterien)**	**Bedeutung**				
		keine	**niedrig**	**mittel**	**hoch**	**sehr hoch**
3.	**Angabe der Grundlagen der Währungsumrechnung im Konzernabschluß (§ 313 I Nr. 2)**					
	A. Angewandte Methode der Währungsumrechnung	O	O	O	O	O
	B. Angaben über die Art der Umrechnungskurse (z. B. historischer Kurs)	O	O	O	O	O
	C. Angaben zum maßgeblichen Stichtag	O	O	O	O	O
	D. Angaben über den Ausweis von Umrechnungsdifferenzen in der GuV	O	O	O	O	O
	E. Angaben über den Ausweis der Umrechnungsdifferenzen in der Bilanz	O	O	O	O	O
	F. Angaben über Ergebnisauswirkungen	O	O	O	O	O
	G. Ggf. Berichterstattung über Behandlung der Unterschiedsbeträge aus den Vorjahren	O	O	O	O	O
	H. Ggf. Berichterstattung über das Ausmaß, in dem wesentliche Wechselkursänderungen einzelne Abschlußposten beeinflußt haben	O	O	O	O	O
	I. Ggf. Hinweis auf Besonderheiten bei der Umrechnung von Jahresabschlüssen aus Hochinflationsländern	O	O	O	O	O
4.	**Angabe und Begründung der Abweichungen von Bilanzierungs- und Bewertungsmethoden (§ 284 II Nr. 3/§ 313 I Nr. 3)**					
	A. Abweichender Sachverhalt (Worin besteht die Abweichung?)	O	O	O	O	O
	B. Ausmaß der Abweichung (Worauf erstreckt sich die Abweichung?)	O	O	O	O	O
	C. Argumente für das Abweichen (Begründung der Abweichung)	O	O	O	O	O
5.	**Gesonderte Darstellung des Einflusses von Abweichungen (vgl. Nr. 4 von Teilbericht II) auf die Vermögens-, Finanz und Ertragslage (§ 284 II Nr. 3/§ 313 I Nr. 3)**					
	A. Verbale Darstellung des Umfangs des Einflusses, wenn der Einfluß erkennbar unwesentlich ist	O	O	O	O	O
	B. Zusätzlich quantitative Angabe des Umfangs des Einflusses, wenn dieser Einfluß nicht als unwesentlich bezeichnet oder gar nicht bezeichnet wird	O	O	O	O	O
	C. Gesonderte Darstellung des Saldos der Abweichungen für die jeweiligen Teilbereiche der wirtschaftlichen Lage	O	O	O	O	O
6.	**Angabe und Begründung, wenn die konzerneinheitliche Bewertung von den vom MU angewandten Bewertungsmethoden abweicht (§ 308 I 3)**					
	A. Angabe jeder einzelnen Abweichung	O	O	O	O	O
	B. Begründung: Welche Motive gibt es für die Abweichung?	O	O	O	O	O
7.	**Hinweis, wenn auf Sondervorschriften für Kreditinstitute und Versicherungen beruhende Wertansätze beibehalten wurden (§ 308 II 2)**					
8.	**Angabe und Begründung, wenn im Konzernabschluß in Ausnahmefällen keine einheitliche Bewertung vorgenommen wurde (§ 308 II 4)**	O	O	O	O	O
	A. Angabe der Tatsache der Abweichung im Konzernanhang	O	O	O	O	O
	B. Quantifizierung der Abweichung	O	O	O	O	O
9.	**Ausweis der Unterschiedsbeträge bei Anwendung von Bewertungsvereinfachungsverfahren, wenn die Bewertung einen erheblichen Unterschied zu einer Bewertung auf Grundlage des letzten vor dem Abschlußstichtag bekannten Börsen- oder Marktpreises aufweist (§ 284 II Nr. 4)**					
	A. Angabe, welches Bewertungsvereinfachungsverfahren angewandt wurde	O	O	O	O	O
	B. Angabe des Unterschiedsbetrages für jede Gruppe bzw. jeden Bilanzposten in einem Betrag	O	O	O	O	O
	C. Ggf. Angabe, ob das Mengengerüst zu einem erheblichen Unterschiedsbetrag geführt hat	O	O	O	O	O
10.	**Angaben über die Einbeziehung von Fremdkapitalzinsen in die Herstellungskosten (§ 284 II Nr. 5)**					
	A. Angabe, ob alle aktivierungsfähigen Fremdkapitalzinsen oder nur einzelne Teile in die Herstellungskosten einbezogen wurden	O	O	O	O	O
	B. Angabe des betroffenen Bilanzpostens	O	O	O	O	O
	C. Angabe des Betrags der aktivierten Fremdkapitalzinsen	O	O	O	O	O

Teilbericht II: Grundsätze der Bilanzierung und Bewertung, Währungsumrechnung

Nr.	Bewertungskriterien (Hauptkriterien, Oberkriterien, Unterkriterien)	Bedeutung				
		keine	niedrig	mittel	hoch	sehr hoch
11.	**Angabe des Ausmaßes der Ergebnisbeeinflussung durch Anwendung steuerrechtlicher Vorschriften oder Bildung von Sonderposten mit Rücklageanteil im Geschäftsjahr oder in Vorjahren (§ 285 Nr. 5/§ 314 I Nr. 5)**					
	A. Angabe eines Betrages, der die Größenordnung der Ergebnisbeeinflussung erkennen läßt	O	O	O	O	O
	B. Offenlegung, durch welche Bilanzierungs- und Bewertungsmaßnahmen das Ergebnis beeinflußt worden ist	O	O	O	O	O
	C. Angabe, ob bei der Ermittlung Steuern berücksichtigt werden	O	O	O	O	O
	D. Hinweis, ob sich die Angabe auf das Ergebnis vor oder nach Steuern bezieht	O	O	O	O	O
	E. Angabe des zugrunde gelegten Steuersatzes	O	O	O	O	O
12.	**Angabe über das Ausmaß erheblicher künftiger Belastungen aus der Inanspruchnahme steuerlicher Vergünstigungen (§ 285 Nr. 5/§ 314 I Nr. 5)**					
	A. Angabe der Art der Belastung	O	O	O	O	O
	B. Angaben zur Höhe der Belastung	O	O	O	O	O
	C. Angabe des zugrunde gelegten Steuersatzes	O	O	O	O	O
	D. Angabe des Betrachtungszeitraums	O	O	O	O	O
	E. Angabe der Bezugsgrößen der Belastung (Ergebnis, eigene Mittel etc.)	O	O	O	O	O
	F. Angabe, ob es sich um Barwerte oder um Nominalwerte handelt	O	O	O	O	O
13.	**Angabe der Gründe für die planmäßige Abschreibung des Geschäfts- oder Firmenwertes im Einzelabschluß (§ 285 Nr. 13)**					
	A. Angabe der voraussichtlichen Nutzungsdauer	O	O	O	O	O
	B. Angabe der Abschreibungsmethode	O	O	O	O	O
	C. Begründung der gewählten Abschreibungsmethode	O	O	O	O	O
14.	**Gesonderte Angabe der außerplanmäßigen Abschreibungen (Anlagevermögen) nach § 253 II 3 in einem Betrag (§ 277 III 1)**					
	A. Angabe des Betrages der außerplanmäßigen Abschreibung	O	O	O	O	O
	B. Erläuterung des der Abschreibung zugrunde liegenden Sachverhalts	O	O	O	O	O
	C. Differenzierung der außerplanmäßigen Abschreibung nach Bilanzposten	O	O	O	O	O
15.	**Gesonderte Angabe der außerplanmäßigen Abschreibungen (Umlaufvermögen) nach § 253 II 3 (§ 277 II 1)**					
	A. Angabe des Betrages der außerplanmäßigen Abschreibung	O	O	O	O	O
	B. Erläuterung des der Abschreibung zugrunde liegenden Sachverhalts	O	O	O	O	O
	C. Differenzierung der außerplanmäßigen Abschreibung nach Bilanzposten	O	O	O	O	O
16.	**Angabe und Begründung der im Geschäftsjahr aus steuerlichen Gründen unterlassenen Zuschreibungen (§ 280 III/§308 III 2)**					O
	A. Angabe der unterlassenen Zuschreibungen des Geschäftsjahres	O	O	O	O	O
	B. Angabe der auch in Vorjahren unterlassenen Zuschreibungen	O	O	O	O	O
	C. Angabe der steuerrechtlichen Vorschriften, auf denen die Beibehaltung der Wertansätze beruht	O	O	O	O	
17.	**Angabe und Begründung der allein nach steuerrechtlichen Vorschriften gebildeten Abschreibungen getrennt nach Anlage- und Umlaufvermögen (§ 281 II 1/§ 308 III 2)**					
	A. Angabe der Vorschriften, nach denen steuerrechtliche Sonderabschreibungen vorgenommen wurden	O	O	O	O	O
	B. Aufgliederung nach Anlage- und Umlaufvermögen	O	O	O	O	O
	C. Aufgliederung nach Bilanzposten	O	O	O	O	O

Teilbericht III: Erläuterungen zu einzelnen Posten der Bilanz/Konzernbilanz						
Nr.	**Bewertungskriterien (Hauptkriterien, Oberkriterien, Unterkriterien)**	**Bedeutung**				
		keine	**niedrig**	**mittel**	**hoch**	**sehr hoch**
1.	**Angabe der Mitzugehörigkeit eines Posten zu anderen Posten (§ 265 III 1)**					
2.	**Gesonderter Ausweis der in der Bilanz zusammengefaßten Posten (§ 265 VII Nr. 2)**					
3.	**Gesonderte Angabe eines Gewinn- oder Verlustvortrags bei Aufstellung der Bilanz unter Berücksichtigung einer teilweisen Gewinnverwendung (§ 268 I Nr. 2 3. HS)**					
4.	**Darstellung des Anlagengitters (§ 268 II)**					
	A. Angabe des Mindestschemas	O	O	O	O	O
	B. Ergänzung des Mindestschemas um einen Abschreibungsspiegel	O	O	O	O	O
	C. Über die Angabe der Zuschreibung des Geschäftsjahres hinausgehende Angaben zu Zuschreibungen (Zuschreibungsgitter)	O	O	O	O	O
	D. Berücksichtigung von Auswirkungen aus Änderungen des Konsolidierungskreises im Anlagengitter	O	O	O	O	O
	D.1. Angabe von Änderungen der historischen AK/HK	O	O	O	O	O
	D.2. Angabe der korrigierten kumulierten Abschreibungen	O	O	O	O	O
	E. Berücksichtigung von Auswirkungen der Währungsumrechnung im Anlagengitter	O	O	O	O	O
	E.1. Angabe von Änderungen der historischen AK/HK	O	O	O	O	O
	E.2. Angabe der korrigierten kumulierten Abschreibungen	O	O	O	O	O
5.	**Aufgliederung der Abschreibungen des Geschäftsjahres entsprechend der Gliederung des Anlagevermögens (§ 268 II 3)**					
	A. Erläuterung, was unter „Abschreibungen des Geschäftsjahres" verstanden wird	O	O	O	O	O
	B. Ausweis der Abschreibungen entsprechend der Gliederung des Anlagevermögens	O	O	O	O	O
6.	**Erläuterung der nach dem Abschlußstichtag entstehenden sonstigen Vermögensgegenstände (RAP) größeren Umfangs (§ 268 IV 2)**					
	A. Tatbestand, der dem antizipativen Posten zugrunde liegt	O	O	O	O	O
	B. Angabe des Betrages des antizipativen Postens	O	O	O	O	O
	C. Hinweis darauf, warum der rechtliche Anspruch erst im neuen Jahr entsteht	O	O	O	O	O
	D. Hinweis darauf, ob der rechtliche Anspruch bis zur Aufstellung der Bilanz entstanden ist	O	O	O	O	O
7.	**Erläuterung der nach dem Abschlußstichtag entstehenden Verbindlichkeiten (RAP) größeren Umfangs (§ 268 V 3)**					
	A. Tatbestand, der dem antizipativen Posten zugrunde liegt	O	O	O	O	O
	B. Angabe des Betrages des antizipativen Postens	O	O	O	O	O
	C. Hinweis darauf, warum der rechtliche Anspruch erst im neuen Jahr entsteht	O	O	O	O	O
	D. Hinweis darauf, ob der rechtliche Anspruch bis zur Aufstellung der Bilanz entstanden ist	O	O	O	O	O
8.	**Angabe eines Unterschiedsbetrages, der nach § 250 II in den aktiven Rechnungsabgrenzungsposten aufgenommen wird (Disagio; § 268 VI)**					
	A. Betragsangabe	O	O	O	O	O
	B. Angaben über die Abschreibung des Disagios	O	O	O	O	O
9.	**Gesonderte Angabe der Haftungsverhältnisse und Pfandrechte (§ 268 VII)**					
	A. Haftungsverhältnisse und gewährte Pfandrechte und Sicherheiten	O	O	O	O	O
	B. Gesonderte Angabe der Verpflichtungen gegenüber verbundenen Unternehmen	O	O	O	O	O
10.	**Erläuterung der aktivierten Aufwendungen für Ingangsetzung und Erweiterung des Geschäftsbetriebs (§ 269 1)**					
	A. Angabe des Grundes für die eingeleitete Maßnahme	O	O	O	O	O
	B. Bestandteile (Art) der Ingangsetzungs- und Erweiterungsaufwendungen	O	O	O	O	O
	C. Verteilung des Gesamtbetrages auf einzelne Kostenarten	O	O	O	O	O
	D. Angabe zur Abschreibung des Postens	O	O	O	O	O
	E. Hinweis auf die Einhaltung des gesetzlichen Deckungsgebots	O	O	O	O	O
11.	**Angabe der Vorschriften, nach denen der Sonderposten mit Rücklageanteil gebildet wurde (§ 273 2/§ 281 I 2)**					
	A. Angabe der jeweiligen Vorschrift	O	O	O	O	O
	B. Freiwillige Trennung nach unversteuerten Rücklagen und steuerrechtlichen Abschreibungen	O	O	O	O	O

Teilbericht III: Erläuterungen zu einzelnen Posten der Bilanz/Konzernbilanz

Nr.	Bewertungskriterien (Hauptkriterien, Oberkriterien, Unterkriterien)	Bedeutung				
		keine	niedrig	mittel	hoch	sehr hoch
12.	**Gesonderte Angabe der Rückstellung für latente Steuern (§ 274 I 1)**					
13.	**Erläuterung des als Bilanzierungshilfe gesondert in der Bilanz ausgewiesenen Abgrenzungspostens für latente Steuern (§ 274 II 2)**					
	A. Angabe der Gründe für die Abweichung zwischen Handelsbilanzergebnis und Steuerbilanzergebnis	O	O	O	O	O
	B. Angabe des zugrunde gelegten Steuersatzes	O	O	O	O	O
	C. Hinweis auf die Verrechnung mit passivischen Steuerlatenzen	O	O	O	O	O
	D. Erläuterung der Berechnungsmethode	O	O	O	O	O
	E. Erläuterung des Gesamtbetrages der aktivischen latenten Steuern, d. h. auch des Betrages, der wegen des Aktivierungswahlrechts nicht aktiviert wurde	O	O	O	O	O
14	**Gesonderte Angabe der Steuerabgrenzung bei einem Konzernergebnis, das von der Summe der Einzelergebnisse abweicht (§ 306 2)**					
	A. Hinweis auf die Zusammenfassung mit Steuerlatenzen gemäß § 274	O	O	O	O	O
	B. Angabe der Ursachen der Steuerabgrenzung	O	O	O	O	O
	C. Angabe des zugrunde gelegten Steuersatzes	O	O	O	O	O
	D. Evtl. Hinweis auf Abweichung gegenüber dem Vorjahr	O	O	O	O	O
15.	**Angaben zu Verbindlichkeiten (§ 285 Nr. 1 und 2/§ 314 I Nr. 1)**					
	A. Gesetzlich vorgeschriebene Mindestangaben	O	O	O	O	O
	A.1. Angabe des Gesamtbetrages der Verbindlichkeiten mit einer Restlaufzeit von mehr als fünf Jahren	O	O	O	O	O
	A.2. Angabe des Gesamtbetrages der durch Pfandrechte oder ähnliche Rechte gesicherten Verbindlichkeiten unter Angabe von Art und Form der Sicherheit	O	O	O	O	O
	A.3. Aufgliederung der Angaben nach § 285 Nr. 1 für jeden Posten der Verbindlichkeit	O	O	O	O	O
	A.3.1. Gesamtbetrag der Verbindlichkeit	O	O	O	O	O
	A.3.2. Art und Form der Sicherheit	O	O	O	O	O
	B. Freiwillige Angabe der mittelfristigen Verbindlichkeiten	O	O	O	O	O
	B.1. Gesamtbetrag	O	O	O	O	O
	B.2. Aufgliederung	O	O	O	O	O
	C. Freiwillige übersichtliche Darstellung der Verbindlichkeiten in einem tabellarischen Verbindlichkeitenspiegel	O	O	O	O	O
16.	**Angaben zu Unternehmen, an denen das MU, ein TU oder für deren Rechnung ein Dritter mindestens 20 % der Anteile hält (§ 285 Nr. 11/§ 313 II Nr. 4)**					
	A. Name und Sitz des Unternehmens	O	O	O	O	O
	B. Anteil am Kapital des Unternehmens	O	O	O	O	O
	C. Höhe des Eigenkapitals des Unternehmens	O	O	O	O	O
	D. Letztes Jahresergebnis des Unternehmens	O	O	O	O	O
17.	**Angabe der Anwendung der Schutzklausel (bezüglich Aufstellung des Anteilsbesitzes) nach § 286 III 1 Nr. 2/§ 313 III 1 i. V. m. § 313 II Nr. 4 (§ 286 III 3/§ 313 III 2)**					
18.	**Hinweis auf die besondere Aufstellung des Anteilbesitzes und den Ort ihrer Hinterlegung, falls der Anteilbesitz nicht im Anhang angegeben wird**					
	A. Hinweis auf die Hinterlegung der Anteilliste	O	O	O	O	O
	B. Hinweis auf den Ort des Handelsregisters	O	O	O	O	O
	C. Hinweis auf die Nummer des Handelsregisters	O	O	O	O	O
	D. Angaben zur Beteiligungsliste	O	O	O	O	O
19.	**Erläuterung von nicht gesondert ausgewiesenen „sonstigen Rückstellungen", die einen nicht unerheblichen Umfang haben (§ 285 Nr. 12)**					
	A. Angabe der einzelnen Teil-Rückstellungen zugrunde liegenden Sachverhalte	O	O	O	O	O
	B. Angabe der Fristigkeiten	O	O	O	O	O
	C. Angabe von Beträgen pro Teil-Rückstellung	O	O	O	O	O
20.	**Angabe der Fehlbeträge für laufende Pensionen und Anwartschaften auf Pensionen und ähnliche Verpflichtungen (Artikel 28 II EGHGB)**					
	A. Angabe des Betrages der Unterdeckung	O	O	O	O	O
	B. Angabe der Ursachen für die Unterdeckung	O	O	O	O	O

Teilbericht III: Erläuterungen zu einzelnen Posten der Bilanz/Konzernbilanz						
Nr.	**Bewertungskriterien (Hauptkriterien, Oberkriterien, Unterkriterien)**	**Bedeutung**				
		keine	**niedrig**	**mittel**	**hoch**	**sehr hoch**
21.	**Angabe des in andere Gewinnrücklagen eingestellten Eigenkapitalanteils von Wertaufholungen und von bei der Gewinnermittlung gebildeten Passivposten (§ 58 IIa 2 AktG)**					
22.	**Angabe des für das Geschäftsjahr in die Kapitalrücklage eingestellten bzw. aus der Kapitalrücklage entnommenen Betrages (§ 152 II AktG)**					
	A. Gesetzliche Angaben (Einstellung aus Bilanzgewinn und Jahresüberschuß, Entnahmen)	O	O	O	O	O
	B. Freiwillige Angabe: Bewegungen einzelner Posten der Kapitalrücklage	O	O	O	O	O
	C. Darstellung in Form eines Rücklagenspiegels	O	O	O	O	O
23.	**Angabe der einzelnen Beträge der Gewinnrücklagen (§ 152 II AktG)**					
	A. Gesetzliche Angaben (Einstellung aus Bilanzgewinn und Jahresüberschuß, Entnahmen)	O	O	O	O	O
	B. Ausweis eines Rücklagenspiegels	O	O	O	O	O
24.	**Angabe von Zahl und Nennbetrag der Aktien jeder Gattung (§ 160 I Nr. 3 AktG)**					
	A. Gesetzlich geforderte Angaben	O	O	O	O	O
	B. Übersichtliche Zusammenfassung der Angaben im Anhang	O	O	O	O	O
25.	**Gesonderte Angabe der Aktien je Gattung, die bei einer bedingten Kapitalerhöhung oder einem genehmigten Kapital im Geschäftsjahr gezeichnet wurden (§ 160 I Nr. 3 AktG)**					
	A. Anlaß der Kapitalerhöhung	O	O	O	O	O
	B. Gesamtnennbetrag der Aktien je Gattung	O	O	O	O	O
	C. Ausgabebetrag der Aktien je Gattung	O	O	O	O	O
	D. Angaben zur bilanziellen Behandlung der Kapitalerhöhung	O	O	O	O	O
	E. Gegenwert der Aktien (Bar- oder Sacheinlage)	O	O	O	O	O
26.	**Angaben über das genehmigte Kapital (§ 160 I Nr. 4 AktG)**					
	A. Datum des Hauptversammlungsbeschlusses	O	O	O	O	O
	B. Inhalt des Hauptversammlungsbeschlusses	O	O	O	O	O
	C. Nennbetrag des am Stichtag bestehenden genehmigten Kapitals	O	O	O	O	O
27.	**Zahl der Wandelschuldverschreibungen und vergleichbaren Wertpapiere unter Angabe der Rechte, die sie verbriefen (§ 160 I Nr. 5 AktG)**					
	A. Angabe der Gattung	O	O	O	O	O
	B. Angabe der Zahl/Nennbeträge der umlaufenden Stücke je Gattung	O	O	O	O	O
	C. Angabe der verbrieften Rechte (Anleihebedingungen, Zinssatz, Wandlungsverhältnis, Aufgeld, Fälligkeit, Besicherung etc.)	O	O	O	O	O
28.	**Angaben über Genußrechte, Besserungsscheine, ähnliche Rechte (§ 160 I Nr. 6 AktG)**					
	A. Art der Rechte	O	O	O	O	O
	B. Zahl der Rechte	O	O	O	O	O
	C. Nennbetrag der Rechte	O	O	O	O	O
	D. Hervorhebung der neu entstandenen Rechte	O	O	O	O	O
	E. Inhalt der einzelnen Rechte (Zweck der Ausgabe, Hauptversammlungsbeschluß, berechtigte Personen, Laufzeit, Änderung der Bedingung, Erlöschen von Rechtsverpflichtungen u. ä.)	O	O	O	O	O
29.	**Erläuterung der Zusammensetzung einzelner Posten der Aktivseite**					
30.	**Erläuterung der Zusammensetzung einzelner Posten der Passivseite**					

Teilbericht IV: Erläuterungen zu einzelnen Posten der GuV-/Konzern GuV

Nr.	Bewertungskriterien (Hauptkriterien, Oberkriterien, Unterkriterien)	Bedeutung				
		keine	niedrig	mittel	hoch	sehr hoch
1.	**Gesonderter Ausweis der in der Gewinn- und Verlustrechnung zusammengefaßten Posten (§ 265 VII Nr. 2)**					
2.	**Weitere Aufgliederung der in der GuV ausgewiesenen sonstigen betrieblichen Aufwendungen und Erträge (§ 265 V 1)**					
3.	**Erläuterung des Betrages und der Art von außerordentlichen Erträgen und Aufwendungen, soweit diese für die Beurteilung der Ertragslage nicht von untergeordneter Bedeutung sind (§ 277 IV 2)**					
4.	**Erläuterung des Betrages und der Art von einem anderen Geschäftsjahr zuzuordnenden Erträgen und Aufwendungen, soweit diese für die Beurteilung der Ertragslage nicht von untergeordneter Bedeutung sind (§ 277 IV 3)**					
5.	**Angabe der Erträge aus der Auflösung von Sonderposten mit Rücklageanteil (§ 281 II 2)**					
	A. Angabe des Betrages der Auflösung	O	O	O	O	O
	B. Hinweis, ob es sich um eine planmäßige oder um eine vorzeitige Auflösung des Sonderpostens handelt	O	O	O	O	O
6.	**Angabe der Aufwendungen aus der Einstellung in den Sonderposten mit Rücklageanteil (§ 281 II 2)**					
	A. Angabe des Betrages der Einstellung	O	O	O	O	O
	B. Differenzierung der Betragsangabe nach der Art der Einstellung in den Sonderposten mit Rücklageanteil	O	O	O	O	O
7.	**Aufgliederung der Umsatzerlöse nach Tätigkeitsbereichen und nach geographisch bestimmten Märkten (§ 285 Nr. 4/§ 314 Nr. 3/§ 314 II)**					
	A. Segmentierung der Umsätze	O	O	O	O	O
	B. Angabe des Abgrenzungskriteriums	O	O	O	O	O
	C. Angabe intersegmentärer Umsätze	O	O	O	O	O
	D. Angabe von Vorjahreszahlen	O	O	O	O	O
8.	**Angabe der Belastung des Ergebnisses der gewöhnlichen Geschäftstätigkeit und des außerordentlichen Ergebnisses durch Ertragsteuern (§ 285 Nr. 6)**					
9.	**Angaben bei Anwendung des Umsatzkostenverfahrens (Materialaufwand, Personalaufwand; § 285 Nr. 8)**					
	A. Materialaufwand	O	O	O	O	O
	A.1. Angabe des Gesamtbetrages	O	O	O	O	O
	A.2. Angabe der auch nach GKV auszuweisenden Teilbeträge des Materialaufwands	O	O	O	O	O
	A.3. Freiwillige Angabe der Vorjahresbeträge	O	O	O	O	O
	B. Personalaufwand	O	O	O	O	O
	B.1. Angabe des Gesamtbetrages	O	O	O	O	O
	B.2. Angabe der auch nach GKV auszuweisenden Teilbeträge des Personalaufwands	O	O	O	O	O
	B.3. Freiwillige Angabe der Vorjahresbeträge	O	O	O	O	O
10.	**Angabe der Entwicklung des Jahresüberschusses/Jahresfehlbetrages zum Bilanzgewinn/Bilanzverlust (§ 158 I 2 AktG)**					

Teilbericht V: Angaben zum Konsolidierungskreis

Nr.	Bewertungskriterien (Hauptkriterien, Oberkriterien, Unterkriterien)	Bedeutung				
		keine	niedrig	mittel	hoch	sehr hoch
1.	**Angaben, die einen Vergleich mit vorhergehenden Abschlüssen erlauben, wenn sich der Konsolidierungskreis geändert hat**					
	A. Begründung für Veränderungen der Zusammensetzung des Konsolidierungskreises	O	O	O	O	O
	B. **Alternative 1:** Vorgehen gemäß § 294 II 1					
	B.1.1. Angabe, welche/wieviele Tochterunternehmen erstmals oder erstmals nicht mehr einbezogen worden sind	O	O	O	O	O
	B.1.2. Betragsangabe, wie sich dadurch einzelne, wesentliche Konzernabschlußposten verändert haben	O	O	O	O	O
	B.1.2.1. Bilanz	O	O	O	O	O
	B.1.2.2. Gewinn- und Verlustrechnung	O	O	O	O	O
	Alternative 2: Vorgehen gemäß § 294 II 2					
	B.2.1. Angabe, welche/wieviele Tochterunternehmen erstmals oder erstmals nicht mehr einbezogen worden sind	O	O	O	O	O
	B.2.2. Betragsangabe, wie sich dadurch einzelne, wesentliche Konzernabschlußposten verändert haben	O	O	O	O	O
	B.2.2.1. Bilanz	O	O	O	O	O
	B.2.2.2. Gewinn- und Verlustrechnung	O	O	O	O	O
	B.2.3. Zusätzlich Ausweis der nicht angepaßten (ursprünglichen) Vorjahreszahlen im aktuellen Anhang (sogenannter Drei-Spalten-Ausweis)	O	O	O	O	O
2.	**Angabe und Begründung, wenn ein Tochterunternehmen nach § 295 I nicht einbezogen wurde (§ 295 III 1)**					
	A. Angabe der Umstände, die für die Nichteinbeziehung ursächlich sind	O	O	O	O	O
	B. Angabe der Posten des Konzernabschlusses, die bei Einbeziehung des Tochterunternehmens ein verzerrtes Bild der VFE-Lage widerspiegeln	O	O	O	O	O
3.	**Begründung, wenn ein Tochterunternehmen nach § 296 I oder II nicht einbezogen wurde (§ 296 III)**					
4.	**Angaben zu Konzernunternehmen (§ 313 II Nr. 1 Satz 1)**					
	A. Name und Sitz des Tochterunternehmens	O	O	O	O	O
	B. Anteil am Kapital, der dem MU und den einbezogenen TU gehört oder für deren Rechnung gehalten wird	O	O	O	O	O
	C. Sachverhalt, der zur Einbeziehung verpflichtet, sofern diese nicht aufgrund einer der Kapitalbeteiligung entsprechenden Stimmrechtsmehrheit erfolgt	O	O	O	O	O
5.	**Angaben für alle Tochterunternehmen, die nach §§ 295, 296 nicht einbezogen wurden (§ 313 II Nr. 1 Satz 2)**					
	A. Name und Sitz des Tochterunternehmens	O	O	O	O	O
	B. Anteil am Kapital, der dem MU und den einbezogenen TU gehört oder für deren Rechnung gehalten wird	O	O	O	O	O
	C. Sachverhalt, der zur Einbeziehung verpflichtet, sofern diese nicht aufgrund einer der Kapitalbeteiligung entsprechenden Stimmrechtsmehrheit erfolgt	O	O	O	O	O
6.	**Angaben zu assoziierten Unternehmen (§ 313 II Nr. 2)**					
	A. Name und Sitz des assoziierten Unternehmens	O	O	O	O	O
	B. Anteil am Kapital des assoziierten Unternehmens, der dem MU und den einbezogenen TU gehört oder für deren Rechnung gehalten wird	O	O	O	O	O
	C. Angabe und Begründung, wenn auf die Einbeziehung nach der Equity-Methode verzichtet wird	O	O	O	O	O
7.	**Angaben zu quotenkonsolidierten Unternehmen (§ 313 II Nr. 3)**					
	A. Name und Sitz des Gemeinschaftsunternehmens	O	O	O	O	O
	B. Tatbestand, der die Quotenkonsolidierung ermöglicht	O	O	O	O	O
	B.1. Hinweis auf Tatbestand der gemeinsamen Führung	O	O	O	O	O
	B.2. Name und Sitz der gemeinsam mitführenden konzernfremden Unternehmen	O	O	O	O	O
	B.3. Hinweis, von wievielen anderen konzernfremden Unternehmen das gemeinsame Unternehmen geführt wird	O	O	O	O	O
	C. Anteil am Kapital dieser Unternehmen, der dem MU und den einbezogenen TU gehört oder für deren Rechnung gehalten wird	O	O	O	O	O
8.	**Angabe der Anwendung der Schutzklausel, wenn die Angaben zu § 313 II nicht gemacht werden (§ 313 III 2)**					

Teilbericht V: Angaben zum Konsolidierungskreis

Nr.	Bewertungskriterien (Hauptkriterien, Oberkriterien, Unterkriterien)	Bedeutung				
		keine	niedrig	mittel	hoch	sehr hoch
9.	**Hinweis auf die besondere Aufstellung des Anteilbesitzes, die die Angaben nach § 313 II ersetzt, und den Ort der Hinterlegung (§ 313 IV 3)**					
	A. Hinweis auf die Hinterlegung der Anteilliste	O	O	O	O	O
	B. Hinweis auf den Ort des Handelsregisters	O	O	O	O	O
	C. Hinweis auf die Nummer des Handelsregisters	O	O	O	O	O
	D. Angaben zur Beteiligungsliste	O	O	O	O	O

Teilbericht VI: Angaben zu den Konsolidierungsmethoden

Nr.	Bewertungskriterien (Hauptkriterien, Oberkriterien, Unterkriterien)	Bedeutung				
		keine	niedrig	mittel	hoch	sehr hoch
1.	**Angabe und Begründung der Abweichungen von den auf den vorhergehenden Abschluß angewandten Konsolidierungsmethoden (§ 297 II 4/§ 313 I Nr. 3)**					
	A. Angabe der bisher angewandten und der jetzt angewandten Methode	O	O	O	O	O
	B. Begründung der Unstetigkeit	O	O	O	O	O
2.	**Gesonderte Darstellung des Einflusses abweichender Konsolidierungsmethoden auf die VFE-Lage des Konzerns (§ 297 III 5/§ 313 I Nr. 3)**					
3.	**Angabe und Begründung, wenn der Abschlußstichtag des Konzerns und der Abschlußstichtag des Mutterunternehmens auseinanderfallen (§ 299 I)**					
	A. Darstellung der Tatsache des abweichenden Stichtags	O	O	O	O	O
	B. Angabe der Unternehmen mit abweichendem Stichtag	O	O	O	O	O
	C. Angabe der Vorgänge und Tatbestände, die dieser Abweichung zugrunde liegen	O	O	O	O	O
4.	**Weicht der Abschlußstichtag des Konzerns von demjenigen eines einbezogenen Unternehmens ab und wird kein Zwischenabschluß aufgestellt, so sind dazwischenliegende Vorgänge anzugeben, soweit sie für die VFE-Lage des Konzerns von besonderer Bedeutung sind (§ 299 III)**					
5.	**Erwerbsmethode (§ 301)**					
	A. Angabe der gewählten Konsolidierungsmethode	O	O	O	O	O
	B. Angabe des Zeitpunktes, der für die Wertansätze der Kapitalkonsolidierung grundlegend ist	O	O	O	O	O
	C. Erläuterung des aktivischen und passivischen Unterschiedsbetrags aus der Kapitalkonsolidierung sowie dessen wesentliche Änderung gegenüber dem Vorjahr	O	O	O	O	O
	C.1. Erläuterung der Zusammensetzung des Postens	O	O	O	O	O
	C.2. Erläuterung von Veränderungen des Postens	O	O	O	O	O
	D. Angabe der gegeneinander verrechneten aktivischen und passivischen Unterschiedsbeträge	O	O	O	O	O
	E. Angaben zur Abschreibungsmethode	O	O	O	O	O
6.	**Interessenzusammenführungsmethode (§ 302 II)**					
	A. Angabe der Anwendung dieser Methode	O	O	O	O	O
	B. Angabe der sich aus der Anwendung dieser Methode ergebenden Rücklagenveränderungen	O	O	O	O	O
	C. Name und Sitz des betroffenen Unternehmens	O	O	O	O	O

Teilbericht VI: Angaben zu den Konsolidierungsmethoden

Nr.	Bewertungskriterien (Hauptkriterien, Oberkriterien, Unterkriterien)	Bedeutung				
		keine	niedrig	mittel	hoch	sehr hoch
7.	**Quotenkonsolidierung (§ 310 II)**					
	A. Angabe der gewählten Konsolidierungsmethode	O	O	O	O	O
	B. Angabe des Zeitpunktes, der für die Wertansätze der Kapitalkonsolidierung grundlegend ist	O	O	O	O	O
	C. Erläuterung des aktivischen und passivischen Unterschiedsbetrags aus der Kapitalkonsolidierung sowie dessen wesentliche Änderung gegenüber dem Vorjahr	O	O	O	O	O
	C.1. Erläuterung der Zusammensetzung des Postens	O	O	O	O	O
	C.2. Erläuterung von Veränderungen des Postens	O	O	O	O	O
	D. Angabe der gegeneinander verrechneten aktivischen und passivischen Unterschiedsbeträge	O	O	O	O	O
8.	**Equity-Methode (§§ 311, 312)**					
	A. Angabe des Unterschiedsbetrags zwischen Beteiligungsbuchwert und anteiligem Eigenkapital des assoziierten Unternehmens bei erstmaliger Anwendung der Equity-Methode mit Buchausweis	O	O	O	O	O
	B. Angabe des Unterschiedsbetrags zwischen dem Buchwert der Beteiligung in der Einzelbilanz und dem auf die Beteiligung entfallenden Teil des Eigenkapitals des assoziierten Unternehmens zum Zeitpunkt der erstmaligen Anwendung der Kapitalanteilsmethode	O	O	O	O	O
	C. Angabe der angewandten Variante der Equity-Methode	O	O	O	O	O
	D. Angabe des für den Wertansatz grundlegenden gewählten Zeitpunkts	O	O	O	O	O
	E. Angabe, wenn das assoziierte Unternehmen nicht an die konzerneinheitliche Bewertung angepaßt wird	O	O	O	O	O
9.	**Angabe, wenn die Zwischenergebniseliminierung wegen untergeordneter Bedeutung unterlassen wurde; Erläuterung des hieraus resultierenden Einflusses auf die VFE-Lage des Konzerns, sofern er wesentlich ist (§ 304 II 2)**					
	A. Angabe, bei welchen Posten auf eine Herausrechnung der Zwischenergebnisse verzichtet wurde	O	O	O	O	O
	B. Angabe der Auswirkung auf die VFE-Lage des Konzerns	O	O	O	O	O
	C. Angabe, warum eine Eliminierung einen unverhältnismäßig hohen Aufwand erfordert	O	O	O	O	O
10.	**Schuldenkonsolidierung (§ 303)**					
	A. Allgemeine Angaben zur Schuldenkonsolidierung	O	O	O	O	O
	B. Detaillierte Angaben zur Schuldenkonsolidierung (z. B. Behandlung von Aufrechnungsdifferenzen)	O	O	O	O	O
11.	**Zwischenergebniskonsolidierung (§ 304)**					
	A. Allgemeine Angaben zur Zwischenergebniseliminierung	O	O	O	O	O
	B. Detaillierte Angaben zur Zwischenergebniseliminierung (z. B. Behandlung von Aufrechnungsdifferenzen)	O	O	O	O	O
12.	**Aufwands- und Ertragskonsolidierung (§ 305)**					
	A. Allgemeine Angaben zur Aufwands- und Ertragskonsolidierung	O	O	O	O	O
	B. Detaillierte Angaben zur Aufwands- und Ertragskonsolidierung	O	O	O	O	O

Teilbericht VII:	**Sonstige, vor allem rechtsformspezifische Pflichtangaben**					
Nr.	**Bewertungskriterien (Hauptkriterien, Oberkriterien, Unterkriterien)**	**Bedeutung**				
		keine	**niedrig**	**mittel**	**hoch**	**sehr hoch**
1.	**Angabe des Gesamtbetrags der nicht aus der Bilanz ersichtlichen sonstigen finanziellen Verpflichtungen, soweit sie für die Finanzlage von Bedeutung sind (§ 285 Nr. 3 1. HS/§ 314 I Nr. 2 1. HS)**					
	A. Angabe des Gesamtbetrags	O	O	O	O	O
	B. Freiwillige Untergliederung des Gesamtbetrags	O	O	O	O	O
	C. Angabe, ob es sich um Barwerte oder Nominalwerte handelt	O	O	O	O	O
	D. Freiwillige Erläuterung/Begründung einzelner Arten von sonstigen finanziellen Verpflichtungen	O	O	O	O	O
	E. Angabe der im kommenden Geschäftsjahr fälligen Verpflichtungen	O	O	O	O	O
	F. Angabe der ab dem zweiten folgenden Geschäftsjahr fälligen Verpflichtungen	O	O	O	O	O
2.	**Gesonderte Angabe des Gesamtbetrags der nicht aus der Bilanz ersichtlichen sonstigen finanziellen Verpflichtungen gegenüber verbundenen Unternehmen (§ 285 Nr. 3 2. HS)**					
3.	**Gesonderte Angabe der nicht aus der Bilanz ersichtlichen sonstigen finanziellen Verpflichtungen und Haftungsverhältnisse, die gegenüber nicht einbezogenen Tochterunternehmen bestehen (§ 314 I Nr. 2 2. HS)**					
4.	**Angabe der durchschnittlichen Arbeitnehmerzahl des Konzerns, getrennt nach Gruppen (§ 285 Nr. 7/§ 314 I Nr. 4.1. HS)**					
	A. Untergliederung nach arbeitsrechtlichen Gruppen	O	O	O	O	O
	B. Freiwillige weitere Gruppierung nach Geschlecht, geographisch bestimmten Bereichen	O	O	O	O	O
	C. Freiwillige Angabe der nicht in der Gesamtzahl enthaltenen Zahl der Auszubildenden, Leiharbeiter etc.	O	O	O	O	O
	D. Angabe der Ermittlungsmethode der Arbeitnehmerzahl	O	O	O	O	O
	E. Freiwillige Angabe von Vorjahreszahlen	O	O	O	O	O
5.	**Angabe der durchschnittlichen Arbeitnehmerzahl bei nur anteilig einbezogenen Unternehmen (§ 314 I Nr. 4 2. HS)**					
6.	**Angabe der im Geschäftsjahr gewährten Gesamtbezüge für Mitglieder der Geschäftsführung, des Aufsichtsrates, des Beirates oder einer ähnlichen Einrichtung jeweils für jede Personengruppe (§ 285 Nr. 9a/§ 314 Nr. 6a)**					
7.	**Angabe der Gesamtbezüge der früheren Mitarbeiter der unter Nr. 6 von Teilbericht VII genannten Organe und ihrer Hinterbliebenen (§ 285 Nr. 9b 1 und 2/§ 314 I Nr. 6b 1)**					
8.	**Angabe des Betrags der für frühere Organmitglieder und ihre Hinterbliebenen gebildeten Rückstellungen für laufende Pensionen und Anwartschaften auf Pensionen und Betrag der nicht gebildeten Pensionsrückstellungen (§ 285 Nr. 9b 3/§ 314 I Nr. 6b 2)**					
9.	**Angabe gemäß § 285 Nr. 9c/§ 314 I Nr. 6c**					
	A. An Organmitglieder gewährte Vorschüsse und Kredite	O	O	O	O	O
	B. Zinssätze	O	O	O	O	O
	C. Wesentliche Bedingungen	O	O	O	O	O
	D. Im Geschäftsjahr zurückgezahlte Beträge	O	O	O	O	O
	E. Eingegangene Haftungsverhältnisse	O	O	O	O	O
10.	**Angabe aller Mitglieder des Geschäftsführungsorgans und des Aufsichtsrates (§ 285 Nr. 10)**					

Teilbericht VII: Sonstige, vor allem rechtsformspezifische Pflichtangaben

Nr.	Bewertungskriterien (Hauptkriterien, Oberkriterien, Unterkriterien)	Bedeutung				
		keine	niedrig	mittel	hoch	sehr hoch
11.	**Angabe bei Konzernzugehörigkeit des Namens und des Sitzes des Mutterunternehmens, das den Konzernabschluß für den größten und für den kleinsten Kreis von Unternehmen aufstellt, sowie Angabe des Ortes, wo die Konzernabschlüsse gegebenenfalls erhältlich sind (§ 285 Nr. 14)**					
	A, Konzernabschluß für den größten Kreis von Unternehmen	O	O	O	O	O
	A.1. Name des Mutterunternehmens	O	O	O	O	O
	A.2. Sitz des Mutterunternehmens	O	O	O	O	O
	A.3. Ort, wo der Konzernabschluß gegebenenfalls erhältlich ist	O	O	O	O	O
	A.4. Freiwilliger Hinweis auf Ergebnisabführungsvertrag, falls ein solcher besteht	O	O	O	O	O
	B. Konzernabschluß für den kleinsten Kreis von Unternehmen	O	O	O	O	O
	B.1. Name des Mutterunternehmens	O	O	O	O	O
	B.2. Sitz des Mutterunternehmens	O	O	O	O	O
	B.3. Ort, wo der Konzernabschluß gegebenenfalls erhältlich ist	O	O	O	O	O
	B.4. Freiwilliger Hinweis auf Ergebnisabführungsvertrag, falls ein solcher besteht	O	O	O	O	O
12.	**Angaben über einen befreienden Konzernabschluß (§ 291 II Nr. 3)**					
	A. Angabe des befreienden Mutterunternehmens	O	O	O	O	O
	B. Sitz des befreienden Mutterunternehmens	O	O	O	O	O
	C. Hinweis auf die Befreiung	O	O	O	O	O
	D. Freiwillige Angabe des Ortes, wo der befreiende Konzernabschluß erhältlich ist	O	O	O	O	O
13.	**Angabe über Bestand, Zugang und ggf. Verwertung von Aktien, die ein Aktionär für die Gesellschaft übernommen hat (§ 160 I Nr. 1 AktG)**					
	A. Zahl der vorhandenen Vorratsaktien	O	O	O	O	O
	B. Gesamtnennbetrag der vorhandenen Vorratsaktien	O	O	O	O	O
	C. Gattung der Vorratsaktien	O	O	O	O	O
	D. Übernahmebedingungen	O	O	O	O	O
	E. Anlaß der Ausgabe der Vorratsaktien	O	O	O	O	O
	F. Name des Übernehmers, wenn es sich bei diesem um ein abhängiges oder um ein in Mehrheitsbesitz stehendes Unternehmen handelt	O	O	O	O	O
	G. Angabe des Zugangs an Vorratsaktien im Geschäftsjahr	O	O	O	O	O
	H. Angabe der Höhe des Verwertungserlöses	O	O	O	O	O
	I. Angaben über die Verwendung des Verwertungserlöses	O	O	O	O	O
14.	**Angaben über Bestand, Zugang und gegebenenfalls Änderung des Bestands an eigenen Aktien der Gesellschaft (§ 160 I Nr. 2 AktG)**					
	A. Zahl der vorhandenen Aktien	O	O	O	O	O
	B. Gesamtnennbetrag der vorhandenen eigenen Aktien	O	O	O	O	O
	C. Gattung der Aktien	O	O	O	O	O
	D. Anteil der eigenen Aktien am Grundkapital	O	O	O	O	O
	E. Erwerbs-/Veräußerungspreis	O	O	O	O	O
	F. Zeitpunkt des Erwerbs/Veräußerung	O	O	O	O	O
	G. Anlaß/Gründe des Erwerbs	O	O	O	O	O
	H. Angaben über die Höhe des Verwertungserlöses	O	O	O	O	O
	I. Angaben über die Verwendung des Verkaufserlöses	O	O	O	O	O
15.	**Angabe des Bestehens einer wechselseitigen Beteiligung (§ 160 I Nr. 7 AktG)**					
	A. Angabe der anderen wechselseitig beteiligten Gesellschaft	O	O	O	O	O
	B. Angabe der Höhe der jeweiligen wechselseitigen Beteiligungen	O	O	O	O	O
	C. Angabe der Veränderung der wechselseitigen Beteiligung im Geschäftsjahr	O	O	O	O	O
16.	**Angabe über das Bestehen einer Beteiligung an der Gesellschaft im Sinne von § 20 I oder IV AktG (§ 160 I Nr. 8 AktG)**					
	A. Wem gehört die Beteiligung?	O	O	O	O	O
	B. Angabe der Höhe der Beteiligung	O	O	O	O	O
17.	**Erläuterung der Verwendung von Beträgen aus einer Kapitalherabsetzung und der Auflösung von Gewinnrücklagen (§ 240 3 AktG)**					

Teilbericht VII: Sonstige, vor allem rechtsformspezifische Pflichtangaben

Nr.	Bewertungskriterien (Hauptkriterien, Oberkriterien, Unterkriterien)	Bedeutung				
		keine	niedrig	mittel	hoch	sehr hoch
18.	**Angaben, die nach einer Sonderprüfung wegen unzulässiger Bewertung in besonderen Fällen zu machen sind (§ 261 I 3, 4 AktG)**					
	A. Gründe für einen niedrigeren Wert auf der Aktivseite bzw. einen höheren Wert auf der Passivseite in einem späteren Jahresabschluß	O	O	O	O	O
	B. Darstellung der Entwicklung der von den Sonderprüfern festgestellten Werte zu den Werten im Jahresabschluß in einer Sonderrechnung	O	O	O	O	O
	C. Angabe über die Verwendung eines Ertrages aus zwischenzeitlich abgegangenen, unterbewerteten Gegenständen	O	O	O	O	O
19.	**Angabe zum Bestand an Anteilen an dem Mutterunternehmen, die das Mutterunternehmen oder ein Tochterunternehmen oder ein anderer für Rechnung eines in den Konzernabschluß einbezogenen Unternehmens erworben oder als Pfand genommen hat; Zahl und Nennbetrag dieser Anteile sowie deren Anteil am Kapital sind anzugeben (§ 314 I Nr. 7)**					
	A. Zahl der Anteile	O	O	O	O	O
	B. Nennbetrag der Anteile	O	O	O	O	O
	C. Anteil am gezeichneten Kapital des Mutterunternehmens	O	O	O	O	O

Teilbericht VIII: Freiwillige Angaben

Nr.	Bewertungskriterien (Hauptkriterien, Oberkriterien, Unterkriterien)	Bedeutung				
		keine	niedrig	mittel	hoch	sehr hoch
1.	**Ausführliche Segmentberichterstattung (IAS 14)**					
	A. Segmentangaben	O	O	O	O	O
	A.1. Abschreibungen	O	O	O	O	O
	A.2. F&E-Aufwendungen	O	O	O	O	O
	A.3. Investitionsausgaben	O	O	O	O	O
	A.4. Arbeitnehmer	O	O	O	O	O
	A.5. Ergebnis/Cash Flow	O	O	O	O	O
	A.6. Vermögen	O	O	O	O	O
	B. Überleitung von den Summen der Segmentangaben zu den aggregierten Jahresabschlußzahlen	O	O	O	O	O
	C. Angabe zu Verrechnungspreisen	O	O	O	O	O
2.	**Erläuterung von Leasinggeschäften (IAS 17)**					
	A. Im Jahresabschluß des Leasingnehmers	O	O	O	O	O
	A.1. Angabe der Höhe der Leasingzahlungen beim operating lease	O	O	O	O	O
	A.2. Angaben zum finance lease	O	O	O	O	O
	A.2.1. Wertansätze der geleasten Gegenstände aufgeteilt nach Hauptgruppen	O	O	O	O	O
	A.2.2. Gesamtbetrag der entsprechenden Verbindlichkeiten, entweder als Summe der Mindestleasingzahlungen oder als Nettozeitwert der Verbindlichkeit (mit Angabe der verwendeten Diskontierungssätze)	O	O	O	O	O
	A.3. Ausweis eines Leasingspiegels mit allen künftigen Zahlungen, differenziert nach Restlaufzeiten	O	O	O	O	O
	A.4. Angabe der wesentlichen Konditionen der Leasingvereinbarung	O	O	O	O	O
	B. Im Jahresabschluß des Leasinggebers	O	O	O	O	O
	B.1. Angaben zum operating lease	O	O	O	O	O
	B.1.1. Wert der Vermögensgegenstände nach Hauptgruppen	O	O	O	O	O
	B.1.2. Kumulierte Abschreibungen nach Hauptgruppen	O	O	O	O	O
	B.1.3. Höhe der Mieteinnahmen, künftige Leasingraten aus unkündbaren Leasingverhältnissen, jeweils in der Summe und für bestimmte künftige Perioden	O	O	O	O	O
	B.2. Angaben zum finance lease	O	O	O	O	O
	B.2.1. Bruttoinvestitionen in die Leasing-Gegenstände	O	O	O	O	O
	B.2.2. Angabe der damit verbundenen, noch nicht realisierten Finanzerträge	O	O	O	O	O
	B.2.3. Angabe der unsicheren Restwerte der Leasing-Gegenstände	O	O	O	O	O

Teilbericht VIII: Freiwillige Angaben

Nr.	Bewertungskriterien (Hauptkriterien, Oberkriterien, Unterkriterien)	Bedeutung				
		keine	niedrig	mittel	hoch	sehr hoch
3.	**Bericherstattung über derivative Finanzinstrumente (IAS 32)**					
	A. Angabe des Nominal-Volumens der Derivate	O	O	O	O	O
	B. Angabe der Marktwerte der Derivate	O	O	O	O	O
	C. Angabe der Buchwerte der Derivate	O	O	O	O	O
	D. Differenzierung der Angaben zu A., B., und C. nach einzelnen Derivaten	O	O	O	O	O
	E. Angabe der Fristigkeiten (Restlaufzeiten) einzelner Derivate	O	O	O	O	O
	F. Angabe zu Bewertungsmethoden bei Derivaten	O	O	O	O	O
	F.1. Allgemeine Angaben zur Abbildung von Derivaten im Jahresabschluß (Verweis auf zugrunde gelegtes Bewertungskonzept)	O	O	O	O	O
	F.2. Konkrete Angaben zur Abbildung einzelner Derivate im Jahresabschluß	O	O	O	O	O
	F.3. Erläuterung der Bedingungen für die Bildung von Bewertungseinheiten	O	O	O	O	O
	F.4. Angabe zur Abbildung von Bewertungseinheiten im Jahresabschluß (Hedge-Accounting)	O	O	O	O	O
	G. Angaben zu Zielen und Strategien des Einsatzes von Derivaten	O	O	O	O	O
	H. Angaben zum Volumen von Deckungs- und Spekulationsgeschäften	O	O	O	O	O
	I. Erläuterung der zur Risikoüberwachung und -kontrolle getroffenen Maßnahmen	O	O	O	O	O
	J. Angaben zu wesentlichen Bonitätsrisiken	O	O	O	O	O
	K. Angaben zum Preisrisiko/Marktrisiko der Derivate (Angabe des value-at-risk von Handelsgeschäften, Zinsbindungsfristen etc.)	O	O	O	O	O
4.	**Kapitalflußrechnung (IAS 7)**	O	O	O	O	O

Bei den nachstehenden Bewertungskriterien haben wir versucht, die Spielräume bei der Berichterstattung durch (a) konkrete Beispiele aus Geschäftsberichten und durch (b) konkretisierende Zusatzfragen deutlich zu machen. Wir bitten Sie, den Beispielen und den Zusatzfragen einen konkreten Wert < 100 % zuzuordnen, der Ihrer Meinung nach den Informationsgehalt der Aussage widerspiegelt.

(a)	**Einschätzung konkreter Beispiele aus Anhängen**	
Nr.	**Beispielkategorie**	**Aussagegehalt**
1.	**Angaben zur Abschreibungsmethode**	
	A. Eindeutige und vollständige Angaben	100 %
	B. Vollständige, aber mehrdeutige Angaben *„Abschreibungen werden planmäßig degressiv oder linear vorgenommen."* *„Abschreibungen erfolgen unter Ausnutzung aller steuerlichen Möglichkeiten."* *„Abschreibungen erfolgen im steuerlich zulässigen Rahmen."*	___%
	C. Eindeutige, aber unvollständige Angaben *„Abnutzbare Anlagegegenstände werden überwiegend degressiv abgeschrieben."* *„Maschinen werden degressiv abgeschrieben."*	___%
	D. Mehrdeutige, unvollständige Angaben	0 %
2.	**Angaben zu Nutzungsdauern/Abschreibungssätzen**	
	A. Eindeutige Angaben zu Nutzungsdauern bzw. Abschreibungssätzen, differenziert nach Anlagegegenständen/Hinweis auf steuerliche Afa-Tabellen	100 %
	B. Ungenaue Bezeichnung der Abschreibungssätze/Nutzungsdauern *„Zwischen 3 % und 30 %"* oder: *„Zwischen 3 und 30 Jahren"*	___%
	C. Unvollständige Nennung der Nutzungsdauern	___%
	D. Hinweis auf „vorsichtige Schätzung" oder „branchenübliche Nutzungsdauern"	___%
	E. Keine Angaben	0 %
3.	**Einzelne Bestandteile der Herstellungskosten (Ausübung von Wahlrechten)**	
	A. Bestandteile eindeutig identifizierbar	100 %
	B. Bestandteile in einem Intervall identifizierbar	___%
	C. Bestandteile nicht identifizierbar	0 %
4.	**Erläuterung von nicht gesondert ausgewiesenen „sonstigen Rückstellungen", die einen nicht unerheblichen Umfang haben (§ 285 Nr. 12)**	
	A. Vollständige Aufgliederung (mehr als 90 %) der sonstigen Rückstellungen	100 %
	B. Aufgliederung von weniger als 90 % des Gesamtbetrages der sonstigen Rückstellungen, aber mit verbaler Umschreibung des Rests	___%
	C. Aufgliederung von weniger als 90 % des Gesamtbetrages der sonstigen Rückstellungen, ohne verbale Umschreibung des Rests	___%
	D. Keine Aufgliederung der sonstigen Rückstellungen	0 %
5.	**Weitere Aufgliederung der in der GuV ausgewiesenen sonstigen betrieblichen Aufwendungen und Erträge (§ 265 V 1)**	
	A. Vollständige Aufgliederung des Gesamtbetrages (Summe der Einzelbeträge > 90 % des Gesamtbetrages)	100 %
	B. Aufgliederung einzelner Posten und verbale Umschreibung der Zusammensetzung der nicht aufgegliederten, wesentlichen („übrigen") Posten *„In den sonstigen betrieblichen Aufwendungen (10 Mio. DM) sind mit 1 Mio. DM Aufwendungen aus Kursverlusten enthalten. Die übrigen Aufwendungen entfallen auf Verluste aus Anlagenabgängen sowie auf Aufwendungen aus Zuführungen zu Pauschalwertberichtigungen."*	___%
	C. Aufgliederung einzelner Posten ohne verbale Umschreibung der Zusammensetzung der nicht aufgegliederten, wesentlichen („übrigen") Posten *„In den sonstigen betrieblichen Aufwendungen (10 Mio. DM) sind mit 1 Mio. DM Aufwendungen aus Kursverlusten enthalten."*	___%
	D. Nur verbale Umschreibung der Zusammensetzung des Postens *„In den sonstigen betrieblichen Aufwendungen sind Aufwendungen aus Kursverlusten sowie Aufwendungen aus der Zuführung zu Pauschalwertberichtigungen enthalten."*	___%
	E. Keine Aufgliederung des Gesamtbetrages	0 %

(a) Einschätzung konkreter Beispiele aus Anhängen

Nr.	Beispielkategorie	Aussagegehalt
6.	**Erläuterung des Betrages und der Art von außerordentlichen Erträgen und Aufwendungen, soweit diese für die Beurteilung der Ertragslage nicht von untergeordneter Bedeutung sind (§ 277 IV 2)**	
	A. Vollständige Aufgliederung des Gesamtbetrages (Summe der Einzelbeträge > 90 % des Gesamtbetrages)	100 %
	B. Aufgliederung einzelner Posten und verbale Umschreibung der Zusammensetzung der nicht aufgegliederten („übrigen") Posten *„Die außerordentlichen Aufwendungen in Höhe von 10 Mio. DM betreffen mit 1 Mio. DM Aufwendungen aus dem Verkauf von Grundvermögen. Der Rest entfällt auf die außerplanmäßige Abschreibung einer Beteiligung und auf die Aufdeckung stiller Lasten in spanischen Beteiligungsgesellschaften."*	___%
	C. Aufgliederung einzelner Posten ohne verbale Umschreibung der Zusammensetzung der nicht aufgegliederten, wesentlichen („übrigen") Posten *„Die außerordentlichen Aufwendungen in Höhe von 10 Mio. DM betreffen mit 3 Mio. DM Aufwendungen aus dem Verkauf von Grundvermögen."*	___%
	D. Nur verbale Umschreibung der Zusammensetzung des Postens *„Die außerordentlichen Aufwendungen betreffen Aufwendungen aus dem Verkauf von Grundvermögen."*	___%
	E. Keine Aufgliederung des Gesamtbetrages	0 %
7.	**Erläuterung des Betrages und der Art von periodenfremden Erträgen und Aufwendungen, soweit diese für die Beurteilung der Ertragslage nicht von untergeordneter Bedeutung sind (§ 277 IV 3)**	
	A. Vollständige Aufgliederung des Gesamtbetrages (Summe der Einzelbeträge > 90 % des Gesamtbetrages)	100 %
	B. Erkennbar unvollständige Aufgliederung einzelner Posten mit verbaler Umschreibung der Zusammensetzung der nicht aufgegliederten („übrigen") Posten *„Von den periodenfremden Erträgen in Höhe von 10 Mio. DM entfallen 2 Mio. DM auf Erträge aus der Auflösung von Rückstellungen. Der Rest betrifft Buchgewinne aus Anlagenabgängen und Steuererstattungen."*	___%
	C. Erkennbar unvollständige Aufgliederung einzelner wesentlicher Posten ohne verbale Umschreibung der Zusammensetzung der nicht aufgegliederten („übrigen") Posten *„Von den periodenfremden Erträgen in Höhe von 10 Mio. DM entfallen 2 Mio. DM auf Erträge aus der Auflösung von Rückstellungen, und 1 Mio. DM entfallen auf Steuererstattungen."*	___%
	D. Gesamtbetrag ohne Aufgliederung, aber mit verbaler Umschreibung der Zusammensetzung des Postens *„Die periodenfremden Erträge in Höhe von 10 Mio. DM betreffen Erträge aus der Auflösung von Rückstellungen und Erträge aus Steuererstattungen."*	___%
	E. Gesamtbetrag ohne Aufgliederung „Es liegen periodenfremde Aufwendungen in Höhe von 10 Mio. DM vor."	___%
	F. Nur Hinweis auf Sachverhalt, der periodenfremde Aufwendungen/Erträge begründet „Wegen Steuernachzahlungen kam es zu periodenfremden Aufwendungen."	___%
	G. Keine Aufgliederung des Gesamtbetrages	0 %
8.	**Aufgliederung der Umsatzerlöse nach Tätigkeitsbereichen und nach geographisch bestimmten Märkten (§ 285 Nr. 4/§ 314 I Nr. 3/§ 314 II)**	
	A. Matrixförmige Aufgliederung der Umsatzerlöse nach Sparten und einzelnen Regionen	100 %
	B. Matrixförmige Aufgliederung der Umsatzerlöse nach Sparten und Regionen Inland/Ausland	___%
	C. Aufgliederung der Umsatzerlöse getrennt (also nicht matrixförmig) nach Sparten und nach einzelnen Regionen	___%
	D. Aufgliederung der Umsatzerlöse getrennt nach Sparten und nach Regionen Inland/Ausland	___%
	E. Aufgliederung der Umsatzerlöse nur nach einzelnen Regionen, ohne Sparten	___%
	F. Aufgliederung der Umsatzerlöse nur nach einzelnen Regionen Inland/Ausland, ohne Sparten	___%
	G. Aufgliederung der Umsatzerlöse nur nach Sparten, ohne Regionen	___%
	H. Keine Aufgliederung der Umsatzerlöse	0 %

(a) Einschätzung konkreter Beispiele aus Anhängen

Nr.	Beispielkategorie	Aussagegehalt
9.	**Kapitalflußrechnung (IAS 7)**	
	A. Kapitalflußrechnung nach IAS 7	100 %
	B. Kapitalflußrechnung nach HFA 1/1995	___%
	C. Fondveränderungsrechnung (Kapitalflußrechnung mit separatem Finanzmittelfonds)	___%
	D. Finanzierungsrechnung unter Einbeziehung der GuV-Daten (Jahresüberschuß wird durch den Cash Flow oder den Umsatzüberschuß ersetzt)	___%
	E. Erweiterte Bewegungsbilanz durch Einbeziehung der Kontenumsätze	___%
	F. Beständedifferenzenbilanz	___%

(b) Einschätzung von Zusatzfragen

Nr.	Inhalt	Aussagegehalt
1.	**Angabe und Begründung der Abweichungen von Bilanzierungs- und Bewertungsmethoden (§ 284 II Nr. 3)** *„Die Bilanzierungs- und Bewertungsmethoden wurden im wesentlichen beibehalten."*	___%
2.	**Angabe des Ausmaßes der Ergebnisbeeinflussung durch Anwendung steuerrechtlicher Vorschriften oder Bildung von Sonderposten mit Rücklageanteil im Geschäftsjahr oder in Vorjahren (§ 285 Nr. 5/§ 314 I Nr. 5)** *„Das Ergebnis wurde entsprechend beeinflußt."*	___%
3.	**Angabe über das Ausmaß erheblicher künftiger Belastungen aus der Inanspruchnahme steuerlicher Vergünstigungen (§ 285 Nr. 5/§ 314 I Nr. 5)** *„Für die Zukunft sind Steuermehraufwendungen zu erwarten."*	___%
4.	**Darstellung des Anlagengitters (§ 268 II 1)** *„Auswirkungen aus Änderungen des Konsolidierungskreises, aus Währungsunterschieden und aus sonstigen Änderungen werden zusammengefaßt."*	___%
5.	**Kapitalflußrechnung (IAS 7)** *„Aussagegehalt einer Kapitalflußrechnung, die nicht im geprüften Teil des Geschäftsberichts veröffentlicht wird."*	___%

72 Ergebnisse der empirischen Umfrage unter Wirtschaftsprüfern und Finanzanalysten

721. Einschätzung der Bedeutung der Teilberichte I bis VIII des Anhangs durch Wirtschaftsprüfer und Finanzanalysten

Im **ersten Schritt der empirischen Umfrage** unter Wirtschaftsprüfern (WP) und Finanzanalysten (FA) wurde ermittelt, welche Bedeutung die acht **Teilberichte** des Anhangs für Wirtschaftsprüfer und Finanzanalysten besitzen. Die Fachleute wurden gebeten, die Bedeutung eines Teilberichts des Anhangs im Verhältnis zur Bedeutung der übrigen sieben Teilberichte des Anhangs auf einer Skala von 0 % bis 100 % einzuschätzen. Wären etwa alle acht Teilberichte gleich bedeutend, wäre für jeden Teilbericht ein Gewicht von 12,5 % zu vergeben gewesen.

Nachfolgend sind die Ergebnisse der empirischen Umfrage dargestellt. Für nachstehende Übersicht und für alle weiteren Übersichten zur Einschätzung von Anhangangaben (Bewertungskriterien) werden die Umfrageergebnisse getrennt für Wirtschaftsprüfer und Finanzanalysten dargestellt. Zugleich wird auch das arithmetische Mittel aus den Einschätzungen beider Berufsgruppen ausgewiesen.

Die beiden rechten äußeren Spalten der jeweiligen Übersichten weisen für die Berufsgruppe der Wirtschaftsprüfer und für die Berufsgruppe der Finanzanalysten ein Maß aus für die **Genauigkeit des Repräsentationsschlusses** von der mittleren Einschätzung eines Teilberichts (bzw. eines Bewertungskriteriums) im **Rücklauf der Umfrage** (Stichprobe) auf die mittlere Einschätzung eines Teilberichts (bzw. eines Bewertungskriteriums) in der **Grundgesamtheit** aller angeschriebenen Wirtschaftsprüfer und Finanzanalysten. Der Schätzung wurde jeweils ein Sicherheitsgrad von 90 % zugrunde gelegt. Eine Schätzgenauigkeit von 5 % sagt zum **Beispiel** aus, daß der wahre Wert der Grundgesamtheit (die mittlere Einschätzung eines Teilberichts bzw. eines Bewertungskriteriums in der Grundgesamtheit) mit einer Sicherheit von 90 % von einem 5 %-Vertrauensintervall um den Mittelwert der Stichprobe überdeckt wird; eine Schätzgenauigkeit von 20 % würde bedeuten, daß der wahre Wert der Grundgesamtheit mit einer Sicherheit von 90 % innerhalb eines 20 %-Vertrauensintervalls um den Mittelwert der Stichprobe liegt. Strenggenommen handelt es sich bei den Werten, die in den beiden rechten äußeren Spalten der nachstehenden Übersichten ausgewiesen werden, also um „Ungenauigkeitsgrade", die für die Breite des Vertrauensintervalls stehen: Höhere Prozentwerte indizieren ein breiteres Vertrauensintervall und damit eine ungenauere Schätzung.[1]

---

1 Die hier abgedruckten Ergebnisse der empirischen Umfrage unter Wirtschaftsprüfern und Finanzanalysten sind in dieser Form vollständig auch in der (herausnehmbaren) Beilage zu dieser Arbeit dokumentiert; vgl. die Dreieckstasche im hinteren Buchdeckel.

Einschätzung der Teilberichte I bis VIII des Anhangs						
Teilberichte		**Mittlere Einschätzung eines Teilberichts (in %)**			**Schätz-genauigkeit (in %)**	
		WP	**FA**	**Arithmetisches Mittel**	**WP**	**FA**
I	Allgemeine Angaben zu Inhalt und Gliederung des Einzel-/Konzernabschlusses	12,03	9,37	10,70	6,96	20,67
II	Grundsätze der Bilanzierung und Bewertung, Währungsumrechnung	18,17	12,65	15,41	5,75	16,53
III	Erläuterungen zu einzelnen Posten der Bilanz/Konzernbilanz	16,34	16,86	16,60	4,98	18,11
IV	Erläuterungen zu einzelnen Posten der GuV/Konzern-GuV	15,04	20,80	17,92	5,47	12,78
V	Angaben zum Konsolidierungskreis	9,79	10,27	10,03	6,82	17,76
VI	Angaben zu den Konsolidierungsmethoden	10,48	9,55	10,01	6,64	16,13
VII	Sonstige, vor allem rechtsformspezifische Pflichtangaben	10,15	8,39	9,27	6,83	21,10
VIII	Freiwillige Angaben	8,01	12,30	10,15	8,86	23,01

722. Einschätzung der Bedeutung aller Hauptkriterien, Oberkriterien und Unterkriterien durch Wirtschaftsprüfer und Finanzanalysten

Im **ersten Schritt der empirischen Umfrage** wurden die befragten Wirtschaftsprüfer und Finanzanalysten auch gebeten, auf einer Skala von 0 (keine Bedeutung), 1 (niedrige Bedeutung), 2 (mittlere Bedeutung), 3 (hohe Bedeutung) bis 4 (sehr hohe Bedeutung) die Bedeutung von gesetzlich kodifizierten Anhangangaben und von freiwilligen Anhangangaben (**Hauptkriterien**) einzuschätzen.

Gleiches gilt für den **zweiten Schritt der Umfrage**, in der die Fachleute gebeten wurden, auf einer Skala von 0 bis 4 die Bedeutung von **Oberkriterien und Unterkriterien** einzuschätzen, die die Hauptkriterien konkretisieren.

Nachstehende Übersichten zeigen für jeden Teilbericht alle **Hauptkriterien** (im Fettdruck und mit arabischen Zahlen systematisiert), **Oberkriterien** (mit Groß-Buchstaben systematisiert) und **Unterkriterien** (mit alpha-numerischen Angaben systematisiert) sowie die jeweilige **Einschätzung** dieser Kriterien durch die befragten Fachleute.

Römische Ziffern bei Gesetzesparagraphen innerhalb der Teilberichte bezeichnen hier Absätze von Paragraphen; Sätze in Paragraphen werden durch arabische Ziffern kenntlich gemacht. Sofern nicht anders angegeben, beziehen sich die Paragraphen-Angaben auf das Handelsgesetzbuch (HGB).

Ein • hinter einem Bewertungskriterium weist darauf hin, daß das Bewertungskriterium entweder durch ein Beispiel oder eine Zusatzfrage weiter konkretisiert wird: vgl. hierzu die Übersichten im Anschluß an Teilbericht VIII auf den Seiten 316 bis 319 dieser Anlage.

Teilbericht I: Allgemeine Angaben zu Inhalt und Gliederung des Einzel-/ Konzernabschlusses

Nr.	Bewertungskriterien (Hauptkriterien, Oberkriterien, Unterkriterien)	Mittlere Einschätzung eines Bewertungskriteriums (auf einer 4-Punkte-Skala)			Schätzgenauigkeit (in %)	
		WP	FA	Arithmetisches Mittel	WP	FA
1.	**Zusatzangaben, falls der Jahresabschluß/Konzernabschluß aufgrund besonderer Umstände kein den tatsächlichen Verhältnissen entsprechendes Bild vermittelt (§ 264 II 2/§ 297 II 3)**	**3,44**	**3,74**	**3,59**	**4,02**	**6,76**
2.	**Angabe und Begründung von Abweichungen in der Form der Darstellung aufeinanderfolgender (Konzern-)Bilanzen und (Konzern-)GuV (§ 265 I 2)**	**2,48**	**2,82**	**2,65**	**5,63**	**13,43**
	A. Angabe des betroffenen Sachverhalts	2,77	2,92	2,85	5,60	29,29
	B. Begründung (Ursache und Notwendigkeit des Wechsels)	2,63	2,92	2,78	6,91	27,26
3.	**Angabe und Erläuterung nicht vergleichbarer Vorjahresbeträge (§ 265 II 2)**	**2,72**	**3,38**	**3,05**	**4,56**	**10,98**
	A. Angabe der Gründe für die Nicht-Vergleichbarkeit der Beträge	2,85	2,92	2,89	6,46	16,82
	B. Angabe der betroffenen Posten im Anhang	2,79	2,77	2,78	6,09	20,10
	C. Freiwillige betragsgenaue Angaben, wenn eine Anpassung der Vorjahresbeträge nach § 265 II 3 (vgl. laufende Nr. 4 von Teilbericht I) nicht möglich ist	2,42	3,15	2,79	8,23	13,50
4.	**Angabe und Erläuterung angepaßter Vorjahresbeträge (§ 265 II 3)**	**2,47**	**2,94**	**2,70**	**5,50**	**18,2**
	A. Angabe der angepaßten Posten im Anhang	2,66	2,85	2,75	6,71	24,24
	B. Angabe der Gründe für die abweichende Ermittlung der Vorjahresbeträge	2,49	2,60	2,53	7,64	17,98
	C. Freiwillige Überleitungsrechnung	2,14	3,00	2,57	10,16	18,10
5.	**Angabe und Begründung der Ergänzung des Abschlusses wegen einer für andere Geschäftszweige vorgeschriebenen Gliederung (§ 265 IV 2)**	**1,74**	**2,03**	**1,88**	**7,68**	**26,64**
	A. Angabe, nach welcher Grundgliederung der Jahresabschluß aufgestellt wurde	2,14	1,77	1,96	9,71	30,10
	B. Angabe der Gründe für diese Vorgehensweise	1,85	1,69	1,77	9,85	42,37
	C. Angabe der vorgenommenen Ergänzungen	1,92	1,69	1,80	9,22	46,80
6.	**Verknüpfung von Bilanz und GuV mit dem Anhang durch Fußnoten**	**1,26**	**2,41**	**1,83**	**11,15**	**26,49**
7.	**Gliederung des Anhangs nach sachlichen Gesichtspunkten**	**2,59**	**3,40**	**3,00**	**9,98**	**23,11**

Teilbericht II: Grundsätze der Bilanzierung und Bewertung, Währungsumrechnung

Nr.	Bewertungskriterien (Hauptkriterien, Oberkriterien, Unterkriterien)	Mittlere Einschätzung eines Bewertungskriteriums (auf einer 4-Punkte-Skala)			Schätzgenauigkeit (in %)	
		WP	FA	Arithmetisches Mittel	WP	FA
1.	**Angabe der auf die Posten der Bilanz und GuV angewandten Bilanzierungs- und Bewertungsmethoden (§ 284 II Nr. 1/§ 313 I Nr. 1)**	**3,19**	**3,35**	**3,27**	**3,78**	**12,12**
	A. Bewertungsmethoden für Gegenstände des Anlagevermögens	**2,82**	**3,31**	**3,07**	**6,39**	**17,43**
	A.1. Erläuterung der Ermittlung der Anschaffungskosten	2,54	2,38	2,46	8,73	24,72
	A.2. Erläuterung der Bilanzierung von Zuschüssen	2,90	2,15	2,53	6,12	19,77
	A.3. Erläuterung der planmäßigen Abschreibung	2,78	3,25	3,02	6,46	18,97
	A.3.1. Abschreibungsmethode •	2,84	3,38	3,11	6,14	14,75
	A.3.2. Nutzungsdauern/Abschreibungssätze •	2,62	3,42	3,02	7,78	16,00
	A.4. Angaben über die Abschreibung geringwertiger Wirtschaftsgüter	2,17	2,08	2,12	9,53	31,87
	A.5. Angaben über die Behandlung von Abschreibungen im Jahr des Zugangs von Vermögensgegenständen	2,23	2,23	2,23	9,29	28,63
	A.6. Erläuterung der Herstellungskosten	3,03	3,36	3,20	6,28	17,51
	A.6.1. Bestandteile der Herstellungskosten (Angaben über die Ausübung von Einbeziehungswahlrechten)	3,12	3,38	2,25	5,23	17,42
	Á.6.2. Angabe des zugrunde gelegten Beschäftigungsgrades	2,34	2,77	2,56	10,70	20,10
	A.6.3 Angabe der einbezogenen Kostenstellen	2,01	2,15	2,08	12,84	32,03
	B. Bewertungsmethoden für Gegenstände des Umlaufvermögens	**3,02**	**3,00**	**3,01**	**6,25**	**18,10**
	B.1. Erläuterung der Ermittlung der Anschaffungskosten	2,59	2,33	2,46	8,32	27,29
	B.2. Erläuterung der Herstellungskosten	3,10	2,85	2,97	5,60	21,60
	B.2.1. Herstellungskostenbestandteile (Ausübung von Einbeziehungswahlrechten) •	3,10	2,85	2,97	5,91	26,63
	B.2.2. Angabe des zugrunde gelegten Beschäftigungsgrades	2,45	2,23	2,34	9,36	28,63
	B.2.3. Angabe der einbezogenen Kostenstellen	2,10	2,15	2,13	12,43	28,54
	B.3. Angabe der Abschreibungen auf das Umlaufvermögen gemäß der strengen Niederstwertvorschrift	2,83	3,17	3,00	6,82	10,05
	B.3.1. Betragsangabe	2,74	3,15	2,95	6,77	13,50
	B.3.2. Erläuterung des zur Abschreibung führenden Sachverhalts	2,50	2,85	2,67	8,12	18,58
	B.3.3. Erläuterung der Vorgehensweise bei der Ermittlung des niedrigeren beizulegenden Wertes	2,37	2,38	2,38	8,79	28,00
	C. Bewertungsmethoden für Passivposten	**2,93**	**2,91**	**2,92**	**6,18**	**21,04**
	C.1. Erläuterung der Bewertungsmethoden für Pensionsrückstellungen	2,82	2,77	2,80	6,38	30,27
	C.1.1. Angabe des zugrunde gelegten Zinssatzes	2,71	2,85	2,78	7,26	28,81
	C.1.2. Hinweis auf versicherungsmathematische Grundsätze	2,33	2,23	2,28	9,04	37,58
	C.1.3. Hinweis auf Entsprechung mit steuerrechtlichen Vorschriften	2,37	2,23	2,30	9,41	28,63
	C.2. Erläuterung der Bewertungsmethoden für sonstige Rückstellungen	2,82	2,92	2,87	6,64	22,24
	C.2.1. Angaben der wesentlichen Schätzparameter (z. B. Reklamationsquote und Schadenshöhe bei Garantierückstellungen)	2,45	2,77	2,61	8,20	16,61
	C.2.2. Hinweis, ob Saldierung mit positiven Erfolgsbeiträgen	2,46	2,62	2,54	9,80	25,53
	C.2.3. Angabe, ob Ermittlung auf Teilkosten-/Vollkostenbasis	2,82	2,38	2,60	7,59	20,94
	C.2.4 Angaben über das Ausmaß der Inanspruchnahme von Wahlrechten zur Bildung von (Aufwands-)Rückstellungen	2,91	3,00	2,95	6,41	23,36
	C.2.5. Angaben über die Abzinsung von Rückstellungen	2,53	2,54	2,53	8,20	34,07
	C.2.6. Angaben über die Berücksichtigung von Preissteigerungen	2,35	2,00	2,17	9,27	44,32
2.	**Angabe der Grundlagen der Währungsumrechnung im Einzelabschluß (§ 284 II Nr. 2)**	**2,37**	**2,21**	**2,29**	**5,74**	**27,57**
	A. Angaben über die Art der Umrechnungskurse (z. B. Briefkurse)	2,35	1,69	2,02	8,53	50,33
	B. Angaben zum Stichtag der Umrechnung	2,27	1,77	2,02	8,62	47,38
	C. Angaben über die bei der Währungsumrechnung angewandten GoB	2,08	1,54	1,81	9,49	63,17
	D. Angaben zur Behandlung von Umrechnungsdifferenzen	2,32	2,00	2,16	8,27	41,46
	E. Ggf. Angaben über die Berücksichtigung von Deckungsgeschäften	2,71	1,92	2,32	7,26	44,52

Teilbericht II: Grundsätze der Bilanzierung und Bewertung, Währungsumrechnung						
Nr.	**Bewertungskriterien (Hauptkriterien, Oberkriterien, Unterkriterien)**	**Mittlere Einschätzung eines Bewertungskriteriums (auf einer 4-Punkte-Skala)**			**Schätzgenauigkeit (in %)**	
		WP	**FA**	**Arithmetisches Mittel**	**WP**	**FA**
3.	**Angabe der Grundlagen der Währungsumrechnung im Konzernabschluß (§ 313 I Nr. 2)**	**2,73**	**2,97**	**2,85**	**5,14**	**15,71**
	A. Angewandte Methode der Währungsumrechnung	2,89	2,46	2,68	6,11	30,17
	B. Angaben über die Art der Umrechnungskurse (z. B. historischer Kurs)	2,74	2,62	2,68	6,39	35,02
	C. Angaben zum maßgeblichen Stichtag	2,51	2,54	2,53	7,27	36,24
	D. Angaben über den Ausweis von Umrechnungsdifferenzen in der GuV	2,37	3,00	2,69	8,55	27,64
	E. Angaben über den Ausweis der Umrechnungsdifferenzen in der Bilanz	2,43	2,77	2,60	7,98	32,32
	F. Angaben über Ergebnisauswirkungen	2,83	3,23	3,03	6,85	27,70
	G. Ggf. Berichterstattung über Behandlung der Unterschiedsbeträge aus den Vorjahren	2,26	2,23	2,25	8,97	42,51
	H. Ggf. Berichterstattung über das Ausmaß, in dem wesentliche Wechselkursänderungen einzelne Abschlußposten beeinflußt haben	2,42	2,69	2,55	7,93	29,41
	I. Ggf. Hinweis auf Besonderheiten bei der Umrechnung von Jahresabschlüssen aus Hochinflationsländern	2,80	2,31	2,56	7,09	41,61
4.	**Angabe und Begründung der Abweichungen von Bilanzierungs- und Bewertungsmethoden (§ 284 II Nr. 3/§ 313 I Nr. 3) •**	**3,27**	**3,29**	**3,28**	**3,38**	**11,51**
	A. Abweichender Sachverhalt (Worin besteht die Abweichung?)	3,04	3,00	3,02	5,30	21,11
	B. Ausmaß der Abweichung (Worauf erstreckt sich die Abweichung?)	2,91	2,93	2,92	6,26	22,60
	C. Argumente für das Abweichen (Begründung der Abweichung)	2,67	2,79	2,73	7,24	27,24
5.	**Gesonderte Darstellung des Einflusses von Abweichungen (vgl. Nr. 4 von Teilbericht II) auf die Vermögens-, Finanz und Ertragslage (§ 284 II Nr. 3/§ 313 I Nr. 3)**	**3,03**	**3,09**	**3,06**	**4,02**	**13,18**
	A. Verbale Darstellung des Umfangs des Einflusses, wenn der Einfluß erkennbar unwesentlich ist	1,52	1,00	1,26	14,50	56,63
	B. Zusätzlich quantitative Angabe des Umfangs des Einflusses, wenn dieser Einfluß nicht als unwesentlich bezeichnet oder gar nicht bezeichnet wird	2,53	3,00	2,77	7,53	18,88
	C. Gesonderte Darstellung des Saldos der Abweichungen für die jeweiligen Teilbereiche der wirtschaftlichen Lage	2,62	2,64	2,63	7,47	20,35
6.	**Angabe und Begründung, wenn die konzerneinheitliche Bewertung von den vom MU angewandten Bewertungsmethoden abweicht (§ 308 I 3)**	**2,46**	**2,55**	**2,50**	**5,42**	**10,54**
	A. Angabe jeder einzelnen Abweichung	2,14	2,00	2,07	10,59	28,32
	B. Begründung: Welche Motive gibt es für die Abweichung?	2,32	2,07	2,19	9,33	34,76
7.	**Hinweis, wenn auf Sondervorschriften für Kreditinstitute und Versicherungen beruhende Wertansätze beibehalten wurden (§ 308 II 2)**	**2,14**	**2,00**	**2,07**	**16,50**	**24,96**
8.	**Angabe und Begründung, wenn im Konzernabschluß in Ausnahmefällen keine einheitliche Bewertung vorgenommen wurde (§ 308 II 4)**	**2,54**	**2,62**	**2,58**	**5,18**	**17,60**
	A. Angabe der Tatsache der Abweichung im Konzernanhang	2,47	2,00	2,24	7,31	37,46
	B. Quantifizierung der Abweichung	2,45	2,36	2,40	7,83	37,24
9.	**Ausweis der Unterschiedsbeträge bei Anwendung von Bewertungsvereinfachungsverfahren, wenn die Bewertung einen erheblichen Unterschied zu einer Bewertung auf Grundlage des letzten vor dem Abschlußstichtag bekannten Börsen- oder Marktpreises aufweist (§ 284 II Nr. 4)**	**2,42**	**2,85**	**2,63**	**5,78**	**14,90**
	A. Angabe, welches Bewertungsvereinfachungsverfahren angewandt wurde	2,44	2,43	2,44	7,27	25,32
	B. Angabe des Unterschiedsbetrages für jede Gruppe bzw. jeden Bilanzposten in einem Betrag	2,26	2,57	2,41	8,84	23,91
	C. Ggf. Angabe, ob das Mengengerüst zu einem erheblichen Unterschiedsbetrag geführt hat	2,13	2,29	2,21	9,53	31,41
10.	**Angaben über die Einbeziehung von Fremdkapitalzinsen in die Herstellungskosten (§ 284 II Nr. 5)**	**2,48**	**2,29**	**2,39**	**5,87**	**30,85**
	A. Angabe, ob alle aktivierungsfähigen Fremdkapitalzinsen oder nur einzelne Teile in die Herstellungskosten einbezogen wurden	2,74	2,43	2,59	7,12	37,17
	B. Angabe des betroffenen Bilanzpostens	2,51	1,86	2,18	7,94	45,38
	C. Angabe des Betrags der aktivierten Fremdkapitalzinsen	2,69	2,57	2,63	7,66	39,27

Teilbericht II: Grundsätze der Bilanzierung und Bewertung, Währungsumrechnung

Nr.	Bewertungskriterien (Hauptkriterien, Oberkriterien, Unterkriterien)	Mittlere Einschätzung eines Bewertungskriteriums (auf einer 4-Punkte-Skala)			Schätzgenauigkeit (in %)	
		WP	FA	Arithmetisches Mittel	WP	FA
11.	**Angabe des Ausmaßes der Ergebnisbeeinflussung durch Anwendung steuerrechtlicher Vorschriften oder Bildung von Sonderposten mit Rücklageanteil im Geschäftsjahr oder in Vorjahren (§ 285 Nr. 5/§ 314 I Nr. 5) •**	**2,68**	**3,35**	**3,02**	**4,77**	**14,87**
	A. Angabe eines Betrages, der die Größenordnung der Ergebnisbeeinflussung erkennen läßt	3,02	3,43	3,23	5,12	17,93
	B. Offenlegung, durch welche Bilanzierungs- und Bewertungsmaßnahmen das Ergebnis beeinflußt worden ist	2,87	3,29	3,08	5,78	18,14
	C. Angabe, ob bei der Ermittlung Steuern berücksichtigt werden	2,72	3,50	3,11	5,88	10,70
	D. Hinweis, ob sich die Angabe auf das Ergebnis vor oder nach Steuern bezieht	2,88	3,64	3,26	6,22	9,85
	E. Angabe des zugrunde gelegten Steuersatzes	2,40	2,93	2,66	8,42	22,60
12.	**Angabe über das Ausmaß erheblicher künftiger Belastungen aus der Inanspruchnahme steuerlicher Vergünstigungen (§ 285 Nr. 5/§ 314 I Nr. 5) •**	**2,47**	**3,32**	**2,90**	**5,52**	**17,91**
	A. Angabe der Art der Belastung	2,41	3,07	2,74	7,96	19,48
	B. Angaben zur Höhe der Belastung	2,46	3,50	2,98	8,14	13,42
	C. Angabe des zugrunde gelegten Steuersatzes	2,13	3,07	2,60	9,24	19,48
	D. Angabe des Betrachtungszeitraums	2,30	3,14	2,72	8,68	17,70
	E. Angabe der Bezugsgrößen der Belastung (Ergebnis, eigene Mittel etc.)	2,27	3,07	2,67	9,07	14,47
	F. Angabe, ob es sich um Barwerte oder um Nominalwerte handelt	2,28	3,07	2,68	9,23	25,19
13.	**Angabe der Gründe für die planmäßige Abschreibung des Geschäfts- oder Firmenwertes im Einzelabschluß (§ 285 Nr. 13)**	**1,71**	**1,79**	**1,75**	**7,86**	**31,70**
	A. Angabe der voraussichtlichen Nutzungsdauer	2,55	3,21	2,88	7,48	18,01
	B. Angabe der Abschreibungsmethode	2,41	3,21	2,81	7,33	18,01
	C. Begründung der gewählten Abschreibungsmethode	1,91	2,07	1,99	10,31	34,76
14.	**Gesonderte Angabe der außerplanmäßigen Abschreibungen (Anlagevermögen) nach § 253 II 3 in einem Betrag (§ 277 III 1)**	**2,59**	**3,18**	**2,88**	**4,91**	**11,35**
	A. Angabe des Betrages der außerplanmäßigen Abschreibung	3,05	3,71	3,38	5,19	9,11
	B. Erläuterung des der Abschreibung zugrunde liegenden Sachverhalts	2,66	3,14	2,90	7,20	15,23
	C. Differenzierung der außerplanmäßigen Abschreibung nach Bilanzposten	2,14	3,00	2,57	9,71	21,11
15.	**Gesonderte Angabe der außerplanmäßigen Abschreibungen (Umlaufvermögen) nach § 253 II 3 (§ 277 II 1)**	**2,59**	**3,03**	**2,81**	**5,01**	**12,28**
	A. Angabe des Betrages der außerplanmäßigen Abschreibung	2,98	3,50	3,24	5,50	10,70
	B. Erläuterung des der Abschreibung zugrunde liegenden Sachverhalts	2,66	3,00	2,83	6,96	18,88
	C. Differenzierung der außerplanmäßigen Abschreibung nach Bilanzposten	2,18	2,71	2,45	9,52	19,32
16.	**Angabe und Begründung der im Geschäftsjahr aus steuerlichen Gründen unterlassenen Zuschreibungen (§ 280 III/§308 III 2)**	**1,92**	**2,32**	**2,12**	**7,12**	**23,03**
	A. Angabe der unterlassenen Zuschreibungen des Geschäftsjahres	2,38	2,79	2,58	8,20	15,00
	B. Angabe der auch in Vorjahren unterlassenen Zuschreibungen	2,07	2,50	2,28	9,60	14,98
	C. Angabe der steuerrechtlichen Vorschriften, auf denen die Beibehaltung der Wertansätze beruht	1,79	1,71	1,75	10,85	34,76
17.	**Angabe und Begründung der allein nach steuerrechtlichen Vorschriften gebildeten Abschreibungen getrennt nach Anlage- und Umlaufvermögen (§ 281 II 1/§ 308 III 2)**	**2,31**	**2,50**	**2,40**	**6,06**	**22,95**
	A. Angabe der Vorschriften, nach denen steuerrechtliche Sonderabschreibungen vorgenommen wurden	2,43	2,50	2,46	8,26	27,16
	B. Aufgliederung nach Anlage- und Umlaufvermögen	2,29	2,57	2,43	8,16	30,59
	C. Aufgliederung nach Bilanzposten	1,96	2,29	2,12	10,34	31,41

Teilbericht III: Erläuterungen zu einzelnen Posten der Bilanz/Konzernbilanz

Nr.	Bewertungskriterien (Hauptkriterien, Oberkriterien, Unterkriterien)	Mittlere Einschätzung eines Bewertungskriteriums (auf einer 4-Punkte-Skala)			Schätzgenauigkeit (in %)	
		WP	FA	Arithmetisches Mittel	WP	FA
1.	**Angabe der Mitzugehörigkeit eines Posten zu anderen Posten (§ 265 III 1)**	**1,40**	**1,71**	**1,55**	**8,76**	**39,12**
2.	**Gesonderter Ausweis der in der Bilanz zusammengefaßten Posten (§ 265 VII Nr. 2)**	**2,00**	**2,32**	**2,16**	**7,33**	**24,70**
3.	**Gesonderte Angabe eines Gewinn- oder Verlustvortrags bei Aufstellung der Bilanz unter Berücksichtigung einer teilweisen Gewinnverwendung (§ 268 I Nr. 2 3. HS)**	**2,05**	**2,53**	**2,29**	**7,18**	**19,74**
4.	**Darstellung des Anlagengitters (§ 268 II) •**	**2,74**	**2,76**	**2,75**	**5,07**	**17,07**
	A. Angabe des Mindestschemas	2,51	3,14	2,83	7,82	17,70
	B. Ergänzung des Mindestschemas um einen Abschreibungsspiegel	2,55	3,21	2,88	7,74	15,71
	C. Über die Angabe der Zuschreibung des Geschäftsjahres hinausgehende Angaben zu Zuschreibungen (Zuschreibungsgitter)	1,93	2,69	2,31	10,26	27,01
	D. Berücksichtigung von Auswirkungen aus Änderungen des Konsolidierungskreises im Anlagengitter	2,43	3,14	2,78	8,02	19,86
	D.1. Angabe von Änderungen der historischen AK/HK	2,13	2,71	2,42	8,89	26,45
	D.2. Angabe der korrigierten kumulierten Abschreibungen	2,25	2,79	2,52	9,21	27,24
	E. Berücksichtigung von Auswirkungen der Währungsumrechnung im Anlagengitter	2,22	2,36	2,29	8,28	30,88
	E.1. Angabe von Änderungen der historischen AK/HK	2,02	2,07	2,05	8,70	28,88
	E.2. Angabe der korrigierten kumulierten Abschreibungen	2,11	2,07	2,09	9,34	31,96
5.	**Aufgliederung der Abschreibungen des Geschäftsjahres entsprechend der Gliederung des Anlagevermögens (§ 268 II 3)**	**2,35**	**2,62**	**2,49**	**6,06**	**16,24**
	A. Erläuterung, was unter „Abschreibungen des Geschäftsjahres" verstanden wird	2,00	2,79	2,39	10,98	18,12
	B. Ausweis der Abschreibungen entsprechend der Gliederung des Anlagevermögens	2,47	2,79	2,63	7,76	20,78
6.	**Erläuterung der nach dem Abschlußstichtag entstehenden sonstigen Vermögensgegenstände (RAP) größeren Umfangs (§ 268 IV 2)**	**1,71**	**2,32**	**2,02**	**7,44**	**22,70**
	A. Tatbestand, der dem antizipativen Posten zugrunde liegt	2,00	2,14	2,07	9,86	25,95
	B. Angabe des Betrages des antizipativen Postens	2,04	2,50	2,27	10,04	27,16
	C. Hinweis darauf, warum der rechtliche Anspruch erst im neuen Jahr entsteht	1,67	1,79	1,73	11,40	23,41
	D. Hinweis darauf, ob der rechtliche Anspruch bis zur Aufstellung der Bilanz entstanden ist	1,74	1,64	1,69	12,54	27,83
7.	**Erläuterung der nach dem Abschlußstichtag entstehenden Verbindlichkeiten (RAP) größeren Umfangs (§ 268 V 3)**	**1,85**	**2,47**	**2,16**	**7,35**	**19,05**
	A. Tatbestand, der dem antizipativen Posten zugrunde liegt	1,99	2,21	2,10	10,59	26,14
	B. Angabe des Betrages des antizipativen Postens	2,05	2,62	2,33	10,45	28,20
	C. Hinweis darauf, warum der rechtliche Anspruch erst im neuen Jahr entsteht	1,76	2,00	1,88	11,91	24,52
	D. Hinweis darauf, ob der rechtliche Anspruch bis zur Aufstellung der Bilanz entstanden ist	1,81	1,86	1,84	12,95	29,95
8.	**Angabe eines Unterschiedsbetrages, der nach § 250 II in den aktiven Rechnungsabgrenzungsposten aufgenommen wird (Disagio; § 268 VI)**	**1,64**	**1,82**	**1,73**	**7,49**	**31,47**
	A. Betragsangabe	2,81	2,36	2,27	9,12	40,93
	B. Angaben über die Abschreibung des Disagios	1,92	2,07	2,00	10,77	44,22
9.	**Gesonderte Angabe der Haftungsverhältnisse und Pfandrechte (§ 268 VII)**	**3,02**	**2,32**	**2,67**	**3,85**	**20,09**
	A. Haftungsverhältnisse und gewährte Pfandrechte und Sicherheiten	2,89	2,35	2,62	7,24	28,03
	B. Gesonderte Angabe der Verpflichtungen gegenüber verbundenen Unternehmen	3,11	2,14	2,63	9,02	29,11
10.	**Erläuterung der aktivierten Aufwendungen für Ingangsetzung und Erweiterung des Geschäftsbetriebs (§ 269 1)**	**2,52**	**2,68**	**2,60**	**6,34**	**18,65**
	A. Angabe des Grundes für die eingeleitete Maßnahme	2,75	2,57	2,66	7,52	21,22
	B. Bestandteile (Art) der Ingangsetzungs- und Erweiterungsaufwendungen	2,60	2,43	2,51	8,35	22,47
	C. Verteilung des Gesamtbetrages auf einzelne Kostenarten	1,76	2,14	1,95	12,59	31,98
	D. Angabe zur Abschreibung des Postens	2,47	2,79	2,63	8,68	18,12
	E. Hinweis auf die Einhaltung des gesetzlichen Deckungsgebots	2,11	2,00	2,05	11,52	28,32

Teilbericht III: Erläuterungen zu einzelnen Posten der Bilanz/Konzernbilanz						
Nr.	**Bewertungskriterien (Hauptkriterien, Oberkriterien, Unterkriterien)**	**Mittlere Einschätzung eines Bewertungs-kriteriums (auf einer 4-Punkte-Skala)**			**Schätz-genauigkeit (in %)**	
		WP	**FA**	**Arithme-tisches Mittel**	**WP**	**FA**
11.	**Angabe der Vorschriften, nach denen der Sonderposten mit Rücklageanteil gebildet wurde (§ 273 2/§ 281 I 2)**	**2,15**	**2,53**	**2,34**	**6,18**	**27,15**
	A. Angabe der jeweiligen Vorschrift	2,50	2,50	2,50	7,75	27,16
	B. Freiwillige Trennung nach unversteuerten Rücklagen und steuerrechtlichen Abschreibungen	2,35	3,21	2,78	8,56	15,71
12.	**Gesonderte Angabe der Rückstellung für latente Steuern (§ 274 I 1)**	**2,22**	**2,74**	**2,48**	**5,96**	**19,34**
13.	**Erläuterung des als Bilanzierungshilfe gesondert in der Bilanz ausgewiesenen Abgrenzungspostens für latente Steuern (§ 274 II 2)**	**2,16**	**2,56**	**2,36**	**6,75**	**18,25**
	A. Angabe der Gründe für die Abweichung zwischen Handelsbilanzergebnis und Steuerbilanzergebnis	2,52	2,79	2,65	7,96	27,24
	B. Angabe des zugrunde gelegten Steuersatzes	2,05	2,50	2,27	9,64	27,16
	C. Hinweis auf die Verrechnung mit passivischen Steuerlatenzen	2,27	2,43	2,35	8,68	27,87
	D. Erläuterung der Berechnungsmethode	2,18	1,93	2,05	9,22	42,72
	E. Erläuterung des Gesamtbetrages der aktivischen latenten Steuern, d. h. auch des Betrages, der wegen des Aktivierungswahlrechts nicht aktiviert wurde	2,24	2,71	2,48	9,80	28,43
14.	**Gesonderte Angabe der Steuerabgrenzung bei einem Konzernergebnis, das von der Summe der Einzelergebnisse abweicht (§ 306 2)**	**2,06**	**2,68**	**2,37**	**6,42**	**19,34**
	A. Hinweis auf die Zusammenfassung mit Steuerlatenzen gemäß § 274	2,33	2,21	2,27	8,40	36,57
	B. Angabe der Ursachen der Steuerabgrenzung	2,22	2,36	2,29	9,09	35,24
	C. Angabe des zugrunde gelegten Steuersatzes	2,02	1,93	1,98	9,80	40,12
	D. Evtl. Hinweis auf Abweichung gegenüber dem Vorjahr	2,06	1,93	2,00	10,16	40,12
15.	**Angaben zu Verbindlichkeiten (§ 285 Nr. 1 und 2/§ 314 I Nr. 1)**	**2,48**	**1,97**	**2,23**	**5,32**	**23,59**
	A. Gesetzlich vorgeschriebene Mindestangaben	2,79	2,79	2,79	7,13	30,80
	A.1. Angabe des Gesamtbetrages der Verbindlichkeiten mit einer Restlaufzeit von mehr als fünf Jahren	2,61	2,36	2,49	4,81	18,48
	A.2. Angabe des Gesamtbetrages der durch Pfandrechte oder ähnliche Rechte gesicherten Verbindlichkeiten unter Angabe von Art und Form der Sicherheit	2,57	1,76	2,17	5,40	21,49
	A.3. Aufgliederung der Angaben nach § 285 Nr. 1 für jeden Posten der Verbindlichkeit	2,27	1,79	2,03	6,12	36,36
	A.3.1. Gesamtbetrag der Verbindlichkeit	3,29	2,93	3,11	7,82	27,39
	A.3.2. Art und Form der Sicherheit	2,11	1,78	1,95	8,90	25,46
	B, Freiwillige Angabe der mittelfristigen Verbindlichkeiten	2,18	2,71	2,45	9,87	24,31
	B.1. Gesamtbetrag	3,25	2,99	3,12	8,12	23,29
	B.2. Aufgliederung	2,01	1,82	1,92	10,84	26,47
	C. Freiwillige übersichtliche Darstellung der Verbindlichkeiten in einem tabellarischen Verbindlichkeitenspiegel	2,74	2,79	2,76	7,26	23,13
16.	**Angaben zu Unternehmen, an denen das MU, ein TU oder für deren Rechnung ein Dritter mindestens 20 % der Anteile hält (§ 285 Nr. 11/§ 313 II Nr. 4)**	**2,65**	**3,20**	**2,93**	**5,98**	**14,27**
	A. Name und Sitz des Unternehmens	2,56	3,09	2,83	5,71	14,48
	B. Anteil am Kapital des Unternehmens	2,72	3,27	2,99	4,84	14,31
	C. Höhe des Eigenkapitals des Unternehmens	2,64	3,03	2,83	5,10	16,12
	D. Letztes Jahresergebnis des Unternehmens	2,72	3,39	3,06	4,96	11,36
17.	**Angabe der Anwendung der Schutzklausel (bezüglich Aufstellung des Anteilsbesitzes) nach § 286 III 1 Nr. 2/§ 313 III 1 i. V. m. § 313 II Nr. 4 (§ 286 III 3/§ 313 III 2)**	**2,20**	**2,38**	**2,29**	**7,38**	**22,99**
18.	**Hinweis auf die besondere Aufstellung des Anteilbesitzes und den Ort ihrer Hinterlegung, falls der Anteilbesitz nicht im Anhang angegeben wird**	**2,13**	**2,06**	**2,10**	**7,33**	**27,83**
	A. Hinweis auf die Hinterlegung der Anteilliste	2,29	1,57	1,93	9,96	39,13
	B. Hinweis auf den Ort des Handelsregisters	2,12	1,79	1,95	11,34	23,41
	C. Hinweis auf die Nummer des Handelsregisters	1,91	2,07	1,99	13,04	34,76
	D. Angaben zur Beteiligungsliste	3,48	3,22	3,35	12,51	31,17

Teilbericht III: Erläuterungen zu einzelnen Posten der Bilanz/Konzernbilanz

Nr.	Bewertungskriterien (Hauptkriterien, Oberkriterien, Unterkriterien)	Mittlere Einschätzung eines Bewertungskriteriums (auf einer 4-Punkte-Skala)			Schätzgenauigkeit (in %)	
		WP	FA	Arithmetisches Mittel	WP	FA
19.	**Erläuterung von nicht gesondert ausgewiesenen „sonstigen Rückstellungen", die einen nicht unerheblichen Umfang haben (§ 285 Nr. 12) •**	**2,77**	**3,15**	**2,96**	**4,45**	**13,90**
	A. Angabe der einzelnen Teil-Rückstellungen zugrunde liegenden Sachverhalte	2,70	2,93	2,81	7,29	24,58
	B. Angabe der Fristigkeiten	2,27	2,57	2,42	9,34	28,53
	C. Angabe von Beträgen pro Teil-Rückstellung	2,38	2,79	2,59	10,03	29,07
20.	**Angabe der Fehlbeträge für laufende Pensionen und Anwartschaften auf Pensionen und ähnliche Verpflichtungen (Artikel 28 II EGHGB)**	**3,06**	**3,03**	**3,04**	**7,33**	**17,54**
	A. Angabe des Betrages der Unterdeckung	3,23	3,29	3,26	5,52	20,08
	B. Angabe der Ursachen für die Unterdeckung	2,49	2,36	2,42	9,28	33,13
21.	**Angabe des in andere Gewinnrücklagen eingestellten Eigenkapitalanteils von Wertaufholungen und von bei der Gewinnermittlung gebildeten Passivposten (§ 58 IIa 2 AktG)**	**2,17**	**2,36**	**2,27**	**6,19**	**18,79**
22.	**Angabe des für das Geschäftsjahr in die Kapitalrücklage eingestellten bzw. aus der Kapitalrücklage entnommenen Betrages (§ 152 II AktG)**	**2,32**	**2,58**	**2,45**	**5,55**	**18,41**
	A. Gesetzliche Angaben (Einstellung aus Bilanzgewinn und Jahresüberschuß, Entnahmen)	2,54	2,43	2,49	7,43	24,42
	B. Freiwillige Angabe: Bewegungen einzelner Posten der Kapitalrücklage	2,05	2,36	2,20	8,86	35,24
	C. Darstellung in Form eines Rücklagenspiegels	2,05	2,43	2,24	10,34	34,42
23.	**Angabe der einzelnen Beträge der Gewinnrücklagen (§ 152 II AktG)**	**2,29**	**2,57**	**2,43**	**5,74**	**13,41**
	A. Gesetzliche Angaben (Einstellung aus Bilanzgewinn und Jahresüberschuß, Entnahmen)	2,56	2,64	2,60	7,51	27,54
	B. Ausweis eines Rücklagenspiegels	2,00	2,64	2,32	10,59	25,37
24.	**Angabe von Zahl und Nennbetrag der Aktien jeder Gattung (§ 160 I Nr. 3 AktG)**	**1,56**	**2,72**	**2,14**	**9,53**	**21,29**
	A. Gesetzlich geforderte Angaben	2,08	2,86	2,47	10,63	21,84
	B. Übersichtliche Zusammenfassung der Angaben im Anhang	1,90	2,79	2,34	11,91	25,27
25.	**Gesonderte Angabe der Aktien je Gattung, die bei einer bedingten Kapitalerhöhung oder einem genehmigten Kapital im Geschäftsjahr gezeichnet wurden (§ 160 I Nr. 3**	**1,73**	**2,64**	**2,18**	**8,20**	**16,97**
	AktG)	2,27	2,43	2,35	8,72	32,39
	A. Anlaß der Kapitalerhöhung	2,11	2,79	2,45	9,42	27,24
	B. Gesamtnennbetrag der Aktien je Gattung	2,11	2,93	2,52	9,02	24,58
	C. Ausgabebetrag der Aktien je Gattung	2,27	2,64	2,45	8,81	29,55
	D. Angaben zur bilanziellen Behandlung der Kapitalerhöhung	2,43	2,86	2,64	8,81	23,99
	E. Gegenwert der Aktien (Bar- oder Sacheinlage)					
26.	**Angaben über das genehmigte Kapital (§ 160 I Nr. 4 AktG)**	**2,11**	**2,97**	**2,54**	**6,53**	**15,97**
	A. Datum des Hauptversammlungsbeschlusses	1,84	1,79	1,81	11,28	32,42
	B. Inhalt des Hauptversammlungsbeschlusses	2,21	2,14	2,18	9,67	22,34
	C. Nennbetrag des am Stichtag bestehenden genehmigten Kapitals	2,34	2,71	2,53	8,87	24,31
27.	**Zahl der Wandelschuldverschreibungen und vergleichbaren Wertpapiere unter Angabe der Rechte, die sie verbriefen (§ 160 I Nr. 5 AktG)**	**2,02**	**2,76**	**2,39**	**6,57**	**18,70**
	A. Angabe der Gattung	2,08	2,21	2,15	9,30	34,26
	B. Angabe der Zahl/Nennbeträge der umlaufenden Stücke je Gattung	2,08	2,43	2,26	9,30	34,42
	C. Angabe der verbrieften Rechte (Anleihebedingungen, Zinssatz, Wandlungsverhältnis, Aufgeld, Fälligkeit, Besicherung etc.)	2,14	2,43	2,29	9,89	32,39

Teilbericht III: Erläuterungen zu einzelnen Posten der Bilanz/Konzernbilanz

Nr.	Bewertungskriterien (Hauptkriterien, Oberkriterien, Unterkriterien)	Mittlere Einschätzung eines Bewertungs-kriteriums (auf einer 4-Punkte-Skala)			Schätz-genauigkeit (in %)	
		WP	FA	Arithme-tisches Mittel	WP	FA
28.	**Angaben über Genußrechte, Besserungsscheine, ähnliche Rechte (§ 160 I Nr. 6 AktG)**	**2,31**	**3,09**	**2,70**	**6,23**	**14,48**
	A. Art der Rechte	2,38	2,29	2,33	9,19	28,87
	B. Zahl der Rechte	2,21	2,29	2,25	9,57	31,41
	C. Nennbetrag der Rechte	2,29	2,43	2,36	9,55	32,39
	D. Hervorhebung der neu entstandenen Rechte	2,18	2,36	2,27	9,96	37,24
	E. Inhalt der einzelnen Rechte (Zweck der Ausgabe, Hauptversammlungsbeschluß, berechtigte Personen, Laufzeit, Änderung der Bedingung, Erlöschen von Rechtsverpflichtungen u. ä.)	2,21	2,36	2,28	10,41	30,88
29.	**Erläuterung der Zusammensetzung einzelner Posten der Aktivseite**	**2,13**	**2,07**	**2,10**	**7,54**	**17,09**
30.	**Erläuterung der Zusammensetzung einzelner Posten der Passivseite**	**2,31**	**2,72**	**2,52**	**6,89**	**12,61**

Teilbericht IV: Erläuterungen zu einzelnen Posten der GuV-/Konzern GuV

Nr.	Bewertungskriterien (Hauptkriterien, Oberkriterien, Unterkriterien)	Mittlere Einschätzung eines Bewertungs-kriteriums (auf einer 4-Punkte-Skala)			Schätz-genauigkeit (in %)	
		WP	FA	Arithme-tisches Mittel	WP	FA
1.	**Gesonderter Ausweis der in der Gewinn- und Verlustrechnung zusammengefaßten Posten (§ 265 VII Nr. 2)**	**2,42**	**3,18**	**2,80**	**5,92**	**16,61**
2.	**Weitere Aufgliederung der in der GuV ausgewiesenen sonstigen betrieblichen Aufwendungen und Erträge (§ 265 V 1) •**	**2,47**	**3,59**	**3,03**	**5,49**	**9,10**
3.	**Erläuterung des Betrages und der Art von außerordentlichen Erträgen und Aufwendungen, soweit diese für die Beurteilung der Ertragslage nicht von untergeordneter Bedeutung sind (§ 277 IV 2) •**	**3,04**	**3,76**	**3,40**	**3,66**	**5,65**
4.	**Erläuterung des Betrages und der Art von einem anderen Geschäftsjahr zuzuordnenden Erträgen und Aufwendungen, soweit diese für die Beurteilung der Ertragslage nicht von untergeordneter Bedeutung sind (§ 277 IV 3) •**	**2,80**	**3,41**	**3,11**	**4,20**	**12,89**
5.	**Angabe der Erträge aus der Auflösung von Sonderposten mit Rücklageanteil (§ 281 II 2)**	**2,44**	**3,21**	**2,82**	**5,12**	**16,42**
	A. Angabe des Betrages der Auflösung	2,67	3,50	3,08	6,85	17,63
	B. Hinweis, ob es sich um eine planmäßige oder um eine vorzeitige Auflösung des Sonderpostens handelt	2,57	3,29	2,93	8,82	18,14
6.	**Angabe der Aufwendungen aus der Einstellung in den Sonderposten mit Rücklageanteil (§ 281 II 2)**	**2,40**	**3,21**	**2,80**	**5,18**	**16,42**
	A. Angabe des Betrages der Einstellung	2,69	3,50	3,10	6,99	17,63
	B. Differenzierung der Betragsangabe nach der Art der Einstellung in den Sonderposten mit Rücklageanteil	2,36	3,21	2,79	8,91	20,05

Teilbericht IV: Erläuterungen zu einzelnen Posten der GuV-/Konzern GuV						
Nr.	**Bewertungskriterien (Hauptkriterien, Oberkriterien, Unterkriterien)**	**Mittlere Einschätzung eines Bewertungskriteriums (auf einer 4-Punkte-Skala)**			**Schätzgenauigkeit (in %)**	
		WP	**FA**	**Arithmetisches Mittel**	**WP**	**FA**
7.	**Aufgliederung der Umsatzerlöse nach Tätigkeitsbereichen und nach geographisch bestimmten Märkten (§ 285 Nr. 4/§ 314 Nr. 3/§ 314 II)**	**2,19**	**3,61**	**2,90**	**6,76**	**8,83**
	A. Segmentierung der Umsätze •	2,53	3,71	3,12	7,56	16,04
	B. Angabe des Abgrenzungskriteriums	2,09	3,21	2,65	8,50	21,90
	C. Angabe intersegmentärer Umsätze	1,94	3,29	2,61	10,08	20,08
	D. Angabe von Vorjahreszahlen	2,38	3,57	2,97	8,96	17,22
8.	**Angabe der Belastung des Ergebnisses der gewöhnlichen Geschäftstätigkeit und des außerordentlichen Ergebnisses durch Ertragsteuern (§ 285 Nr. 6)**	**1,95**	**3,18**	**2,56**	**7,23**	**7,23**
9.	**Angaben bei Anwendung des Umsatzkostenverfahrens (Materialaufwand, Personalaufwand; § 285 Nr. 8)**	**2,55**	**3,50**	**3,02**	**5,59**	**8,79**
	A. Materialaufwand	2,55	3,50	3,03	5,83	9,07
	A.1. Angabe des Gesamtbetrages	2,70	3,36	3,03	7,14	19,97
	A.2. Angabe der auch nach GKV auszuweisenden Teilbeträge des Materialaufwands	2,48	3,14	2,81	8,11	21,81
	A.3. Freiwillige Angabe der Vorjahresbeträge	2,48	3,21	2,85	8,33	20,05
	B. Personalaufwand	2,56	3,59	3,08	5,82	8,85
	B.1. Angabe des Gesamtbetrages	2,75	3,36	3,05	6,92	19,97
	B.2. Angabe der auch nach GKV auszuweisenden Teilbeträge des Personalaufwands	2,46	3,14	2,80	7,81	21,81
	B.3. Freiwillige Angabe der Vorjahresbeträge	2,51	3,21	2,86	8,17	20,05
10.	**Angabe der Entwicklung des Jahresüberschusses/Jahresfehlbetrages zum Bilanzgewinn/Bilanzverlust (§ 158 I 2 AktG)**	**2,38**	**2,59**	**2,48**	**6,21**	**20,00**

Teilbericht V: Angaben zum Konsolidierungskreis

Nr.	Bewertungskriterien (Hauptkriterien, Oberkriterien, Unterkriterien)	Mittlere Einschätzung eines Bewertungskriteriums (auf einer 4-Punkte-Skala)			Schätzgenauigkeit (in %)	
		WP	FA	Arithmetisches Mittel	WP	FA
1.	**Angaben, die einen Vergleich mit vorhergehenden Abschlüssen erlauben, wenn sich der Konsolidierungskreis geändert hat**	**3,09**	**3,65**	**3,37**	**3,89**	**8,71**
	A. Begründung für Veränderungen der Zusammensetzung des Konsolidierungskreises	2,45	3,02	2,74	7,43	11,51
	B. **Alternative 1:** Vorgehen gemäß § 294 II 1					
	B.1.1. Angabe, welche/wieviele Tochterunternehmen erstmals oder erstmals nicht mehr einbezogen worden sind	2,88	3,07	2,97	6,18	21,55
	B.1.2. Betragsangabe, wie sich dadurch einzelne, wesentliche Konzernabschlußposten verändert haben	2,79	3,43	3,11	6,26	19,74
	B.1.2.1. Bilanz	3,02	3,48	3,25	8,95	23,54
	B.1.2.2. Gewinn- und Verlustrechnung	3,07	3,41	3,24	9,10	19,32
	Alternative 2: Vorgehen gemäß § 294 II 2					
	B.2.1. Angabe, welche/wieviele Tochterunternehmen erstmals oder erstmals nicht mehr einbezogen worden sind	2,79	3,43	3,11	6,88	10,81
	B.2.2. Betragsangabe, wie sich dadurch einzelne, wesentliche Konzernabschlußposten verändert haben	2,69	3,57	3,13	7,07	10,38
	B.2.2.1. Bilanz	2,99	3,24	3,12	7,89	12,69
	B.2.2.2. Gewinn- und Verlustrechnung	2,85	3,35	3,12	7,36	15,38
	B.2.3. Zusätzlich Ausweis der nicht angepaßten (ursprünglichen) Vorjahreszahlen im aktuellen Anhang (sogenannter Drei-Spalten-Ausweis)	2,49	3,14	3,82	8,85	21,81
2.	**Angabe und Begründung, wenn ein Tochterunternehmen nach § 295 I nicht einbezogen wurde (§ 295 III 1)**	**2,52**	**2,67**	**2,60**	**5,43**	**20,08**
	A. Angabe der Umstände, die für die Nichteinbeziehung ursächlich sind	2,49	2,71	2,60	7,81	26,45
	B. Angabe der Posten des Konzernabschlusses, die bei Einbeziehung des Tochterunternehmens ein verzerrtes Bild der VFE-Lage widerspiegeln	2,39	2,71	2,55	8,84	30,29
3.	**Begründung, wenn ein Tochterunternehmen nach § 296 I oder II nicht einbezogen wurde (§ 296 III)**	**2,50**	**2,67**	**2,59**	**5,48**	**20,08**
4.	**Angaben zu Konzernunternehmen (§ 313 II Nr. 1 Satz 1)**	**2,49**	**2,76**	**2,63**	**5,87**	**15,76**
	A. Name und Sitz des Tochterunternehmens	2,48	2,70	2,59	5,95	16,60
	B. Anteil am Kapital, der dem MU und den einbezogenen TU gehört oder für deren Rechnung gehalten wird	2,62	2,97	2,80	5,11	11,19
	C. Sachverhalt, der zur Einbeziehung verpflichtet, sofern diese nicht aufgrund einer der Kapitalbeteiligung entsprechenden Stimmrechtsmehrheit erfolgt	2,38	2,61	2,49	5,90	15,04
5.	**Angaben für alle Tochterunternehmen, die nach §§ 295, 296 nicht einbezogen wurden (§ 313 II Nr. 1 Satz 2)**	**2,37**	**2,50**	**2,43**	**5,83**	**15,76**
	A. Name und Sitz des Tochterunternehmens	2,48	2,70	2,59	5,95	16,60
	B. Anteil am Kapital, der dem MU und den einbezogenen TU gehört oder für deren Rechnung gehalten wird	2,62	2,97	2,80	5,11	11,19
	C. Sachverhalt, der zur Einbeziehung verpflichtet, sofern diese nicht aufgrund einer der Kapitalbeteiligung entsprechenden Stimmrechtsmehrheit erfolgt	2,37	2,61	2,49	5,90	15,04
6.	**Angaben zu assoziierten Unternehmen (§ 313 II Nr. 2)**	**2,37**	**2,53**	**2,44**	**6,51**	**14,98**
	A. Name und Sitz des assoziierten Unternehmens	2,24	2,53	2,39	6,66	18,61
	B. Anteil am Kapital des assoziierten Unternehmens, der dem MU und den einbezogenen TU gehört oder für deren Rechnung gehalten wird	2,37	2,76	2,57	5,98	13,99
	C. Angabe und Begründung, wenn auf die Einbezziehung nach der Equity-Methode verzichtet wird	2,24	2,47	2,36	6,37	15,59

Teilbericht V: Angaben zum Konsolidierungskreis

Nr.	Bewertungskriterien (Hauptkriterien, Oberkriterien, Unterkriterien)	Mittlere Einschätzung eines Bewertungskriteriums (auf einer 4-Punkte-Skala)			Schätzgenauigkeit (in %)	
		WP	FA	Arithmetisches Mittel	WP	FA
7.	**Angaben zu quotenkonsolidierten Unternehmen (§ 313 II Nr. 3)**	**2,30**	**2,63**	**2,47**	**6,34**	**15,64**
	A. Name und Sitz des Gemeinschaftsunternehmens	2,25	2,62	2,44	6,63	17,26
	B. Tatbestand, der die Quotenkonsolidierung ermöglicht	2,28	2,53	2,41	6,32	13,19
	B.1. Hinweis auf Tatbestand der gemeinsamen Führung	2,36	2,14	2,25	8,91	30,29
	B.2. Name und Sitz der gemeinsam mitführenden konzernfremden Unternehmen	2,17	2,29	2,23	8,94	22,34
	B.3. Hinweis, von wievielen anderen konzernfremden Unternehmen das gemeinsame Unternehmen geführt wird	2,02	2,00	2,01	10,12	26,07
	C. Anteil am Kapital dieser Unternehmen, der dem MU und den einbezogenen TU gehört oder für deren Rechnung gehalten wird	2,37	2,76	2,57	5,95	13,03
8.	**Angabe der Anwendung der Schutzklausel, wenn die Angaben zu § 313 II nicht gemacht werden (§ 313 III 2)**	**2,27**	**2,18**	**2,23**	**6,67**	**25,76**
9.	**Hinweis auf die besondere Aufstellung des Anteilbesitzes, die die Angaben nach § 313 II ersetzt, und den Ort der Hinterlegung (§ 313 IV 3)**	**2,20**	**1,97**	**2,08**	**6,93**	**18,75**
	A. Hinweis auf die Hinterlegung der Anteilliste	2,16	1,64	1,90	10,68	44,31
	B. Hinweis auf den Ort des Handelsregisters	1,97	1,71	1,84	11,73	38,49
	C. Hinweis auf die Nummer des Handelsregisters	1,84	1,79	1,81	12,65	36,09
	D. Angaben zur Beteiligungsliste	3,59	3,47	3,53	13,44	40,28

Teilbericht VI: Angaben zu den Konsolidierungsmethoden

Nr.	Bewertungskriterien (Hauptkriterien, Oberkriterien, Unterkriterien)	Mittlere Einschätzung eines Bewertungskriteriums (auf einer 4-Punkte-Skala)			Schätzgenauigkeit (in %)	
		WP	FA	Arithmetisches Mittel	WP	FA
1.	**Angabe und Begründung der Abweichungen von den auf den vorhergehenden Abschluß angewandten Konsolidierungsmethoden (§ 297 II 4/§ 313 I Nr. 3)**	**2,98**	**3,30**	**3,14**	**4,26**	**17,87**
	A. Angabe der bisher angewandten und der jetzt angewandten Methode	2,93	2,93	2,93	6,39	18,00
	B. Begründung der Unstetigkeit	2,76	2,86	2,81	7,33	16,75
2.	**Gesonderte Darstellung des Einflusses abweichender Konsolidierungsmethoden auf die VFE-Lage des Konzerns (§ 297 III 5/§ 313 I Nr. 3)**	**2,92**	**3,34**	**3,13**	**4,58**	**12,17**
3.	**Angabe und Begründung, wenn der Abschlußstichtag des Konzerns und der Abschlußstichtag des Mutterunternehmens auseinanderfallen (§ 299 I)**	**2,11**	**2,00**	**2,06**	**6,68**	**28,44**
	A. Darstellung der Tatsache des abweichenden Stichtags	2,50	2,50	2,50	8,80	24,69
	B. Angabe der Unternehmen mit abweichendem Stichtag	2,28	2,50	2,39	9,57	24,69
	C. Angabe der Vorgänge und Tatbestände, die dieser Abweichung zugrunde liegen	2,10	2,36	2,23	10,46	25,78
4.	**Weicht der Abschlußstichtag des Konzerns von demjenigen eines einbezogenen Unternehmens ab und wird kein Zwischenabschluß aufgestellt, so sind dazwischenliegende Vorgänge anzugeben, soweit sie für die VFE-Lage des Konzerns von besonderer Bedeutung sind (§ 299 III)**	**2,60**	**2,69**	**2,65**	**5,21**	**27,90**

Teilbericht VI: Angaben zu den Konsolidierungsmethoden

Nr.	Bewertungskriterien (Hauptkriterien, Oberkriterien, Unterkriterien)	Mittlere Einschätzung eines Bewertungskriteriums (auf einer 4-Punkte-Skala)			Schätzgenauigkeit (in %)	
		WP	FA	Arithmetisches Mittel	WP	FA
5.	**Erwerbsmethode (§ 301)**	**2,62**	**2,97**	**2,80**	**4,19**	**15,94**
	A. Angabe der gewählten Konsolidierungsmethode	2,70	2,97	2,83	4,94	16,72
	B. Angabe des Zeitpunktes, der für die Wertansätze der Kapitalkonsolidierung grundlegend ist	2,52	2,88	2,70	5,49	17,92
	C. Erläuterung des aktivischen und passivischen Unterschiedsbetrags aus der Kapitalkonsolidierung sowie dessen wesentliche Änderung gegenüber dem Vorjahr	2,66	3,03	2,84	4,89	15,57
	C.1. Erläuterung der Zusammensetzung des Postens	2,81	3,07	2,94	6,63	15,82
	C.2. Erläuterung von Veränderungen des Postens	2,68	3,07	2,88	7,51	16,03
	D. Angabe der gegeneinander verrechneten aktivischen und passivischen Unterschiedsbeträge	2,56	2,97	2,77	5,26	14,43
	E. Angaben zur Abschreibungsmethode	2,70	2,98	2,84	5,44	16,09
6.	**Interessenzusammenführungsmethode (§ 302 II)**	**2,30**	**2,34**	**12,32**	**6,51**	**22,67**
	A. Angabe der Anwendung dieser Methode	2,40	2,38	2,39	6,20	21,01
	B. Angabe der sich aus der Anwendung dieser Methode ergebenden Rücklagenveränderungen	2,35	2,50	2,43	6,04	20,48
	C. Name und Sitz des betroffenen Unternehmens	2,14	2,16	2,15	7,00	25,18
7.	**Quotenkonsolidierung (§ 310 II)**	**2,47**	**2,81**	**2,64**	**5,41**	**16,41**
	A. Angabe der gewählten Konsolidierungsmethode	2,87	3,05	2,96	5,84	17,85
	B. Angabe des Zeitpunktes, der für die Wertansätze der Kapitalkonsolidierung grundlegend ist	2,81	3,13	2,97	6,46	15,42
	C. Erläuterung des aktivischen und passivischen Unterschiedsbetrags aus der Kapitalkonsolidierung sowie dessen wesentliche Änderung gegenüber dem Vorjahr	2,94	2,99	2,97	6,01	16,15
	C.1. Erläuterung der Zusammensetzung des Postens	2,71	2,57	2,64	6,84	21,22
	C.2. Erläuterung von Veränderungen des Postens	2,56	2,64	2,60	8,12	25,37
	D. Angabe der gegeneinander verrechneten aktivischen und passivischen Unterschiedsbeträge	2,92	2,98	2,95	5,94	17,18
8.	**Equity-Methode (§§ 311, 312)**	**2,46**	**2,86**	**2,66**	**5,18**	**15,93**
	A. Angabe des Unterschiedsbetrags zwischen Beteiligungsbuchwert und anteiligem Eigenkapital des assoziierten Unternehmens bei erstmaliger Anwendung der Equity-Methode mit Buchausweis	2,64	3,09	2,86	4,91	14,67
	B. Angabe des Unterschiedsbetrags zwischen dem Buchwert der Beteiligung in der Einzelbilanz und dem auf die Beteiligung entfallenden Teil des Eigenkapitals des assoziierten Unternehmens zum Zeitpunkt der erstmaligen Anwendung der Kapitalanteilsmethode	2,57	3,09	2,83	5,13	14,67
	C. Angabe der angewandten Variante der Equity-Methode	2,40	2,52	2,45	5,82	22,52
	D. Angabe des für den Wertansatz grundlegenden gewählten Zeitpunkts	2,34	2,64	2,49	5,83	25,28
	E. Angabe, wenn das assoziierte Unternehmen nicht an die konzerneinheitliche Bewertung angepaßt wird	2,35	2,94	2,65	5,71	18,85
9.	**Angabe, wenn die Zwischenergebniseliminierung wegen untergeordneter Bedeutung unterlassen wurde; Erläuterung des hieraus resultierenden Einflusses auf die VFE-Lage des Konzerns, sofern er wesentlich ist (§ 304 II 2)**	**2,35**	**2,45**	**2,40**	**6,29**	**27,05**
	A. Angabe, bei welchen Posten auf eine Herausrechnung der Zwischenergebnisse verzichtet wurde	2,34	2,15	2,25	8,19	40,76
	B. Angabe der Auswirkung auf die VFE-Lage des Konzerns	2,44	2,50	2,47	8,16	33,51
	C. Angabe, warum eine Eliminierung einen unverhältnismäßig hohen Aufwand erfordert	1,98	2,08	2,03	10,79	38,36
10.	**Schuldenkonsolidierung (§ 303)**	**2,38**	**2,46**	**2,42**	**6,45**	**15,14**
	A. Allgemeine Angaben zur Schuldenkonsolidierung	1,87	1,95	1,91	8,03	24,87
	B. Detaillierte Angaben zur Schuldenkonsolidierung (z. B. Behandlung von Aufrechnungsdifferenzen)	2,97	3,24	3,11	8,79	26,53

Teilbericht VI: Angaben zu den Konsolidierungsmethoden

Nr.	Bewertungskriterien (Hauptkriterien, Oberkriterien, Unterkriterien)	Mittlere Einschätzung eines Bewertungskriteriums (auf einer 4-Punkte-Skala)			Schätzgenauigkeit (in %)	
		WP	FA	Arithmetisches Mittel	WP	FA
11.	**Zwischenergebniskonsolidierung (§ 304)**	**2,41**	**2,46**	**2,42**	**7,13**	**16,46**
	A. Allgemeine Angaben zur Zwischenergebniseliminierung	1,72	1,86	1,79	8,94	27,09
	B. Detaillierte Angaben zur Zwischenergebniseliminierung (z. B. Behandlung von Aufrechnungsdifferenzen)	3,06	3,15	3,11	9,01	24,56
12.	**Aufwands- und Ertragskonsolidierung (§ 305)**	**2,38**	**2,53**	**2,40**	**6,82**	**15,92**
	A. Allgemeine Angaben zur Aufwands- und Ertragskonsolidierung	1,69	1,76	1,73	7,51	29,42
	B. Detaillierte Angaben zur Aufwands- und Ertragskonsolidierung	3,01	3,09	3,05	8,37	27,36

Teilbericht VII: Sonstige, vor allem rechtsformspezifische Pflichtangaben

Nr.	Bewertungskriterien (Hauptkriterien, Oberkriterien, Unterkriterien)	Mittlere Einschätzung eines Bewertungskriteriums (auf einer 4-Punkte-Skala)			Schätzgenauigkeit (in %)	
		WP	FA	Arithmetisches Mittel	WP	FA
1.	**Angabe des Gesamtbetrags der nicht aus der Bilanz ersichtlichen sonstigen finanziellen Verpflichtungen, soweit sie für die Finanzlage von Bedeutung sind (§ 285 Nr. 3 1. HS/§ 314 I Nr. 2 1. HS)**	**3,22**	**3,12**	**3,17**	**3,74**	**5,71**
	A. Angabe des Gesamtbetrags	3,03	3,00	3,02	6,98	29,85
	B. Freiwillige Untergliederung des Gesamtbetrags	2,66	3,00	2,83	7,88	24,97
	C. Angabe, ob es sich um Barwerte oder Nominalwerte handelt	2,53	2,93	2,73	8,42	26,42
	D. Freiwillige Erläuterung/Begründung einzelner Arten von sonstigen finanziellen Verpflichtungen	2,43	2,64	2,54	8,42	25,37
	E. Angabe der im kommenden Geschäftsjahr fälligen Verpflichtungen	2,77	3,00	2,88	7,58	23,12
	F. Angabe der ab dem zweiten folgenden Geschäftsjahr fälligen Verpflichtungen	2,45	2,79	2,62	8,83	25,27
2.	**Gesonderte Angabe des Gesamtbetrags der nicht aus der Bilanz ersichtlichen sonstigen finanziellen Verpflichtungen gegenüber verbundenen Unternehmen (§ 285 Nr. 3 2. HS)**	**2,92**	**2,79**	**2,86**	**4,77**	**14,98**
3.	**Gesonderte Angabe der nicht aus der Bilanz ersichtlichen sonstigen finanziellen Verpflichtungen und Haftungsverhältnisse, die gegenüber nicht einbezogenen Tochterunternehmen bestehen (§ 314 I Nr. 2 2. HS)**	**2,79**	**2,76**	**2,78**	**5,15**	**13,03**
4.	**Angabe der durchschnittlichen Arbeitnehmerzahl des Konzerns, getrennt nach Gruppen (§ 285 Nr. 7/§ 314 I Nr. 4.1. HS)**	**1,96**	**2,68**	**2,32**	**7,42**	**21,25**
	A. Untergliederung nach arbeitsrechtlichen Gruppen	1,94	2,29	2,11	9,42	31,41
	B. Freiwillige weitere Gruppierung nach Geschlecht, geographisch bestimmten Bereichen	1,40	2,29	1,84	12,94	31,41
	C. Freiwillige Angabe der nicht in der Gesamtzahl enthaltenen Zahl der Auszubildenden, Leiharbeiter etc.	1,49	2,00	1,74	12,84	34,68
	D. Angabe der Ermittlungsmethode der Arbeitnehmerzahl	1,49	1,93	1,71	12,84	40,12
	E. Freiwillige Angabe von Vorjahreszahlen	1,80	2,43	2,12	11,14	32,39
5.	**Angabe der durchschnittlichen Arbeitnehmerzahl bei nur anteilig einbezogenen Unternehmen (§ 314 I Nr. 4 2. HS)**	**1,60**	**1,91**	**1,76**	**8,48**	**22,53**

Teilbericht VII: Sonstige, vor allem rechtsformspezifische Pflichtangaben						
Nr.	**Bewertungskriterien (Hauptkriterien, Oberkriterien, Unterkriterien)**	**Mittlere Einschätzung eines Bewertungs-kriteriums (auf einer 4-Punkte-Skala)**			**Schätz-genauigkeit (in %)**	
		WP	**FA**	**Arithme-tisches Mittel**	**WP**	**FA**
6.	**Angabe der im Geschäftsjahr gewährten Gesamtbezüge für Mitglieder der Geschäftsführung, des Aufsichtsrates, des Beirates oder einer ähnlichen Einrichtung jeweils für jede Personengruppe (§ 285 Nr. 9a/§ 314 Nr. 6a)**	1,73	2,21	1,97	8,97	31,45
7.	**Angabe der Gesamtbezüge der früheren Mitarbeiter der unter Nr. 6 von Teilbericht VII genannten Organe und ihrer Hinterbliebenen (§ 285 Nr. 9b 1 und 2/§ 314 I Nr. 6b 1)**	1,55	1,75	1,66	9,78	39,17
8.	**Angabe des Betrags der für frühere Organmitglieder und ihre Hinterbliebenen gebildeten Rückstellungen für laufende Pensionen und Anwartschaften auf Pensionen und Betrag der nicht gebildeten Pensionsrückstellungen (§ 285 Nr. 9b 3/§ 314 I Nr. 6b 2)**	1,78	1,91	1,85	8,90	30,02
9.	**Angabe gemäß § 285 Nr. 9c/§ 314 I Nr. 6c**	1,87	1,41	1,64	8,15	41,51
	A. An Organmitglieder gewährte Vorschüsse und Kredite	2,04	1,56	1,80	7,95	33,20
	B. Zinssätze	1,80	1,33	1,56	8,76	50,30
	C. Wesentliche Bedingungen	1,78	1,24	1,51	8,80	44,60
	D. Im Geschäftsjahr zurückgezahlte Beträge	1,68	1,27	1,48	9,33	47,99
	E. Eingegangene Haftungsverhältnisse	2,07	1,65	1,86	7,77	34,84
10.	**Angabe aller Mitglieder des Geschäftsführungsorgans und des Aufsichtsrates (§ 285 Nr. 10)**	2,27	2,85	2,56	7,62	14,91
11.	**Angabe bei Konzernzugehörigkeit des Namens und des Sitzes des Mutterunternehmens, das den Konzernabschluß für den größten und für den kleinsten Kreis von Unternehmen aufstellt, sowie Angabe des Ortes, wo die Konzernabschlüsse gegebenenfalls erhältlich sind (§ 285 Nr. 14)**	2,47	2,73	2,60	6,25	14,87
	A, Konzernabschluß für den größten Kreis von Unternehmen	2,56	2,16	2,36	8,00	37,52
	A.1. Name des Mutterunternehmens	2,74	2,35	2,55	7,11	37,24
	A.2. Sitz des Mutterunternehmens	2,50	1,93	2,21	8,28	37,33
	A.3. Ort, wo der Konzernabschluß gegebenenfalls erhältlich ist	2,40	1,93	2,16	8,48	37,33
	A.4. Freiwilliger Hinweis auf Ergebnisabführungsvertrag, falls ein solcher besteht	2,60	2,43	2,52	8,12	37,17
	B. Konzernabschluß für den kleinsten Kreis von Unternehmen	2,37	2,08	2,22	9,59	35,27
	B.1. Name des Mutterunternehmens	2,35	2,14	2,25	8,58	34,60
	B.2. Sitz des Mutterunternehmens	2,18	1,79	1,98	9,31	28,27
	B.3. Ort, wo der Konzernabschluß gegebenenfalls erhältlich ist	2,13	1,71	1,92	9,70	25,74
	B.4. Freiwilliger Hinweis auf Ergebnisabführungsvertrag, falls ein solcher besteht	2,38	2,43	2,41	9,72	32,39
12.	**Angaben über einen befreienden Konzernabschluß (§ 291 II Nr. 3)**	2,40	2,66	2,53	5,96	20,1
	A. Angabe des befreienden Mutterunternehmens	2,78	2,79	2,78	7,06	27,24
	B. Sitz des befreienden Mutterunternehmens	2,45	2,14	2,30	8,97	25,95
	C. Hinweis auf die Befreiung	2,42	2,21	2,32	8,51	29,10
	D. Freiwillige Angabe des Ortes, wo der befreiende Konzernabschluß erhältlich ist	2,27	2,21	2,24	9,84	36,57
13.	**Angabe über Bestand, Zugang und ggf. Verwertung von Aktien, die ein Aktionär für die Gesellschaft übernommen hat (§ 160 I Nr. 1 AktG)**	2,34	2,70	2,52	6,72	18,21
	A. Zahl der vorhandenen Vorratsaktien	2,22	2,29	2,25	10,09	26,07
	B. Gesamtnennbetrag der vorhandenen Vorratsaktien	2,43	1,50	1,96	14,28	47,65
	C. Gattung der Vorratsaktien	2,09	2,00	2,05	9,69	31,66
	D. Übernahmebedingungen	2,00	2,29	2,15	10,51	26,07
	E. Anlaß der Ausgabe der Vorratsaktien	2,07	3,36	2,21	10,36	30,88
	F. Name des Übernehmers, wenn es sich bei diesem um ein abhängiges oder um ein in Mehrheitsbesitz stehendes Unternehmen handelt	2,16	2,43	2,30	10,07	25,32
	G. Angabe des Zugangs an Vorratsaktien im Geschäftsjahr	2,04	2,14	2,09	10,04	31,98
	H. Angabe der Höhe des Verwertungserlöses	2,08	2,36	2,22	10,55	30,88
	I. Angaben über die Verwendung des Verwertungserlöses	1,98	2,21	2,10	11,36	31,79

Teilbericht VII: Sonstige, vor allem rechtsformspezifische Pflichtangaben						
Nr.	**Bewertungskriterien (Hauptkriterien, Oberkriterien, Unterkriterien)**	**Mittlere Einschätzung eines Bewertungskriteriums (auf einer 4-Punkte-Skala)**			**Schätzgenauigkeit (in %)**	
		WP	**FA**	**Arithmetisches Mittel**	**WP**	**FA**
14.	**Angaben über Bestand, Zugang und gegebenenfalls Änderung des Bestands an eigenen Aktien der Gesellschaft (§ 160 I Nr. 2 AktG)**	**2,53**	**2,62**	**2,57**	**6,07**	**14,72**
	A. Zahl der vorhandenen Aktien	2,36	2,29	2,32	8,82	28,87
	B. Gesamtnennbetrag der vorhandenen eigenen Aktien	2,39	2,21	2,30	8,07	29,10
	C. Gattung der Aktien	1,98	2,14	2,06	9,93	31,98
	D. Anteil der eigenen Aktien am Grundkapital	2,29	2,21	2,25	9,20	29,10
	E. Erwerbs-/Veräußerungspreis	2,24	2,21	2,23	9,27	29,10
	F. Zeitpunkt des Erwerbs/Veräußerung	1,97	1,86	1,91	10,13	29,95
	G. Anlaß/Gründe des Erwerbs	2,19	2,07	2,13	9,86	31,96
	H. Angaben über die Höhe des Verwertungserlöses	2,14	2,14	2,14	10,07	31,98
	I. Angaben über die Verwendung des Verkaufserlöses	2,01	2,14	2,08	10,21	31,98
15.	**Angabe des Bestehens einer wechselseitigen Beteiligung (§ 160 I Nr. 7 AktG)**	**2,68**	**3,15**	**2,92**	**5,32**	**11,45**
	A. Angabe der anderen wechselseitig beteiligten Gesellschaft	2,80	2,64	2,72	8,28	23,00
	B. Angabe der Höhe der jeweiligen wechselseitigen Beteiligungen	2,70	2,79	2,75	7,06	20,78
	C. Angabe der Veränderung der wechselseitigen Beteiligung im Geschäftsjahr	2,52	2,93	2,72	8,15	18,00
16.	**Angabe über das Bestehen einer Beteiligung an der Gesellschaft im Sinne von § 20 I oder IV AktG (§ 160 I Nr. 8 AktG)**	**2,60**	**2,97**	**2,78**	**5,37**	**14,20**
	A. Wem gehört die Beteiligung?	2,80	2,71	2,75	6,52	21,95
	B. Angabe der Höhe der Beteiligung	2,75	2,79	2,77	6,84	18,12
17.	**Erläuterung der Verwendung von Beträgen aus einer Kapitalherabsetzung und der Auflösung von Gewinnrücklagen (§ 240 3 AktG)**	**2,65**	**3,29**	**2,97**	**5,38**	**12,70**
18.	**Angaben, die nach einer Sonderprüfung wegen unzulässiger Bewertung in besonderen Fällen zu machen sind (§ 261 I 3, 4 AktG)**	**3,06**	**3,09**	**3,07**	**4,81**	**13,23**
	A. Gründe für einen niedrigeren Wert auf der Aktivseite bzw. einen höheren Wert auf der Passivseite in einem späteren Jahresabschluß	2,95	2,79	2,87	6,52	15,00
	B. Darstellung der Entwicklung der von den Sonderprüfern festgestellten Werte zu den Werten im Jahresabschluß in einer Sonderrechnung	2,85	2,79	2,82	6,87	18,12
	C. Angabe über die Verwendung eines Ertrages aus zwischenzeitlich abgegangenen, unterbewerteten Gegenständen	2,63	2,64	2,63	8,60	23,00
19.	**Angabe zum Bestand an Anteilen an dem Mutterunternehmen, die das Mutterunternehmen oder ein Tochterunternehmen oder ein anderer für Rechnung eines in den Konzernabschluß einbezogenen Unternehmens erworben oder als Pfand genommen hat; Zahl und Nennbetrag dieser Anteile sowie deren Anteil am Kapital sind anzugeben (§ 314 I Nr. 7)**	**2,44**	**2,79**	**2,61**	**5,85**	**14,44**
	A. Zahl der Anteile	2,35	2,21	2,28	8,49	34,26
	B. Nennbetrag der Anteile	2,38	2,29	2,33	8,16	33,77
	C. Anteil am gezeichneten Kapital des Mutterunternehmens	2,38	2,21	2,30	8,25	36,57

Teilbericht VIII: Freiwillige Angaben

Nr.	Bewertungskriterien (Hauptkriterien, Oberkriterien, Unterkriterien)	Mittlere Einschätzung eines Bewertungskriteriums (auf einer 4-Punkte-Skala)			Schätzgenauigkeit (in %)	
		WP	FA	Arithmetisches Mittel	WP	FA
1.	**Ausführliche Segmentberichterstattung (IAS 14)**	**2,11**	**3,59**	**2,85**	**7,29**	**11,97**
	A. Segmentangaben	2,28	3,64	2,96	9,41	12,55
	A.1. Abschreibungen	2,08	3,14	2,61	8,57	21,81
	A.2. F&E-Aufwendungen	2,27	3,14	2,71	8,68	26,81
	A.3. Investitionsausgaben	2,31	3,57	2,94	8,73	13,06
	A.4. Arbeitnehmer	1,83	2,64	2,24	9,93	29,55
	A.5. Ergebnis/Cash Flow	2,41	3,71	3,06	8,95	11,88
	A.6. Vermögen	2,23	2,93	2,58	9,64	24,58
	B. Überleitung von den Summen der Segmentangaben zu den aggregierten Jahresabschlußzahlen	2,21	3,64	2,93	9,76	12,55
	C. Angabe zu Verrechnungspreisen	2,29	2,93	2,61	9,47	24,58
2.	**Erläuterung von Leasinggeschäften (IAS 17)**	**2,47**	**2,79**	**2,63**	**5,58**	**15,52**
	A. Im Jahresabschluß des Leasingnehmers	2,39	2,64	2,52	8,44	27,91
	A.1. Angabe der Höhe der Leasingzahlungen beim operating lease	2,56	2,71	2,64	7,01	24,31
	A.2. Angaben zum finance lease	2,52	2,71	2,62	7,69	24,31
	A.2.1. Wertansätze der geleasten Gegenstände aufgeteilt nach Hauptgruppen	2,32	2,50	2,41	8,72	31,53
	A.2.2. Gesamtbetrag der entsprechenden Verbindlichkeiten, entweder als Summe der Mindestleasingzahlungen oder als Nettozeitwert der Verbindlichkeit (mit Angabe der verwendeten Diskontierungssätze)	2,53	2,50	2,52	7,61	33,51
	A.3. Ausweis eines Leasingspiegels mit allen künftigen Zahlungen, differenziert nach Restlaufzeiten	2,47	2,86	2,66	9,15	27,78
	A.4. Angabe der wesentlichen Konditionen der Leasingvereinbarung	2,02	2,36	2,19	9,90	34,24
	B. Im Jahresabschluß des Leasinggebers	2,58	2,62	2,60	7,91	26,87
	B.1. Angaben zum operating lease	2,56	2,62	2,59	7,48	25,53
	B.1.1. Wert der Vermögensgegenstände nach Hauptgruppen	2,50	2,57	2,53	7,49	28,53
	B.1.2. Kumulierte Abschreibungen nach Hauptgruppen	2,41	2,71	2,56	7,46	30,29
	B.1.3. Höhe der Mieteinnahmen, künftige Leasingraten aus unkündbaren Leasingverhältnissen, jeweils in der Summe und für bestimmte künftige Perioden	2,59	2,86	2,72	8,05	27,78
	B.2. Angaben zum finance lease	2,60	2,62	2,61	8,34	28,20
	B.2.1. Bruttoinvestitionen in die Leasing-Gegenstände	2,56	2,53	2,55	7,45	31,76
	B.2.2. Angabe der damit verbundenen, noch nicht realisierten Finanzerträge	2,50	2,57	2,54	8,63	28,53
	B.2.3. Angabe der unsicheren Restwerte der Leasing-Gegenstände	2,53	2,64	2,59	8,46	29,55
3.	**Bericherstattung über derivative Finanzinstrumente (IAS 32)**	**2,69**	**3,30**	**2,89**	**5,58**	**15,63**
	A. Angabe des Nominal-Volumens der Derivate	2,75	2,71	2,73	7,99	21,94
	B. Angabe der Marktwerte der Derivate	2,88	2,93	2,90	7,25	20,43
	C. Angabe der Buchwerte der Derivate	2,73	2,71	2,72	7,88	19,32
	D. Differenzierung der Angaben zu A., B., und C. nach einzelnen Derivaten	2,43	2,36	2,39	9,62	22,81
	E. Angabe der Fristigkeiten (Restlaufzeiten) einzelner Derivate	2,61	2,64	2,63	8,00	25,37
	F. Angabe zu Bewertungsmethoden bei Derivaten	2,69	2,79	2,74	8,04	18,12
	F.1. Allgemeine Angaben zur Abbildung von Derivaten im Jahresabschluß (Verweis auf zugrunde gelegtes Bewertungskonzept)	2,54	2,21	2,38	8,14	26,14
	F.2. Konkrete Angaben zur Abbildung einzelner Derivate im Jahresabschluß	2,50	2,43	2,47	8,52	25,32
	F.3. Erläuterung der Bedingungen für die Bildung von Bewertungseinheiten	2,54	2,36	2,45	8,46	22,81
	F.4. Angabe zur Abbildung von Bewertungseinheiten im Jahresabschluß (Hedge-Accounting)	2,60	2,38	2,49	8,54	20,94
	G. Angaben zu Zielen und Strategien des Einsatzes von Derivaten	2,49	2,79	2,64	8,92	20,78
	H. Angaben zum Volumen von Deckungs- und Spekulationsgeschäften	2,88	3,00	2,94	7,40	16,35
	I. Erläuterung der zur Risikoüberwachung und -kontrolle getroffenen Maßnahmen	2,69	2,86	2,77	9,37	19,47
	J. Angaben zu wesentlichen Bonitätsrisiken	2,88	2,86	2,87	7,56	16,75
	K. Angaben zum Preisrisiko/Marktrisiko der Derivate (Angabe des value-at-risk von Handelsgeschäften, Zinsbindungsfristen etc.)	2,81	2,64	2,73	7,83	25,37
4.	**Kapitalflußrechnung (IAS 7) •**	**2,69**	**2,88**	**2,79**	**6,95**	**15,55**

Zur **Ergänzung des Bewertungsmodells** wurden den befragten Wirtschaftsprüfern und Finanzanalysten

(a) konkrete **Beispiele** aus Anhängen zur Einschätzung vorgelegt,

(b) **Zusatzfragen** hinsichtlich bestimmter Sachverhalte gestellt.

Die Fachleute wurden gebeten, den Aussagegehalt des Beispiels bzw. der Zusatzfrage jeweils auf einer **Skala von 0 % bis 100 %** anzugeben. Die **Ergebnisse**, die in der Umfrage jeweils ermittelt wurden, zeigen in der bisher beschriebenen Weise die nachstehenden Übersichten. Hinter dem → ist jeweils vermerkt, welches Bewertungskriterium in welchem Teilbericht mit dem Beispiel bzw. mit der Zusatzfrage konkretisiert wird.

(a) Einschätzung konkreter Beispiele aus Anhängen

Nr.	Beispielkategorie	Mittlere Einschätzung eines Bewertungskriteriums (in %)			Schätzgenauigkeit (in %)	
		WP	FA	Arithmetisches Mittel	WP	FA
1.	**Angaben zur Abschreibungsmethode → II.1.A.3.1.**					
	A. Eindeutige und vollständige Angaben	100,00	100,00	100,00	–	–
	B. Vollständige, aber mehrdeutige Angaben *„Abschreibungen werden planmäßig degressiv oder linear vorgenommen."* *„Abschreibungen erfolgen unter Ausnutzung aller steuerlichen Möglichkeiten."* *„Abschreibungen erfolgen im steuerlich zulässigen Rahmen."*	53,84	34,23	44,03	10,33	44,03
	C. Eindeutige, aber unvollständige Angaben *„Abnutzbare Anlagegegenstände werden überwiegend degressiv abgeschrieben."* *„Maschinen werden degressiv abgeschrieben."*	42,71	33,46	38,09	10,95	39,01
	D. Mehrdeutige, unvollständige Angaben	0,00	0,00	0,00	–	–
2.	**Angaben zu Nutzungsdauern/Abschreibungssätzen → II.1.A.3.2.**					
	A. Eindeutige Angaben zu Nutzungsdauern bzw. Abschreibungssätzen, differenziert nach Anlagegegenständen/Hinweis auf steuerliche Afa-Tabellen	100,00	100,00	100,00	–	–
	B. Ungenaue Bezeichnung der Abschreibungssätze/Nutzungsdauern *„Zwischen 3 % und 30 %"* oder: *„Zwischen 3 und 30 Jahren"*	38,53	28,85	33,69	14,12	72,51
	C. Unvollständige Nennung der Nutzungsdauern	33,19	25,00	29,10	14,22	47,32
	D. Hinweis auf „vorsichtige Schätzung" oder „branchenübliche Nutzungsdauern"	32,68	14,31	23,49	15,14	78,44
	E. Keine Angaben	0,00	0,00	0,00	–	–
3.	**Einzelne Bestandteile der Herstellungskosten (Ausübung von Wahlrechten) → II.1.B.2.1.**					
	A. Bestandteile eindeutig identifizierbar	100,00	100,00	100,00	–	–
	B. Bestandteile in einem Intervall identifizierbar	48,52	33,46	40,99	10,27	48,53
	C. Bestandteile nicht identifizierbar	0,00	0,00	0,00	–	–
4.	**Erläuterung von nicht gesondert ausgewiesenen „sonstigen Rückstellungen", die einen nicht unerheblichen Umfang haben (§ 285 Nr. 12) → III.19.**					
	A. Vollständige Aufgliederung (mehr als 90 %) der sonstigen Rückstellungen	100,00	100,00	100,00	–	–
	B. Aufgliederung von weniger als 90 % des Gesamtbetrages der sonstigen Rückstellungen, aber mit verbaler Umschreibung des Rests	67,69	58,08	62,89	6,21	19,37
	C. Aufgliederung von weniger als 90 % des Gesamtbetrages der sonstigen Rückstellungen, ohne verbale Umschreibung des Rests	37,54	17,31	27,43	12,57	85,23
	D. Keine Aufgliederung der sonstigen Rückstellungen	0,00	0,00	0,00	–	–

(a) Einschätzung konkreter Beispiele aus Anhängen

Nr.	Beispielkategorie	Mittlere Einschätzung eines Bewertungskriteriums (in %) WP	FA	Arithmetisches Mittel	Schätzgenauigkeit (in %) WP	FA
5.	**Weitere Aufgliederung der in der GuV ausgewiesenen sonstigen betrieblichen Aufwendungen und Erträge (§ 265 V 1) → IV.2.**					
	A. Vollständige Aufgliederung des Gesamtbetrages (Summe der Einzelbeträge > 90 % des Gesamtbetrages)	100,00	100,00	100,00	–	–
	B. Aufgliederung einzelner Posten und verbale Umschreibung der Zusammensetzung der nicht aufgegliederten, wesentlichen („übrigen") Posten *„In den sonstigen betrieblichen Aufwendungen (10 Mio. DM) sind mit 1 Mio. DM Aufwendungen aus Kursverlusten enthalten. Die übrigen Aufwendungen entfallen auf Verluste aus Anlagenabgängen sowie auf Aufwendungen aus Zuführungen zu Pauschalwertberichtigungen."*	60,26	56,54	58,40	7,75	33,42
	C. Aufgliederung einzelner Posten ohne verbale Umschreibung der Zusammensetzung der nicht aufgegliederten, wesentlichen („übrigen") Posten *„In den sonstigen betrieblichen Aufwendungen (10 Mio. DM) sind mit 1 Mio. DM Aufwendungen aus Kursverlusten enthalten."*	33,38	44,23	38,81	12,86	43,37
	D. Nur verbale Umschreibung der Zusammensetzung des Postens *„In den sonstigen betrieblichen Aufwendungen sind Aufwendungen aus Kursverlusten sowie Aufwendungen aus der Zuführung zu Pauschalwertberichtigungen enthalten."*	20,58	8,08	14,33	18,72	73,98
	E. Keine Aufgliederung des Gesamtbetrages	0,00	0,00	0,00	–	–
6.	**Erläuterung des Betrages und der Art von außerordentlichen Erträgen und Aufwendungen, soweit diese für die Beurteilung der Ertragslage nicht von untergeordneter Bedeutung sind (§ 277 IV 2) → IV.3.**					
	A. Vollständige Aufgliederung des Gesamtbetrages (Summe der Einzelbeträge > 90 % des Gesamtbetrages)	100,00	100,00	100,00	–	–
	B. Aufgliederung einzelner Posten und verbale Umschreibung der Zusammensetzung der nicht aufgegliederten („übrigen") Posten *„Die außerordentlichen Aufwendungen in Höhe von 10 Mio. DM betreffen mit 1 Mio. DM Aufwendungen aus dem Verkauf von Grundvermögen. Der Rest entfällt auf die außerplanmäßige Abschreibung einer Beteiligung und auf die Aufdeckung stiller Lasten in spanischen Beteiligungsgesellschaften."*	59,99	63,46	61,73	9,04	23,08
	C. Aufgliederung einzelner Posten ohne verbale Umschreibung der Zusammensetzung der nicht aufgegliederten, wesentlichen („übrigen") Posten *„Die außerordentlichen Aufwendungen in Höhe von 10 Mio. DM betreffen mit 3 Mio. DM Aufwendungen aus dem Verkauf von Grundvermögen."*	33,99	40,77	37,38	13,53	35,41
	D. Nur verbale Umschreibung der Zusammensetzung des Postens *„Die außerordentlichen Aufwendungen betreffen Aufwendungen aus dem Verkauf von Grundvermögen."*	21,71	13,46	17,59	18,75	68,26
	E. Keine Aufgliederung des Gesamtbetrages	0,00	0,00	0,00	–	–

(a) Einschätzung konkreter Beispiele aus Anhängen

Nr.	Beispielkategorie	Mittlere Einschätzung eines Bewertungs-kriteriums (in %)			Schätz-genauigkeit (in %)	
		WP	FA	Arithme-tisches Mittel	WP	FA
7.	**Erläuterung des Betrages und der Art von periodenfremden Erträgen und Aufwendungen, soweit diese für die Beurteilung der Ertragslage nicht von untergeordneter Bedeutung sind (§ 277 IV 3) → IV.4.**					
	A. Vollständige Aufgliederung des Gesamtbetrages (Summe der Einzelbeträge > 90 % des Gesamtbetrages)	100,00	100,00	100,00	–	–
	B. Erkennbar unvollständige Aufgliederung einzelner Posten mit verbaler Umschreibung der Zusammensetzung der nicht aufgegliederten („übrigen") Posten *„Von den periodenfremden Erträgen in Höhe von 10 Mio. DM entfallen 2 Mio. DM auf Erträge aus der Auflösung von Rückstellungen. Der Rest betrifft Buchgewinne aus Anlagenabgängen und Steuererstattungen."*	58,39	59,62	59,00	8,74	22,38
	C. Erkennbar unvollständige Aufgliederung einzelner wesentlicher Posten ohne verbale Umschreibung der Zusammensetzung der nicht aufgegliederten („übrigen") Posten *„Von den periodenfremden Erträgen in Höhe von 10 Mio. DM entfallen 2 Mio. DM auf Erträge aus der Auflösung von Rückstellungen, und 1 Mio. DM entfallen auf Steuer-erstattungen."*	39,26	43,08	41,67	11,93	26,87
	D. Gesamtbetrag ohne Aufgliederung, aber mit verbaler Umschreibung der Zusammensetzung des Postens *„Die periodenfremden Erträge in Höhe von 10 Mio. DM betreffen Erträge aus der Auflösung von Rückstellungen und Erträge aus Steuererstattungen."*	32,82	28,46	30,64	13,48	37,50
	E. Gesamtbetrag ohne Aufgliederung „Es liegen periodenfremde Aufwendungen in Höhe von 10 Mio. DM vor."	17,51	14,23	15,87	23,97	76,17
	F. Nur Hinweis auf Sachverhalt, der periodenfremde Aufwendungen/Erträge begründet „Wegen Steuernachzahlungen kam es zu periodenfremden Aufwendungen."	15,22	9,31	12,27	29,39	70,42
	G. Keine Aufgliederung des Gesamtbetrages	0,00	0,00	0,00	–	–
8.	**Aufgliederung der Umsatzerlöse nach Tätigkeitsbereichen und nach geographisch bestimmten Märkten (§ 285 Nr. 4/§ 314 I Nr. 3/§ 314 II) → IV.7.A.**					
	A. Matrixförmige Aufgliederung der Umsatzerlöse nach Sparten und einzelnen Regionen	100,00	100,00	100,00	–	–
	B. Matrixförmige Aufgliederung der Umsatzerlöse nach Sparten und Regionen Inland/Ausland	78,72	82,14	80,43	5,35	11,53
	C. Aufgliederung der Umsatzerlöse getrennt (also nicht matrixförmig) nach Sparten und nach einzelnen Regionen	69,87	72,50	71,19	6,33	14,05
	D. Aufgliederung der Umsatzerlöse getrennt nach Sparten und nach Regionen Inland/Ausland	63,52	63,57	63,55	7,05	16,13
	E. Aufgliederung der Umsatzerlöse nur nach einzelnen Regionen, ohne Sparten	45,75	38,93	42,34	9,03	21,26
	F. Aufgliederung der Umsatzerlöse nur nach einzelnen Regionen Inland/Ausland, ohne Sparten	38,08	27,50	32,79	11,10	35,58
	G. Aufgliederung der Umsatzerlöse nur nach Sparten, ohne Regionen	38,37	44,64	41,51	12,65	24,25
	H. Keine Aufgliederung der Umsatzerlöse	0,00	0,00	0,00	–	–
9.	**Kapitalflußrechnung (IAS 7) → VIII.4.**					
	A. Kapitalflußrechnung nach IAS 7	100,00	100,00	100,00	–	–
	B. Kapitalflußrechnung nach HFA 1/1995	86,06	76,07	81,07	3,54	8,76
	C. Fondveränderungsrechnung (Kapitalflußrechnung mit separatem Finanzmittelfonds)	71,53	62,86	67,19	5,90	14,55
	D. Finanzierungsrechnung unter Einbeziehung der GuV-Daten (Jahresüberschuß wird durch den Cash Flow oder den Umsatzüberschuß ersetzt)	65,74	55,36	60,55	7,67	19,89
	E. Erweiterte Bewegungsbilanz durch Einbeziehung der Kontenumsätze	51,94	37,50	44,72	10,89	46,61
	F. Beständedifferenzenbilanz	40,25	28,33	34,29	14,34	53,41

(b) Einschätzung von Zusatzfragen

Nr.	Inhalt	Mittlere Einschätzung eines Bewertungs-kriteriums (in %)			Schätz-genauigkeit (in %)	
		WP	FA	Arithme-tisches Mittel	WP	FA
1.	**Angabe und Begründung der Abweichungen von Bilanzierungs- und Bewertungsmethoden (§ 284 II Nr. 3) → II.4.** *„Die Bilanzierungs- und Bewertungsmethoden wurden im wesentlichen beibehalten."*	40,76	29,29	35,02	14,45	59,18
2.	**Angabe des Ausmaßes der Ergebnisbeeinflussung durch Anwendung steuerrechtlicher Vorschriften oder Bildung von Sonderposten mit Rücklageanteil im Geschäftsjahr oder in Vorjahren (§ 285 Nr. 5/§ 314 I Nr. 5) → II.11.** *„Das Ergebnis wurde entsprechend beeinflußt."*	26,88	16,79	21,83	46,40	91,08
3.	**Angabe über das Ausmaß erheblicher künftiger Belastungen aus der Inanspruchnahme steuerlicher Vergünstigungen (§ 285 Nr. 5/§ 314 I Nr. 5) → II.12.** *„Für die Zukunft sind Steuermehraufwendungen zu erwarten."*	23,58	24,29	23,93	22,38	63,29
4.	**Darstellung des Anlagengitters (§ 268 II 1) → III.4.** *„Auswirkungen aus Änderungen des Konsolidierungskreises, aus Währungsunterschieden und aus sonstigen Änderungen werden zusammengefaßt."*	23,51	24,64	24,08	20,37	54,65
5.	**Kapitalflußrechnung (IAS 7) → VIII.4.** *„Aussagegehalt einer Kapitalflußrechnung, die nicht im geprüften Teil des Geschäftsberichts veröffentlicht wird."*	61,90	69,85	65,87	10,86	29,16

73 Verzeichnis der in die Auswertung einbezogenen börsennotierten Kapitalgesellschaften

731. Standardwerte

In die empirische Untersuchung wurden die Anhänge von 150 zufällig ausgewählten börsennotierten Kapitalgesellschaften (Geschäftsberichte 1995 bzw. 1994/95) einbezogen. Nachstehende Übersicht zeigt in alphabetischer Reihenfolge die **unternehmensspezifischen Merkmale** aller untersuchten Standardwerte (Größe, Index-Zugehörigkeit, Streubesitzanteil am Grundkapital, Branchenzugehörigkeit). Die Legende zeigt vorab, wie die einzelnen Merkmale verschlüsselt worden sind:

Legende

Merkmal	Symbol	Bedeutung
Größenklasse	K	0 ≤ Grundkapital ≤ 50 Mio. DM
	M	50 Mio. DM < Grundkapital ≤ 250 Mio. DM
	G	Grundkapital > 250 Mio. DM
DAX 30	J	DAX-30-Unternehmen
	N	Nicht-DAX-30-Unternehmen
DAX 100	J	DAX-100-Unternehmen
	N	Nicht-DAX-100-Unternehmen
Streubesitzanteil (SBA)	1	0 % ≤ Streubesitzanteil < 25 %
	2	25 % ≤ Streubesitzanteil ≤ 50 %
	3	50 % < Streubesitzanteil ≤ 75 %
	4	Streubesitzanteil > 75 %
Branche	1	Energie- und Wasserversorgung, Bergbau
	2	Chemische Industrie, Mineralölverarbeitung
	3	Herstellung von Kunststoff und Gummiwaren
	4	Gewinnung und Verarbeitung von Steinen und Erden; Feinkeramik, Glaskeramik
	5	Metallerzeugung und -bearbeitung
	6	Fahrzeugbau
	7	Stahl- und Maschinenbau; Herstellung von Büromaschinen, Datenverarbeitungsgeräten und -einrichtungen
	8	Elektrotechnik, Feinmechanik, Herstellung von Eisen-, Blech- und Metallwaren
	9	Holz-, Papier und Druckgewerbe
	10	Leder-, Textil und Bekleidungsgewerbe
	11	Ernährungsgewerbe, Tabakverarbeitung
	12	Baugewerbe
	13	Großhandel, Handelsvermittlung
	14	Einzelhandel
	15	Verkehr, Nachrichtenübermittlung (ohne Bundesbahn, -post)
	16	Dienstleistungen, soweit von Unternehmen und freien Berufen erbracht

Unternehmensspezifische Merkmale der Standardwerte

Nr.	Unternehmen	Größe	DAX 30	DAX 100	SBA	Branche
1	AESCULAP AG	K	N	N	2	8
2	Agrob AG	K	N	N	2	4
3	Aktienbrauerei Kaufbeuren AG	K	N	N	1	11
4	Akzo Nobel Faser AG	G	N	N	1	2
5	Allweiler AG	K	N	N	2	7

Unternehmensspezifische Merkmale der Standardwerte

Nr.	Unternehmen	Größe	DAX 30	DAX 100	SBA	Branche
6	Altana AG	M	N	J	2	16
7	Andreae-Noris-Zahn AG	K	N	N	1	13
8	aqua signal AG	K	N	N	2	8
9	Asea Brown Boveri AG	G	N	N	1	8
10	Asko Deutsche Kaufhaus AG	M	N	N	1	13
11	Augsburger Kammgarn-Spinnerei AG	K	N	N	2	10
12	Babcock-BSH AG	M	N	N	2	7
13	Barmag AG	M	N	N	2	7
14	BASF AG	G	J	J	4	2
15	Bausch AG	K	N	N	2	3
16	Bayer AG	G	J	J	4	2
17	Beiersdorf AG	M	N	J	2	2
18	Berliner Elektro Holding AG	M	N	N	3	16
19	BEWAG AG Berliner Kraft und Licht	G	N	J	2	1
20	Binding-Brauerei AG	M	N	N	2	11
21	BM Bäckermühlen AG	K	N	N	1	11
22	BMW Bayerische Motoren Werke AG	G	J	J	2	6
23	Böwe Systec AG	K	N	N	2	8
24	Breitenburger Portland-Cement-Fabrik AG	K	N	N	1	16
25	Brilliant Aktiengesellschaft	K	N	N	1	8
26	Buderus Aktiengesellschaft	G	N	J	3	7
27	Bürgerliches Brauhaus Ravensburg-Lindau AG	K	N	N	2	11
28	C.J. Vogel Draht- und Kabelwerke AG	K	N	N	1	8
29	Carl Schenck AG	M	N	N	1	7
30	Christian Adalbert Kupferberg & Compagnie KGaA	K	N	N	1	11
31	Computer 2000 AG	K	N	N	2	13
32	Daimler-Benz AG	G	J	J	2	6
33	Deutsche Babcock AG	G	N	J	4	7
34	Deutsche Spezialglas AG	K	N	N	1	4
35	Dinkelacker Brauerei AG	K	N	N	1	11
36	DLW AG	M	N	J	4	2
37	Dolerit-Basalt AG	K	N	N	3	16
38	Dortmunder Actien-Brauerei AG	K	N	N	2	11
39	Douglas Holding AG	M	N	J	2	14
40	Duewag	K	N	N	1	6
41	Dyckerhoff AG	M	N	J	2	4
42	Dywidag Dyckerhoff & Widmann	M	N	N	1	3
43	Eichbaum-Brauereien AG	K	N	N	1	11
44	Eisenbahn-Verkehrsmittel-AG für Transport und Lagerung	K	N	N	1	15
45	Energieversorgung Ostbayern AG	M	N	N	1	1
46	EX-CELL-O Holding AG	K	N	N	3	16
47	Felten & Guilleaume Energietechnik AG	M	N	J	3	8
48	FHW-Fernheizwerk Neukölln AG	K	N	N	1	1
49	Flachglas AG	M	N	N	1	4
50	Flender ATB-Loher Antriebstechnik AG	K	N	N	1	7
51	Ford-Werke AG	G	N	N	1	6
52	G + H Isover – Grünzweig + Hartmann AG	M	N	N	1	4
53	GEHE AG	G	N	J	2	13
54	Gelsenwasser AG	M	N	N	1	1
55	Gerresheimer Glas AG	M	N	J	2	4
56	Gutbrod AG	K	N	N	1	7
57	Hach AG	K	N	N	4	3
58	HAGEDA AG	K	N	N	2	13
59	Hamborner Aktiengesellschaft	K	N	N	3	16
60	Harpen AG	M	N	N	1	1
61	Hasen-Bräu AG	K	N	N	1	11
62	Heidelberger Zement AG	M	N	J	3	4
63	Hein, Lehmann AG	K	N	N	1	5

Unternehmensspezifische Merkmale der Standardwerte						
Nr.	**Unternehmen**	**Größe**	**DAX 30**	**DAX 100**	**SBA**	**Branche**
64	Herlitz International Trading AG	K	N	N	2	13
65	Hirsch AG	K	N	N	2	10
66	Hoechst AG	G	J	J	3	2
67	Hofbrauhaus Wolters AG	K	N	N	1	11
68	Isar-Amperwerke AG	G	N	N	1	1
69	IVG Industrie-Verwaltungsgesellschaft AG	M	N	J	4	16
70	IWKA Aktiengesellschaft	M	N	J	4	7
71	Jagenberg AG	M	N	N	2	7
72	Joseph Vögele AG	K	N	N	3	7
73	Kampa Haus AG	K	N	J	2	12
74	Kempinski AG	K	N	N	1	16
75	KERAMAG Keramische Werke AG	K	N	N	1	4
76	KHD – Klöckner-Humboldt-Deutz AG	G	N	J	2	7
77	Klöckner-Werke AG	G	N	J	4	5
78	Koepp AG	K	N	N	1	3
79	Kolbenschmidt AG	M	N	J	3	7
80	Konrad Hornschuch AG	K	N	N	2	3
81	Kraftübertragungswerke Rheinfelden AG	M	N	N	1	1
82	Kraftwerk Altwürttemberg AG	K	N	N	1	1
83	Küppersbusch AG	K	N	N	1	8
84	KWS Kleinwanzlebener Saatzucht AG	K	N	N	1	11
85	Lahmeyer Aktiengesellschaft Energiewirtschaft	M	N	N	1	1
86	Leffers AG	K	N	N	2	14
87	Lehnkering Montan Transport AG	M	N	N	2	15
88	Leifheit AG	K	N	N	3	8
89	Leonische Drahtwerke AG	K	N	N	4	8
90	Lindner Holding KGaA	K	N	N	2	8
91	Maihak AG	K	N	N	1	8
92	Mannesmann AG	G	J	J	4	5
93	Maschinenfabrik Esslingen Aktiengesellschaft	K	N	N	1	7
94	Maschinenfabrik Esterer AG	K	N	N	1	7
95	Massa AG	M	N	N	2	14
96	MCS Modulare Computer und Software Systeme AG	K	N	N	3	16
97	MD Bau Holding AG	K	N	N	2	12
98	Michael Weinig AG	K	N	N	2	7
99	Mittelschwäbische Überlandzentrale AG	K	N	N	1	1
100	Möbel Walther AG	K	N	N	1	14
101	MONACHIA Grundstücks-AG	K	N	N	1	16
102	Neckarwerke Elektrizitätsversorgungs-AG	M	N	N	1	1
103	Nordcement AG	K	N	N	1	4
104	Oberland Glas AG	K	N	N	2	4
105	Otavi Minen AG	K	N	N	2	4
106	Otto Reichelt AG	M	N	N	2	11
107	Patrizier-Bräu KG auf Aktien	K	N	N	1	11
108	Pfaff AG	M	N	N	2	7
109	Pfleiderer Bau- und Verkehrssysteme AG	K	N	N	1	12
110	Phoenix AG	M	N	N	2	3
111	Piper Generalvertretung Deutschland AG	K	N	N	2	13
112	Pirelli Deutschland AG	M	N	N	1	16
113	Preussag AG	G	J	J	3	13
114	PWO – Progress-Werk Oberkirch AG	K	N	N	2	5
115	Renk AG	K	N	N	1	7
116	Rheinhold & Mahla AG	K	N	N	2	12
117	Rheinisch-Westfälische Kalkwerke AG	M	N	N	1	12
118	Robert Cordier AG	K	N	N	1	9
119	Rosenthal AG	K	N	N	3	4
120	Ruberoidwerke AG	K	N	N	1	2
121	Salamander AG	M	N	J	2	10

Unternehmensspezifische Merkmale der Standardwerte						
Nr.	**Unternehmen**	**Größe**	**DAX 30**	**DAX 100**	**SBA**	**Branche**
122	Schmalbach-Lubeca AG	M	N	J	2	7
123	Schumag AG	K	N	N	2	7
124	Schwäbische Zellstoff AG	K	N	N	1	9
125	Sedlbauer Aktiengesellschaft	K	N	N	2	8
126	Sektkellerei Schloß Wachenheim AG i.V.	K	N	N	1	11
127	Siemens AG	G	J	J	3	8
128	Sinalco AG	K	N	N	1	11
129	Sinn AG	K	N	N	2	13
130	SPAR Handels-Aktiengesellschaft	M	N	J	3	11
131	Stahlwerke Bochum AG	K	N	N	1	5
132	Stöhr & Co. AG	K	N	N	3	10
133	Stolberger Zink AG	K	N	N	1	16
134	Süd-Chemie AG	K	N	N	1	2
135	Tarkett Pegulan AG	K	N	N	1	3
136	TEUTONIA Zementwerk AG	K	N	N	3	4
137	Thyssen Industrie AG	G	N	N	1	5
138	TIPTEL AG	K	N	N	2	8
139	TRAUB AG	K	N	N	3	7
140	Triton-Belco AG	K	N	N	2	13
141	Universitätsdruckerei H. Stürtz AG	K	N	N	2	9
142	VDN Vereinigte Deutsche Nickel-Werke AG	K	N	N	2	8
143	VEBA AG	G	J	J	4	1
144	VERSEIDAG AG	K	N	N	2	10
145	VEW Vereinigte Elektrizitätswerke AG	G	N	J	1	1
146	VGT Aktiengesellschaft	K	N	N	3	7
147	Volkswagen AG	G	J	J	4	6
148	WMF Württembergische Metallwarenfabrik AG	M	N	N	2	8
149	Würzburger Hofbräu AG	K	N	N	1	11
150	YMOS AG Industrieprodukte	M	N	N	1	8

732. Börsenneulinge

Nachstehende Übersicht weist alle 20 **Börsenneulinge** des Jahres 1995 aus, deren Anhänge in einer **zusätzlichen Untersuchung** ausgewertet wurden. Zur Legende vgl. die Legende zu den Standardwerten (Abschnitt 731.).

Unternehmensspezifische Merkmale der Börsenneulinge		
Nr.	**Unternehmen**	**Größe**
1	adidas AG	M
2	Alno Aktiengesellschaft	K
3	Apcoa Parking AG	K
4	Burgbad AG	K
5	Creaton AG	K
6	eff-eff Fritz Fuss GmbH & Co. KGaA	K
7	Friatec AG – Kermaik und Kunststoffe	M
8	Hucke AG	K
9	Ifa Hotel und Touristik AG	K
10	Indus-Holding AG	M
11	Kiekert AG	M
12	Merck KGaA	M
13	Mühl Product & Service und Thüringer Baustoffhandel AG	K

Unternehmensspezifische Merkmale der Börsenneulinge		
Nr.	**Unternehmen**	**Größe**
14	Praktiker Bau- und Heimwerkermärkte AG	G
15	Schwarz Pharma AG	M
16	Sero Entsorgung AG	K
17	SGL Carbon AG	M
18	SKW Trostberg AG	G
19	Tarkett AG	M
20	MVS Miete Vertrieb Service AG	M

74 Ergebnisse der Auswertung des Anhangs der HOECHST AG (Geschäftsbericht 1995)

Die nachstehenden Übersichten zeigen für den Anhang der HOECHST AG (Geschäftsbericht 1995), wie das in Abschnitt 3 entwickelte Beurteilungsmodell anzuwenden ist. In der ersten Übersicht werden in Spalte (1) die Teil-Qualitätswerte, die die HOECHST AG in den einzelnen Teilberichten I bis VIII erzielt hat, zusammengefaßt. Multipliziert mit dem relativen Gewicht des Teilberichts in Spalte (2) und summiert über alle Teilberichte ergibt sich in der letzten Zeile der Gesamt-Qualitätswert des Anhangs der HOECHST AG.

Anschließend wird für jeden Teilbericht im Detail gezeigt, wie die HOECHST AG zu einzelnen Bewertungskriterien (Hauptkriterien, Oberkriterien, Unterkriterien) im Anhang berichtet. Dabei bedeutet in Spalte (1) ein „J", daß die HOECHST AG das Bewertungskriterium erfüllt hat; anderenfalls wird ein „N" ausgewiesen. Ein „x" bedeutet, daß die HOECHST AG in ihrem Anhang entsprechend der bezeichneten Beispielkategorie berichtet hat. Wurde das Bewertungskriterium gestrichen, weil entsprechende Sachverhalte bei der HOECHST AG vermutlich nicht vorgelegen haben, so wird dies mit einem „–" gekennzeichnet. In Spalte (2) ergibt sich dann aus dem relativen Gewicht der einzelnen Oberkriterien und Unterkriterien, die ein Hauptkriterien gegebenenfalls konkretisieren, das Ergebnis, das die HOECHST AG bei dem jeweiligen Hauptkriterium erzielt hat. Multipliziert mit dem relativen Gewicht des Hauptkriteriums (Spalte (3)) und summiert über alle Hauptkriterien wird in der letzten Zeile jeder Übersicht der Teil-Qualitätswert des Teilberichts ausgewiesen.

Wenn einzelne Hauptkriterien gestrichen wurden, weil entsprechende Sachverhalte nicht vorgelegen haben, wurde das relative Gewicht dieser Hauptkriterien aus der Bewertungsbasis herausgenommen. In Spalte (3) der folgenden Übersichten wird dies deutlich gemacht, indem das Gewicht des jeweiligen Hauptkriteriums in eckige Klammern [ ] gesetzt wird. Das Ergebnis, das das Unternehmen bei den verbleibenden Hauptkriterien erzielt hat, wird dann auf die reduzierte Bewertungsbasis bezogen. Dies führt dazu, daß die nicht bewerteten Hauptkriterien implizit mit dem Durchschnitt der bei den übrigen Hauptkriterien erzielten Ergebnisse bewertet werden (vgl. Abschnitt 351.). Diese Rechnung wird gegebenenfalls in den beiden letzten Zeilen eines jeden Teilberichts ausgewiesen.

Zusammenfassung der Teil-Qualitätswerte der HOECHST AG zum Gesamt-Qualitätswert des Anhangs

Teilberichte des Anhangs		(1) Ergebnis	(2) Relatives Gewicht	(3)=(1)x(2) Gewogenes Ergebnis
I	Allgemeine Angaben zu Inhalt und Gliederung des Anhangs	100,00%	10,70%	10,70%
II	Grundsätze der Bilanzierung und Bewertung, Währungsumrechnung	87,80%	15,41%	13,52%
III	Erläuterungen zu einzelnen Posten der Bilanz/Konzernbilanz	72,57%	16,60%	12,04%
IV	Erläuterungen zu einzelnen Posten der GuV/Konzern-GuV	90,72%	17,92%	16,25%
V	Angaben zum Konsolidierungskreis	85,42%	10,03%	8,56%
VI	Angaben zu den Konsolidierungsmethoden	52,94%	10,01%	5,29%
VII	Sonstige, vor allem rechtsformspezifische Pflichtangaben	85,15%	9,27%	7,89%
VIII	Freiwillige Angaben	72,70%	10,15%	7,37%
Gesamt-Qualitätswert des Anhangs				**81,59%**

Teilbericht I: Allgemeine Angaben zu Inhalt und Gliederung des Einzel-/ Konzernabschlusses

Nr.	Bewertungskriterien (Hauptkriterien, Oberkriterien, Unterkriterien)	(1)	(2)	(3)	(4)=(2)x(3)
		Erfüllt? Ja (J) Nein (N) –	Ergebnis	Relatives Gewicht	Gewogenes Ergebnis
1.	**Zusatzangaben, falls der Jahresabschluß/Konzernabschluß aufgrund besonderer Umstände kein den tatsächlichen Verhältnissen entsprechendes Bild vermittelt (§ 264 II 2/§ 297 II 3)**	–	–	[19,21%]	–
2.	**Angabe und Begründung von Abweichungen in der Form der Darstellung aufeinanderfolgender (Konzern-)Bilanzen und (Konzern-)GuV (§ 265 I 2)**		–	[14,17%]	–
	A. Angabe des betroffenen Sachverhalts	–			
	B. Begründung (Ursache und Notwendigkeit des Wechsels)	–			
3.	**Angabe und Erläuterung nicht vergleichbarer Vorjahresbeträge (§ 265 II 2)**		–	[16,31]	–
	A. Angabe der Gründe für die Nicht-Vergleichbarkeit der Beträge	–			
	B. Angabe der betroffenen Posten im Anhang	–			
	C. Freiwillige betragsgenaue Angaben, wenn eine Anpassung der Vorjahresbeträge nach § 265 II 3 (vgl. laufende Nr. 4 von Teilbericht I) nicht möglich ist	–			
4.	**Angabe und Erläuterung angepaßter Vorjahresbeträge (§ 265 II 3)**		100,00%	14,44%	14,44%
	A. Angabe der angepaßten Posten im Anhang	J			
	B. Angabe der Gründe für die abweichende Ermittlung der Vorjahresbeträge	J			
	C. Freiwillige Überleitungsrechnung	–			
5.	**Angabe und Begründung der Ergänzung des Abschlusses wegen einer für andere Geschäftszweige vorgeschriebenen Gliederung (§ 265 IV 2)**		–	[10,05%]	–
	A. Angabe, nach welcher Grundgliederung der Jahresabschluß aufgestellt wurde	–			
	B. Angabe der Gründe für diese Vorgehensweise	–			
	C. Angabe der vorgenommenen Ergänzungen	–			
6.	**Verknüpfung von Bilanz und GuV mit dem Anhang durch Fußnoten**	J	100,00%	9,78%	9,78%
7.	**Gliederung des Anhangs nach sachlichen Gesichtspunkten**	J	100,00%	16,04%	16,04%
	(Teil-)Qualitätswert zu Teilbericht I, bezogen auf 40,26 Gewichts-Prozentpunkte (= Summe Spalte (4))				**40,26%**
	(Teil-)Qualitätswert zu Teilbericht I, bezogen auf 100,00 Gewichts-Prozentpunkte				**100,00%**

Teilbericht II: Grundsätze der Bilanzierung und Bewertung, Währungsumrechnung

Nr.	Bewertungskriterien (Hauptkriterien, Oberkriterien, Unterkriterien)	(1)	(2)	(3)	(4)=(2)x(3)
		Erfüllt? **Ja (J)** **Nein (N)** **–**	**Ergebnis**	**Relatives Gewicht**	**Gewo-genes Ergebnis**
1.	**Angabe der auf die Posten der Bilanz und GuV angewandten Bilanzierungs- und Bewertungsmethoden (§ 284 II Nr. 1/§ 313 I Nr. 1)**		25,92%	7,29%	1,89%
	A. Bewertungsmethoden für Gegenstände des Anlagevermögens				
	A.1. Erläuterung der Ermittlung der Anschaffungskosten	N			
	A.2. Erläuterung der Bilanzierung von Zuschüssen	–			
	A.3. Erläuterung der planmäßigen Abschreibung				
	A.3.1. Abschreibungsmethode				
	Eindeutige und vollständige Angaben	X			
	Vollständige, aber mehrdeutige Angaben *„Abschreibungen werden planmäßig degressiv oder linear vorgenommen."* *„Abschreibungen erfolgen unter Ausnutzung aller steuerlichen Möglichkeiten."* *„Abschreibungen erfolgen im steuerlich zulässigen Rahmen."*				
	Eindeutige, aber unvollständige Angaben *„Abnutzbare Anlagegegenstände werden überwiegend degressiv abgeschrieben."* *„Maschinen werden degressiv abgeschrieben."*				
	Mehrdeutige, unvollständige Angaben				
	Keine Angaben				
	A.3.2. Nutzungsdauern/Abschreibungssätze				
	Eindeutige Angaben zu Nutzungsdauern bzw. Abschreibungssätzen, differenziert nach Anlagegegenständen/Hinweis auf steuerliche Afa-Tabellen	X			
	Ungenaue Bezeichnung der Abschreibungssätze/Nutzungsdauern *„Zwischen 3 % und 30 %"* oder: *„Zwischen 3 und 30 Jahren"*				
	Unvollständige Nennung der Nutzungsdauern				
	Hinweis auf „vorsichtige Schätzung" oder „branchenübliche Nutzungsdauern"				
	Keine Angaben				
	A.4. Angaben über die Abschreibung geringwertiger Wirtschaftsgüter	N			
	A.5. Angaben über die Behandlung von Abschreibungen im Jahr des Zugangs von Vermögensgegenständen	N			
	A.6. Erläuterung der Herstellungskosten				
	A.6.1. Bestandteile der Herstellungskosten (Angaben über die Ausübung von Einbeziehungswahlrechten)				
	Bestandteile eindeutig identifizierbar	X			
	Bestandteile in einem Intervall identifizierbar				
	Bestandteile nicht identifizierbar				
	A.6.2. Angabe des zugrunde gelegten Beschäftigungsgrades	J			
	A.6.3. Angabe der einbezogenen Kostenstellen	N			
	B. Bewertungsmethoden für Gegenstände des Umlaufvermögens				
	B.1. Erläuterung der Ermittlung der Anschaffungskosten	J			
	B.2. Erläuterung der Herstellungskosten				
	B.2.1. Herstellungskostenbestandteile (Ausübung von Einbeziehungswahlrechten)				
	Bestandteile eindeutig identifizierbar	X			
	Bestandteile in einem Intervall identifizierbar				
	Bestandteile nicht identifizierbar				
	B.2.2. Angabe des zugrunde gelegten Beschäftigungsgrades	J			
	B.2.3. Angabe der einbezogenen Kostenstellen	N			
	B.3. Angabe der Abschreibungen auf das Umlaufvermögen gemäß der strengen Niederstwertvorschrift				
	B.3.1. Betragsangabe	N			
	B.3.2. Erläuterung des zur Abschreibung führenden Sachverhalts	J			
	B.3.3. Erläuterung der Vorgehensweise bei der Ermittlung des niedrigeren beizulegenden Wertes	N			

Teilbericht II: Grundsätze der Bilanzierung und Bewertung, Währungsumrechnung					
Nr.	**Bewertungskriterien (Hauptkriterien, Oberkriterien, Unterkriterien)**	**(1)**	**(2)**	**(3)**	**(4)=(2)x(3)**
		Erfüllt? Ja (J) Nein (N) –	**Ergebnis**	**Relatives Gewicht**	**Gewo-genes Ergebnis**
1.	**C. Bewertungsmethoden für Passivposten**				
	C.1. Erläuterung der Bewertungsmethoden für Pensionsrückstellungen				
	C.1.1. Angabe des zugrunde gelegten Zinssatzes	J			
	C.1.2. Hinweis auf versicherungsmathematische Grundsätze	J			
	C.1.3. Hinweis auf Entsprechung mit steuerrechtlichen Vorschriften	J			
	C.2. Erläuterung der Bewertungsmethoden für sonstige Rückstellungen				
	C.2.1. Angaben der wesentlichen Schätzparameter (z. B. Reklamationsquote und Schadenshöhe bei Garantierückstellungen)	N			
	C.2.2. Hinweis, ob Saldierung mit positiven Erfolgsbeiträgen	N			
	C.2.3. Angabe, ob Ermittlung auf Teilkosten-/Vollkostenbasis	N			
	C.2.4 Angaben über das Ausmaß der Inanspruchnahme von Wahlrechten zur Bildung von (Aufwands-)Rückstellungen	J			
	C.2.5. Angaben über die Abzinsung von Rückstellungen	J			
	C.2.6. Angaben über die Berücksichtigung von Preissteigerungen	N			
2.	**Angabe der Grundlagen der Währungsumrechnung im Einzelabschluß (§ 284 II Nr. 2)**		100,00%	5,11%	5,11%
	A. Angaben über die Art der Umrechnungskurse (z. B. Briefkurse)	J			
	B. Angaben zum Stichtag der Umrechnung	J			
	C. Angaben über die bei der Währungsumrechnung angewandten GoB	J			
	D. Angaben zur Behandlung von Umrechnungsdifferenzen	–			
	E. Ggf. Angaben über die Berücksichtigung von Deckungsgeschäften	J			
3.	**Angabe der Grundlagen der Währungsumrechnung im Konzernabschluß (§ 313 I Nr. 2)**	J	89,29%	6,35%	5,67%
	A. Angewandte Methode der Währungsumrechnung	J			
	B. Angaben über die Art der Umrechnungskurse (z. B. historischer Kurs)	J			
	C. Angaben zum maßgeblichen Stichtag	J			
	D. Angaben über den Ausweis von Umrechnungsdifferenzen in der GuV	J			
	E. Angaben über den Ausweis der Umrechnungsdifferenzen in der Bilanz	J			
	F. Angaben über Ergebnisauswirkungen	J			
	G. Ggf. Berichterstattung über Behandlung der Unterschiedsbeträge aus den Vorjahren	N			
	H. Ggf. Berichterstattung über das Ausmaß, in dem wesentliche Wechselkursänderungen einzelne Abschlußposten beeinflußt haben	J N			
	I. Ggf. Hinweis auf Besonderheiten bei der Umrechnung von Jahresabschlüssen aus Hochinflationsländern	–			
4.	**Angabe und Begründung der Abweichungen von Bilanzierungs- und Bewertungs-methoden (§ 284 II Nr. 3/§ 313 I Nr. 3)**		100,00%	7,32%	7,32%
	A. Abweichender Sachverhalt (Worin besteht die Abweichung?)	J			
	B. Ausmaß der Abweichung (Worauf erstreckt sich die Abweichung?)	J			
	C. Argumente für das Abweichen (Begründung der Abweichung)	J			
	„Die Bilanzierungs- und Bewertungsmethoden wurden im wesentlichen beibehalten."	–			
5.	**Gesonderte Darstellung des Einflusses von Abweichungen (vgl. Nr. 4 von Teilbericht II) auf die Vermögens-, Finanz und Ertragslage (§ 284 II Nr. 3/§ 313 I Nr. 3)**		100,00%	6,82%	6,82%
	A. Gesonderte Darstellung des Saldos der Abweichungen für die jeweiligen Teilbereiche der wirtschaftlichen Lage	J			
	B. Verbale Darstellung des Umfangs des Einflusses, wenn der Einfluß erkennbar unwesentlich ist	–			
	C. Zusätzlich quantitative Angabe des Umfangs des Einflusses, wenn dieser Einfluß nicht als unwesentlich bezeichnet oder gar nicht bezeichnet wird	J			
6.	**Angabe und Begründung, wenn die konzerneinheitliche Bewertung von den vom MU angewandten Bewertungsmethoden abweicht (§ 308 I 3)**		100,00%	5,58%	5,58%
	A. Angabe jeder einzelnen Abweichung	J			
	B. Begründung: Welche Motive gibt es für die Abweichung?	J			
7.	**Hinweis, wenn auf Sondervorschriften für Kreditinstitute und Versicherungen beruhende Wertansätze beibehalten wurden (§ 308 II 2)**	–	–	[4,62%]	–

Teilbericht II: Grundsätze der Bilanzierung und Bewertung, Währungsumrechnung

Nr.	Bewertungskriterien (Hauptkriterien, Oberkriterien, Unterkriterien)	(1) Erfüllt? Ja (J) Nein (N) –	(2) Ergebnis	(3) Relatives Gewicht	(4)=(2)x(3) Gewogenes Ergebnis
8.	**Angabe und Begründung, wenn im Konzernabschluß in Ausnahmefällen keine einheitliche Bewertung vorgenommen wurde (§ 308 II 4)**		–	[5,70%]	–
	A. Angabe der Tatsache der Abweichung im Konzernanhang	–			
	B. Quantifizierung der Abweichung	–			
9.	**Ausweis der Unterschiedsbeträge bei Anwendung von Bewertungsvereinfachungsverfahren, wenn die Bewertung einen erheblichen Unterschied zu einer Bewertung auf Grundlage des letzten vor dem Abschlußstichtag bekannten Börsen- oder Marktpreises aufweist (§ 284 II Nr. 4)**		68,70%	5,86%	4,03%
	A. Angabe, welches Bewertungsvereinfachungsverfahren angewandt wurde	J			
	B. Angabe des Unterschiedsbetrages für jede Gruppe bzw. jeden Bilanzposten in einem Betrag	N			
	C. Ggf. Angabe, ob das Mengengerüst zu einem erheblichen Unterschiedsbetrag geführt hat	N			
10.	**Angaben über die Einbeziehung von Fremdkapitalzinsen in die Herstellungskosten (§ 284 II Nr. 5)**		100,00%	5,32%	5,32%
	A. Angabe, ob alle aktivierungsfähigen Fremdkapitalzinsen oder nur einzelne Teile in die Herstellungskosten einbezogen wurden	J			
	B. Angabe des betroffenen Bilanzpostens	–			
	C. Angabe des Betrags der aktivierten Fremdkapitalzinsen	–			
11.	**Angabe des Ausmaßes der Ergebnisbeeinflussung durch Anwendung steuerrechtlicher Vorschriften oder Bildung von Sonderposten mit Rücklageanteil im Geschäftsjahr oder in Vorjahren (§ 285 Nr. 5/§ 314 I Nr. 5)**		–	[6,74%]	–
	A. Angabe eines Betrages, der die Größenordnung der Ergebnisbeeinflussung erkennen läßt	– –			
	„Das Ergebnis wurde entsprechend beeinflußt."				
	B. Offenlegung, durch welche Bilanzierungs- und Bewertungsmaßnahmen das Ergebnis beeinflußt worden ist	– –			
	C. Angabe, ob bei der Ermittlung Steuern berücksichtigt werden	–			
	D. Hinweis, ob sich die Angabe auf das Ergebnis vor oder nach Steuern bezieht	–			
	E. Angabe des zugrunde gelegten Steuersatzes				
12.	**Angabe über das Ausmaß erheblicher künftiger Belastungen aus der Inanspruchnahme steuerlicher Vergünstigungen (§ 285 Nr. 5/§ 314 I Nr. 5)**		–	[6,47%]	–
	A. Angabe der Art der Belastung	–			
	B. Angaben zur Höhe der Belastung	–			
	„Für die Zukunft sind Steuermehraufwendungen zu erwarten."	–			
	C. Angabe des zugrunde gelegten Steuersatzes	–			
	D. Angabe des Betrachtungszeitraums	–			
	E. Angabe der Bezugsgrößen der Belastung (Ergebnis, eigene Mittel etc.)	–			
	F. Angabe, ob es sich um Barwerte oder um Nominalwerte handelt	–			
13.	**Angabe der Gründe für die planmäßige Abschreibung des Geschäfts- oder Firmenwertes im Einzelabschluß (§ 285 Nr. 13)**		100,00%	3,91%	3,91%
	A. Angabe der voraussichtlichen Nutzungsdauer	J			
	B. Angabe der Abschreibungsmethode	J			
	C. Begründung der gewählten Abschreibungsmethode	J			
14.	**Gesonderte Angabe der außerplanmäßigen Abschreibungen (Anlagevermögen) nach § 253 II 3 in einem Betrag (§ 277 III 1)**		100,00%	6,55%	6,55&
	A. Angabe des Betrages der außerplanmäßigen Abschreibung	J			
	B. Erläuterung des der Abschreibung zugrunde liegenden Sachverhalts	J			
	C. Differenzierung der außerplanmäßigen Abschreibung nach Bilanzposten	J			

Teilbericht II: Grundsätze der Bilanzierung und Bewertung, Währungsumrechnung					
Nr.	**Bewertungskriterien (Hauptkriterien, Oberkriterien, Unterkriterien)**	**(1)**	**(2)**	**(3)**	**(4)=(2)x(3)**
		Erfüllt? Ja (J) Nein (N) –	**Ergebnis**	**Relatives Gewicht**	**Gewogenes Ergebnis**
15.	**Gesonderte Angabe der außerplanmäßigen Abschreibungen (Umlaufvermögen) nach § 253 II 3 (§ 277 II 1)**		–	[6,27%]	–
	A. Angabe des Betrages der außerplanmäßigen Abschreibung	–			
	B. Erläuterung des der Abschreibung zugrunde liegenden Sachverhalts	–			
	C. Differenzierung der außerplanmäßigen Abschreibung nach Bilanzposten	–			
16.	**Angabe und Begründung der im Geschäftsjahr aus steuerlichen Gründen unterlassenen Zuschreibungen (§ 280 III/§308 III 2)**		100,00%	4,73%	4,73%
	A. Angabe der unterlassenen Zuschreibungen des Geschäftsjahres	J			
	B. Angabe der auch in Vorjahren unterlassenen Zuschreibungen	–			
	C. Angabe der steuerrechtlichen Vorschriften, auf denen die Beibehaltung der Wertansätze beruht	J			
17.	**Angabe und Begründung der allein nach steuerrechtlichen Vorschriften gebildeten Abschreibungen getrennt nach Anlage- und Umlaufvermögen (§ 281 II 1/§ 308 III 2)**		–	[5,36%]	–
	A. Angabe der Vorschriften, nach denen steuerrechtliche Sonderabschreibungen vorgenommen wurden	–			
	B. Aufgliederung nach Anlage- und Umlaufvermögen	–			
	C. Aufgliederung nach Bilanzposten	–			
(Teil-)Qualitätswert zu Teilbericht II, bezogen auf 64,84 Gewichts-Prozentpunkte (= Summe Spalte (4))					**56,93%**
(Teil-)Qualitätswert zu Teilbericht II, bezogen auf 100,00 Gewichts-Prozentpunkte					**87,80%**

Teilbericht III: Erläuterungen zu einzelnen Posten der Bilanz/Konzernbilanz

Nr.	Bewertungskriterien (Hauptkriterien, Oberkriterien, Unterkriterien)	(1) Erfüllt? Ja (J) Nein (N) –	(2) Ergebnis	(3) Relatives Gewicht	(4)=(2)x(3) Gewogenes Ergebnis
1.	**Angabe der Mitzugehörigkeit eines Posten zu anderen Posten (§ 265 III 1)**	–	–	[2,18%]	–
2.	**Gesonderter Ausweis der in der Bilanz zusammengefaßten Posten (§ 265 VII Nr. 2)**	J	100,00%	3,03%	3,03%
3.	**Gesonderte Angabe eines Gewinn- oder Verlustvortrags bei Aufstellung der Bilanz unter Berücksichtigung einer teilweisen Gewinnverwendung (§ 268 I Nr. 2 3. HS)**	–	–	[3,21%]	–
4.	**Darstellung des Anlagengitters (§ 268 II)**				
	A. Angabe des Mindestschemas	J	89,58%	3,86%	3,46%
	B. Ergänzung des Mindestschemas um einen Abschreibungsspiegel	J			
	C. Über die Angabe der Zuschreibung des Geschäftsjahres hinausgehende Angaben zu Zuschreibungen (Zuschreibungsgitter)	N			
	D. Berücksichtigung von Auswirkungen aus Änderungen des Konsolidierungskreises im Anlagengitter				
	D.1 Angabe von Änderungen der historischen AK/HK	J			
	D.2 Angabe der korrigierten kumulierten Abschreibungen	J			
	E. Berücksichtigung von Auswirkungen der Währungsumrechnung im Anlagengitter				
	E.1 Angabe von Änderungen der historischen AK/HK	J			
	E.2 Angabe der korrigierten kumulierten Abschreibungen	J			
	„Auswirkungen aus Änderungen des Konsolidierungskreises, aus Währungsunterschieden und aus sonstigen Änderungen werden zusammengefaßt."	–			
5.	**Aufgliederung der Abschreibungen des Geschäftsjahres entsprechend der Gliederung des Anlagevermögens (§ 268 II 3)**		52,39%	3,50%	1,83%
	A. Erläuterung, was unter „Abschreibungen des Geschäftsjahres" verstanden wird	N			
	B. Ausweis der Abschreibungen entsprechend der Gliederung des Anlagevermögens	J			
6.	**Erläuterung der nach dem Abschlußstichtag entstehenden sonstigen Vermögensgegenstände (RAP) größeren Umfangs (§ 268 IV 2)**		26,68%	2,84%	0,76%
	A. Tatbestand, der dem antizipativen Posten zugrunde liegt	J			
	B. Angabe des Betrages des antizipativen Postens	N			
	C. Hinweis darauf, warum der rechtliche Anspruch erst im neuen Jahr entsteht	N			
	D. Hinweis darauf, ob der rechtliche Anspruch bis zur Aufstellung der Bilanz entstanden ist	N			
7.	**Erläuterung der nach dem Abschlußstichtag entstehenden Verbindlichkeiten (RAP) größeren Umfangs (§ 268 V 3)**		0,00%	3,03%	0,00%
	A. Tatbestand, der dem antizipativen Posten zugrunde liegt	N			
	B. Angabe des Betrages des antizipativen Postens	N			
	C. Hinweis darauf, warum der rechtliche Anspruch erst im neuen Jahr entsteht	N			
	D. Hinweis darauf, ob der rechtliche Anspruch bis zur Aufstellung der Bilanz entstanden ist	N			
8.	**Angabe eines Unterschiedsbetrages, der nach § 250 II in den aktiven Rechnungsabgrenzungsposten aufgenommen wird (Disagio; § 268 VI)**		53,16%	2,43%	1,29%
	A. Betragsangabe	J			
	B. Angaben über die Abschreibung des Disagios	N			
9.	**Gesonderte Angabe der Haftungsverhältnisse und Pfandrechte (§ 268 VII)**		100,00%	3,75%	3,75%
	A. Haftungsverhältnisse und gewährte Pfandrechte und Sicherheiten	J			
	B. Gesonderte Angabe der Verpflichtungen gegenüber verbundenen Unternehmen	J			
10.	**Erläuterung der aktivierten Aufwendungen für Ingangsetzung und Erweiterung des Geschäftsbetriebs (§ 269 1)**		–	[3,65%]	–
	A. Angabe des Grundes für die eingeleitete Maßnahme	–			
	B. Bestandteile (Art) der Ingangsetzungs- und Erweiterungsaufwendungen	–			
	C. Verteilung des Gesamtbetrages auf einzelne Kostenarten	–			
	D. Angabe zur Abschreibung des Postens	–			
	E. Hinweis auf die Einhaltung des gesetzlichen Deckungsgebots	–			

Teilbericht III: Erläuterungen zu einzelnen Posten der Bilanz/Konzernbilanz

Nr.	Bewertungskriterien (Hauptkriterien, Oberkriterien, Unterkriterien)	(1)	(2)	(3)	(4)=(2)x(3)
		Erfüllt? Ja (J) Nein (N) –	Ergebnis	Relatives Gewicht	Gewogenes Ergebnis
11.	**Angabe der Vorschriften, nach denen der Sonderposten mit Rücklageanteil gebildet wurde (§ 273 2/§ 281 I 2)**		–	[3,28%]	–
	A. Angabe der jeweiligen Vorschrift	–			
	B. Freiwillige Trennung nach unversteuerten Rücklagen und steuerrechtlichen Abschreibungen	–			
12.	**Gesonderte Angabe der Rückstellung für latente Steuern (§ 274 I 1)**	–	–	[3,48%]	–
13.	**Erläuterung des als Bilanzierungshilfe gesondert in der Bilanz ausgewiesenen Abgrenzungspostens für latente Steuern (§ 274 II 2)**		29,52%	3,32%	0,98%
	A. Angabe der Gründe für die Abweichung zwischen Handelsbilanzergebnis und Steuerbilanzergebnis	J			
	B. Angabe des zugrunde gelegten Steuersatzes	N			
	C. Hinweis auf die Verrechnung mit passivischen Steuerlatenzen	N			
	D. Erläuterung der Berechnungsmethode	N			
	E. Erläuterung des Gesamtbetrages der aktivischen latenten Steuern, d. h. auch des Betrages, der wegen des Aktivierungswahlrechts nicht aktiviert wurde	N			
14	**Gesonderte Angabe der Steuerabgrenzung bei einem Konzernergebnis, das von der Summe der Einzelergebnisse abweicht (§ 306 2)**		53,40%	3,32%	1,79%
	A. Hinweis auf die Zusammenfassung mit Steuerlatenzen gemäß § 274	J			
	B. Angabe der Ursachen der Steuerabgrenzung	J			
	C. Angabe des zugrunde gelegten Steuersatzes	N			
	D. Evtl. Hinweis auf Abweichung gegenüber dem Vorjahr	N			
15.	**Angaben zu Verbindlichkeiten (§ 285 Nr. 1 und 2/§ 314 I Nr. 1)**		34,88%	3,13%	1,09%
	A. Gesetzlich vorgeschriebene Mindestangaben				
	A.1. Angabe des Gesamtbetrages der Verbindlichkeiten mit einer Restlaufzeit von mehr als fünf Jahren	J			
	A.2. Angabe des Gesamtbetrages der durch Pfandrechte oder ähnliche Rechte gesicherten Verbindlichkeiten unter Angabe von Art und Form der Sicherheit	J			
	A.3. Aufgliederung der Angaben nach § 285 Nr. 1 für jeden Posten der Verbindlichkeit				
	A.3.1. Gesamtbetrag der Verbindlichkeit	N			
	A.3.2. Art und Form der Sicherheit	N			
	B, Freiwillige Angabe der mittelfristigen Verbindlichkeiten				
	B.1. Gesamtbetrag	N			
	B.2. Aufgliederung	N			
	C. Freiwillige übersichtliche Darstellung der Verbindlichkeiten in einem tabellarischen Verbindlichkeitenspiegel	N			
16.	**Angaben zu Unternehmen, an denen das MU, ein TU oder für deren Rechnung ein Dritter mindestens 20 % der Anteile hält (§ 285 Nr. 11/§ 313 II Nr. 4)**		–	[4,11%]	–
	A. Name und Sitz des Unternehmens	–			
	B. Anteil am Kapital des Unternehmens	–			
	C. Höhe des Eigenkapitals des Unternehmens	–			
	D. Letztes Jahresergebnis des Unternehmens	–			
17.	**Angabe der Anwendung der Schutzklausel (bezüglich Aufstellung des Anteilsbesitzes) nach § 286 III 1 Nr. 2/§ 313 III 1 i. V. m. § 313 II Nr. 4 (§ 286 III 3/§ 313 III 2)**	–	–	[3,21%]	–
18.	**Hinweis auf die besondere Aufstellung des Anteilbesitzes und den Ort ihrer Hinterlegung, falls der Anteilbesitz nicht im Anhang angegeben wird**		57,27%	2,95%	1,69%
	A. Hinweis auf die Hinterlegung der Anteilliste	J			
	B. Hinweis auf den Ort des Handelsregisters	N			
	C. Hinweis auf die Nummer des Handelsregisters	N			
	D. Angaben zur Beteiligungsliste	J			

Teilbericht III: Erläuterungen zu einzelnen Posten der Bilanz/Konzernbilanz

Nr.	Bewertungskriterien (Hauptkriterien, Oberkriterien, Unterkriterien)	(1)	(2)	(3)	(4)=(2)x(3)
		Erfüllt? Ja (J) Nein (N) –	Ergebnis	Relatives Gewicht	Gewogenes Ergebnis
19.	**Erläuterung von nicht gesondert ausgewiesenen „sonstigen Rückstellungen", die einen nicht unerheblichen Umfang haben (§ 285 Nr. 12)**		100,00%	4,15%	4,15%
	A. Angabe der einzelnen Teil-Rückstellungen zugrunde liegenden Sachverhalte	J			
	B. Angabe der Fristigkeiten	J			
	C. Angabe von Beträgen pro Teil-Rückstellung				
	Vollständige Aufgliederung (mehr als 90 %) der sonstigen Rückstellungen	X			
	Aufgliederung von weniger als 90 % des Gesamtbetrages der sonstigen Rückstellungen, aber mit verbaler Umschreibung des Rests				
	Aufgliederung von weniger als 90 % des Gesamtbetrages der sonstigen Rückstellungen, ohne verbale Umschreibung des Rests				
	Keine Aufgliederung der sonstigen Rückstellungen				
20.	**Angabe der Fehlbeträge für laufende Pensionen und Anwartschaften auf Pensionen und ähnliche Verpflichtungen (Artikel 28 II EGHGB)**		100,00%	4,27%	4,27%
	A. Angabe des Betrages der Unterdeckung	J			
	B. Angabe der Ursachen für die Unterdeckung	–			
21.	**Angabe des in andere Gewinnrücklagen eingestellten Eigenkapitalanteils von Wertaufholungen und von bei der Gewinnermittlung gebildeten Passivposten (§ 58 IIa 2 AktG)**	–	–	[3,19%]	–
22.	**Angabe des für das Geschäftsjahr in die Kapitalrücklage eingestellten bzw. aus der Kapitalrücklage entnommenen Betrages (§ 152 II AktG)**		–	[3,44%]	–
	A. Gesetzliche Angaben (Einstellung aus Bilanzgewinn und Jahresüberschuß, Entnahmen)	–			
	B. Freiwillige Angabe: Bewegungen einzelner Posten der Kapitalrücklage	–			
	C. Darstellung in Form eines Rücklagenspiegels	–			
23.	**Angabe der einzelnen Beträge der Gewinnrücklagen (§ 152 II AktG)**		100,00%	3,41%	3,41%
	A. Gesetzliche Angaben (Einstellung aus Bilanzgewinn und Jahresüberschuß, Entnahmen)	J			
	B. Ausweis eines Rücklagenspiegels	J			
24.	**Angabe von Zahl und Nennbetrag der Aktien jeder Gattung (§ 160 I Nr. 3 AktG)**		100,00%	3,00%	3,00%
	A. Gesetzlich geforderte Angaben	J			
	B. Übersichtliche Zusammenfassung der Angaben im Anhang	J			
25.	**Gesonderte Angabe der Aktien je Gattung, die bei einer bedingten Kapitalerhöhung oder einem genehmigten Kapital im Geschäftsjahr gezeichnet wurden (§ 160 I Nr. 3 AktG)**	–	–	[3,06%]	–
	A. Anlaß der Kapitalerhöhung	–			
	B. Gesamtnennbetrag der Aktien je Gattung	–			
	C. Ausgabebetrag der Aktien je Gattung	–			
	D. Angaben zur bilanziellen Behandlung der Kapitalerhöhung	–			
	E. Gegenwert der Aktien (Bar- oder Sacheinlage)				
26.	**Angaben über das genehmigte Kapital (§ 160 I Nr. 4 AktG)**		72,24%	3,57%	2,58%
	A. Datum des Hauptversammlungsbeschlusses	N			
	B. Inhalt des Hauptversammlungsbeschlusses	J			
	C. Nennbetrag des am Stichtag bestehenden genehmigten Kapitals	J			
27.	**Zahl der Wandelschuldverschreibungen und vergleichbaren Wertpapiere unter Angabe der Rechte, die sie verbriefen (§ 160 I Nr. 5 AktG)**		–	[3,35%]	–
	A. Angabe der Gattung	–			
	B. Angabe der Zahl/Nennbeträge der umlaufenden Stücke je Gattung	–			
	C. Angabe der verbrieften Rechte (Anleihebedingungen, Zinssatz, Wandlungsverhältnis, Aufgeld, Fälligkeit, Besicherung etc.)	–			

Teilbericht III: Erläuterungen zu einzelnen Posten der Bilanz/Konzernbilanz

Nr.	Bewertungskriterien (Hauptkriterien, Oberkriterien, Unterkriterien)	(1) Erfüllt? Ja (J) Nein (N) –	(2) Ergebnis	(3) Relatives Gewicht	(4)=(2)x(3) Gewogenes Ergebnis
28.	**Angaben über Genußrechte, Besserungsscheine, ähnliche Rechte (§ 160 I Nr. 6 AktG)**		–	[3,79%]	–
	A. Art der Rechte	–			
	B. Zahl der Rechte	–			
	C. Nennbetrag der Rechte	–			
	D. Hervorhebung der neu entstandenen Rechte	–			
	E. Inhalt der einzelnen Rechte (Zweck der Ausgabe, Hauptversammlungsbeschluß, berechtigte Personen, Laufzeit, Änderung der Bedingung, Erlöschen von Rechtsverpflichtungen u. ä.)	–			
29.	**Erläuterung der Zusammensetzung einzelner Posten der Aktivseite**	J	100,00%	2,95%	2,95%
30.	**Erläuterung der Zusammensetzung einzelner Posten der Passivseite**	J	100,00%	3,54%	3,54%
(Teil-)Qualitätswert zu Teilbericht III, bezogen auf 60,05 Gewichts-Prozentpunkte (= Summe Spalte (4))					**43,57%**
(Teil-)Qualitätswert zu Teilbericht III, bezogen auf 100,00 Gewichts-Prozentpunkte					**72,57%**

Teilbericht IV: Erläuterungen zu einzelnen Posten der GuV-/Konzern GuV

Nr.	Bewertungskriterien (Hauptkriterien, Oberkriterien, Unterkriterien)	(1) Erfüllt? Ja (J) Nein (N) –	(2) Ergebnis	(3) Relatives Gewicht	(4)=(2)x(3) Gewo-genes Ergebnis
1.	**Gesonderter Ausweis der in der Gewinn- und Verlustrechnung zusammengefaßten Posten (§ 265 VII Nr. 2)**	J	100,00%	9,69%	9,69%
2.	**Weitere Aufgliederung der in der GuV ausgewiesenen sonstigen betrieblichen Aufwendungen und Erträge (§ 265 V 1)**		58,40%	10,48%	6,12%
	Vollständige Aufgliederung des Gesamtbetrages (Summe der Einzelbeträge > 90 % des Gesamtbetrages)				
	Aufgliederung einzelner Posten und verbale Umschreibung der Zusammensetzung der nicht aufgegliederten, wesentlichen („übrigen") Posten *„In den sonstigen betrieblichen Aufwendungen (10 Mio. DM) sind mit 1 Mio. DM Aufwendungen aus Kursverlusten enthalten. Die übrigen Aufwendungen entfallen auf Verluste aus Anlagenabgängen sowie auf Aufwendungen aus Zuführungen zu Pauschalwertberichtigungen."*	X			
	Aufgliederung einzelner Posten ohne verbale Umschreibung der Zusammensetzung der nicht aufgegliederten, wesentlichen („übrigen") Posten *„In den sonstigen betrieblichen Aufwendungen (10 Mio. DM) sind mit 1 Mio. DM Aufwendungen aus Kursverlusten enthalten."*				
	Nur verbale Umschreibung der Zusammensetzung des Postens *„In den sonstigen betrieblichen Aufwendungen sind Aufwendungen aus Kursverlusten sowie Aufwendungen aus der Zuführung zu Pauschalwertberichtigungen enthalten."*				
	Keine Aufgliederung des Gesamtbetrages				
3.	**Erläuterung des Betrages und der Art von außerordentlichen Erträgen und Aufwendungen, soweit diese für die Beurteilung der Ertragslage nicht von untergeordneter Bedeutung sind (§ 277 IV 2)**		100,00%	11,76%	11,76%
	Vollständige Aufgliederung des Gesamtbetrages (Summe der Einzelbeträge > 90 % des Gesamtbetrages)	X			
	Aufgliederung einzelner Posten und verbale Umschreibung der Zusammensetzung der nicht aufgegliederten („übrigen") Posten *„Die außerordentlichen Aufwendungen in Höhe von 10 Mio. DM betreffen mit 1 Mio. DM Aufwendungen aus dem Verkauf von Grundvermögen. Der Rest entfällt auf die außerplanmäßige Abschreibung einer Beteiligung und auf die Aufdeckung stiller Lasten in spanischen Beteiligungsgesellschaften."*				
	Aufgliederung einzelner Posten ohne verbale Umschreibung der Zusammensetzung der nicht aufgegliederten, wesentlichen („übrigen") Posten *„Die außerordentlichen Aufwendungen in Höhe von 10 Mio. DM betreffen mit 3 Mio. DM Aufwendungen aus dem Verkauf von Grundvermögen."*				
	Nur verbale Umschreibung der Zusammensetzung des Postens *„Die außerordentlichen Aufwendungen betreffen Aufwendungen aus dem Verkauf von Grundvermögen."*				
	Keine Aufgliederung des Gesamtbetrages				
4.	**Erläuterung des Betrages und der Art von einem anderen Geschäftsjahr zuzuordnenden Erträgen und Aufwendungen, soweit diese für die Beurteilung der Ertragslage nicht von untergeordneter Bedeutung sind (§ 277 IV 3)**		100,00%	10,75%	10,75%
	Vollständige Aufgliederung des Gesamtbetrages (Summe der Einzelbeträge > 90 % des Gesamtbetrages)	X			
	Erkennbar unvollständige Aufgliederung einzelner Posten mit verbaler Umschreibung der Zusammensetzung der nicht aufgegliederten („übrigen") Posten *„Von den periodenfremden Erträgen in Höhe von 10 Mio. DM entfallen 2 Mio. DM auf Erträge aus der Auflösung von Rückstellungen. Der Rest betrifft Buchgewinne aus Anlagenabgängen und Steuererstattungen."*				
	Erkennbar unvollständige Aufgliederung einzelner wesentlicher Posten ohne verbale Umschreibung der Zusammensetzung der nicht aufgegliederten („übrigen") Posten *„Von den periodenfremden Erträgen in Höhe von 10 Mio. DM entfallen 2 Mio. DM auf Erträge aus der Auflösung von Rückstellungen, und 1 Mio. DM entfallen auf Steuererstattungen."*				
	Gesamtbetrag ohne Aufgliederung, aber mit verbaler Umschreibung der Zusammensetzung des Postens *„Die periodenfremden Erträge in Höhe von 10 Mio. DM betreffen Erträge aus der Auflösung von Rückstellungen und Erträge aus Steuererstattungen."*				
	Gesamtbetrag ohne Aufgliederung „Es liegen periodenfremde Aufwendungen in Höhe von 10 Mio. DM vor."				
	Nur Hinweis auf Sachverhalt, der periodenfremde Aufwendungen/Erträge begründet"Wegen Steuernachzahlungen kam es zu periodenfremden Aufwendungen."				
	Keine Aufgliederung des Gesamtbetrages				

Teilbericht IV: Erläuterungen zu einzelnen Posten der GuV-/Konzern GuV

Nr.	Bewertungskriterien (Hauptkriterien, Oberkriterien, Unterkriterien)	(1) Erfüllt? Ja (J) Nein (N) –	(2) Ergebnis	(3) Relatives Gewicht	(4)=(2)x(3) Gewogenes Ergebnis
5.	**Angabe der Erträge aus der Auflösung von Sonderposten mit Rücklageanteil (§ 281 II 2)**		–	[9,75%]	–
	A. Angabe des Betrages der Auflösung	–			
	B. Hinweis, ob es sich um eine planmäßige oder um eine vorzeitige Auflösung des Sonderpostens handelt	–			
6.	**Angabe der Aufwendungen aus der Einstellung in den Sonderposten mit Rücklageanteil (§ 281 II 2)**		–	[9,68%]	–
	A. Angabe des Betrages der Einstellung	–			
	B. Differenzierung der Betragsangabe nach der Art der Einstellung in den Sonderposten mit Rücklageanteil	–			
7.	**Aufgliederung der Umsatzerlöse nach Tätigkeitsbereichen und nach geographisch bestimmten Märkten (§ 285 Nr. 4/§ 314 Nr. 3/§ 314 II)**		68,86%	10,02%	6,90%
	A. Segmentierung der Umsätze				
	Matrixförmige Aufgliederung der Umsatzerlöse nach Sparten und einzelnen Regionen				
	Matrixförmige Aufgliederung der Umsatzerlöse nach Sparten und Regionen Inland/Ausland				
	Aufgliederung der Umsatzerlöse getrennt (also nicht matrixförmig) nach Sparten und nach einzelnen Regionen	X			
	Aufgliederung der Umsatzerlöse getrennt nach Sparten und nach Regionen Inland/Ausland				
	Aufgliederung der Umsatzerlöse nur nach einzelnen Regionen, ohne Sparten				
	Aufgliederung der Umsatzerlöse nur nach einzelnen Regionen Inland/Ausland, ohne Sparten				
	Aufgliederung der Umsatzerlöse nur nach Sparten, ohne Regionen				
	Keine Aufgliederung der Umsatzerlöse				
	B. Angabe des Abgrenzungskriteriums	J			
	C. Angabe intersegmentärer Umsätze	N			
	D. Angabe von Vorjahreszahlen	J			
8.	**Angabe der Belastung des Ergebnisses der gewöhnlichen Geschäftstätigkeit und des außerordentlichen Ergebnisses durch Ertragsteuern (§ 285 Nr. 6)**	J	100,00%	8,85%	8,85%
9.	**Angaben bei Anwendung des Umsatzkostenverfahrens (Materialaufwand, Personalaufwand; § 285 Nr. 8)**		100,00%	10,44%	10,44$
	A. Materialaufwand				
	A.1. Angabe des Gesamtbetrages	J			
	A.2. Angabe der auch nach GKV auszuweisenden Teilbeträge des Materialaufwands	J			
	A.3. Freiwillige Angabe der Vorjahresbeträge	J			
	B. Personalaufwand				
	B.1. Angabe des Gesamtbetrages	J			
	B.2. Angabe der auch nach GKV auszuweisenden Teilbeträge des Personalaufwands	J			
	B.3. Freiwillige Angabe der Vorjahresbeträge	J			
10.	**Angabe der Entwicklung des Jahresüberschusses/Jahresfehlbetrages zum Bilanzgewinn/Bilanzverlust (§ 158 I 2 AktG)**	J	100,00%	8,58%	8,58%
	(Teil-)Qualitätswert zu Teilbericht IV, bezogen auf 80,57 Gewichts-Prozentpunkte (= Summe Spalte (4))				**73,09%**
	(Teil-)Qualitätswert zu Teilbericht IV, bezogen auf 100,00 Gewichts-Prozentpunkte				**90,72%**

Teilbericht V: Angaben zum Konsolidierungskreis

Nr.	Bewertungskriterien (Hauptkriterien, Oberkriterien, Unterkriterien)	(1)	(2)	(3)	(4)=(2)x(3)
		Erfüllt? Ja (J) Nein (N) –	Ergebnis	Relatives Gewicht	Gewogenes Ergebnis
1.	**Angaben, die einen Vergleich mit vorhergehenden Abschlüssen erlauben, wenn sich der Konsolidierungskreis geändert hat**		100,00%	14,77%	14,77%
	A. Begründung für Veränderungen der Zusammensetzung des Konsolidierungskreises	J			
	B. **Alternative 1:** Vorgehen gemäß § 294 II 1				
	B.1.1. Angabe, welche/wieviele Tochterunternehmen erstmals oder erstmals nicht mehr einbezogen worden sind	J			
	B.1.2. Betragsangabe, wie sich dadurch einzelne, wesentliche Konzernabschlußposten verändert haben				
	B.1.2.1. Bilanz	J			
	B.1.2.2. Gewinn- und Verlustrechnung	J			
	Alternative 2: Vorgehen gemäß § 294 II 2				
	B.2.1. Angabe, welche/wieviele Tochterunternehmen erstmals oder erstmals nicht mehr einbezogen worden sind	–			
	B.2.2. Betragsangabe, wie sich dadurch einzelne, wesentliche Konzernabschlußposten verändert haben				
	B.2.2.1. Bilanz	–			
	B.2.2.2. Gewinn- und Verlustrechnung	–			
	B.2.3. Zusätzlich Ausweis der nicht angepaßten (ursprünglichen) Vorjahreszahlen im aktuellen Anhang (sogenannter Drei-Spalten-Ausweis)	–			
2.	**Angabe und Begründung, wenn ein Tochterunternehmen nach § 295 I nicht einbezogen wurde (§ 295 III 1)**		–	[11,38%]	–
	A. Angabe der Umstände, die für die Nichteinbeziehung ursächlich sind	–			
	B. Angabe der Posten des Konzernabschlusses, die bei Einbeziehung des Tochterunternehmens ein verzerrtes Bild der VFE-Lage widerspiegeln	–			
3.	**Begründung, wenn ein Tochterunternehmen nach § 296 I oder II nicht einbezogen wurde (§ 296 III)**	–	–	[11,34%]	–
4.	**Angaben zu Konzernunternehmen (§ 313 II Nr. 1 Satz 1)**		–	[11,51%]	–
	A. Name und Sitz des Tochterunternehmens	–			
	B. Anteil am Kapital, der dem MU und den einbezogenen TU gehört oder für deren Rechnung gehalten wird	–			
	C. Sachverhalt, der zur Einbeziehung verpflichtet, sofern diese nicht aufgrund einer der Kapitalbeteiligung entsprechenden Stimmrechtsmehrheit erfolgt	–			
5.	**Angaben für alle Tochterunternehmen, die nach §§ 295, 296 nicht einbezogen wurden (§ 313 II Nr. 1 Satz 2)**		–	[10,64%]	–
	A. Name und Sitz des Tochterunternehmens	–			
	B. Anteil am Kapital, der dem MU und den einbezogenen TU gehört oder für deren Rechnung gehalten wird	–			
	C. Sachverhalt, der zur Einbeziehung verpflichtet, sofern diese nicht aufgrund einer der Kapitalbeteiligung entsprechenden Stimmrechtsmehrheit erfolgt	–			
6.	**Angaben zu assoziierten Unternehmen (§ 313 II Nr. 2)**				
	A. Name und Sitz des assoziierten Unternehmens	–	–	[10,68%]	–
	B. Anteil am Kapital des assoziierten Unternehmens, der dem MU und den einbezogenen TU gehört oder für deren Rechnung gehalten wird	–			
	C. Angabe und Begründung, wenn auf die Einbeziehung nach der Equity-Methode verzichtet wird	–			
7.	**Angaben zu quotenkonsolidierten Unternehmen (§ 313 II Nr. 3)**				
	A. Name und Sitz des Gemeinschaftsunternehmens	–	–	[10,81%]	–
	B. Tatbestand, der die Quotenkonsolidierung ermöglicht				
	B.1. Hinweis auf Tatbestand der gemeinsamen Führung	–			
	B.2. Name und Sitz der gemeinsam mitführenden konzernfremden Unternehmen	–			
	B.3. Hinweis, von wievielen anderen konzernfremden Unternehmen das gemeinsame Unternehmen geführt wird	–			
	C. Anteil am Kapital dieser Unternehmen, der dem MU und den einbezogenen TU gehört oder für deren Rechnung gehalten wird	–			

Teilbericht V: Angaben zum Konsolidierungskreis					
Nr.	**Bewertungskriterien (Hauptkriterien, Oberkriterien, Unterkriterien)**	**(1)**	**(2)**	**(3)**	**(4)=(2)x(3)**
		Erfüllt? **Ja (J)** **Nein (N)** **–**	**Ergebnis**	**Relatives Gewicht**	**Gewogenes Ergebnis**
8.	**Angabe der Anwendung der Schutzklausel, wenn die Angaben zu § 313 II nicht gemacht werden (§ 313 III 2)**	–	–	[9,76%]	–
9.	**Hinweis auf die besondere Aufstellung des Anteilbesitzes, die die Angaben nach § 313 II ersetzt, und den Ort der Hinterlegung (§ 313 IV 3)**		61,78%	9,11%	5,63%
	A. Hinweis auf die Hinterlegung der Anteilliste	J			
	B. Hinweis auf den Ort des Handelsregisters	N			
	C. Hinweis auf die Nummer des Handelsregisters	N			
	D. Angaben zur Beteiligungsliste	J			
(Teil-)Qualitätswert zu Teilbericht V, bezogen auf 23,88 Gewichts-Prozentpunkte (= Summe Spalte (4))					**20,40%**
(Teil-)Qualitätswert zu Teilbericht V, bezogen auf 100,00 Gewichts-Prozentpunkte					**85,42%**

Teilbericht VI: Angaben zu den Konsolidierungsmethoden

Nr.	Bewertungskriterien (Hauptkriterien, Oberkriterien, Unterkriterien)	(1)	(2)	(3)	(4)=(2)x(3)
		Erfüllt? Ja (J) Nein (N) –	Ergebnis	Relatives Gewicht	Gewogenes Ergebnis
1.	**Angabe und Begründung der Abweichungen von den auf den vorhergehenden Abschluß angewandten Konsolidierungsmethoden (Fehlanzeige; § 297 II 4/§ 313 I Nr. 3)**		0,00%	10,12%	0,00%
	A. Angabe der bisher angewandten und der jetzt angewandten Methode	N			
	B. Begründung der Unstetigkeit	–			
2.	**Gesonderte Darstellung des Einflusses abweichender Konsolidierungsmethoden auf die VFE-Lage des Konzerns (§ 297 III 5/§ 313 I Nr. 3)**	–	–	[10,08%]	–
3.	**Angabe und Begründung, wenn der Abschlußstichtag des Konzerns und der Abschlußstichtag des Mutterunternehmens auseinanderfallen (Fehlanzeige; § 299 I)**		0,00%	6,64%	0,00%
	A. Darstellung der Tatsache des abweichenden Stichtags	N			
	B. Angabe der Unternehmen mit abweichendem Stichtag	–			
	C. Angabe der Vorgänge und Tatbestände, die dieser Abweichung zugrunde liegen	–			
4.	**Weicht der Abschlußstichtag des Konzerns von demjenigen eines einbezogenen Unternehmens ab und wird kein Zwischenabschluß aufgestellt, so sind dazwischenliegende Vorgänge anzugeben, soweit sie für die VFE-Lage des Konzerns von besonderer Bedeutung sind (§ 299 III)**	–	–	[8,54%]	–
5.	**Erwerbsmethode (§ 301)**		100,00%	9,02%	9,02%
	A. Angabe der gewählten Konsolidierungsmethode	J			
	B. Angabe des Zeitpunktes, der für die Wertansätze der Kapitalkonsolidierung grundlegend ist	J			
	C. Erläuterung des aktivischen und passivischen Unterschiedsbetrags aus der Kapitalkonsolidierung sowie dessen wesentliche Änderung gegenüber dem Vorjahr				
	C.1. Erläuterung der Zusammensetzung des Postens	J			
	C.2. Erläuterung von Veränderungen des Postens	J			
	D. Angabe der gegeneinander verrechneten aktivischen und passivischen Unterschiedsbeträge	J			
	E. Angaben zur Abschreibungsmethode	J			
6.	**Interessenzusammenführungsmethode (§ 302 II)**		–	[7,47%]	–
	A. Angabe der Anwendung dieser Methode	–			
	B. Angabe der sich aus der Anwendung dieser Methode ergebenden Rücklagenveränderungen	–			
	C. Name und Sitz des betroffenen Unternehmens	–			
7.	**Quotenkonsolidierung (§ 310 II)**		–	[8,51%]	–
	A. Angabe der gewählten Konsolidierungsmethode	–			
	B. Angabe des Zeitpunktes, der für die Wertansätze der Kapitalkonsolidierung grundlegend ist	–			
	C. Erläuterung des aktivischen und passivischen Unterschiedsbetrags aus der Kapitalkonsolidierung sowie dessen wesentliche Änderung gegenüber dem Vorjahr				
	C.1. Erläuterung der Zusammensetzung des Postens	–			
	C.2. Erläuterung von Veränderungen des Postens	–			
	D. Angabe der gegeneinander verrechneten aktivischen und passivischen Unterschiedsbeträge	–			
8.	**Equity-Methode (§§ 311, 312)**		100,00%	8,56%	8,56%
	A. Angabe des Unterschiedsbetrags zwischen Beteiligungsbuchwert und anteiligem Eigenkapital des assoziierten Unternehmens bei erstmaliger Anwendung der Equity-Methode mit Buchausweis	J			
	B. Angabe des Unterschiedsbetrags zwischen dem Buchwert der Beteiligung in der Einzelbilanz und dem auf die Beteiligung entfallenden Teil des Eigenkapitals des assoziierten Unternehmens zum Zeitpunkt der erstmaligen Anwendung der Kapitalanteilsmethode	–			
	C. Angabe der angewandten Variante der Equity-Methode	J			
	D. Angabe des für den Wertansatz grundlegenden gewählten Zeitpunkts	J			
	E. Angabe, wenn das assoziierte Unternehmen nicht an die konzerneinheitliche Bewertung angepaßt wird	–			

Teilbericht VI: Angaben zu den Konsolidierungsmethoden

Nr.	Bewertungskriterien (Hauptkriterien, Oberkriterien, Unterkriterien)	(1)	(2)	(3)	(4)=(2)x(3)
		Erfüllt? Ja (J) Nein (N) –	Ergebnis	Relatives Gewicht	Gewogenes Ergebnis
9.	**Angabe, wenn die Zwischenergebniseliminierung wegen untergeordneter Bedeutung unterlassen wurde; Erläuterung des hieraus resultierenden Einflusses auf die VFE-Lage des Konzerns, sofern er wesentlich ist (§ 304 II 2)**		–	[7,73%]	–
	A. Angabe, bei welchen Posten auf eine Herausrechnung der Zwischenergebnisse verzichtet wurde	–			
	B. Angabe der Auswirkung auf die VFE-Lage des Konzerns	–			
	C. Angabe, warum eine Eliminierung einen unverhältnismäßig hohen Aufwand erfordert	–			
10.	**Schuldenkonsolidierung (§ 303)**		100,00%	7,80%	7,80%
	A. Allgemeine Angaben zur Schuldenkonsolidierung	J			
	B. Detaillierte Angaben zur Schuldenkonsolidierung (z. B. Behandlung von Aufrechnungsdifferenzen)	J			
11.	**Zwischenergebniskonsolidierung (§ 304)**		33,33%	7,80%	2,60%
	A. Allgemeine Angaben zur Zwischenergebniseliminierung	J			
	B. Detaillierte Angaben zur Zwischenergebniseliminierung (z. B. Behandlung von Aufrechnungsdifferenzen)	N			
12.	**Aufwands- und Ertragskonsolidierung (§ 305)**		32,99	7,73%	2,55%
	A. Allgemeine Angaben zur Aufwands- und Ertragskonsolidierung	J			
	B. Detaillierte Angaben zur Aufwands- und Ertragskonsolidierung	N			
	(Teil-)Qualitätswert zu Teilbericht VI, bezogen auf 57,67 Gewichts-Prozentpunkte (= Summe Spalte (4))				**30,53%**
	(Teil-)Qualitätswert zu Teilbericht VI, bezogen auf 100,00 Gewichts-Prozentpunkte				**52,94%**

Teilbericht VII: Sonstige, vor allem rechtsformspezifische Pflichtangaben					
Nr.	**Bewertungskriterien (Hauptkriterien, Oberkriterien, Unterkriterien)**	**(1)**	**(2)**	**(3)**	**(4)=(2)x(3)**
		Erfüllt? Ja (J) Nein (N) –	**Ergebnis**	**Relatives Gewicht**	**Gewogenes Ergebnis**
1.	**Angabe des Gesamtbetrags der nicht aus der Bilanz ersichtlichen sonstigen finanziellen Verpflichtungen, soweit sie für die Finanzlage von Bedeutung sind (§ 285 Nr. 3 1. HS/§ 314 I Nr. 2 1. HS)**		82,97%	6,72%	5,58%
	A. Angabe des Gesamtbetrags	J			
	B. Freiwillige Untergliederung des Gesamtbetrags	N			
	C. Angabe, ob es sich um Barwerte oder Nominalwerte handelt	J			
	D. Freiwillige Erläuterung/Begründung einzelner Arten von sonstigen finanziellen Verpflichtungen	J			
	E. Angabe der im kommenden Geschäftsjahr fälligen Verpflichtungen	J			
	F. Angabe der ab dem zweiten folgenden Geschäftsjahr fälligen Verpflichtungen	J			
2.	**Gesonderte Angabe des Gesamtbetrags der nicht aus der Bilanz ersichtlichen sonstigen finanziellen Verpflichtungen gegenüber verbundenen Unternehmen (§ 285 Nr. 3 2. HS)**	–	–	[6,08]	–
3.	**Gesonderte Angabe der nicht aus der Bilanz ersichtlichen sonstigen finanziellen Verpflichtungen und Haftungsverhältnisse, die gegenüber nicht einbezogenen Tochterunternehmen bestehen (§ 314 I Nr. 2 2. HS)**	–	–	[5,90]	–
4.	**Angabe der durchschnittlichen Arbeitnehmerzahl des Konzerns, getrennt nach Gruppen (§ 285 Nr. 7/§ 314 I Nr. 4.1. HS)**		41,60%	4,92%	2,05%
	A. Untergliederung nach arbeitsrechtlichen Gruppen	N			
	B. Freiwillige weitere Gruppierung nach Geschlecht, geographisch bestimmten Bereichen	J			
	C. Freiwillige Angabe der nicht in der Gesamtzahl enthaltenen Zahl der Auszubildenden, Leiharbeiter etc.	N			
	D. Angabe der Ermittlungsmethode der Arbeitnehmerzahl	N			
	E. Freiwillige Angabe von Vorjahreszahlen	J			
5.	**Angabe der durchschnittlichen Arbeitnehmerzahl bei nur anteilig einbezogenen Unternehmen (§ 314 I Nr. 4 2. HS)**	–	–	[3,73%]	–
6.	**Angabe der im Geschäftsjahr gewährten Gesamtbezüge für Mitglieder der Geschäftsführung, des Aufsichtsrates, des Beirates oder einer ähnlichen Einrichtung jeweils für jede Personengruppe (§ 285 Nr. 9a/§ 314 Nr. 6a)**	J	100,00%	4,18%	4,18%
7.	**Angabe der Gesamtbezüge der früheren Mitarbeiter der unter Nr. 6 von Teilbericht VII genannten Organe und ihrer Hinterbliebenen (§ 285 Nr. 9b 1 und 2/§ 314 I Nr. 6b 1)**	J	100,00%	3,47%	3,47%
8.	**Angabe des Betrags der für frühere Organmitglieder und ihre Hinterbliebenen gebildeten Rückstellungen für laufende Pensionen und Anwartschaften auf Pensionen und Betrag der nicht gebildeten Pensionsrückstellungen (§ 285 Nr. 9b 3/§ 314 I Nr. 6b 2)**	J	100,00%	3,97%	3,97%
9.	**Angabe gemäß § 285 Nr. 9c/§ 314 I Nr. 6c**		77,34%	3,34%	2,69%
	A. An Organmitglieder gewährte Vorschüsse und Kredite	J			
	B. Zinssätze	J			
	C. Wesentliche Bedingungen	J			
	D. Im Geschäftsjahr zurückgezahlte Beträge	J			
	E. Eingegangene Haftungsverhältnisse	N			
10.	**Angabe aller Mitglieder des Geschäftsführungsorgans und des Aufsichtsrates (§ 285 Nr. 10)**	J	100,00%	5,43%	5,43%

Nr.	Bewertungskriterien (Hauptkriterien, Oberkriterien, Unterkriterien)	(1) Erfüllt? Ja (J) Nein (N)	(2) Ergebnis	(3) Relatives Gewicht	(4)=(2)x(3) Gewogenes Ergebnis
	Teilbericht VII: Sonstige, vor allem rechtsformspezifische Pflichtangaben				
11.	**Angabe bei Konzernzugehörigkeit des Namens und des Sitzes des Mutterunternehmens, das den Konzernabschluß für den größten und für den kleinsten Kreis von Unternehmen aufstellt, sowie Angabe des Ortes, wo die Konzernabschlüsse gegebenenfalls erhältlich sind (§ 285 Nr. 14)**		–	[5,52%]	–
	A, Konzernabschluß für den größten Kreis von Unternehmen				
	A.1. Name des Mutterunternehmens	–			
	A.2. Sitz des Mutterunternehmens	–			
	A.3. Ort, wo der Konzernabschluß gegebenenfalls erhältlich ist	–			
	A.4. Freiwilliger Hinweis auf Ergebnisabführungsvertrag, falls ein solcher besteht	–			
	B. Konzernabschluß für den kleinsten Kreis von Unternehmen				
	B.1. Name des Mutterunternehmens	–			
	B.2. Sitz des Mutterunternehmens	–			
	B.3. Ort, wo der Konzernabschluß gegebenenfalls erhältlich ist	–			
	B.4. Freiwilliger Hinweis auf Ergebnisabführungsvertrag, falls ein solcher besteht	–			
12.	**Angaben über einen befreienden Konzernabschluß (§ 291 II Nr. 3)**		–	[5,36%]	–
	A. Angabe des befreienden Mutterunternehmens	–			
	B. Sitz des befreienden Mutterunternehmens	–			
	C. Hinweis auf die Befreiung	–			
	D. Freiwillige Angabe des Ortes, wo der befreiende Konzernabschluß erhältlich ist	–			
13.	**Angabe über Bestand, Zugang und ggf. Verwertung von Aktien, die ein Aktionär für die Gesellschaft übernommen hat (§ 160 I Nr. 1 AktG)**		–	[5,35%]	–
	A. Zahl der vorhandenen Vorratsaktien	–			
	B. Gesamtnennbetrag der vorhandenen Vorratsaktien	–			
	C. Gattung der Vorratsaktien	–			
	D. Übernahmebedingungen	–			
	E. Anlaß der Ausgabe der Vorratsaktien	–			
	F. Name des Übernehmers, wenn es sich bei diesem um ein abhängiges oder um ein in Mehrheitsbesitz stehendes Unternehmen handelt	–			
	G. Angabe des Zugangs an Vorratsaktien im Geschäftsjahr	–			
	H. Angabe der Höhe des Verwertungserlöses	–			
	I. Angaben über die Verwendung des Verwertungserlöses	–			
14.	**Angaben über Bestand, Zugang und gegebenenfalls Änderung des Bestands an eigenen Aktien der Gesellschaft (§ 160 I Nr. 2 AktG)**		–	[5,45%]	–
	A. Zahl der vorhandenen Aktien	–			
	B. Gesamtnennbetrag der vorhandenen eigenen Aktien	–			
	C. Gattung der Aktien	–			
	D. Anteil der eigenen Aktien am Grundkapital	–			
	E. Erwerbs-/Veräußerungspreis	–			
	F. Zeitpunkt des Erwerbs/Veräußerung	–			
	G. Anlaß/Gründe des Erwerbs	–			
	H. Angaben über die Höhe des Verwertungserlöses	–			
	I. Angaben über die Verwendung des Verkaufserlöses	–			
15.	**Angabe des Bestehens einer wechselseitigen Beteiligung (§ 160 I Nr. 7 AktG)**		–	[6,19%]	–
	A. Angabe der anderen wechselseitig beteiligten Gesellschaft	–			
	B. Angabe der Höhe der jeweiligen wechselseitigen Beteiligungen	–			
	C. Angabe der Veränderung der wechselseitigen Beteiligung im Geschäftsjahr	–			
16.	**Angabe über das Bestehen einer Beteiligung an der Gesellschaft im Sinne von § 20 I oder IV AktG (§ 160 I Nr. 8 AktG)**		–	[5,90%]	–
	A. Wem gehört die Beteiligung?	–			
	B. Angabe der Höhe der Beteiligung	–			
17.	**Erläuterung der Verwendung von Beträgen aus einer Kapitalherabsetzung und der Auflösung von Gewinnrücklagen (§ 240 3 AktG)**	–	–	[6,30%]	–

Teilbericht VII: Sonstige, vor allem rechtsformspezifische Pflichtangaben					
Nr.	Bewertungskriterien (Hauptkriterien, Oberkriterien, Unterkriterien)	(1)	(2)	(3)	(4)=(2)x(3)
		Erfüllt? Ja (J) Nein (N) –	Ergebnis	Relatives Gewicht	Gewogenes Ergebnis
18.	**Angaben, die nach einer Sonderprüfung wegen unzulässiger Bewertung in besonderen Fällen zu machen sind (§ 261 I 3, 4 AktG)**		–	[6,51%]	–
	A. Gründe für einen niedrigeren Wert auf der Aktivseite bzw. einen höheren Wert auf der Passivseite in einem späteren Jahresabschluß	–			
	B. Darstellung der Entwicklung der von den Sonderprüfern festgestellten Werte zu den Werten im Jahresabschluß in einer Sonderrechnung	–			
	C. Angabe über die Verwendung eines Ertrages aus zwischenzeitlich abgegangenen, unterbewerteten Gegenständen	–			
19.	**Angabe zum Bestand an Anteilen an dem Mutterunternehmen, die das Mutterunternehmen oder ein Tochterunternehmen oder ein anderer für Rechnung eines in den Konzernabschluß einbezogenen Unternehmens erworben oder als Pfand genommen hat; Zahl und Nennbetrag dieser Anteile sowie deren Anteil am Kapital sind anzugeben (§ 314 I Nr. 7)**		–	[5,54%]	–
	A. Zahl der Anteile	–			
	B. Nennbetrag der Anteile	–			
	C. Anteil am gezeichneten Kapital des Mutterunternehmens	–			
(Teil-)Qualitätswert zu Teilbericht VII, bezogen auf 32,17 Gewichts-Prozentpunkte (= Summe Spalte (4))					**27,38%**
(Teil-)Qualitätswert zu Teilbericht VII, bezogen auf 100,00 Gewichts-Prozentpunkte					**85,15%**

Teilbericht VIII: Freiwillige Angaben

Nr.	Bewertungskriterien (Hauptkriterien, Oberkriterien, Unterkriterien)	(1)	(2)	(3)	(4)=(2)x(3)
		Erfüllt? Ja (J) Nein (N) –	Ergebnis	Relatives Gewicht	Gewogenes Ergebnis
1.	**Ausführliche Segmentberichterstattung (IAS 14)**		100,00%	25,54%	25,54%
	A. Segmentangaben				
	A.1. Abschreibungen	J			
	A.2. F&E-Aufwendungen	J			
	A.3. Investitionsausgaben	J			
	A.4. Arbeitnehmer	J			
	A.5. Ergebnis/Cash Flow	J			
	A.6. Vermögen	J			
	B. Überleitung von den Summen der Segmentangaben zu den aggregierten Jahresabschlußzahlen	J			
	C. Angabe zu Verrechnungspreisen	J			
2.	**Erläuterung von Leasinggeschäften (IAS 17)**		25,91%	23,57%	6,11%
	A. Im Jahresabschluß des Leasingnehmers				
	A.1. Angabe der Höhe der Leasingzahlungen beim operating lease	N			
	A.2. Angaben zum finance lease				
	A.2.1. Wertansätze der geleasten Gegenstände aufgeteilt nach Hauptgruppen	J			
	A.2.2. Gesamtbetrag der entsprechenden Verbindlichkeiten, entweder als Summe der Mindestleasingzahlungen oder als Nettozeitwert der Verbindlichkeit (mit Angabe der verwendeten Diskontierungssätze)	J			
	A.3. Ausweis eines Leasingspiegels mit allen künftigen Zahlungen, differenziert nach Restlaufzeiten	N			
	A.4. Angabe der wesentlichen Konditionen der Leasingvereinbarung	N			
	B. Im Jahresabschluß des Leasinggebers				
	B.1. Angaben zum operating lease				
	B.1.1. Wert der Vermögensgegenstände nach Hauptgruppen	–			
	B.1.2. Kumulierte Abschreibungen nach Hauptgruppen	–			
	B.1.3. Höhe der Mieteinnahmen, künftige Leasingraten aus unkündbaren Leasingverhältnissen, jeweils in der Summe und für bestimmte künftige Perioden	–			
	B.2. Angaben zum finance lease				
	B.2.1. Bruttoinvestitionen in die Leasing-Gegenstände	–			
	B.2.2. Angabe der damit verbundenen, noch nicht realisierten Finanzerträge	–			
	B.2.3. Angabe der unsicheren Restwerte der Leasing-Gegenstände	–			
3.	**Bericherstattung über derivative Finanzinstrumente (IAS 32)**		61,99%	25,89%	16,05%
	A. Angabe des Nominal-Volumens der Derivate	J			
	B. Angabe der Marktwerte der Derivate	J			
	C. Angabe der Buchwerte der Derivate	N			
	D. Differenzierung der Angaben zu A., B., und C. nach einzelnen Derivaten	J			
	E. Angabe der Fristigkeiten (Restlaufzeiten) einzelner Derivate	J			
	F. Angabe zu Bewertungsmethoden bei Derivaten				
	F.1. Allgemeine Angaben zur Abbildung von Derivaten im Jahresabschluß (Verweis auf zugrunde gelegtes Bewertungskonzept)	J			
	F.2. Konkrete Angaben zur Abbildung einzelner Derivate im Jahresabschluß	N			
	F.3. Erläuterung der Bedingungen für die Bildung von Bewertungseinheiten	N			
	F.4. Angabe zur Abbildung von Bewertungseinheiten im Jahresabschluß (Hedge-Accounting)	N			
	G. Angaben zu Zielen und Strategien des Einsatzes von Derivaten	J			
	H. Angaben zum Volumen von Deckungs- und Spekulationsgeschäften	N			
	I. Erläuterung der zur Risikoüberwachung und -kontrolle getroffenen Maßnahmen	J			
	J. Angaben zu wesentlichen Bonitätsrisiken	N			
	K. Angaben zum Preisrisiko/Marktrisiko der Derivate (Angabe des value-at-risk von Handelsgeschäften, Zinsbindungsfristen etc.)	J			

Teilbericht VIII: Freiwillige Angaben

Nr.	Bewertungskriterien (Hauptkriterien, Oberkriterien, Unterkriterien)	(1) Erfüllt? Ja (J) Nein (N) –	(2) Ergebnis	(3) Relatives Gewicht	(4)=(2)x(3) Gewogenes Ergebnis
4.	Kapitalflußrechnung nach IAS 7		100,00%	25,00%	25,00%
	Kapitalflußrechnung nach HFA 1/1995	X			
	Fondveränderungsrechnung (Kapitalflußrechnung mit separatem Finanzmittelfonds)				
	Finanzierungsrechnung unter Einbeziehung der GuV-Daten (Jahresüberschuß wird durch den Cash Flow oder den Umsatzüberschuß ersetzt)				
	Erweiterte Bewegungsbilanz durch Einbeziehung der Kontenumsätze				
	Beständedifferenzenbilanz				
	„Aussagegehalt einer Kapitalflußrechnung, die nicht im geprüften Teil des Geschäftsberichts veröffentlicht wird."	–			
(Teil-)Qualitätswert zu Teilbericht VIII, bezogen auf 100,00 Gewichts-Prozentpunkte (= Summe Spalte (4))					**72,70%**
(Teil-)Qualitätswert zu Teilbericht VIII, bezogen auf 100,00 Gewichts-Prozentpunkte					**72,70%**

75 Ergebnisse der empirischen Auswertung der Anhänge

751. Standardwerte

751.1 Ergebnisse in alphabetischer Reihenfolge

Ergebnisse der Standardwerte (in %); Sortiermerkmal: alphabetisch

Nr.	Unternehmen	Gesamt-Anhang	Teilbericht I	Teilbericht II	Teilbericht III	Teilbericht IV	Teilbericht V	Teilbericht VI	Teilbericht VII	Teilbericht VIII
1	AESCULAP AG	62,09	100,00	41,51	70,41	81,97	38,17	34,17	88,86	32,35
2	Agrob AG	49,69	100,00	27,24	47,81	70,59	51,04	28,85	40,26	25,21
3	Aktienbrauerei Kaufbeuren AG	53,04	61,98	37,59	55,22	72,62	-	-	80,25	4,15
4	Akzo Nobel Faser AG	53,70	63,91	26,82	72,49	53,48	-	-	74,94	34,10
5	Allweiler AG	63,87	100,00	49,74	63,23	69,13	94,00	35,54	82,12	20,04
6	Altana AG	61,31	100,00	32,93	69,21	61,41	80,45	47,73	78,63	29,09
7	Andreae-Noris-Zahn AG	41,99	51,23	23,36	41,87	68,45	22,15	25,20	74,56	21,05
8	aqua signal AG	43,49	61,98	41,47	40,49	53,27	64,20	18,37	63,88	0,00
9	Asea Brown Boveri AG	59,86	61,98	58,37	70,92	58,12	86,97	36,48	72,76	28,64
10	Asko Deutsche Kaufhaus AG	64,88	100,00	36,79	71,59	79,35	78,72	65,31	82,10	4,15
11	Augsburger Kammgarn-Spinnerei AG	44,63	100,00	24,91	42,81	57,72	21,31	34,17	78,11	0,00
12	Babcock-BSH AG	59,07	87,21	61,90	51,05	51,97	84,35	28,96	74,44	41,07
13	Barmag AG	59,71	100,00	48,82	52,67	50,45	94,00	32,16	74,33	41,07
14	BASF AG	78,45	88,28	79,51	73,74	87,39	100,00	70,43	92,76	31,47
15	Bausch AG	52,45	100,00	26,88	50,06	46,19	-	-	85,23	26,62
16	Bayer AG	77,93	88,28	56,51	82,82	75,40	95,08	59,80	92,33	83,37
17	Beiersdorf AG	54,80	100,00	29,73	49,31	52,81	74,10	48,07	69,73	31,60
18	Berliner Elektro Holding AG	57,02	100,00	66,85	45,35	46,81	91,66	36,24	49,37	26,62
19	BEWAG AG Berliner Kraft und Licht	74,46	100,00	69,71	65,92	87,83	-	-	79,18	41,07
20	Binding-Brauerei AG	60,04	100,00	50,19	45,49	75,45	66,63	34,21	77,81	32,35
21	BM Bäckermühlen AG	48,81	61,98	23,15	44,78	43,78	88,13	61,59	84,80	4,15
22	BMW Bayerische Motoren Werke AG	59,83	74,55	36,64	71,08	51,97	100,00	43,98	89,20	23,15
23	Böwe Systec AG	62,70	100,00	55,77	65,04	65,56	73,64	38,98	74,82	26,62
24	Breitenburger Portland-Cement-Fabrik AG	26,66	61,98	18,16	27,41	0,00	-	-	79,79	0,00
25	Brilliant Aktiengesellschaft	49,63	61,98	37,11	43,58	49,90	52,41	36,07	88,04	40,63
26	Buderus Aktiengesellschaft	62,66	100,00	55,03	48,51	62,93	89,27	36,99	86,97	33,99
27	Bürgerliches Brauhaus Ravensburg-Lindau AG	30,09	0,00	43,54	41,91	21,02	-	-	71,40	0,00
28	C.J. Vogel Draht- und Kabelwerke AG	26,92	0,00	63,05	41,36	0,00	-	-	53,30	0,00
29	Carl Schenck AG	66,11	100,00	62,98	70,51	57,00	78,53	43,00	90,43	32,35
30	Kupferberg & Compagnie KGaA	43,07	61,98	31,80	39,72	47,08	43,83	60,17	66,36	0,00
31	Computer 2000 AG	57,16	88,28	47,54	58,72	53,69	59,05	70,50	56,70	28,20
32	Daimler-Benz AG	71,00	100,00	55,65	68,52	65,49	73,94	51,20	92,24	74,86
33	Deutsche Babcock AG	71,13	100,00	60,47	72,27	71,76	95,08	57,00	87,54	28,87
34	Deutsche Spezialglas AG	48,03	61,98	33,03	49,87	66,98	-	-	65,18	4,15
35	Dinkelacker Brauerei AG	48,61	61,98	55,61	41,04	52,93	69,67	43,98	61,74	0,00
36	DLW AG	56,10	100,00	47,18	44,78	58,87	68,78	49,20	58,29	29,36
37	Dolerit-Basalt AG	29,11	0,00	22,19	47,19	38,30	-	-	55,63	0,00
38	Dortmunder Actien-Brauerei AG	52,25	61,98	43,01	65,01	47,19	-	-	83,24	15,89
39	Douglas Holding AG	74,38	100,00	69,68	73,66	76,38	100,00	55,52	85,56	34,80
40	Duewag	42,61	38,02	26,46	51,34	67,80	-	-	52,43	4,24
41	Dyckerhoff AG	64,23	100,00	54,85	62,78	69,03	73,57	55,52	52,49	44,92
42	Dywidag Dyckerhoff & Widmann	57,33	100,00	46,23	58,64	51,97	81,86	31,98	70,27	25,21
43	Eichbaum-Brauereien AG	59,91	100,00	39,20	66,00	61,53	-	-	95,52	4,15
44	Eisenbahn-Verkehrsmittel-AG	41,28	100,00	33,94	36,31	44,32	30,93	29,08	59,26	0,00
45	Energieversorgung Ostbayern AG	57,28	72,71	41,15	62,90	58,71	-	-	71,41	41,07
46	EX-CELL-O Holding AG	51,29	100,00	42,47	45,49	39,32	54,79	44,70	88,19	13,64
47	Felten & Guilleaume Energietechnik AG	62,34	100,00	48,21	55,32	72,27	96,23	22,51	81,00	26,24
48	FHW-Fernheizwerk Neukölln AG	44,49	61,98	55,52	28,73	57,18	-	-	58,58	0,00
49	Flachglas AG	55,03	87,21	34,33	44,62	75,97	74,31	33,55	76,81	14,61
50	Flender ATB-Loher Antriebstechnik AG	52,50	88,28	67,76	51,49	38,22	-	-	68,60	4,15
51	Ford-Werke AG	45,38	38,02	32,58	38,31	64,22	-	-	77,97	21,05

Ergebnisse der Standardwerte (in %); Sortiermerkmal: alphabetisch

Nr.	Unternehmen	Gesamt-Anhang	Teil-bericht I	Teil-bericht II	Teil-bericht III	Teil-bericht IV	Teil-bericht V	Teil-bericht VI	Teil-bericht VII	Teil-bericht VIII
52	G + H Isover – Grünzweig + Hartmann AG	45,01	100,00	36,01	43,05	26,57	-	-	80,98	4,15
53	GEHE AG	62,90	100,00	41,32	65,91	80,27	69,19	40,62	73,95	26,84
54	Gelsenwasser AG	53,84	100,00	29,99	69,17	40,06	67,40	31,21	65,66	38,84
55	Gerresheimer Glas AG	62,52	100,00	41,74	71,43	70,69	87,54	43,98	76,82	5,79
56	Gutbrod AG	47,94	61,98	61,15	63,65	23,21	-	-	82,10	0,00
57	Hach AG	49,98	100,00	32,81	48,28	73,60	53,06	28,04	53,72	0,00
58	HAGEDA AG	46,06	61,98	39,06	60,85	39,96	-	-	70,65	4,15
59	Hamborner Aktiengesellschaft	60,56	61,98	35,54	65,86	100,00	-	-	81,15	0,00
60	Harpen AG	68,67	100,00	55,51	69,39	83,04	100,00	41,83	71,75	21,27
61	Hasen-Bräu AG	49,42	100,00	33,80	51,72	51,24	43,70	34,17	82,27	4,15
62	Heidelberger Zement AG	65,37	88,28	38,84	74,76	76,74	62,18	44,11	78,38	58,56
63	Hein, Lehmann AG	54,40	0,00	33,70	70,75	85,48	-	-	85,82	32,35
64	Herlitz International Trading AG	46,27	40,05	63,31	40,23	23,30	76,73	75,91	58,16	6,36
65	Hirsch AG	46,05	75,43	29,75	52,52	42,64	-	-	39,98	41,07
66	Hoechst AG	81,59	100,00	87,80	72,57	90,72	85,42	52,94	85,15	72,70
67	Hofbrauhaus Wolters AG	42,76	61,98	21,52	46,40	56,59	-	-	69,68	0,00
68	Isar-Amperwerke AG	64,26	63,89	63,68	74,09	66,37	87,54	55,52	81,55	14,99
69	IVG Industrie-Verwaltungsgesellschaft AG	62,41	100,00	44,27	76,18	49,51	81,03	34,06	90,53	34,31
70	IWKA Aktiengesellschaft	54,98	100,00	36,90	54,15	51,88	62,37	35,76	86,18	25,21
71	Jagenberg AG	58,90	61,98	46,54	66,82	73,45	58,22	33,74	85,72	36,74
72	Joseph Vögele AG	38,55	61,98	21,70	40,55	22,47	76,37	23,63	78,99	4,15
73	Kampa Haus AG	31,56	61,98	27,86	44,13	21,28	29,98	27,36	41,13	0,00
74	Kempinski AG	61,38	100,00	53,82	58,59	69,76	75,39	11,56	88,53	32,35
75	KERAMAG Keramische Werke AG	55,55	100,00	23,17	54,97	74,64	-	-	78,95	4,15
76	KHD – Klöckner-Humboldt-Deutz AG	61,76	100,00	54,51	61,28	73,41	67,34	39,67	86,66	6,42
77	Klöckner-Werke AG	68,38	100,00	45,07	69,94	73,41	100,00	43,98	82,45	38,43
78	Koepp AG	49,95	100,00	53,08	39,82	28,36	-	-	84,22	16,29
79	Kolbenschmidt AG	64,04	100,00	54,46	56,91	75,48	63,36	38,13	91,46	33,64
80	Konrad Hornschuch AG	58,44	100,00	38,09	52,12	44,65	89,27	47,73	88,53	32,35
81	Kraftübertragungswerke Rheinfelden AG	45,12	61,98	45,56	36,17	51,42	-	-	78,34	0,00
82	Kraftwerk Altwürttemberg AG	64,78	100,00	36,51	72,88	81,64	-	-	73,61	19,87
83	Küppersbusch AG	47,71	100,00	28,47	46,49	41,31	57,00	38,76	81,54	4,15
84	KWS Kleinwanzlebener Saatzucht AG	63,15	100,00	52,28	74,43	78,80	58,07	38,31	85,76	4,15
85	Lahmeyer Aktiengesellschaft Energiewirtschaft	57,55	100,00	33,89	48,79	82,26	-	-	79,30	0,00
86	Leffers AG	57,39	100,00	51,91	62,39	42,00	-	-	76,84	22,43
87	Lehnkering Montan Transport AG	64,97	100,00	51,48	71,61	82,22	58,43	34,17	78,37	32,35
88	Leifheit AG	53,17	100,00	34,55	56,34	56,71	53,27	47,73	55,76	24,06
89	Leonische Drahtwerke AG	51,55	100,00	34,36	42,60	45,89	69,15	21,44	91,92	26,62
90	Lindner Holding KGaA	38,67	61,98	38,54	43,12	33,23	29,98	55,47	48,66	0,00
91	Maihak AG	52,12	100,00	50,57	38,52	55,10	-	-	71,13	4,15
92	Mannesmann AG	50,74	100,00	47,72	37,86	39,63	60,99	29,67	73,90	33,80
93	Maschinenfabrik Esslingen Aktiengesellschaft	41,98	61,98	29,25	37,44	54,86	-	-	69,46	0,00
94	Maschinenfabrik Esterer AG	54,74	61,98	29,28	52,28	80,35	84,88	25,20	88,33	12,44
95	Massa AG	48,53	75,43	31,97	73,44	32,51	71,79	47,73	50,89	8,19
96	MCS Mod. Comp. u. Software Systeme AG	37,80	61,98	12,58	43,74	48,95	-	-	41,79	17,80
97	MD Bau Holding AG	54,01	100,00	42,07	51,24	45,28	66,01	47,73	48,25	43,38
98	Michael Weinig AG	53,42	100,00	41,55	38,74	61,87	84,88	18,37	73,33	16,29
99	Mittelschwäbische Überlandzentrale AG	43,69	61,98	46,92	48,09	36,07	-	-	72,11	0,00
100	Möbel Walther AG	50,99	61,98	32,19	55,20	74,92	29,98	44,70	61,87	36,48
101	MONACHIA Grundstücks-AG	55,09	100,00	52,83	51,98	66,38	29,98	45,87	89,45	0,00
102	Neckarwerke Elektrizitätsversorgungs-AG	51,13	100,00	44,18	56,47	50,35	38,47	19,15	78,01	23,14
103	Nordcement AG	55,44	100,00	38,44	54,02	51,97	-	-	77,36	23,14
104	Oberland Glas AG	47,36	61,98	36,79	54,07	26,92	87,54	29,64	74,44	25,21
105	Otavi Minen AG	50,91	100,00	37,48	42,09	59,59	-	-	71,91	0,00
106	Otto Reichelt AG	44,25	0,00	36,90	40,32	58,82	-	-	89,39	41,07
107	Patrizier-Bräu KG auf Aktien	44,47	75,83	48,52	41,92	31,73	-	-	75,18	4,15
108	Pfaff AG	61,46	100,00	38,28	71,68	60,14	73,57	43,98	75,72	33,99

Ergebnisse der Standardwerte (in %); Sortiermerkmal: alphabetisch										
Nr.	**Unternehmen**	**Gesamt-Anhang**	**Teil-bericht I**	**Teil-bericht II**	**Teil-bericht III**	**Teil-bericht IV**	**Teil-bericht V**	**Teil-bericht VI**	**Teil-bericht VII**	**Teil-bericht VIII**
109	Pfleiderer Bau- und Verkehrssysteme AG	43,99	61,98	41,32	48,69	47,85	43,70	35,30	69,81	0,00
110	Phoenix AG	50,84	100,00	35,81	49,17	47,35	46,02	25,20	82,56	32,35
111	Piper Generalvertretung Deutschland AG	51,61	61,98	57,00	41,26	38,74	90,15	76,57	60,97	0,00
112	Pirelli Deutschland AG	40,86	0,00	39,50	53,98	46,48	50,22	39,44	86,83	4,15
113	Preussag AG	58,92	100,00	55,22	52,40	65,34	40,70	45,60	85,56	28,23
114	PWO – Progress-Werk Oberkirch AG	65,45	100,00	65,89	47,12	75,59	-	-	82,49	25,21
115	Renk AG	42,68	100,00	26,58	39,58	41,82	22,61	34,17	84,76	4,15
116	Rheinhold & Mahla AG	53,32	100,00	33,06	43,45	59,12	42,45	49,73	85,55	26,33
117	Rheinisch-Westfälische Kalkwerke AG	50,34	100,00	30,44	53,82	46,15	47,57	55,52	76,54	4,15
118	Robert Cordier AG	54,21	100,00	29,05	60,89	67,73	29,98	47,73	71,33	25,21
119	Rosenthal AG	61,07	100,00	61,50	55,38	71,24	49,23	36,48	85,28	25,21
120	Ruberoidwerke AG	50,86	100,00	29,94	52,27	51,88	-	-	76,15	4,15
121	Salamander AG	62,90	100,00	46,89	70,15	66,00	87,54	19,15	80,20	33,45
122	Schmalbach-Lubeca AG	66,31	100,00	58,59	68,95	70,24	84,19	29,06	88,53	29,86
123	Schumag AG	40,32	0,00	39,94	47,07	46,16	61,12	38,76	86,39	0,00
124	Schwäbische Zellstoff AG	51,86	61,98	35,58	44,78	69,08	-	-	69,96	30,67
125	Sedlbauer Aktiengesellschaft	49,37	61,98	60,71	59,09	37,49	-	-	62,11	12,44
126	Sektkellerei Schloß Wachenheim AG i.V.	52,65	74,29	53,37	62,79	48,65	-	-	69,45	4,15
127	Siemens AG	66,61	88,28	44,21	70,06	63,11	70,30	53,44	83,49	72,29
128	Sinalco AG	24,57	0,00	44,49	35,33	0,00	-	-	70,13	4,15
129	Sinn AG	48,37	61,98	38,60	57,83	39,56	-	-	74,53	25,21
130	SPAR Handels-Aktiengesellschaft	70,72	100,00	63,54	71,74	52,31	89,27	63,21	93,51	49,62
131	Stahlwerke Bochum AG	50,94	100,00	36,26	31,72	63,98	50,22	34,17	89,48	12,44
132	Stöhr & Co. AG	61,60	61,98	34,70	51,72	87,18	74,06	43,59	84,52	57,20
133	Stolberger Zink AG	52,61	100,00	48,23	49,08	44,00	-	-	86,28	0,00
134	Süd-Chemie AG	59,53	61,98	75,96	65,12	57,85	58,03	54,72	87,77	6,33
135	Tarkett Pegulan AG	56,78	100,00	54,70	71,51	76,13	0,00	58,26	66,19	4,15
136	TEUTONIA Zementwerk AG	54,69	61,98	38,63	67,52	73,97	70,30	39,10	72,20	0,00
137	Thyssen Industrie AG	57,81	100,00	52,45	62,52	55,69	73,94	34,04	78,82	5,79
138	TIPTEL AG	47,20	61,98	48,58	39,06	69,58	57,42	34,17	53,72	0,00
139	TRAUB AG	64,10	100,00	66,29	57,90	43,60	80,87	78,25	83,46	20,96
140	Triton-Belco AG	54,79	100,00	43,17	49,35	51,55	71,79	28,23	75,13	30,16
141	Universitätsdruckerei H. Stürtz AG	47,74	100,00	49,61	34,09	43,52	42,30	34,17	85,86	4,15
142	VDN Vereinigte Deutsche Nickel-Werke AG	41,30	0,00	40,00	48,60	60,46	-	-	85,81	0,00
143	VEBA AG	75,32	100,00	65,11	82,65	87,71	58,43	43,98	87,08	68,48
144	VERSEIDAG AG	60,47	100,00	49,80	45,97	67,86	69,08	55,52	82,49	22,43
145	VEW Vereinigte Elektrizitätswerke AG	64,30	100,00	58,21	54,70	74,61	58,43	39,93	93,44	37,06
146	VGT Aktiengesellschaft	36,27	0,00	22,48	47,66	60,95	32,73	27,38	82,34	3,17
147	Volkswagen AG	58,13	100,00	58,54	46,99	53,18	66,01	34,41	89,28	27,65
148	WMF Württembergische Metallwarenfabrik AG	59,92	100,00	52,48	57,52	72,27	45,59	38,67	81,93	26,84
149	Würzburger Hofbräu AG	49,25	63,91	22,83	72,70	52,01	-	-	83,07	0,00
150	YMOS AG Industrieprodukte	52,02	100,00	63,57	43,81	56,54	29,98	36,07	76,24	5,79

751.2 Ergebnisse im Gesamt-Anhang in absteigender Reihenfolge der Qualitätswerte

Ergebnisse der Standardwerte (in %); Sortiermerkmal: Gesamt-Anhang										
Rang	**Unternehmen**	**Gesamt-Anhang**	**Teil-bericht I**	**Teil-bericht II**	**Teil-bericht III**	**Teil-bericht IV**	**Teil-bericht V**	**Teil-bericht VI**	**Teil-bericht VII**	**Teil-bericht VIII**
1	Hoechst AG	**81,59**	100,00	87,80	72,57	90,72	85,42	52,94	85,15	72,70
2	BASF AG	**78,45**	88,28	79,51	73,74	87,39	100,00	70,43	92,76	31,47
3	Bayer AG	**77,93**	88,28	56,51	82,82	75,40	95,08	59,80	92,33	83,37

Ergebnisse der Standardwerte (in %); Sortiermerkmal: Gesamt-Anhang

Rang	Unternehmen	Gesamt-Anhang	Teilbericht I	Teilbericht II	Teilbericht III	Teilbericht IV	Teilbericht V	Teilbericht VI	Teilbericht VII	Teilbericht VIII
4	VEBA AG	**75,32**	100,00	65,11	82,65	87,71	58,43	43,98	87,08	68,48
5	BEWAG AG Berliner Kraft und Licht	**74,46**	100,00	69,71	65,92	87,83	-	-	79,18	41,07
6	Douglas Holding AG	**74,38**	100,00	69,68	73,66	76,38	100,00	55,52	85,56	34,80
7	Deutsche Babcock AG	**71,13**	100,00	60,47	72,27	71,76	95,08	57,00	87,54	28,87
8	Daimler-Benz AG	**71,00**	100,00	55,65	68,52	65,49	73,94	51,20	92,24	74,86
9	SPAR Handels-Aktiengesellschaft	**70,72**	100,00	63,54	71,74	52,31	89,27	63,21	93,51	49,62
10	Harpen AG	**68,67**	100,00	55,51	69,39	83,04	100,00	41,83	71,75	21,27
11	Klöckner-Werke AG	**68,38**	100,00	45,07	69,94	73,41	100,00	43,98	82,45	38,43
12	Siemens AG	**66,61**	88,28	44,21	70,06	63,11	70,30	53,44	83,49	72,29
13	Schmalbach-Lubeca AG	**66,31**	100,00	58,59	68,95	70,24	84,19	29,06	88,53	29,86
14	Carl Schenck AG	**66,11**	100,00	62,98	70,51	57,00	78,53	43,00	90,43	32,35
15	PWO – Progress-Werk Oberkirch AG	**65,45**	100,00	65,89	47,12	75,59	-	-	82,49	25,21
16	Heidelberger Zement AG	**65,37**	88,28	38,84	74,76	76,74	62,18	44,11	78,38	58,56
17	Lehnkering Montan Transport AG	**64,97**	100,00	51,48	71,61	82,22	58,43	34,17	78,37	32,35
18	Asko Deutsche Kaufhaus AG	**64,88**	100,00	36,79	71,59	79,35	78,72	65,31	82,10	4,15
19	Kraftwerk Altwürttemberg AG	**64,78**	100,00	36,51	72,88	81,64	-	-	73,61	19,87
20	VEW Vereinigte Elektrizitätswerke AG	**64,30**	100,00	58,21	54,70	74,61	58,43	39,93	93,44	37,06
21	Isar-Amperwerke AG	**64,26**	63,89	63,68	74,09	66,37	87,54	55,52	81,55	14,99
22	Dyckerhoff AG	**64,23**	100,00	54,85	62,78	69,03	73,57	55,52	52,49	44,92
23	TRAUB AG	**64,10**	100,00	66,29	57,90	43,60	80,87	78,25	83,46	20,96
24	Kolbenschmidt AG	**64,04**	100,00	54,46	56,91	75,48	63,36	38,13	91,46	33,64
25	Allweiler AG	**63,87**	100,00	49,74	63,23	69,13	94,00	35,54	82,12	20,04
26	KWS Kleinwanzlebener Saatzucht AG	**63,15**	100,00	52,28	74,43	78,80	58,07	38,31	85,76	4,15
27	Salamander AG	**62,90**	100,00	46,89	70,15	66,00	87,54	19,15	80,20	33,45
28	GEHE AG	**62,90**	100,00	41,32	65,91	80,27	69,19	40,62	73,95	26,84
29	Böwe Systec AG	**62,70**	100,00	55,77	65,04	65,56	73,64	38,98	74,82	26,62
30	Buderus Aktiengesellschaft	**62,66**	100,00	55,03	48,51	62,93	89,27	36,99	86,97	33,99
31	Gerresheimer Glas AG	**62,52**	100,00	41,74	71,43	70,69	87,54	43,98	76,82	5,79
32	IVG Industrie-Verwaltungsgesellschaft AG	**62,41**	100,00	44,27	76,18	49,51	81,03	34,06	90,53	34,31
33	Felten & Guilleaume Energietechnik AG	**62,34**	100,00	48,21	55,32	72,27	96,23	22,51	81,00	26,24
34	AESCULAP AG	**62,09**	100,00	41,51	70,41	81,97	38,17	34,17	88,86	32,35
35	KHD – Klöckner-Humboldt-Deutz AG	**61,76**	100,00	54,51	61,28	73,41	67,34	39,67	86,66	6,42
36	Stöhr & Co. AG	**61,60**	61,98	34,70	51,72	87,18	74,06	43,59	84,52	57,20
37	Pfaff AG	**61,46**	100,00	38,28	71,68	60,14	73,57	43,98	75,72	33,99
38	Kempinski AG	**61,38**	100,00	53,82	58,59	69,76	75,39	11,56	88,53	32,35
39	Altana AG	**61,31**	100,00	32,93	69,21	61,41	80,45	47,73	78,63	29,09
40	Rosenthal AG	**61,07**	100,00	61,50	55,38	71,24	49,23	36,48	85,28	25,21
41	Hamborner Aktiengesellschaft	**60,56**	61,98	35,54	65,86	100,00	-	-	81,15	0,00
42	VERSEIDAG AG	**60,47**	100,00	49,60	45,97	67,86	69,08	55,52	82,49	22,43
43	Binding-Brauerei AG	**60,04**	100,00	50,19	45,49	75,45	66,63	34,21	77,81	32,35
44	WMF Württembergische Metallwarenfabrik AG	**59,92**	100,00	52,48	57,52	72,27	45,59	38,67	81,93	26,84
45	Eichbaum-Brauereien AG	**59,91**	100,00	39,20	66,00	61,53	-	-	95,52	4,15
46	Asea Brown Boveri AG	**59,86**	61,98	58,37	70,92	58,12	86,97	36,48	72,76	28,64
47	BMW Bayerische Motoren Werke AG	**59,83**	74,55	36,64	71,08	51,97	100,00	43,98	89,20	23,15
48	Barmag AG	**59,71**	100,00	48,82	52,67	50,45	94,00	32,16	74,33	41,07
49	Süd-Chemie AG	**59,53**	61,98	75,96	65,12	57,85	58,03	54,72	87,77	6,33
50	Babcock-BSH AG	**59,07**	87,21	61,90	51,05	51,97	84,35	28,96	74,44	41,07
51	Preussag AG	**58,92**	100,00	55,22	52,40	65,34	40,70	45,60	85,56	28,23
52	Jagenberg AG	**58,90**	61,98	46,54	66,82	73,45	58,22	33,74	85,72	36,74
53	Konrad Hornschuch AG	**58,44**	100,00	38,09	52,12	44,65	89,27	47,73	88,53	32,35
54	Volkswagen AG	**58,13**	100,00	58,54	46,99	53,18	66,01	34,41	89,28	27,65
55	Thyssen Industrie AG	**57,81**	100,00	52,45	62,52	55,69	73,94	34,04	78,82	5,79
56	Lahmeyer Aktiengesellschaft Energiewirtschaft	**57,55**	100,00	33,89	48,79	82,26	-	-	79,30	0,00
57	Leffers AG	**57,39**	100,00	51,91	62,39	42,00	-	-	76,84	22,43
58	Dywidag Dyckerhoff & Widmann	**57,33**	100,00	46,23	58,64	51,97	81,86	31,98	70,27	25,21
59	Energieversorgung Ostbayern AG	**57,28**	72,71	41,15	62,90	58,71	-	-	71,41	41,07
60	Computer 2000 AG	**57,16**	88,28	47,54	58,72	53,69	59,05	70,50	56,70	28,20
61	Berliner Elektro Holding AG	**57,02**	100,00	66,85	45,35	46,81	91,66	36,24	49,37	26,62
62	Tarkett Pegulan AG	**56,78**	100,00	54,70	71,51	76,13	0,00	58,26	66,19	4,15
63	DLW AG	**56,10**	100,00	47,18	44,78	58,87	68,78	49,20	58,29	29,36
64	KERAMAG Keramische Werke AG	**55,55**	100,00	23,17	54,97	74,64	-	-	78,95	4,15
65	Nordcement AG	**55,44**	100,00	38,44	54,02	51,97	-	-	77,36	23,14
66	MONACHIA Grundstücks-AG	**55,09**	100,00	52,83	51,98	66,38	29,98	45,87	89,45	0,00

Ergebnisse der Standardwerte (in %); Sortiermerkmal: Gesamt-Anhang

Rang	Unternehmen	Gesamt-Anhang	Teilbericht I	Teilbericht II	Teilbericht III	Teilbericht IV	Teilbericht V	Teilbericht VI	Teilbericht VII	Teilbericht VIII
67	Flachglas AG	**55,03**	87,21	34,33	44,62	75,97	74,31	33,55	76,81	14,61
68	IWKA Aktiengesellschaft	**54,98**	100,00	36,90	54,15	51,88	62,37	35,76	86,18	25,21
69	Beiersdorf AG	**54,80**	100,00	29,73	49,31	52,81	74,10	48,07	69,73	31,60
70	Triton-Belco AG	**54,79**	100,00	43,17	49,35	51,55	71,79	28,23	75,13	30,16
71	Maschinenfabrik Esterer AG	**54,74**	61,98	29,28	52,28	80,35	84,88	25,20	88,33	12,44
72	TEUTONIA Zementwerk AG	**54,69**	61,98	38,63	67,52	73,97	70,30	39,10	72,20	0,00
73	Hein, Lehmann AG	**54,40**	0,00	33,70	70,75	85,48	-	-	85,82	32,35
74	Robert Cordier AG	**54,21**	100,00	29,05	60,89	67,73	29,98	47,73	71,33	25,21
75	MD Bau Holding AG	**54,01**	100,00	42,07	51,24	45,28	66,01	47,73	48,25	43,38
76	Gelsenwasser AG	**53,84**	100,00	29,99	69,17	40,06	67,40	31,21	65,66	38,84
77	Akzo Nobel Faser AG	**53,70**	63,91	26,82	72,49	53,48	-	-	74,94	34,10
78	Michael Weinig AG	**53,42**	100,00	41,55	38,74	61,87	84,88	18,37	73,33	16,29
79	Rheinhold & Mahla AG	**53,32**	100,00	33,06	43,45	59,12	42,45	49,73	85,55	26,33
80	Leifheit AG	**53,17**	100,00	34,55	56,34	56,71	53,27	47,73	55,76	24,06
81	Aktienbrauerei Kaufbeuren AG	**53,04**	61,98	37,59	55,22	72,62	-	-	80,25	4,15
82	Sektkellerei Schloß Wachenheim AG i.V.	**52,65**	74,29	53,37	62,79	48,65	-	-	69,45	4,15
83	Stolberger Zink AG	**52,61**	100,00	48,23	49,08	44,00	-	-	86,28	0,00
84	Flender ATB-Loher Antriebstechnik AG	**52,50**	88,28	67,76	51,49	38,22	-	-	68,60	4,15
85	Bausch AG	**52,45**	100,00	26,88	50,06	46,19	-	-	85,23	26,62
86	Dortmunder Actien-Brauerei AG	**52,25**	61,98	43,01	65,01	47,19	-	-	83,24	15,89
87	Maihak AG	**52,12**	100,00	50,57	38,52	55,10	-	-	71,13	4,15
88	YMOS AG Industrieprodukte	**52,02**	100,00	63,57	43,81	56,54	29,98	36,07	76,24	5,79
89	Schwäbische Zellstoff AG	**51,86**	61,98	35,58	44,78	69,08	-	-	69,96	30,67
90	Piper Generalvertretung Deutschland AG	**51,61**	61,98	57,00	41,26	38,74	90,15	76,57	60,97	0,00
91	Leonische Drahtwerke AG	**51,55**	100,00	34,36	42,60	45,89	69,15	21,44	91,92	26,62
92	EX-CELL-O Holding AG	**51,29**	100,00	42,47	45,49	39,32	54,79	44,70	88,19	13,64
93	Neckarwerke Elektrizitätsversorgungs-AG	**51,13**	100,00	44,18	56,47	50,35	38,47	19,15	78,01	23,14
94	Möbel Walther AG	**50,99**	61,98	32,19	55,20	74,92	29,98	44,70	61,87	36,48
95	Stahlwerke Bochum AG	**50,94**	100,00	36,26	31,72	63,98	50,22	34,17	89,48	12,44
96	Otavi Minen AG	**50,91**	100,00	37,48	42,09	59,59	-	-	71,91	0,00
97	Ruberoidwerke AG	**50,86**	100,00	29,94	52,27	51,88	-	-	76,15	4,15
98	Phoenix AG	**50,84**	100,00	35,81	49,17	47,35	46,02	25,20	82,56	32,35
99	Mannesmann AG	**50,74**	100,00	47,72	37,86	39,63	60,99	29,67	73,90	33,80
100	Rheinisch-Westfälische Kalkwerke AG	**50,34**	100,00	30,44	53,82	46,15	47,57	55,52	76,54	4,15
101	Hach AG	**49,98**	100,00	32,81	48,28	73,60	53,06	28,04	53,72	0,00
102	Koepp AG	**49,95**	100,00	53,08	39,82	28,36	-	-	84,22	16,29
103	Agrob AG	**49,69**	100,00	27,24	47,81	70,59	51,04	28,85	40,26	25,21
104	Brilliant Aktiengesellschaft	**49,63**	61,98	37,11	43,58	49,90	52,41	36,07	88,04	40,63
105	Hasen-Bräu AG	**49,42**	100,00	33,80	51,72	51,24	43,70	34,17	82,27	4,15
106	Sedlbauer Aktiengesellschaft	**49,37**	61,98	60,71	59,09	37,49	-	-	62,11	12,44
107	Würzburger Hofbräu AG	**49,25**	63,91	22,83	72,70	52,01	-	-	83,07	0,00
108	BM Bäckermühlen AG	**48,81**	61,98	23,15	44,78	43,78	88,13	61,59	84,80	4,15
109	Dinkelacker Brauerei AG	**48,61**	61,98	55,61	41,04	52,93	69,67	43,98	61,74	0,00
110	Massa AG	**48,53**	75,43	31,97	73,44	32,51	71,79	47,73	50,89	8,19
111	Sinn AG	**48,37**	61,98	38,60	57,83	39,56	-	-	74,53	25,21
112	Deutsche Spezialglas AG	**48,03**	61,98	33,03	49,87	66,98	-	-	65,18	4,15
113	Gutbrod AG	**47,94**	61,98	61,15	63,65	23,21	-	-	82,10	0,00
114	Universitätsdruckerei H. Stürtz AG	**47,74**	100,00	49,61	34,09	43,52	42,30	34,17	85,86	4,15
115	Küppersbusch AG	**47,71**	100,00	28,47	46,49	41,31	57,00	38,76	81,54	4,15
116	Oberland Glas AG	**47,36**	61,98	36,79	54,07	26,92	87,54	29,64	74,44	25,21
117	TIPTEL AG	**47,20**	61,98	48,58	39,06	69,58	57,42	34,17	53,72	0,00
118	Herlitz International Trading AG	**46,27**	40,05	63,31	40,23	23,30	76,73	75,91	58,16	6,36
119	HAGEDA AG	**46,06**	61,98	39,06	60,85	39,96	-	-	70,65	4,15
120	Hirsch AG	**46,05**	75,43	29,75	52,52	42,64	-	-	39,98	41,07
121	Ford-Werke AG	**45,38**	38,02	32,58	38,31	64,22	-	-	77,97	21,05
122	Kraftübertragungswerke Rheinfelden AG	**45,12**	61,98	45,56	36,17	51,42	-	-	78,34	0,00
123	G + H Isover – Grünzweig + Hartmann AG	**45,01**	100,00	36,01	43,05	26,57	-	-	80,98	4,15
124	Augsburger Kammgarn-Spinnerei AG	**44,63**	100,00	24,91	42,81	57,72	21,31	34,17	78,11	0,00
125	FHW-Fernheizwerk Neukölln AG	**44,49**	61,98	55,52	28,73	57,18	-	-	58,58	0,00
126	Patrizier-Bräu KG auf Aktien	**44,47**	75,83	48,52	41,92	31,73	-	-	75,18	4,15
127	Otto Reichelt AG	**44,25**	0,00	36,90	40,32	58,82	-	-	89,39	41,07
128	Pfleiderer Bau- und Verkehrssysteme AG	**43,99**	61,98	41,32	48,69	47,85	43,70	35,30	69,81	0,00
129	Mittelschwäbische Überlandzentrale AG	**43,69**	61,98	46,92	48,09	36,07	-	-	72,11	0,00

Ergebnisse der Standardwerte (in %); Sortiermerkmal: Gesamt-Anhang										
Rang	**Unternehmen**	**Gesamt-Anhang**	**Teilbericht I**	**Teilbericht II**	**Teilbericht III**	**Teilbericht IV**	**Teilbericht V**	**Teilbericht VI**	**Teilbericht VII**	**Teilbericht VIII**
130	aqua signal AG	**43,49**	61,98	41,47	40,49	53,27	64,20	18,37	63,88	0,00
131	Kupferberg & Compagnie KGaA	**43,07**	61,98	31,80	39,72	47,08	43,83	60,17	66,36	0,00
132	Hofbrauhaus Wolters AG	**42,76**	61,98	21,52	46,40	56,59	-	-	69,68	0,00
133	Renk AG	**42,68**	100,00	26,58	39,58	41,82	22,61	34,17	84,76	4,15
134	Duewag	**42,61**	38,02	26,46	51,34	67,80	-	-	52,43	4,24
135	Andreae-Noris-Zahn AG	**41,99**	51,23	23,36	41,87	68,45	22,15	25,20	74,56	21,05
136	Maschinenfabrik Esslingen Aktiengesellschaft	**41,98**	61,98	29,25	37,44	54,86	-	-	69,46	0,00
137	VDN Vereinigte Deutsche Nickel-Werke AG	**41,30**	0,00	40,00	48,60	60,46	-	-	85,81	0,00
138	Eisenbahn-Verkehrsmittel-AG	**41,28**	100,00	33,94	36,31	44,32	30,93	29,08	59,26	0,00
139	Pirelli Deutschland AG	**40,86**	0,00	39,50	53,98	46,48	50,22	39,44	86,83	4,15
140	Schumag AG	**40,32**	0,00	39,94	47,07	46,16	61,12	38,76	86,39	0,00
141	Lindner Holding KGaA	**38,67**	61,98	38,54	43,12	33,23	29,98	55,47	48,66	0,00
142	Joseph Vögele AG	**38,55**	61,98	21,70	40,55	22,47	76,37	23,63	78,99	4,15
143	Modulare Computer und Software Systeme AG	**37,80**	61,98	12,58	43,74	48,95	-	-	41,79	17,80
144	VGT Aktiengesellschaft	**36,27**	0,00	22,48	47,66	60,95	32,73	27,38	82,34	3,17
145	Kampa Haus AG	**31,56**	61,98	27,86	44,13	21,28	29,98	27,36	41,13	0,00
146	Bürgerliches Brauhaus Ravensburg-Lindau AG	**30,09**	0,00	43,54	41,91	21,02	-	-	71,40	0,00
147	Dolerit-Basalt AG	**29,11**	0,00	22,19	47,19	38,30	-	-	55,63	0,00
148	C.J. Vogel Draht- und Kabelwerke AG	**26,92**	0,00	63,05	41,36	0,00	-	-	53,30	0,00
149	Breitenburger Portland-Cement-Fabrik AG	**26,66**	61,98	18,16	27,41	0,00	-	-	79,79	0,00
150	Sinalco AG	**24,57**	0,00	44,49	35,33	0,00	-	-	70,13	4,15

751.3 Ergebnisse nach Teilberichten, jeweils in absteigender Reihenfolge der Qualitätswerte

751.31 Teilbericht I: Inhalt und Gliederung des Einzel-/Konzernabschlusses

Ergebnisse der Standardwerte (in %), Sortiermerkmal: Teilbericht I

Rang	Unternehmen	Gesamt-Anhang	Teil-bericht I	Teil-bericht II	Teil-bericht III	Teil-bericht IV	Teil-bericht V	Teil-bericht VI	Teil-bericht VII	Teil-bericht VIII
1	Hoechst AG	81,59	**100,00**	87,80	72,57	90,72	85,42	52,94	85,15	72,70
1	VEBA AG	75,32	**100,00**	65,11	82,65	87,71	58,43	43,98	87,08	68,48
1	BEWAG AG Berliner Kraft und Licht	74,46	**100,00**	69,71	65,92	87,83	-	-	79,18	41,07
1	Douglas Holding AG	74,38	**100,00**	69,68	73,66	76,38	100,00	55,52	85,56	34,80
1	Deutsche Babcock AG	71,13	**100,00**	60,47	72,27	71,76	95,08	57,00	87,54	28,87
1	Daimler-Benz AG	71,00	**100,00**	55,65	68,52	65,49	73,94	51,20	92,24	74,86
1	SPAR Handels-Aktiengesellschaft	70,72	**100,00**	63,54	71,74	52,31	89,27	63,21	93,51	49,62
1	Harpen AG	68,67	**100,00**	55,51	69,39	83,04	100,00	41,83	71,75	21,27
1	Klöckner-Werke AG	68,38	**100,00**	45,07	69,94	73,41	100,00	43,98	82,45	38,43
1	Schmalbach-Lubeca AG	66,31	**100,00**	58,59	68,95	70,24	84,19	29,06	88,53	29,86
1	Carl Schenck AG	66,11	**100,00**	62,98	70,51	57,00	78,53	43,00	90,43	32,35
1	PWO – Progress-Werk Oberkirch AG	65,45	**100,00**	65,89	47,12	75,59	-	-	82,49	25,21
1	Lehnkering Montan Transport AG	64,97	**100,00**	51,48	71,61	82,22	58,43	34,17	78,37	32,35
1	Asko Deutsche Kaufhaus AG	64,88	**100,00**	36,79	71,59	79,35	78,72	65,31	82,10	4,15
1	Kraftwerk Altwürttemberg AG	64,78	**100,00**	36,51	72,88	81,64	-	-	73,61	19,87
1	VEW Vereinigte Elektrizitätswerke AG	64,30	**100,00**	58,21	54,70	74,61	58,43	39,93	93,44	37,06
1	Dyckerhoff AG	64,23	**100,00**	54,85	62,78	69,03	73,57	55,52	52,49	44,92
1	TRAUB AG	64,10	**100,00**	66,29	57,90	43,60	80,87	78,25	83,46	20,96
1	Kolbenschmidt AG	64,04	**100,00**	54,46	56,91	75,48	63,36	38,13	91,46	33,64
1	Allweiler AG	63,87	**100,00**	49,74	63,23	69,13	94,00	35,54	82,12	20,04
1	KWS Kleinwanzlebener Saatzucht AG	63,15	**100,00**	52,28	74,43	78,80	58,07	38,31	85,76	4,15
1	Salamander AG	62,90	**100,00**	46,89	70,15	66,00	87,54	19,15	80,20	33,45
1	GEHE AG	62,90	**100,00**	41,32	65,91	80,27	69,19	40,62	73,95	26,84
1	Böwe Systec AG	62,70	**100,00**	55,77	65,04	65,56	73,64	38,98	74,82	26,62
1	Buderus Aktiengesellschaft	62,66	**100,00**	55,03	48,51	62,93	89,27	36,99	86,97	33,99
1	Gerresheimer Glas AG	62,52	**100,00**	41,74	71,43	70,69	87,54	43,98	76,82	5,79
1	IVG Industrie-Verwaltungsgesellschaft AG	62,41	**100,00**	44,27	76,18	49,51	81,03	34,06	90,53	34,31
1	Felten & Guilleaume Energietechnik AG	62,34	**100,00**	48,21	55,32	72,27	96,23	22,51	81,00	26,24
1	AESCULAP AG	62,09	**100,00**	41,51	70,41	81,97	38,17	34,17	88,86	32,35
1	KHD – Klöckner-Humboldt-Deutz AG	61,76	**100,00**	54,51	61,28	73,41	67,34	39,67	86,66	6,42
1	Pfaff AG	61,46	**100,00**	38,28	71,68	60,14	73,57	43,98	75,72	33,99
1	Kempinski AG	61,38	**100,00**	53,82	58,59	69,76	75,39	11,56	88,53	32,35
1	Altana AG	61,31	**100,00**	32,93	69,21	61,41	80,45	47,73	78,63	29,09
1	Rosenthal AG	61,07	**100,00**	61,50	55,38	71,24	49,23	36,48	85,28	25,21
1	VERSEIDAG AG	60,47	**100,00**	49,60	45,97	67,86	69,08	55,52	82,49	22,43
1	Binding-Brauerei AG	60,04	**100,00**	50,19	45,49	75,45	66,63	34,21	77,81	32,35
1	WMF Württembergische Metallwarenfabrik AG	59,92	**100,00**	52,48	57,52	72,27	45,59	38,67	81,93	26,84
1	Eichbaum-Brauereien AG	59,91	**100,00**	39,20	66,00	61,53	-	-	95,52	4,15
1	Barmag AG	59,71	**100,00**	48,82	52,67	50,45	94,00	32,16	74,33	41,07
1	Preussag AG	58,92	**100,00**	55,22	52,40	65,34	40,70	45,60	85,56	28,23
1	Konrad Hornschuch AG	58,44	**100,00**	38,09	52,12	44,65	89,27	47,73	88,53	32,35
1	Volkswagen AG	58,13	**100,00**	58,54	46,99	53,18	66,01	34,41	89,28	27,65
1	Thyssen Industrie AG	57,81	**100,00**	52,45	62,52	55,69	73,94	34,04	78,82	5,79
1	Lahmeyer Aktiengesellschaft Energiewirtschaft	57,55	**100,00**	33,89	48,79	82,26	-	-	79,30	0,00
1	Leffers AG	57,39	**100,00**	51,91	62,39	42,00	-	-	76,84	22,43
1	Dywidag Dyckerhoff & Widmann	57,33	**100,00**	46,23	58,64	51,97	81,86	31,98	70,27	25,21
1	Berliner Elektro Holding AG	57,02	**100,00**	66,85	45,35	46,81	91,66	36,24	49,37	26,62
1	Tarkett Pegulan AG	56,78	**100,00**	54,70	71,51	76,13	0,00	58,26	66,19	4,15
1	DLW AG	56,10	**100,00**	47,18	44,78	58,87	68,78	49,20	58,29	29,36
1	KERAMAG Keramische Werke AG	55,55	**100,00**	23,17	54,97	74,64	-	-	78,95	4,15
1	Nordcement AG	55,44	**100,00**	38,44	54,02	51,97	-	-	77,36	23,14
1	MONACHIA Grundstücks-AG	55,09	**100,00**	52,83	51,98	66,38	29,98	45,87	89,45	0,00
1	IWKA Aktiengesellschaft	54,98	**100,00**	36,90	54,15	51,88	62,37	35,76	86,18	25,21
1	Beiersdorf AG	54,80	**100,00**	29,73	49,31	52,81	74,10	48,07	69,73	31,60
1	Triton-Belco AG	54,79	**100,00**	43,17	49,35	51,55	71,79	28,23	75,13	30,16
1	Robert Cordier AG	54,21	**100,00**	29,05	60,89	67,73	29,98	47,73	71,33	25,21
1	MD Bau Holding AG	54,01	**100,00**	42,07	51,24	45,28	66,01	47,73	48,25	43,38

Ergebnisse der Standardwerte (in %), Sortiermerkmal: Teilbericht I

Rang	Unternehmen	Gesamt-Anhang	Teil-bericht I	Teil-bericht II	Teil-bericht III	Teil-bericht IV	Teil-bericht V	Teil-bericht VI	Teil-bericht VII	Teil-bericht VIII
1	Gelsenwasser AG	53,84	**100,00**	29,99	69,17	40,06	67,40	31,21	65,66	38,84
1	Michael Weinig AG	53,42	**100,00**	41,55	38,74	61,87	84,88	18,37	73,33	16,29
1	Rheinhold & Mahla AG	53,32	**100,00**	33,06	43,45	59,12	42,45	49,73	85,55	26,33
1	Leifheit AG	53,17	**100,00**	34,55	56,34	56,71	53,27	47,73	55,76	24,06
1	Stolberger Zink AG	52,61	**100,00**	48,23	49,08	44,00	-	-	86,28	0,00
1	Bausch AG	52,45	**100,00**	26,88	50,06	46,19	-	-	85,23	26,62
1	Maihak AG	52,12	**100,00**	50,57	38,52	55,10	-	-	71,13	4,15
1	YMOS AG Industrieprodukte	52,02	**100,00**	63,57	43,81	56,54	29,98	36,07	76,24	5,79
1	Leonische Drahtwerke AG	51,55	**100,00**	34,36	42,60	45,89	69,15	21,44	91,92	26,62
1	EX-CELL-O Holding AG	51,29	**100,00**	42,47	45,49	39,32	54,79	44,70	88,19	13,64
1	Neckarwerke Elektrizitätsversorgungs-AG	51,13	**100,00**	44,18	56,47	50,35	38,47	19,15	78,01	23,14
1	Stahlwerke Bochum AG	50,94	**100,00**	36,26	31,72	63,98	50,22	34,17	89,48	12,44
1	Otavi Minen AG	50,91	**100,00**	37,48	42,09	59,59	-	-	71,91	0,00
1	Ruberoidwerke AG	50,86	**100,00**	29,94	52,27	51,88	-	-	76,15	4,15
1	Phoenix AG	50,84	**100,00**	35,81	49,17	47,35	46,02	25,20	82,56	32,35
1	Mannesmann AG	50,74	**100,00**	47,72	37,86	39,63	60,99	29,67	73,90	33,80
1	Rheinisch-Westfälische Kalkwerke AG	50,34	**100,00**	30,44	53,82	46,15	47,57	55,52	76,54	4,15
1	Hach AG	49,98	**100,00**	32,81	48,28	73,60	53,06	28,04	53,72	0,00
1	Koepp AG	49,95	**100,00**	53,08	39,82	28,36	-	-	84,22	16,29
1	Agrob AG	49,69	**100,00**	27,24	47,81	70,59	51,04	28,85	40,26	25,21
1	Hasen-Bräu AG	49,42	**100,00**	33,80	51,72	51,24	43,70	34,17	82,27	4,15
1	Universitätsdruckerei H. Stürtz AG	47,74	**100,00**	49,61	34,09	43,52	42,30	34,17	85,86	4,15
1	Küppersbusch AG	47,71	**100,00**	28,47	46,49	41,31	57,00	38,76	81,54	4,15
1	G + H Isover – Grünzweig + Hartmann AG	45,01	**100,00**	36,01	43,05	26,57	-	-	80,98	4,15
1	Augsburger Kammgarn-Spinnerei AG	44,63	**100,00**	24,91	42,81	57,72	21,31	34,17	78,11	0,00
1	Renk AG	42,68	**100,00**	26,58	39,58	41,82	22,61	34,17	84,76	4,15
1	Eisenbahn-Verkehrsmittel-AG	41,28	**100,00**	33,94	36,31	44,32	30,93	29,08	59,26	0,00
85	BASF AG	78,45	**88,28**	79,51	73,74	87,39	100,00	70,43	92,76	31,47
85	Bayer AG	77,93	**88,28**	56,51	82,82	75,40	95,08	59,80	92,33	83,37
85	Siemens AG	66,61	**88,28**	44,21	70,06	63,11	70,30	53,44	83,49	72,29
85	Heidelberger Zement AG	65,37	**88,28**	38,84	74,76	76,74	62,18	44,11	78,38	58,56
85	Computer 2000 AG	57,16	**88,28**	47,54	58,72	53,69	59,05	70,50	56,70	28,20
85	Flender ATB-Loher Antriebstechnik AG	52,50	**88,28**	67,76	51,49	38,22	-	-	68,60	4,15
91	Babcock-BSH AG	59,07	**87,21**	61,90	51,05	51,97	84,35	28,96	74,44	41,07
91	Flachglas AG	55,03	**87,21**	34,33	44,62	75,97	74,31	33,55	76,81	14,61
93	Patrizier-Bräu KG auf Aktien	44,47	**75,83**	48,52	41,92	31,73	-	-	75,18	4,15
94	Massa AG	48,53	**75,43**	31,97	73,44	32,51	71,79	47,73	50,89	8,19
94	Hirsch AG	46,05	**75,43**	29,75	52,52	42,64	-	-	39,98	41,07
96	BMW Bayerische Motoren Werke AG	59,83	**74,55**	36,64	71,08	51,97	100,00	43,98	89,20	23,15
97	Sektkellerei Schloß Wachenheim AG i.V.	52,65	**74,29**	53,37	62,79	48,65	-	-	69,45	4,15
98	Energieversorgung Ostbayern AG	57,28	**72,71**	41,15	62,90	58,71	-	-	71,41	41,07
99	Akzo Nobel Faser AG	53,70	**63,91**	26,82	72,49	53,48	-	-	74,94	34,10
99	Würzburger Hofbräu AG	49,25	**63,91**	22,83	72,70	52,01	-	-	83,07	0,00
101	Isar-Amperwerke AG	64,26	**63,89**	63,68	74,09	66,37	87,54	55,52	81,55	14,99
102	Stöhr & Co. AG	61,60	**61,98**	34,70	51,72	87,18	74,06	43,59	84,52	57,20
102	Hamborner Aktiengesellschaft	60,56	**61,98**	35,54	65,86	100,00	-	-	81,15	0,00
102	Asea Brown Boveri AG	59,86	**61,98**	58,37	70,92	58,12	86,97	36,48	72,76	28,64
102	Süd-Chemie AG	59,53	**61,98**	75,96	65,12	57,85	58,03	54,72	87,77	6,33
102	Jagenberg AG	58,90	**61,98**	46,54	66,82	73,45	58,22	33,74	85,72	36,74
102	Maschinenfabrik Esterer AG	54,74	**61,98**	29,28	52,28	80,35	84,88	25,20	88,33	12,44
102	TEUTONIA Zementwerk AG	54,69	**61,98**	38,63	67,52	73,97	70,30	39,10	72,20	0,00
102	Aktienbrauerei Kaufbeuren AG	53,04	**61,98**	37,59	55,22	72,62	-	-	80,25	4,15
102	Dortmunder Actien-Brauerei AG	52,25	**61,98**	43,01	65,01	47,19	-	-	83,24	15,89
102	Schwäbische Zellstoff AG	51,86	**61,98**	35,58	44,78	69,08	-	-	69,96	30,67
102	Piper Generalvertretung Deutschland AG	51,61	**61,98**	57,00	41,26	38,74	90,15	76,57	60,97	0,00
102	Möbel Walther AG	50,99	**61,98**	32,19	55,20	74,92	29,98	44,70	61,87	36,48
102	Brilliant Aktiengesellschaft	49,63	**61,98**	37,11	43,58	49,90	52,41	36,07	88,04	40,63
102	Sedlbauer Aktiengesellschaft	49,37	**61,98**	60,71	59,09	37,49	-	-	62,11	12,44
102	BM Bäckermühlen AG	48,81	**61,98**	23,15	44,78	43,78	88,13	61,59	84,80	4,15
102	Dinkelacker Brauerei AG	48,61	**61,98**	55,61	41,04	52,93	69,67	43,98	61,74	0,00
102	Sinn AG	48,37	**61,98**	38,60	57,83	39,56	-	-	74,53	25,21
102	Deutsche Spezialglas AG	48,03	**61,98**	33,03	49,87	66,98	-	-	65,18	4,15
102	Gutbrod AG	47,94	**61,98**	61,15	63,65	23,21	-	-	82,10	0,00

Ergebnisse der Standardwerte (in %), Sortiermerkmal: Teilbericht I

Rang	Unternehmen	Gesamt-Anhang	Teil-bericht I	Teil-bericht II	Teil-bericht III	Teil-bericht IV	Teil-bericht V	Teil-bericht VI	Teil-bericht VII	Teil-bericht VIII
102	Oberland Glas AG	47,36	**61,98**	36,79	54,07	26,92	87,54	29,64	74,44	25,21
102	TIPTEL AG	47,20	**61,98**	48,58	39,06	69,58	57,42	34,17	53,72	0,00
102	HAGEDA AG	46,06	**61,98**	39,06	60,85	39,96	-	-	70,65	4,15
102	Kraftübertragungswerke Rheinfelden AG	45,12	**61,98**	45,56	36,17	51,42	-	-	78,34	0,00
102	FHW-Fernheizwerk Neukölln AG	44,49	**61,98**	55,52	28,73	57,18	-	-	58,58	0,00
102	Pfleiderer Bau- und Verkehrssysteme AG	43,99	**61,98**	41,32	48,69	47,85	43,70	35,30	69,81	0,00
102	Mittelschwäbische Überlandzentrale AG	43,69	**61,98**	46,92	48,09	36,07	-	-	72,11	0,00
102	aqua signal AG	43,49	**61,98**	41,47	40,49	53,27	64,20	18,37	63,88	0,00
102	Adalbert Kupferberg & Compagnie KGaA	43,07	**61,98**	31,80	39,72	47,08	43,83	60,17	66,36	0,00
102	Hofbrauhaus Wolters AG	42,76	**61,98**	21,52	46,40	56,59	-	-	69,68	0,00
102	Maschinenfabrik Esslingen Aktiengesellschaft	41,98	**61,98**	29,25	37,44	54,86	-	-	69,46	0,00
102	Lindner Holding KGaA	38,67	**61,98**	38,54	43,12	33,23	29,98	55,47	48,66	0,00
102	Joseph Vögele AG	38,55	**61,98**	21,70	40,55	22,47	76,37	23,63	78,99	4,15
102	Modulare Computer und Software Systeme AG	37,80	**61,98**	12,58	43,74	48,95	-	-	41,79	17,80
102	Kampa Haus AG	31,56	**61,98**	27,86	44,13	21,28	29,98	27,36	41,13	0,00
102	Breitenburger Portland-Cement-Fabrik AG	26,66	**61,98**	18,16	27,41	0,00	-	-	79,79	0,00
137	Andreae-Noris-Zahn AG	41,99	**51,23**	23,36	41,87	68,45	22,15	25,20	74,56	21,05
138	Herlitz International Trading AG	46,27	**40,05**	63,31	40,23	23,30	76,73	75,91	58,16	6,36
139	Ford-Werke AG	45,38	**38,02**	32,58	38,31	64,22	-	-	77,97	21,05
139	Duewag	42,61	**38,02**	26,46	51,34	67,80	-	-	52,43	4,24
140	Hein, Lehmann AG	54,40	**0,00**	33,70	70,75	85,48	-	-	85,82	32,35
140	Otto Reichelt AG	44,25	**0,00**	36,90	40,32	58,82	-	-	89,39	41,07
140	VDN Vereinigte Deutsche Nickel-Werke AG	41,30	**0,00**	40,00	48,60	60,46	-	-	85,81	0,00
140	Pirelli Deutschland AG	40,86	**0,00**	39,50	53,98	46,48	50,22	39,44	86,83	4,15
140	Schumag AG	40,32	**0,00**	39,94	47,07	46,16	61,12	38,76	86,39	0,00
140	VGT Aktiengesellschaft	36,27	**0,00**	22,48	47,66	60,95	32,73	27,38	82,34	3,17
140	Bürgerliches Brauhaus Ravensburg-Lindau AG	30,09	**0,00**	43,54	41,91	21,02	-	-	71,40	0,00
140	Dolerit-Basalt AG	29,11	**0,00**	22,19	47,19	38,30	-	-	55,63	0,00
140	C.J. Vogel Draht- und Kabelwerke AG	26,92	**0,00**	63,05	41,36	0,00	-	-	53,30	0,00
140	Sinalco AG	24,57	**0,00**	44,49	35,33	0,00	-	-	70,13	4,15

751.32 Teilbericht II: Bilanzierung und Bewertung, Währungsumrechnung

Ergebnisse der Standardwerte (in %); Sortiermerkmal: Teilbericht II

Rang	Unternehmen	Gesamt-Anhang	Teil-bericht I	Teil-bericht II	Teil-bericht III	Teil-bericht IV	Teil-bericht V	Teil-bericht VI	Teil-bericht VII	Teil-bericht VIII
1	Hoechst AG	81,59	100,00	**87,80**	72,57	90,72	85,42	52,94	85,15	72,70
2	BASF AG	78,45	88,28	**79,51**	73,74	87,39	100,00	70,43	92,76	31,47
3	Süd-Chemie AG	59,53	61,98	**75,96**	65,12	57,85	58,03	54,72	87,77	6,33
4	BEWAG AG Berliner Kraft und Licht	74,46	100,00	**69,71**	65,92	87,83	-	-	79,18	41,07
5	Douglas Holding AG	74,38	100,00	**69,68**	73,66	76,38	100,00	55,52	85,56	34,80
6	Flender ATB-Loher Antriebstechnik AG	52,50	88,28	**67,76**	51,49	38,22	-	-	68,60	4,15
7	Berliner Elektro Holding AG	57,02	100,00	**66,85**	45,35	46,81	91,66	36,24	49,37	26,62
8	TRAUB AG	64,10	100,00	**66,29**	57,90	43,60	80,87	78,25	83,46	20,96
9	PWO – Progress-Werk Oberkirch AG	65,45	100,00	**65,89**	47,12	75,59	-	-	82,49	25,21
10	VEBA AG	75,32	100,00	**65,11**	82,65	87,71	58,43	43,98	87,08	68,48
11	Isar-Amperwerke AG	64,26	63,89	**63,68**	74,09	66,37	87,54	55,52	81,55	14,99
12	YMOS AG Industrieprodukte	52,02	100,00	**63,57**	43,81	56,54	29,98	36,07	76,24	5,79
13	SPAR Handels-Aktiengesellschaft	70,72	100,00	**63,54**	71,74	52,31	89,27	63,21	93,51	49,62
14	Herlitz International Trading AG	46,27	40,05	**63,31**	40,23	23,30	76,73	75,91	58,16	6,36
15	C.J. Vogel Draht- und Kabelwerke AG	26,92	0,00	**63,05**	41,36	0,00	-	-	53,30	0,00
16	Carl Schenck AG	66,11	100,00	**62,98**	70,51	57,00	78,53	43,00	90,43	32,35
17	Babcock-BSH AG	59,07	87,21	**61,90**	51,05	51,97	84,35	28,96	74,44	41,07
18	Rosenthal AG	61,07	100,00	**61,50**	55,38	71,24	49,23	36,48	85,28	25,21
19	Gutbrod AG	47,94	61,98	**61,15**	63,65	23,21	-	-	82,10	0,00

Ergebnisse der Standardwerte (in %); Sortiermerkmal: Teilbericht II

Rang	Unternehmen	Gesamt-Anhang	Teil-bericht I	Teil-bericht II	Teil-bericht III	Teil-bericht IV	Teil-bericht V	Teil-bericht VI	Teil-bericht VII	Teil-bericht VIII
20	Sedlbauer Aktiengesellschaft	49,37	61,98	**60,71**	59,09	37,49	-	-	62,11	12,44
21	Deutsche Babcock AG	71,13	100,00	**60,47**	72,27	71,76	95,08	57,00	87,54	28,87
22	Schmalbach-Lubeca AG	66,31	100,00	**58,59**	68,95	70,24	84,19	29,06	88,53	29,86
23	Volkswagen AG	58,13	100,00	**58,54**	46,99	53,18	66,01	34,41	89,28	27,65
24	Asea Brown Boveri AG	59,86	61,98	**58,37**	70,92	58,12	86,97	36,48	72,76	28,64
25	VEW Vereinigte Elektrizitätswerke AG	64,30	100,00	**58,21**	54,70	74,61	58,43	39,93	93,44	37,06
26	Piper Generalvertretung Deutschland AG	51,61	61,98	**57,00**	41,26	38,74	90,15	76,57	60,97	0,00
27	Bayer AG	77,93	88,28	**56,51**	82,82	75,40	95,08	59,80	92,33	83,37
28	Böwe Systec AG	62,70	100,00	**55,77**	65,04	65,56	73,64	38,98	74,82	26,62
29	Daimler-Benz AG	71,00	100,00	**55,65**	68,52	65,49	73,94	51,20	92,24	74,86
30	Dinkelacker Brauerei AG	48,61	61,98	**55,61**	41,04	52,93	69,67	43,98	61,74	0,00
31	FHW-Fernheizwerk Neukölln AG	44,49	61,98	**55,52**	28,73	57,18	-	-	58,58	0,00
32	Harpen AG	68,67	100,00	**55,51**	69,39	83,04	100,00	41,83	71,75	21,27
33	Preussag AG	58,92	100,00	**55,22**	52,40	65,34	40,70	45,60	85,56	28,23
34	Buderus Aktiengesellschaft	62,66	100,00	**55,03**	48,51	62,93	89,27	36,99	86,97	33,99
35	Dyckerhoff AG	64,23	100,00	**54,85**	62,78	69,03	73,57	55,52	52,49	44,92
36	Tarkett Pegulan AG	56,78	100,00	**54,70**	71,51	76,13	0,00	58,26	66,19	4,15
37	KHD – Klöckner-Humboldt-Deutz AG	61,76	100,00	**54,51**	61,28	73,41	67,34	39,67	86,66	6,42
38	Kolbenschmidt AG	64,04	100,00	**54,46**	56,91	75,48	63,36	38,13	91,46	33,64
39	Kempinski AG	61,38	100,00	**53,82**	58,59	69,76	75,39	11,56	88,53	32,35
40	Sektkellerei Schloß Wachenheim AG i.V.	52,65	74,29	**53,37**	62,79	48,65	-	-	69,45	4,15
41	Koepp AG	49,95	100,00	**53,08**	39,82	28,36	-	-	84,22	16,29
42	MONACHIA Grundstücks-AG	55,09	100,00	**52,83**	51,98	66,38	29,98	45,87	89,45	0,00
43	WMF Württembergische Metallwarenfabrik AG	59,92	100,00	**52,48**	57,52	72,27	45,59	38,67	81,93	26,84
44	Thyssen Industrie AG	57,81	100,00	**52,45**	62,52	55,69	73,94	34,04	78,82	5,79
45	KWS Kleinwanzlebener Saatzucht AG	63,15	100,00	**52,28**	74,43	78,80	58,07	38,31	85,76	4,15
46	Leffers AG	57,39	100,00	**51,91**	62,39	42,00	-	-	76,84	22,43
47	Lehnkering Montan Transport AG	64,97	100,00	**51,48**	71,61	82,22	58,43	34,17	78,37	32,35
48	Maihak AG	52,12	100,00	**50,57**	38,52	55,10	-	-	71,13	4,15
49	Binding-Brauerei AG	60,04	100,00	**50,19**	45,49	75,45	66,63	34,21	77,81	32,35
50	Allweiler AG	63,87	100,00	**49,74**	63,23	69,13	94,00	35,54	82,12	20,04
51	Universitätsdruckerei H. Stürtz AG	47,74	100,00	**49,61**	34,09	43,52	42,30	34,17	85,86	4,15
52	VERSEIDAG AG	60,47	100,00	**49,60**	45,97	67,86	69,08	55,52	82,49	22,43
53	Barmag AG	59,71	100,00	**48,82**	52,67	50,45	94,00	32,16	74,33	41,07
54	TIPTEL AG	47,20	61,98	**48,58**	39,06	69,58	57,42	34,17	53,72	0,00
55	Patrizier-Bräu KG auf Aktien	44,47	75,83	**48,52**	41,92	31,73	-	-	75,18	4,15
56	Stolberger Zink AG	52,61	100,00	**48,23**	49,08	44,00	-	-	86,28	0,00
57	Felten & Guilleaume Energietechnik AG	62,34	100,00	**48,21**	55,32	72,27	96,23	22,51	81,00	26,24
58	Mannesmann AG	50,74	100,00	**47,72**	37,86	39,63	60,99	29,67	73,90	33,80
59	Computer 2000 AG	57,16	88,28	**47,54**	58,72	53,69	59,05	70,50	56,70	28,20
60	DLW AG	56,10	100,00	**47,18**	44,78	58,87	68,78	49,20	58,29	29,36
61	Mittelschwäbische Überlandzentrale AG	43,69	61,98	**46,92**	48,09	36,07	-	-	72,11	0,00
62	Salamander AG	62,90	100,00	**46,89**	70,15	66,00	87,54	19,15	80,20	33,45
63	Jagenberg AG	58,90	61,98	**46,54**	66,82	73,45	58,22	33,74	85,72	36,74
64	Dywidag Dyckerhoff & Widmann	57,33	100,00	**46,23**	58,64	51,97	81,86	31,98	70,27	25,21
65	Kraftübertragungswerke Rheinfelden AG	45,12	61,98	**45,56**	36,17	51,42	-	-	78,34	0,00
66	Klöckner-Werke AG	68,38	100,00	**45,07**	69,94	73,41	100,00	43,98	82,45	38,43
67	Sinalco AG	24,57	0,00	**44,49**	35,33	0,00	-	-	70,13	4,15
68	IVG Industrie-Verwaltungsgesellschaft AG	62,41	100,00	**44,27**	76,18	49,51	81,03	34,06	90,53	34,31
69	Siemens AG	66,61	88,28	**44,21**	70,06	63,11	70,30	53,44	83,49	72,29
70	Neckarwerke Elektrizitätsversorgungs-AG	51,13	100,00	**44,18**	56,47	50,35	38,47	19,15	78,01	23,14
71	Bürgerliches Brauhaus Ravensburg-Lindau AG	30,09	0,00	**43,54**	41,91	21,02	-	-	71,40	0,00
72	Triton-Belco AG	54,79	100,00	**43,17**	49,35	51,55	71,79	28,23	75,13	30,16
73	Dortmunder Actien-Brauerei AG	52,25	61,98	**43,01**	65,01	47,19	-	-	83,24	15,89
74	EX-CELL-O Holding AG	51,29	100,00	**42,47**	45,49	39,32	54,79	44,70	88,19	13,64
75	MD Bau Holding AG	54,01	100,00	**42,07**	51,24	45,28	66,01	47,73	48,25	43,38
76	Gerresheimer Glas AG	62,52	100,00	**41,74**	71,43	70,69	87,54	43,98	76,82	5,79
77	Michael Weinig AG	53,42	100,00	**41,55**	38,74	61,87	84,88	18,37	73,33	16,29
78	AESCULAP AG	62,09	100,00	**41,51**	70,41	81,97	38,17	34,17	88,86	32,35
79	aqua signal AG	43,49	61,98	**41,47**	40,49	53,27	64,20	18,37	63,88	0,00
80	Pfleiderer Bau- und Verkehrssysteme AG	43,99	61,98	**41,32**	48,69	47,85	43,70	35,30	69,81	0,00
80	GEHE AG	62,90	100,00	**41,32**	65,91	80,27	69,19	40,62	73,95	26,84
82	Energieversorgung Ostbayern AG	57,28	72,71	**41,15**	62,90	58,71	-	-	71,41	41,07

Ergebnisse der Standardwerte (in %); Sortiermerkmal: Teilbericht II

Rang	Unternehmen	Gesamt-Anhang	Teil-bericht I	Teil-bericht II	Teil-bericht III	Teil-bericht IV	Teil-bericht V	Teil-bericht VI	Teil-bericht VII	Teil-bericht VIII
83	VDN Vereinigte Deutsche Nickel-Werke AG	41,30	0,00	**40,00**	48,60	60,46	-	-	85,81	0,00
84	Schumag AG	40,32	0,00	**39,94**	47,07	46,16	61,12	38,76	86,39	0,00
85	Pirelli Deutschland AG	40,86	0,00	**39,50**	53,98	46,48	50,22	39,44	86,83	4,15
86	Eichbaum-Brauereien AG	59,91	100,00	**39,20**	66,00	61,53	-	-	95,52	4,15
87	HAGEDA AG	46,06	61,98	**39,06**	60,85	39,96	-	-	70,65	4,15
88	Heidelberger Zement AG	65,37	88,28	**38,84**	74,76	76,74	62,18	44,11	78,38	58,56
89	TEUTONIA Zementwerk AG	54,69	61,98	**38,63**	67,52	73,97	70,30	39,10	72,20	0,00
90	Sinn AG	48,37	61,98	**38,60**	57,83	39,56	-	-	74,53	25,21
91	Lindner Holding KGaA	38,67	61,98	**38,54**	43,12	33,23	29,98	55,47	48,66	0,00
92	Nordcement AG	55,44	100,00	**38,44**	54,02	51,97	-	-	77,36	23,14
93	Pfaff AG	61,46	100,00	**38,28**	71,68	60,14	73,57	43,98	75,72	33,99
94	Konrad Hornschuch AG	58,44	100,00	**38,09**	52,12	44,65	89,27	47,73	88,53	32,35
95	Aktienbrauerei Kaufbeuren AG	53,04	61,98	**37,59**	55,22	72,62	-	-	80,25	4,15
96	Otavi Minen AG	50,91	100,00	**37,48**	42,09	59,59	-	-	71,91	0,00
97	Brilliant Aktiengesellschaft	49,63	61,98	**37,11**	43,58	49,90	52,41	36,07	88,04	40,63
98	IWKA Aktiengesellschaft	54,98	100,00	**36,90**	54,15	51,88	62,37	35,76	86,18	25,21
98	Otto Reichelt AG	44,25	0,00	**36,90**	40,32	58,82	-	-	89,39	41,07
100	Oberland Glas AG	47,36	61,98	**36,79**	54,07	26,92	87,54	29,64	74,44	25,21
100	Asko Deutsche Kaufhaus AG	64,88	100,00	**36,79**	71,59	79,35	78,72	65,31	82,10	4,15
102	BMW Bayerische Motoren Werke AG	59,83	74,55	**36,64**	71,08	51,97	100,00	43,98	89,20	23,15
103	Kraftwerk Altwürttemberg AG	64,78	100,00	**36,51**	72,88	81,64	-	-	73,61	19,87
104	Stahlwerke Bochum AG	50,94	100,00	**36,26**	31,72	63,98	50,22	34,17	89,48	12,44
105	G + H Isover – Grünzweig + Hartmann AG	45,01	100,00	**36,01**	43,05	26,57	-	-	80,98	4,15
106	Phoenix AG	50,84	100,00	**35,81**	49,17	47,35	46,02	25,20	82,56	32,35
107	Schwäbische Zellstoff AG	51,86	61,98	**35,58**	44,78	69,08	-	-	69,96	30,67
108	Hamborner Aktiengesellschaft	60,56	61,98	**35,54**	65,86	100,00	-	-	81,15	0,00
109	Stöhr & Co. AG	61,60	61,98	**34,70**	51,72	87,18	74,06	43,59	84,52	57,20
110	Leifheit AG	53,17	100,00	**34,55**	56,34	56,71	53,27	47,73	55,76	24,06
111	Leonische Drahtwerke AG	51,55	100,00	**34,36**	42,60	45,89	69,15	21,44	91,92	26,62
112	Flachglas AG	55,03	87,21	**34,33**	44,62	75,97	74,31	33,55	76,81	14,61
113	Eisenbahn-Verkehrsmittel-AG	41,28	100,00	**33,94**	36,31	44,32	30,93	29,08	59,26	0,00
114	Lahmeyer Aktiengesellschaft Energiewirtschaft	57,55	100,00	**33,89**	48,79	82,26	-	-	79,30	0,00
115	Hasen-Bräu AG	49,42	100,00	**33,80**	51,72	51,24	43,70	34,17	82,27	4,15
116	Hein, Lehmann AG	54,40	0,00	**33,70**	70,75	85,48	-	-	85,82	32,35
117	Rheinhold & Mahla AG	53,32	100,00	**33,06**	43,45	59,12	42,45	49,73	85,55	26,33
118	Deutsche Spezialglas AG	48,03	61,98	**33,03**	49,87	66,98	-	-	65,18	4,15
119	Altana AG	61,31	100,00	**32,93**	69,21	61,41	80,45	47,73	78,63	29,09
120	Hach AG	49,98	100,00	**32,81**	48,28	73,60	53,06	28,04	53,72	0,00
121	Ford-Werke AG	45,38	38,02	**32,58**	38,31	64,22	-	-	77,97	21,05
122	Möbel Walther AG	50,99	61,98	**32,19**	55,20	74,92	29,98	44,70	61,87	36,48
123	Massa AG	48,53	75,43	**31,97**	73,44	32,51	71,79	47,73	50,89	8,19
124	Kupferberg & Compagnie KGaA	43,07	61,98	**31,80**	39,72	47,08	43,83	60,17	66,36	0,00
125	Rheinisch-Westfälische Kalkwerke AG	50,34	100,00	**30,44**	53,82	46,15	47,57	55,52	76,54	4,15
126	Gelsenwasser AG	53,84	100,00	**29,99**	69,17	40,06	67,40	31,21	65,66	38,84
127	Ruberoidwerke AG	50,86	100,00	**29,94**	52,27	51,88	-	-	76,15	4,15
128	Hirsch AG	46,05	75,43	**29,75**	52,52	42,64	-	-	39,98	41,07
129	Beiersdorf AG	54,80	100,00	**29,73**	49,31	52,81	74,10	48,07	69,73	31,60
130	Maschinenfabrik Esterer AG	54,74	61,98	**29,28**	52,28	80,35	84,88	25,20	88,33	12,44
131	Maschinenfabrik Esslingen Aktiengesellschaft	41,98	61,98	**29,25**	37,44	54,86	-	-	69,46	0,00
132	Robert Cordier AG	54,21	100,00	**29,05**	60,89	67,73	29,98	47,73	71,33	25,21
133	Küppersbusch AG	47,71	100,00	**28,47**	46,49	41,31	57,00	38,76	81,54	4,15
134	Kampa Haus AG	31,56	61,98	**27,86**	44,13	21,28	29,98	27,36	41,13	0,00
135	Agrob AG	49,69	100,00	**27,24**	47,81	70,59	51,04	28,85	40,26	25,21
136	Bausch AG	52,45	100,00	**26,88**	50,06	46,19	-	-	85,23	26,62
137	Akzo Nobel Faser AG	53,70	63,91	**26,82**	72,49	53,48	-	-	74,94	34,10
138	Renk AG	42,68	100,00	**26,58**	39,58	41,82	22,61	34,17	84,76	4,15
139	Duewag	42,61	38,02	**26,46**	51,34	67,80	-	-	52,43	4,24
140	Augsburger Kammgarn-Spinnerei AG	44,63	100,00	**24,91**	42,81	57,72	21,31	34,17	78,11	0,00
141	Andreae-Noris-Zahn AG	41,99	51,23	**23,36**	41,87	68,45	22,15	25,20	74,56	21,05
142	KERAMAG Keramische Werke AG	55,55	100,00	**23,17**	54,97	74,64	-	-	78,95	4,15
143	BM Bäckermühlen AG	48,81	61,98	**23,15**	44,78	43,78	88,13	61,59	84,80	4,15
144	Würzburger Hofbräu AG	49,25	63,91	**22,83**	72,70	52,01	-	-	83,07	0,00
145	VGT Aktiengesellschaft	36,27	0,00	**22,48**	47,66	60,95	32,73	27,38	82,34	3,17

Ergebnisse der Standardwerte (in %); Sortiermerkmal: Teilbericht II

Rang	Unternehmen	Gesamt-Anhang	Teilbericht I	Teilbericht II	Teilbericht III	Teilbericht IV	Teilbericht V	Teilbericht VI	Teilbericht VII	Teilbericht VIII
146	Dolerit-Basalt AG	29,11	0,00	**22,19**	47,19	38,30	-	-	55,63	0,00
147	Joseph Vögele AG	38,55	61,98	**21,70**	40,55	22,47	76,37	23,63	78,99	4,15
148	Hofbrauhaus Wolters AG	42,76	61,98	**21,52**	46,40	56,59	-	-	69,68	0,00
149	Breitenburger Portland-Cement-Fabrik AG	26,66	61,98	**18,16**	27,41	0,00	-	-	79,79	0,00
150	Modulare Computer und Software Systeme AG	37,80	61,98	**12,58**	43,74	48,95	-	-	41,79	17,80

751.33 Teilbericht III: Erläuterungen zu einzelnen Posten der (Konzern-)Bilanz

Ergebnisse der Standardwerte (in %); Sortiermerkmal: Teilbericht III

Rang	Unternehmen	Gesamt-Anhang	Teilbericht I	Teilbericht II	Teilbericht III	Teilbericht IV	Teilbericht V	Teilbericht VI	Teilbericht VII	Teilbericht VIII
1	Bayer AG	77,93	88,28	56,51	**82,82**	75,40	95,08	59,80	92,33	83,37
2	VEBA AG	75,32	100,00	65,11	**82,65**	87,71	58,43	43,98	87,08	68,48
3	IVG Industrie-Verwaltungsgesellschaft AG	62,41	100,00	44,27	**76,18**	49,51	81,03	34,06	90,53	34,31
4	Heidelberger Zement AG	65,37	88,28	38,84	**74,76**	76,74	62,18	44,11	78,38	58,56
5	KWS Kleinwanzlebener Saatzucht AG	63,15	100,00	52,28	**74,43**	78,80	58,07	38,31	85,76	4,15
6	Isar-Amperwerke AG	64,26	63,89	63,68	**74,09**	66,37	87,54	55,52	81,55	14,99
7	BASF AG	78,45	88,28	79,51	**73,74**	87,39	100,00	70,43	92,76	31,47
8	Douglas Holding AG	74,38	100,00	69,68	**73,66**	76,38	100,00	55,52	85,56	34,80
9	Massa AG	48,53	75,43	31,97	**73,44**	32,51	71,79	47,73	50,89	8,19
10	Kraftwerk Altwürttemberg AG	64,78	100,00	36,51	**72,88**	81,64	-	-	73,61	19,87
11	Würzburger Hofbräu AG	49,25	63,91	22,83	**72,70**	52,01	-	-	83,07	0,00
12	Hoechst AG	81,59	100,00	87,80	**72,57**	90,72	85,42	52,94	85,15	72,70
13	Akzo Nobel Faser AG	53,70	63,91	26,82	**72,49**	53,48	-	-	74,94	34,10
14	Deutsche Babcock AG	71,13	100,00	60,47	**72,27**	71,76	95,08	57,00	87,54	28,87
15	SPAR Handels-Aktiengesellschaft	70,72	100,00	63,54	**71,74**	52,31	89,27	63,21	93,51	49,62
16	Pfaff AG	61,46	100,00	38,28	**71,68**	60,14	73,57	43,98	75,72	33,99
17	Lehnkering Montan Transport AG	64,97	100,00	51,48	**71,61**	82,22	58,43	34,17	78,37	32,35
18	Asko Deutsche Kaufhaus AG	64,88	100,00	36,79	**71,59**	79,35	78,72	65,31	82,10	4,15
19	Tarkett Pegulan AG	56,78	100,00	54,70	**71,51**	76,13	0,00	58,26	66,19	4,15
20	Gerresheimer Glas AG	62,52	100,00	41,74	**71,43**	70,69	87,54	43,98	76,82	5,79
21	BMW Bayerische Motoren Werke AG	59,83	74,55	36,64	**71,08**	51,97	100,00	43,98	89,20	23,15
22	Asea Brown Boveri AG	59,86	61,98	58,37	**70,92**	58,12	86,97	36,48	72,76	28,64
23	Hein, Lehmann AG	54,40	0,00	33,70	**70,75**	85,48	-	-	85,82	32,35
24	Carl Schenck AG	66,11	100,00	62,98	**70,51**	57,00	78,53	43,00	90,43	32,35
25	AESCULAP AG	62,09	100,00	41,51	**70,41**	81,97	38,17	34,17	88,86	32,35
26	Salamander AG	62,90	100,00	46,89	**70,15**	66,00	87,54	19,15	80,20	33,45
27	Siemens AG	66,61	88,28	44,21	**70,06**	63,11	70,30	53,44	83,49	72,29
28	Klöckner-Werke AG	68,38	100,00	45,07	**69,94**	73,41	100,00	43,98	82,45	38,43
29	Harpen AG	68,67	100,00	55,51	**69,39**	83,04	100,00	41,83	71,75	21,27
30	Altana AG	61,31	100,00	32,93	**69,21**	61,41	80,45	47,73	78,63	29,09
31	Gelsenwasser AG	53,84	100,00	29,99	**69,17**	40,06	67,40	31,21	65,66	38,84
32	Schmalbach-Lubeca AG	66,31	100,00	58,59	**68,95**	70,24	84,19	29,06	88,53	29,86
33	Daimler-Benz AG	71,00	100,00	55,65	**68,52**	65,49	73,94	51,20	92,24	74,86
34	TEUTONIA Zementwerk AG	54,69	61,98	38,63	**67,52**	73,97	70,30	39,10	72,20	0,00
35	Jagenberg AG	58,90	61,98	46,54	**66,82**	73,45	58,22	33,74	85,72	36,74
36	Eichbaum-Brauereien AG	59,91	100,00	39,20	**66,00**	61,53	-	-	95,52	4,15
37	BEWAG AG Berliner Kraft und Licht	74,46	100,00	69,71	**65,92**	87,83	-	-	79,18	41,07
38	GEHE AG	62,90	100,00	41,32	**65,91**	80,27	69,19	40,62	73,95	26,84
39	Hamborner Aktiengesellschaft	60,56	61,98	35,54	**65,86**	100,00	-	-	81,15	0,00
40	Süd-Chemie AG	59,53	61,98	75,96	**65,12**	57,85	58,03	54,72	87,77	6,33
41	Böwe Systec AG	62,70	100,00	55,77	**65,04**	65,56	73,64	38,98	74,82	26,62
42	Dortmunder Actien-Brauerei AG	52,25	61,98	43,01	**65,01**	47,19	-	-	83,24	15,89
43	Gutbrod AG	47,94	61,98	61,15	**63,65**	23,21	-	-	82,10	0,00
44	Allweiler AG	63,87	100,00	49,74	**63,23**	69,13	94,00	35,54	82,12	20,04
45	Energieversorgung Ostbayern AG	57,28	72,71	41,15	**62,90**	58,71	-	-	71,41	41,07

Ergebnisse der Standardwerte (in %); Sortiermerkmal: Teilbericht III

Rang	Unternehmen	Gesamt-Anhang	Teil-bericht I	Teil-bericht II	Teil-bericht III	Teil-bericht IV	Teil-bericht V	Teil-bericht VI	Teil-bericht VII	Teil-bericht VIII
46	Sektkellerei Schloß Wachenheim AG i.V.	52,65	74,29	53,37	**62,79**	48,65	-	-	69,45	4,15
47	Dyckerhoff AG	64,23	100,00	54,85	**62,78**	69,03	73,57	55,52	52,49	44,92
48	Thyssen Industrie AG	57,81	100,00	52,45	**62,52**	55,69	73,94	34,04	78,82	5,79
49	Leffers AG	57,39	100,00	51,91	**62,39**	42,00	-	-	76,84	22,43
50	KHD – Klöckner-Humboldt-Deutz AG	61,76	100,00	54,51	**61,28**	73,41	67,34	39,67	86,66	6,42
51	Robert Cordier AG	54,21	100,00	29,05	**60,89**	67,73	29,98	47,73	71,33	25,21
52	HAGEDA AG	46,06	61,98	39,06	**60,85**	39,96	-	-	70,65	4,15
53	Sedlbauer Aktiengesellschaft	49,37	61,98	60,71	**59,09**	37,49	-	-	62,11	12,44
54	Computer 2000 AG	57,16	88,28	47,54	**58,72**	53,69	59,05	70,50	56,70	28,20
55	Dywidag Dyckerhoff & Widmann	57,33	100,00	46,23	**58,64**	51,97	81,86	31,98	70,27	25,21
56	Kempinski AG	61,38	100,00	53,82	**58,59**	69,76	75,39	11,56	88,53	32,35
57	TRAUB AG	64,10	100,00	66,29	**57,90**	43,60	80,87	78,25	83,46	20,96
58	Sinn AG	48,37	61,98	38,60	**57,83**	39,56	-	-	74,53	25,21
59	WMF Württembergische Metallwarenfabrik AG	59,92	100,00	52,48	**57,52**	72,27	45,59	38,67	81,93	26,84
60	Kolbenschmidt AG	64,04	100,00	54,46	**56,91**	75,48	63,36	38,13	91,46	33,64
61	Neckarwerke Elektrizitätsversorgungs-AG	51,13	100,00	44,18	**56,47**	50,35	38,47	19,15	78,01	23,14
62	Leifheit AG	53,17	100,00	34,55	**56,34**	56,71	53,27	47,73	55,76	24,06
63	Rosenthal AG	61,07	100,00	61,50	**55,38**	71,24	49,23	36,48	85,28	25,21
64	Felten & Guilleaume Energietechnik AG	62,34	100,00	48,21	**55,32**	72,27	96,23	22,51	81,00	26,24
65	Aktienbrauerei Kaufbeuren AG	53,04	61,98	37,59	**55,22**	72,62	-	-	80,25	4,15
66	Möbel Walther AG	50,99	61,98	32,19	**55,20**	74,92	29,98	44,70	61,87	36,48
67	KERAMAG Keramische Werke AG	55,55	100,00	23,17	**54,97**	74,64	-	-	78,95	4,15
68	VEW Vereinigte Elektrizitätswerke AG	64,30	100,00	58,21	**54,70**	74,61	58,43	39,93	93,44	37,06
69	IWKA Aktiengesellschaft	54,98	100,00	36,90	**54,15**	51,88	62,37	35,76	86,18	25,21
70	Oberland Glas AG	47,36	61,98	36,79	**54,07**	26,92	87,54	29,64	74,44	25,21
71	Nordcement AG	55,44	100,00	38,44	**54,02**	51,97	-	-	77,36	23,14
72	Pirelli Deutschland AG	40,86	0,00	39,50	**53,98**	46,48	50,22	39,44	86,83	4,15
73	Rheinisch-Westfälische Kalkwerke AG	50,34	100,00	30,44	**53,82**	46,15	47,57	55,52	76,54	4,15
74	Barmag AG	59,71	100,00	48,82	**52,67**	50,45	94,00	32,16	74,33	41,07
75	Hirsch AG	46,05	75,43	29,75	**52,52**	42,64	-	-	39,98	41,07
76	Preussag AG	58,92	100,00	55,22	**52,40**	65,34	40,70	45,60	85,56	28,23
77	Maschinenfabrik Esterer AG	54,74	61,98	29,28	**52,28**	80,35	84,88	25,20	88,33	12,44
78	Ruberoidwerke AG	50,86	100,00	29,94	**52,27**	51,88	-	-	76,15	4,15
79	Konrad Hornschuch AG	58,44	100,00	38,09	**52,12**	44,65	89,27	47,73	88,53	32,35
80	MONACHIA Grundstücks-AG	55,09	100,00	52,83	**51,98**	66,38	29,98	45,87	89,45	0,00
81	Hasen-Bräu AG	49,42	100,00	33,80	**51,72**	51,24	43,70	34,17	82,27	4,15
81	Stöhr & Co. AG	61,60	61,98	34,70	**51,72**	87,18	74,06	43,59	84,52	57,20
83	Flender ATB-Loher Antriebstechnik AG	52,50	88,28	67,76	**51,49**	38,22	-	-	68,60	4,15
84	Dueway	42,61	38,02	26,46	**51,34**	67,80	-	-	52,43	4,24
85	MD Bau Holding AG	54,01	100,00	42,07	**51,24**	45,28	66,01	47,73	48,25	43,38
86	Babcock-BSH AG	59,07	87,21	61,90	**51,05**	51,97	84,35	28,96	74,44	41,07
87	Bausch AG	52,45	100,00	26,88	**50,06**	46,19	-	-	85,23	26,62
88	Deutsche Spezialglas AG	48,03	61,98	33,03	**49,87**	66,98	-	-	65,18	4,15
89	Triton-Belco AG	54,79	100,00	43,17	**49,35**	51,55	71,79	28,23	75,13	30,16
90	Beiersdorf AG	54,80	100,00	29,73	**49,31**	52,81	74,10	48,07	69,73	31,60
91	Phoenix AG	50,84	100,00	35,81	**49,17**	47,35	46,02	25,20	82,56	32,35
92	Stolberger Zink AG	52,61	100,00	48,23	**49,08**	44,00	-	-	86,28	0,00
93	Lahmeyer Aktiengesellschaft Energiewirtschaft	57,55	100,00	33,89	**48,79**	82,26	-	-	79,30	0,00
94	Pfleiderer Bau- und Verkehrssysteme AG	43,99	61,98	41,32	**48,69**	47,85	43,70	35,30	69,81	0,00
95	VDN Vereinigte Deutsche Nickel-Werke AG	41,30	0,00	40,00	**48,60**	60,46	-	-	85,81	0,00
96	Buderus Aktiengesellschaft	62,66	100,00	55,03	**48,51**	62,93	89,27	36,99	86,97	33,99
97	Hach AG	49,98	100,00	32,81	**48,28**	73,60	53,06	28,04	53,72	0,00
98	Mittelschwäbische Überlandzentrale AG	43,69	61,98	46,92	**48,09**	36,07	-	-	72,11	0,00
99	Agrob AG	49,69	100,00	27,24	**47,81**	70,59	51,04	28,85	40,26	25,21
100	VGT Aktiengesellschaft	36,27	0,00	22,48	**47,66**	60,95	32,73	27,38	82,34	3,17
101	Dolerit-Basalt AG	29,11	0,00	22,19	**47,19**	38,30	-	-	55,63	0,00
102	PWO – Progress-Werk Oberkirch AG	65,45	100,00	65,89	**47,12**	75,59	-	-	82,49	25,21
103	Schumag AG	40,32	0,00	39,94	**47,07**	46,16	61,12	38,76	86,39	0,00
104	Volkswagen AG	58,13	100,00	58,54	**46,99**	53,18	66,01	34,41	89,28	27,65
105	Küppersbusch AG	47,71	100,00	28,47	**46,49**	41,31	57,00	38,76	81,54	4,15
106	Hofbrauhaus Wolters AG	42,76	61,98	21,52	**46,40**	56,59	-	-	69,68	0,00
107	VERSEIDAG AG	60,47	100,00	49,60	**45,97**	67,86	69,08	55,52	82,49	22,43
108	Binding-Brauerei AG	60,04	100,00	50,19	**45,49**	75,45	66,63	34,21	77,81	32,35

Ergebnisse der Standardwerte (in %); Sortiermerkmal: Teilbericht III										
Rang	**Unternehmen**	**Gesamt-Anhang**	**Teil-bericht I**	**Teil-bericht II**	**Teil-bericht III**	**Teil-bericht IV**	**Teil-bericht V**	**Teil-bericht VI**	**Teil-bericht VII**	**Teil-bericht VIII**
109	EX-CELL-O Holding AG	51,29	100,00	42,47	**45,49**	39,32	54,79	44,70	88,19	13,64
110	Berliner Elektro Holding AG	57,02	100,00	66,85	**45,35**	46,81	91,66	36,24	49,37	26,62
111	Schwäbische Zellstoff AG	51,86	61,98	35,58	**44,78**	69,08	-	-	69,96	30,67
111	DLW AG	56,10	100,00	47,18	**44,78**	58,87	68,78	49,20	58,29	29,36
111	BM Bäckermühlen AG	48,81	61,98	23,15	**44,78**	43,78	88,13	61,59	84,80	4,15
114	Flachglas AG	55,03	87,21	34,33	**44,62**	75,97	74,31	33,55	76,81	14,61
115	Kampa Haus AG	31,56	61,98	27,86	**44,13**	21,28	29,98	27,36	41,13	0,00
116	YMOS AG Industrieprodukte	52,02	100,00	63,57	**43,81**	56,54	29,98	36,07	76,24	5,79
117	Modulare Computer und Software Systeme AG	37,80	61,98	12,58	**43,74**	48,95	-	-	41,79	17,80
118	Brilliant Aktiengesellschaft	49,63	61,98	37,11	**43,58**	49,90	52,41	36,07	88,04	40,63
119	Rheinhold & Mahla AG	53,32	100,00	33,06	**43,45**	59,12	42,45	49,73	85,55	26,33
120	Lindner Holding KGaA	38,67	61,98	38,54	**43,12**	33,23	29,98	55,47	48,66	0,00
121	G + H Isover – Grünzweig + Hartmann AG	45,01	100,00	36,01	**43,05**	26,57	-	-	80,98	4,15
122	Augsburger Kammgarn-Spinnerei AG	44,63	100,00	24,91	**42,81**	57,72	21,31	34,17	78,11	0,00
123	Leonische Drahtwerke AG	51,55	100,00	34,36	**42,60**	45,89	69,15	21,44	91,92	26,62
124	Otavi Minen AG	50,91	100,00	37,48	**42,09**	59,59	-	-	71,91	0,00
125	Patrizier-Bräu KG auf Aktien	44,47	75,83	48,52	**41,92**	31,73	-	-	75,18	4,15
126	Bürgerliches Brauhaus Ravensburg-Lindau AG	30,09	0,00	43,54	**41,91**	21,02	-	-	71,40	0,00
127	Andreae-Noris-Zahn AG	41,99	51,23	23,36	**41,87**	68,45	22,15	25,20	74,56	21,05
128	C.J. Vogel Draht- und Kabelwerke AG	26,92	0,00	63,05	**41,36**	0,00	-	-	53,30	0,00
129	Piper Generalvertretung Deutschland AG	51,61	61,98	57,00	**41,26**	38,74	90,15	76,57	60,97	0,00
130	Dinkelacker Brauerei AG	48,61	61,98	55,61	**41,04**	52,93	69,67	43,98	61,74	0,00
131	Joseph Vögele AG	38,55	61,98	21,70	**40,55**	22,47	76,37	23,63	78,99	4,15
132	aqua signal AG	43,49	61,98	41,47	**40,49**	53,27	64,20	18,37	63,88	0,00
133	Otto Reichelt AG	44,25	0,00	36,90	**40,32**	58,82	-	-	89,39	41,07
134	Herlitz International Trading AG	46,27	40,05	63,31	**40,23**	23,30	76,73	75,91	58,16	6,36
135	Koepp AG	49,95	100,00	53,08	**39,82**	28,36	-	-	84,22	16,29
136	Kupferberg & Compagnie KGaA	43,07	61,98	31,80	**39,72**	47,08	43,83	60,17	66,36	0,00
137	Renk AG	42,68	100,00	26,58	**39,58**	41,82	22,61	34,17	84,76	4,15
138	TIPTEL AG	47,20	61,98	48,58	**39,06**	69,58	57,42	34,17	53,72	0,00
139	Michael Weinig AG	53,42	100,00	41,55	**38,74**	61,87	84,88	18,37	73,33	16,29
140	Maihak AG	52,12	100,00	50,57	**38,52**	55,10	-	-	71,13	4,15
141	Ford-Werke AG	45,38	38,02	32,58	**38,31**	64,22	-	-	77,97	21,05
142	Mannesmann AG	50,74	100,00	47,72	**37,86**	39,63	60,99	29,67	73,90	33,80
143	Maschinenfabrik Esslingen Aktiengesellschaft	41,98	61,98	29,25	**37,44**	54,86	-	-	69,46	0,00
144	Eisenbahn-Verkehrsmittel-AG	41,28	100,00	33,94	**36,31**	44,32	30,93	29,08	59,26	0,00
145	Kraftübertragungswerke Rheinfelden AG	45,12	61,98	45,56	**36,17**	51,42	-	-	78,34	0,00
146	Sinalco AG	24,57	0,00	44,49	**35,33**	0,00	-	-	70,13	4,15
147	Universitätsdruckerei H. Stürtz AG	47,74	100,00	49,61	**34,09**	43,52	42,30	34,17	85,86	4,15
148	Stahlwerke Bochum AG	50,94	100,00	36,26	**31,72**	63,98	50,22	34,17	89,48	12,44
149	FHW-Fernheizwerk Neukölln AG	44,49	61,98	55,52	**28,73**	57,18	-	-	58,58	0,00
150	Breitenburger Portland-Cement-Fabrik AG	26,66	61,98	18,16	**27,41**	0,00	-	-	79,79	0,00

751.34 Teilbericht IV: Erläuterungen zu einzelnen Posten der (Konzern-)GuV

Ergebnisse der Standardwerte (in %); Sortiermerkmal: Teilbericht IV										
Rang	**Unternehmen**	**Gesamt-Anhang**	**Teil-bericht I**	**Teil-bericht II**	**Teil-bericht III**	**Teil-bericht IV**	**Teil-bericht V**	**Teil-bericht VI**	**Teil-bericht VII**	**Teil-bericht VIII**
1	Hamborner Aktiengesellschaft	60,56	61,98	35,54	65,86	**100,00**	-	-	81,15	0,00
2	Hoechst AG	81,59	100,00	87,80	72,57	**90,72**	85,42	52,94	85,15	72,70
3	BEWAG AG Berliner Kraft und Licht	74,46	100,00	69,71	65,92	**87,83**	-	-	79,18	41,07
4	VEBA AG	75,32	100,00	65,11	82,65	**87,71**	58,43	43,98	87,08	68,48
5	BASF AG	78,45	88,28	79,51	73,74	**87,39**	100,00	70,43	92,76	31,47
6	Stöhr & Co. AG	61,60	61,98	34,70	51,72	**87,18**	74,06	43,59	84,52	57,20
7	Hein, Lehmann AG	54,40	0,00	33,70	70,75	**85,48**	-	-	85,82	32,35
8	Harpen AG	68,67	100,00	55,51	69,39	**83,04**	100,00	41,83	71,75	21,27

Ergebnisse der Standardwerte (in %); Sortiermerkmal: Teilbericht IV

Rang	Unternehmen	Gesamt-Anhang	Teil-bericht I	Teil-bericht II	Teil-bericht III	Teil-bericht IV	Teil-bericht V	Teil-bericht VI	Teil-bericht VII	Teil-bericht VIII
9	Lahmeyer Aktiengesellschaft Energiewirtschaft	57,55	100,00	33,89	48,79	**82,26**	-	-	79,30	0,00
10	Lehnkering Montan Transport AG	64,97	100,00	51,48	71,61	**82,22**	58,43	34,17	78,37	32,35
11	AESCULAP AG	62,09	100,00	41,51	70,41	**81,97**	38,17	34,17	88,86	32,35
12	Kraftwerk Altwürttemberg AG	64,78	100,00	36,51	72,88	**81,64**	-	-	73,61	19,87
13	Maschinenfabrik Esterer AG	54,74	61,98	29,28	52,28	**80,35**	84,88	25,20	88,33	12,44
14	GEHE AG	62,90	100,00	41,32	65,91	**80,27**	69,19	40,62	73,95	26,84
15	Asko Deutsche Kaufhaus AG	64,88	100,00	36,79	71,59	**79,35**	78,72	65,31	82,10	4,15
16	KWS Kleinwanzlebener Saatzucht AG	63,15	100,00	52,28	74,43	**78,80**	58,07	38,31	85,76	4,15
17	Heidelberger Zement AG	65,37	88,28	38,84	74,76	**76,74**	62,18	44,11	78,38	58,56
18	Douglas Holding AG	74,38	100,00	69,68	73,66	**76,38**	100,00	55,52	85,56	34,80
19	Tarkett Pegulan AG	56,78	100,00	54,70	71,51	**76,13**	0,00	58,26	66,19	4,15
20	Flachglas AG	55,03	87,21	34,33	44,62	**75,97**	74,31	33,55	76,81	14,61
21	PWO – Progress-Werk Oberkirch AG	65,45	100,00	65,89	47,12	**75,59**	-	-	82,49	25,21
22	Kolbenschmidt AG	64,04	100,00	54,46	56,91	**75,48**	63,36	38,13	91,46	33,64
23	Binding-Brauerei AG	60,04	100,00	50,19	45,49	**75,45**	66,63	34,21	77,81	32,35
24	Bayer AG	77,93	88,28	56,51	82,82	**75,40**	95,08	59,80	92,33	83,37
25	Möbel Walther AG	50,99	61,98	32,19	55,20	**74,92**	29,98	44,70	61,87	36,48
26	KERAMAG Keramische Werke AG	55,55	100,00	23,17	54,97	**74,64**	-	-	78,95	4,15
27	VEW Vereinigte Elektrizitätswerke AG	64,30	100,00	58,21	54,70	**74,61**	58,43	39,93	93,44	37,06
28	TEUTONIA Zementwerk AG	54,69	61,98	38,63	67,52	**73,97**	70,30	39,10	72,20	0,00
29	Hach AG	49,98	100,00	32,81	48,28	**73,60**	53,06	28,04	53,72	0,00
30	Jagenberg AG	58,90	61,98	46,54	66,82	**73,45**	58,22	33,74	85,72	36,74
31	Klöckner-Werke AG	68,38	100,00	45,07	69,94	**73,41**	100,00	43,98	82,45	38,43
32	KHD – Klöckner-Humboldt-Deutz AG	61,76	100,00	54,51	61,28	**73,41**	67,34	39,67	86,66	6,42
33	Aktienbrauerei Kaufbeuren AG	53,04	61,98	37,59	55,22	**72,62**	-	-	80,25	4,15
34	WMF Württembergische Metallwarenfabrik AG	59,92	100,00	52,48	57,52	**72,27**	45,59	38,67	81,93	26,84
34	Felten & Guilleaume Energietechnik AG	62,34	100,00	48,21	55,32	**72,27**	96,23	22,51	81,00	26,24
36	Deutsche Babcock AG	71,13	100,00	60,47	72,27	**71,76**	95,08	57,00	87,54	28,87
37	Rosenthal AG	61,07	100,00	61,50	55,38	**71,24**	49,23	36,48	85,28	25,21
38	Gerresheimer Glas AG	62,52	100,00	41,74	71,43	**70,69**	87,54	43,98	76,82	5,79
39	Agrob AG	49,69	100,00	27,24	47,81	**70,59**	51,04	28,85	40,26	25,21
40	Schmalbach-Lubeca AG	66,31	100,00	58,59	68,95	**70,24**	84,19	29,06	88,53	29,86
41	Kempinski AG	61,38	100,00	53,82	58,59	**69,76**	75,39	11,56	88,53	32,35
42	TIPTEL AG	47,20	61,98	48,58	39,06	**69,58**	57,42	34,17	53,72	0,00
43	Allweiler AG	63,87	100,00	49,74	63,23	**69,13**	94,00	35,54	82,12	20,04
44	Schwäbische Zellstoff AG	51,86	61,98	35,58	44,78	**69,08**	-	-	69,96	30,67
45	Dyckerhoff AG	64,23	100,00	54,85	62,78	**69,03**	73,57	55,52	52,49	44,92
46	Andreae-Noris-Zahn AG	41,99	51,23	23,36	41,87	**68,45**	22,15	25,20	74,56	21,05
47	VEREIDAG AG	60,47	100,00	49,60	45,97	**67,86**	69,08	55,52	82,49	22,43
48	Duewag	42,61	38,02	26,46	51,34	**67,80**	-	-	52,43	4,24
49	Robert Cordier AG	54,21	100,00	29,05	60,89	**67,73**	29,98	47,73	71,33	25,21
50	Deutsche Spezialglas AG	48,03	61,98	33,03	49,87	**66,98**	-	-	65,18	4,15
51	MONACHIA Grundstücks-AG	55,09	100,00	52,83	51,98	**66,38**	29,98	45,87	89,45	0,00
52	Isar-Amperwerke AG	64,26	63,89	63,68	74,09	**66,37**	87,54	55,52	81,55	14,99
53	Salamander AG	62,90	100,00	46,89	70,15	**66,00**	87,54	19,15	80,20	33,45
54	Böwe Systec AG	62,70	100,00	55,77	65,04	**65,56**	73,64	38,98	74,82	26,62
55	Daimler-Benz AG	71,00	100,00	55,65	68,52	**65,49**	73,94	51,20	92,24	74,86
56	Preussag AG	58,92	100,00	55,22	52,40	**65,34**	40,70	45,60	85,56	28,23
57	Ford-Werke AG	45,38	38,02	32,58	38,31	**64,22**	-	-	77,97	21,05
58	Stahlwerke Bochum AG	50,94	100,00	36,26	31,72	**63,98**	50,22	34,17	89,48	12,44
59	Siemens AG	66,61	88,28	44,21	70,06	**63,11**	70,30	53,44	83,49	72,29
60	Buderus Aktiengesellschaft	62,66	100,00	55,03	48,51	**62,93**	89,27	36,99	86,97	33,99
61	Michael Weinig AG	53,42	100,00	41,55	38,74	**61,87**	84,88	18,37	73,33	16,29
62	Eichbaum-Brauereien AG	59,91	100,00	39,20	66,00	**61,53**	-	-	95,52	4,15
63	Altana AG	61,31	100,00	32,93	69,21	**61,41**	80,45	47,73	78,63	29,09
64	VGT Aktiengesellschaft	36,27	0,00	22,48	47,66	**60,95**	32,73	27,38	82,34	3,17
65	VDN Vereinigte Deutsche Nickel-Werke AG	41,30	0,00	40,00	48,60	**60,46**	-	-	85,81	0,00
66	Pfaff AG	61,46	100,00	38,28	71,68	**60,14**	73,57	43,98	75,72	33,99
67	Otavi Minen AG	50,91	100,00	37,48	42,09	**59,59**	-	-	71,91	0,00
68	Rheinhold & Mahla AG	53,32	100,00	33,06	43,45	**59,12**	42,45	49,73	85,55	26,33
69	DLW AG	56,10	100,00	47,18	44,78	**58,87**	68,78	49,20	58,29	29,36
70	Otto Reichelt AG	44,25	0,00	36,90	40,32	**58,82**	-	-	89,39	41,07
71	Energieversorgung Ostbayern AG	57,28	72,71	41,15	62,90	**58,71**	-	-	71,41	41,07

Ergebnisse der Standardwerte (in %); Sortiermerkmal: Teilbericht IV

Rang	Unternehmen	Gesamt-Anhang	Teil-bericht I	Teil-bericht II	Teil-bericht III	Teil-bericht IV	Teil-bericht V	Teil-bericht VI	Teil-bericht VII	Teil-bericht VIII
72	Asea Brown Boveri AG	59,86	61,98	58,37	70,92	**58,12**	86,97	36,48	72,76	28,64
73	Süd-Chemie AG	59,53	61,98	75,96	65,12	**57,85**	58,03	54,72	87,77	6,33
74	Augsburger Kammgarn-Spinnerei AG	44,63	100,00	24,91	42,81	**57,72**	21,31	34,17	78,11	0,00
75	FHW-Fernheizwerk Neukölln AG	44,49	61,98	55,52	28,73	**57,18**	-	-	58,58	0,00
76	Carl Schenck AG	66,11	100,00	62,98	70,51	**57,00**	78,53	43,00	90,43	32,35
77	Leifheit AG	53,17	100,00	34,55	56,34	**56,71**	53,27	47,73	55,76	24,06
78	Hofbrauhaus Wolters AG	42,76	61,98	21,52	46,40	**56,59**	-	-	69,68	0,00
79	YMOS AG Industrieprodukte	52,02	100,00	63,57	43,81	**56,54**	29,98	36,07	76,24	5,79
80	Thyssen Industrie AG	57,81	100,00	52,45	62,52	**55,69**	73,94	34,04	78,82	5,79
81	Maihak AG	52,12	100,00	50,57	38,52	**55,10**	-	-	71,13	4,15
82	Maschinenfabrik Esslingen Aktiengesellschaft	41,98	61,98	29,25	37,44	**54,86**	-	-	69,46	0,00
83	Computer 2000 AG	57,16	88,28	47,54	58,72	**53,69**	59,05	70,50	56,70	28,20
84	Akzo Nobel Faser AG	53,70	63,91	26,82	72,49	**53,48**	-	-	74,94	34,10
85	aqua signal AG	43,49	61,98	41,47	40,49	**53,27**	64,20	18,37	63,88	0,00
86	Volkswagen AG	58,13	100,00	58,54	46,99	**53,18**	66,01	34,41	89,28	27,65
87	Dinkelacker Brauerei AG	48,61	61,98	55,61	41,04	**52,93**	69,67	43,98	61,74	0,00
88	Beiersdorf AG	54,80	100,00	29,73	49,31	**52,81**	74,10	48,07	69,73	31,60
89	SPAR Handels-Aktiengesellschaft	70,72	100,00	63,54	71,74	**52,31**	89,27	63,21	93,51	49,62
90	Würzburger Hofbräu AG	49,25	63,91	22,83	72,70	**52,01**	-	-	83,07	0,00
91	Nordcement AG	55,44	100,00	38,44	54,02	**51,97**	-	-	77,36	23,14
91	BMW Bayerische Motoren Werke AG	59,83	74,55	36,64	71,08	**51,97**	100,00	43,98	89,20	23,15
91	Dywidag Dyckerhoff & Widmann	57,33	100,00	46,23	58,64	**51,97**	81,86	31,98	70,27	25,21
91	Babcock-BSH AG	59,07	87,21	61,90	51,05	**51,97**	84,35	28,96	74,44	41,07
95	IWKA Aktiengesellschaft	54,98	100,00	36,90	54,15	**51,88**	62,37	35,76	86,18	25,21
95	Ruberoidwerke AG	50,86	100,00	29,94	52,27	**51,88**	-	-	76,15	4,15
97	Triton-Belco AG	54,79	100,00	43,17	49,35	**51,55**	71,79	28,23	75,13	30,16
98	Kraftübertragungswerke Rheinfelden AG	45,12	61,98	45,56	36,17	**51,42**	-	-	78,34	0,00
99	Hasen-Bräu AG	49,42	100,00	33,80	51,72	**51,24**	43,70	34,17	82,27	4,15
100	Barmag AG	59,71	100,00	48,82	52,67	**50,45**	94,00	32,16	74,33	41,07
101	Neckarwerke Elektrizitätsversorgungs-AG	51,13	100,00	44,18	56,47	**50,35**	38,47	19,15	78,01	23,14
102	Brilliant Aktiengesellschaft	49,63	61,98	37,11	43,58	**49,90**	52,41	36,07	88,04	40,63
103	IVG Industrie-Verwaltungsgesellschaft AG	62,41	100,00	44,27	76,18	**49,51**	81,03	34,06	90,53	34,31
104	Modulare Computer und Software Systeme AG	37,80	61,98	12,58	43,74	**48,95**	-	-	41,79	17,80
105	Sektkellerei Schloß Wachenheim AG i.V.	52,65	74,29	53,37	62,79	**48,65**	-	-	69,45	4,15
106	Pfleiderer Bau- und Verkehrssysteme AG	43,99	61,98	41,32	48,69	**47,85**	43,70	35,30	69,81	0,00
107	Phoenix AG	50,84	100,00	35,81	49,17	**47,35**	46,02	25,20	82,56	32,35
108	Dortmunder Actien-Brauerei AG	52,25	61,98	43,01	65,01	**47,19**	-	-	83,24	15,89
109	Kupferberg & Compagnie KGaA	43,07	61,98	31,80	39,72	**47,08**	43,83	60,17	66,36	0,00
110	Berliner Elektro Holding AG	57,02	100,00	66,85	45,35	**46,81**	91,66	36,24	49,37	26,62
111	Pirelli Deutschland AG	40,86	0,00	39,50	53,98	**46,48**	50,22	39,44	86,83	4,15
112	Bausch AG	52,45	100,00	26,88	50,06	**46,19**	-	-	85,23	26,62
112	Schumag AG	40,32	0,00	39,94	47,07	**46,16**	61,12	38,76	86,39	0,00
114	Rheinisch-Westfälische Kalkwerke AG	50,34	100,00	30,44	53,82	**46,15**	47,57	55,52	76,54	4,15
115	Leonische Drahtwerke AG	51,55	100,00	34,36	42,60	**45,89**	69,15	21,44	91,92	26,62
116	MD Bau Holding AG	54,01	100,00	42,07	51,24	**45,28**	66,01	47,73	48,25	43,38
117	Konrad Hornschuch AG	58,44	100,00	38,09	52,12	**44,65**	89,27	47,73	88,53	32,35
118	Eisenbahn-Verkehrsmittel-AG	41,28	100,00	33,94	36,31	**44,32**	30,93	29,08	59,26	0,00
119	Stolberger Zink AG	52,61	100,00	48,23	49,08	**44,00**	-	-	86,28	0,00
120	BM Bäckermühlen AG	48,81	61,98	23,15	44,78	**43,78**	88,13	61,59	84,80	4,15
121	TRAUB AG	64,10	100,00	66,29	57,90	**43,60**	80,87	78,25	83,46	20,96
122	Universitätsdruckerei H. Stürtz AG	47,74	100,00	49,61	34,09	**43,52**	42,30	34,17	85,86	4,15
123	Hirsch AG	46,05	75,43	29,75	52,52	**42,64**	-	-	39,98	41,07
124	Leffers AG	57,39	100,00	51,91	62,39	**42,00**	-	-	76,84	22,43
125	Renk AG	42,68	100,00	26,58	39,58	**41,82**	22,61	34,17	84,76	4,15
126	Küppersbusch AG	47,71	100,00	28,47	46,49	**41,31**	57,00	38,76	81,54	4,15
127	Gelsenwasser AG	53,84	100,00	29,99	69,17	**40,06**	67,40	31,21	65,66	38,84
128	HAGEDA AG	46,06	61,98	39,06	60,85	**39,96**	-	-	70,65	4,15
129	Mannesmann AG	50,74	100,00	47,72	37,86	**39,63**	60,99	29,67	73,90	33,80
130	Sinn AG	48,37	61,98	38,60	57,83	**39,56**	-	-	74,53	25,21
131	EX-CELL-O Holding AG	51,29	100,00	42,47	45,49	**39,32**	54,79	44,70	88,19	13,64
132	Piper Generalvertretung Deutschland AG	51,61	61,98	57,00	41,26	**38,74**	90,15	76,57	60,97	0,00
133	Dolerit-Basalt AG	29,11	0,00	22,19	47,19	**38,30**	-	-	55,63	0,00
134	Flender ATB-Loher Antriebstechnik AG	52,50	88,28	67,76	51,49	**38,22**	-	-	68,60	4,15

Ergebnisse der Standardwerte (in %); Sortiermerkmal: Teilbericht IV										
Rang	**Unternehmen**	**Gesamt-Anhang**	**Teil-bericht I**	**Teil-bericht II**	**Teil-bericht III**	**Teil-bericht IV**	**Teil-bericht V**	**Teil-bericht VI**	**Teil-bericht VII**	**Teil-bericht VIII**
135	Sedlbauer Aktiengesellschaft	49,37	61,98	60,71	59,09	**37,49**	-	-	62,11	12,44
136	Mittelschwäbische Überlandzentrale AG	43,69	61,98	46,92	48,09	**36,07**	-	-	72,11	0,00
137	Lindner Holding KGaA	38,67	61,98	38,54	43,12	**33,23**	29,98	55,47	48,66	0,00
138	Massa AG	48,53	75,43	31,97	73,44	**32,51**	71,79	47,73	50,89	8,19
139	Patrizier-Bräu KG auf Aktien	44,47	75,83	48,52	41,92	**31,73**	-	-	75,18	4,15
140	Koepp AG	49,95	100,00	53,08	39,82	**28,36**	-	-	84,22	16,29
141	Oberland Glas AG	47,36	61,98	36,79	54,07	**26,92**	87,54	29,64	74,44	25,21
142	G + H Isover – Grünzweig + Hartmann AG	45,01	100,00	36,01	43,05	**26,57**	-	-	80,98	4,15
143	Herlitz International Trading AG	46,27	40,05	63,31	40,23	**23,30**	76,73	75,91	58,16	6,36
144	Gutbrod AG	47,94	61,98	61,15	63,65	**23,21**	-	-	82,10	0,00
145	Joseph Vögele AG	38,55	61,98	21,70	40,55	**22,47**	76,37	23,63	78,99	4,15
146	Kampa Haus AG	31,56	61,98	27,86	44,13	**21,28**	29,98	27,36	41,13	0,00
147	Bürgerliches Brauhaus Ravensburg-Lindau AG	30,09	0,00	43,54	41,91	**21,02**	-	-	71,40	0,00
147	C.J. Vogel Draht- und Kabelwerke AG	26,92	0,00	63,05	41,36	**0,00**	-	-	53,30	0,00
147	Sinalco AG	24,57	0,00	44,49	35,33	**0,00**	-	-	70,13	4,15
147	Breitenburger Portland-Cement-Fabrik AG	26,66	61,98	18,16	27,41	**0,00**	-	-	79,79	0,00

751.35 Teilbericht V: Konsolidierungskreis

Ergebnisse der Standardwerte (in %); Sortiermerkmal: Teilbericht V										
Rang	**Unternehmen**	**Gesamt-Anhang**	**Teil-bericht I**	**Teil-bericht II**	**Teil-bericht III**	**Teil-bericht IV**	**Teil-bericht V**	**Teil-bericht VI**	**Teil-bericht VII**	**Teil-bericht VIII**
1	BASF AG	78,45	88,28	79,51	73,74	87,39	**100,00**	70,43	92,76	31,47
1	Harpen AG	68,67	100,00	55,51	69,39	83,04	**100,00**	41,83	71,75	21,27
1	Douglas Holding AG	74,38	100,00	69,68	73,66	76,38	**100,00**	55,52	85,56	34,80
1	Klöckner-Werke AG	68,38	100,00	45,07	69,94	73,41	**100,00**	43,98	82,45	38,43
1	BMW Bayerische Motoren Werke AG	59,83	74,55	36,64	71,08	51,97	**100,00**	43,98	89,20	23,15
6	Felten & Guilleaume Energietechnik AG	62,34	100,00	48,21	55,32	72,27	**96,23**	22,51	81,00	26,24
7	Bayer AG	77,93	88,28	56,51	82,82	75,40	**95,08**	59,80	92,33	83,37
8	Deutsche Babcock AG	71,13	100,00	60,47	72,27	71,76	**95,08**	57,00	87,54	28,87
9	Allweiler AG	63,87	100,00	49,74	63,23	69,13	**94,00**	35,54	82,12	20,04
0	Barmag AG	59,71	100,00	48,82	52,67	50,45	**94,00**	32,16	74,33	41,07
11	Berliner Elektro Holding AG	57,02	100,00	66,85	45,35	46,81	**91,66**	36,24	49,37	26,62
12	Piper Generalvertretung Deutschland AG	51,61	61,98	57,00	41,26	38,74	**90,15**	76,57	60,97	0,00
13	Buderus Aktiengesellschaft	62,66	100,00	55,03	48,51	62,93	**89,27**	36,99	86,97	33,99
13	SPAR Handels-Aktiengesellschaft	70,72	100,00	63,54	71,74	52,31	**89,27**	63,21	93,51	49,62
13	Konrad Hornschuch AG	58,44	100,00	38,09	52,12	44,65	**89,27**	47,73	88,53	32,35
16	BM Bäckermühlen AG	48,81	61,98	23,15	44,78	43,78	**88,13**	61,59	84,80	4,15
17	Gerresheimer Glas AG	62,52	100,00	41,74	71,43	70,69	**87,54**	43,98	76,82	5,79
17	Isar-Amperwerke AG	64,26	63,89	63,68	74,09	66,37	**87,54**	55,52	81,55	14,99
17	Salamander AG	62,90	100,00	46,89	70,15	66,00	**87,54**	19,15	80,20	33,45
17	Oberland Glas AG	47,36	61,98	36,79	54,07	26,92	**87,54**	29,64	74,44	25,21
21	Asea Brown Boveri AG	59,86	61,98	58,37	70,92	58,12	**86,97**	36,48	72,76	28,64
22	Hoechst AG	81,59	100,00	87,80	72,57	90,72	**85,42**	52,94	85,15	72,70
23	Maschinenfabrik Esterer AG	54,74	61,98	29,28	52,28	80,35	**84,88**	25,20	88,33	12,44
23	Michael Weinig AG	53,42	100,00	41,55	38,74	61,87	**84,88**	18,37	73,33	16,29
25	Babcock-BSH AG	59,07	87,21	61,90	51,05	51,97	**84,35**	28,96	74,44	41,07
26	Schmalbach-Lubeca AG	66,31	100,00	58,59	68,95	70,24	**84,19**	29,06	88,53	29,86
27	Dywidag Dyckerhoff & Widmann	57,33	100,00	46,23	58,64	51,97	**81,86**	31,98	70,27	25,21
28	IVG Industrie-Verwaltungsgesellschaft AG	62,41	100,00	44,27	76,18	49,51	**81,03**	34,06	90,53	34,31
29	TRAUB AG	64,10	100,00	66,29	57,90	43,60	**80,87**	78,25	83,46	20,96
30	Altana AG	61,31	100,00	32,93	69,21	61,41	**80,45**	47,73	78,63	29,09
31	Asko Deutsche Kaufhaus AG	64,88	100,00	36,79	71,59	79,35	**78,72**	65,31	82,10	4,15
32	Carl Schenck AG	66,11	100,00	62,98	70,51	57,00	**78,53**	43,00	90,43	32,35
33	Herlitz International Trading AG	46,27	40,05	63,31	40,23	23,30	**76,73**	75,91	58,16	6,36
34	Joseph Vögele AG	38,55	61,98	21,70	40,55	22,47	**76,37**	23,63	78,99	4,15

Ergebnisse der Standardwerte (in %); Sortiermerkmal: Teilbericht V

Rang	Unternehmen	Gesamt-Anhang	Teil-bericht I	Teil-bericht II	Teil-bericht III	Teil-bericht IV	Teil-bericht V	Teil-bericht VI	Teil-bericht VII	Teil-bericht VIII
35	Kempinski AG	61,38	100,00	53,82	58,59	69,76	**75,39**	11,56	88,53	32,35
36	Flachglas AG	55,03	87,21	34,33	44,62	75,97	**74,31**	33,55	76,81	14,61
37	Beiersdorf AG	54,80	100,00	29,73	49,31	52,81	**74,10**	48,07	69,73	31,60
38	Stöhr & Co. AG	61,60	61,98	34,70	51,72	87,18	**74,06**	43,59	84,52	57,20
39	Daimler-Benz AG	71,00	100,00	55,65	68,52	65,49	**73,94**	51,20	92,24	74,86
39	Thyssen Industrie AG	57,81	100,00	52,45	62,52	55,69	**73,94**	34,04	78,82	5,79
41	Böwe Systec AG	62,70	100,00	55,77	65,04	65,56	**73,64**	38,98	74,82	26,62
42	Dyckerhoff AG	64,23	100,00	54,85	62,78	69,03	**73,57**	55,52	52,49	44,92
42	Pfaff AG	61,46	100,00	38,28	71,68	60,14	**73,57**	43,98	75,72	33,99
44	Triton-Belco AG	54,79	100,00	43,17	49,35	51,55	**71,79**	28,23	75,13	30,16
44	Massa AG	48,53	75,43	31,97	73,44	32,51	**71,79**	47,73	50,89	8,19
46	TEUTONIA Zementwerk AG	54,69	61,98	38,63	67,52	73,97	**70,30**	39,10	72,20	0,00
46	Siemens AG	66,61	88,28	44,21	70,06	63,11	**70,30**	53,44	83,49	72,29
48	Dinkelacker Brauerei AG	48,61	61,98	55,61	41,04	52,93	**69,67**	43,98	61,74	0,00
49	GEHE AG	62,90	100,00	41,32	65,91	80,27	**69,19**	40,62	73,95	26,84
50	Leonische Drahtwerke AG	51,55	100,00	34,36	42,60	45,89	**69,15**	21,44	91,92	26,62
51	VERSEIDAG AG	60,47	100,00	49,60	45,97	67,86	**69,08**	55,52	82,49	22,43
52	DLW AG	56,10	100,00	47,18	44,78	58,87	**68,78**	49,20	58,29	29,36
53	Gelsenwasser AG	53,84	100,00	29,99	69,17	40,06	**67,40**	31,21	65,66	38,84
54	KHD – Klöckner-Humboldt-Deutz AG	61,76	100,00	54,51	61,28	73,41	**67,34**	39,67	86,66	6,42
55	Binding-Brauerei AG	60,04	100,00	50,19	45,49	75,45	**66,63**	34,21	77,81	32,35
56	Volkswagen AG	58,13	100,00	58,54	46,99	53,18	**66,01**	34,41	89,28	27,65
56	MD Bau Holding AG	54,01	100,00	42,07	51,24	45,28	**66,01**	47,73	48,25	43,38
58	aqua signal AG	43,49	61,98	41,47	40,49	53,27	**64,20**	18,37	63,88	0,00
59	Kolbenschmidt AG	64,04	100,00	54,46	56,91	75,48	**63,36**	38,13	91,46	33,64
60	IWKA Aktiengesellschaft	54,98	100,00	36,90	54,15	51,88	**62,37**	35,76	86,18	25,21
61	Heidelberger Zement AG	65,37	88,28	38,84	74,76	76,74	**62,18**	44,11	78,38	58,56
62	Schumag AG	40,32	0,00	39,94	47,07	46,16	**61,12**	38,76	86,39	0,00
63	Mannesmann AG	50,74	100,00	47,72	37,86	39,63	**60,99**	29,67	73,90	33,80
64	Computer 2000 AG	57,16	88,28	47,54	58,72	53,69	**59,05**	70,50	56,70	28,20
65	VEBA AG	75,32	100,00	65,11	82,65	87,71	**58,43**	43,98	87,08	68,48
65	Lehnkering Montan Transport AG	64,97	100,00	51,48	71,61	82,22	**58,43**	34,17	78,37	32,35
65	VEW Vereinigte Elektrizitätswerke AG	64,30	100,00	58,21	54,70	74,61	**58,43**	39,93	93,44	37,06
68	Jagenberg AG	58,90	61,98	46,54	66,82	73,45	**58,22**	33,74	85,72	36,74
69	KWS Kleinwanzlebener Saatzucht AG	63,15	100,00	52,28	74,43	78,80	**58,07**	38,31	85,76	4,15
70	Süd-Chemie AG	59,53	61,98	75,96	65,12	57,85	**58,03**	54,72	87,77	6,33
71	TIPTEL AG	47,20	61,98	48,58	39,06	69,58	**57,42**	34,17	53,72	0,00
72	Küppersbusch AG	47,71	100,00	28,47	46,49	41,31	**57,00**	38,76	81,54	4,15
73	EX-CELL-O Holding AG	51,29	100,00	42,47	45,49	39,32	**54,79**	44,70	88,19	13,64
74	Leifheit AG	53,17	100,00	34,55	56,34	56,71	**53,27**	47,73	55,76	24,06
75	Hach AG	49,98	100,00	32,81	48,28	73,60	**53,06**	28,04	53,72	0,00
76	Brilliant Aktiengesellschaft	49,63	61,98	37,11	43,58	49,90	**52,41**	36,07	88,04	40,63
77	Agrob AG	49,69	100,00	27,24	47,81	70,59	**51,04**	28,85	40,26	25,21
78	Stahlwerke Bochum AG	50,94	100,00	36,26	31,72	63,98	**50,22**	34,17	89,48	12,44
78	Pirelli Deutschland AG	40,86	0,00	39,50	53,98	46,48	**50,22**	39,44	86,83	4,15
80	Rosenthal AG	61,07	100,00	61,50	55,38	71,24	**49,23**	36,48	85,28	25,21
81	Rheinisch-Westfälische Kalkwerke AG	50,34	100,00	30,44	53,82	46,15	**47,57**	55,52	76,54	4,15
82	Phoenix AG	50,84	100,00	35,81	49,17	47,35	**46,02**	25,20	82,56	32,35
83	WMF Württembergische Metallwarenfabrik AG	59,92	100,00	52,48	57,52	72,27	**45,59**	38,67	81,93	26,84
84	Kupferberg & Compagnie KGaA	43,07	61,98	31,80	39,72	47,08	**43,83**	60,17	66,36	0,00
85	Hasen-Bräu AG	49,42	100,00	33,80	51,72	51,24	**43,70**	34,17	82,27	4,15
85	Pfleiderer Bau- und Verkehrssysteme AG	43,99	61,98	41,32	48,69	47,85	**43,70**	35,30	69,81	0,00
87	Rheinhold & Mahla AG	53,32	100,00	33,06	43,45	59,12	**42,45**	49,73	85,55	26,33
88	Universitätsdruckerei H. Stürtz AG	47,74	100,00	49,61	34,09	43,52	**42,30**	34,17	85,86	4,15
89	Preussag AG	58,92	100,00	55,22	52,40	65,34	**40,70**	45,60	85,56	28,23
90	Neckarwerke Elektrizitätsversorgungs-AG	51,13	100,00	44,18	56,47	50,35	**38,47**	19,15	78,01	23,14
91	AESCULAP AG	62,09	100,00	41,51	70,41	81,97	**38,17**	34,17	88,86	32,35
92	VGT Aktiengesellschaft	36,27	0,00	22,48	47,66	60,95	**32,73**	27,38	82,34	3,17
93	Eisenbahn-Verkehrsmittel-AG	41,28	100,00	33,94	36,31	44,32	**30,93**	29,08	59,26	0,00
94	Möbel Walther AG	50,99	61,98	32,19	55,20	74,92	**29,98**	44,70	61,87	36,48
94	Robert Cordier AG	54,21	100,00	29,05	60,89	67,73	**29,98**	47,73	71,33	25,21
94	MONACHIA Grundstücks-AG	55,09	100,00	52,83	51,98	66,38	**29,98**	45,87	89,45	0,00
94	YMOS AG Industrieprodukte	52,02	100,00	63,57	43,81	56,54	**29,98**	36,07	76,24	5,79

Ergebnisse der Standardwerte (in %); Sortiermerkmal: Teilbericht V

Rang	Unternehmen	Gesamt-Anhang	Teil-bericht I	Teil-bericht II	Teil-bericht III	Teil-bericht IV	Teil-bericht V	Teil-bericht VI	Teil-bericht VII	Teil-bericht VIII
94	Lindner Holding KGaA	38,67	61,98	38,54	43,12	33,23	**29,98**	55,47	48,66	0,00
94	Kampa Haus AG	31,56	61,98	27,86	44,13	21,28	**29,98**	27,36	41,13	0,00
100	Renk AG	42,68	100,00	26,58	39,58	41,82	**22,61**	34,17	84,76	4,15
101	Andreae-Noris-Zahn AG	41,99	51,23	23,36	41,87	68,45	**22,15**	25,20	74,56	21,05
102	Augsburger Kammgarn-Spinnerei AG	44,63	100,00	24,91	42,81	57,72	**21,31**	34,17	78,11	0,00
103	Tarkett Pegulan AG	56,78	100,00	54,70	71,51	76,13	**0,00**	58,26	66,19	4,15

751.36 Teilbericht VI: Konsolidierungsmethoden

Ergebnisse der Standardwerte (in %); Sortiermerkmal: Teilbericht VI

Rang	Unternehmen	Gesamt-Anhang	Teil-bericht I	Teil-bericht II	Teil-bericht III	Teil-bericht IV	Teil-bericht V	Teil-bericht VI	Teil-bericht VII	Teil-bericht VIII
1	TRAUB AG	64,10	100,00	66,29	57,90	43,60	80,87	**78,25**	83,46	20,96
2	Piper Generalvertretung Deutschland AG	51,61	61,98	57,00	41,26	38,74	90,15	**76,57**	60,97	0,00
3	Herlitz International Trading AG	46,27	40,05	63,31	40,23	23,30	76,73	**75,91**	58,16	6,36
4	Computer 2000 AG	57,16	88,28	47,54	58,72	53,69	59,05	**70,50**	56,70	28,20
5	BASF AG	78,45	88,28	79,51	73,74	87,39	100,00	**70,43**	92,76	31,47
6	Asko Deutsche Kaufhaus AG	64,88	100,00	36,79	71,59	79,35	78,72	**65,31**	82,10	4,15
7	SPAR Handels-Aktiengesellschaft	70,72	100,00	63,54	71,74	52,31	89,27	**63,21**	93,51	49,62
8	BM Bäckermühlen AG	48,81	61,98	23,15	44,78	43,78	88,13	**61,59**	84,80	4,15
9	Kupferberg & Compagnie KGaA	43,07	61,98	31,80	39,72	47,08	43,83	**60,17**	66,36	0,00
10	Bayer AG	77,93	88,28	56,51	82,82	75,40	95,08	**59,80**	92,33	83,37
11	Tarkett Pegulan AG	56,78	100,00	54,70	71,51	76,13	0,00	**58,26**	66,19	4,15
12	Deutsche Babcock AG	71,13	100,00	60,47	72,27	71,76	95,08	**57,00**	87,54	28,87
13	Douglas Holding AG	74,38	100,00	69,68	73,66	76,38	100,00	**55,52**	85,56	34,80
13	Isar-Amperwerke AG	64,26	63,89	63,68	74,09	66,37	87,54	**55,52**	81,55	14,99
13	Dyckerhoff AG	64,23	100,00	54,85	62,78	69,03	73,57	**55,52**	52,49	44,92
13	VERSEIDAG AG	60,47	100,00	49,60	45,97	67,86	69,08	**55,52**	82,49	22,43
13	Rheinisch-Westfälische Kalkwerke AG	50,34	100,00	30,44	53,82	46,15	47,57	**55,52**	76,54	4,15
18	Lindner Holding KGaA	38,67	61,98	38,54	43,12	33,23	29,98	**55,47**	48,66	0,00
19	Süd-Chemie AG	59,53	61,98	75,96	65,12	57,85	58,03	**54,72**	87,77	6,33
20	Siemens AG	66,61	88,28	44,21	70,06	66,11	70,00	**53,44**	83,40	72,20
21	Hoechst AG	81,59	100,00	87,80	72,57	90,72	85,42	**52,94**	85,15	72,70
22	Daimler-Benz AG	71,00	100,00	55,65	68,52	65,49	73,94	**51,20**	92,24	74,86
23	Rheinhold & Mahla AG	53,32	100,00	33,06	43,45	59,12	42,45	**49,73**	85,55	26,33
24	DLW AG	56,10	100,00	47,18	44,78	58,87	68,78	**49,20**	58,29	29,36
25	Beiersdorf AG	54,80	100,00	29,73	49,31	52,81	74,10	**48,07**	69,73	31,60
26	Konrad Hornschuch AG	58,44	100,00	38,09	52,12	44,65	89,27	**47,73**	88,53	32,35
26	Altana AG	61,31	100,00	32,93	69,21	61,41	80,45	**47,73**	78,63	29,09
26	Massa AG	48,53	75,43	31,97	73,44	32,51	71,79	**47,73**	50,89	8,19
26	MD Bau Holding AG	54,01	100,00	42,07	51,24	45,28	66,01	**47,73**	48,25	43,38
26	Leifheit AG	53,17	100,00	34,55	56,34	56,71	53,27	**47,73**	55,76	24,06
26	Robert Cordier AG	54,21	100,00	29,05	60,89	67,73	29,98	**47,73**	71,33	25,21
32	MONACHIA Grundstücks-AG	55,09	100,00	52,83	51,98	66,38	29,98	**45,87**	89,45	0,00
33	Preussag AG	58,92	100,00	55,22	52,40	65,34	40,70	**45,60**	85,56	28,23
34	EX-CELL-O Holding AG	51,29	100,00	42,47	45,49	39,32	54,79	**44,70**	88,19	13,64
34	Möbel Walther AG	50,99	61,98	32,19	55,20	74,92	29,98	**44,70**	61,87	36,48
36	Heidelberger Zement AG	65,37	88,28	38,84	74,76	76,74	62,18	**44,11**	78,38	58,56
37	Klöckner-Werke AG	68,38	100,00	45,07	69,94	73,41	100,00	**43,98**	82,45	38,43
37	BMW Bayerische Motoren Werke AG	59,83	74,55	36,64	71,08	51,97	100,00	**43,98**	89,20	23,15
37	Gerresheimer Glas AG	62,52	100,00	41,74	71,43	70,69	87,54	**43,98**	76,82	5,79
37	Pfaff AG	61,46	100,00	38,28	71,68	60,14	73,57	**43,98**	75,72	33,99
37	Dinkelacker Brauerei AG	48,61	61,98	55,61	41,04	52,93	69,67	**43,98**	61,74	0,00
37	VEBA AG	75,32	100,00	65,11	82,65	87,71	58,43	**43,98**	87,08	68,48
43	Stöhr & Co. AG	61,60	61,98	34,70	51,72	87,18	74,06	**43,59**	84,52	57,20
44	Carl Schenck AG	66,11	100,00	62,98	70,51	57,00	78,53	**43,00**	90,43	32,35

Ergebnisse der Standardwerte (in %); Sortiermerkmal: Teilbericht VI

Rang	Unternehmen	Gesamt-Anhang	Teilbericht I	Teilbericht II	Teilbericht III	Teilbericht IV	Teilbericht V	Teilbericht VI	Teilbericht VII	Teilbericht VIII
45	Harpen AG	68,67	100,00	55,51	69,39	83,04	100,00	**41,83**	71,75	21,27
46	GEHE AG	62,90	100,00	41,32	65,91	80,27	69,19	**40,62**	73,95	26,84
47	VEW Vereinigte Elektrizitätswerke AG	64,30	100,00	58,21	54,70	74,61	58,43	**39,93**	93,44	37,06
48	KHD – Klöckner-Humboldt-Deutz AG	61,76	100,00	54,51	61,28	73,41	67,34	**39,67**	86,66	6,42
49	Pirelli Deutschland AG	40,86	0,00	39,50	53,98	46,48	50,22	**39,44**	86,83	4,15
50	TEUTONIA Zementwerk AG	54,69	61,98	38,63	67,52	73,97	70,30	**39,10**	72,20	0,00
51	Böwe Systec AG	62,70	100,00	55,77	65,04	65,56	73,64	**38,98**	74,82	26,62
52	Schumag AG	40,32	0,00	39,94	47,07	46,16	61,12	**38,76**	86,39	0,00
52	Küppersbusch AG	47,71	100,00	28,47	46,49	41,31	57,00	**38,76**	81,54	4,15
54	WMF Württembergische Metallwarenfabrik AG	59,92	100,00	52,48	57,52	72,27	45,59	**38,67**	81,93	26,84
55	KWS Kleinwanzlebener Saatzucht AG	63,15	100,00	52,28	74,43	78,80	58,07	**38,31**	85,76	4,15
56	Kolbenschmidt AG	64,04	100,00	54,46	56,91	75,48	63,36	**38,13**	91,46	33,64
57	Buderus Aktiengesellschaft	62,66	100,00	55,03	48,51	62,93	89,27	**36,99**	86,97	33,99
58	Asea Brown Boveri AG	59,86	61,98	58,37	70,92	58,12	86,97	**36,48**	72,76	28,64
58	Rosenthal AG	61,07	100,00	61,50	55,38	71,24	49,23	**36,48**	85,28	25,21
60	Berliner Elektro Holding AG	57,02	100,00	66,85	45,35	46,81	91,66	**36,24**	49,37	26,62
61	Brilliant Aktiengesellschaft	49,63	61,98	37,11	43,58	49,90	52,41	**36,07**	88,04	40,63
61	YMOS AG Industrieprodukte	52,02	100,00	63,57	43,81	56,54	29,98	**36,07**	76,24	5,79
63	IWKA Aktiengesellschaft	54,98	100,00	36,90	54,15	51,88	62,37	**35,76**	86,18	25,21
64	Allweiler AG	63,87	100,00	49,74	63,23	69,13	94,00	**35,54**	82,12	20,04
65	Pfleiderer Bau- und Verkehrssysteme AG	43,99	61,98	41,32	48,69	47,85	43,70	**35,30**	69,81	0,00
66	Volkswagen AG	58,13	100,00	58,54	46,99	53,18	66,01	**34,41**	89,28	27,65
67	Binding-Brauerei AG	60,04	100,00	50,19	45,49	75,45	66,63	**34,21**	77,81	32,35
68	Lehnkering Montan Transport AG	64,97	100,00	51,48	71,61	82,22	58,43	**34,17**	78,37	32,35
68	TIPTEL AG	47,20	61,98	48,58	39,06	69,58	57,42	**34,17**	53,72	0,00
68	Stahlwerke Bochum AG	50,94	100,00	36,26	31,72	63,98	50,22	**34,17**	89,48	12,44
68	Hasen-Bräu AG	49,42	100,00	33,80	51,72	51,24	43,70	**34,17**	82,27	4,15
68	Universitätsdruckerei H. Stürtz AG	47,74	100,00	49,61	34,09	43,52	42,30	**34,17**	85,86	4,15
68	AESCULAP AG	62,09	100,00	41,51	70,41	81,97	38,17	**34,17**	88,86	32,35
68	Renk AG	42,68	100,00	26,58	39,58	41,82	22,61	**34,17**	84,76	4,15
68	Augsburger Kammgarn-Spinnerei AG	44,63	100,00	24,91	42,81	57,72	21,31	**34,17**	78,11	0,00
76	IVG Industrie-Verwaltungsgesellschaft AG	62,41	100,00	44,27	76,18	49,51	81,03	**34,06**	90,53	34,31
77	Thyssen Industrie AG	57,81	100,00	52,45	62,52	55,69	73,94	**34,04**	78,82	5,79
78	Jagenberg AG	58,90	61,98	46,54	66,82	73,45	58,22	**33,74**	85,72	36,74
79	Flachglas AG	55,03	87,21	34,33	44,62	75,97	74,31	**33,55**	76,81	14,61
80	Barmag AG	59,71	100,00	48,82	52,67	50,45	94,00	**32,16**	74,33	41,07
81	Dywidag Dyckerhoff & Widmann	57,33	100,00	46,23	58,64	51,97	81,86	**31,98**	70,27	25,21
82	Gelsenwasser AG	53,84	100,00	29,99	69,17	40,06	67,40	**31,21**	65,66	38,84
83	Mannesmann AG	50,74	100,00	47,72	37,86	39,63	60,99	**29,67**	73,90	33,80
84	Oberland Glas AG	47,36	61,98	36,79	54,07	26,92	87,54	**29,64**	74,44	25,21
85	Eisenbahn-Verkehrsmittel-AG	41,28	100,00	33,94	36,31	44,32	30,93	**29,08**	59,26	0,00
86	Schmalbach-Lubeca AG	66,31	100,00	58,59	68,95	70,24	84,19	**29,06**	88,53	29,86
87	Babcock-BSH AG	59,07	87,21	61,90	51,05	51,97	84,35	**28,96**	74,44	41,07
88	Agrob AG	49,69	100,00	27,24	47,81	70,59	51,04	**28,85**	40,26	25,21
89	Triton-Belco AG	54,79	100,00	43,17	49,35	51,55	71,79	**28,23**	75,13	30,16
90	Hach AG	49,98	100,00	32,81	48,28	73,60	53,06	**28,04**	53,72	0,00
91	VGT Aktiengesellschaft	36,27	0,00	22,48	47,66	60,95	32,73	**27,38**	82,34	3,17
92	Kampa Haus AG	31,56	61,98	27,86	44,13	21,28	29,98	**27,36**	41,13	0,00
93	Maschinenfabrik Esterer AG	54,74	61,98	29,28	52,28	80,35	84,88	**25,20**	88,33	12,44
93	Phoenix AG	50,84	100,00	35,81	49,17	47,35	46,02	**25,20**	82,56	32,35
93	Andreae-Noris-Zahn AG	41,99	51,23	23,36	41,87	68,45	22,15	**25,20**	74,56	21,05
96	Joseph Vögele AG	38,55	61,98	21,70	40,55	22,47	76,37	**23,63**	78,99	4,15
97	Felten & Guilleaume Energietechnik AG	62,34	100,00	48,21	55,32	72,27	96,23	**22,51**	81,00	26,24
98	Leonische Drahtwerke AG	51,55	100,00	34,36	42,60	45,89	69,15	**21,44**	91,92	26,62
99	Salamander AG	62,90	100,00	46,89	70,15	66,00	87,54	**19,15**	80,20	33,45
99	Neckarwerke Elektrizitätsversorgungs-AG	51,13	100,00	44,18	56,47	50,35	38,47	**19,15**	78,01	23,14
101	Michael Weinig AG	53,42	100,00	41,55	38,74	61,87	84,88	**18,37**	73,33	16,29
101	aqua signal AG	43,49	61,98	41,47	40,49	53,27	64,20	**18,37**	63,88	0,00
103	Kempinski AG	61,38	100,00	53,82	58,59	69,76	75,39	**11,56**	88,53	32,35

751.37 Teilbericht VII: Sonstige, vor allem rechtformspezifische Pflichtangaben

Ergebnisse der Standardwerte (in %); Sortiermerkmal: Teilbericht VII

Rang	Unternehmen	Gesamt-Anhang	Teilbericht I	Teilbericht II	Teilbericht III	Teilbericht IV	Teilbericht V	Teilbericht VI	Teilbericht VII	Teilbericht VIII
1	Eichbaum-Brauereien AG	59,91	100,00	39,20	66,00	61,53	-	-	**95,52**	4,15
2	SPAR Handels-Aktiengesellschaft	70,72	100,00	63,54	71,74	52,31	89,27	63,21	**93,51**	49,62
3	VEW Vereinigte Elektrizitätswerke AG	64,30	100,00	58,21	54,70	74,61	58,43	39,93	**93,44**	37,06
4	BASF AG	78,45	88,28	79,51	73,74	87,39	100,00	70,43	**92,76**	31,47
5	Bayer AG	77,93	88,28	56,51	82,82	75,40	95,08	59,80	**92,33**	83,37
6	Daimler-Benz AG	71,00	100,00	55,65	68,52	65,49	73,94	51,20	**92,24**	74,86
7	Leonische Drahtwerke AG	51,55	100,00	34,36	42,60	45,89	69,15	21,44	**91,92**	26,62
8	Kolbenschmidt AG	64,04	100,00	54,46	56,91	75,48	63,36	38,13	**91,46**	33,64
9	IVG Industrie-Verwaltungsgesellschaft AG	62,41	100,00	44,27	76,18	49,51	81,03	34,06	**90,53**	34,31
10	Carl Schenck AG	66,11	100,00	62,98	70,51	57,00	78,53	43,00	**90,43**	32,35
11	Stahlwerke Bochum AG	50,94	100,00	36,26	31,72	63,98	50,22	34,17	**89,48**	12,44
12	MONACHIA Grundstücks-AG	55,09	100,00	52,83	51,98	66,38	29,98	45,87	**89,45**	0,00
13	Otto Reichelt AG	44,25	0,00	36,90	40,32	58,82	-	-	**89,39**	41,07
14	Volkswagen AG	58,13	100,00	58,54	46,99	53,18	66,01	34,41	**89,28**	27,65
15	BMW Bayerische Motoren Werke AG	59,83	74,55	36,64	71,08	51,97	100,00	43,98	**89,20**	23,15
16	AESCULAP AG	62,09	100,00	41,51	70,41	81,97	38,17	34,17	**88,86**	32,35
17	Konrad Hornschuch AG	58,44	100,00	38,09	52,12	44,65	89,27	47,73	**88,53**	32,35
17	Schmalbach-Lubeca AG	66,31	100,00	58,59	68,95	70,24	84,19	29,06	**88,53**	29,86
17	Kempinski AG	61,38	100,00	53,82	58,59	69,76	75,39	11,56	**88,53**	32,35
17	Maschinenfabrik Esterer AG	54,74	61,98	29,28	52,28	80,35	84,88	25,20	**88,33**	12,44
21	EX-CELL-O Holding AG	51,29	100,00	42,47	45,49	39,32	54,79	44,70	**88,19**	13,64
22	Brilliant Aktiengesellschaft	49,63	61,98	37,11	43,58	49,90	52,41	36,07	**88,04**	40,63
23	Süd-Chemie AG	59,53	61,98	75,96	65,12	57,85	58,03	54,72	**87,77**	6,33
24	Deutsche Babcock AG	71,13	100,00	60,47	72,27	71,76	95,08	57,00	**87,54**	28,87
25	VEBA AG	75,32	100,00	65,11	82,65	87,71	58,43	43,98	**87,08**	68,48
26	Buderus Aktiengesellschaft	62,66	100,00	55,03	48,51	62,93	89,27	36,99	**86,97**	33,99
27	Pirelli Deutschland AG	40,86	0,00	39,50	53,98	46,48	50,22	39,44	**86,83**	4,15
28	KHD – Klöckner-Humboldt-Deutz AG	61,76	100,00	54,51	61,28	73,41	67,34	39,67	**86,66**	6,42
29	Schumag AG	40,32	0,00	39,94	47,07	46,16	61,12	38,76	**86,39**	0,00
30	Stolberger Zink AG	52,61	100,00	48,23	49,08	44,00	-	-	**86,28**	0,00
31	IWKA Aktiengesellschaft	54,98	100,00	36,90	54,15	51,88	62,37	35,76	**86,18**	25,21
32	Universitätsdruckerei H. Stürtz AG	47,74	100,00	49,61	34,09	43,52	42,30	34,17	**85,86**	4,15
33	Hein, Lehmann AG	54,40	0,00	33,70	70,75	85,48	-	-	**85,82**	32,35
34	VDN Vereinigte Deutsche Nickel-Werke AG	41,30	0,00	40,00	48,60	60,46	-	-	**85,81**	0,00
35	KWS Kleinwanzlebener Saatzucht AG	63,15	100,00	52,28	74,43	78,80	58,07	38,31	**85,76**	4,15
36	Jagenberg AG	58,90	61,98	46,54	66,82	73,45	58,22	33,74	**85,72**	36,74
37	Douglas Holding AG	74,38	100,00	69,68	73,66	76,38	100,00	55,52	**85,56**	34,80
37	Preussag AG	58,92	100,00	55,22	52,40	65,34	40,70	45,60	**85,56**	28,23
39	Rheinhold & Mahla AG	53,32	100,00	33,06	43,45	59,12	42,45	49,73	**85,55**	26,33
40	Rosenthal AG	61,07	100,00	61,50	55,38	71,24	49,23	36,48	**85,28**	25,21
41	Bausch AG	52,45	100,00	26,88	50,06	46,19	-	-	**85,23**	26,62
42	Hoechst AG	81,59	100,00	87,80	72,57	90,72	85,42	52,94	**85,15**	72,70
43	BM Bäckermühlen AG	48,81	61,98	23,15	44,78	43,78	88,13	61,59	**84,80**	4,15
44	Renk AG	42,68	100,00	26,58	39,58	41,82	22,61	34,17	**84,76**	4,15
45	Stöhr & Co. AG	61,60	61,98	34,70	51,72	87,18	74,06	43,59	**84,52**	57,20
46	Koepp AG	49,95	100,00	53,08	39,82	28,36	-	-	**84,22**	16,29
47	Siemens AG	66,61	88,28	44,21	70,06	63,11	70,30	53,44	**83,49**	72,29
48	TRAUB AG	64,10	100,00	66,29	57,90	43,60	80,87	78,25	**83,46**	20,96
49	Dortmunder Actien-Brauerei AG	52,25	61,98	43,01	65,01	47,19	-	-	**83,24**	15,89
50	Würzburger Hofbräu AG	49,25	63,91	22,83	72,70	52,01	-	-	**83,07**	0,00
51	Phoenix AG	50,84	100,00	35,81	49,17	47,35	46,02	25,20	**82,56**	32,35
52	VERSEIDAG AG	60,47	100,00	49,60	45,97	67,86	69,08	55,52	**82,49**	22,43
52	PWO – Progress-Werk Oberkirch AG	65,45	100,00	65,89	47,12	75,59	-	-	**82,49**	25,21
54	Klöckner-Werke AG	68,38	100,00	45,07	69,94	73,41	100,00	43,98	**82,45**	38,43
55	VGT Aktiengesellschaft	36,27	0,00	22,48	47,66	60,95	32,73	27,38	**82,34**	3,17
56	Hasen-Bräu AG	49,42	100,00	33,80	51,72	51,24	43,70	34,17	**82,27**	4,15
57	Allweiler AG	63,87	100,00	49,74	63,23	69,13	94,00	35,54	**82,12**	20,04
58	Asko Deutsche Kaufhaus AG	64,88	100,00	36,79	71,59	79,35	78,72	65,31	**82,10**	4,15
58	Gutbrod AG	47,94	61,98	61,15	63,65	23,21	-	-	**82,10**	0,00

Ergebnisse der Standardwerte (in %); Sortiermerkmal: Teilbericht VII

Rang	Unternehmen	Gesamt-Anhang	Teil-bericht I	Teil-bericht II	Teil-bericht III	Teil-bericht IV	Teil-bericht V	Teil-bericht VI	Teil-bericht VII	Teil-bericht VIII
60	WMF Württembergische Metallwarenfabrik AG	59,92	100,00	52,48	57,52	72,27	45,59	38,67	**81,93**	26,84
61	Isar-Amperwerke AG	64,26	63,89	63,68	74,09	66,37	87,54	55,52	**81,55**	14,99
62	Küppersbusch AG	47,71	100,00	28,47	46,49	41,31	57,00	38,76	**81,54**	4,15
63	Hamborner Aktiengesellschaft	60,56	61,98	35,54	65,86	100,00	-	-	**81,15**	0,00
64	Felten & Guilleaume Energietechnik AG	62,34	100,00	48,21	55,32	72,27	96,23	22,51	**81,00**	26,24
65	G + H Isover – Grünzweig + Hartmann AG	45,01	100,00	36,01	43,05	26,57	-	-	**80,98**	4,15
66	Aktienbrauerei Kaufbeuren AG	53,04	61,98	37,59	55,22	72,62	-	-	**80,25**	4,15
67	Salamander AG	62,90	100,00	46,89	70,15	66,00	87,54	19,15	**80,20**	33,45
68	Breitenburger Portland-Cement-Fabrik AG	26,66	61,98	18,16	27,41	0,00	-	-	**79,79**	0,00
69	Lahmeyer Aktiengesellschaft Energiewirtschaft	57,55	100,00	33,89	48,79	82,26	-	-	**79,30**	0,00
70	BEWAG AG Berliner Kraft und Licht	74,46	100,00	69,71	65,92	87,83	-	-	**79,18**	41,07
71	Joseph Vögele AG	38,55	61,98	21,70	40,55	22,47	76,37	23,63	**78,99**	4,15
72	KERAMAG Keramische Werke AG	55,55	100,00	23,17	54,97	74,64	-	-	**78,95**	4,15
73	Thyssen Industrie AG	57,81	100,00	52,45	62,52	55,69	73,94	34,04	**78,82**	5,79
74	Altana AG	61,31	100,00	32,93	69,21	61,41	80,45	47,73	**78,63**	29,09
75	Heidelberger Zement AG	65,37	88,28	38,84	74,76	76,74	62,18	44,11	**78,38**	58,56
76	Lehnkering Montan Transport AG	64,97	100,00	51,48	71,61	82,22	58,43	34,17	**78,37**	32,35
77	Kraftübertragungswerke Rheinfelden AG	45,12	61,98	45,56	36,17	51,42	-	-	**78,34**	0,00
78	Augsburger Kammgarn-Spinnerei AG	44,63	100,00	24,91	42,81	57,72	21,31	34,17	**78,11**	0,00
79	Neckarwerke Elektrizitätsversorgungs-AG	51,13	100,00	44,18	56,47	50,35	38,47	19,15	**78,01**	23,14
80	Ford-Werke AG	45,38	38,02	32,58	38,31	64,22	-	-	**77,97**	21,05
81	Binding-Brauerei AG	60,04	100,00	50,19	45,49	75,45	66,63	34,21	**77,81**	32,35
82	Nordcement AG	55,44	100,00	38,44	54,02	51,97	-	-	**77,36**	23,14
83	Leffers AG	57,39	100,00	51,91	62,39	42,00	-	-	**76,84**	22,43
84	Gerresheimer Glas AG	62,52	100,00	41,74	71,43	70,69	87,54	43,98	**76,82**	5,79
85	Flachglas AG	55,03	87,21	34,33	44,62	75,97	74,31	33,55	**76,81**	14,61
86	Rheinisch-Westfälische Kalkwerke AG	50,34	100,00	30,44	53,82	46,15	47,57	55,52	**76,54**	4,15
87	YMOS AG Industrieprodukte	52,02	100,00	63,57	43,81	56,54	29,98	36,07	**76,24**	5,79
88	Ruberoidwerke AG	50,86	100,00	29,94	52,27	51,88	-	-	**76,15**	4,15
89	Pfaff AG	61,46	100,00	38,28	71,68	60,14	73,57	43,98	**75,72**	33,99
90	Patrizier-Bräu KG auf Aktien	44,47	75,83	48,52	41,92	31,73	-	-	**75,18**	4,15
91	Triton-Belco AG	54,79	100,00	43,17	49,35	51,55	71,79	28,23	**75,13**	30,16
92	Akzo Nobel Faser AG	53,70	63,91	26,82	72,49	53,48	-	-	**74,94**	34,10
93	Böwe Systec AG	62,70	100,00	55,77	65,04	65,56	73,64	38,98	**74,82**	26,62
94	Andreae-Noris-Zahn AG	41,99	51,23	23,36	41,87	68,45	22,15	25,20	**74,56**	21,05
95	Sinn AG	48,37	61,98	38,60	57,83	39,56	-	-	**74,53**	25,21
96	Oberland Glas AG	47,36	61,98	36,79	54,07	26,92	87,54	29,64	**74,44**	25,21
96	Babcock-BSH AG	59,07	87,21	61,90	51,05	51,97	84,35	28,96	**74,44**	41,07
98	Barmag AG	59,71	100,00	48,82	52,67	50,45	94,00	32,16	**74,33**	41,07
99	GEHE AG	62,90	100,00	41,32	65,91	80,27	69,19	40,62	**73,95**	26,84
100	Mannesmann AG	50,74	100,00	47,72	37,86	39,63	60,99	29,67	**73,90**	33,80
101	Kraftwerk Altwürttemberg AG	64,78	100,00	36,51	72,88	81,64	-	-	**73,61**	19,87
102	Michael Weinig AG	53,42	100,00	41,55	38,74	61,87	84,88	18,37	**73,33**	16,29
103	Asea Brown Boveri AG	59,86	61,98	58,37	70,92	58,12	86,97	36,48	**72,76**	28,64
104	TEUTONIA Zementwerk AG	54,69	61,98	38,63	67,52	73,97	70,30	39,10	**72,20**	0,00
105	Mittelschwäbische Überlandzentrale AG	43,69	61,98	46,92	48,09	36,07	-	-	**72,11**	0,00
106	Otavi Minen AG	50,91	100,00	37,48	42,09	59,59	-	-	**71,91**	0,00
107	Harpen AG	68,67	100,00	55,51	69,39	83,04	100,00	41,83	**71,75**	21,27
108	Energieversorgung Ostbayern AG	57,28	72,71	41,15	62,90	58,71	-	-	**71,41**	41,07
109	Bürgerliches Brauhaus Ravensburg-Lindau AG	30,09	0,00	43,54	41,91	21,02	-	-	**71,40**	0,00
110	Robert Cordier AG	54,21	100,00	29,05	60,89	67,73	29,98	47,73	**71,33**	25,21
111	Maihak AG	52,12	100,00	50,57	38,52	55,10	-	-	**71,13**	4,15
112	HAGEDA AG	46,06	61,98	39,06	60,85	39,96	-	-	**70,65**	4,15
113	Dywidag Dyckerhoff & Widmann	57,33	100,00	46,23	58,64	51,97	81,86	31,98	**70,27**	25,21
114	Sinalco AG	24,57	0,00	44,49	35,33	0,00	-	-	**70,13**	4,15
115	Schwäbische Zellstoff AG	51,86	61,98	35,58	44,78	69,08	-	-	**69,96**	30,67
116	Pfleiderer Bau- und Verkehrssysteme AG	43,99	61,98	41,32	48,69	47,85	43,70	35,30	**69,81**	0,00
117	Beiersdorf AG	54,80	100,00	29,73	49,31	52,81	74,10	48,07	**69,73**	31,60
118	Hofbrauhaus Wolters AG	42,76	61,98	21,52	46,40	56,59	-	-	**69,68**	0,00
119	Maschinenfabrik Esslingen Aktiengesellschaft	41,98	61,98	29,25	37,44	54,86	-	-	**69,46**	0,00
120	Sektkellerei Schloß Wachenheim AG i.V.	52,65	74,29	53,37	62,79	48,65	-	-	**69,45**	4,15
121	Flender ATB-Loher Antriebstechnik AG	52,50	88,28	67,76	51,49	38,22	-	-	**68,60**	4,15
122	Kupferberg & Compagnie KGaA	43,07	61,98	31,80	39,72	47,08	43,83	60,17	**66,36**	0,00

Ergebnisse der Standardwerte (in %); Sortiermerkmal: Teilbericht VII										
Rang	**Unternehmen**	**Gesamt-Anhang**	**Teil-bericht I**	**Teil-bericht II**	**Teil-bericht III**	**Teil-bericht IV**	**Teil-bericht V**	**Teil-bericht VI**	**Teil-bericht VII**	**Teil-bericht VIII**
123	Tarkett Pegulan AG	56,78	100,00	54,70	71,51	76,13	0,00	58,26	**66,19**	4,15
124	Gelsenwasser AG	53,84	100,00	29,99	69,17	40,06	67,40	31,21	**65,66**	38,84
125	Deutsche Spezialglas AG	48,03	61,98	33,03	49,87	66,98	-	-	**65,18**	4,15
126	aqua signal AG	43,49	61,98	41,47	40,49	53,27	64,20	18,37	**63,88**	0,00
127	Sedlbauer Aktiengesellschaft	49,37	61,98	60,71	59,09	37,49	-	-	**62,11**	12,44
128	Möbel Walther AG	50,99	61,98	32,19	55,20	74,92	29,98	44,70	**61,87**	36,48
129	Dinkelacker Brauerei AG	48,61	61,98	55,61	41,04	52,93	69,67	43,98	**61,74**	0,00
130	Piper Generalvertretung Deutschland AG	51,61	61,98	57,00	41,26	38,74	90,15	76,57	**60,97**	0,00
131	Eisenbahn-Verkehrsmittel-AG	41,28	100,00	33,94	36,31	44,32	30,93	29,08	**59,26**	0,00
132	FHW-Fernheizwerk Neukölln AG	44,49	61,98	55,52	28,73	57,18	-	-	**58,58**	0,00
133	DLW AG	56,10	100,00	47,18	44,78	58,87	68,78	49,20	**58,29**	29,36
134	Herlitz International Trading AG	46,27	40,05	63,31	40,23	23,30	76,73	75,91	**58,16**	6,36
135	Computer 2000 AG	57,16	88,28	47,54	58,72	53,69	59,05	70,50	**56,70**	28,20
136	Leifheit AG	53,17	100,00	34,55	56,34	56,71	53,27	47,73	**55,76**	24,06
137	Dolerit-Basalt AG	29,11	0,00	22,19	47,19	38,30	-	-	**55,63**	0,00
138	TIPTEL AG	47,20	61,98	48,58	39,06	69,58	57,42	34,17	**53,72**	0,00
138	Hach AG	49,98	100,00	32,81	48,28	73,60	53,06	28,04	**53,72**	0,00
140	C.J. Vogel Draht- und Kabelwerke AG	26,92	0,00	63,05	41,36	0,00	-	-	**53,30**	0,00
141	Dyckerhoff AG	64,23	100,00	54,85	62,78	69,03	73,57	55,52	**52,49**	44,92
142	Duewag	42,61	38,02	26,46	51,34	67,80	-	-	**52,43**	4,24
143	Massa AG	48,53	75,43	31,97	73,44	32,51	71,79	47,73	**50,89**	8,19
144	Berliner Elektro Holding AG	57,02	100,00	66,85	45,35	46,81	91,66	36,24	**49,37**	26,62
145	Lindner Holding KGaA	38,67	61,98	38,54	43,12	33,23	29,98	55,47	**48,66**	0,00
146	MD Bau Holding AG	54,01	100,00	42,07	51,24	45,28	66,01	47,73	**48,25**	43,38
147	Modulare Computer und Software Systeme AG	37,80	61,98	12,58	43,74	48,95	-	-	**41,79**	17,80
148	Kampa Haus AG	31,56	61,98	27,86	44,13	21,28	29,98	27,36	**41,13**	0,00
149	Agrob AG	49,69	100,00	27,24	47,81	70,59	51,04	28,85	**40,26**	25,21
150	Hirsch AG	46,05	75,43	29,75	52,52	42,64	-	-	**39,98**	41,07

751.38 Teilbericht VIII: Freiwillige Angaben

Ergebnisse der Standardwerte (in %); Sortiermerkmal: Teilbericht VIII										
Rang	**Unternehmen**	**Gesamt-Anhang**	**Teil-bericht I**	**Teil-bericht II**	**Teil-bericht III**	**Teil-bericht IV**	**Teil-bericht V**	**Teil-bericht VI**	**Teil-bericht VII**	**Teil-bericht VIII**
1	Bayer AG	77,93	88,28	56,51	82,82	75,40	95,08	59,80	92,33	**83,37**
2	Daimler-Benz AG	71,00	100,00	55,65	68,52	65,49	73,94	51,20	92,24	**74,86**
3	Hoechst AG	81,59	100,00	87,80	72,57	90,72	85,42	52,94	85,15	**72,70**
4	Siemens AG	66,61	88,28	44,21	70,06	63,11	70,30	53,44	83,49	**72,29**
5	VEBA AG	75,32	100,00	65,11	82,65	87,71	58,43	43,98	87,08	**68,48**
6	Heidelberger Zement AG	65,37	88,28	38,84	74,76	76,74	62,18	44,11	78,38	**58,56**
7	Stöhr & Co. AG	61,60	61,98	34,70	51,72	87,18	74,06	43,59	84,52	**57,20**
8	SPAR Handels-Aktiengesellschaft	70,72	100,00	63,54	71,74	52,31	89,27	63,21	93,51	**49,62**
9	Dyckerhoff AG	64,23	100,00	54,85	62,78	69,03	73,57	55,52	52,49	**44,92**
10	MD Bau Holding AG	54,01	100,00	42,07	51,24	45,28	66,01	47,73	48,25	**43,38**
11	Otto Reichelt AG	44,25	0,00	36,90	40,32	58,82	-	-	89,39	**41,07**
11	BEWAG AG Berliner Kraft und Licht	74,46	100,00	69,71	65,92	87,83	-	-	79,18	**41,07**
11	Babcock-BSH AG	59,07	87,21	61,90	51,05	51,97	84,35	28,96	74,44	**41,07**
11	Barmag AG	59,71	100,00	48,82	52,67	50,45	94,00	32,16	74,33	**41,07**
11	Energieversorgung Ostbayern AG	57,28	72,71	41,15	62,90	58,71	-	-	71,41	**41,07**
11	Hirsch AG	46,05	75,43	29,75	52,52	42,64	-	-	39,98	**41,07**
17	Brilliant Aktiengesellschaft	49,63	61,98	37,11	43,58	49,90	52,41	36,07	88,04	**40,63**
18	Gelsenwasser AG	53,84	100,00	29,99	69,17	40,06	67,40	31,21	65,66	**38,84**
19	Klöckner-Werke AG	68,38	100,00	45,07	69,94	73,41	100,00	43,98	82,45	**38,43**
20	VEW Vereinigte Elektrizitätswerke AG	64,30	100,00	58,21	54,70	74,61	58,43	39,93	93,44	**37,06**
21	Jagenberg AG	58,90	61,98	46,54	66,82	73,45	58,22	33,74	85,72	**36,74**

Ergebnisse der Standardwerte (in %); Sortiermerkmal: Teilbericht VIII

Rang	Unternehmen	Gesamt-Anhang	Teil-bericht I	Teil-bericht II	Teil-bericht III	Teil-bericht IV	Teil-bericht V	Teil-bericht VI	Teil-bericht VII	Teil-bericht VIII
22	Möbel Walther AG	50,99	61,98	32,19	55,20	74,92	29,98	44,70	61,87	**36,48**
23	Douglas Holding AG	74,38	100,00	69,68	73,66	76,38	100,00	55,52	85,56	**34,80**
24	IVG Industrie-Verwaltungsgesellschaft AG	62,41	100,00	44,27	76,18	49,51	81,03	34,06	90,53	**34,31**
25	Akzo Nobel Faser AG	53,70	63,91	26,82	72,49	53,48	-	-	74,94	**34,10**
26	Buderus Aktiengesellschaft	62,66	100,00	55,03	48,51	62,93	89,27	36,99	86,97	**33,99**
26	Pfaff AG	61,46	100,00	38,28	71,68	60,14	73,57	43,98	75,72	**33,99**
28	Mannesmann AG	50,74	100,00	47,72	37,86	39,63	60,99	29,67	73,90	**33,80**
29	Kolbenschmidt AG	64,04	100,00	54,46	56,91	75,48	63,36	38,13	91,46	**33,64**
30	Salamander AG	62,90	100,00	46,89	70,15	66,00	87,54	19,15	80,20	**33,45**
31	Carl Schenck AG	66,11	100,00	62,98	70,51	57,00	78,53	43,00	90,43	**32,35**
31	AESCULAP AG	62,09	100,00	41,51	70,41	81,97	38,17	34,17	88,86	**32,35**
31	Konrad Hornschuch AG	58,44	100,00	38,09	52,12	44,65	89,27	47,73	88,53	**32,35**
31	Kempinski AG	61,38	100,00	53,82	58,59	69,76	75,39	11,56	88,53	**32,35**
31	Hein, Lehmann AG	54,40	0,00	33,70	70,75	85,48	-	-	85,82	**32,35**
31	Phoenix AG	50,84	100,00	35,81	49,17	47,35	46,02	25,20	82,56	**32,35**
31	Lehnkering Montan Transport AG	64,97	100,00	51,48	71,61	82,22	58,43	34,17	78,37	**32,35**
31	Binding-Brauerei AG	60,04	100,00	50,19	45,49	75,45	66,63	34,21	77,81	**32,35**
39	Beiersdorf AG	54,80	100,00	29,73	49,31	52,81	74,10	48,07	69,73	**31,60**
40	BASF AG	78,45	88,28	79,51	73,74	87,39	100,00	70,43	92,76	**31,47**
41	Schwäbische Zellstoff AG	51,86	61,98	35,58	44,78	69,08	-	-	69,96	**30,67**
42	Triton-Belco AG	54,79	100,00	43,17	49,35	51,55	71,79	28,23	75,13	**30,16**
43	Schmalbach-Lubeca AG	66,31	100,00	58,59	68,95	70,24	84,19	29,06	88,53	**29,86**
44	DLW AG	56,10	100,00	47,18	44,78	58,87	68,78	49,20	58,29	**29,36**
45	Altana AG	61,31	100,00	32,93	69,21	61,41	80,45	47,73	78,63	**29,09**
46	Deutsche Babcock AG	71,13	100,00	60,47	72,27	71,76	95,08	57,00	87,54	**28,87**
47	Asea Brown Boveri AG	59,86	61,98	58,37	70,92	58,12	86,97	36,48	72,76	**28,64**
48	Preussag AG	58,92	100,00	55,22	52,40	65,34	40,70	45,60	85,56	**28,23**
49	Computer 2000 AG	57,16	88,28	47,54	58,72	53,69	59,05	70,50	56,70	**28,20**
50	Volkswagen AG	58,13	100,00	58,54	46,99	53,18	66,01	34,41	89,28	**27,65**
51	WMF Württembergische Metallwarenfabrik AG	59,92	100,00	52,48	57,52	72,27	45,59	38,67	81,93	**26,84**
52	GEHE AG	62,90	100,00	41,32	65,91	80,27	69,19	40,62	73,95	**26,84**
53	Leonische Drahtwerke AG	51,55	100,00	34,36	42,60	45,89	69,15	21,44	91,92	**26,62**
53	Bausch AG	52,45	100,00	26,88	50,06	46,19	-	-	85,23	**26,62**
53	Böwe Systec AG	62,70	100,00	55,77	65,04	65,56	73,64	38,98	74,82	**26,62**
53	Berliner Elektro Holding AG	57,02	100,00	66,85	45,35	46,81	91,66	36,24	49,37	**26,62**
57	Rheinhold & Mahla AG	53,32	100,00	33,06	43,45	59,12	42,45	49,73	85,55	**26,33**
58	Felten & Guilleaume Energietechnik AG	62,34	100,00	48,21	55,32	72,27	96,23	22,51	81,00	**26,24**
59	IWKA Aktiengesellschaft	54,98	100,00	36,90	54,15	51,88	62,37	35,76	86,18	**25,21**
59	Rosenthal AG	61,07	100,00	61,50	55,38	71,24	49,23	36,48	85,28	**25,21**
59	PWO – Progress-Werk Oberkirch AG	65,45	100,00	65,89	47,12	75,59	-	-	82,49	**25,21**
59	Sinn AG	48,37	61,98	38,60	57,83	39,56	-	-	74,53	**25,21**
59	Oberland Glas AG	47,36	61,98	36,79	54,07	26,92	87,54	29,64	74,44	**25,21**
59	Robert Cordier AG	54,21	100,00	29,05	60,89	67,73	29,98	47,73	71,33	**25,21**
59	Dywidag Dyckerhoff & Widmann	57,33	100,00	46,23	58,64	51,97	81,86	31,98	70,27	**25,21**
59	Agrob AG	49,69	100,00	27,24	47,81	70,59	51,04	28,85	40,26	**25,21**
67	Leifheit AG	53,17	100,00	34,55	56,34	56,71	53,27	47,73	55,76	**24,06**
68	BMW Bayerische Motoren Werke AG	59,83	74,55	36,64	71,08	51,97	100,00	43,98	89,20	**23,15**
69	Neckarwerke Elektrizitätsversorgungs-AG	51,13	100,00	44,18	56,47	50,35	38,47	19,15	78,01	**23,14**
69	Nordcement AG	55,44	100,00	38,44	54,02	51,97	-	-	77,36	**23,14**
71	VERSEIDAG AG	60,47	100,00	49,60	45,97	67,86	69,08	55,52	82,49	**22,43**
71	Leffers AG	57,39	100,00	51,91	62,39	42,00	-	-	76,84	**22,43**
73	Harpen AG	68,67	100,00	55,51	69,39	83,04	100,00	41,83	71,75	**21,27**
74	Ford-Werke AG	45,38	38,02	32,58	38,31	64,22	-	-	77,97	**21,05**
74	Andreae-Noris-Zahn AG	41,99	51,23	23,36	41,87	68,45	22,15	25,20	74,56	**21,05**
76	TRAUB AG	64,10	100,00	66,29	57,90	43,60	80,87	78,25	83,46	**20,96**
77	Allweiler AG	63,87	100,00	49,74	63,23	69,13	94,00	35,54	82,12	**20,04**
78	Kraftwerk Altwürttemberg AG	64,78	100,00	36,51	72,88	81,64	-	-	73,61	**19,87**
79	Modulare Computer und Software Systeme AG	37,80	61,98	12,58	43,74	48,95	-	-	41,79	**17,80**
80	Koepp AG	49,95	100,00	53,08	39,82	28,36	-	-	84,22	**16,29**
80	Michael Weinig AG	53,42	100,00	41,55	38,74	61,87	84,88	18,37	73,33	**16,29**
82	Dortmunder Actien-Brauerei AG	52,25	61,98	43,01	65,01	47,19	-	-	83,24	**15,89**
83	Isar-Amperwerke AG	64,26	63,89	63,68	74,09	66,37	87,54	55,52	81,55	**14,99**
84	Flachglas AG	55,03	87,21	34,33	44,62	75,97	74,31	33,55	76,81	**14,61**

Ergebnisse der Standardwerte (in %); Sortiermerkmal: Teilbericht VIII

Rang	Unternehmen	Gesamt-Anhang	Teil-bericht I	Teil-bericht II	Teil-bericht III	Teil-bericht IV	Teil-bericht V	Teil-bericht VI	Teil-bericht VII	Teil-bericht VIII
85	EX-CELL-O Holding AG	51,29	100,00	42,47	45,49	39,32	54,79	44,70	88,19	**13,64**
86	Stahlwerke Bochum AG	50,94	100,00	36,26	31,72	63,98	50,22	34,17	89,48	**12,44**
86	Maschinenfabrik Esterer AG	54,74	61,98	29,28	52,28	80,35	84,88	25,20	88,33	**12,44**
86	Sedlbauer Aktiengesellschaft	49,37	61,98	60,71	59,09	37,49	-	-	62,11	**12,44**
89	Massa AG	48,53	75,43	31,97	73,44	32,51	71,79	47,73	50,89	**8,19**
90	KHD – Klöckner-Humboldt-Deutz AG	61,76	100,00	54,51	61,28	73,41	67,34	39,67	86,66	**6,42**
91	Herlitz International Trading AG	46,27	40,05	63,31	40,23	23,30	76,73	75,91	58,16	**6,36**
92	Süd-Chemie AG	59,53	61,98	75,96	65,12	57,85	58,03	54,72	87,77	**6,33**
93	Thyssen Industrie AG	57,81	100,00	52,45	62,52	55,69	73,94	34,04	78,82	**5,79**
94	Gerresheimer Glas AG	62,52	100,00	41,74	71,43	70,69	87,54	43,98	76,82	**5,79**
94	YMOS AG Industrieprodukte	52,02	100,00	63,57	43,81	56,54	29,98	36,07	76,24	**5,79**
96	Duewag	42,61	38,02	26,46	51,34	67,80	-	-	52,43	**4,24**
97	Eichbaum-Brauereien AG	59,91	100,00	39,20	66,00	61,53	-	-	95,52	**4,15**
97	Pirelli Deutschland AG	40,86	0,00	39,50	53,98	46,48	50,22	39,44	86,83	**4,15**
97	Universitätsdruckerei H. Stürtz AG	47,74	100,00	49,61	34,09	43,52	42,30	34,17	85,86	**4,15**
97	KWS Kleinwanzlebener Saatzucht AG	63,15	100,00	52,28	74,43	78,80	58,07	38,31	85,76	**4,15**
97	BM Bäckermühlen AG	48,81	61,98	23,15	44,78	43,78	88,13	61,59	84,80	**4,15**
97	Renk AG	42,68	100,00	26,58	39,58	41,82	22,61	34,17	84,76	**4,15**
97	Hasen-Bräu AG	49,42	100,00	33,80	51,72	51,24	43,70	34,17	82,27	**4,15**
97	Asko Deutsche Kaufhaus AG	64,88	100,00	36,79	71,59	79,35	78,72	65,31	82,10	**4,15**
97	Küppersbusch AG	47,71	100,00	28,47	46,49	41,31	57,00	38,76	81,54	**4,15**
97	G + H Isover – Grünzweig + Hartmann AG	45,01	100,00	36,01	43,05	26,57	-	-	80,98	**4,15**
97	Aktienbrauerei Kaufbeuren AG	53,04	61,98	37,59	55,22	72,62	-	-	80,25	**4,15**
97	Joseph Vögele AG	38,55	61,98	21,70	40,55	22,47	76,37	23,63	78,99	**4,15**
97	KERAMAG Keramische Werke AG	55,55	100,00	23,17	54,97	74,64	-	-	78,95	**4,15**
97	Rheinisch-Westfälische Kalkwerke AG	50,34	100,00	30,44	53,82	46,15	47,57	55,52	76,54	**4,15**
97	Ruberoidwerke AG	50,86	100,00	29,94	52,27	51,88	-	-	76,15	**4,15**
97	Patrizier-Bräu KG auf Aktien	44,47	75,83	48,52	41,92	31,73	-	-	75,18	**4,15**
97	Maihak AG	52,12	100,00	50,57	38,52	55,10	-	-	71,13	**4,15**
97	HAGEDA AG	46,06	61,98	39,06	60,85	39,96	-	-	70,65	**4,15**
97	Sinalco AG	24,57	0,00	44,49	35,33	0,00	-	-	70,13	**4,15**
97	Sektkellerei Schloß Wachenheim AG i.V.	52,65	74,29	53,37	62,79	48,65	-	-	69,45	**4,15**
97	Flender ATB-Loher Antriebstechnik AG	52,50	88,28	67,76	51,49	38,22	-	-	68,60	**4,15**
97	Tarkett Pegulan AG	56,78	100,00	54,70	71,51	76,13	0,00	58,26	66,19	**4,15**
97	Deutsche Spezialglas AG	48,03	61,98	33,03	49,87	66,98	-	-	65,18	**4,15**
120	VGT Aktiengesellschaft	36,27	0,00	22,48	47,66	60,95	32,73	27,38	82,34	**3,17**
121	MONACHIA Grundstücks-AG	55,09	100,00	52,83	51,98	66,38	29,98	45,87	89,45	**0,00**
121	Schumag AG	40,32	0,00	39,94	47,07	46,16	61,12	38,76	86,39	**0,00**
121	Stolberger Zink AG	52,61	100,00	48,23	49,08	44,00	-	-	86,28	**0,00**
121	VDN Vereinigte Deutsche Nickel-Werke AG	41,30	0,00	40,00	40,60	60,46	-	-	85,81	**0,00**
121	Würzburger Hofbräu AG	49,25	63,91	22,83	72,70	52,01	-	-	83,07	**0,00**
121	Gutbrod AG	47,94	61,98	61,15	63,65	23,21	-	-	82,10	**0,00**
121	Hamborner Aktiengesellschaft	60,56	61,98	35,54	65,86	100,00	-	-	81,15	**0,00**
121	Breitenburger Portland-Cement-Fabrik AG	26,66	61,98	18,16	27,41	0,00	-	-	79,79	**0,00**
121	Lahmeyer Aktiengesellschaft Energiewirtschaft	57,55	100,00	33,89	48,79	82,26	-	-	79,30	**0,00**
121	Kraftübertragungswerke Rheinfelden AG	45,12	61,98	45,56	36,17	51,42	-	-	78,34	**0,00**
121	Augsburger Kammgarn-Spinnerei AG	44,63	100,00	24,91	42,81	57,72	21,31	34,17	78,11	**0,00**
121	TEUTONIA Zementwerk AG	54,69	61,98	38,63	67,52	73,97	70,30	39,10	72,20	**0,00**
121	Mittelschwäbische Überlandzentrale AG	43,69	61,98	46,92	48,09	36,07	-	-	72,11	**0,00**
121	Otavi Minen AG	50,91	100,00	37,48	42,09	59,59	-	-	71,91	**0,00**
121	Bürgerliches Brauhaus Ravensburg-Lindau AG	30,09	0,00	43,54	41,91	21,02	-	-	71,40	**0,00**
121	Pfleiderer Bau- und Verkehrssysteme AG	43,99	61,98	41,32	48,69	47,85	43,70	35,30	69,81	**0,00**
121	Hofbrauhaus Wolters AG	42,76	61,98	21,52	46,40	56,59	-	-	69,68	**0,00**
121	Maschinenfabrik Esslingen Aktiengesellschaft	41,98	61,98	29,25	37,44	54,86	-	-	69,46	**0,00**
121	Kupferberg & Compagnie KGaA	43,07	61,98	31,80	39,72	47,08	43,83	60,17	66,36	**0,00**
121	aqua signal AG	43,49	61,98	41,47	40,49	53,27	64,20	18,37	63,88	**0,00**
121	Dinkelacker Brauerei AG	48,61	61,98	55,61	41,04	52,93	69,67	43,98	61,74	**0,00**
121	Piper Generalvertretung Deutschland AG	51,61	61,98	57,00	41,26	38,74	90,15	76,57	60,97	**0,00**
121	Eisenbahn-Verkehrsmittel-AG	41,28	100,00	33,94	36,31	44,32	30,93	29,08	59,26	**0,00**
121	FHW-Fernheizwerk Neukölln AG	44,49	61,98	55,52	28,73	57,18	-	-	58,58	**0,00**
121	Dolerit-Basalt AG	29,11	0,00	22,19	47,19	38,30	-	-	55,63	**0,00**
121	TIPTEL AG	47,20	61,98	48,58	39,06	69,58	57,42	34,17	53,72	**0,00**
121	Hach AG	49,98	100,00	32,81	48,28	73,60	53,06	28,04	53,72	**0,00**

Ergebnisse der Standardwerte (in %); Sortiermerkmal: Teilbericht VIII

Rang	Unternehmen	Gesamt-Anhang	Teil-bericht I	Teil-bericht II	Teil-bericht III	Teil-bericht IV	Teil-bericht V	Teil-bericht VI	Teil-bericht VII	Teil-bericht VIII
121	C.J. Vogel Draht- und Kabelwerke AG	26,92	0,00	63,05	41,36	0,00	-	-	53,30	**0,00**
121	Lindner Holding KGaA	38,67	61,98	38,54	43,12	33,23	29,98	55,47	48,66	**0,00**
121	Kampa Haus AG	31,56	61,98	27,86	44,13	21,28	29,98	27,36	41,13	**0,00**

752. Börsenneulinge

752.1 Ergebnisse in alphabetischer Reihenfolge

Ergebnisse der Börsenneulinge (in %), Sortiermerkmal: alphabetisch

Rang	Unternehmen	Gesamt-Anhang	Teilbericht I	Teilbericht II	Teilbericht III	Teilbericht IV	Teilbericht V	Teilbericht VI	Teilbericht VII	Teilbericht VIII
1	adidas AG	49,54	62,11	24,00	55,08	72,97	50,02	20,03	42,55	59,77
2	Alno Aktiengesellschaft	54,99	52,09	51,38	62,98	56,87	100,00	42,53	45,53	22,42
3	Apcoa Parking AG	54,67	100,00	32,53	42,43	56,69	67,72	58,26	63,81	32,35
4	Burgbad AG	48,13	75,53	52,48	37,93	36,36	76,78	68,40	45,04	4,15
5	Creaton AG	62,17	73,28	72,34	79,76	59,69	67,72	36,07	71,47	22,42
6	eff-eff Fritz Fuss GmbH & Co. KGaA	48,35	62,11	51,44	40,83	31,40	78,92	67,32	67,71	4,15
7	Friatec AG – Kermaik und Kunststoffe	49,24	100,00	47,81	39,81	36,82	68,21	43,13	69,37	4,15
8	Hucke AG	46,74	62,11	38,39	47,34	50,82	59,15	32,46	51,50	32,35
9	Ifa Hotel und Touristik AG	49,23	62,11	38,28	54,67	49,07	70,03	36,47	52,44	32,35
10	Indus-Holding AG	45,46	100,00	48,52	48,60	47,24	28,44	37,66	41,54	4,15
11	Kiekert AG	45,78	62,11	41,78	50,93	53,55	54,73	38,76	52,72	4,15
12	Merck KGaA	76,35	88,17	81,04	82,18	70,50	100,00	42,39	79,86	63,99
13	Mühl P. & S. und Thüringer Baustoffhandel AG	42,24	62,11	47,77	52,47	43,44	34,41	25,33	58,36	4,15
14	Praktiker Bau- und Heimwerkermärkte AG	52,60	100,00	48,26	63,62	49,19	28,44	47,73	60,31	20,04
15	Schwarz Pharma AG	56,60	100,00	53,83	52,40	53,16	61,97	25,20	76,50	35,82
16	Sero Entsorgung AG	38,18	62,11	18,43	55,09	38,13	53,10	18,37	55,58	4,15
17	SGL Carbon AG	58,96	100,00	46,61	68,45	68,07	47,72	5,71	49,27	76,01
18	SKW Trostberg AG	58,57	62,11	52,80	70,08	57,63	76,79	41,82	80,63	24,33
19	Tarkett AG	57,13	100,00	42,21	60,80	47,53	92,37	38,49	60,68	25,35
20	MVS Miete Vertrieb Service AG	58,13	71,98	34,22	58,60	70,27	67,72	48,86	75,78	41,07

752.2 Ergebnisse in Gesamt-Anhang in absteigender Reihenfolge der Qualitätswerte

Ergebnisse der Börsenneulinge (in %); Sortiermerkmal: Gesamt-Anhang

Rang	Unternehmen	Gesamt-Anhang	Teilbericht I	Teilbericht II	Teilbericht III	Teilbericht IV	Teilbericht V	Teilbericht VI	Teilbericht VII	Teilbericht VIII
1	Merck KGaA	**76,35**	88,17	81,04	82,18	70,50	100,00	42,39	79,86	63,99
2	Creaton AG	**62,17**	73,28	72,34	79,76	59,69	67,72	36,07	71,47	22,42
3	SGL Carbon AG	**58,96**	100,00	46,61	68,45	68,07	47,72	5,71	49,27	70,01
4	SKW Trostberg AG	**58,57**	62,11	52,80	70,08	57,63	76,79	41,82	80,63	24,33
5	MVS Miete Vertrieb Service AG	**58,13**	71,98	34,22	58,60	70,27	67,72	48,86	75,78	41,07
6	Tarkett AG	**57,13**	100,00	42,21	60,80	47,53	92,37	38,49	60,68	25,35
7	Schwarz Pharma AG	**56,60**	100,00	53,83	52,40	53,16	61,97	25,20	76,50	35,82
8	Alno Aktiengesellschaft	**54,99**	52,09	51,38	62,98	56,87	100,00	42,53	45,53	22,42
9	Apcoa Parking AG	**54,67**	100,00	32,53	42,43	56,69	67,72	58,26	63,81	32,35
10	Praktiker Bau- und Heimwerkermärkte AG	**52,60**	100,00	48,26	63,62	49,19	28,44	47,73	60,31	20,04
11	adidas AG	**49,54**	62,11	24,00	55,08	72,97	50,02	20,03	42,55	59,77
12	Friatec AG – Kermaik und Kunststoffe	**49,24**	100,00	47,81	39,81	36,82	68,21	43,13	69,37	4,15
13	Ifa Hotel und Touristik AG	**49,23**	62,11	38,28	54,67	49,07	70,03	36,47	52,44	32,35
14	eff-eff Fritz Fuss GmbH & Co. KGaA	**48,35**	62,11	51,44	40,83	31,40	78,92	67,32	67,71	4,15
15	Burgbad AG	**48,13**	75,53	52,48	37,93	36,36	76,78	68,40	45,04	4,15
16	Hucke AG	**46,74**	62,11	38,39	47,34	50,82	59,15	32,46	51,50	32,35
17	Kiekert AG	**45,78**	62,11	41,78	50,93	53,55	54,73	38,76	52,72	4,15
18	Indus-Holding AG	**45,46**	100,00	48,52	48,60	47,24	28,44	37,66	41,54	4,15
19	Mühl P. & S. und Thüringer Baustoffhandel AG	**42,24**	62,11	47,77	52,47	43,44	34,41	25,33	58,36	4,15
20	Sero Entsorgung AG	**38,18**	62,11	18,43	55,09	38,13	53,10	18,37	55,58	4,15

752.3 Ergebnisse nach Teilberichten, jeweils in absteigender Reihenfolge der Qualitätswerte

752.31 Teilbericht I: Inhalt und Gliederung des Einzel-/Konzernabschlusses

Ergebnisse der Börsenneulinge (in %); Sortiermerkmal: Teilbericht I

Rang	Unternehmen	Gesamt-Anhang	Teil-bericht I	Teil-bericht II	Teil-bericht III	Teil-bericht IV	Teil-bericht V	Teil-bericht VI	Teil-bericht VII	Teil-bericht VIII
1	SGL Carbon AG	58,96	**100,00**	46,61	68,45	68,07	47,72	5,71	49,27	76,01
1	Tarkett AG	57,13	**100,00**	42,21	60,80	47,53	92,37	38,49	60,68	25,35
1	Schwarz Pharma AG	56,60	**100,00**	53,83	52,40	53,16	61,97	25,20	76,50	35,82
1	Apcoa Parking AG	54,67	**100,00**	32,53	42,43	56,69	67,72	58,26	63,81	32,35
1	Praktiker Bau- und Heimwerkermärkte AG	52,60	**100,00**	48,26	63,62	49,19	28,44	47,73	60,31	20,04
1	Friatec AG – Kermaik und Kunststoffe	49,24	**100,00**	47,81	39,81	36,82	68,21	43,13	69,37	4,15
1	Indus-Holding AG	45,46	**100,00**	48,52	48,60	47,24	28,44	37,66	41,54	4,15
8	Merck KGaA	76,35	**88,17**	81,04	82,18	70,50	100,00	42,39	79,86	63,99
9	Burgbad AG	48,13	**75,53**	52,48	37,93	36,36	76,78	68,40	45,04	4,15
10	Creaton AG	62,17	**73,28**	72,34	79,76	59,69	67,72	36,07	71,47	22,42
11	MVS Miete Vertrieb Service AG	58,13	**71,98**	34,22	58,60	70,27	67,72	48,86	75,78	41,07
12	SKW Trostberg AG	58,57	**62,11**	52,80	70,08	57,63	76,79	41,82	80,63	24,33
12	adidas AG	49,54	**62,11**	24,00	55,08	72,97	50,02	20,03	42,55	59,77
12	Ifa Hotel und Touristik AG	49,23	**62,11**	38,28	54,67	49,07	70,03	36,47	52,44	32,35
12	eff-eff Fritz Fuss GmbH & Co. KGaA	48,35	**62,11**	51,44	40,83	31,40	78,92	67,32	67,71	4,15
12	Hucke AG	46,74	**62,11**	38,39	47,34	50,82	59,15	32,46	51,50	32,35
12	Kiekert AG	45,78	**62,11**	41,78	50,93	53,55	54,73	38,76	52,72	4,15
12	Mühl P. & S. und Thüringer Baustoffhandel AG	42,24	**62,11**	47,77	52,47	43,44	34,41	25,33	58,36	4,15
12	Sero Entsorgung AG	38,18	**62,11**	18,43	55,09	38,13	53,10	18,37	55,58	4,15
20	Alno Aktiengesellschaft	54,99	**52,09**	51,38	62,98	56,87	100,00	42,53	45,53	22,42

752.32 Teilbericht II: Bilanzierung und Bewertung, Währungsumrechnung

Ergebnisse der Börsenneulinge (in %); Sortiermerkmal: Teilbericht II

Rang	Unternehmen	Gesamt-Anhang	Teil-bericht I	Teil-bericht II	Teil-bericht III	Teil-bericht IV	Teil-bericht V	Teil-bericht VI	Teil-bericht VII	Teil-bericht VIII
1	Merck KGaA	76,35	88,17	**81,04**	82,18	70,50	100,00	42,39	79,86	63,99
2	Creaton AG	62,17	73,28	**72,34**	79,76	59,69	67,72	36,07	71,47	22,42
3	Schwarz Pharma AG	56,60	100,00	**53,83**	52,40	53,16	61,97	25,20	76,50	35,82
4	SKW Trostberg AG	58,57	62,11	**52,80**	70,08	57,63	76,79	41,82	80,63	24,33
5	Burgbad AG	48,13	75,53	**52,48**	37,93	36,36	76,78	68,40	45,04	4,15
6	eff-eff Fritz Fuss GmbH & Co. KGaA	48,35	62,11	**51,44**	40,83	31,40	78,92	67,32	67,71	4,15
7	Alno Aktiengesellschaft	54,99	52,09	**51,38**	62,98	56,87	100,00	42,53	45,53	22,42
8	Indus-Holding AG	45,46	100,00	**48,52**	48,60	47,24	28,44	37,66	41,54	4,15
9	Praktiker Bau- und Heimwerkermärkte AG	52,60	100,00	**48,26**	63,62	49,19	28,44	47,73	60,31	20,04
10	Friatec AG – Kermaik und Kunststoffe	49,24	100,00	**47,81**	39,81	36,82	68,21	43,13	69,37	4,15
11	Mühl P. & S. und Thüringer Baustoffhandel AG	42,24	62,11	**47,77**	52,47	43,44	34,41	25,33	58,36	4,15
12	SGL Carbon AG	58,96	100,00	**46,61**	68,45	68,07	47,72	5,71	49,27	76,01
13	Tarkett AG	57,13	100,00	**42,21**	60,80	47,53	92,37	38,49	60,68	25,35
14	Kiekert AG	45,78	62,11	**41,78**	50,93	53,55	54,73	38,76	52,72	4,15
15	Hucke AG	46,74	62,11	**38,39**	47,34	50,82	59,15	32,46	51,50	32,35
16	Ifa Hotel und Touristik AG	49,23	62,11	**38,28**	54,67	49,07	70,03	36,47	52,44	32,35
17	MVS Miete Vertrieb Service AG	58,13	71,98	**34,22**	58,60	70,27	67,72	48,86	75,78	41,07
18	Apcoa Parking AG	54,67	100,00	**32,53**	42,43	56,69	67,72	58,26	63,81	32,35
19	adidas AG	49,54	62,11	**24,00**	55,08	72,97	50,02	20,03	42,55	59,77
20	Sero Entsorgung AG	38,18	62,11	**18,43**	55,09	38,13	53,10	18,37	55,58	4,15

752.33 Teilbericht III: Erläuterungen zu einzelnen Posten der (Konzern-)Bilanz

Ergebnisse der Börsenneulinge (in %); Sortiermerkmal: Teilbericht III

Rang	Unternehmen	Gesamt-Anhang	Teil-bericht I	Teil-bericht II	Teil-bericht III	Teil-bericht IV	Teil-bericht V	Teil-bericht VI	Teil-bericht VII	Teil-bericht VIII
1	Merck KGaA	76,35	88,17	81,04	**82,18**	70,50	100,00	42,39	79,86	63,99
2	Creaton AG	62,17	73,28	72,34	**79,76**	59,69	67,72	36,07	71,47	22,42
3	SKW Trostberg AG	58,57	62,11	52,80	**70,08**	57,63	76,79	41,82	80,63	24,33
4	SGL Carbon AG	58,96	100,00	46,61	**68,45**	68,07	47,72	5,71	49,27	76,01
5	Praktiker Bau- und Heimwerkermärkte AG	52,60	100,00	48,26	**63,62**	49,19	28,44	47,73	60,31	20,04
6	Alno Aktiengesellschaft	54,99	52,09	51,38	**62,98**	56,87	100,00	42,53	45,53	22,42
7	Tarkett AG	57,13	100,00	42,21	**60,80**	47,53	92,37	38,49	60,68	25,35
8	MVS Miete Vertrieb Service AG	58,13	71,98	34,22	**58,60**	70,27	67,72	48,86	75,78	41,07
9	Sero Entsorgung AG	38,18	62,11	18,43	**55,09**	38,13	53,10	18,37	55,58	4,15
10	adidas AG	49,54	62,11	24,00	**55,08**	72,97	50,02	20,03	42,55	59,77
11	Ifa Hotel und Touristik AG	49,23	62,11	38,28	**54,67**	49,07	70,03	36,47	52,44	32,35
12	Mühl P. & S. und Thüringer Baustoffhandel AG	42,24	62,11	47,77	**52,47**	43,44	34,41	25,33	58,36	4,15
13	Schwarz Pharma AG	56,60	100,00	53,83	**52,40**	53,16	61,97	25,20	76,50	35,82
14	Kiekert AG	45,78	62,11	41,78	**50,93**	53,55	54,73	38,76	52,72	4,15
15	Indus-Holding AG	45,46	100,00	48,52	**48,60**	47,24	28,44	37,66	41,54	4,15
16	Hucke AG	46,74	62,11	38,39	**47,34**	50,82	59,15	32,46	51,50	32,35
17	Apcoa Parking AG	54,67	100,00	32,53	**42,43**	56,69	67,72	58,26	63,81	32,35
18	eff-eff Fritz Fuss GmbH & Co. KGaA	48,35	62,11	51,44	**40,83**	31,40	78,92	67,32	67,71	4,15
19	Friatec AG – Kermaik und Kunststoffe	49,24	100,00	47,81	**39,81**	36,82	68,21	43,13	69,37	4,15
20	Burgbad AG	48,13	75,53	52,48	**37,93**	36,36	76,78	68,40	45,04	4,15

752.34 Teilbericht IV: Erläuterungen zu einzelnen Posten der (Konzern-)GuV

Ergebnisse der Börsenneulinge (in %); Sortiermerkmal: Teilbericht IV

Rang	Unternehmen	Geamt-Anhang	Teil-bericht I	Teil-bericht II	Teil-bericht III	Teil-bericht IV	Teil-bericht V	Teil-bericht VI	Teil-bericht VII	Teil-bericht VIII
1	adidas AG	49,54	62,11	24,00	55,08	**72,97**	50,02	20,03	42,55	59,77
2	Merck KGaA	76,35	88,17	81,04	82,18	**70,50**	100,00	42,39	79,86	63,99
3	MVS Miete Vertrieb Service AG	58,13	71,98	34,22	58,60	**70,27**	67,72	48,86	75,78	41,07
4	SGL Carbon AG	58,96	100,00	46,61	68,45	**68,07**	47,72	5,71	49,27	76,01
5	Creaton AG	62,17	73,28	72,34	79,76	**59,69**	67,72	36,07	71,47	22,42
6	SKW Trostberg AG	58,57	62,11	52,80	70,08	**57,63**	76,79	41,82	80,63	24,33
7	Alno Aktiengesellschaft	54,99	52,09	51,38	62,98	**56,87**	100,00	42,53	45,53	22,42
8	Apcoa Parking AG	54,67	100,00	32,53	42,43	**56,69**	67,72	58,26	63,81	32,35
9	Kiekert AG	45,78	62,11	41,78	50,93	**53,55**	54,73	38,76	52,72	4,15
10	Schwarz Pharma AG	56,60	100,00	53,83	52,40	**53,16**	61,97	25,20	76,50	35,82
11	Hucke AG	46,74	62,11	38,39	47,34	**50,82**	59,15	32,46	51,50	32,35
12	Praktiker Bau- und Heimwerkermärkte AG	52,60	100,00	48,26	63,62	**49,19**	28,44	47,73	60,31	20,04
13	Ifa Hotel und Touristik AG	49,23	62,11	38,28	54,67	**49,07**	70,03	36,47	52,44	32,35
14	Tarkett AG	57,13	100,00	42,21	60,80	**47,53**	92,37	38,49	60,68	25,35
15	Indus-Holding AG	45,46	100,00	48,52	48,60	**47,24**	28,44	37,66	41,54	4,15
16	Mühl P. & S. und Thüringer Baustoffhandel AG	42,24	62,11	47,77	52,47	**43,44**	34,41	25,33	58,36	4,15
17	Sero Entsorgung AG	38,18	62,11	18,43	55,09	**38,13**	53,10	18,37	55,58	4,15
18	Friatec AG – Kermaik und Kunststoffe	49,24	100,00	47,81	39,81	**36,82**	68,21	43,13	69,37	4,15
19	Burgbad AG	48,13	75,53	52,48	37,93	**36,36**	76,78	68,40	45,04	4,15
20	eff-eff Fritz Fuss GmbH & Co. KGaA	48,35	62,11	51,44	40,83	**31,40**	78,92	67,32	67,71	4,15

752.35 Teilbericht V: Konsolidierungskreis

Ergebnisse der Börsenneulinge (in %); Sortiermerkmal: Teilbericht V

Rang	Unternehmen	Gesamt-Anhang	Teilbericht I	Teilbericht II	Teilbericht III	Teilbericht IV	Teilbericht V	Teilbericht VI	Teilbericht VII	Teilbericht VIII
1	Merck KGaA	76,35	88,17	81,04	82,18	70,50	**100,00**	42,39	79,86	63,99
1	Alno Aktiengesellschaft	54,99	52,09	51,38	62,98	56,87	**100,00**	42,53	45,53	22,42
3	Tarkett AG	57,13	100,00	42,21	60,80	47,53	**92,37**	38,49	60,68	25,35
4	eff-eff Fritz Fuss GmbH & Co. KGaA	48,35	62,11	51,44	40,83	31,40	**78,92**	67,32	67,71	4,15
5	SKW Trostberg AG	58,57	62,11	52,80	70,08	57,63	**76,79**	41,82	80,63	24,33
6	Burgbad AG	48,13	75,53	52,48	37,93	36,36	**76,78**	68,40	45,04	4,15
7	Ifa Hotel und Touristik AG	49,23	62,11	38,28	54,67	49,07	**70,03**	36,47	52,44	32,35
8	Friatec AG – Kermaik und Kunststoffe	49,24	100,00	47,81	39,81	36,82	**68,21**	43,13	69,37	4,15
9	MVS Miete Vertrieb Service AG	58,13	71,98	34,22	58,60	70,27	**67,72**	48,86	75,78	41,07
9	Creaton AG	62,17	73,28	72,34	79,76	59,69	**67,72**	36,07	71,47	22,42
9	Apcoa Parking AG	54,67	100,00	32,53	42,43	56,69	**67,72**	58,26	63,81	32,35
12	Schwarz Pharma AG	56,60	100,00	53,83	52,40	53,16	**61,97**	25,20	76,50	35,82
13	Hucke AG	46,74	62,11	38,39	47,34	50,82	**59,15**	32,46	51,50	32,35
14	Kiekert AG	45,78	62,11	41,78	50,93	53,55	**54,73**	38,76	52,72	4,15
15	Sero Entsorgung AG	38,18	62,11	18,43	55,09	38,13	**53,10**	18,37	55,58	4,15
16	adidas AG	49,54	62,11	24,00	55,08	72,97	**50,02**	20,03	42,55	59,77
17	SGL Carbon AG	58,96	100,00	46,61	68,45	68,07	**47,72**	5,71	49,27	76,01
18	Mühl P. & S. und Thüringer Baustoffhandel AG	42,24	62,11	47,77	52,47	43,44	**34,41**	25,33	58,36	4,15
19	Praktiker Bau- und Heimwerkermärkte AG	52,60	100,00	48,26	63,62	49,19	**28,44**	47,73	60,31	20,04
19	Indus-Holding AG	45,46	100,00	48,52	48,60	47,24	**28,44**	37,66	41,54	4,15

752.36 Teilbericht VI: Konsolidierungsmethoden

Ergebnisse der Börsenneulinge (in %); Sortiermerkmal: Teilbericht VI

Rang	Unternehmen	Gesamt-Anhang	Teilbericht I	Teilbericht II	Teilbericht III	Teilbericht IV	Teilbericht V	Teilbericht VI	Teilbericht VII	Teilbericht VIII
1	Burgbad AG	48,13	75,53	52,48	37,93	36,36	76,78	**68,40**	45,04	4,15
2	eff-eff Fritz Fuss GmbH & Co. KGaA	48,35	62,11	51,44	40,83	31,40	78,92	**67,32**	67,71	4,15
3	Apcoa Parking AG	54,67	100,00	32,53	42,43	56,69	67,72	**58,26**	63,81	32,35
4	MVS Miete Vertrieb Service AG	58,13	71,98	34,22	58,60	70,27	67,72	**48,86**	75,78	41,07
5	Praktiker Bau- und Heimwerkermärkte AG	52,60	100,00	48,26	63,62	49,19	28,44	**47,73**	60,31	20,04
6	Friatec AG – Kermaik und Kunststoffe	49,24	100,00	47,81	39,81	36,82	68,21	**43,13**	69,37	4,15
7	Alno Aktiengesellschaft	54,99	52,09	51,38	62,98	56,87	100,00	**42,53**	45,53	22,42
8	Merck KGaA	76,35	88,17	81,04	82,18	70,50	100,00	**42,39**	79,86	63,99
9	SKW Trostberg AG	58,57	62,11	52,80	70,08	57,63	76,79	**41,82**	80,63	24,33
10	Kiekert AG	45,78	62,11	41,78	50,93	53,55	54,73	**38,76**	52,72	4,15
11	Tarkett AG	57,13	100,00	42,21	60,80	47,53	92,37	**38,49**	60,68	25,35
12	Indus-Holding AG	45,46	100,00	48,52	48,60	47,24	28,44	**37,66**	41,54	4,15
13	Ifa Hotel und Touristik AG	49,23	62,11	38,28	54,67	49,07	70,03	**36,47**	52,44	32,35
14	Creaton AG	62,17	73,28	72,34	79,76	59,69	67,72	**36,07**	71,47	22,42
15	Hucke AG	46,74	62,11	38,39	47,34	50,82	59,15	**32,46**	51,50	32,35
16	Mühl P. & S. und Thüringer Baustoffhandel AG	42,24	62,11	47,77	52,47	43,44	34,41	**25,33**	58,36	4,15
17	Schwarz Pharma AG	56,60	100,00	53,83	52,40	53,16	61,97	**25,20**	76,50	35,82
18	adidas AG	49,54	62,11	24,00	55,08	72,97	50,02	**20,03**	42,55	59,77
19	Sero Entsorgung AG	38,18	62,11	18,43	55,09	38,13	53,10	**18,37**	55,58	4,15
20	SGL Carbon AG	58,96	100,00	46,61	68,45	68,07	47,72	**5,71**	49,27	76,01

752.37 Teilbericht VII: Sonstige, vor allem rechtsformspezifische Pflichtangaben

Ergebnisse der Börsenneulinge (in %); Sortiermerkmal: Teilbericht VII

Rang	Unternehmen	Gesamt-Anhang	Teil-bericht I	Teil-bericht II	Teil-bericht III	Teil-bericht IV	Teil-bericht V	Teil-bericht VI	Teil-bericht VII	Teil-bericht VIII
1	SKW Trostberg AG	58,57	62,11	52,80	70,08	57,63	76,79	41,82	80,63	24,33
2	Merck KGaA	76,35	88,17	81,04	82,18	70,50	100,00	42,39	79,86	63,99
3	Schwarz Pharma AG	56,60	100,00	53,83	52,40	53,16	61,97	25,20	76,50	35,82
4	MVS Miete Vertrieb Service AG	58,13	71,98	34,22	58,60	70,27	67,72	48,86	75,78	41,07
5	Creaton AG	62,17	73,28	72,34	79,76	59,69	67,72	36,07	71,47	22,42
6	Friatec AG – Kermaik und Kunststoffe	49,24	100,00	47,81	39,81	36,82	68,21	43,13	69,37	4,15
7	eff-eff Fritz Fuss GmbH & Co. KGaA	48,35	62,11	51,44	40,83	31,40	78,92	67,32	67,71	4,15
8	Apcoa Parking AG	54,67	100,00	32,53	42,43	56,69	67,72	58,26	63,81	32,35
9	Tarkett AG	57,13	100,00	42,21	60,80	47,53	92,37	38,49	60,68	25,35
10	Praktiker Bau- und Heimwerkermärkte AG	52,60	100,00	48,26	63,62	49,19	28,44	47,73	60,31	20,04
11	Mühl P. & S. und Thüringer Baustoffhandel AG	42,24	62,11	47,77	52,47	43,44	34,41	25,33	58,36	4,15
12	Sero Entsorgung AG	38,18	62,11	18,43	55,09	38,13	53,10	18,37	55,58	4,15
13	Kiekert AG	45,78	62,11	41,78	50,93	53,55	54,73	38,76	52,72	4,15
14	Ifa Hotel und Touristik AG	49,23	62,11	38,28	54,67	49,07	70,03	36,47	52,44	32,35
15	Hucke AG	46,74	62,11	38,39	47,34	50,82	59,15	32,46	51,50	32,35
16	SGL Carbon AG	58,96	100,00	46,61	68,45	68,07	47,72	5,71	49,27	76,01
17	Alno Aktiengesellschaft	54,99	52,09	51,38	62,98	56,87	100,00	42,53	45,53	22,42
18	Burgbad AG	48,13	75,53	52,48	37,93	36,36	76,78	68,40	45,04	4,15
19	adidas AG	49,54	62,11	24,00	55,08	72,97	50,02	20,03	42,55	59,77
20	Indus-Holding AG	45,46	100,00	48,52	48,60	47,24	28,44	37,66	41,54	4,15

752.38 Teilbericht VIII: Freiwillige Angaben

Ergebnisse der Börsenneulinge (in %); Sortiermerkmal: Teilbericht VIII

Rang	Unternehmen	Gesamt-Anhang	Teil-bericht I	Teil-bericht II	Teil-bericht III	Teil-bericht IV	Teil-bericht V	Teil-bericht VI	Teil-bericht VII	Teil-bericht VIII
1	SGL Carbon AG	58,96	100,00	46,61	68,45	68,07	47,72	5,71	49,27	**76,01**
2	Merck KGaA	76,35	88,17	81,04	82,18	70,50	100,00	42,39	79,86	**63,99**
3	adidas AG	49,54	62,11	24,00	55,08	72,97	50,02	20,03	42,55	**59,77**
4	MVS Miete Vertrieb Service AG	58,13	71,98	34,22	58,60	70,27	67,72	48,86	75,78	**41,07**
5	Schwarz Pharma AG	56,60	100,00	53,83	52,40	53,16	61,97	25,20	76,50	**35,82**
6	Apcoa Parking AG	54,67	100,00	32,53	42,43	56,69	67,72	58,26	63,81	**32,35**
6	Ifa Hotel und Touristik AG	49,23	62,11	38,28	54,67	49,07	70,03	36,47	52,44	**32,35**
6	Hucke AG	46,74	62,11	38,39	47,34	50,82	59,15	32,46	51,50	**32,35**
9	Tarkett AG	57,13	100,00	42,21	60,80	47,53	92,37	38,49	60,68	**25,35**
10	SKW Trostberg AG	58,57	62,11	52,80	70,08	57,63	76,79	41,82	80,63	**24,33**
11	Creaton AG	62,17	73,28	72,34	79,76	59,69	67,72	36,07	71,47	**22,42**
11	Alno Aktiengesellschaft	54,99	52,09	51,38	62,98	56,87	100,00	42,53	45,53	**22,42**
13	Praktiker Bau- und Heimwerkermärkte AG	52,60	100,00	48,26	63,62	49,19	28,44	47,73	60,31	**20,04**
14	Friatec AG – Kermaik und Kunststoffe	49,24	100,00	47,81	39,81	36,82	68,21	43,13	69,37	**4,15**
14	eff-eff Fritz Fuss GmbH & Co. KGaA	48,35	62,11	51,44	40,83	31,40	78,92	67,32	67,71	**4,15**
14	Mühl P. & S. und Thüringer Baustoffhandel AG	42,24	62,11	47,77	52,47	43,44	34,41	25,33	58,36	**4,15**
14	Sero Entsorgung AG	38,18	62,11	18,43	55,09	38,13	53,10	18,37	55,58	**4,15**
14	Kiekert AG	45,78	62,11	41,78	50,93	53,55	54,73	38,76	52,72	**4,15**
14	Burgbad AG	48,13	75,53	52,48	37,93	36,36	76,78	68,40	45,04	**4,15**
14	Indus-Holding AG	45,46	100,00	48,52	48,60	47,24	28,44	37,66	41,54	**4,15**

Quellenverzeichnis

(Stand: Dezember 1997)

ADAM, DIETRICH, Planung und Entscheidung. Modelle – Ziele – Methoden, 4. Aufl., Wiesbaden 1996 (Planung und Entscheidung).

ADLER, HANS/DÜRING, WALTHER/SCHMALTZ, KURT, Rechnungslegung und Prüfung der Unternehmen, bearbeitet von Karl-Heinz Forster u. a., 6. Aufl., Stuttgart 1995, Teilband 1 (§ 253 HGB).

ADLER, HANS/DÜRING, WALTHER/SCHMALTZ, KURT, Rechnungslegung und Prüfung der Unternehmen, bearbeitet von Karl-Heinz Forster u. a., 6. Aufl., Stuttgart 1995, Teilband 2 (§§ 284, 285, 289 HGB).

ADLER, HANS/DÜRING, WALTHER/SCHMALTZ, KURT, Rechnungslegung und Prüfung der Unternehmen, bearbeitet von Karl-Heinz Forster u. a., 6. Aufl., Stuttgart 1996, Teilband 3 (§§ 294, 297, 298, 301, 313, 314 HGB).

ADLER, HANS/DÜRING, WALTHER/SCHMALTZ, KURT, Rechnungslegung und Prüfung der Unternehmen, bearbeitet von Karl-Heinz Forster u. a., 6. Aufl., Stuttgart 1997, Teilband 5 (§§ 264, 265, 268, 269 HGB).

AHADIAT, NASROLLAH, Some Thoughts on the Development of Geographic Segment Reporting in the United States, in: The International Journal of Accounting 1995, S. 139–148 (Geographic Segment Reporting)

AICPA, The Information Needs of Investors and Creditors, New York 1993 (Information Needs).

ALBERT, HANS, Theorie und Prognose in den Sozialwissenschaften, in: Logik der Sozialwissenschaften, hrsg. von Ernst Topitsch, 3. Aufl., Köln/Berlin 1976, S. 126–143 (Theorie und Prognose in den Sozialwissenschaften).

ALBRECHT, WERNER, § 297 HGB. Inhalt, in: Bonner Handbuch Rechnungslegung, hrsg. von Max A. Hofbauer und Peter Kupsch, Band 2, Bonn 1986, Fach 4 (§ 297 HGB).

AMEN, MATTHIAS, Die Kapitalflußrechnung als Rechnung zur Finanzlage – Eine kritische Betrachtung der Stellungnahme HFA 1/1995: „Die Kapitalflußrechnung als Ergänzung des Jahres- und Konzernabschlusses" –, in: WPg 1995, S. 498–509 (Kapitalflußrechnung).

ARTHUR ANDERSEN AG/SCHWEIZERISCHE VEREINIGUNG FÜR FINANZANALYSE UND VERMÖGENSVERWALTUNG, Information der Aktionäre. Rechnungslegung und Berichterstattung, Zürich 1991 (Information der Aktionäre).

AUDI AG (Hrsg.), Geschäftsbericht 1993, Ingolstadt 1994 (Geschäftsbericht 1993).

BACKHAUS, KLAUS U. A., Multivariate Analysemethoden, 8. Aufl., Berlin u. a. 1996 (Multivariate Analysemethoden).

BADEN, KAY/WILHELM, WINFRIED, Reden ist Gold, in: manager magazin, Heft 10/1996, S. 158–183 (Reden ist Gold).

BAETGE, JÖRG, Möglichkeiten der Objektivierung des Jahreserfolges, Düsseldorf 1970 (Möglichkeiten der Objektivierung des Jahreserfolges).

BAETGE, JÖRG, Betriebswirtschaftliche Systemtheorie, Opladen 1974 (Betriebswirtschaftliche Systemtheorie).

BAETGE, JÖRG, Rechnungslegungszwecke des aktienrechtlichen Jahresabschlusses, in: Bilanzfragen, Festschrift zum 65. Geburtstag von Ulrich Leffson, hrsg. von Jörg Baetge, Adolf Moxter und Dieter Schneider, Düsseldorf 1976, S. 11–30 (Rechnungslegungszwecke des aktienrechtlichen Jahresabschlusses).

BAETGE, JÖRG (Hrsg.), Der Jahresabschluß im Widerstreit der Interessen. Eine Vortragsreihe, Düsseldorf 1983 (Der Jahresabschluß im Widerstreit der Interessen).

BAETGE, JÖRG, Grundsätze ordnungsmäßiger Buchführung, in: Handbuch der Rechnungslegung, Kommentar zur Bilanzierung und Prüfung, hrsg. von Karlheinz Küting und Claus-Peter Weber, Stuttgart 1986, S. 177–204 (Grundsätze ordnungsmäßiger Buchführung).

BAETGE, JÖRG, Die neuen Ansatz- und Bewertungsvorschriften, in: ZfbF 1987, S. 206–218 (Die neuen Ansatz- und Bewertungsvorschriften).

BAETGE, JÖRG, Expertenmeinung zum Thema „Der Jahresabschluß", in: Telekolleg II. Lektion 1–7: Betriebliches Rechnungswesen, hrsg. von Otto Rosenberg und Wolfgang Weber, München 1989, S. 30–32 (Expertenmeinung).

BAETGE, JÖRG, Stichwort „Sicherheit und Genauigkeit", in: Lexikon der Rechnungslegung und Abschlußprüfung, hrsg. von Wolfgang Lück, 2. Aufl., München 1989, S. 691 f. (Sicherheit und Genauigkeit).

BAETGE, JÖRG, Notwendigkeit und Möglichkeiten der Eigenkapitalstärkung mittelständischer Unternehmen, in: Rechnungslegung, Finanzen, Steuern und Prüfung in den neunziger Jahren, hrsg. von Jörg Baetge, Düsseldorf 1990, S. 205–240 (Notwendigkeit und Möglichkeiten der Eigenkapitalstärkung).

BAETGE, JÖRG, Der beste Geschäftsbericht, in: Rechnungslegung und Prüfung 1992, hrsg. von Jörg Baetge, Düsseldorf 1992, S. 199–230 (Der beste Geschäftsbericht).

BAETGE, JÖRG, Harmonisierung der Rechnungslegung – Haben die deutschen Rechnungslegungsvorschriften noch eine Chance?, in: Internationalisierung der Wirtschaft, hrsg. von der Schmalenbach-Gesellschaft – Deutsche Gesellschaft für Betriebswirtschaft e. V., Stuttgart 1992, S. 109–123 (Harmonisierung der Rechnungslegung).

BAETGE, JÖRG (Hrsg.), Die deutsche Rechnungslegung vor dem Hintergrund internationaler Entwicklungen. Vorträge und Diskussionen aus nationaler und internationaler Sicht zum 10. Münsterischen Tagesgespräch, Düsseldorf 1994 (Die deutsche Rechnungslegung vor dem Hintergrund internationaler Entwicklungen).

BAETGE, JÖRG, Diskussionsbeitrag, in: Internationale Unternehmenskontrolle und Unternehmenskultur, Bernhard Großfeld zum 60. Geburtstag, hrsg. von Otto Sandrock und Wilhelm Jäger, Tübingen 1994, S. 59–88 (Diskussionsbeitrag).

BAETGE, JÖRG, Bilanzen, 4. Aufl., Düsseldorf 1996 (Bilanzen).

BAETGE, JÖRG, Herstellungskosten: Vollaufwand versus Teilaufwand, in: Rechnungslegung, Prüfung und Beratung – Herausforderungen für den Wirtschaftsprüfer –, Festschrift zum 70. Geburtstag von Rainer Ludewig, hrsg. von Jörg Baetge u. a., Düsseldorf 1996, S. 53–84 (Herstellungskosten: Vollaufwand versus Teilaufwand).

BAETGE, JÖRG, Konzernbilanzen, 3. Aufl., Düsseldorf 1997 (Konzernbilanzen).

BAETGE, JÖRG/APELT, BERND, Bedeutung und Ermittlung der Grundsätze ordnungsmäßiger Buchführung (GoB), in: Handbuch des Jahresabschlusses in Einzeldarstellungen, hrsg. von Klaus von Wysocki und Joachim Schulze-Osterloh, 2. Aufl., Köln 1992, Abt. I/2 (Bedeutung und Ermittlung der Grundsätze ordnungsmäßiger Buchführung).

BAETGE, JÖRG/BALLWIESER, WOLFGANG, Zum bilanzpolitischen Spielraum der Unternehmensleitung, in: BFuP 1977, S. 199–215 (Zum bilanzpolitischen Spielraum der Unternehmensleitung).

BAETGE, JÖRG/COMMANDEUR, DIRK, Stichwort „Vergleichbar", in: Handwörterbuch unbestimmter Rechtsbegriffe im Bilanzrecht des HGB, hrsg. von Ulrich Leffson, Dieter Rückle, Bernhard Großfeld, Köln 1986, S. 326–335 (Vergleichbar).

BAETGE, JÖRG/COMMANDEUR, DIRK, § 264 HGB. Pflicht zur Aufstellung, in: Handbuch der Rechnungslegung, Kommentar zur Bilanzierung und Prüfung, Band I a, hrsg. von Karlheinz Küting und Claus-Peter Weber, 4. Aufl., Stuttgart 1995, S. 1217–1241 (§ 264 HGB).

BAETGE, JÖRG/FISCHER, THOMAS R., Externe Erfolgsanalyse auf der Grundlage des Umsatzkostenverfahrens, in: BFuP 1988, S. 1–21 (Externe Erfolgsanalyse auf der Grundlage des Umsatzkostenverfahrens).

BAETGE, JÖRG/FISCHER, THOMAS R., § 317 HGB. Gegenstand und Umfang der Prüfung, in: Handbuch der Rechnungslegung, Kommentar zur Bilanzierung und Prüfung, hrsg. von Karlheinz Küting und Claus-Peter Weber, 3. Aufl., Stuttgart 1990, S. 1871–1908 (§ 317 HGB).

BAETGE, JÖRG/JERSCHENSKY, ANDREAS, Beurteilung der wirtschaftlichen Lage von Unternehmen mit Hilfe von modernen Verfahren der Jahresabschlußanalyse – Bilanzbonitäts-Rating von Unternehmen mit Künstlichen Neuronalen Netzen –, in: DB 1996, S. 1581–1591 (Beurteilung der wirtschaftlichen Lage von Unternehmen).

BAETGE, JÖRG/KIRSCH, HANS-JÜRGEN, § 297 HGB. Inhalt, in: Handbuch der Konzernrechnungslegung, Kommentar zur Bilanzierung und Prüfung, hrsg. von Karlheinz Küting und Claus-Peter Weber, Stuttgart 1989, S. 879–906 (§ 297 HGB).

BAETGE, JÖRG/LAMMERSKITTEN, PETER, Stichwort „Publizität und Finanzierung", in: Handwörterbuch der Finanzwirtschaft, hrsg. von Hans E. Büschgen, Stuttgart 1976, Sp. 1469–1486 (Publizität und Finanzierung).

BAETGE, JÖRG/NIEHAUS, HANS-JÜRGEN, Moderne Verfahren der Jahresabschlußanalyse, in: Bilanzanalyse und Bilanzpolitik, hrsg. von Jörg Baetge, Düsseldorf 1989, S. 139–174 (Moderne Verfahren der Jahresabschlußanalyse).

BAETGE, JÖRG/SCHLÖSSER, JULIA, Zwischenberichterstattung in Theorie und Praxis, in: Die deutsche Aktie. Unternehmensfinanzierung und Vermögenspolitik vor neuen Herausforderungen, Festschrift zum vierzigjährigen Bestehen des Deutschen Aktieninstituts e. V., hrsg. von Ulrich Fritsch, Gerhard Liener und Reinhart Schmidt, Stuttgart 1993, S. 225–249 (Zwischenberichterstattung in Theorie und Praxis).

BAETGE, JÖRG/THIELE, STEFAN, Stichwort „Bilanzanalyse", in: Handwörterbuch des Bank- und Finanzwesens, hrsg. von Wolfgang Gehrke und Manfred Steiner, 2. Aufl., Stuttgart 1995, Sp. 251–262 (Bilanzanalyse).

BAETGE, JÖRG/UHLIG, ANNEGRET, Zur Ermittlung der handelsrechtlichen „Herstellungskosten" unter Verwendung der Daten der Kostenrechnung, in: WiST 1985, S. 274–280 (Ermittlung der handelsrechtlichen „Herstellungskosten").

BAETGE, JÖRG/FISCHER, THOMAS R./PASKERT, DIERK, Der Lagebericht. Aufstellung, Prüfung und Offenlegung, Stuttgart 1989 (Der Lagebericht).

BALLWIESER, WOLFGANG, Informationsökonomie, Rechnungslegungstheorie und Bilanzrichtlinie-Gesetz, in: ZfbF 1985, S. 47–66 (Informationsökonomie, Rechnungslegungstheorie und Bilanzrichtlinie-Gesetz).

BALLWIESER, WOLFGANG, Grundsätze ordnungsmäßiger Bilanzierung, in: Beck'sches Handbuch der Rechnungslegung, hrsg. von Edgar Castan u. a., Band I, München 1987, B 105 (Grundsätze ordnungsmäßiger Bilanzierung).

BALLWIESER, WOLFGANG, Stichwort „Bilanzanalyse“, in: Handwörterbuch der Revision, hrsg. von Adolf Gerhard Coenenberg und Klaus von Wysocki, 2. Aufl., Stuttgart 1992, Sp. 211–221 (Bilanzanalyse).

BALLWIESER, WOLFGANG/HÄGER, RALF, Jahresabschlüsse mittelgroßer Kapitalgesellschaften. Ausweis, Gestaltung, Berichterstattung. Ergebnisse einer Untersuchung von 150 mittelgroßen Kapitalgesellschaften, Düsseldorf 1991 (Jahresabschlüsse mittelgroßer Kapitalgesellschaften).

BAMBERG, GÜNTER/BAUR, FRANZ, Statistik, 9. Aufl., München/Wien 1996 (Statistik).

BARZ, CARL HANS U. A. (Hrsg.), Das Frankfurter Publizitätsgespräch. Vorträge und Diskussionen anläßlich der gleichnamigen Tagung in Königstein/Ts. am 13. und 14. April 1962, Frankfurt am Main 1962 (Das Frankfurter Publizitätsgespräch).

BAUMANN, KARL-HERMANN, Der Geschäftsbericht nach dem Bilanzrichtlinien-Gesetz, in: Rechnungslegung und Prüfung nach neuem Recht, hrsg. von Jörg Baetge, Düsseldorf 1987, S. 91–106 (Geschäftsbericht).

BAUMANN, KARL-HERMANN, Die Segment-Berichterstattung im Rahmen der externen Finanzpublizität, in: Bilanz- und Konzernrecht, Festschrift zum 65. Geburtstag von Reinhard Goerdeler, hrsg. von Hans Havermann, Düsseldorf 1987, S. 1–23 (Segment-Berichterstattung).

BAUMANN, KARL-HERMANN, Perspektiven der Unternehmenspublizität aus der Sicht eines internationalen Großunternehmens, in: Rechnungslegung und Prüfung – Perspektiven für die neunziger Jahre –, hrsg. von Jörg Baetge, Düsseldorf 1992, S. 61–72 (Unternehmenspublizität).

BAUMBACH, ADOLF/HOPT, KLAUS J., Handelsgesetzbuch mit GmbH & Co.KG, Recht der Allgemeinen Geschäftsbedingungen und Handelsklauseln, Bank- und Börsenrecht, Transportrecht (ohne Seerecht), Beck'sche Kurz-Kommentare, Band 9, 29. Aufl., München 1995 (Kurzkommentar HGB).

BEAVER, WILLIAM H., Financial Reporting: An Accounting Revolution, 2. Aufl., Englewood Cliffs (New Jersey) 1989 (Financial Reporting).

BEERMANN, KLAUS, Prognosemöglichkeiten von Kapitalverlusten mit Hilfe von Jahresabschlüssen, Düsseldorf 1976 (Prognosemöglichkeiten von Kapitalverlusten).

BEERMANN, KLAUS/FÜLLING, FRIEDHELM/SPERL, ANDREAS, Zusatzinformationen zum Jahresabschluß, in: Bilanzfragen, Festschrift zum 65. Geburtstag von Ulrich Leffson, hrsg. von Jörg Baetge, Adolf Moxter und Dieter Schneider, Düsseldorf 1976, S. 191–204 (Zusatzinformationen zum Jahresabschluß).

BEINE, FRANK, Scheinkonflikte mit dem True and Fair View, in: WPg 1995, S. 467–475 (Scheinkonflikte mit dem True and Fair View).

BEISSE, HEINRICH, Die Generalnorm des neuen Bilanzrechts, in: Handelsrecht und Steuerrecht, Festschrift zum 65. Geburtstag von Georg Döllerer, hrsg. von Brigitte Knobbe-Keuk, Franz Klein und Adolf Moxter, Düsseldorf 1988, S. 25–44 (Die Generalnorm des neuen Bilanzrechts).

BEISSE, HEINRICH, Die Generalnorm des neuen Bilanzrechts und ihre steuerrechtliche Bedeutung, in: Handelsbilanz und Steuerbilanz, Beiträge zum neuen Bilanzrecht, Band 2, hrsg. von Winfried Mellwig, Adolf Moxter und Dieter Ordelheide, Wiesbaden 1989, S. 15–31 (Die Generalnorm des neuen Bilanzrechts und ihre steuerrechtliche Bedeutung).

BENJAMIN, JAMES J./STANGA, KEITH G., Differences in Disclosure Needs of Major Users of Financial Statements, in: Accounting and Business Research 1977, S. 187–192 (Differences in Disclosure Needs).

BERNARDS, OLIVER, Segmentberichterstattung in den Geschäftsberichten deutscher Unternehmen – theoretische und empirische Ergebnisse, in: DStR 1995, S. 1363–1368 (Segmentberichterstattung).

BERNARDS, OLIVER, Zur Bilanzanalyse diversifizierter Unternehmen, in: BB 1995, S. 1283–1287 (Bilanzanalyse diversifizierter Unternehmen).

BERNDSEN, HANS-PETER, Unternehmenspublizität in Deutschland: Stand der empirischen Forschung, in: DBW 1978, S. 121–134 (Unternehmenspublizität in Deutschland).

BERNDSEN, HANS-PETER, Unternehmenspublizität – Eine empirische Untersuchung zur Messung des Publizitätsverhaltens großer börsennotierter Aktiengesellschaften und der Auswirkung auf die Anlageentscheidungen am Aktienmarkt, Augsburg 1979 (Unternehmenspublizität).

BERNDT, HELMUT, § 298 HGB. Anzuwendende Vorschriften. Erleichterungen, in: Handbuch der Konzernrechnungslegung, Kommentar zur Bilanzierung und Prüfung, hrsg. von Karlheinz Küting und Claus-Peter Weber, Stuttgart 1989, S. 907–938 (§ 298 HGB).

BESTE, THEODOR, Aus Geschichte und Gegenwart der Publizität im Aktienwesen, in: Studium Berolinense. Aufsätze und Beiträge zu Problemen der Wissenschaft und zur Geschichte der Friedrich-Wilhelms-Universität zu Berlin, Gedenkschrift der Westdeutschen Rektorenkonferenz und der Freien Universität Berlin zur 150. Wiederkehr des Gründungsjahres der Friedrich-Wilhelms-Universität zu Berlin, hrsg. von Hans Leussink, Eduard Neumann und Georg Kotowski, Berlin 1960, S. 174–202 (Geschichte und Gegenwart der Publizität im Aktienwesen).

BETGE, PETER, Zur Bedeutung des Anhangs innerhalb der Rechnungslegung nach dem Bilanzrichtlinien-Gesetz, in: WISU 1988, S. 26–31 (Zur Bedeutung des Anhangs).

BEZ, HEDWIG, Bilanzpublizität und Unternehmensinteresse bei der industriellen A.-G., Frankfurt am Main 1936 (Bilanzpublizität und Unternehmensinteresse).

BIENER, HERBERT, Die Erwartungslücke – Eine endlose Geschichte, in: Internationale Wirtschaftsprüfung, Festschrift zum 65. Geburtstag von Hans Havermann, hrsg. von Josef Lanfermann, Düsseldorf 1995, S. 37–63 (Die Erwartungslücke).

BIENER, HERBERT/BERNEKE, WILHELM, Bilanzrichtlinien-Gesetz. Textausgabe des Bilanzrichtlinien-Gesetzes vom 19.12.1985 (Bundesgesetzbl. I S. 2355) mit Bericht des Rechtsausschusses des Deutschen Bundestages, Regierungsentwürfe mit Begründung, EG-Richtlinien mit Begründung, Entstehung und Erläuterung des Gesetzes, Düsseldorf 1986 (Bilanzrichtlinien-Gesetz).

BITZ, MICHAEL, Investition, in: Vahlens Kompendium der Betriebswirtschaftslehre, hrsg. von Michael Bitz u. a., Band 1, 3. Aufl., München 1993, S. 457–519 (Investition).

BLEYMÜLLER, JOSEF/GEHLERT, GÜNTHER/GÜLICHER, HERBERT, Statistik für Wirtschaftswissenschaftler, 10. Aufl., München 1996 (Statistik für Wirtschaftswissenschaftler).

BLOHM, HANS, Der Geschäftsbericht als Mittel der Betriebspolitik, Baden-Baden 1962 (Geschäftsbericht).

BLOHM, HANS, Stichwort „Geschäftsbericht und Rechnungswesen", in: Handwörterbuch des Rechnungswesens, hrsg. von Erich Kosiol, Stuttgart 1970, Sp. 581–584 (Geschäftsbericht und Rechnungswesen).

BÖCKING, HANS-JOACHIM, Bilanzrechtstheorie und Verzinslichkeit, Wiesbaden 1988 (Bilanzrechtstheorie und Verzinslichkeit).

BOEMLE, MAX, Die Publizität der Aktiengesellschaft, insbesondere aus der Sicht des Kapitalgebers und der Öffentlichkeit, in: Die Unternehmung 1965, S. 102–120 (Die Publizität der Aktiengesellschaft).

BÖTZEL, STEFAN, Diagnose von Konzernkrisen, Köln 1993 (Diagnose von Konzernkrisen).

BÖTZEL, STEFAN, Ein Modell zur Beschreibung der Publizitätsgüte deutscher Konzerne, in: WPg 1993, S. 201–208 (Ein Modell zur Beschreibung der Publizitätsgüte deutscher Konzerne).

BOHLEY, PETER, Statistik, 2. Aufl., München/Wien 1987 (Statistik).

BOLIN, MANFRED, Analyse der Transformationskonzeption der 4. EG-Richtlinie in der Bundesrepublik Deutschland, Frankreich und Großbritannien, Krefeld 1991 (Analyse der Transformationskonzeption der 4. EG-Richtlinie).

BORCHERT, DIERK, § 275 HGB. Gliederung, in: Handbuch der Rechnungslegung, Kommentar zur Bilanzierung und Prüfung, Band I a, hrsg. von Karlheinz Küting und Claus-Peter Weber, 4. Aufl., Stuttgart 1995, S. 1651–1736 (§ 275 HGB).

BORDEN, NEIL H., Das Konzept des Marketing-Mix, in: Marketing – Management und Organisation, hrsg. von Steuart Henderson Britt und Harper W. Boyd jr., München 1971, S. 53–66 (Das Konzept des Marketing-Mix).

BORTZ, JÜRGEN, Statistik für Sozialwissenschaftler, 4. Aufl., Berlin u. a. 1993 (Statistik für Sozialwissenschaftler).

BRIDTS, CHRISTIAN, Zwischenberichtspublizität, Düsseldorf 1990 (Zwischenberichtspublizität).

BROTTE, JÖRG, US-amerikanische und deutsche Geschäftsberichte. Notwendigkeit, Regulierung und Praxis jahresabschlußergänzender Informationen, Wiesbaden 1997 (US-amerikanische und deutsche Geschäftsberichte).

BRUGGER, WALTER (Hrsg.), Philosophisches Wörterbuch, 13. Aufl., Freiburg/Basel/Wien 1976 (Philosophisches Wörterbuch).

BRUNS, HANS-GEORG, Finanzpublizität nach Inkrafttreten des 2. Finanzmarktförderungsgesetzes – Zur praktischen Umsetzung bei Daimler-Benz, in: Insiderrecht und Ad-hoc-Publizität – Was bedeuten die neuen Regelungen für Unternehmenspublizität und Finanzanalyse?, hrsg. von Jörg Baetge, Düsseldorf 1995, S. 107–119 (Finanzpublizität nach Inkrafttreten des 2. Finanzmarktförderungsgesetzes).

BUCHNER, ROBERT, Wirtschaftliches Prüfungswesen, 2. Aufl., München 1996 (Wirtschaftliches Prüfungswesen).

BUCHNER, ROBERT, Rechnungslegung und Prüfung der Kapitalgesellschaft, 3. Aufl., Stuttgart 1996 (Rechnungslegung und Prüfung der Kapitalgesellschaft).

BUDDE, WOLFGANG DIETER, Berücksichtigung von Umweltschäden und Altlasten bei der Bodenbewertung, in: Rechnungslegung. Entwicklungen bei der Bilanzierung und Prüfung von Kapitalgesellschaften, Festschrift zum 65. Geburtstag von Karl-Heinz Forster, hrsg. von Adolf Moxter u. a., Düsseldorf 1992, S. 102–124 (Berücksichtigung von Umweltschäden und Altlasten bei der Bodenbewertung).

BUDDE, WOLFGANG DIETER/FÖRSCHLE, GERHART, Ausgewählte Fragen zum Inhalt des Anhangs, in: DB 1988, S. 1457–1465 (Ausgewählte Fragen zum Inhalt des Anhangs).

BUDDE, WOLFGANG DIETER/GEIßLER, HORST, § 265 HGB. Allgemeine Grundsätze für die Gliederung, in: Beck'scher Bilanzkommentar, bearb. von Wolfgang Dieter Budde u. a., 3. Aufl., München 1995, S. 814–825 (§ 265 HGB).

BUDDE, WOLFGANG DIETER/KARIG, KLAUS PETER, § 264 HGB. Pflicht zur Aufstellung, in: Beck'scher Bilanzkommentar, bearb. von Wolfgang Dieter Budde u. a., 3. Aufl., München 1995, S. 795–813 (§ 264 HGB).

BUDDE, WOLFGANG DIETER/KARIG, KLAUS PETER, § 269 HGB. Aufwendungen für die Ingangsetzung und Erweiterung des Geschäftsbetriebs, in: Beck'scher Bilanzkommentar, bearb. von Wolfgang Dieter Budde u. a., 3. Aufl., München 1995, S. 921–927 (§ 269 HGB).

BUDDE, WOLFGANG DIETER/LUST, PETER, § 297 HGB. Inhalt, in: Beck'scher Bilanzkommentar, bearb. von Wolfgang Dieter Budde u. a., 3. Aufl., München 1995, S. 1429–1442 (§ 297 HGB).

BUDDE, WOLFGANG DIETER/LUST, PETER, § 298 HGB. Anzuwendende Vorschriften. Erleichterungen, in: Beck'scher Bilanzkommentar, bearb. von Wolfgang Dieter Budde u. a., 3. Aufl., München 1995, S. 1442–1463 (§ 298 HGB).

BUDDE, WOLFGANG DIETER/SEIF, FRANZ T., § 294 HGB. Einzubeziehende Unternehmen. Vorlage- und Auskunftspflichten, in: Beck'scher Bilanzkommentar, bearb. von Wolfgang Dieter Budde u. a., 3. Aufl., München 1995, S. 1407–1415 (§ 294 HGB).

BÜHNER, ROLF, Shareholder Value. Eine Analyse von 50 großen Aktiengesellschaften in der Bundesrepublik Deutschland, in: Die Betriebswirtschaft 1993, S. 749–769 (Shareholder Value).

BUSCHMEYER, KLAUS-DIETER, Publizität als Korrelat der Haftungsbeschränkung, Münster 1993 (Publizität als Korrelat der Haftungsbeschränkung).

BUSSE VON COLBE, WALTHER, Aufbau und Informationsgehalt von Kapitalflußrechnungen, in: ZfB-Ergänzungsheft 1/1966, S. 82–114 (Kapitalflußrechnungen).

BUSSE VON COLBE, WALTHER, Stichwort „Konzernabschluß", in: Handwörterbuch der Revision, hrsg. von Adolf Gerhard Coenenberg und Klaus von Wysocki, 2. Aufl., Stuttgart 1992, Sp. 1145–1168 (Konzernabschluß).

BUSSE VON COLBE, WALTHER, Das Rechnungswesen im Dienste einer kapitalmarktorientierten Unternehmensführung, in: WPg 1995, S. 713–720 (Das Rechnungswesen im Dienste einer kapitalmarktorientierten Unternehmensführung).

BUSSE VON COLBE, WALTHER, Zur Anpassung der Rechnungslegung von Kapitalgesellschaften an internationale Normen, in: BFuP 1995, S. 373–391 (Anpassung der Rechnungslegung von Kapitalgesellschaften an internationale Normen).

BUSSE VON COLBE, WALTHER/ORDELHEIDE, DIETER, Konzernabschlüsse, 6. Aufl., Wiesbaden 1993 (Konzernabschlüsse).

BUSSE VON COLBE, WALTHER U. A. (Hrsg.), Ergebnis nach DVFA/SG. Gemeinsame Empfehlung der DVFA und der Schmalenbach-Gesellschaft zur Ermittlung eines von Sondereinflüssen bereinigten Jahresergebnisses je Aktie, 2. Aufl., Stuttgart 1996 (Ergebnis nach DVFA/SG).

C&L DEUTSCHE REVISION (Hrsg.), Konzernabschlüsse ’95. Ausweis – Gestaltung – Berichterstattung. Ergebnisse einer Untersuchung von 100 großen Konzernen, Düsseldorf 1997 (Konzernabschlüsse ’95).

CASTAN, EDGAR, Die Erläuterung der Bewertungs- und Abschreibungsmethoden der großen Börsengesellschaften in den Geschäftsberichten für 1967, in: DB 1969, S. 269–272 und S. 315–318 (Die Erläuterung der Bewertungs- und Abschreibungsmethoden).

CASTAN, EDGAR, Rechnungslegung der Unternehmung, 3. Aufl., München 1990 (Rechnungslegung der Unternehmung).

CERF, ALAN ROBERT, Corporate Reporting and Investment Decisions, Berkeley, California 1961 (Corporate Reporting and Investment Decisions).

CHANDRA, GYAN, „A Study of the Consensus on Disclosure Among Public Accountants and Security Analysts“, in: The Accounting Review 1974, S. 733–742 (A Study of the Consensus on Disclosure Among Public Accountants and Security Analysts).

CHMIELEWICZ, KLAUS/CASPARI, BRITTA, Zur Problematik von Finanzierungsrechnungen, in: DBW 1985, S. 156–169 (Problematik von Finanzierungsrechnungen)

CLAUSSEN, CARSTEN PETER, § 264 HGB. Pflicht zur Aufstellung, in: Kölner Kommentar zum Aktiengesetz, Band 4, 1. Lieferung, hrsg. von Wolfgang Zöllner, 2. Aufl., Köln u. a. 1990, S. 285–304 (§ 264 HGB).

CLAUSSEN, CARSTEN PETER, §§ 275–277 HGB, 158 AktG, in: Kölner Kommentar zum Aktiengesetz, Band 4, 1. Lieferung, hrsg. von Wolfgang Zöllner, 2. Aufl., Köln u. a. 1990, S. 473–528 (§§ 275–277 HGB, 158 AktG).

CLAUSSEN, CARSTEN PETER, §§ 284–288 HGB, 160 AktG, in: Kölner Kommentar zum Aktiengesetz, Band 4, 1. Lieferung, hrsg. von Wolfgang Zöllner, 2. Aufl., Köln u. a. 1990, S. 555–609 (§§ 284–288 HGB, 160 AktG).

CLEMM, HERMANN, Erwartungen an die Abschlußprüfung, in: WPg 1984, S. 645–655 (Erwartungen an die Abschlußprüfung).

CLEMM, HERMANN, Der Abschlußprüfer – ein Garant für notwendige Informationen an berechtigte Interessenten?, in: Rechnungslegung und Prüfung nach neuem Recht, hrsg. von Jörg Baetge, Düsseldorf 1987, S. 57–74 (Der Abschlußprüfer – ein Garant für notwendige Informationen an berechtigte Interessenten?).

CLEMM, HERMANN, Bilanzpolitik und Ehrlichkeits- („true and fair view“)Gebot, in: WPg 1989, S. 357–366 (Bilanzpolitik und Ehrlichkeits- („true and fair view“-)Gebot).

CLEMM, HERMANN, § 264 HGB und Wahlrechte, in: Rechenschaftslegung im Wandel, Festschrift zum 65. Geburtstag von Wolfgang Dieter Budde, hrsg. von Gerhart Förschle, Klaus Kaiser und Adolf Moxter, München 1995, S. 135–156 (§ 264 HGB und Wahlrechte).

CLOPPER, C. J./PEARSON, EGON SHARPE, The Use of Confidence of Fiducial Limits Illustrated in the Case of the Binominal, in: Biometrika 1934, S. 404–413 (The Use of Confidence of Fiducial Limits).

COENENBERG, ADOLF GERHARD U. A., Empirische Bilanzforschung in Deutschland. Eine Bestandsaufnahme, in: DBW 1978, S. 495–507 (Empirische Bilanzforschung in Deutschland).

COMMANDEUR, DIRK, Die Bilanzierung der Aufwendungen für die Ingangsetzung und Erweiterung des Geschäftsbetriebs, Berlin 1986 (Die Bilanzierung der Aufwendungen für die Ingangsetzung und Erweiterung des Geschäftsbetriebs).

COMMANDEUR, DIRK, § 269 HGB. Aufwendungen für die Ingangsetzung und Erweiterung des Geschäftsbetriebs, in: Handbuch der Rechnungslegung, Kommentar zur Bilanzierung und Prüfung, Band I a, hrsg. von Karlheinz Küting und Claus-Peter Weber, 4. Aufl., Stuttgart 1995, S. 1425–1447 (§ 269 HGB).

CSIK, ANDREAS, §§ 313, 314 HGB. Konzernanhang, in: Handbuch der Konzernrechnungslegung, Kommentar zur Bilanzierung und Prüfung, hrsg. von Karlheinz Küting und Claus-Peter Weber, Stuttgart 1989, S. 1619–1712 (§§ 313, 314 HGB).

CYERT, RICHARD M./MARCH, JAMES G., A Behavioral Theory of the Firm, Englewood Cliffs (New Jersey) 1963 (A Behavioral Theory of the Firm).

DAMM, GÜNTHER, Kommunikationsmedium Geschäftsbericht. Eine empirische Untersuchung über die Kommunikationsfunktion des Geschäftsberichtes deutscher Aktiengesellschaften, Frankfurt am Main/Bern/Cirencester (U. K.) 1980 (Kommunikationsmedium Geschäftsbericht).

DEAN, BURTON V./NISHRY, MEIR J., Scoring and Profitability Models for Evaluating and Selecting Engineering Projects, in: Operations Research 1965, S. 550–569 (Scoring and Profitability Models).

DEUTSCHE BÖRSE AG (Hrsg.), Fact Book 1994, Frankfurt am Main 1995 (Fact Book 1994).

DEUTSCHE BÖRSE AG (Hrsg.), Fact Book 1995, Frankfurt am Main 1996 (Fact Book 1995).

DEUTSCHE BÖRSE AG (Hrsg.), DAX – Frankfurter Wertpapierbörse, Stand Dezember 1995, Frankfurt am Main 1995 (DAX).

DEUTSCHER BUNDESTAG (Hrsg.), Gesetzentwurf der Bundesregierung. Entwurf eines Gesetzes zur Durchführung der Vierten Richtlinie des Rates der Europäischen Gemeinschaften zur Koordinierung des Gesellschaftsrechts (Bilanzrichtlinie-Gesetz) mit Begründung, in: BT-Drucksache 10/317 vom 26.08.1983, S. 1–137 (BT-Drucksache 10/317).

DIEHL, ULRIKE, Investor Relations, in: BFuP 1993, S. 173–183 (Investor Relations).

DOBER, WILLY, Die Publizität der Unternehmen, Zürich 1966 (Die Publizität der Unternehmen).

DÖBEL, KLAUS, Leitfaden für die Erstellung des Anhangs von Kapitalgesellschaften, in: DB 1987, S. 512–519 (Leitfaden für die Erstellung des Anhangs von Kapitalgesellschaften).

DÖLLERER, GEORG, Zweck der aktienrechtlichen Publizität, in: BB 1958, S. 1281–1284 (Zweck der aktienrechtlichen Publizität).

DÖRNER, DIETRICH/WIRTH, MICHAEL, §§ 284–288 HGB. Anhang, in: Handbuch der Rechnungslegung, Kommentar zur Bilanzierung und Prüfung, Band I a, hrsg. von Karlheinz Küting und Claus-Peter Weber, 4. Aufl., Stuttgart 1995, S. 1899–2003 (§§ 284–288 HGB).

DRILL, MICHAEL, Investor Relations. Funktion, Instrumentarium und Management der Beziehungspflege zwischen schweizerischen Publikums-Aktiengesellschaften und ihren Investoren, Bern/Stuttgart/Wien 1995 (Investor Relations).

DÜRR, MICHAEL, Investor Relations. Handbuch für Finanzmarketing und Unternehmenskommunikation, München/Wien 1996 (Investor Relations).

DUSEMOND, MICHAEL, Ausprägungen und Reichweite des Stetigkeitsgrundsatzes im Konzern, in: WPg 1994, S. 721–727 (Ausprägungen und Reichweite des Stetigkeitsgrundsatzes im Konzern).

DUSEMOND, MICHAEL, Die Abgrenzung des Konsolidierungskreises im engeren und weiteren Sinne – Unter besonderer Berücksichtigung des Entwurfs einer Verlautbarung des IDW zur Konzernrechnungslegung bei Änderungen des Konsolidierungskreises –, in: DB 1994, S. 1733–1741 (Die Abgrenzung des Konsolidierungskreises).

ECKENRODE, ROBERT T., Weighting Multiple Criteria, in: Management Science 1966, Series A, S. 180–192 (Weighting Multiple Criteria).

EGNER, HENNING, Bilanzen, München 1974 (Bilanzen).

EISELE, WOLFGANG, Technik des betrieblichen Rechnungswesens. Buchführung, Kostenrechnung, Sonderbilanzen, 5. Aufl., München 1993 (Technik des betrieblichen Rechnungswesens).

EISELE, WOLFGANG, Stichwort „Anhang, Prüfung des Konzernanhangs", in: Handwörterbuch der Revision, hrsg. von Adolf Gerhard Coenenberg und Klaus von Wysocki, 2. Aufl., Stuttgart 1992, Sp. 39–48 (Prüfung des Konzernanhangs).

EISENFÜHR, FRANZ, Anforderungen an den Informationsgehalt kaufmännischer Jahresabschlußrechnungen, Kiel 1967 (Anforderungen an den Informationsgehalt kaufmännischer Jahresabschlußrechnungen).

ELLROTT, HELMUT, § 284 HGB. Erläuterung der Bilanz und der Gewinn- und Verlustrechnung, in: Beck'scher Bilanzkommentar, bearb. von Wolfgang Dieter Budde u. a., 3. Aufl., München 1995, S. 1200–1238 (§ 284 HGB).

ELLROTT, HELMUT, § 285 HGB. Sonstige Pflichtangaben, in: Beck'scher Bilanzkommentar, bearb. von Wolfgang Dieter Budde u. a., 3. Aufl., München 1995, S. 1238–1298 (§ 285 HGB).

ELLROTT, HELMUT, § 288 HGB. Größenabhängige Erleichterungen, in: Beck'scher Bilanzkommentar, bearb. von Wolfgang Dieter Budde u. a., 3. Aufl., München 1995, S. 1307–1310 (§ 288 HGB).

ELLROTT, HELMUT, § 313 HGB. Erläuterung der Konzernbilanz und der Konzern-Gewinn- und Verlustrechnung. Angaben zum Beteiligungsbesitz, in: Beck'scher Bilanzkommentar, bearb. von Wolfgang Dieter Budde u. a., 3. Aufl., München 1995, S. 1686–1725 (§ 313 HGB).

ELMENDORFF, WILHELM, Ursachen des verstärkten Dranges nach Unterrichtung, in: ZfhF 1958 n. F., S. 478–480 (Ursachen des verstärkten Dranges nach Unterrichtung).

ELSCHEN, RAINER, Stichwort „Principal-Agent", in: Lexikon des Rechnungswesens, hrsg. von Walther Busse von Colbe, 3. Aufl., München/Wien 1994, S. 486–489 (Principal-Agent).

EPPERLEIN, JOACHIM K./SCHARPF, PAUL, Anhangangaben im Zusammenhang mit sogenannten Finanzinnovationen, in: DB 1994, S. 1629–1636 (Anhangangaben im Zusammenhang mit sogenannten Finanzinnovationen).

ETTINGER, GERHARD H., Die Bilanzierungshilfe für Ingangsetzung und Erweiterung des Geschäftsbetriebs, München 1988 (Die Bilanzierungshilfe für Ingangsetzung und Erweiterung des Geschäftsbetriebs).

EWERT, RALF/WAGENHOFER, ALFRED, Unternehmenspublizität und Konkurrenzwirkungen, in: ZfB 1992, S. 297–324 (Unternehmenspublizität und Konkurrenzwirkungen).

FARR, WOLF-MICHAEL, Checkliste für die Prüfung des Anhangs im Rahmen der Jahresabschlußprüfung – unter Berücksichtigung der neuen größenabhängigen Erleichterungen des HGB –, in: WPg 1995, S. 232–239 (Checkliste für die Prüfung des Anhangs).

FARR, WOLF-MICHAEL, Checkliste für die Prüfung des Konzernanhangs, Düsseldorf 1996 (Checkliste für die Prüfung des Konzernanhangs).

FEDERMANN, RUDOLF, Bilanzierung nach Handelsrecht und Steuerrecht, 10. Aufl., Berlin 1994 (Bilanzierung nach Handelsrecht und Steuerrecht).

FEY, GERD, Grundsätze ordnungsmäßiger Bilanzierung für Haftungsverhältnisse, Düsseldorf 1989 (Haftungsverhältnisse).

FEY, GERD, Ungewisse Ansprüche und Verbindlichkeiten, in: Blick durch die Wirtschaft, Nr. 44 vom 01.03.1996, S. 10 (Ungewisse Ansprüche und Verbindlichkeiten).

FLURI, HANS, Wertaufholungsgebot: Voraussetzungen und Anwendung in der buchhalterischen Praxis, in: BB 1988, S. 1146–1150 (Wertaufholungsgebot).

FÖRSCHLE, GERHART, § 275 HGB. Gliederung, in: Beck'scher Bilanzkommentar, bearb. von Wolfgang Dieter Budde u. a., 3. Aufl., München 1995, S. 1067–1144 (§ 275 HGB).

FÖRSCHLE, GERHART, § 301 HGB. Kapitalkonsolidierung, in: Beck'scher Bilanzkommentar, bearb. von Wolfgang Dieter Budde u. a., 3. Aufl., München 1995, S. 1487–1532 (§ 301 HGB).

FÖRSCHLE, GERHART/KOFAHL, GÜNTHER, § 317 HGB. Gegenstand und Umfang der Prüfung, in: Beck'scher Bilanzkommentar, bearb. von Wolfgang Dieter Budde u. a., 3. Aufl., München 1995, S. 1757–1775 (§ 317 HGB).

FORSTER, KARL-HEINZ, Neue Pflichten des Abschlußprüfers nach dem AktG 1965, in: WPg 1965, S. 585–606 (Neue Pflichten des Abschlußprüfers nach dem AktG 1965).

FORSTER, KARL-HEINZ, Verbesserung der Aussagefähigkeit des Jahresabschlusses und seine Ergänzung durch Zusatzrechnungen, in: ZfbF-Sonderheft 10/1980, S. 57–77 (Verbesserung der Aussagefähigkeit des Jahresabschlusses).

FORSTER, KARL-HEINZ, Anhang, Lagebericht, Prüfung und Publizität im Regierungsentwurf eines Bilanzrichtlinie-Gesetzes, in: DB 1982, S. 1577–1582 und S. 1631–1635 (Anhang, Lagebericht, Prüfung und Publizität im Regierungsentwurf eines Bilanzrichtlinie-Gesetzes).

FORSTER, KARL-HEINZ, Bilanzpolitik und Bilanzrichtlinie-Gesetz – welche Freiräume bleiben noch?, in: BB 1983, S. 32–37 (Bilanzpolitik und Bilanzrichtlinie-Gesetz).

FOSTER, GEORGE, Financial Statement Analysis, 2. Aufl., Englewood Cliffs (New Jersey) 1986 (Financial Statement Analysis).

FRANKE, GÜNTER/HAX, HERBERT, Finanzwirtschaft des Unternehmens und Kapitalmarkt, 3. Aufl., Berlin u. a. 1994 (Finanzwirtschaft des Unternehmens und Kapitalmarkt).

FRANKE, GÜNTER/LAUX, HELMUT, Der Wert betrieblicher Informationen für Aktionäre, in: Neue Betriebswirtschaft 1970, S. 1–8 (Der Wert betrieblicher Informationen für Aktionäre).

FRIEDRICHS, JÜRGEN, Methoden empirischer Sozialforschung, 14. Aufl., Opladen 1990 (Methoden empirischer Sozialforschung).

FÜLLING, FRIEDHELM, Grundsätze ordnungsmäßiger Bilanzierung für Vorräte, Düsseldorf 1976 (GoB für Vorräte).

GEBHARDT, GÜNTHER, Insolvenzprognosen aus aktienrechtlichen Jahresabschlüssen, Wiesbaden 1980 (Insolvenzprognosen aus aktienrechtlichen Jahresabschlüssen).

GEBHARDT, GÜNTHER, Berichterstattung deutscher Unternehmen über den Einsatz derivativer Finanzinstrumente, in: WPg 1995, S. 609–617 (Derivative Finanzinstrumente).

GEFIU, Stellungnahme des Arbeitskreises „Leasing" der Gesellschaft für Finanzwirtschaft in der Unternehmensführung e. V. (GEFIU) zum Arbeitspapier des Accounting Advisory Forums der EG-Kommission: Die Behandlung von Leasingverträgen in der Rechnungslegung, in: DB 1995, S. 333–337 (Leasingverträge in der Rechnungslegung).

GEIB, GERD/WIEDMANN, HARALD, Zur Abzinsung von Rückstellungen in der Handels- und Steuerbilanz, in: WPg 1994, S. 369–377 (Zur Abzinsung von Rückstellungen in der Handels- und Steuerbilanz).

GELHAUSEN, WOLF DIETRICH, Aktuelle Entwicklungen der Konzernrechnungslegung, in: Rechnungslegung und Prüfung 1996, hrsg. von Jörg Baetge, Düsseldorf 1996, S. 71–98 (Aktuelle Entwicklungen der Konzernrechnungslegung).

GELHAUSEN, WOLF DIETRICH/GELHAUSEN, HANS FRIEDRICH, Die Bilanzierung von Leasingverträgen, in: Handbuch des Jahresabschlusses in Einzeldarstellungen, hrsg. von Klaus von Wysocki und Joachim Schulze-Osterloh, Köln 1995, Abt. I/5 (Bilanzierung von Leasingverträgen).

GELHAUSEN, WOLF DIETRICH/MUJKANOVIC, ROBIN, Auswertung zur Währungsumrechnung im Konzernabschluß, in: DStR 1995, S. 1724–1730 (Auswertung zur Währungsumrechnung im Konzernabschluß).

GEẞLER, ERNST, Der Bedeutungswandel der Rechnungslegung im Aktienrecht, in: 75 Jahre Deutsche Treuhand-Gesellschaft 1890–1965, hrsg. von Volkmar Muthesius, Frankfurt am Main o. J., S. 129–164 (Der Bedeutungswandel der Rechnungslegung im Aktienrecht).

GLADE, ANTON, Praxishandbuch der Rechnungslegung und Prüfung. Systematische Darstellung und Kommentar zum Bilanzrecht, 2. Aufl., Herne/Berlin 1995 (Praxishandbuch der Rechnungslegung und Prüfung).

GOEBEL, ANDREA/LEY, THOMAS, Die Auswirkungen der Investor Relations auf die Gestaltung des handelsrechtlichen Jahresabschlusses, in: DStR 1993, S. 1679–1684 (Die Auswirkungen der Investor Relations auf die Gestaltung des handelsrechtlichen Jahresabschlusses).

GOERDELER, REINHARD, Die Publizität der Rechenschaftslegung, in: Das Frankfurter Publizitätsgespräch. Vorträge und Diskussionen anläßlich der gleichnamigen Tagung in Königstein/Ts. am 13. und 14. April 1962, hrsg. von Carl Hans Barz u. a., Frankfurt am Main 1962, S. 211–257 (Die Publizität der Rechenschaftslegung).

GOERDELER, REINHARD, Geschäftsbericht, Konzerngeschäftsbericht und „Abhängigkeitsbericht" aus der Sicht des Wirtschaftsprüfers, in: WPg 1966, S. 113–126 (Geschäftsbericht, Konzerngeschäftsbericht und „Abhängigkeitsbericht" aus der Sicht des Wirtschaftsprüfers).

GOERDELER, REINHARD, Publizität der Rechnungslegung in Rückblick und Ausblick, in: Rechnungslegung. Entwicklungen bei der Bilanzierung und Prüfung von Kapitalgesellschaften, Festschrift zum 65. Geburtstag von Karl-Heinz Forster, hrsg. von Adolf Moxter u. a., Düsseldorf 1992, S. 235–252 (Publizität der Rechnungslegung).

GÖLLERT, KURT/RINGLING, WILFRIED, Strategie statt Taktik – Bilanzpolitik im Übergang zum neuen Recht, in: DB 1983, S. 949–952 und S. 1004–1008 (Strategie statt Taktik).

GÖRGES, THOMAS/SCHULTE, JÖRN, Publizitätspolitik börsennotierter Teilkonzerne – Eine empirische Untersuchung –, in: WPg 1994, S. 561–574 (Publizitätspolitik börsennotierter Teilkonzerne).

GONEDES, NICHOLAS J./DOPUCH, NICHOLAS, Capital Market Equilibrium, Information Production, and Selecting Accounting Techniques: Theoretical Framework and Review of Empirical Work, in: Studies on Financial Accounting Objectives, Supplement to the Journal of Accounting Research 1974, S. 48–129 (Capital Market Equilibrium).

GRÄFER, HORST, Möglichkeiten der Bilanzanalyse, in: Handbuch der Rechnungslegung, Kommentar zur Bilanzierung und Prüfung, hrsg. von Karlheinz Küting und Claus-Peter Weber, 3. Aufl., Stuttgart 1990, S. 103–133 (Möglichkeiten der Bilanzanalyse).

GREBER, EMIL, Public Relations. Die Politik der Unternehmung zur Pflege der öffentlichen Meinung, Bern 1952 (Public Relations).

GRIFFIN, PAUL A., Usefulness to Investors and Creditors of Information Provided by Financial Reporting, 2. Aufl., Stamford 1987 (Usefulness to Investors and Creditors of Information Provided by Financial Reporting).

GROH, MANFRED, Verbindlichkeitsrückstellung und Verlustrückstellung: Gemeinsamkeiten und Unterschiede, in: BB 1988, S. 27–33 (Verbindlichkeitsrückstellung und Verlustrückstellung).

GROH, MANFRED, Abzinsung von Rückstellungen?, in: Handelsbilanz und Steuerbilanz, Beiträge zum neuen Bilanzrecht, Band 2, hrsg. von Winfried Mellwig, Adolf Moxter und Dieter Ordelheide, Wiesbaden 1989, S. 119–126 (Abzinsung von Rückstellungen).

GRUND, MATTHIAS, Internationale Entwicklung und Bilanzrecht – Reform oder Resignation?, in: DB 1996, S. 1293–1296 (Internationale Entwicklung und Bilanzrecht).

GSCHREI, MICHAEL JEAN, Die Berichterstattung über den Anteilsbesitz im Jahresabschluß. Theoretische Überlegungen zu § 285 Nr. 11 HGB, in: BB 1990, S. 1587–1590 (Die Berichterstattung über den Anteilsbesitz im Jahresabschluß).

GÜNTHER, THOMAS/OTTERBEIN, SIMONE, Die Gestaltung der Investor Relations am Beispiel führender deutscher Aktiengesellschaften, in: ZfB 1996, S. 389–417 (Die Gestaltung der Investor Relations).

GZUK, ROLAND, Konzernanhang, in: Beck'sches Handbuch der Rechnungslegung, hrsg. von Edgar Castan u. a., Band II, München 1988, C 600 (Konzernanhang).

HAASE, HEIDRUN, Das Ergebnis je Aktie nach DVFA, in: Aktienanalyse und neues Bilanzrecht. Dokumentation des Symposiums an der European Business School vom 26. Februar 1988, hrsg. von Karl-Werner Schulte, 2. Aufl., Bergisch Gladbach/Köln 1989, S. 76–89 (Das Ergebnis je Aktie nach DVFA).

HAASE, KLAUS DITTMAR, Stichwort „Segmentpublizität, Prüfung der“, in: Handwörterbuch der Revision, hrsg. von Adolf Gerhard Coenenberg und Klaus von Wysocki, 2. Aufl., Stuttgart 1992, Sp. 1758–1763 (Segmentpublizität).

HAEGER, BERND, Angabe der Ergebnisbeeinflussung durch steuerrechtliche Sachverhalte nach § 285 Nr. 5 HGB, in: WPg 1989, S. 441–454 (Angabe der Ergebnisbeeinflussung durch steuerrechtliche Sachverhalte).

HAEGER, BERND, Angabe der künftigen Belastungen durch steuerrechtliche Sachverhalte nach § 285 Nr. 5 HGB, in: WPg 1989, S. 608–617 (Angabe der künftigen Belastungen durch steuerrechtliche Sachverhalte).

HAEGER, BERND, Zur Berichterstattung über unterlassene Zuschreibungen i. S. d. § 280 Abs. 2 HGB, in: BB 1989, S. 386–393 (Berichterstattung über unterlassene Zuschreibungen).

HÄGER, RALF, Das Publizitätsverhalten mittelgroßer Kapitalgesellschaften, Frankfurt am Main u. a. 1993 (Das Publizitätsverhalten mittelgroßer Kapitalgesellschaften).

HAKELMACHER, SEBASTIAN, Hakelmachers ABC der Finanzen und Bilanzen. Handreichung für höhere Wesen und Instanzen, Köln 1995 (Hakelmachers ABC).

HALLER, AXEL/JAKOBY, STEPHAN, Verbreitung und Entwicklungsstand der Finanzierungsrechnung in Deutschland – Eine empirische Analyse, in: DB 1994, S. 641–649 (Finanzierungsrechnung).

HALLER, AXEL/PARK, PETER, Grundsätze ordnungsmäßiger Segmentberichterstattung, in: ZfbF 1994, S. 499–524 (Grundsätze ordnungsmäßiger Segmentberichterstattung).

HANSEN, HERBERT, Der deutsche Aktienmarkt. Entwicklungen, Veränderungen, Strukturen, in: Die AG, Sonderheft Oktober 1996 (Der deutsche Aktienmarkt).

HAPPE, PETER, Grundsätze ordnungsmäßiger Buchführung für Swapvereinbarungen, Düsseldorf 1996 (Grundsätze ordnungsmäßiger Buchführung für Swapvereinbarungen)

HARTLE, JOACHIM, Grundlagen und Grundsätze des Konzernabschlusses, in: Beck'sches Handbuch der Rechnungslegung, hrsg. von Edgar Castan u. a., Band II, München 1988, C 10 (Grundlagen und Grundsätze des Konzernabschlusses).

HARTMANN, HANNO K., Die große Publikumsgesellschaft und ihre Investor Relations, Berlin 1968 (Die große Publikumsgesellschaft und ihre Investor Relations).

HARTUNG, JOACHIM/ELPELT, BÄRBEL/KLÖSENER, KARL-HEINZ, Statistik, 9. Aufl., München/Wien 1993 (Statistik).

HAUSCHILDT, JÜRGEN, Entwicklungslinien der Bilanzanalyse, in: ZfbF 1971, S. 335–351 (Entwicklungslinien der Bilanzanalyse).

HAVERMANN, HANS, Zur Publizitätsfreudigkeit deutscher Aktiengesellschaften, in: WPg 1963, S. 193–202, 226–237 und S. 263–269 (Zur Publizitätsfreudigkeit deutscher Aktiengesellschaften).

HAVERMANN, HANS, Der Aussagewert des Jahresabschlusses, in: WPg 1988, S. 612–617 (Der Aussagewert des Jahresabschlusses).

HAX, HERBERT, Rechnungslegungsvorschriften – Notwendige Rahmenbedingungen für den Kapitalmarkt?, in: Unternehmenserfolg. Planung, Ermittlung, Kontrolle, Festschrift zum 60. Geburtstag von Walther Busse von Colbe, hrsg. von Michel Domsch u. a., Wiesbaden 1988, S. 187–201 (Rechnungslegungsvorschriften).

HEINEN, EDMUND, Einführung in die Betriebswirtschaftslehre, Wiesbaden 1968 (Einführung in die Betriebswirtschaftslehre).

HEINEN, EDMUND, Handelsbilanzen, 12. Aufl., Wiesbaden 1986 (Handelsbilanzen).

HELBLING, CARL, Falsche Erwartungen an die Revisionsstelle. Maßnahmen gegen den Expectation Gap, in: Der Schweizer Treuhänder 1996, S. 181–186 (Falsche Erwartungen an die Revisionsstelle).

HELLMUND, UWE/KLITZSCH, WALTER/SCHUMANN, KLAUS, Grundlagen der Statistik, München 1992 (Grundlagen der Statistik).

HERRMANN, DAGMAR, Die Änderung von Beteiligungsverhältnissen im Konzernabschluß, Düsseldorf 1994 (Die Änderung von Beteiligungsverhältnissen im Konzernabschluß).

HERTEL, GUIDO, Wie der Rechnungshof die Staatsfinanzen kontrolliert, in: Frankfurter Allgemeine Zeitung, Nr. 21 vom 25.01.1961, S. 11 (Staatsfinanzen).

HERZIG, NORBERT, Meinungsspiegel zu „Bilanzierung von Rückstellungen nach neuem Recht", in: BFuP 1987, S. 365 f. (Meinungsspiegel zu „Bilanzierung von Rückstellungen nach neuem Recht").

HEUSER, PAUL J., Die neue Bilanz der GmbH, ihre Prüfung und Publizität, 2. Aufl., Köln 1985 (Die neue Bilanz der GmbH).

HEUSER, PAUL J., Die neue Bilanz der GmbH, ihre Prüfung und Publizität, 3. Aufl., Köln 1986 (Die neue Bilanz der GmbH, 3. Aufl.).

HFA DES IDW, Stellungnahme 1/1988: Zur Anwendung stichprobengestützter Prüfungsmethoden bei der Jahresabschlußprüfung, in: WPg 1988, S. 240–247 (Zur Anwendung stichprobengestützter Prüfungsmethoden bei der Jahresabschlußprüfung).

HFA DES IDW, Stellungnahme 5/1988: Vergleichszahlen im Jahresabschluß und im Konzernabschluß sowie ihre Prüfung, in: WPg 1989, S. 42 (Vergleichszahlen im Jahresabschluß und im Konzernabschluß).

HFA DES IDW, Stellungnahme 1/1995: Die Kapitalflußrechnung als Ergänzung des Jahres- und Konzernabschlusses, in: WPg 1995, S. 210–213 (Die Kapitalflußrechnung als Ergänzung des Jahres- und Konzernabschlusses).

HFA DES IDW, Stellungnahme 3/1995: Konzernrechnungslegung bei Änderungen des Konsolidierungskreises, in: WPg 1995, S. 697 f. (Konzernrechnungslegung bei Änderungen des Konsolidierungskreises).

HFA DES IDW, Entwurf einer Verlautbarung: Zum Grundsatz der Bewertungsstetigkeit, in: WPg 1996, S. 531–533 (Zum Grundsatz der Bewertungsstetigkeit).

HILLEBRAND, WALTER, Summa cum laude, in: Capital, Heft 9/1995, S. 59–66 inkl. Anlage (Summa cum laude).

HOFFMANN, WOLF-DIETER, Anmerkungen über den Grundsatz der Wesentlichkeit im Anhang, in: BB 1986, S. 1050–1057 (Grundsatz der Wesentlichkeit im Anhang).

HOLDHOF, GLENNY, Das Bilanzierungsverhalten mittelständischer Unternehmen. Eine empirische Untersuchung, Stuttgart 1988 (Das Bilanzierungsverhalten mittelständischer Unternehmen).

HOPT, KLAUS J., Die Publizität von Kapitalgesellschaften – Grundsätzliche Überlegungen zum Stand nach der 4. EG-Richtlinie und zur Reformdiskussion in den USA, in: Zeitschrift für Unternehmens- und Gesellschaftsrecht 1980, S. 225–253 (Die Publizität von Kapitalgesellschaften).

HOPT, KLAUS J., Grundsatz- und Praxisprobleme nach dem Wertpapierhandelsgesetz – insbesondere Insidergeschäfte und Ad-hoc-Publizität, in: Zeitschrift für das gesamte Handelsrecht und Wirtschaftsrecht 1995, S. 135–163 (Grundsatz- und Praxisprobleme nach dem Wertpapierhandelsgesetz).

HÜBNER, NORBERT, Die Publizität des Finanzvermögens im Jahresabschluß, Wiesbaden 1996 (Publizität des Finanzvermögens).

HUECK, GÖTZ, Gesellschaftsrecht, 19. Aufl., München 1991 (Gesellschaftsrecht).

HÜFFER, UWE, Kommentar zum Aktiengesetz, 2. Aufl., München 1995 (Kommentar zum Aktiengesetz).

HUNDHAUSEN, CARL, Public Relations, in: ZfB 1938, S. 48–61 (Public Relations).

HUNDHAUSEN, CARL, Industrielle Publizität als Public Relations, Essen 1957 (Industrielle Publizität als Public Relations).

IBER, BERNHARD, Zur Entwicklung der Aktionärsstruktur in der Bundesrepublik Deutschland (1963–1983), in: ZfB 1985, S. 1101–1119 (Entwicklung der Aktionärsstruktur in der Bundesrepublik Deutschland).

IDW (Hrsg.), Wirtschaftsprüfer-Handbuch 1996, Band I, 11. Aufl., Düsseldorf 1996 (WPH 1996).

ILLETSCHKO, LEOPOLD L., Die Publizität der Kapitalgesellschaften im Auslande, in: ZfhF 1958 n. F., S. 414–428 (Die Publizität der Kapitalgesellschaften im Auslande).

INSTITUT DER DEUTSCHEN WIRTSCHAFT KÖLN (Hrsg.), Zahlen zur wirtschaftlichen Entwicklung der Bundesrepublik Deutschland. Ausgabe 1996, Köln 1996 (Zahlen zur wirtschaftlichen Entwicklung der Bundesrepublik Deutschland).

JANZ, REINHARD/SCHÜLEN, WERNER, Der Anhang als Teil des Jahresabschlusses und des Konzernabschlusses, in: WPg 1986, S. 57–65 (Anhang als Teil des Jahresabschlusses und des Konzernabschlusses).

JONAS, HEINRICH HERMANN, Zur Problematik der 4. EG-Richtlinie, in: DB 1978, S. 1361–1366, 1409–1415 und S. 1457–1464 (Zur Problematik der 4. EG-Richtlinie).

JONAS, HEINRICH HERMANN, Die EG-Bilanzrichtlinie. Grundlagen und Anwendung in der Praxis, Freiburg i. Br. 1980 (Die EG-Bilanzrichtlinie).

JONAS, HEINRICH HERMANN, Der Jahresabschluß im Widerstreit der Interessen – aus der Sicht des bilanzierenden Kaufmanns –, in: Der Jahresabschluß im Widerstreit der Interessen, hrsg. von Jörg Baetge, Düsseldorf 1983, S. 95–129 (Der Jahresabschluß im Widerstreit der Interessen).

JOHNSON, BARRY/PATIENT, MATTHEW, Accounting Provisions of the Companies Act, London 1985 (Accounting Provisions).

JUNG, ALWIN, Erfolgsrealisation im industriellen Anlagengeschäft, Frankfurt am Main 1990 (Erfolgsrealisation im industriellen Anlagengeschäft).

KAAS, KLAUS PETER, Empirische Preisabsatzfunktionen bei Konsumgütern, Berlin/Heidelberg/New York 1977 (Empirische Preisabsatzfunktionen bei Konsumgütern).

KÄFER, KARL, Kapitalflußrechnungen, 2. Aufl., Stuttgart 1984 (Kapitalflußrechnungen).

KALABUCH, JUTTA, Der Stetigkeitsgrundsatz in der Einzelbilanz nach Handels- und Ertragsteuerrecht, Düsseldorf 1994 (Der Stetigkeitsgrundsatz).

KALDENBACH, WALTER, Der Anhang im Jahresabschluß, 2. Aufl., Bonn 1989 (Der Anhang im Jahresabschluß).

KALINSKI, RÜDIGER, Die Rechnungslegung zur Finanzlage der Unternehmung, Kiel 1986 (Die Rechnungslegung zur Finanzlage der Unternehmung).

KAUFHOLD, KARL, Der Geschäftsbericht – mehr als eine Visitenkarte des Unternehmens, in: Finanzierung – Leasing – Factoring 1986, S. 158–160 (Der Geschäftsbericht).

KAWLATH, ARNOLD, Theoretische Grundlagen der Qualitätspolitik, Wiesbaden 1969 (Theoretische Grundlagen der Qualitätspolitik).

KELLENBERGER, RUEDI, Die bedürfnisorientierte externe Berichterstattung, Zürich 1981 (Die bedürfnisorientierte externe Berichterstattung).

KELLINGHUSEN, GEORG/IRRGANG, WOLFGANG, Der optimale Geschäftsbericht, in: DB 1978, S. 2277–2283 (Der optimale Geschäftsbericht).

KELLER, RUDI, Im Namen des Aktionärs, in: manager magazin, Heft 10/1996, S. 163 (Im Namen des Aktionärs).

KIRSCH, HANS-JÜRGEN, Die Equity-Methode im Konzernabschluß, Düsseldorf 1990 (Die Equity-Methode im Konzernabschluß).

KIRSCH, HANS-JÜRGEN, Die „Anwendung" von International Accounting Standards in Konzernabschlüssen deutscher Mutterunternehmen, in: DB 1995, S. 1773–1778 (International Accounting Standards).

KIRSCHHOFER-BOZENHARDT, ANDREAS VON/KAPLITZA, GABRIELE, Der Fragebogen, in: Die Befragung 1: Der Fragebogen – Die Stichprobe, hrsg. von Kurt Holm, München 1975, S. 92–126 (Der Fragebogen). S. 102 f.

KLEIN, WERNER/SAHNER, FRIEDHELM, Berichtspflichtiger Anteilsbesitz im Anhang nach § 285 Nr. 11 HGB, in: ZfB-Ergänzungsheft 1/1987, S. 235–250 (Berichtspflichtiger Anteilsbesitz im Anhang).

KÖSTER, HARALD, Grundsätze ordnungsmäßiger Zwischenberichterstattung börsennotierter Aktiengesellschaften, Düsseldorf 1992 (Grundsätze ordnungsmäßiger Zwischenberichterstattung).

KOHL, STEFFEN, Gewinnrealisierung bei langfristigen Aufträgen, Düsseldorf 1994 (Gewinnrealisierung bei langfristigen Aufträgen).

KOMMISSION RECHNUNGSWESEN IM VERBAND DER HOCHSCHULLEHRER FÜR BETRIEBSWIRTSCHAFT E. V., Reformvorschläge zur handelsrechtlichen Rechnungslegung, in: DBW 1979, S. 3–70 (Reformvorschläge zur handelsrechtlichen Rechnungslegung).

KORTMANN, HANS-W., Die Berichterstattung über die sonstigen finanziellen Verpflichtungen i. S. von § 285 Nr. 3 HGB in den Jahres- bzw. Konzernabschlüssen von Kapitalgesellschaften, Hamburg 1989 (Die Berichterstattung über die sonstigen finanziellen Verpflichtungen).

KOSIOL, ERICH, Modellanalyse als Grundlage unternehmerischer Entscheidungen, in: ZfhF 1961 n. F., S. 318–334 (Modellanalyse als Grundlage unternehmerischer Entscheidungen).

KRAWITZ, NORBERT, § 284 HGB. Erläuterung der Bilanz und der Gewinn- und Verlustrechnung, in: Bonner Handbuch Rechnungslegung, hrsg. von Max A. Hofbauer und Peter Kupsch, Band 2, Bonn 1986, Fach 4 (§ 284 HGB).

KRAWITZ, NORBERT, § 285 HGB. Sonstige Pflichtangaben, in: Bonner Handbuch Rechnungslegung, hrsg. von Max A. Hofbauer und Peter Kupsch, Band 2, Bonn 1986, Fach 4 (§ 285 HGB).

KRAWITZ, NORBERT, Der Lagebericht und seine Prüfung, in: Rechnungslegung, Finanzen, Steuern und Prüfung in den neunziger Jahren, hrsg. von Jörg Baetge, Düsseldorf 1990, S. 1–30 (Der Lagebericht und seine Prüfung).

KRAWITZ, NORBERT, Die Abgrenzung des Konsolidierungskreises – Gesetzliche Regelungen, empirische Befunde und theoretische Schlußfolgerungen –, in: WPg 1996, S. 342–357 (Die Abgrenzung des Konsolidierungskreises).

KRIZ, JÜRGEN/LISCH, RALF, Methoden-Lexikon für Mediziner, Psychologen, Soziologen, München/Weinheim 1988 (Methoden-Lexikon).

KRONSTEIN, HEINRICH/CLAUSSEN, CARSTEN PETER, Publizität und Gewinnverteilung im neuen Aktienrecht, Frankfurt am Main 1960 (Publizität und Gewinnverteilung im neuen Aktienrecht).

KROPFF, BRUNO, Der Lagebericht nach geltendem und zukünftigem Recht, in: BFuP 1980, S. 514–532 (Der Lagebericht nach geltendem und zukünftigem Recht).

KRÜGER, RALF, Der Jahresabschluß aus der Sicht des Aufsichtsrates, in: Der Jahresabschluß im Widerstreit der Interessen, hrsg. von Jörg Baetge, Düsseldorf 1983, S. 269–296 (Der Jahresabschluß aus der Sicht des Aufsichtsrates).

KRUMBHOLZ, MARCUS, Die Qualität publizierter Lageberichte, Düsseldorf 1994 (Die Qualität publizierter Lageberichte).

KRYSTEK, ULRICH/MÜLLER, MICHAEL, Investor Relations – Eine neue Disziplin nicht nur für das Finanzmanagement, in: DB 1993, S. 1785–1789 (Investor Relations).

KUDERT, STEPHAN, Offene Fragen bei den Aufwendungen für die Ingangsetzung und Erweiterung des Geschäftsbetriebs i. S. des § 269 HGB, in: DB 1992, S. 437–443 (Offene Fragen bei den Aufwendungen für die Ingangsetzung und Erweiterung des Geschäftsbetriebs).

KÜFFNER, PETER, Der Anhang zum Jahresabschluß – Informationspflichten nach §§ 284 ff. HGB –, München 1988 (Der Anhang zum Jahresabschluß).

KÜTING, KARLHEINZ, Gute Bilanzen sind in Wahrheit noch viel besser. Eine Analyse von 182 Konzernabschlüssen nach dem Saarbrücker Modell, in: Blick durch die Wirtschaft, Nr. 230 vom 29.11.1994, S. 7 und Nr. 231 vom 30.11.1994, S. 7 (Analyse von 182 Konzernabschlüssen nach dem Saarbrücker Modell).

KÜTING, KARLHEINZ, Undurchsichtige Bilanzen. Erläuterungspflichten bei Bewertungs- und Darstellungswechseln werden ignoriert, in: Blick durch die Wirtschaft, Nr. 211 vom 01.11.1995, S. 7 (Undurchsichtige Bilanzen).

KÜTING, KARLHEINZ/KESSLER, HARALD, Finanzwirtschaftliche Bilanzanalyse: Finanzierungs- und Horizontalanalyse, in: DStR 1992, S. 1029–1034 (Finanzwirtschaftliche Bilanzanalyse).

KÜTING, KARLHEINZ/HAYN, SVEN, Übergang auf die internationalisierte Konzernrechnungslegung. Technik und wesentliche Auswirkungen, in: WPK-Mitteilungen 1996, S. 250–263 (Übergang auf die internationalisierte Konzernrechnungslegung).

KÜTING, KARLHEINZ/PFUHL, JOERG M., Die zahlungsstromorientierte Konzernkapitalflußrechnung – Auswirkungen der internationalen Entwicklung auf Kapitalflußrechnung und Bewegungsbilanz, in: DStR 1994, S. 1507–1511 (Konzernkapitalflußrechnung).

KÜTING, KARLHEINZ/WEBER, CLAUS-PETER, Die Bilanzanalyse, 3. Aufl., Stuttgart 1997 (Die Bilanzanalyse).

KÜTING, KARLHEINZ/HAEGER, BERND/ZÜNDORF, HORST, Die Erstellung des Anlagengitters nach künftigem Bilanzrecht. Unter besonderer Berücksichtigung der neu geregelten Erfassung der Zuschreibungen, in: BB 1985, S. 1948–1957 (Die Erstellung des Anlagengitters nach künftigem Bilanzrecht).

KÜTING, KARLHEINZ/HÜTTEN, CHRISTOPH/LORSON, PETER C., Shareholder-Value: Grundüberlegungen zu Benchmarks der Kommunikationsstrategie in der externen Berichterstattung, in: DStR 1995, S. 1805–1809 und S. 1846–1851 (Shareholder-Value).

KUPFERNAGEL, SABINE, Die Generalnorm für den Jahresabschluß von Kapitalgesellschaften. Herleitung, Ziele und teleologische Auslegung, Frankfurt am Main u. a. 1991 (Die Generalnorm für den Jahresabschluß von Kapitalgesellschaften).

KUPSCH, PETER, Der Anhang, in: Handbuch des Jahresabschlusses in Einzeldarstellungen, hrsg. von Klaus von Wysocki und Joachim Schulze-Osterloh, Köln 1988, Abt. IV/4 (Der Anhang).

LACHNIT, LAURENZ, § 275 HGB. Gliederung, in: Bonner Handbuch Rechnungslegung, hrsg. von Max A. Hofbauer und Peter Kupsch, Band 2, Bonn 1986, Fach 4 (§ 275 HGB).

LACHNIT, LAURENZ, Externe Erfolgsanalyse auf der Grundlage der GuV nach dem Gesamtkostenverfahren, in: BFuP 1987, S. 33–53 (Externe Erfolgsanalyse).

LACHNIT, LAURENZ, Erfolgsspaltung auf der Grundlage der GuV nach dem Gesamt- und Umsatzkostenverfahren, in: WPg 1991, S. 773–783 (Erfolgsspaltung).

GRAF LAMBSDORFF, OTTO, Eine gute Publizität ist der beste Anlegerschutz, in: Das Wertpapier 1988, S. 710–712 (Eine gute Publizität ist der beste Anlegerschutz).

LANGE, CHRISTOPH, Jahresabschlußinformationen und Unternehmensbeurteilung, Stuttgart 1989 (Jahresabschlußinformationen und Unternehmensbeurteilung).

LANGE, CHRISTOPH, Zur Publizitätspflicht „zusätzlicher Angaben" im Anhang – Zusatzinformationsinstrumente auf Basis der Generalnorm des handelsrechtlichen Jahresabschlusses –, in: WPg 1991, S. 369–376 (Publizitätspflicht „zusätzlicher Angaben" im Anhang).

LANGE, CHRISTOPH, Stichwort „Generalnorm, Prüfung der Einhaltung", in: Handwörterbuch der Revision, hrsg. von Adolf Gerhard Coenenberg und Klaus von Wysocki, 2. Aufl., Stuttgart 1992, Sp. 602–620 (Generalnorm).

LAUK, KURT J., Steuerung des Unternehmens nach Kapitalrentabilität und Cash Flows, in: Globale Finanzmärkte, hrsg. von der Schmalenbach-Gesellschaft – Deutsche Gesellschaft für Betriebswirtschaft e. V., Stuttgart 1996, S. 163–179 (Steuerung des Unternehmens nach Kapitalrentabilität und Cash Flows).

LE COUTRE, WALTER, Bilanzrecht und Gesellschaftsbilanzen, Wiesbaden 1949 (Bilanzrecht und Gesellschaftsbilanzen).

LEFFSON, ULRICH, Die Grundsätze ordnungsmäßiger Buchführung, Düsseldorf 1964 (Die Grundsätze ordnungsmäßiger Buchführung, 1. Aufl.).

LEFFSON, ULRICH, Wesen und Aussagefähigkeit des Jahresabschlusses, in: ZfbF 1966, S. 375–390 (Wesen und Aussagefähigkeit des Jahresabschlusses).

LEFFSON, ULRICH, Der Ausbau der unternehmerischen Rechenschaft durch vollständigen Kapitaldispositionsnachweis, in: Neue Betriebswirtschaft 1968, S. 1–17 (Vollständiger Kapitaldispositionsnachweis).

LEFFSON, ULRICH, Der Beitrag der betrieblichen Rechnungslegung zur gesamtwirtschaftlichen Lenkung des Kapitals, in: Vorträge und Aufsätze Nr. 32, hrsg. vom Walter-Eucken-Institut, Tübingen 1971 (Der Beitrag der betrieblichen Rechnungslegung zur gesamtwirtschaftlichen Lenkung des Kapitals).

LEFFSON, ULRICH, Bilanzanalyse, 3. Aufl., Stuttgart 1984 (Bilanzanalyse).

LEFFSON, ULRICH, Stichwort „Wesentlich", in: Handwörterbuch unbestimmter Rechtsbegriffe im Bilanzrecht des HGB, hrsg. von Ulrich Leffson, Dieter Rückle, Bernhard Großfeld, Köln 1986, S. 434–447 (Wesentlich).

LEFFSON, ULRICH, Die Grundsätze ordnungsmäßiger Buchführung, 7. Aufl., Düsseldorf 1987 (Die Grundsätze ordnungsmäßiger Buchführung).

LEFFSON, ULRICH, Wirtschaftsprüfung, 4. Aufl., Wiesbaden 1988 (Wirtschaftsprüfung).

LEFFSON, ULRICH/BAETGE, JÖRG, The Reliability of Financial Statements, in: Toward Liberty, Essays in honor of Ludwig von Mises on the occasion of his 90th birthday, September 29, 1971, hrsg. vom Institute for Human Studies, Inc., Vol. I, Menlo Park, California 1971, S. 203–214 (The Reliability of Financial Statements).

LEFFSON, ULRICH/LIPPMANN, KLAUS/BAETGE, JÖRG, Zur Sicherheit und Wirtschaftlichkeit der Urteilsbildung bei Prüfungen, Düsseldorf 1969 (Zur Sicherheit und Wirtschaftlichkeit der Urteilsbildung bei Prüfungen).

LEONARDI, HILDEGARD, Externe Erfolgsanalysen auf der Grundlage handelsrechtlicher Jahresabschlüsse, Bergisch Gladbach/Köln 1990 (Externe Erfolgsanalysen).

LEU, OLAF, Der Geschäftsbericht: Über schöne und unschöne Geschäftsberichte, unveröffentlichter Vortrag, gehalten anläßlich einer EUROFORUM-Konferenz am 9. November 1993 in Berlin, S. 11–17 (Der Geschäftsbericht).

LEU, OLAF/HOFRICHTER, FRITZ, Der Geschäftsbericht – Das designte Wesen, in: Wörkshop: alles, was Erfolg bringt, Heft 5/1990, S. 3–5 (Der Geschäftsbericht – Das designte Wesen).

LIENER, GERHARD, Investor Relations in einem globalen Kapitalmarkt, in: Die deutsche Aktie. Unternehmensfinanzierung und Vermögenspolitik vor neuen Herausforderungen, Festschrift zum vierzigjährigen Bestehen des Deutschen Aktieninstituts e. V., hrsg. von Ulrich Fritsch, Gerhard Liener und Reinhart Schmidt, Stuttgart 1993, S. 325–339 (Investor Relations in einem globalen Kapitalmarkt).

LINK, RAINER, Aktienmarketing in deutschen Publikumsgesellschaften, Wiesbaden 1991 (Aktienmarketing in deutschen Publikumsgesellschaften).

LINK, RAINER, Investor Relations im Rahmen des Aktienmarketing von Publikumsgesellschaften, in: BFuP 1993, S. 105–132 (Investor Relations im Rahmen des Aktienmarketing von Publikumsgesellschaften).

LIPPMANN, KLAUS, Der Beitrag des ökonomischen Gewinns zur Theorie und Praxis der Erfolgsermittlung, Düsseldorf 1970 (Der Beitrag des ökonomischen Gewinns zur Theorie und Praxis der Erfolgsermittlung).

LOEHR, HELMUT, Wie Bayer sich um die Anleger bemüht. Die Investor-Relations des Leverkusener Chemie-Konzerns, in: Das Wertpapier 1990, Heft 17, S. 46–48 (Wie Bayer sich um die Anleger bemüht).

LOITLSBERGER, ERICH, Treuhand- und Revisionswesen, Stuttgart 1961 (Treuhand- und Revisionswesen).

LORSON, PETER C., § 268 HGB. Vorschriften zu einzelnen Posten der Bilanz. Bilanzvermerke, in: Handbuch der Rechnungslegung, Kommentar zur Bilanzierung und Prüfung, Band I a, hrsg. von Karlheinz Küting und Claus-Peter Weber, 4. Aufl., Stuttgart 1995, S. 1362–1403 (Teilkommentierung zu § 268 HGB).

LÜCK, WOLFGANG, Der Anhang als dritter Bestandteil des Jahresabschlusses von Kapitalgesellschaften, in: Steuerberater-Handbuch 1992, hrsg. vom Deutschen Steuerberaterinstitut e. V., Bonn 1992, S. 458–491 (Der Anhang als dritter Bestandteil des Jahresabschlusses von Kapitalgesellschaften).

LUTTER, MARCUS, Im Mahlstrom der Interessen: Das Bilanzrecht, in: NJW 1996, S. 1945 f. (Bilanzrecht).

MAAS, ULRICH/SCHRUFF, WIENAND, Unterschiedliche Stichtage im künftigen Konzernabschluß? – Eine Stellungnahme zur Transformation von Art. 27 der 7. EG-Richtlinie –, in: WPg 1985, S. 1–6 (Unterschiedliche Stichtage im künftigen Konzernabschluß?).

MAG, WOLFGANG, Entscheidung und Information, München 1977 (Entscheidung und Information).

MANSCH, HELMUT/STOLBERG, KLAUS/WYSOCKI, KLAUS VON, Die Kapitalflußrechnung als Ergänzung des Jahres- und Konzernabschlusses – Anmerkungen zur gemeinsamen Stellungnahme HFA 1/1995 des Hauptfachausschusses und der Schmalenbach-Gesellschaft, in: WPg 1995, S. 185–203 (Kapitalflußrechnung).

MARR, RAINER, Betrieb und Umwelt, in: Vahlens Kompendium der Betriebswirtschaftslehre, hrsg. von Michael Bitz u. a., Band 1, 3. Aufl., München 1993, S. 47–114 (Betrieb und Umwelt).

MARTIN, ALBERT, Die empirische Forschung in der Betriebswirtschaftslehre. Eine Untersuchung über die Logik der Hypothesenprüfung, die empirische Forschungspraxis und die Möglichkeit einer theoretischen Fundierung realwissenschaftlicher Untersuchungen, Stuttgart 1989 (Die empirische Forschung in der Betriebswirtschaftslehre).

MAUL, KARL-HEINZ, Stichwort „Sonstige betriebliche Aufwendungen und Erträge", in: Handwörterbuch des Rechnungswesens, hrsg. von Klaus Chmielewicz und Marcell Schweitzer, 3. Aufl., Stuttgart 1993, Sp. 1828–1833 (Sonstige betriebliche Aufwendungen und Erträge).

MAYER, ANDREAS, Auswirkungen des Bilanzrichtlinien-Gesetzes auf die externe Analyse der Einzelabschlüsse von Kapitalgesellschaften, Frankfurt am Main u. a. 1989 (Externe Analyse der Einzelabschlüsse von Kapitalgesellschaften).

MAYNTZ, RENATE/HOLM, KURT/HÜBNER, PETER, Einführung in die Methoden der empirischen Soziologie, 5. Aufl., Opladen 1978 (Methoden der empirischen Soziologie).

MEFFERT, HERIBERT, Marketing. Grundlagen marktorientierter Unternehmensführung – Konzepte – Instrumente – Praxisbeispiele, 8. Aufl., Wiesbaden 1998 (Marketing).

MELLEROWICZ, KONRAD, § 160 AktG. Inhalt des Geschäftsberichts, in: Großkommentar Aktiengesetz, Band 2, bearbeitet von Carl Hans Barz u. a., 3. Aufl., Berlin 1970, S. 474–517 (§ 160 AktG).

MESTMÄCKER, ERNST-JOACHIM, Verwaltung, Konzerngewalt und Rechte der Aktionäre, Karlsruhe 1958 (Rechte der Aktionäre).

MOXTER, ADOLF, Der Einfluß von Publizitätsvorschriften auf das unternehmerische Verhalten, Köln/Opladen 1962 (Der Einfluß von Publizitätsvorschriften auf das unternehmerische Verhalten).

MOXTER, ADOLF, Die Grundsätze ordnungsmäßiger Bilanzierung und der Stand der Bilanztheorie, in: ZfbF 1966, S. 28–59 (Die Grundsätze ordnungsmäßiger Bilanzierung und der Stand der Bilanztheorie).

MOXTER, ADOLF, Bilanzlehre, Wiesbaden 1974 (Bilanzlehre).

MOXTER, ADOLF, Fundamentalgrundsätze ordnungsmäßiger Rechenschaft, in: Bilanzfragen, Festschrift zum 65. Geburtstag von Ulrich Leffson, hrsg. von Jörg Baetge, Adolf Moxter und Dieter Schneider, Düsseldorf 1976, S. 87–100 (Fundamentalgrundsätze ordnungsmäßiger Rechenschaft).

MOXTER, ADOLF, Der Einfluß der EG-Bilanzrichtlinie auf das Bilanzsteuerrecht, in: BB 1978, S. 1629–1632 (Der Einfluß der EG-Bilanzrichtlinie auf das Bilanzsteuerrecht).

MOXTER, ADOLF, Die Jahresabschlußaufgaben nach der EG-Bilanzrichtlinie: Zur Auslegung von Art. 2 EG-Bilanzrichtlinie, in: Die AG 1979, S. 141–146 (Die Jahresabschlußaufgaben nach der EG-Bilanzrichtlinie).

MOXTER, ADOLF, Bilanzlehre. Band II: Einführung in das neue Bilanzrecht, 3. Aufl., Wiesbaden 1986 (Bilanzlehre, Band II).

MOXTER, ADOLF, Zum Verhältnis von handelsrechtlichen Grundsätzen ordnungsmäßiger Bilanzierung und True-and-fair-view-Gebot bei Kapitalgesellschaften, in: Rechenschaftslegung im Wandel, Festschrift zum 65. Geburtstag von Wolfgang Dieter Budde, hrsg. von Gerhart Förschle, Klaus Kaiser und Adolf Moxter, München 1995, S. 419–429 (Verhältnis von handelsrechtlichen Grundsätzen ordnungsmäßiger Bilanzierung und True-and-fair-view-Gebot).

MÜLLER, EBERHARD, Einführung und rechtliche Grundlagen des Lageberichts, in: Beck'sches Handbuch der Rechnungslegung, hrsg. von Edgar Castan u. a., Band I, München 1987, B 500 (Einführung und rechtliche Grundlagen des Lageberichts).

MÜLLER, KASPAR, Earnings per Share, Shareholder Value und Segmentberichterstattung, in: Der Schweizer Treuhänder 1994, S. 445–451 (Earnings per Share, Shareholder Value und Segmentberichterstattung).

MÜLLER, WELF, Die Grundsätze ordnungsmäßiger Bilanzierung und ihre Kodifizierung nach neuem Bilanzrecht, in: Einzelabschluß und Konzernabschluß, Beiträge zum neuen Bilanzrecht, Band 1, hrsg. von Winfried Mellwig, Adolf Moxter und Dieter Ordelheide, Wiesbaden 1988, S. 3–26 (Die Grundsätze ordnungsmäßiger Bilanzierung und ihre Kodifizierung nach neuem Bilanzrecht).

NAUMANN, KLAUS-PETER, Die Bewertung von Rückstellungen in der Einzelbilanz nach Handels- und Ertragsteuerrecht, 2. Aufl., Düsseldorf 1993 (Die Bewertung von Rückstellungen in der Einzelbilanz nach Handels- und Ertragsteuerrecht).

NETH, MANFRED, Die Berechnung der Herstellungskosten als bilanzpolitisches Mittel, Düsseldorf 1971 (Die Berechnung der Herstellungskosten als bilanzpolitisches Mittel).

NIEHUS, RUDOLF J., Rechnungslegung und Prüfung der GmbH nach neuem Recht. Vorabdruck der Kommentierung für den Kommentar zum GmbH-Gesetz von Joachim Meyer-Landrut, Fritz Georg Miller und Rudolf J. Niehus, Berlin/New York 1982 (Rechnungslegung und Prüfung der GmbH nach neuem Recht).

NIEHUS, RUDOLF J., Freiwillige nicht GoB-konforme Angaben im Anhang und der Bestätigungsvermerk des Abschlußprüfers, in: WPg 1988, S. 93–101 (Freiwillige nicht GoB-konforme Angaben im Anhang und der Bestätigungsvermerk des Abschlußprüfers).

NIEHUS, RUDOLF J., Der Anhang in nationaler und internationaler Betrachtung, in: Handelsbilanz und Steuerbilanz, Beiträge zum neuen Bilanzrecht, Band 2, hrsg. von Winfried Mellwig, Adolf Moxter und Dieter Ordelheide, Wiesbaden 1989, S. 181–216 (Der Anhang in nationaler und internationaler Betrachtung).

NIEHUS, RUDOLF J., Bestätigungsvermerk von „dualen" Konzernabschlüssen, in: BB 1996, S. 893–898 (Bestätigungsvermerk von „dualen" Konzernabschlüssen).

NIEHUS, RUDOLF J., Die neue „Internationalität" deutscher Konzernabschlüsse, in: DB 1995, S. 1341–1345 (Die neue „Internationalität" deutscher Konzernabschlüsse).

NIEHUS, RUDOLF J./SCHOLZ, WILLI, Ausübung von Konsolidierungswahlrechten und Berichterstattung im Anhang der Konzern-GmbH, in: GmbH-Rundschau 1984, S. 217–226 (Konsolidierungswahlrechte und Berichterstattung).

NIEHUS, RUDOLF J./SCHOLZ, WILLI, §§ 238–335 HGB, in: Gesetz betreffend die Gesellschaft mit beschränkter Haftung (GmbHG) einschließlich Rechnungslegung zum Einzel- sowie zum Konzernabschluß, Kommentar hrsg. von Joachim Meyer-Landrut, Fritz Georg Miller und Rudolf J. Niehus, unter Mitarbeit von Willi Scholz, Berlin/New York 1987, S. 566–1259 (§§ 238–335 HGB).

NIETHAMMER, DIETER, Die Aufgliederung der Umsatzerlöse nach § 285 Ziffer 4 HGB, in: WPg 1986, S. 436 (Aufgliederung der Umsatzerlöse).

NORDMEYER, ANDREAS, Sachanlagen, in: Beck'sches Handbuch der Rechnungslegung, hrsg. von Edgar Castan u. a., Band I, München 1987, B 212 (Sachanlagen).

ORDELHEIDE, DIETER, Anwendungsbereich und Erstkonsolidierung, in: Beck'sches Handbuch der Rechnungslegung, hrsg. von Edgar Castan u. a., Band II, München 1987, C 401 (Anwendungsbereich und Erstkonsolidierung).

ORDELHEIDE, DIETER, Kapitalkonsolidierung und Konzernerfolg, in: ZfbF 1987, S. 295 f. (Kapitalkonsolidierung und Konzernerfolg).

ORDELHEIDE, DIETER, Brauchen wir für die Unternehmensüberwachung mehr Publizität?, in: Corporate Governance. Unternehmensüberwachung auf dem Prüfstand, hrsg. von Arnold Picot im Auftrag der Schmalenbach-Gesellschaft – Deutsche Gesellschaft für Betriebswirtschaft e. V., Stuttgart 1995, S. 89–109 (Brauchen wir für die Unternehmensüberwachung mehr Publizität?).

OSSADNIK, WOLFGANG, Die Darstellung der Finanzlage im Jahresabschluß der Kapitalgesellschaft, in: BB 1990, S. 813–818 (Darstellung der Finanzlage).

OSSADNIK, WOLFGANG, Wesentlichkeit als Bestimmungsfaktor für Angabepflichten in Jahresabschluß und Lagebericht, in: BB 1993, S. 1763–1767 (Wesentlichkeit als Bestimmungsfaktor für Angabepflichten in Jahresabschluß und Lagebericht).

OTT, JÜRGEN/HEYMANN, GERD, Gesamtbetrag der sonstigen finanziellen Verpflichtungen, in: Beck'sches Handbuch der Rechnungslegung, hrsg. von Edgar Castan u. a., Band II, München 1987, C 431 (Sonstige finanzielle Verpflichtungen).

O. V., IR-Preis 1992. Sieg nach Fotofinish, in: Wirtschaftswoche, Nr. 24 vom 05.06.1992, S. 59 (IR-Preis 1992).

O. V., Spar setzt auf „Investor-Relation", in: Die Welt, Nr. 20 vom 24.01.1995, S. 14 (Spar setzt auf „Investor-Relation").

O. V., Nur wenige wagen sich an die Publizität von Derivaten, in: Frankfurter Allgemeine Zeitung, Nr. 90 vom 18.04.1995, S. 18 (Publizität von Derivaten).

O. V., Geschäftsberichte werden langsam verständlicher, in: Frankfurter Allgemeine Zeitung, Nr. 68 vom 20.03.1996, S. 21 (Geschäftsberichte werden langsam verständlicher).

O. V., Kursteil Aktien – Inländische Aktien, in: Börsenzeitung, Nr. 76 vom 19.04.1996, S. 17–19 (Kursteil Aktien – Inländische Aktien).

O. V., DAX-Neuordnung wie erwartet, in: Handelsblatt, Nr. 137 vom 18.07.1996, S. 29 (DAX-Neuordnung wie erwartet).

PAAL, EBERHARD, Realisierung sog. Teilgewinne aus langfristigen auftragsbezogenen Leistungen im Jahresabschluß der AG, Düsseldorf 1977 (Realisierung sog. Teilgewinne aus langfristigen auftragsbezogenen Leistungen).

PAUL, WALTER, Kontinuität und Glaubwürdigkeit sind die obersten Gebote, in: Blick durch die Wirtschaft, Nr. 173 vom 07.09.1990, S. 7 (Kontinuität und Glaubwürdigkeit).

PAUL, WALTER, Investor Relations Management – demonstriert am Beispiel der BASF, in: ZfbF 1991, S. 923–945 (Investor Relations Management).

PAUL, WALTER, Umfang und Bedeutung der Investor Relations, in: BFuP 1993, S. 133–162 (Umfang und Bedeutung der Investor Relations).

PELLENS, BERNHARD, Der Informationswert von Konzernabschlüssen, Wiesbaden 1989 (Der Informationswert von Konzernabschlüssen).

PELLENS, BERNHARD, Aktionärsschutz im Konzern, Wiesbaden 1994 (Aktionärsschutz).

PELLENS, BERNHARD, Stichwort „Jahresabschluß (Funktionen)", in: Lexikon des Rechnungswesens, hrsg. von Walther Busse von Colbe, 3. Aufl., München/Wien 1994, S. 320–323 (Jahresabschluß (Funktionen)).

PELLENS, BERNHARD, Internationale Rechnungslegung, 2. Aufl., Stuttgart 1998 (Internationale Rechnungslegung).

PELLENS, BERNHARD/FÜLBIER, ROLF UWE, Gestaltung der Ad-hoc-Publizität unter Einbeziehung internationaler Vorgehensweisen, in: Insiderrecht und Ad-hoc-Publizität – Was bedeuten die neuen Regelungen für Unternehmenspublizität und Finanzanalyse?, hrsg. von Jörg Baetge, Düsseldorf 1995, S. 23–64 (Gestaltung der Ad-hoc-Publizität unter Einbeziehung internationaler Vorgehensweisen).

PELLENS, BERNHARD/BONSE, ANDREAS/FÜLBIER, ROLF UWE, Organisatorischer und konzeptioneller Rahmen des IASC, in: WPK-Mitteilungen 1996, S. 264–278 (Organisatorischer und konzeptioneller Rahmen des IASC).

PELTZER, MARTIN, Die neue Insiderregelung im Entwurf des Zweiten Finanzmarktförderungsgesetzes, in: Zeitschrift für Wirtschaftsrecht (ZIP-Report) 1994, S. 746–752 (Die neue Insiderregelung im Entwurf des Zweiten Finanzmarktförderungsgesetzes).

PERRIDON, LOUIS/STEINER, MANFRED, Finanzwirtschaft der Unternehmung, 9. Aufl., München 1997 (Finanzwirtschaft der Unternehmung).

PETER PROWSE ASSOCIATES, The Company Report. Report, 5. Aufl., London 1995/96 (The Company Report).

PFEFFER, ANDREAS, Publizitätspflichten für derivative Finanzinstrumente nach US-GAAP, in: WPg 1995, S. 411–415 (Publizitätspflichten für derivative Finanzinstrumente).

POHLMANN, PETER, Die Wahl von Bewertungskonzeptionen im externen Jahresabschluß unter besonderer Berücksichtigung von Preisänderungen, Diss., Bochum 1981 (Die Wahl von Bewertungskonzeptionen im externen Jahresabschluß).

POPPER, KARL RAIMUND, Logik der Forschung, 2. Aufl., Tübingen 1966 (Logik der Forschung).

PRIMUS, HUBERTUS, In der ersten Klasse. Aktionäre als Kunden, in: Verlagsbeilage zur Frankfurter Allgemeinen Zeitung, Nr. 211 vom 11.09.1995, S. B 7 (In der ersten Klasse).

RAPPAPORT, ALFRED, Creating Shareholder Value. The New Standard for Business Performance, New York 1986 (Creating Shareholder Value).

RAU, FRITZ H., Auswirkungen des neuen Insiderrechts auf die Arbeit der Finanzanalysten, in: Insiderrecht und Ad-hoc-Publizität – Was bedeuten die neuen Regelungen für Unternehmenspublizität und Finanzanalyse?, hrsg. von Jörg Baetge, Düsseldorf 1995, S. 121–140 (Auswirkungen des neuen Insiderrechts auf die Arbeit der Finanzanalysten).

REIGE, JÜRGEN, Publizitätspraxis und Nutzung ausgewählter handelsrechtlicher Wahlrechte. Zur Rechnungslegung von Großunternehmen (ohne Handel, Banken und Versicherungen), in: BB 1989, S. 1648–1655 (Publizitätspraxis).

REIGE, JÜRGEN, Zur Nutzung ausgewählter handelsrechtlicher Wahlrechte. Ergebnisse einer Bundesanzeiger-Stichprobe, in: BB 1990, S. 664–667 (Nutzung ausgewählter handelsrechtlicher Wahlrechte).

RICHTER, MARTIN, Das Sachanlagevermögen, in: Handbuch des Jahresabschlusses in Einzeldarstellungen, hrsg. von Klaus von Wysocki und Joachim Schulze-Osterloh, 2. Aufl., Köln 1990, Abt. II/1 (Das Sachanlagevermögen).

RICHTER, MARTIN, Stichwort „Anhang, Prüfung der Pflichtangaben zum Einzelabschluß", in: Handwörterbuch der Revision, hrsg. von Adolf Gerhard Coenenberg und Klaus von Wysocki, 2. Aufl., Stuttgart 1992, Sp. 26–38 (Prüfung der Pflichtangaben zum Einzelabschluß).

RIEBELL, CLAUS, Neues Bilanzrecht und künftige Bilanzanalyse – Auswirkungen des Bilanzrichtlinie-Gesetzes auf die Auswertung von Kreditnehmerbilanzen –, in: Betriebswirtschaftliche Blätter 1984, S. 459–473 (Neues Bilanzrecht und künftige Bilanzanalyse).

RISSE, AXEL, Segmentberichterstattung: Neue Entwicklungen beim IASC und mögliche Auswirkungen auf Deutschland, in: DB 1995, S. 737–742 (Segmentberichterstattung).

RISSE, AXEL, International Accounting Standards Committee: Standardentwurf zur Segmentberichterstattung, in: DB 1996, S. 747 f. (Standardentwurf zur Segmentberichterstattung).

RÜHL, MANFRED, Carl Hundhausen – Vorbemerkungen zum Werk eines PR-Klassikers, in: Public Relations Anfänge in Deutschland, Festschrift zum 100. Geburtstag von Carl Hundhausen, hrsg. von Heinz Flieger und Franz Ronneberger, Wiesbaden 1993, S. 19–24 (Carl Hundhausen – Vorbemerkungen zum Werk eines PR-Klassikers).

RÜRUP, LEBRECHT, Die Erfolgsrechnung, in: Handbuch des Jahresabschlusses in Einzeldarstellungen, hrsg. von Klaus von Wysocki und Joachim Schulze-Osterloh, 2. Bearb., Köln 1995, Abt. IV/1 (Die Erfolgsrechnung).

RUSS, WOLFGANG, Der Anhang als dritter Teil des Jahresabschlusses, 2. Aufl., Bergisch Gladbach/Köln 1986 (Der Anhang als dritter Teil des Jahresabschlusses).

SABI DES IDW, Stellungnahme 3/1986: Zur Darstellung der Finanzlage i. S. v. § 264 Abs. 2 HGB, in: WPg 1986, S. 670 f. (Darstellung der Finanzlage).

SABI DES IDW, Stellungnahme 2/1987: Zum Grundsatz der Bewertungsstetigkeit (§ 252 Abs. 1 Nr. 6 HGB) und zu den Angaben bei Abweichungen von Bilanzierungs- und Bewertungsmethoden (§ 284 Abs. 2 Nr. 3 HGB), in: WPg 1988, S. 48–50 (Zum Grundsatz der Bewertungsstetigkeit und zu den Angaben bei Abweichungen von Bilanzierungs- und Bewertungsmethoden).

SABI DES IDW, Stellungnahme 2/1988: Behandlung des Unterschiedsbetrages aus der Kapitalkonsolidierung, in: WPg 1988, S. 622–625 (Unterschiedsbetrag aus der Kapitalkonsolidierung).

SACHS, LOTHAR, Angewandte Statistik. Anwendung statistischer Methoden, 8. Aufl., Berlin u. a. 1997 (Angewandte Statistik).

SAHNER, FRIEDHELM/KAMMERS, HEINZ, § 294 HGB. Einzubeziehende Unternehmen. Vorlage- und Auskunftspflichten, in: Handbuch der Konzernrechnungslegung, Kommentar zur Bilanzierung und Prüfung, hrsg. von Karlheinz Küting und Claus-Peter Weber, Stuttgart 1989, S. 859–864 (§ 294 HGB).

SCHANZ, GÜNTHER, Die Betriebswirtschaftslehre und ihre sozialwissenschaftlichen Nachbardisziplinen: Das Integrationsproblem, in: WiST 1978, S. 526–532 (Betriebswirtschaftslehre).

SCHEIBE-LANGE, INGRID, Die Informationsanforderungen der Gewerkschaften an die Rechnungslegung, in: Der Jahresabschluß im Widerstreit der Interessen, hrsg. von Jörg Baetge, Düsseldorf 1983, S. 47–67 (Informationsanforderungen der Gewerkschaften an die Rechnungslegung).

SCHERRER, GERHARD, § 314 HGB. Sonstige Pflichtangaben, in: Bonner Handbuch Rechnungslegung, hrsg. von Max A. Hofbauer und Peter Kupsch, Band 2, Bonn 1986, Fach 4 (§ 314 HGB).

SCHILDBACH, THOMAS, Analyse des betrieblichen Rechnungswesens aus der Sicht der Unternehmungsbeteiligten, Wiesbaden 1975 (Analyse des betrieblichen Rechnungswesens aus der Sicht der Unternehmungsbeteiligten).

SCHILDBACH, THOMAS, Die neue Generalklausel für den Jahresabschluß von Kapitalgesellschaften – zur Interpretation des Paragraphen 264 Abs. 2 HGB, in: BFuP 1987, S. 1–15 (Die neue Generalklausel für den Jahresabschluß von Kapitalgesellschaften).

SCHILDBACH, THOMAS, Rechnungslegungsideale, Bilanzkulturen, Harmonisierung und internationaler Wettbewerb, in: BB 1995, S. 2635–2644 (Rechnungslegungsideale, Bilanzkulturen, Harmonisierung und internationaler Wettbewerb).

SCHILDBACH, THOMAS, Der handelsrechtliche Konzernabschluß, 4. Aufl., München/Wien 1996 (Der handelsrechtliche Konzernabschluß).

SCHLÖSSER, JULIA, Die Währungsumrechnung im Jahresabschluß von Kreditinstituten – Eine Auslegung des § 340 h HGB, Berlin 1996 (Währungsumrechnung).

SCHMALENBACH, EUGEN, Die Aktiengesellschaft, 7. Aufl., Köln/Opladen 1950 (Die Aktiengesellschaft).

SCHMALENBACH, EUGEN, Dynamische Bilanz, 13. Aufl., Köln/Opladen 1962 (Dynamische Bilanz).

SCHMIDT, GÖTZ, Methode und Techniken der Organisation, 10. Aufl., Gießen 1994 (Methode und Techniken der Organisation).

SCHMIDT, KARSTEN, Handelsrecht, 4. Aufl., Köln u. a. 1994 (Handelsrecht).

SCHMIDT, REINHARD H., Rechnungslegung als Informationsproduktion auf nahezu effizienten Kapitalmärkten, in: ZfB 1982, S. 728–748 (Rechnungslegung als Informationsproduktion auf nahezu effizienten Kapitalmärkten).

SCHMIDT, REINHART, Stichwort „Druckbericht, Inhaltsanalyse", in: Handwörterbuch der Revision, hrsg. von Adolf Gerhard Coenenberg und Klaus von Wysocki, 2. Aufl., Stuttgart 1992, Sp. 368–376 (Druckbericht).

SCHNAPAUFF, J. ANDREAS, Fragebogen zur Prüfung des Anhangs nach § 264 Abs. 1 S. 1 HGB, in: WPg 1986, S. 555–566 (Fragebogen zur Prüfung des Anhangs).

SCHNEIDER, DIETER, Allgemeine Betriebswirtschaftslehre, 3. Aufl., München/Wien 1987 (Allgemeine Betriebswirtschaftslehre).

SCHNEIDER, DIETER, Betriebswirtschaftslehre, Band 2: Rechnungswesen, München/Wien 1994 (Rechnungswesen).

SCHNEIDER, HANS-KARL, Methoden und Methodenfragen der Volkswirtschaftslehre, in: Kompendium der Volkswirtschaftslehre, hrsg. von Werner Ehrlicher u. a., Band 1, Göttingen 1967, S. 1–14 (Methoden und Methodenfragen der Volkswirtschaftslehre).

SCHNEIDER, MANFRED/MENN, BERND-JOACHIM, Dynamische Informationspolitik im Spannungsfeld nationaler und internationaler Rechnungslegungsnormen – Dargestellt am Beispiel der Segmentpublizität des Bayer-Konzerns–, in: Finanz- und Rechnungswesen als Führungsinstrument, Festschrift zum 65. Geburtstag von Herbert Vormbaum, hrsg. von Dieter Ahlert, Wiesbaden 1990, S. 269–292 (Segmentpublizität).

SCHNICKE, CHRISTIAN/SCHMIDT-WENDT, DIETRICH, § 268 HGB. Vorschriften zu einzelnen Posten der Bilanz. Bilanzvermerke, in: Beck'scher Bilanzkommentar, bearb. von Wolfgang Dieter Budde u. a., 3. Aufl., München 1995, S. 893–907 (Teilkommentierung zu § 268 HGB).

SCHÖNE, WOLF-DIETER, Anhang und Lagebericht nach dem BiRiLiG. Gliederung – Inhalt – Mustertexte, Bielefeld 1988 (Anhang und Lagebericht nach dem BiRiLiG).

SCHOPPEN, WILLI, Darstellung der Finanzlage mit Hilfe der Kapitalflußrechnung, Düsseldorf 1982 (Darstellung der Finanzlage mit Hilfe der Kapitalflußrechnung).

SCHREIB, HANS PETER, Investor Relations aus Sicht der Anleger, in: BFuP 1993, S. 163–172 (Investor Relations aus Sicht der Anleger).

SCHÜLEN, WERNER, Grundsätze für den Inhalt des Anhangs, in: Beck'sches Handbuch der Rechnungslegung, hrsg. von Edgar Castan u. a., Band I, München 1987, B 410 (Grundsätze für den Inhalt des Anhangs).

SCHÜLEN, WERNER, Erläuterungen zur Bilanz, in: Beck'sches Handbuch der Rechnungslegung, hrsg. von Edgar Castan u. a., Band I, München 1987, B 420 (Erläuterungen zur Bilanz).

SCHÜLEN, WERNER, Angaben zur Gewinn- und Verlustrechnung, in: Beck'sches Handbuch der Rechnungslegung, hrsg. von Edgar Castan u. a., Band I, München 1987, B 425 (Angaben zur Gewinn- und Verlustrechnung).

SCHÜLEN, WERNER, Die Aufstellung des Anhangs, in: WPg 1987, S. 223–231 (Die Aufstellung des Anhangs).

SCHULTE, ELMAR B./KRÜGER, RALF, Zur Problematik des Ausweises des Spartenerfolges (Segment of the Business) im Jahresabschluß, in: Bilanzfragen, Festschrift zum 65. Geburtstag von Ulrich Leffson, hrsg. von Jörg Baetge, Adolf Moxter und Dieter Schneider, Düsseldorf 1976, S. 179–190 (Ausweis des Spartenerfolges).

SCHULTE, KARL-WERNER, Imparitätsprinzip und Niederstwertvorschrift, in: WPg 1979, S. 505–510 (Imparitätsprinzip und Niederstwertvorschrift).

SCHULTE, KARL-WERNER, Aktienrechtliche Rechnungslegung im Spiegel der Geschäftsberichte, Würzburg/Wien 1984 (Aktienrechtliche Rechnungslegung im Spiegel der Geschäftsberichte).

SCHULTE, KARL-WERNER, Bilanzpolitik und Publizitätsverhalten deutscher Aktiengesellschaften, Bergisch Gladbach/Köln 1986 (Bilanzpolitik und Publizitätsverhalten deutscher Aktiengesellschaften).

SCHULTE, KARL-WERNER, Inhalt und Gliederung des Anhangs. Zugleich ein Gegenvorschlag zu Selchert/Karsten, in: BB 1986, S. 1468–1480 (Inhalt und Gliederung des Anhangs).

SCHULTE, KARL-WERNER/MÜLLER, STEFAN, Berichterstattung über die Finanzlage in den Geschäftsberichten deutscher Aktiengesellschaften – eine empirische Untersuchung, in: Die AG 1994, S. 540–559 (Berichterstattung über die Finanzlage).

SCHULZE, HANS-HERBERT, Zum Problem der Messung des wirtschaftlichen Handelns mit Hilfe der Bilanz, Berlin 1966 (Zum Problem der Messung des wirtschaftlichen Handelns mit Hilfe der Bilanz).

SCHULZE-OSTERLOH, JOACHIM, Jahresabschluß, Abschlußprüfung und Publizität der Kapitalgesellschaften nach dem Bilanzrichtlinien-Gesetz, in: ZHR 1986, S. 532–569 (Jahresabschluß, Abschlußprüfung und Publizität der Kapitalgesellschaften nach dem Bilanzrichtlinien-Gesetz).

SCHULZE-OSTERLOH, JOACHIM, § 42 GmbHG. Bilanzierungsgrundsätze, in: GmbH-Gesetz, Gesetz betreffend die Gesellschaften mit beschränkter Haftung, Beck'sche Kurz-Kommentare, Band 20, begr. von Adolf Baumbach und fortgef. von Alfred Hueck, 16. Aufl., München 1996, S. 569–772 (§ 42 GmbHG).

SCHWANTAG, KARL, Die Publizität der Aktiengesellschaft, in: Der Jahresabschluß in der Aktienrechtsreform, mit einem Vorschlag zur Änderung des Regierungsentwurfs, hrsg. von Ulrich Leffson, Wiesbaden 1961, S. 11–15 (Die Publizität der Aktiengesellschaft).

SCHWARZ, RAINER, Die Börseneinführungspublizität neuemittierender Unternehmen, Frankfurt am Main u. a. 1988 (Die Börseneinführungspublizität neuemittierender Unternehmen).

SEEBERG, THOMAS, Steigerung der Aussagekraft von Jahresabschlüssen durch erweiterte Berichterstattung, in: Aktuelle Entwicklungen in Rechnungslegung und Wirtschaftsprüfung – Reformbedarf, Perspektiven, Internationale Einflüsse, hrsg. von Jörg Baetge, Düsseldorf 1997, S. 153–166 (Steigerung der Aussagekraft von Jahresabschlüssen durch erweiterte Berichterstattung).

SEEMANN, HANS-JÜRGEN, Befolgung des neuen Aktiengesetzes – eine Chance für die externe Bilanzanalyse? Die veränderte Publizität deutscher Aktiengesellschaften und ihre Auswirkung auf Verfahren der Ergebnisprüfung, Mannheim 1970 (Befolgung des neuen Aktiengesetzes).

SELCHERT, FRIEDRICH WILHELM, Die Aufgliederung der Umsatzerlöse gemäß § 285 Nr. 4 HGB, in: DB 1986, S. 560–565 (Aufgliederung der Umsatzerlöse).

SELCHERT, FRIEDRICH WILHELM, Der Anhang als Instrument der Informationspolitik, Stuttgart 1987 (Der Anhang als Instrument der Informationspolitik)

SELCHERT, FRIEDRICH WILHELM, Die sonstigen finanziellen Verpflichtungen – Angabe nach § 285 Nr. 3 HGB im Anhang mittelgroßer und großer Kapitalgesellschaften –, in: DB 1987, S. 545–549 (Sonstige finanzielle Verpflichtungen).

SELCHERT, FRIEDRICH WILHELM, Jahresabschlußprüfung der Kapitalgesellschaften, 2. Aufl., Wiesbaden 1996 (Jahresabschlußprüfung der Kapitalgesellschaften).

SELCHERT, FRIEDRICH WILHELM/KARSTEN, JÜRGEN, Inhalt und Gliederung des Anhangs, in: BB 1985, S. 1889–1894 (Inhalt und Gliederung des Anhangs).

SEMLER, JOHANNES, Erläuterungs- und Lagebericht, Quartalsberichte sowie Formen der Publizität, in: ZfbF-Sonderheft 10/1980, S. 177–212 (Erläuterungs- und Lagebericht, Quartalsberichte sowie Formen der Publizität).

SEMLER, JOHANNES, Unternehmensüberwachung durch den Kapitalmarkt, in: Corporate Governance. Unternehmensüberwachung auf dem Prüfstand, hrsg. von Arnold Picot im Auftrag der Schmalenbach-Gesellschaft – Deutsche Gesellschaft für Betriebswirtschaft e. V., Stuttgart 1995, S. 29–87 (Unternehmensüberwachung durch den Kapitalmarkt).

SIEBEN, GÜNTER, Kritische Würdigung der externen Rechnungslegung unter besonderer Berücksichtigung von Scheingewinnen, in: ZfbF 1974, S. 153–168 (Kritische Würdigung der externen Rechnungslegung unter besonderer Berücksichtigung von Scheingewinnen).

SIEBEN, GÜNTER, Offene Fragen bei der Erstellung und Prüfung des Lageberichts, in: Bilanz- und Konzernrecht, Festschrift zum 65. Geburtstag von Reinhard Goerdeler, hrsg. von Hans Havermann, Düsseldorf 1987, S. 581–600 (Offene Fragen bei der Erstellung und Prüfung des Lageberichts).

SIGLE, HERMANN, § 277 HGB. Vorschriften zu einzelnen Posten der Gewinn- und Verlustrechnung, in: Handbuch der Rechnungslegung, Kommentar zur Bilanzierung und Prüfung, Band I a, hrsg. von Karlheinz Küting und Claus-Peter Weber, 4. Aufl., Stuttgart 1995, S. 1741–1778 (§ 277 HGB).

SIMON, HERMAN VEIT, Die Bilanzen der Aktiengesellschaften und der Kommanditgesellschaften auf Aktien, 3. Aufl., Berlin 1899 (Die Bilanzen der Aktiengesellschaften und der Kommanditgesellschaften auf Aktien).

SINGHVI, SURENDRA S./DESAI, HARSHA B., An Empirical Analysis of the Quality of Corporate Financial Disclosure, in: The Accounting Review 1971, S. 129–138 (Corporate Financial Disclosure).

SORG, PETER, Prognosebericht und Publizitätspraxis der AG, in: BB 1994, S. 1962–1968 (Prognosebericht und Publizitätspraxis der AG).

SPRENGER, REINHARD, Grundsätze gewissenhafter und getreuer Rechenschaft im Geschäftsbericht. Ein Beitrag zur Interpretation von § 160 IV 1 AktG, Wiesbaden 1976 (Grundsätze gewissenhafter und getreuer Rechenschaft im Geschäftsbericht)

STAEHLE, WOLFGANG H., Die Unternehmung als Koalition und die Notwendigkeit der Werbung um Koalitionsteilnehmer, in: ZfB 1969, S. 377–390 (Die Unternehmung als Koalition).

STAHN, FRANK, Zum praktischen Entwicklungsstand der Konzern-Kapitalflußrechnung in Deutschland – Eine empirische Untersuchung vor dem Hintergrund der Stellungnahme HFA 1/1995 und dem betriebswirtschaftlichen Forschungsstand zur Konzern-Kapitalflußrechnung –, in: WPg 1996, S. 649–657 (Zum praktischen Entwicklungsstand der Konzern-Kapitalflußrechnung in Deutschland).

STATISTISCHES BUNDESAMT (Hrsg.), Zahl und Nominalkapital der Kapitalgesellschaften 1993, in: Unternehmen und Arbeitsstätten. Fachserie 2, Reihe 2.2, Stuttgart 1994 (Zahl und Nominalkapital der Kapitalgesellschaften 1993).

STEHLE, RICHARD, Eigenkapitalquoten und Fremdkapitalstruktur börsennotierter deutscher Aktiengesellschaften, in: ZfB 1994, S. 811–837 (Eigenkapitalquoten und Fremdkapitalstruktur börsennotierter deutscher Aktiengesellschaften).

STEINER, BERTRAM, Der Prüfungsbericht des Abschlußprüfers, Köln 1991 (Der Prüfungsbericht des Abschlußprüfers).

STEVENS, S. S., On the Theory of Scales of Measurement, in: Science 103/1946, S. 677–680 (On the Theory of Scales of Measurement).

STOBBE, THOMAS, Der Lagebericht, in: BB 1988, S. 303–311 (Der Lagebericht).

STREIM, HANNES, § 265 HGB. Allgemeine Grundsätze für die Gliederung, in: Bonner Handbuch Rechnungslegung, hrsg. von Max A. Hofbauer und Peter Kupsch, Band 2, Bonn 1986, Fach 4 (§ 265 HGB).

STREIM, HANNES, Die Generalnorm des § 264 Abs. 2 HGB – Eine kritische Analyse, in: Bilanzrecht und Kapitalmarkt, Festschrift zum 65. Geburtstag von Adolf Moxter, hrsg. von Wolfgang Ballwieser u. a., Düsseldorf 1994, S. 391–406 (Die Generalnorm des § 264 Abs. 2 HGB).

STREIM, HANNES, Zum Stellenwert des Lageberichts im System der handelsrechtlichen Rechnungslegung, in: Unternehmenstheorie und Besteuerung, Festschrift zum 60. Geburtstag von Dieter Schneider, hrsg. von Rainer Elschen, Theodor Siegel und Franz W. Wagner, Wiesbaden 1995, S. 703–721 (Stellenwert des Lageberichts).

STÜTZEL, WOLFGANG, Bemerkungen zur Bilanztheorie, in: ZfB 1967, S. 314–340 (Bemerkungen zur Bilanztheorie).

SÜCHTING, JOACHIM, Zum Finanzmarketing der Unternehmung, in: Führungsprobleme industrieller Unternehmungen, Festschrift zum 60. Geburtstag von Friedrich Thomée, hrsg. von Dietger Hahn, Berlin/New York 1980, S. 217–233 (Zum Finanzmarketing der Unternehmung).

SÜCHTING, JOACHIM, Finanzmarketing auf den Aktienmärkten, in: Zeitschrift für das gesamte Kreditwesen 1986, S. 654–659 (Finanzmarketing auf den Aktienmärkten).

SÜCHTING, JOACHIM, Finanzmanagement. Theorie und Politik der Unternehmensfinanzierung, 6. Aufl., Wiesbaden 1995 (Finanzmanagement).

THIELE, STEFAN, Das Eigenkapital im handelsrechtlichen Jahresabschluß, Düsseldorf 1998 (Das Eigenkapital im handelsrechtlichen Jahresabschluß).

TIPKE, KLAUS, Stichwort „Auslegung unbestimmter Rechtsbegriffe“, in: Handwörterbuch unbestimmter Rechtsbegriffe im Bilanzrecht des HGB, hrsg. von Ulrich Leffson, Dieter Rückle, Bernhard Großfeld, Köln 1986, S. 1–11 (Auslegung unbestimmter Rechtsbegriffe).

TITZRATH, ALFONS, Die Bedeutung des Going Public. Ein Erfahrungsbericht aus der Sicht einer Bank, in: ZfB 1995, S. 133–155 (Die Bedeutung des Going Public).

TREUARBEIT (Hrsg.), Jahres- und Konzernabschlüsse ’88. Ausweis, Gestaltung, Berichterstattung. Ergebnisse einer Untersuchung von 100 großen Kapitalgesellschaften und Konzernen, Düsseldorf 1989 (Jahres- und Konzernabschlüsse ’88).

VEIT, KLAUS-RÜDIGER/BERNARDS, OLIVER, Anforderungen an die Segmentberichterstattung im internationalen Vergleich, in: WPg 1995, S. 493–498 (Segmentberichterstattung).

VERLAG HOPPENSTEDT GMBH (Hrsg.), Handbuch der Großunternehmen 1996, Darmstadt u. a. 1996 (Handbuch der Großunternehmen).

VOGEL, FRIEDRICH, Beschreibende und schließende Statistik. Formeln, Definitionen, Erläuterungen, Stichworte, Tabellen, 9. Aufl., München/Wien 1996 (Beschreibende und schließende Statistik).

VOLK, GERRIT, Jahresabschluß und Information. Zur formalen Struktur des Jahresabschlusses einer Kapitalgesellschaft, Heidelberg 1990 (Jahresabschluß und Information).

VOLKART, RUDOLF, Shareholder Value Management, in: Der Schweizer Treuhänder 1995, S. 1064–1068 (Shareholder Value Management).

WAGENHOFER, ALFRED, Informationspolitik und Jahresabschluß. Freiwillige Informationen und strategische Bilanzanalyse, Heidelberg 1990 (Informationspolitik und Jahresabschluß).

WAGNER, HELMUT, Die Bestimmungsfaktoren der menschlichen Arbeitsleistung im Betrieb, Wiesbaden 1966 (Die Bestimmungsfaktoren der menschlichen Arbeitsleistung im Betrieb).

WAGNER, WOLFGANG, Shareholder Value als Managementinstrument und Aspekte des Konzeptes für die Unternehmensbewertung, in: Rechnungslegung und Prüfung 1996, hrsg. von Jörg Baetge, Düsseldorf 1996, S. 309–354 (Shareholder Value).

WASSER, GERD, Bestimmungsfaktoren freiwilliger Prognosepublizität, Düsseldorf 1976 (Bestimmungsfaktoren freiwilliger Prognosepublizität).

WATTS, ROSS L./ZIMMERMAN, JEROLD L., Positive Accounting Theory, Englewood Cliffs (New Jersey) 1986 (Positive Accounting Theory).

WEBER, HANS, § 265 HGB. Allgemeine Grundsätze für die Gliederung, in: Handbuch der Rechnungslegung, Kommentar zur Bilanzierung und Prüfung, Band I a, hrsg. von Karlheinz Küting und Claus-Peter Weber, 4. Aufl., Stuttgart 1995, S. 1243–1268 (§ 265 HGB).

WEBER, MARTIN/KRAHNEN, JAN/WEBER, ADELHEID, Scoring-Verfahren – häufige Anwendungsfehler und ihre Vermeidung, in: DB 1995, S. 1621–1626 (Scoring-Verfahren).

WEHRHEIM, MICHAEL, Angaben zum Anteilsbesitz im Einzel- bzw. Konzernanhang, in: BB 1995, S. 454–456 (Anteilsbesitz im Einzel- bzw. Konzernanhang).

WEILAND, HEINER, Anmerkungen zur Qualität der Jahresabschlüsse deutscher Unternehmen unter Berücksichtigung der Kritik von Rating-Agenturen, in: Die Information über Steuer und Wirtschaft 1995, S. 661–665 (Qualität der Jahresabschlüsse deutscher Unternehmen).

WESTERMANN, WILHELM, Gesamtkostenverfahren – Inhalt der GuV-Posten: Umsatzerlöse bis sonstige betriebliche Erträge, in: Beck'sches Handbuch der Rechnungslegung, hrsg. von Edgar Castan u. a., Band I, München 1987, B 331 (Umsatzerlöse bis sonstige betriebliche Erträge).

WIETHÖLTER, RUDOLF, Die Publizitätsinteressen der Anteilseigner, in: Das Frankfurter Publizitätsgespräch. Vorträge und Diskussionen anläßlich der gleichnamigen Tagung in Königstein/Ts. am 13. und 14. April 1962, hrsg. von Carl Hans Barz u. a., Frankfurt am Main 1962, S. 33–54 (Die Publizitätsinteressen der Anteilseigner).

WILK, LISELOTTE, Die postalische Befragung, in: Die Befragung 1: Der Fragebogen – Die Stichprobe, hrsg. von Kurt Holm, München 1975, S. 187–200 (Die postalische Befragung).

WILSDORF, FRED, Rechnungslegungszwecke der Handelsbilanz und Steuerbilanz nach Inkrafttreten des Bilanzrichtlinien-Gesetzes, Frankfurt am Main u. a. 1988 (Rechnungslegungszwecke der Handelsbilanz und Steuerbilanz).

WITTE, EBERHARD/GRÜN, OSKAR/BRONNER, ROLF, Pluralismus in der betriebswirtschaftlichen Forschung, in: ZfbF 1975, S. 796–800 (Pluralismus in der betriebswirtschaftlichen Forschung).

WITTMANN, WALDEMAR, Unternehmung und unvollkommene Information, Köln und Opladen 1959 (Unternehmung und unvollkommene Information).

WÖHE, GÜNTER, Bilanzierung und Bilanzpolitik, 9. Aufl., München 1997 (Bilanzierung und Bilanzpolitik).

WOLFF, RUDOLF, Deutsche Aktiengesellschaften 95/96. Kennzahlen und Charts, München 1996 (Deutsche Aktiengesellschaften 95/96).

WYSOCKI, KLAUS VON, Ergebnisse empirischer Untersuchungen über das Publizitätsverhalten deutscher Unternehmen, in: ZfbF 1976, S. 744–755 (Publizitätsverhalten deutscher Unternehmen).

WYSOCKI, KLAUS VON, Grundlagen des betriebswirtschaftlichen Prüfungswesens, 3. Aufl., München 1988 (Grundlagen des betriebswirtschaftlichen Prüfungswesens).

WYSOCKI, KLAUS VON, Angleichung von Kapitalflußrechnungen an internationale Standards. Bemerkungen zur Stellungnahme HFA 1/1995, in: ZfbF 1995, S. 466–475 (Kapitalflußrechnungen).

WYSOCKI, KLAUS VON, Zur Abgrenzung und Offenlegung des Finanzmittelfonds in der Kapitalflußrechnung nach internationalen Grundsätzen und nach der Stellungnahme HFA 1/1995, in: Internationale Wirtschaftsprüfung, Festschrift zum 65. Geburtstag von Hans Havermann, hrsg. von Josef Lanfermann, Düsseldorf 1995, S. 813–828 (Abgrenzung und Offenlegung des Finanzmittelfonds).

WYSOCKI, KLAUS VON U. A., Die Berichterstattung Deutscher Aktiengesellschaften über die Bewertungs- und Abschreibungsmethoden gem. § 160 Abs. 2 AktG, in: ZfbF 1971, S. 308–334 (Berichterstattung über Bewertungs- und Abschreibungsmethoden).

WYSOCKI, KLAUS VON/WOHLGEMUTH, MICHAEL, Konzernrechnungslegung, 4. Aufl., Düsseldorf 1996 (Konzernrechnungslegung).

ZANGEMEISTER, CHRISTOF, Nutzwertanalyse von Projektalternativen, in: Industrielle Organisation 1971, S. 159–168 (Nutzwertanalyse von Projektalternativen).

ZANGEMEISTER, CHRISTOF, Nutzwertanalyse in der Systemtechnik. Eine Methodik zur multidimensionalen Bewertung und Auswahl von Projektalternativen, 4. Aufl., München 1976 (Nutzwertanalyse in der Systemtechnik).

ZELT, ROLAND, Aufwendungen der Ingangsetzung und Erweiterung des Geschäftsbetriebs im Handels- und Steuerrecht, Augsburg 1994 (Aufwendungen der Ingangsetzung und Erweiterung des Geschäftsbetriebs).

ZIMMERMANN, HANS-JÜRGEN, Stichwort „Stichprobenprüfung, Schätzstichprobe“, in: Handwörterbuch der Revision, hrsg. von Adolf Gerhard Coenenberg und Klaus von Wysocki, 2. Aufl., Stuttgart 1992, Sp. 1874–1881 (Stichprobenprüfung, Schätzstichprobe).

Verzeichnis zitierter Geschäftsberichte

ADIDAS AG (Hrsg.), Geschäftsbericht 1995, Herzogenaurach 1996.

AESCULAP AG (Hrsg.), Geschäftsbericht 1994/95, Tuttlingen 1995.

ALLWEILER AG (Hrsg.), Geschäftsbericht 1995, Radolfzell 1996.

ANDREAE-NORIS-ZAHN AG (Hrsg.), Geschäftsbericht 1994/95, Frankfurt am Main 1995.

ASEA BROWN BOVERI AG (Hrsg.), Geschäftsbericht 1995, Mannheim 1996.

ASKO DEUTSCHE KAUFHAUS AG (Hrsg.), Geschäftsbericht 1994/95, Saarbrücken 1996.

AUGSBURGER KAMMGARN-SPINNEREI AG (Hrsg.), Geschäftsbericht 1995, Augsburg 1996.

BABCOCK-BSH AG (Hrsg.), Geschäftsbericht 1994/95, Bad Hersfeld 1995.

BARMAG AG (Hrsg.), Geschäftsbericht 1995, Remscheid 1996.

BASF AG (Hrsg.), Geschäftsbericht 1995, Ludwigshafen 1996.

BAYER AG (Hrsg.), Geschäftsbericht 1995, Leverkusen 1996.

BERLINER ELEKTRO HOLDING AG (Hrsg.), Geschäftsbericht 1995, Berlin 1996.

BMW BAYERISCHE MOTOREN WERKE AG (Hrsg.), Geschäftsbericht 1995, München 1996.

BUDERUS AKTIENGESELLSCHAFT (Hrsg.), Geschäftsbericht 1994/95, Wetzlar 1996.

CARL SCHENCK AG (Hrsg.), Geschäftsbericht 1994/95, Darmstadt 1996.

CHRISTIAN ADALBERT KUPFERBERG & COMPAGNIE KGAA (Hrsg.), Geschäftsbericht 1994/95, Mainz 1995.

COMPUTER 2000 AG (Hrsg.), Geschäftsbericht 1994/95, München 1996.

DAIMLER BENZ AG (Hrsg.), Geschäftsbericht 1995, Stuttgart 1996.

DEUTSCHE BABCOCK AG (Hrsg.), Geschäftsbericht 1994/95, Oberhausen 1996.

DOUGLAS HOLDING AG (Hrsg.), Geschäftsbericht 1995, Hagen 1996.

DUEWAG (Hrsg.), Geschäftsbericht 1994/95, Krefeld 1996.

DYCKERHOFF AG (Hrsg.), Geschäftsbericht 1995, Wiesbaden 1996.

ENERGIEVERSORGUNG OSTBAYERN AG (Hrsg.), Geschäftsbericht 1995, Regensburg 1996.

EX-CELL-O HOLDING AG (Hrsg.), Geschäftsbericht 1995, Eislingen/Fils 1996.

FELTEN & GUILLEAUME ENERGIETECHNIK AG (Hrsg.), Geschäftsbericht 1995, Köln 1996.

FHW-FERNHEIZWERK NEUKÖLLN AG (Hrsg.), Geschäftsbericht 1995, Berlin 1996.

FLENDER ATB-LOHER ANTRIEBSTECHNIK AG (Hrsg.), Geschäftsbericht 1994/95, Welzheim 1995.

FORD-WERKE AG (Hrsg.), Geschäftsbericht 1995, Köln 1996.

GEHE AG (Hrsg.), Geschäftsbericht 1995, Stuttgart 1996.

GELSENWASSER AG (Hrsg.), Geschäftsbericht 1995, Gelsenkirchen 1996.

GERRESHEIMER GLAS AG (Hrsg.), Geschäftsbericht 1995, Düsseldorf 1996.

GUTBROD AG (Hrsg.), Geschäftsbericht 1995, Saarbrücken 1996.

HARPEN AG (Hrsg.), Geschäftsbericht 1995, Dortmund 1996.

HEIDELBERGER ZEMENT AG (Hrsg.), Geschäftsbericht 1995, Heidelberg 1996.

HEIN, LEHMANN AG (Hrsg.), Geschäftsbericht 1995, Düsseldorf 1996.

HERLITZ INTERNATIONAL TRADING AG (Hrsg.), Geschäftsbericht 1995, Ismaning 1996.

HOECHST AG (Hrsg.), Geschäftsbericht 1995, Frankfurt am Main 1996.

INDUS-HOLDING AG (Hrsg.), Geschäftsbericht 1995, Bergisch Gladbach 1996.

JOSEPH VÖGELE AG (Hrsg.), Geschäftsbericht 1995, Mannheim 1996.

KOEPP AG (Hrsg.), Geschäftsbericht 1995, Oestrich-Winkel 1996.

KOLBENSCHMIDT AG (Hrsg.), Geschäftsbericht 1994/95, Neckarsulm 1996.

KONRAD HORNSCHUCH AG (Hrsg.), Geschäftsbericht 1995, Weißbach 1996.

KÜPPERSBUSCH AG (Hrsg.), Geschäftsbericht 1995, Gelsenkirchen 1996.

LEFFERS AG (Hrsg.), Geschäftsbericht 1995, Bielefeld 1996.

LEHNKERING MONTAN TRANSPORT AG (Hrsg.), Geschäftsbericht 1994/95, Duisburg 1996.

LEONISCHE DRAHTWERKE AG (Hrsg.), Geschäftsbericht 1995, Nürnberg 1996.

MAIHAK AG (Hrsg.), Geschäftsbericht 1994/95, Hamburg 1996.

MASCHINENFABRIK ESTERER AG (Hrsg.), Geschäftsbericht 1994/95, Altötting 1996.

MASSA AG (Hrsg.), Geschäftsbericht 1995, Alzey 1996.

MCS MODULARE COMPUTER UND SOFTWARE SYSTEME AG (Hrsg.), Geschäftsbericht 1995, Eltville/Wiesbaden 1996.

MERCK KGAA (Hrsg.), Geschäftsbericht 1995, Darmstadt 1996.

MICHAEL WEINIG AG (Hrsg.), Geschäftsbericht 1995, Tauberbischofsheim 1996.

NORDCEMENT AG (Hrsg.), Geschäftsbericht 1995, Hannover 1996.

OBERLAND GLAS AG (Hrsg.), Geschäftsbericht 1995, Bad Wurzach 1996.

OTTO REICHELT AG (Hrsg.), Geschäftsbericht 1995, Berlin (Marienfelde) 1996.

PATRIZIER-BRÄU KG AUF AKTIEN (Hrsg.), Geschäftsbericht 1995, Nürnberg 1996.

PFAFF AG (Hrsg.), Geschäftsbericht 1995, Kaiserslautern 1996.

PFLEIDERER BAU- UND VERKEHRSSYSTEME AG (Hrsg.), Geschäftsbericht 1994/95, Neumarkt 1995.

PIPER GENERALVERTRETUNG DEUTSCHLAND AG (Hrsg.), Geschäftsbericht 1994/95, Calden 1996.

PIRELLI DEUTSCHLAND AG (Hrsg.), Geschäftsbericht 1995, Höchst 1996.

PWO - PROGRESS-WERK OBERKIRCH AG (Hrsg.), Geschäftsbericht 1995, Oberkirch 1996.

RHEINHOLD & MAHLA AG (Hrsg.), Geschäftsbericht 1995, München 1996.

RHEINISCH-WESTFÄLISCHE KALKWERKE AG (Hrsg.), Geschäftsbericht 1995, Wuppertal 1996.

ROSENTHAL AG (Hrsg.), Geschäftsbericht 1995, Selb 1996.

SALAMANDER AG (Hrsg.), Geschäftsbericht 1995, Kornwestheim 1996.

SCHUMAG AG (Hrsg.), Geschäftsbericht 1994/95, Aachen 1995.

SCHWÄBISCHE ZELLSTOFF AG (Hrsg.), Bericht über das Rumpfgeschäftsjahr 1. Januar 1995 bis 30. September 1995, Ehingen (Donau) 1996.

SEDLBAUER AKTIENGESELLSCHAFT (Hrsg.), Geschäftsbericht 1995, Grafenau 1996.

SEKTKELLEREI SCHLOß WACHENHEIM AG I. V. (Hrsg.), Geschäftsbericht 1994/95, Wachenheim/Weinstraße 1995.

SIEMENS AG (Hrsg.), Geschäftsbericht 1994/95, München 1995.

SKW TROSTBERG AG (Hrsg.), Geschäftsbericht 1995, Trostberg 1996.

SPAR HANDELS-AKTIENGESELLSCHAFT (Hrsg.), Geschäftsbericht 1995, Schenefeld bei Hamburg 1996.

STAHLWERKE BOCHUM AG (Hrsg.), Geschäftsbericht 1994/95, Bochum 1996.

STÖHR & CO. AG (Hrsg.), Geschäftsbericht 1995, Mönchengladbach 1996.

STOLBERGER ZINK AG (Hrsg.), Geschäftsbericht 1994/95, Stolberg 1995.

THYSSEN INDUSTRIE AG (Hrsg.), Geschäftsbericht 1994/95, Essen 1996.

TIPTEL AG (Hrsg.), Geschäftsbericht 1995, Ratingen 1996.

TRAUB AG (Hrsg.), Geschäftsbericht 1995, Reichenbach 1996.

UNIVERSITÄTSDRUCKEREI H. STÜRTZ AG (Hrsg.), Geschäftsbericht 1995, Würzburg 1996.

VEBA AG (Hrsg.), Geschäftsbericht 1995, Düsseldorf 1996.

VEW VEREINIGTE ELEKTRIZITÄTSWERKE AG (Hrsg.), Geschäftsbericht 1995, Dortmund 1996.

VOLKSWAGEN AG (Hrsg.), Geschäftsbericht 1995, Wolfsburg 1996.

WMF WÜRTTEMBERGISCHE METALLWARENFABRIK AG (Hrsg.), Geschäftsbericht 1995, Geislingen (Steige) 1996.

Stichwortverzeichnis

Westfälische Wilhelms-Universität Münster
Institut für Revisionswesen

Jörg Baetge (Herausgeber)

Als IRW-Schriften sind bisher erschienen:

Karl-Heinz Armeloh
Die Berichterstattung im Anhang
1998, XXVIII, 418 Seiten, gebunden, 98,– DM/715,– öS/89,– sFr.,
ISBN 3 8021 0742-X

Baetge/Braun/Landfermann/Uhlenbruck/Wagner, W.
Beiträge zum neuen Insolvenzrecht
1998, XII, 204 Seiten, gebunden, 78,– DM/565,– öS/71,– sFr.,
ISBN 3 8021 0773-X

Biener/Dörner/Funke/Hommelhoff/Langenbucher/Seeberg
Aktuelle Entwicklungen in Rechnungslegung und Wirtschaftsprüfung
1997, XVI, 196 Seiten, gebunden, 78,– DM/569,– öS/71,– sFr.,
ISBN 3 8021 0743-8

Isabel von Keitz
Immaterielle Güter in der internationalen Rechnungslegung
1997, XXV, 300 Seiten, gebunden, 98,– DM/715,– öS/89,– sFr.,
ISBN 3 8021 0707-1

Peter Happe
Grundsätze ordnungsmäßiger Buchführung für Swapvereinbarungen
1996, XXVII, 303 Seiten, gebunden, 98,– DM/715,– öS/89,– sFr.,
ISBN 3 8021 0706-3

Ehmcke/Ehrhardt/Gelhausen/Grigo/Löber/Pfitzer/Reinhard/Roß/Schütte/
Wagner, W./Will
Rechnungslegung und Prüfung 1996
1996, XIV, 396 Seiten, gebunden, 98,– DM/715,– öS/89,– sFr.,
ISBN 3 8021 0720-9

Dirk Thoms-Meyer
Grundsätze ordnungsmäßiger Bilanzierung von Pensionsrückstellungen
1996, XXVIII, 314 Seiten, 98,– DM/715,– öS/89,– sFr., ISBN 3 8021 0700-4

Bruns/Caspari/Hopt/Pellens/Rau/Schwarze
Insiderrecht und Ad-hoc-Publizität
1995, XIV, 175 Seiten, gebunden, 68,– DM/496,– öS/62,– sFr.,
ISBN 3 8021 0674-1

Dagmar Hüls
Früherkennung insolvenzgefährdeter Unternehmen
1995, XXXII, 412 Seiten, 98,– DM/715,– öS/89,– sFr., ISBN 3 8021 0663-6

IDW-Verlag · Postfach 32 05 80 · 40420 Düsseldorf · Fax 02 11/45 61-206

Westfälische Wilhelms-Universität Münster

Institut für Revisionswesen

Jörg Baetge (Herausgeber)

Als IRW-Schriften sind bisher erschienen:

Holger Philipps
Kontaminierte Grundstücke im Jahresabschluß
1995, XXXI, 420 Seiten, gebunden, 98,– DM/715,– öS/89,– sFr.,
ISBN 3 8021 0664-4

Biener/Kleber/Kleekämper/Ordelheide/Seeberg/Wiedmann
Die deutsche Rechnungslegung vor dem Hintergrund internationaler Entwicklungen
1994, XII, 177 Seiten, gebunden, 68,– DM/496,– öS/62,– sFr.,
ISBN 3 8021 0629-6

Dagmar Herrmann
Die Änderung von Beteiligungsverhältnissen im Konzernabschluß
1994, XXXVIII, 368 Seiten, gebunden, 98,– DM/715,– öS/89,– sFr.,
ISBN 3 8021 0624-5

Diehl/Dosch/Epperlein/Fliess/Kämpfer/Kiepe/Niehus/Ruppert/Siepe/Thoennes
Rechnungslegung und Prüfung 1994
1994, XIV, 265 Seiten, 68,– DM/496,– öS/62,– sFr., ISBN 3 8021 0617-2

Marcus Krumbholz
Die Qualität publizierter Lageberichte
1994, XXVII, 345 Seiten, 78,– DM/569,– öS/71,– sFr., ISBN 3 8021 0605-9

Bernd Stibi
Statistische Jahresabschlußanalyse als Instrument der steuerlichen Betriebsprüfung
1994, XXIX, 282 Seiten, 68,– DM/496,– öS/62,– sFr., ISBN 3 8021 0606-7

Bartels/Groh/Herzig/Ludewig/Wanieck
Umweltrisiken im Jahresabschluß
1994, XII, 168 Seiten, 48,– DM/350,– öS/45,– sFr., ISBN 3 8021 0607-5

Clemens Krause
Kreditwürdigkeitsprüfung mit Neuronalen Netzen
1993, XXXII, 278 Seiten, 78,– DM/569,– öS/71,– sFr., ISBN 3 8021 0563-X

Baumann/Biener/Coenenberg/Havermann/Koch/Loitlsberger/Siepe/van Hulle/Weber, C.-P.
Rechnungslegung und Prüfung
– Perspektiven für die neunziger Jahre –
1993, XVI, 238 Seiten, 58,– DM/423,– öS/53,– sFr., ISBN 3 8021 0562-1

Andreas Grünewald
Finanzterminkontrakte im handelsrechtlichen Jahresabschluß
1993, XXVI, 353 Seiten, 78,– DM/569,– öS/71,– sFr., ISBN 3 8021 0561-3

IDW-Verlag · Postfach 32 05 80 · 40420 Düsseldorf · Fax 02 11/45 61-206

IRW Westfälische Wilhelms-Universität Münster
Institut für Revisionswesen

Jörg Baetge (Herausgeber)

Als IRW-Schriften sind bisher erschienen:

Markus Feidicker
Kreditwürdigkeitsprüfung
1992, XXX, 282 Seiten, 58,– DM/423,– öS/53,– sFr., ISBN 3 8021 0540-0

Harald Köster
Grundsätze ordnungsmäßiger Zwischenberichterstattung börsennotierter Aktiengesellschaften
1992, XXV, 274 Seiten, 58,– DM/423,– öS/53,– sFr., ISBN 3 8021 0530-3

Backhaus/Baetge/Bandle/Förschle/Grunert/Herzig/Köllhofer/Müller, L./Niessen
Rechnungslegung und Prüfung 1992
1992, XIII, 230 Seiten, 58,– DM/423,– öS/53,– sFr., ISBN 3 8021 0521-4

Baetge/Ballwieser/Kinast/Krumbholz/Lanfermann/Weber, E./Zimmerer
Akquisition und Unternehmensbewertung
1991, XIII, 155 Seiten, 58,– DM/423,– öS/53,– sFr., ISBN 3 8021 0516-8

Dierk Paskert
Informations- und Prüfungspflichten bei Wertpapieremissionen
1991, XXI, 183 Seiten, 58,– DM/423,– öS/53,– sFr., ISBN 3 8021 0485-4

Groh/Lederle/Lehner/Moxter/Siepe
Rückstellungen in der Handels- und Steuerbilanz
1991, VII, 141 Seiten, 38,– DM/277,– öS/35,– sFr., ISBN 3 8021 0479-X

Bartl/Kenne/Kilgert/Schnicke/Schubert/Wesner
Probleme der Umstellung der Rechnungslegung in der DDR
1991, XIII, 162 Seiten, 58,– DM/423,– öS/53,– sFr., ISBN 3 8021 0471-4

Heinz Hermann Hense
Die stille Gesellschaft im handelsrechtlichen Jahresabschluß
1990, XXX, 436 Seiten, 58,– DM/423,– öS/53,– sFr., ISBN 3 8021 0434-X

Baetge/Braun/Goerdeler/Herrmann/Knobbe-Keuck/Köllhofer/Krawitz/Kropff
Rechnungslegung, Finanzen, Steuern und Prüfung in den neunziger Jahren
1990, IX, 240 Seiten, 48,– DM/350,– öS/45,– sFr., ISBN 3 8021 0441-2

Hans-Jürgen Kirsch
Die Equity-Methode im Konzernabschluß
1990, XXXI, 190 Seiten, 48,– DM/350,– öS/45,– sFr., ISBN 3 8021 0443-9

Baetge/Bruns/Busse von Colbe/Kirsch/Siebourg/v. Wysocki
Konzernrechnungslegung und -prüfung
1990, VII, 218 Seiten, 38,– DM/277,– öS/35,– sFr., ISBN 3 8021 0435-8

IDW-Verlag · Postfach 32 05 80 · 40420 Düsseldorf · Fax 02 11/45 61-206

Westfälische Wilhelms-Universität Münster
Institut für Revisionswesen

Jörg Baetge (Herausgeber)

Als IRW-Schriften sind bisher erschienen:

Antonius Wagner
Risiken im Jahresabschluß von Bauunternehmen
1989, XIX, 267 Seiten, 48,– DM/350,– öS/45,– sFr., ISBN 3 8021 0424-2

Annegret Uhlig
Grundsätze ordnungsmäßiger Bilanzierung für Zuschüsse
1989, XIX, 491 Seiten, 58,– DM/423,– öS/53,– sFr., ISBN 3 8021 0416-1

Gerd Fey
Grundsätze ordnungsmäßiger Bilanzierung für Haftungsverhältnisse
1989, XXXII, 393 Seiten, 48,– DM/350,– öS/45,– sFr., ISBN 3 8021 0413-7

Baetge/Ballwieser/Bardy/Clemm/Höfer/Huß/Kirsch/Kropff/Niehaus/Nordmeyer/Prasch/Schruff, W.
Bilanzanalyse und Bilanzpolitik
1989, 394 Seiten, 48,– DM/350,– öS/45,– sFr., ISBN 3 8021 0391-2 (vergriffen)

Martin Fröhlich
Finanzbuchführung mit Personal-Computern
1988, XXIV, 295 Seiten, 48,– DM/350,– öS/45,– sFr., ISBN 3 8021 0361-0 (vergriffen)

Baetge/Baumann/Berns/Clemm/Gmelin/Havermann/Reinhard/Wagner, A.
Rechnungslegung und Prüfung nach neuem Recht
1987, 162 Seiten, 38,– DM/277,– öS/35,– sFr., ISBN 3 8021 0347-5

Hans-Jürgen Niehaus
Früherkennung von Unternehmenskrisen
1987, XX, 234 Seiten, 48,– DM/350,– öS/45,– sFr., ISBN 3 8021 0348-3 (vergriffen)

Funk/Helmrich/Höfer/Reuter/Schruff, L./Siegel
Das neue Bilanzrecht – Ein Kompromiß divergierender Interessen?
1985, 208 Seiten, 48,– DM/350,– öS/45,– sFr., ISBN 3 8021 0283-5 (vergriffen)

Wolfgang Knüppe
Grundsätze ordnungsmäßiger Abschlußprüfung für Forderungen
1984, XIX, 308 Seiten, 48,– DM/350,– öS/45,– sFr., ISBN 3 8021 0255-X (vergriffen)

Biener/Döllerer/Hommelhoff/Jonas/Kellerhoff/Kropff/Krüger/Moxter/Müller, E./Scheibe-Lange/Schlüter/Schneider/Schreib/Schruff, L./Thomas/Zimmerer
Der Jahresabschluß im Widerstreit der Interessen
1983, 398 Seiten, 48,– DM/350,– öS/45,– sFr., ISBN 3 8021 0234-7 (vergriffen)

IDW-Verlag · Postfach 32 05 80 · 40420 Düsseldorf · Fax 02 11/45 61-206

Hinweise zur Nutzung der Beilage

Die in dieser Beilage abgedruckten Übersichten entsprechen den Übersichten in Abschnitt 72 der Anlage zum Buch (Seiten 298 bis 319 des Buches).

In dieser Beilage werden nacheinander alle Teilberichte, Hauptkriterien, Oberkriterien und Unterkriterien des Kriterienkataloges zur Beurteilung von Anhangangaben dokumentiert.

Zugleich werden in der Beilage die in zwei empirischen Umfragen unter Wirtschaftsprüfern und Finanzanalysten ermittelten Einschätzungen der befragten Fachleute zur Bedeutung aller Beurteilungskriterien dokumentiert.

Im ersten Schritt der empirischen Umfrage unter Wirtschaftsprüfern (WP) und Finanzanalysten (FA) wurde ermittelt, welche Bedeutung die acht Teilberichte des Anhangs für Wirtschaftsprüfer und Finanzanalysten besitzen. Die Fachleute wurden gebeten, die **Bedeutung eines Teilberichts des Anhangs** im Verhältnis zur Bedeutung der übrigen sieben Teilberichte des Anhangs auf einer Skala von 0 % bis 100 % einzuschätzen. Wären etwa alle acht Teilberichte gleich bedeutend, wäre für jeden Teilbericht ein Gewicht von 12,5 % zu vergeben gewesen.

In der ersten Übersicht auf Seite B-3 der Beilage sind die Ergebnisse dieser empirischen Umfrage dargestellt. In dieser Übersicht und in allen weiteren Übersichten zur Einschätzung von Anhangangaben (Bewertungskriterien) werden die Umfrageergebnisse getrennt für Wirtschaftsprüfer und Finanzanalysten dargestellt. Zugleich wird auch das arithmetische Mittel aus den Einschätzungen beider Berufsgruppen ausgewiesen.

Im ersten Schritt der empirischen Umfrage wurden die befragten Wirtschaftsprüfer und Finanzanalysten auch gebeten, auf einer Skala von 0 (keine Bedeutung), 1 (niedrige Bedeutung), 2 (mittlere Bedeutung), 3 (hohe Bedeutung) bis 4 (sehr hohe Bedeutung) die **Bedeutung** von gesetzlich kodifizierten Anhangangaben und von freiwilligen Anhangangaben (**Hauptkriterien**) einzuschätzen.

Gleiches gilt für den zweiten Schritt der Umfrage, in der die Fachleute gebeten wurden, auf einer Skala von 0 bis 4 die **Bedeutung von Oberkriterien und Unterkriterien** einzuschätzen, die die Hauptkriterien konkretisieren.

Nachstehende Übersichten zeigen für jeden Teilbericht alle Hauptkriterien (im Fettdruck und mit arabischen Zahlen systematisiert), Oberkriterien (mit Groß-Buchstaben systematisiert) und Unterkriterien (mit alpha-numerischen Angaben systematisiert) sowie die jeweilige Einschätzung dieser Kriterien durch die befragten Fachleute.

Römische Ziffern bei Gesetzesparagraphen innerhalb der Teilberichte bezeichnen hier Absätze von Paragraphen; Sätze in Paragraphen werden durch arabische Ziffern kenntlich gemacht. Sofern nicht anders angegeben, beziehen sich die Paragraphen-Angaben auf das Handelsgesetzbuch (HGB).

Ein • hinter einem Bewertungskriterium weist darauf hin, daß das Bewertungskriterium entweder durch ein **Beispiel** oder eine **Zusatzfrage** weiter konkretisiert wird: vgl. hierzu die Übersichten im Anschluß an Teilbericht VIII auf den Seiten B-19 bis B-22 dieser Anlage.

Die beiden rechten äußeren Spalten der jeweiligen Übersichten weisen für die Berufsgruppe der Wirtschaftsprüfer und für die Berufsgruppe der Finanzanalysten ein Maß aus für die **Genauigkeit des Repräsentationsschlusses** von der mittleren Einschätzung eines Teilberichts (bzw. eines Bewertungskriteriums) im Rücklauf der Umfrage (Stichprobe) auf die mittlere Einschätzung eines Teilberichts (bzw. eines Bewertungskriteriums) in der Grundgesamtheit aller angeschriebenen Wirtschaftsprüfer und Finanzanalysten. Der Schätzung wurde jeweils ein Sicherheitsgrad von 90 % zugrunde gelegt. Eine Schätzgenauigkeit von 5 % sagt zum Beispiel aus, daß der wahre Wert der Grundgesamtheit (die mittlere Einschätzung eines Teilberichts bzw. eines Bewertungskriteriums in der Grundgesamtheit) mit einer Sicherheit von 90 % von einem 5 %-Vertrauensintervall um den Mittelwert der Stichprobe überdeckt wird; eine Schätzgenauigkeit von 20 % würde bedeuten, daß der wahre Wert der Grundgesamtheit mit einer Sicherheit von 90 % innerhalb eines 20 %-Vertrauensintervalls um den Mittelwert der Stichprobe liegt. Strenggenommen handelt es sich bei den Werten, die in den beiden rechten äußeren Spalten der nachstehenden Übersichten ausgewiesen werden, also um „Ungenauigkeitsgrade", die für die Breite des Vertrauensintervalls stehen: Höhere Prozentwerte indizieren ein breiteres Vertrauensintervall und damit eine ungenauere Schätzung (vgl. im Detail Abschnitt 344.4 auf den Seiten 89 bis 93 des Buches).

Einschätzung der Teilberichte I bis VIII des Anhangs

Teilberichte		Mittlere Einschätzung eines Teilberichts (in %)			Schätz-genauigkeit (in %)	
		WP	FA	Arithmetisches Mittel	WP	FA
I	Allgemeine Angaben zu Inhalt und Gliederung des Einzel-/Konzernabschlusses	12,03	9,37	10,70	6,96	20,67
II	Grundsätze der Bilanzierung und Bewertung, Währungsumrechnung	18,17	12,65	15,41	5,75	16,53
III	Erläuterungen zu einzelnen Posten der Bilanz/Konzernbilanz	16,34	16,86	16,60	4,98	18,11
IV	Erläuterungen zu einzelnen Posten der GuV/Konzern-GuV	15,04	20,80	17,92	5,47	12,78
V	Angaben zum Konsolidierungskreis	9,79	10,27	10,03	6,82	17,76
VI	Angaben zu den Konsolidierungsmethoden	10,48	9,55	10,01	6,64	16,13
VII	Sonstige, vor allem rechtsformspezifische Pflichtangaben	10,15	8,39	9,27	6,83	21,10
VIII	Freiwillige Angaben	8,01	12,30	10,15	8,86	23,01

Teilbericht I: Allgemeine Angaben zu Inhalt und Gliederung des Einzel-/Konzernabschlusses

Nr.	Bewertungskriterien (Hauptkriterien, Oberkriterien, Unterkriterien)	Mittlere Einschätzung eines Bewertungs-kriteriums (auf einer 4-Punkte-Skala)			Schätz-genauigkeit (in %)	
		WP	FA	Arithme-tisches Mittel	WP	FA
1.	**Zusatzangaben, falls der Jahresabschluß/Konzernabschluß aufgrund besonderer Umstände kein den tatsächlichen Verhältnissen entsprechendes Bild vermittelt (§ 264 II 2/§ 297 II 3)**	**3,44**	**3,74**	**3,59**	**4,02**	**6,76**
2.	**Angabe und Begründung von Abweichungen in der Form der Darstellung aufeinanderfolgender (Konzern-)Bilanzen und (Konzern-)GuV (§ 265 I 2)**	**2,48**	**2,82**	**2,65**	**5,63**	**13,43**
	A. Angabe des betroffenen Sachverhalts	2,77	2,92	2,85	5,60	29,29
	B. Begründung (Ursache und Notwendigkeit des Wechsels)	2,63	2,92	2,78	6,91	27,26
3.	**Angabe und Erläuterung nicht vergleichbarer Vorjahresbeträge (§ 265 II 2)**	**2,72**	**3,38**	**3,05**	**4,56**	**10,98**
	A. Angabe der Gründe für die Nicht-Vergleichbarkeit der Beträge	2,85	2,92	2,89	6,46	16,82
	B. Angabe der betroffenen Posten im Anhang	2,79	2,77	2,78	6,09	20,10
	C. Freiwillige betragsgenaue Angaben, wenn eine Anpassung der Vorjahresbeträge nach § 265 II 3 (vgl. laufende Nr. 4 von Teilbericht I) nicht möglich ist	2,42	3,15	2,79	8,23	13,50
4.	**Angabe und Erläuterung angepaßter Vorjahresbeträge (§ 265 II 3)**	**2,47**	**2,94**	**2,70**	**5,50**	**18,2**
	A. Angabe der angepaßten Posten im Anhang	2,66	2,85	2,75	6,71	24,24
	B. Angabe der Gründe für die abweichende Ermittlung der Vorjahresbeträge	2,49	2,60	2,53	7,64	17,98
	C. Freiwillige Überleitungsrechnung	2,14	3,00	2,57	10,16	18,10

Teilbericht I: Allgemeine Angaben zu Inhalt und Gliederung des Einzel-/ Konzernabschlusses

Nr.	Bewertungskriterien (Hauptkriterien, Oberkriterien, Unterkriterien)	Mittlere Einschätzung eines Bewertungskriteriums (auf einer 4-Punkte-Skala)			Schätzgenauigkeit (in %)	
		WP	FA	Arithmetisches Mittel	WP	FA
5.	**Angabe und Begründung der Ergänzung des Abschlusses wegen einer für andere Geschäftszweige vorgeschriebenen Gliederung (§ 265 IV 2)**	**1,74**	**2,03**	**1,88**	**7,68**	**26,64**
	A. Angabe, nach welcher Grundgliederung der Jahresabschluß aufgestellt wurde	2,14	1,77	1,96	9,71	30,10
	B. Angabe der Gründe für diese Vorgehensweise	1,85	1,69	1,77	9,85	42,37
	C. Angabe der vorgenommenen Ergänzungen	1,92	1,69	1,80	9,22	46,80
6.	**Verknüpfung von Bilanz und GuV mit dem Anhang durch Fußnoten**	**1,26**	**2,41**	**1,83**	**11,15**	**26,49**
7.	**Gliederung des Anhangs nach sachlichen Gesichtspunkten**	**2,59**	**3,40**	**3,00**	**9,98**	**23,11**

Teilbericht II: Grundsätze der Bilanzierung und Bewertung, Währungsumrechnung

Nr.	Bewertungskriterien (Hauptkriterien, Oberkriterien, Unterkriterien)	Mittlere Einschätzung eines Bewertungskriteriums (auf einer 4-Punkte-Skala)			Schätzgenauigkeit (in %)	
		WP	FA	Arithmetisches Mittel	WP	FA
1.	**Angabe der auf die Posten der Bilanz und GuV angewandten Bilanzierungs- und Bewertungsmethoden (§ 284 II Nr. 1/§ 313 I Nr. 1)**	**3,19**	**3,35**	**3,27**	**3,78**	**12,12**
	A. Bewertungsmethoden für Gegenstände des Anlagevermögens	**2,82**	**3,31**	**3,07**	**6,39**	**17,43**
	A.1. Erläuterung der Ermittlung der Anschaffungskosten	2,54	2,38	2,46	8,73	24,72
	A.2. Erläuterung der Bilanzierung von Zuschüssen	2,90	2,15	2,53	6,12	19,77
	A.3. Erläuterung der planmäßigen Abschreibung	2,78	3,25	3,02	6,46	18,97
	A.3.1. Abschreibungsmethode •	2,84	3,38	3,11	6,14	14,75
	A.3.2. Nutzungsdauern/Abschreibungssätze •	2,62	3,42	3,02	7,78	16,00
	A.4. Angaben über die Abschreibung geringwertiger Wirtschaftsgüter	2,17	2,08	2,12	9,53	31,87
	A.5. Angaben über die Behandlung von Abschreibungen im Jahr des Zugangs von Vermögensgegenständen	2,23	2,23	2,23	9,29	28,63
	A.6. Erläuterung der Herstellungskosten	3,03	3,36	3,20	6,28	17,51
	A.6.1. Bestandteile der Herstellungskosten (Angaben über die Ausübung von Einbeziehungswahlrechten)	3,12	3,38	2,25	5,23	17,42
	Á.6.2. Angabe des zugrunde gelegten Beschäftigungsgrades	2,34	2,77	2,56	10,70	20,10
	A.6.3. Angabe der einbezogenen Kostenstellen	2,01	2,15	2,08	12,84	32,03
	B. Bewertungsmethoden für Gegenstände des Umlaufvermögens	**3,02**	**3,00**	**3,01**	**6,25**	**18,10**
	B.1. Erläuterung der Ermittlung der Anschaffungskosten	2,59	2,33	2,46	8,32	27,29
	B.2. Erläuterung der Herstellungskosten	3,10	2,85	2,97	5,60	21,60
	B.2.1. Herstellungskostenbestandteile (Ausübung von Einbeziehungswahlrechten) •	3,10	2,85	2,97	5,91	26,63
	B.2.2. Angabe des zugrunde gelegten Beschäftigungsgrades	2,45	2,23	2,34	9,36	28,63
	B.2.3. Angabe der einbezogenen Kostenstellen	2,10	2,15	2,13	12,43	28,54
	B.3. Angabe der Abschreibungen auf das Umlaufvermögen gemäß der strengen Niederstwertvorschrift	2,83	3,17	3,00	6,82	10,05
	B.3.1. Betragsangabe	2,74	3,15	2,95	6,77	13,50
	B.3.2. Erläuterung des zur Abschreibung führenden Sachverhalts	2,50	2,85	2,67	8,12	18,58
	B.3.3. Erläuterung der Vorgehensweise bei der Ermittlung des niedrigeren beizulegenden Wertes	2,37	2,38	2,38	8,79	28,00

Teilbericht II: Grundsätze der Bilanzierung und Bewertung, Währungsumrechnung						
Nr.	**Bewertungskriterien (Hauptkriterien, Oberkriterien, Unterkriterien)**	**Mittlere Einschätzung eines Bewertungs-kriteriums (auf einer 4-Punkte-Skala)**			**Schätz-genauigkeit (in %)**	
		WP	**FA**	**Arithme-tisches Mittel**	**WP**	**FA**
1.	**C. Bewertungsmethoden für Passivposten**	**2,93**	**2,91**	**2,92**	**6,18**	**21,04**
	C.1. Erläuterung der Bewertungsmethoden für Pensionsrückstellungen	2,82	2,77	2,80	6,38	30,27
	C.1.1. Angabe des zugrunde gelegten Zinssatzes	2,71	2,85	2,78	7,26	28,81
	C.1.2. Hinweis auf versicherungsmathematische Grundsätze	2,33	2,23	2,28	9,04	37,58
	C.1.3. Hinweis auf Entsprechung mit steuerrechtlichen Vorschriften	2,37	2,23	2,30	9,41	28,63
	C.2. Erläuterung der Bewertungsmethoden für sonstige Rückstellungen	2,82	2,92	2,87	6,64	22,24
	C.2.1. Angaben der wesentlichen Schätzparameter (z. B. Reklamationsquote und Schadenshöhe bei Garantierückstellungen)	2,45	2,77	2,61	8,20	16,61
	C.2.2. Hinweis, ob Saldierung mit positiven Erfolgsbeiträgen	2,46	2,62	2,54	9,80	25,53
	C.2.3. Angabe, ob Ermittlung auf Teilkosten-/Vollkostenbasis	2,82	2,38	2,60	7,59	20,94
	C.2.4 Angaben über das Ausmaß der Inanspruchnahme von Wahlrechten zur Bildung von (Aufwands-)Rückstellungen	2,91	3,00	2,95	6,41	23,36
	C.2.5. Angaben über die Abzinsung von Rückstellungen	2,53	2,54	2,53	8,20	34,07
	C.2.6. Angaben über die Berücksichtigung von Preissteigerungen	2,35	2,00	2,17	9,27	44,32
2.	**Angabe der Grundlagen der Währungsumrechnung im Einzelabschluß (§ 284 II Nr. 2)**	**2,37**	**2,21**	**2,29**	**5,74**	**27,57**
	A. Angaben über die Art der Umrechnungskurse (z. B. Briefkurse)	2,35	1,69	2,02	8,53	50,33
	B. Angaben zum Stichtag der Umrechnung	2,27	1,77	2,02	8,62	47,38
	C. Angaben über die bei der Währungsumrechnung angewandten GoB	2,08	1,54	1,81	9,49	63,17
	D. Angaben zur Behandlung von Umrechnungsdifferenzen	2,32	2,00	2,16	8,27	41,46
	E. Ggf. Angaben über die Berücksichtigung von Deckungsgeschäften	2,71	1,92	2,32	7,26	44,52
3.	**Angabe der Grundlagen der Währungsumrechnung im Konzernabschluß (§ 313 I Nr. 2)**	**2,73**	**2,97**	**2,85**	**5,14**	**15,71**
	A. Angewandte Methode der Währungsumrechnung	2,89	2,46	2,68	6,11	30,17
	B. Angaben über die Art der Umrechnungskurse (z. B. historischer Kurs)	2,74	2,62	2,68	6,39	35,02
	C. Angaben zum maßgeblichen Stichtag	2,51	2,54	2,53	7,27	36,24
	D. Angaben über den Ausweis von Umrechnungsdifferenzen in der GuV	2,37	3,00	2,69	8,55	27,64
	E. Angaben über den Ausweis der Umrechnungsdifferenzen in der Bilanz	2,43	2,77	2,60	7,98	32,32
	F. Angaben über Ergebnisauswirkungen	2,83	3,23	3,03	6,85	27,70
	G. Ggf. Berichterstattung über Behandlung der Unterschiedsbeträge aus den Vorjahren	2,26	2,23	2,25	8,97	42,51
	H. Ggf. Berichterstattung über das Ausmaß, in dem wesentliche Wechselkursänderungen einzelne Abschlußposten beeinflußt haben	2,42	2,69	2,55	7,93	29,41
	I. Ggf. Hinweis auf Besonderheiten bei der Umrechnung von Jahresabschlüssen aus Hochinflationsländern	2,80	2,31	2,56	7,09	41,61
4.	**Angabe und Begründung der Abweichungen von Bilanzierungs- und Bewertungs-methoden (§ 284 II Nr. 3/§ 313 I Nr. 3) •**	**3,27**	**3,29**	**3,28**	**3,38**	**11,51**
	A. Abweichender Sachverhalt (Worin besteht die Abweichung?)	3,04	3,00	3,02	5,30	21,11
	B. Ausmaß der Abweichung (Worauf erstreckt sich die Abweichung?)	2,91	2,93	2,92	6,26	22,60
	C. Argumente für das Abweichen (Begründung der Abweichung)	2,67	2,79	2,73	7,24	27,24
5.	**Gesonderte Darstellung des Einflusses von Abweichungen (vgl. Nr. 4 von Teilbericht II) auf die Vermögens-, Finanz und Ertragslage (§ 284 II Nr. 3/§ 313 I Nr. 3)**	**3,03**	**3,09**	**3,06**	**4,02**	**13,18**
	A. Verbale Darstellung des Umfangs des Einflusses, wenn der Einfluß erkennbar unwesentlich ist	1,52	1,00	1,26	14,50	56,63
	B. Zusätzlich quantitative Angabe des Umfangs des Einflusses, wenn dieser Einfluß nicht als unwesentlich bezeichnet oder gar nicht bezeichnet wird	2,53	3,00	2,77	7,53	18,88
	C. Gesonderte Darstellung des Saldos der Abweichungen für die jeweiligen Teilbereiche der wirtschaftlichen Lage	2,62	2,64	2,63	7,47	20,35
6.	**Angabe und Begründung, wenn die konzerneinheitliche Bewertung von den vom MU angewandten Bewertungsmethoden abweicht (§ 308 I 3)**	**2,46**	**2,55**	**2,50**	**5,42**	**10,54**
	A. Angabe jeder einzelnen Abweichung	2,14	2,00	2,07	10,59	28,32
	B. Begründung: Welche Motive gibt es für die Abweichung?	2,32	2,07	2,19	9,33	34,76

Teilbericht II: Grundsätze der Bilanzierung und Bewertung, Währungsumrechnung

Nr.	Bewertungskriterien (Hauptkriterien, Oberkriterien, Unterkriterien)	Mittlere Einschätzung eines Bewertungskriteriums (auf einer 4-Punkte-Skala)			Schätzgenauigkeit (in %)	
		WP	FA	Arithmetisches Mittel	WP	FA
7.	**Hinweis, wenn auf Sondervorschriften für Kreditinstitute und Versicherungen beruhende Wertansätze beibehalten wurden (§ 308 II 2)**	**2,14**	**2,00**	**2,07**	**16,50**	**24,96**
8.	**Angabe und Begründung, wenn im Konzernabschluß in Ausnahmefällen keine einheitliche Bewertung vorgenommen wurde (§ 308 II 4)**	**2,54**	**2,62**	**2,58**	**5,18**	**17,60**
	A. Angabe der Tatsache der Abweichung im Konzernanhang	2,47	2,00	2,24	7,31	37,46
	B. Quantifizierung der Abweichung	2,45	2,36	2,40	7,83	37,24
9.	**Ausweis der Unterschiedsbeträge bei Anwendung von Bewertungsvereinfachungsverfahren, wenn die Bewertung einen erheblichen Unterschied zu einer Bewertung auf Grundlage des letzten vor dem Abschlußstichtag bekannten Börsen- oder Marktpreises aufweist (§ 284 II Nr. 4)**	**2,42**	**2,85**	**2,63**	**5,78**	**14,90**
	A. Angabe, welches Bewertungsvereinfachungsverfahren angewandt wurde	2,44	2,43	2,44	7,27	25,32
	B. Angabe des Unterschiedsbetrages für jede Gruppe bzw. jeden Bilanzposten in einem Betrag	2,26	2,57	2,41	8,84	23,91
	C. Ggf. Angabe, ob das Mengengerüst zu einem erheblichen Unterschiedsbetrag geführt hat	2,13	2,29	2,21	9,53	31,41
10.	**Angaben über die Einbeziehung von Fremdkapitalzinsen in die Herstellungskosten (§ 284 II Nr. 5)**	**2,48**	**2,29**	**2,39**	**5,87**	**30,85**
	A. Angabe, ob alle aktivierungsfähigen Fremdkapitalzinsen oder nur einzelne Teile in die Herstellungskosten einbezogen wurden	2,74	2,43	2,59	7,12	37,17
	B. Angabe des betroffenen Bilanzpostens	2,51	1,86	2,18	7,94	45,38
	C. Angabe des Betrags der aktivierten Fremdkapitalzinsen	2,69	2,57	2,63	7,66	39,27
11.	**Angabe des Ausmaßes der Ergebnisbeeinflussung durch Anwendung steuerrechtlicher Vorschriften oder Bildung von Sonderposten mit Rücklageanteil im Geschäftsjahr oder in Vorjahren (§ 285 Nr. 5/§ 314 I Nr. 5) •**	**2,68**	**3,35**	**3,02**	**4,77**	**14,87**
	A. Angabe eines Betrages, der die Größenordnung der Ergebnisbeeinflussung erkennen läßt	3,02	3,43	3,23	5,12	17,93
	B. Offenlegung, durch welche Bilanzierungs- und Bewertungsmaßnahmen das Ergebnis beeinflußt worden ist	2,87	3,29	3,08	5,78	18,14
	C. Angabe, ob bei der Ermittlung Steuern berücksichtigt werden	2,72	3,50	3,11	5,88	10,70
	D. Hinweis, ob sich die Angabe auf das Ergebnis vor oder nach Steuern bezieht	2,88	3,64	3,26	6,22	9,85
	E. Angabe des zugrunde gelegten Steuersatzes	2,40	2,93	2,66	8,42	22,60
12.	**Angabe über das Ausmaß erheblicher künftiger Belastungen aus der Inanspruchnahme steuerlicher Vergünstigungen (§ 285 Nr. 5/§ 314 I Nr. 5) •**	**2,47**	**3,32**	**2,90**	**5,52**	**17,91**
	A. Angabe der Art der Belastung	2,41	3,07	2,74	7,96	19,48
	B. Angaben zur Höhe der Belastung	2,46	3,50	2,98	8,14	13,42
	C. Angabe des zugrunde gelegten Steuersatzes	2,13	3,07	2,60	9,24	19,48
	D. Angabe des Betrachtungszeitraums	2,30	3,14	2,72	8,68	17,70
	E. Angabe der Bezugsgrößen der Belastung (Ergebnis, eigene Mittel etc.)	2,27	3,07	2,67	9,07	14,47
	F. Angabe, ob es sich um Barwerte oder um Nominalwerte handelt	2,28	3,07	2,68	9,23	25,19
13.	**Angabe der Gründe für die planmäßige Abschreibung des Geschäfts- oder Firmenwertes im Einzelabschluß (§ 285 Nr. 13)**	**1,71**	**1,79**	**1,75**	**7,86**	**31,70**
	A. Angabe der voraussichtlichen Nutzungsdauer	2,55	3,21	2,88	7,48	18,01
	B. Angabe der Abschreibungsmethode	2,41	3,21	2,81	7,33	18,01
	C. Begründung der gewählten Abschreibungsmethode	1,91	2,07	1,99	10,31	34,76
14.	**Gesonderte Angabe der außerplanmäßigen Abschreibungen (Anlagevermögen) nach § 253 II 3 in einem Betrag (§ 277 III 1)**	**2,59**	**3,18**	**2,88**	**4,91**	**11,35**
	A. Angabe des Betrages der außerplanmäßigen Abschreibung	3,05	3,71	3,38	5,19	9,11
	B. Erläuterung des der Abschreibung zugrunde liegenden Sachverhalts	2,66	3,14	2,90	7,20	15,23
	C. Differenzierung der außerplanmäßigen Abschreibung nach Bilanzposten	2,14	3,00	2,57	9,71	21,11

Teilbericht II: Grundsätze der Bilanzierung und Bewertung, Währungsumrechnung

Nr.	Bewertungskriterien (Hauptkriterien, Oberkriterien, Unterkriterien)	Mittlere Einschätzung eines Bewertungskriteriums (auf einer 4-Punkte-Skala)			Schätzgenauigkeit (in %)	
		WP	FA	Arithmetisches Mittel	WP	FA
15.	**Gesonderte Angabe der außerplanmäßigen Abschreibungen (Umlaufvermögen) nach § 253 II 3 (§ 277 II 1)**	**2,59**	**3,03**	**2,81**	**5,01**	**12,26**
	A. Angabe des Betrages der außerplanmäßigen Abschreibung	2,98	3,50	3,24	5,50	10,70
	B. Erläuterung des der Abschreibung zugrunde liegenden Sachverhalts	2,66	3,00	2,83	6,96	18,88
	C. Differenzierung der außerplanmäßigen Abschreibung nach Bilanzposten	2,18	2,71	2,45	9,52	19,32
16.	**Angabe und Begründung der im Geschäftsjahr aus steuerlichen Gründen unterlassenen Zuschreibungen (§ 280 III/§308 III 2)**	**1,92**	**2,32**	**2,12**	**7,12**	**23,03**
	A. Angabe der unterlassenen Zuschreibungen des Geschäftsjahres	2,38	2,79	2,58	8,20	15,00
	B. Angabe der auch in Vorjahren unterlassenen Zuschreibungen	2,07	2,50	2,28	9,60	14,98
	C. Angabe der steuerrechtlichen Vorschriften, auf denen die Beibehaltung der Wertansätze beruht	1,79	1,71	1,75	10,85	34,76
17.	**Angabe und Begründung der allein nach steuerrechtlichen Vorschriften gebildeten Abschreibungen getrennt nach Anlage- und Umlaufvermögen (§ 281 II 1/§ 308 III 2)**	**2,31**	**2,50**	**2,40**	**6,06**	**22,95**
	A. Angabe der Vorschriften, nach denen steuerrechtliche Sonderabschreibungen vorgenommen wurden	2,43	2,50	2,46	8,26	27,16
	B. Aufgliederung nach Anlage- und Umlaufvermögen	2,29	2,57	2,43	8,16	30,59
	C. Aufgliederung nach Bilanzposten	1,96	2,29	2,12	10,34	31,41

Teilbericht III: Erläuterungen zu einzelnen Posten der Bilanz/Konzernbilanz

Nr.	Bewertungskriterien (Hauptkriterien, Oberkriterien, Unterkriterien)	Mittlere Einschätzung eines Bewertungskriteriums (auf einer 4-Punkte-Skala)			Schätzgenauigkeit (in %)	
		WP	FA	Arithmetisches Mittel	WP	FA
1.	**Angabe der Mitzugehörigkeit eines Posten zu anderen Posten (§ 265 III 1)**	**1,40**	**1,71**	**1,55**	**8,76**	**39,12**
2.	**Gesonderter Ausweis der in der Bilanz zusammengefaßten Posten (§ 265 VII Nr. 2)**	**2,00**	**2,32**	**2,16**	**7,33**	**24,70**
3.	**Gesonderte Angabe eines Gewinn- oder Verlustvortrags bei Aufstellung der Bilanz unter Berücksichtigung einer teilweisen Gewinnverwendung (§ 268 I Nr. 2 3. HS)**	**2,05**	**2,53**	**2,29**	**7,18**	**19,74**
4.	**Darstellung des Anlagengitters (§ 268 II) •**	**2,74**	**2,76**	**2,75**	**5,07**	**17,07**
	A. Angabe des Mindestschemas	2,51	3,14	2,83	7,82	17,70
	B. Ergänzung des Mindestschemas um einen Abschreibungsspiegel	2,55	3,21	2,88	7,74	15,71
	C. Über die Angabe der Zuschreibung des Geschäftsjahres hinausgehende Angaben zu Zuschreibungen (Zuschreibungsgitter)	1,93	2,69	2,31	10,26	27,01
	D. Berücksichtigung von Auswirkungen aus Änderungen des Konsolidierungskreises im Anlagengitter	2,43	3,14	2,78	8,02	19,86
	D.1. Angabe von Änderungen der historischen AK/HK	2,13	2,71	2,42	8,89	26,45
	D.2. Angabe der korrigierten kumulierten Abschreibungen	2,25	2,79	2,52	9,21	27,24
	E. Berücksichtigung von Auswirkungen der Währungsumrechnung im Anlagengitter	2,22	2,36	2,29	8,28	30,88
	E.1. Angabe von Änderungen der historischen AK/HK	2,02	2,07	2,05	8,70	28,88
	E.2. Angabe der korrigierten kumulierten Abschreibungen	2,11	2,07	2,09	9,34	31,96

Teilbericht III: Erläuterungen zu einzelnen Posten der Bilanz/Konzernbilanz

Nr.	Bewertungskriterien (Hauptkriterien, Oberkriterien, Unterkriterien)	Mittlere Einschätzung eines Bewertungs-kriteriums (auf einer 4-Punkte-Skala)			Schätz-genauigkeit (in %)	
		WP	FA	Arithme-tisches Mittel	WP	FA
5.	**Aufgliederung der Abschreibungen des Geschäftsjahres entsprechend der Gliederung des Anlagevermögens (§ 268 II 3)**	**2,35**	**2,62**	**2,49**	**6,06**	**16,24**
	A. Erläuterung, was unter „Abschreibungen des Geschäftsjahres" verstanden wird	2,00	2,79	2,39	10,98	18,12
	B. Ausweis der Abschreibungen entsprechend der Gliederung des Anlagevermögens	2,47	2,79	2,63	7,76	20,78
6.	**Erläuterung der nach dem Abschlußstichtag entstehenden sonstigen Vermögensgegenstände (RAP) größeren Umfangs (§ 268 IV 2)**	**1,71**	**2,32**	**2,02**	**7,44**	**22,70**
	A. Tatbestand, der dem antizipativen Posten zugrunde liegt	2,00	2,14	2,07	9,86	25,95
	B. Angabe des Betrages des antizipativen Postens	2,04	2,50	2,27	10,04	27,16
	C. Hinweis darauf, warum der rechtliche Anspruch erst im neuen Jahr entsteht	1,67	1,79	1,73	11,40	23,41
	D. Hinweis darauf, ob der rechtliche Anspruch bis zur Aufstellung der Bilanz entstanden ist	1,74	1,64	1,69	12,54	27,83
7.	**Erläuterung der nach dem Abschlußstichtag entstehenden Verbindlichkeiten (RAP) größeren Umfangs (§ 268 V 3)**	**1,85**	**2,47**	**2,16**	**7,35**	**19,05**
	A. Tatbestand, der dem antizipativen Posten zugrunde liegt	1,99	2,21	2,10	10,59	26,14
	B. Angabe des Betrages des antizipativen Postens	2,05	2,62	2,33	10,45	28,20
	C. Hinweis darauf, warum der rechtliche Anspruch erst im neuen Jahr entsteht	1,76	2,00	1,88	11,91	24,52
	D. Hinweis darauf, ob der rechtliche Anspruch bis zur Aufstellung der Bilanz entstanden ist	1,81	1,86	1,84	12,95	29,95
8.	**Angabe eines Unterschiedsbetrages, der nach § 250 II in den aktiven Rechnungs-abgrenzungsposten aufgenommen wird (Disagio; § 268 VI)**	**1,64**	**1,82**	**1,73**	**7,49**	**31,47**
	A. Betragsangabe	2,81	2,36	2,27	9,12	40,93
	B. Angaben über die Abschreibung des Disagios	1,92	2,07	2,00	10,77	44,22
9.	**Gesonderte Angabe der Haftungsverhältnisse und Pfandrechte (§ 268 VII)**	**3,02**	**2,32**	**2,67**	**3,85**	**20,09**
	A. Haftungsverhältnisse und gewährte Pfandrechte und Sicherheiten	2,89	2,35	2,62	7,24	28,03
	B. Gesonderte Angabe der Verpflichtungen gegenüber verbundenen Unternehmen	3,11	2,14	2,63	9,02	29,11
10.	**Erläuterung der aktivierten Aufwendungen für Ingangsetzung und Erweiterung des Geschäftsbetriebs (§ 269 1)**	**2,52**	**2,68**	**2,60**	**6,34**	**18,65**
	A. Angabe des Grundes für die eingeleitete Maßnahme	2,75	2,57	2,66	7,52	21,22
	B. Bestandteile (Art) der Ingangsetzungs- und Erweiterungsaufwendungen	2,60	2,43	2,51	8,35	22,47
	C. Verteilung des Gesamtbetrages auf einzelne Kostenarten	1,76	2,14	1,95	12,59	31,98
	D. Angabe zur Abschreibung des Postens	2,47	2,79	2,63	8,68	18,12
	E. Hinweis auf die Einhaltung des gesetzlichen Deckungsgebots	2,11	2,00	2,05	11,52	28,32
11.	**Angabe der Vorschriften, nach denen der Sonderposten mit Rücklageanteil gebildet wurde (§ 273 2/§ 281 I 2)**	**2,15**	**2,53**	**2,34**	**6,18**	**27,15**
	A. Angabe der jeweiligen Vorschrift	2,50	2,50	2,50	7,75	27,16
	B. Freiwillige Trennung nach unversteuerten Rücklagen und steuerrechtlichen Abschreibungen	2,35	3,21	2,78	8,56	15,71
12.	**Gesonderte Angabe der Rückstellung für latente Steuern (§ 274 I 1)**	**2,22**	**2,74**	**2,48**	**5,96**	**19,34**
13.	**Erläuterung des als Bilanzierungshilfe gesondert in der Bilanz ausgewiesenen Abgrenzungspostens für latente Steuern (§ 274 II 2)**	**2,16**	**2,56**	**2,36**	**6,75**	**18,25**
	A. Angabe der Gründe für die Abweichung zwischen Handelsbilanzergebnis und Steuer-bilanzergebnis	2,52	2,79	2,65	7,96	27,24
	B. Angabe des zugrunde gelegten Steuersatzes	2,05	2,50	2,27	9,64	27,16
	C. Hinweis auf die Verrechnung mit passivischen Steuerlatenzen	2,27	2,43	2,35	8,68	27,87
	D. Erläuterung der Berechnungsmethode	2,18	1,93	2,05	9,22	42,72
	E. Erläuterung des Gesamtbetrages der aktivischen latenten Steuern, d. h. auch des Betrages, der wegen des Aktivierungswahlrechts nicht aktiviert wurde	2,24	2,71	2,48	9,80	28,43

Teilbericht III: Erläuterungen zu einzelnen Posten der Bilanz/Konzernbilanz

Nr.	Bewertungskriterien (Hauptkriterien, Oberkriterien, Unterkriterien)	Mittlere Einschätzung eines Bewertungskriteriums (auf einer 4-Punkte-Skala)			Schätzgenauigkeit (in %)	
		WP	FA	Arithmetisches Mittel	WP	FA
14.	**Gesonderte Angabe der Steuerabgrenzung bei einem Konzernergebnis, das von der Summe der Einzelergebnisse abweicht (§ 306 2)**	**2,06**	**2,68**	**2,37**	**6,42**	**19,34**
	A. Hinweis auf die Zusammenfassung mit Steuerlatenzen gemäß § 274	2,33	2,21	2,27	8,40	36,57
	B. Angabe der Ursachen der Steuerabgrenzung	2,22	2,36	2,29	9,09	35,24
	C. Angabe des zugrunde gelegten Steuersatzes	2,02	1,93	1,98	9,80	40,12
	D. Evtl. Hinweis auf Abweichung gegenüber dem Vorjahr	2,06	1,93	2,00	10,16	40,12
15.	**Angaben zu Verbindlichkeiten (§ 285 Nr. 1 und 2/§ 314 I Nr. 1)**	**2,48**	**1,97**	**2,23**	**5,32**	**23,59**
	A. Gesetzlich vorgeschriebene Mindestangaben	2,79	2,79	2,79	7,13	30,80
	A.1. Angabe des Gesamtbetrages der Verbindlichkeiten mit einer Restlaufzeit von mehr als fünf Jahren	2,61	2,36	2,49	4,81	18,48
	A.2. Angabe des Gesamtbetrages der durch Pfandrechte oder ähnliche Rechte gesicherten Verbindlichkeiten unter Angabe von Art und Form der Sicherheit	2,57	1,76	2,17	5,40	21,49
	A.3. Aufgliederung der Angaben nach § 285 Nr. 1 für jeden Posten der Verbindlichkeit	2,27	1,79	2,03	6,12	36,36
	A.3.1. Gesamtbetrag der Verbindlichkeit	3,29	2,93	3,11	7,82	27,39
	A.3.2. Art und Form der Sicherheit	2,11	1,78	1,95	8,90	25,46
	B. Freiwillige Angabe der mittelfristigen Verbindlichkeiten	2,18	2,71	2,45	9,87	24,31
	B.1. Gesamtbetrag	3,25	2,99	3,12	8,12	23,29
	B.2. Aufgliederung	2,01	1,82	1,92	10,84	26,47
	C. Freiwillige übersichtliche Darstellung der Verbindlichkeiten in einem tabellarischen Verbindlichkeitenspiegel	2,74	2,79	2,76	7,26	23,13
16.	**Angaben zu Unternehmen, an denen das MU, ein TU oder für deren Rechnung ein Dritter mindestens 20 % der Anteile hält (§ 285 Nr. 11/§ 313 II Nr. 4)**	**2,65**	**3,20**	**2,93**	**5,98**	**14,27**
	A. Name und Sitz des Unternehmens	2,56	3,09	2,83	5,71	14,48
	B. Anteil am Kapital des Unternehmens	2,72	3,27	2,99	4,84	14,31
	C. Höhe des Eigenkapitals des Unternehmens	2,64	3,03	2,83	5,10	16,12
	D. Letztes Jahresergebnis des Unternehmens	2,72	3,39	3,06	4,96	11,36
17.	**Angabe der Anwendung der Schutzklausel (bezüglich Aufstellung des Anteilsbesitzes) nach § 286 III 1 Nr. 2/§ 313 III 1 i. V. m. § 313 II Nr. 4 (§ 286 III 3/§ 313 III 2)**	**2,20**	**2,38**	**2,29**	**7,38**	**22,99**
18.	**Hinweis auf die besondere Aufstellung des Anteilbesitzes und den Ort ihrer Hinterlegung, falls der Anteilbesitz nicht im Anhang angegeben wird**	**2,13**	**2,06**	**2,10**	**7,33**	**27,83**
	A. Hinweis auf die Hinterlegung der Anteilliste	2,29	1,57	1,93	9,96	39,13
	B. Hinweis auf den Ort des Handelsregisters	2,12	1,79	1,95	11,34	23,41
	C. Hinweis auf die Nummer des Handelsregisters	1,91	2,07	1,99	13,04	34,76
	D. Angaben zur Beteiligungsliste	3,48	3,22	3,35	12,51	31,17
19.	**Erläuterung von nicht gesondert ausgewiesenen „sonstigen Rückstellungen", die einen nicht unerheblichen Umfang haben (§ 285 Nr. 12) •**	**2,77**	**3,15**	**2,96**	**4,45**	**13,90**
	A. Angabe der einzelnen Teil-Rückstellungen zugrunde liegenden Sachverhalte	2,70	2,93	2,81	7,29	24,58
	B. Angabe der Fristigkeiten	2,27	2,57	2,42	9,34	28,53
	C. Angabe von Beträgen pro Teil-Rückstellung	2,38	2,79	2,59	10,03	29,07
20.	**Angabe der Fehlbeträge für laufende Pensionen und Anwartschaften auf Pensionen und ähnliche Verpflichtungen (Artikel 28 II EGHGB)**	**3,06**	**3,03**	**3,04**	**7,33**	**17,54**
	A. Angabe des Betrages der Unterdeckung	3,23	3,29	3,26	5,52	20,08
	B. Angabe der Ursachen für die Unterdeckung	2,49	2,36	2,42	9,28	33,13
21.	**Angabe des in andere Gewinnrücklagen eingestellten Eigenkapitalanteils von Wertaufholungen und von bei der Gewinnermittlung gebildeten Passivposten (§ 58 IIa 2 AktG)**	**2,17**	**2,36**	**2,27**	**6,19**	**18,79**

Teilbericht III: Erläuterungen zu einzelnen Posten der Bilanz/Konzernbilanz

Nr.	Bewertungskriterien (Hauptkriterien, Oberkriterien, Unterkriterien)	Mittlere Einschätzung eines Bewertungskriteriums (auf einer 4-Punkte-Skala)			Schätzgenauigkeit (in %)	
		WP	FA	Arithmetisches Mittel	WP	FA
22.	**Angabe des für das Geschäftsjahr in die Kapitalrücklage eingestellten bzw. aus der Kapitalrücklage entnommenen Betrages (§ 152 II AktG)**	**2,32**	**2,58**	**2,45**	**5,55**	**18,41**
	A. Gesetzliche Angaben (Einstellung aus Bilanzgewinn und Jahresüberschuß, Entnahmen)	2,54	2,43	2,49	7,43	24,42
	B. Freiwillige Angabe: Bewegungen einzelner Posten der Kapitalrücklage	2,05	2,36	2,20	8,86	35,24
	C. Darstellung in Form eines Rücklagenspiegels	2,05	2,43	2,24	10,34	34,42
23.	**Angabe der einzelnen Beträge der Gewinnrücklagen (§ 152 II AktG)**	**2,29**	**2,57**	**2,43**	**5,74**	**13,41**
	A. Gesetzliche Angaben (Einstellung aus Bilanzgewinn und Jahresüberschuß, Entnahmen)	2,56	2,64	2,60	7,51	27,54
	B. Ausweis eines Rücklagenspiegels	2,00	2,64	2,32	10,59	25,37
24.	**Angabe von Zahl und Nennbetrag der Aktien jeder Gattung (§ 160 I Nr. 3 AktG)**	**1,56**	**2,72**	**2,14**	**9,53**	**21,29**
	A. Gesetzlich geforderte Angaben	2,08	2,86	2,47	10,63	21,84
	B. Übersichtliche Zusammenfassung der Angaben im Anhang	1,90	2,79	2,34	11,91	25,27
25.	**Gesonderte Angabe der Aktien je Gattung, die bei einer bedingten Kapitalerhöhung oder einem genehmigten Kapital im Geschäftsjahr gezeichnet wurden (§ 160 I Nr. 3**	**1,73**	**2,64**	**2,18**	**8,20**	**16,97**
	AktG)	2,27	2,43	2,35	8,72	32,39
	A. Anlaß der Kapitalerhöhung	2,11	2,79	2,45	9,42	27,24
	B. Gesamtnennbetrag der Aktien je Gattung	2,11	2,93	2,52	9,02	24,58
	C. Ausgabebetrag der Aktien je Gattung	2,27	2,64	2,45	8,81	29,55
	D. Angaben zur bilanziellen Behandlung der Kapitalerhöhung	2,43	2,86	2,64	8,81	23,99
	E. Gegenwert der Aktien (Bar- oder Sacheinlage)					
26.	**Angaben über das genehmigte Kapital (§ 160 I Nr. 4 AktG)**	**2,11**	**2,97**	**2,54**	**6,53**	**15,97**
	A. Datum des Hauptversammlungsbeschlusses	1,84	1,79	1,81	11,28	32,42
	B. Inhalt des Hauptversammlungsbeschlusses	2,21	2,14	2,18	9,67	22,34
	C. Nennbetrag des am Stichtag bestehenden genehmigten Kapitals	2,34	2,71	2,53	8,87	24,31
27.	**Zahl der Wandelschuldverschreibungen und vergleichbaren Wertpapiere unter Angabe der Rechte, die sie verbriefen (§ 160 I Nr. 5 AktG)**	**2,02**	**2,76**	**2,39**	**6,57**	**18,70**
	A. Angabe der Gattung	2,08	2,21	2,15	9,30	34,26
	B. Angabe der Zahl/Nennbeträge der umlaufenden Stücke je Gattung	2,08	2,43	2,26	9,30	34,42
	C. Angabe der verbrieften Rechte (Anleihebedingungen, Zinssatz, Wandlungsverhältnis, Aufgeld, Fälligkeit, Besicherung etc.)	2,14	2,43	2,29	9,89	32,39
28.	**Angaben über Genußrechte, Besserungsscheine, ähnliche Rechte (§ 160 I Nr. 6 AktG)**	**2,31**	**3,09**	**2,70**	**6,23**	**14,48**
	A. Art der Rechte	2,38	2,29	2,33	9,19	28,87
	B. Zahl der Rechte	2,21	2,29	2,25	9,57	31,41
	C. Nennbetrag der Rechte	2,29	2,43	2,36	9,55	32,39
	D. Hervorhebung der neu entstandenen Rechte	2,18	2,36	2,27	9,96	37,24
	E. Inhalt der einzelnen Rechte (Zweck der Ausgabe, Hauptversammlungsbeschluß, berechtigte Personen, Laufzeit, Änderung der Bedingung, Erlöschen von Rechtsverpflichtungen u. ä.)	2,21	2,36	2,28	10,41	30,88
29.	**Erläuterung der Zusammensetzung einzelner Posten der Aktivseite**	**2,13**	**2,07**	**2,10**	**7,54**	**17,09**
30.	**Erläuterung der Zusammensetzung einzelner Posten der Passivseite**	**2,31**	**2,72**	**2,52**	**6,89**	**12,61**

Teilbericht IV: Erläuterungen zu einzelnen Posten der GuV-/Konzern GuV

Nr.	Bewertungskriterien (Hauptkriterien, Oberkriterien, Unterkriterien)	Mittlere Einschätzung eines Bewertungskriteriums (auf einer 4-Punkte-Skala)			Schätzgenauigkeit (in %)	
		WP	FA	Arithmetisches Mittel	WP	FA
1.	**Gesonderter Ausweis der in der Gewinn- und Verlustrechnung zusammengefaßten Posten (§ 265 VII Nr. 2)**	**2,42**	**3,18**	**2,80**	**5,92**	**16,61**
2.	**Weitere Aufgliederung der in der GuV ausgewiesenen sonstigen betrieblichen Aufwendungen und Erträge (§ 265 V 1) •**	**2,47**	**3,59**	**3,03**	**5,49**	**9,10**
3.	**Erläuterung des Betrages und der Art von außerordentlichen Erträgen und Aufwendungen, soweit diese für die Beurteilung der Ertragslage nicht von untergeordneter Bedeutung sind (§ 277 IV 2) •**	**3,04**	**3,76**	**3,40**	**3,66**	**5,65**
4.	**Erläuterung des Betrages und der Art von einem anderen Geschäftsjahr zuzuordnenden Erträgen und Aufwendungen, soweit diese für die Beurteilung der Ertragslage nicht von untergeordneter Bedeutung sind (§ 277 IV 3) •**	**2,80**	**3,41**	**3,11**	**4,20**	**12,89**
5.	**Angabe der Erträge aus der Auflösung von Sonderposten mit Rücklageanteil (§ 281 II 2)**	**2,44**	**3,21**	**2,82**	**5,12**	**16,42**
	A. Angabe des Betrages der Auflösung	2,67	3,50	3,08	6,85	17,63
	B. Hinweis, ob es sich um eine planmäßige oder um eine vorzeitige Auflösung des Sonderpostens handelt	2,57	3,29	2,93	8,82	18,14
6.	**Angabe der Aufwendungen aus der Einstellung in den Sonderposten mit Rücklageanteil (§ 281 II 2)**	**2,40**	**3,21**	**2,80**	**5,18**	**16,42**
	A. Angabe des Betrages der Einstellung	2,69	3,50	3,10	6,99	17,63
	B. Differenzierung der Betragsangabe nach der Art der Einstellung in den Sonderposten mit Rücklageanteil	2,36	3,21	2,79	8,91	20,05
7.	**Aufgliederung der Umsatzerlöse nach Tätigkeitsbereichen und nach geographisch bestimmten Märkten (§ 285 Nr. 4/§ 314 Nr. 3/§ 314 II)**	**2,19**	**3,61**	**2,90**	**6,76**	**8,83**
	A. Segmentierung der Umsätze •	2,53	3,71	3,12	7,56	16,04
	B. Angabe des Abgrenzungskriteriums	2,09	3,21	2,65	8,50	21,90
	C. Angabe intersegmentärer Umsätze	1,94	3,29	2,61	10,08	20,08
	D. Angabe von Vorjahreszahlen	2,38	3,57	2,97	8,96	17,22
8.	**Angabe der Belastung des Ergebnisses der gewöhnlichen Geschäftstätigkeit und des außerordentlichen Ergebnisses durch Ertragsteuern (§ 285 Nr. 6)**	**1,95**	**3,18**	**2,56**	**7,23**	**7,23**
9.	**Angaben bei Anwendung des Umsatzkostenverfahrens (Materialaufwand, Personalaufwand; § 285 Nr. 8)**	**2,55**	**3,50**	**3,02**	**5,59**	**8,79**
	A. Materialaufwand	2,55	3,50	3,03	5,83	9,07
	A.1. Angabe des Gesamtbetrages	2,70	3,36	3,03	7,14	19,97
	A.2. Angabe der auch nach GKV auszuweisenden Teilbeträge des Materialaufwands	2,48	3,14	2,81	8,11	21,81
	A.3. Freiwillige Angabe der Vorjahresbeträge	2,48	3,21	2,85	8,33	20,05
	B. Personalaufwand	2,56	3,59	3,08	5,82	8,85
	B.1. Angabe des Gesamtbetrages	2,75	3,36	3,05	6,92	19,97
	B.2. Angabe der auch nach GKV auszuweisenden Teilbeträge des Personalaufwands	2,46	3,14	2,80	7,81	21,81
	B.3. Freiwillige Angabe der Vorjahresbeträge	2,51	3,21	2,86	8,17	20,05
10.	**Angabe der Entwicklung des Jahresüberschusses/Jahresfehlbetrages zum Bilanzgewinn/Bilanzverlust (§ 158 I 2 AktG)**	**2,38**	**2,59**	**2,48**	**6,21**	**20,00**

Teilbericht V: Angaben zum Konsolidierungskreis

Nr.	Bewertungskriterien (Hauptkriterien, Oberkriterien, Unterkriterien)	Mittlere Einschätzung eines Bewertungs-kriteriums (auf einer 4-Punkte-Skala)			Schätz-genauigkeit (in %)	
		WP	**FA**	**Arithme-tisches Mittel**	**WP**	**FA**
1.	**Angaben, die einen Vergleich mit vorhergehenden Abschlüssen erlauben, wenn sich der Konsolidierungskreis geändert hat**	**3,09**	**3,65**	**3,37**	**3,89**	**8,71**
	A. Begründung für Veränderungen der Zusammensetzung des Konsolidierungskreises	2,45	3,02	2,74	7,43	11,51
	B. **Alternative 1:** Vorgehen gemäß § 294 II 1					
	B.1.1. Angabe, welche/wieviele Tochterunternehmen erstmals oder erstmals nicht mehr einbezogen worden sind	2,88	3,07	2,97	6,18	21,55
	B.1.2. Betragsangabe, wie sich dadurch einzelne, wesentliche Konzernabschlußposten verändert haben	2,79	3,43	3,11	6,26	19,74
	B.1.2.1. Bilanz	3,02	3,48	3,25	8,95	23,54
	B.1.2.2. Gewinn- und Verlustrechnung	3,07	3,41	3,24	9,10	19,32
	Alternative 2: Vorgehen gemäß § 294 II 2					
	B.2.1. Angabe, welche/wieviele Tochterunternehmen erstmals oder erstmals nicht mehr einbezogen worden sind	2,79	3,43	3,11	6,88	10,81
	B.2.2. Betragsangabe, wie sich dadurch einzelne, wesentliche Konzernabschlußposten verändert haben	2,69	3,57	3,13	7,07	10,38
	B.2.2.1. Bilanz	2,99	3,24	3,12	7,89	12,69
	B.2.2.2. Gewinn- und Verlustrechnung	2,85	3,35	3,12	7,36	15,38
	B.2.3. Zusätzlich Ausweis der nicht angepaßten (ursprünglichen) Vorjahreszahlen im aktuellen Anhang (sogenannter Drei-Spalten-Ausweis)	2,49	3,14	3,82	8,85	21,81
2.	**Angabe und Begründung, wenn ein Tochterunternehmen nach § 295 I nicht einbezogen wurde (§ 295 III 1)**	**2,52**	**2,67**	**2,60**	**5,43**	**20,08**
	A. Angabe der Umstände, die für die Nichteinbeziehung ursächlich sind	2,49	2,71	2,60	7,81	26,45
	B. Angabe der Posten des Konzernabschlusses, die bei Einbeziehung des Tochterunternehmens ein verzerrtes Bild der VFE-Lage widerspiegeln	2,39	2,71	2,55	8,84	30,29
3.	**Begründung, wenn ein Tochterunternehmen nach § 296 I oder II nicht einbezogen wurde (§ 296 III)**	**2,50**	**2,67**	**2,59**	**5,48**	**20,08**
4.	**Angaben zu Konzernunternehmen (§ 313 II Nr. 1 Satz 1)**	**2,49**	**2,76**	**2,63**	**5,87**	**15,76**
	A. Name und Sitz des Tochterunternehmens	2,48	2,70	2,59	5,95	16,60
	B. Anteil am Kapital, der dem MU und den einbezogenen TU gehört oder für deren Rechnung gehalten wird	2,62	2,97	2,80	5,11	11,19
	C. Sachverhalt, der zur Einbeziehung verpflichtet, sofern diese nicht aufgrund einer der Kapitalbeteiligung entsprechenden Stimmrechtsmehrheit erfolgt	2,38	2,61	2,49	5,90	15,04
5.	**Angaben für alle Tochterunternehmen, die nach §§ 295, 296 nicht einbezogen wurden (§ 313 II Nr. 1 Satz 2)**	**2,37**	**2,50**	**2,43**	**5,83**	**15,76**
	A. Name und Sitz des Tochterunternehmens	2,48	2,70	2,59	5,95	16,60
	B. Anteil am Kapital, der dem MU und den einbezogenen TU gehört oder für deren Rechnung gehalten wird	2,62	2,97	2,80	5,11	11,19
	C. Sachverhalt, der zur Einbeziehung verpflichtet, sofern diese nicht aufgrund einer der Kapitalbeteiligung entsprechenden Stimmrechtsmehrheit erfolgt	2,37	2,61	2,49	5,90	15,04
6.	**Angaben zu assoziierten Unternehmen (§ 313 II Nr. 2)**	**2,37**	**2,53**	**2,44**	**6,51**	**14,98**
	A. Name und Sitz des assoziierten Unternehmens	2,24	2,53	2,39	6,66	18,61
	B. Anteil am Kapital des assoziierten Unternehmens, der dem MU und den einbezogenen TU gehört oder für deren Rechnung gehalten wird	2,37	2,76	2,57	5,98	13,99
	C. Angabe und Begründung, wenn auf die Einbeziehung nach der Equity-Methode verzichtet wird	2,24	2,47	2,36	6,37	15,59

Teilbericht V: Angaben zum Konsolidierungskreis

Nr.	Bewertungskriterien (Hauptkriterien, Oberkriterien, Unterkriterien)	Mittlere Einschätzung eines Bewertungskriteriums (auf einer 4-Punkte-Skala)			Schätzgenauigkeit (in %)	
		WP	FA	Arithmetisches Mittel	WP	FA
7.	**Angaben zu quotenkonsolidierten Unternehmen (§ 313 II Nr. 3)**	**2,30**	**2,63**	**2,47**	**6,34**	**15,64**
	A. Name und Sitz des Gemeinschaftsunternehmens	2,25	2,62	2,44	6,63	17,26
	B. Tatbestand, der die Quotenkonsolidierung ermöglicht	2,28	2,53	2,41	6,32	13,19
	B.1. Hinweis auf Tatbestand der gemeinsamen Führung	2,36	2,14	2,25	8,91	30,29
	B.2. Name und Sitz der gemeinsam mitführenden konzernfremden Unternehmen	2,17	2,29	2,23	8,94	22,34
	B.3. Hinweis, von wievielen anderen konzernfremden Unternehmen das gemeinsame Unternehmen geführt wird	2,02	2,00	2,01	10,12	26,07
	C. Anteil am Kapital dieser Unternehmen, der dem MU und den einbezogenen TU gehört oder für deren Rechnung gehalten wird	2,37	2,76	2,57	5,95	13,03
8.	**Angabe der Anwendung der Schutzklausel, wenn die Angaben zu § 313 II nicht gemacht werden (§ 313 III 2)**	**2,27**	**2,18**	**2,23**	**6,67**	**25,76**
9.	**Hinweis auf die besondere Aufstellung des Anteilbesitzes, die die Angaben nach § 313 II ersetzt, und den Ort der Hinterlegung (§ 313 IV 3)**	**2,20**	**1,97**	**2,08**	**6,93**	**18,75**
	A. Hinweis auf die Hinterlegung der Anteilliste	2,16	1,64	1,90	10,68	44,31
	B. Hinweis auf den Ort des Handelsregisters	1,97	1,71	1,84	11,73	38,49
	C. Hinweis auf die Nummer des Handelsregisters	1,84	1,79	1,81	12,65	36,09
	D. Angaben zur Beteiligungsliste	3,59	3,47	3,53	13,44	40,28

Teilbericht VI: Angaben zu den Konsolidierungsmethoden

Nr.	Bewertungskriterien (Hauptkriterien, Oberkriterien, Unterkriterien)	Mittlere Einschätzung eines Bewertungskriteriums (auf einer 4-Punkte-Skala)			Schätzgenauigkeit (in %)	
		WP	FA	Arithmetisches Mittel	WP	FA
1.	**Angabe und Begründung der Abweichungen von den auf den vorhergehenden Abschluß angewandten Konsolidierungsmethoden (§ 297 II 4/§ 313 I Nr. 3)**	**2,98**	**3,30**	**3,14**	**4,26**	**17,87**
	A. Angabe der bisher angewandten und der jetzt angewandten Methode	2,93	2,93	2,93	6,39	18,00
	B. Begründung der Unstetigkeit	2,76	2,86	2,81	7,33	16,75
2.	**Gesonderte Darstellung des Einflusses abweichender Konsolidierungsmethoden auf die VFE-Lage des Konzerns (§ 297 III 5/§ 313 I Nr. 3)**	**2,92**	**3,34**	**3,13**	**4,58**	**12,17**
3.	**Angabe und Begründung, wenn der Abschlußstichtag des Konzerns und der Abschlußstichtag des Mutterunternehmens auseinanderfallen (§ 299 I)**	**2,11**	**2,00**	**2,06**	**6,68**	**28,44**
	A. Darstellung der Tatsache des abweichenden Stichtags	2,50	2,50	2,50	8,80	24,69
	B. Angabe der Unternehmen mit abweichendem Stichtag	2,28	2,50	2,39	9,57	24,69
	C. Angabe der Vorgänge und Tatbestände, die dieser Abweichung zugrunde liegen	2,10	2,36	2,23	10,46	25,78
4.	**Weicht der Abschlußstichtag des Konzerns von demjenigen eines einbezogenen Unternehmens ab und wird kein Zwischenabschluß aufgestellt, so sind dazwischenliegende Vorgänge anzugeben, soweit sie für die VFE-Lage des Konzerns von besonderer Bedeutung sind (§ 299 III)**	**2,60**	**2,69**	**2,65**	**5,21**	**27,90**

Teilbericht VI: Angaben zu den Konsolidierungsmethoden

Nr.	Bewertungskriterien (Hauptkriterien, Oberkriterien, Unterkriterien)	Mittlere Einschätzung eines Bewertungskriteriums (auf einer 4-Punkte-Skala)			Schätzgenauigkeit (in %)	
		WP	FA	Arithmetisches Mittel	WP	FA
5.	**Erwerbsmethode (§ 301)**	**2,62**	**2,97**	**2,80**	**4,19**	**15,94**
	A. Angabe der gewählten Konsolidierungsmethode	2,70	2,97	2,83	4,94	16,72
	B. Angabe des Zeitpunktes, der für die Wertansätze der Kapitalkonsolidierung grundlegend ist	2,52	2,88	2,70	5,49	17,92
	C. Erläuterung des aktivischen und passivischen Unterschiedsbetrags aus der Kapitalkonsolidierung sowie dessen wesentliche Änderung gegenüber dem Vorjahr	2,66	3,03	2,84	4,89	15,57
	C.1. Erläuterung der Zusammensetzung des Postens	2,81	3,07	2,94	6,63	15,82
	C.2. Erläuterung von Veränderungen des Postens	2,68	3,07	2,88	7,51	16,03
	D. Angabe der gegeneinander verrechneten aktivischen und passivischen Unterschiedsbeträge	2,56	2,97	2,77	5,26	14,43
	E. Angaben zur Abschreibungsmethode	2,70	2,98	2,84	5,44	16,09
6.	**Interessenzusammenführungsmethode (§ 302 II)**	**2,30**	**2,34**	**12,32**	**6,51**	**22,67**
	A. Angabe der Anwendung dieser Methode	2,40	2,38	2,39	6,20	21,01
	B. Angabe der sich aus der Anwendung dieser Methode ergebenden Rücklagenveränderungen	2,35	2,50	2,43	6,04	20,48
	C. Name und Sitz des betroffenen Unternehmens	2,14	2,16	2,15	7,00	25,18
7.	**Quotenkonsolidierung (§ 310 II)**	**2,47**	**2,81**	**2,64**	**5,41**	**16,41**
	A. Angabe der gewählten Konsolidierungsmethode	2,87	3,05	2,96	5,84	17,85
	B. Angabe des Zeitpunktes, der für die Wertansätze der Kapitalkonsolidierung grundlegend ist	2,81	3,13	2,97	6,46	15,42
	C. Erläuterung des aktivischen und passivischen Unterschiedsbetrags aus der Kapitalkonsolidierung sowie dessen wesentliche Änderung gegenüber dem Vorjahr	2,94	2,99	2,97	6,01	16,15
	C.1. Erläuterung der Zusammensetzung des Postens	2,71	2,57	2,64	6,84	21,22
	C.2. Erläuterung von Veränderungen des Postens	2,56	2,64	2,60	8,12	25,37
	D. Angabe der gegeneinander verrechneten aktivischen und passivischen Unterschiedsbeträge	2,92	2,98	2,95	5,94	17,18
8.	**Equity-Methode (§§ 311, 312)**	**2,46**	**2,86**	**2,66**	**5,18**	**15,93**
	A. Angabe des Unterschiedsbetrags zwischen Beteiligungsbuchwert und anteiligem Eigenkapital des assoziierten Unternehmens bei erstmaliger Anwendung der Equity-Methode mit Buchausweis	2,64	3,09	2,86	4,91	14,67
	B. Angabe des Unterschiedsbetrags zwischen dem Buchwert der Beteiligung in der Einzelbilanz und dem auf die Beteiligung entfallenden Teil des Eigenkapitals des assoziierten Unternehmens zum Zeitpunkt der erstmaligen Anwendung der Kapitalanteilsmethode	2,57	3,09	2,83	5,13	14,67
	C. Angabe der angewandten Variante der Equity-Methode	2,40	2,52	2,45	5,82	22,52
	D. Angabe des für den Wertansatz grundlegenden gewählten Zeitpunkts	2,34	2,64	2,49	5,83	25,28
	E. Angabe, wenn das assoziierte Unternehmen nicht an die konzerneinheitliche Bewertung angepaßt wird	2,35	2,94	2,65	5,71	18,85
9.	**Angabe, wenn die Zwischenergebniseliminierung wegen untergeordneter Bedeutung unterlassen wurde; Erläuterung des hieraus resultierenden Einflusses auf die VFE-Lage des Konzerns, sofern er wesentlich ist (§ 304 II 2)**	**2,35**	**2,45**	**2,40**	**6,29**	**27,05**
	A. Angabe, bei welchen Posten auf eine Herausrechnung der Zwischenergebnisse verzichtet wurde	2,34	2,15	2,25	8,19	40,76
	B. Angabe der Auswirkung auf die VFE-Lage des Konzerns	2,44	2,50	2,47	8,16	33,51
	C. Angabe, warum eine Eliminierung einen unverhältnismäßig hohen Aufwand erfordert	1,98	2,08	2,03	10,79	38,36
10.	**Schuldenkonsolidierung (§ 303)**	**2,38**	**2,46**	**2,42**	**6,45**	**15,14**
	A. Allgemeine Angaben zur Schuldenkonsolidierung	1,87	1,95	1,91	8,03	24,87
	B. Detaillierte Angaben zur Schuldenkonsolidierung (z. B. Behandlung von Aufrechnungsdifferenzen)	2,97	3,24	3,11	8,79	26,53

Teilbericht VI: Angaben zu den Konsolidierungsmethoden

Nr.	Bewertungskriterien (Hauptkriterien, Oberkriterien, Unterkriterien)	Mittlere Einschätzung eines Bewertungskriteriums (auf einer 4-Punkte-Skala)			Schätzgenauigkeit (in %)	
		WP	FA	Arithmetisches Mittel	WP	FA
11.	**Zwischenergebniskonsolidierung (§ 304)**	**2,41**	**2,46**	**2,42**	**7,13**	**16,46**
	A. Allgemeine Angaben zur Zwischenergebniseliminierung	1,72	1,86	1,79	8,94	27,09
	B. Detaillierte Angaben zur Zwischenergebniseliminierung (z. B. Behandlung von Aufrechnungsdifferenzen)	3,06	3,15	3,11	9,01	24,56
12.	**Aufwands- und Ertragskonsolidierung (§ 305)**	**2,38**	**2,53**	**2,40**	**6,82**	**15,92**
	A. Allgemeine Angaben zur Aufwands- und Ertragskonsolidierung	1,69	1,76	1,73	7,51	29,42
	B. Detaillierte Angaben zur Aufwands- und Ertragskonsolidierung	3,01	3,09	3,05	8,37	27,36

Teilbericht VII: Sonstige, vor allem rechtsformspezifische Pflichtangaben

Nr.	Bewertungskriterien (Hauptkriterien, Oberkriterien, Unterkriterien)	Mittlere Einschätzung eines Bewertungskriteriums (auf einer 4-Punkte-Skala)			Schätzgenauigkeit (in %)	
		WP	FA	Arithmetisches Mittel	WP	FA
1.	**Angabe des Gesamtbetrags der nicht aus der Bilanz ersichtlichen sonstigen finanziellen Verpflichtungen, soweit sie für die Finanzlage von Bedeutung sind (§ 285 Nr. 3 1. HS/§ 314 I Nr. 2 1. HS)**	**3,22**	**3,12**	**3,17**	**3,74**	**5,71**
	A. Angabe des Gesamtbetrags	3,03	3,00	3,02	6,98	29,85
	B. Freiwillige Untergliederung des Gesamtbetrags	2,66	3,00	2,83	7,88	24,97
	C. Angabe, ob es sich um Barwerte oder Nominalwerte handelt	2,53	2,93	2,73	8,42	26,42
	D. Freiwillige Erläuterung/Begründung einzelner Arten von sonstigen finanziellen Verpflichtungen	2,43	2,64	2,54	8,42	25,37
	E. Angabe der im kommenden Geschäftsjahr fälligen Verpflichtungen	2,77	3,00	2,88	7,58	23,12
	F. Angabe der ab dem zweiten folgenden Geschäftsjahr fälligen Verpflichtungen	2,45	2,79	2,62	8,83	25,27
2.	**Gesonderte Angabe des Gesamtbetrags der nicht aus der Bilanz ersichtlichen sonstigen finanziellen Verpflichtungen gegenüber verbundenen Unternehmen (§ 285 Nr. 3 2. HS)**	**2,92**	**2,79**	**2,86**	**4,77**	**14,98**
3.	**Gesonderte Angabe der nicht aus der Bilanz ersichtlichen sonstigen finanziellen Verpflichtungen und Haftungsverhältnisse, die gegenüber nicht einbezogenen Tochterunternehmen bestehen (§ 314 I Nr. 2 2. HS)**	**2,79**	**2,76**	**2,78**	**5,15**	**13,03**
4.	**Angabe der durchschnittlichen Arbeitnehmerzahl des Konzerns, getrennt nach Gruppen (§ 285 Nr. 7/§ 314 I Nr. 4.1. HS)**	**1,96**	**2,68**	**2,32**	**7,42**	**21,25**
	A. Untergliederung nach arbeitsrechtlichen Gruppen	1,94	2,29	2,11	9,42	31,41
	B. Freiwillige weitere Gruppierung nach Geschlecht, geographisch bestimmten Bereichen	1,40	2,29	1,84	12,94	31,41
	C. Freiwillige Angabe der nicht in der Gesamtzahl enthaltenen Zahl der Auszubildenden, Leiharbeiter etc.	1,49	2,00	1,74	12,84	34,68
	D. Angabe der Ermittlungsmethode der Arbeitnehmerzahl	1,49	1,93	1,71	12,84	40,12
	E. Freiwillige Angabe von Vorjahreszahlen	1,80	2,43	2,12	11,14	32,39
5.	**Angabe der durchschnittlichen Arbeitnehmerzahl bei nur anteilig einbezogenen Unternehmen (§ 314 I Nr. 4 2. HS)**	**1,60**	**1,91**	**1,76**	**8,48**	**22,53**

Teilbericht VII: Sonstige, vor allem rechtsformspezifische Pflichtangaben

Nr.	Bewertungskriterien (Hauptkriterien, Oberkriterien, Unterkriterien)	Mittlere Einschätzung eines Bewertungskriteriums (auf einer 4-Punkte-Skala)			Schätzgenauigkeit (in %)	
		WP	FA	Arithmetisches Mittel	WP	FA
6.	**Angabe der im Geschäftsjahr gewährten Gesamtbezüge für Mitglieder der Geschäftsführung, des Aufsichtsrates, des Beirates oder einer ähnlichen Einrichtung jeweils für jede Personengruppe (§ 285 Nr. 9a/§ 314 Nr. 6a)**	**1,73**	**2,21**	**1,97**	**8,97**	**31,45**
7.	**Angabe der Gesamtbezüge der früheren Mitarbeiter der unter Nr. 6 von Teilbericht VII genannten Organe und ihrer Hinterbliebenen (§ 285 Nr. 9b 1 und 2/§ 314 I Nr. 6b 1)**	**1,55**	**1,75**	**1,66**	**9,78**	**39,17**
8.	**Angabe des Betrags der für frühere Organmitglieder und ihre Hinterbliebenen gebildeten Rückstellungen für laufende Pensionen und Anwartschaften auf Pensionen und Betrag der nicht gebildeten Pensionsrückstellungen (§ 285 Nr. 9b 3/§ 314 I Nr. 6b 2)**	**1,78**	**1,91**	**1,85**	**8,90**	**30,02**
9.	**Angabe gemäß § 285 Nr. 9c/§ 314 I Nr. 6c**	**1,87**	**1,41**	**1,64**	**8,15**	**41,51**
	A. An Organmitglieder gewährte Vorschüsse und Kredite	2,04	1,56	1,80	7,95	33,20
	B. Zinssätze	1,80	1,33	1,56	8,76	50,30
	C. Wesentliche Bedingungen	1,78	1,24	1,51	8,80	44,60
	D. Im Geschäftsjahr zurückgezahlte Beträge	1,68	1,27	1,48	9,33	47,99
	E. Eingegangene Haftungsverhältnisse	2,07	1,65	1,86	7,77	34,84
10.	**Angabe aller Mitglieder des Geschäftsführungsorgans und des Aufsichtsrates (§ 285 Nr. 10)**	**2,27**	**2,85**	**2,56**	**7,62**	**14,91**
11.	**Angabe bei Konzernzugehörigkeit des Namens und des Sitzes des Mutterunternehmens, das den Konzernabschluß für den größten und für den kleinsten Kreis von Unternehmen aufstellt, sowie Angabe des Ortes, wo die Konzernabschlüsse gegebenenfalls erhältlich sind (§ 285 Nr. 14)**	**2,47**	**2,73**	**2,60**	**6,25**	**14,87**
	A. Konzernabschluß für den größten Kreis von Unternehmen	2,56	2,16	2,36	8,00	37,52
	A.1. Name des Mutterunternehmens	2,74	2,35	2,55	7,11	37,24
	A.2. Sitz des Mutterunternehmens	2,50	1,93	2,21	8,28	37,33
	A.3. Ort, wo der Konzernabschluß gegebenenfalls erhältlich ist	2,40	1,93	2,16	8,48	37,33
	A.4. Freiwilliger Hinweis auf Ergebnisabführungsvertrag, falls ein solcher besteht	2,60	2,43	2,52	8,12	37,17
	B. Konzernabschluß für den kleinsten Kreis von Unternehmen	2,37	2,08	2,22	9,59	35,27
	B.1. Name des Mutterunternehmens	2,35	2,14	2,25	8,58	34,60
	B.2. Sitz des Mutterunternehmens	2,18	1,79	1,98	9,31	28,27
	B.3. Ort, wo der Konzernabschluß gegebenenfalls erhältlich ist	2,13	1,71	1,92	9,70	25,74
	B.4. Freiwilliger Hinweis auf Ergebnisabführungsvertrag, falls ein solcher besteht	2,38	2,43	2,41	9,72	32,39
12.	**Angaben über einen befreienden Konzernabschluß (§ 291 II Nr. 3)**	**2,40**	**2,66**	**2,53**	**5,96**	**20,1**
	A. Angabe des befreienden Mutterunternehmens	2,78	2,79	2,78	7,06	27,24
	B. Sitz des befreienden Mutterunternehmens	2,45	2,14	2,30	8,97	25,95
	C. Hinweis auf die Befreiung	2,42	2,21	2,32	8,51	29,10
	D. Freiwillige Angabe des Ortes, wo der befreiende Konzernabschluß erhältlich ist	2,27	2,21	2,24	9,84	36,57
13.	**Angabe über Bestand, Zugang und ggf. Verwertung von Aktien, die ein Aktionär für die Gesellschaft übernommen hat (§ 160 I Nr. 1 AktG)**	**2,34**	**2,70**	**2,52**	**6,72**	**18,21**
	A. Zahl der vorhandenen Vorratsaktien	2,22	2,29	2,25	10,09	26,07
	B. Gesamtnennbetrag der vorhandenen Vorratsaktien	2,43	1,50	1,96	14,28	47,65
	C. Gattung der Vorratsaktien	2,09	2,00	2,05	9,69	31,66
	D. Übernahmebedingungen	2,00	2,29	2,15	10,51	26,07
	E. Anlaß der Ausgabe der Vorratsaktien	2,07	3,36	2,21	10,36	30,88
	F. Name des Übernehmers, wenn es sich bei diesem um ein abhängiges oder um ein in Mehrheitsbesitz stehendes Unternehmen handelt	2,16	2,43	2,30	10,07	25,32
	G. Angabe des Zugangs an Vorratsaktien im Geschäftsjahr	2,04	2,14	2,09	10,04	31,98
	H. Angabe der Höhe des Verwertungserlöses	2,08	2,36	2,22	10,55	30,88
	I. Angaben über die Verwendung des Verwertungserlöses	1,98	2,21	2,10	11,36	31,79

Teilbericht VII: Sonstige, vor allem rechtsformspezifische Pflichtangaben

Nr.	Bewertungskriterien (Hauptkriterien, Oberkriterien, Unterkriterien)	Mittlere Einschätzung eines Bewertungskriteriums (auf einer 4-Punkte-Skala)			Schätzgenauigkeit (in %)	
		WP	FA	Arithmetisches Mittel	WP	FA
14.	**Angaben über Bestand, Zugang und gegebenenfalls Änderung des Bestands an eigenen Aktien der Gesellschaft (§ 160 I Nr. 2 AktG)**	**2,53**	**2,62**	**2,57**	**6,07**	**14,72**
	A. Zahl der vorhandenen Aktien	2,36	2,29	2,32	8,82	28,87
	B. Gesamtnennbetrag der vorhandenen eigenen Aktien	2,39	2,21	2,30	8,07	29,10
	C. Gattung der Aktien	1,98	2,14	2,06	9,93	31,98
	D. Anteil der eigenen Aktien am Grundkapital	2,29	2,21	2,25	9,20	29,10
	E. Erwerbs-/Veräußerungspreis	2,24	2,21	2,23	9,27	29,10
	F. Zeitpunkt des Erwerbs/Veräußerung	1,97	1,86	1,91	10,13	29,95
	G. Anlaß/Gründe des Erwerbs	2,19	2,07	2,13	9,86	31,96
	H. Angaben über die Höhe des Verwertungserlöses	2,14	2,14	2,14	10,07	31,98
	I. Angaben über die Verwendung des Verkaufserlöses	2,01	2,14	2,08	10,21	31,98
15.	**Angabe des Bestehens einer wechselseitigen Beteiligung (§ 160 I Nr. 7 AktG)**	**2,68**	**3,15**	**2,92**	**5,32**	**11,45**
	A. Angabe der anderen wechselseitig beteiligten Gesellschaft	2,80	2,64	2,72	8,28	23,00
	B. Angabe der Höhe der jeweiligen wechselseitigen Beteiligungen	2,70	2,79	2,75	7,06	20,78
	C. Angabe der Veränderung der wechselseitigen Beteiligung im Geschäftsjahr	2,52	2,93	2,72	8,15	18,00
16.	**Angabe über das Bestehen einer Beteiligung an der Gesellschaft im Sinne von § 20 I oder IV AktG (§ 160 I Nr. 8 AktG)**	**2,60**	**2,97**	**2,78**	**5,37**	**14,20**
	A. Wem gehört die Beteiligung?	2,80	2,71	2,75	6,52	21,95
	B. Angabe der Höhe der Beteiligung	2,75	2,79	2,77	6,84	18,12
17.	**Erläuterung der Verwendung von Beträgen aus einer Kapitalherabsetzung und der Auflösung von Gewinnrücklagen (§ 240 3 AktG)**	**2,65**	**3,29**	**2,97**	**5,38**	**12,70**
18.	**Angaben, die nach einer Sonderprüfung wegen unzulässiger Bewertung in besonderen Fällen zu machen sind (§ 261 I 3, 4 AktG)**	**3,06**	**3,09**	**3,07**	**4,81**	**13,23**
	A. Gründe für einen niedrigeren Wert auf der Aktivseite bzw. einen höheren Wert auf der Passivseite in einem späteren Jahresabschluß	2,95	2,79	2,87	6,52	15,00
	B. Darstellung der Entwicklung der von den Sonderprüfern festgestellten Werte zu den Werten im Jahresabschluß in einer Sonderrechnung	2,85	2,79	2,82	6,87	18,12
	C. Angabe über die Verwendung eines Ertrages aus zwischenzeitlich abgegangenen, unterbewerteten Gegenständen	2,63	2,64	2,63	8,60	23,00
19.	**Angabe zum Bestand an Anteilen an dem Mutterunternehmen, die das Mutterunternehmen oder ein Tochterunternehmen oder ein anderer für Rechnung eines in den Konzernabschluß einbezogenen Unternehmens erworben oder als Pfand genommen hat; Zahl und Nennbetrag dieser Anteile sowie deren Anteil am Kapital sind anzugeben (§ 314 I Nr. 7)**	**2,44**	**2,79**	**2,61**	**5,85**	**14,44**
	A. Zahl der Anteile	2,35	2,21	2,28	8,49	34,26
	B. Nennbetrag der Anteile	2,38	2,29	2,33	8,16	33,77
	C. Anteil am gezeichneten Kapital des Mutterunternehmens	2,38	2,21	2,30	8,25	36,57

Teilbericht VIII: Freiwillige Angaben

Nr.	Bewertungskriterien (Hauptkriterien, Oberkriterien, Unterkriterien)	Mittlere Einschätzung eines Bewertungskriteriums (auf einer 4-Punkte-Skala)			Schätzgenauigkeit (in %)	
		WP	FA	Arithmetisches Mittel	WP	FA
1.	**Ausführliche Segmentberichterstattung (IAS 14)**	**2,11**	**3,59**	**2,85**	**7,29**	**11,97**
	A. Segmentangaben	2,28	3,64	2,96	9,41	12,55
	A.1. Abschreibungen	2,08	3,14	2,61	8,57	21,81
	A.2. F&E-Aufwendungen	2,27	3,14	2,71	8,68	26,81
	A.3. Investitionsausgaben	2,31	3,57	2,94	8,73	13,06
	A.4. Arbeitnehmer	1,83	2,64	2,24	9,93	29,55
	A.5. Ergebnis/Cash Flow	2,41	3,71	3,06	8,95	11,88
	A.6. Vermögen	2,23	2,93	2,58	9,64	24,58
	B. Überleitung von den Summen der Segmentangaben zu den aggregierten Jahresabschlußzahlen	2,21	3,64	2,93	9,76	12,55
	C. Angabe zu Verrechnungspreisen	2,29	2,93	2,61	9,47	24,58
2.	**Erläuterung von Leasinggeschäften (IAS 17)**	**2,47**	**2,79**	**2,63**	**5,58**	**15,52**
	A. Im Jahresabschluß des Leasingnehmers	2,39	2,64	2,52	8,44	27,91
	A.1. Angabe der Höhe der Leasingzahlungen beim operating lease	2,56	2,71	2,64	7,01	24,31
	A.2. Angaben zum finance lease	2,52	2,71	2,62	7,69	24,31
	A.2.1. Wertansätze der geleasten Gegenstände aufgeteilt nach Hauptgruppen	2,32	2,50	2,41	8,72	31,53
	A.2.2. Gesamtbetrag der entsprechenden Verbindlichkeiten, entweder als Summe der Mindestleasingzahlungen oder als Nettozeitwert der Verbindlichkeit (mit Angabe der verwendeten Diskontierungssätze)	2,53	2,50	2,52	7,61	33,51
	A.3. Ausweis eines Leasingspiegels mit allen künftigen Zahlungen, differenziert nach Restlaufzeiten	2,47	2,86	2,66	9,15	27,78
	A.4. Angabe der wesentlichen Konditionen der Leasingvereinbarung	2,02	2,36	2,19	9,90	34,24
	B. Im Jahresabschluß des Leasinggebers	2,58	2,62	2,60	7,91	26,87
	B.1. Angaben zum operating lease	2,56	2,62	2,59	7,48	25,53
	B.1.1. Wert der Vermögensgegenstände nach Hauptgruppen	2,50	2,57	2,53	7,49	28,53
	B.1.2. Kumulierte Abschreibungen nach Hauptgruppen	2,41	2,71	2,56	7,46	30,29
	B.1.3. Höhe der Mieteinnahmen, künftige Leasingraten aus unkündbaren Leasingverhältnissen, jeweils in der Summe und für bestimmte künftige Perioden	2,59	2,86	2,72	8,05	27,78
	B.2. Angaben zum finance lease	2,60	2,62	2,61	8,34	28,20
	B.2.1. Bruttoinvestitionen in die Leasing-Gegenstände	2,56	2,53	2,55	7,45	31,76
	B.2.2. Angabe der damit verbundenen, noch nicht realisierten Finanzerträge	2,50	2,57	2,54	8,63	28,53
	B.2.3. Angabe der unsicheren Restwerte der Leasing-Gegenstände	2,53	2,64	2,59	8,46	29,55
3.	**Bericherstattung über derivative Finanzinstrumente (IAS 32)**	**2,69**	**3,30**	**2,89**	**5,58**	**15,63**
	A. Angabe des Nominal-Volumens der Derivate	2,75	2,71	2,73	7,99	21,94
	B. Angabe der Marktwerte der Derivate	2,88	2,93	2,90	7,25	20,43
	C. Angabe der Buchwerte der Derivate	2,73	2,71	2,72	7,88	19,32
	D. Differenzierung der Angaben zu A., B., und C. nach einzelnen Derivaten	2,43	2,36	2,39	9,62	22,81
	E. Angabe der Fristigkeiten (Restlaufzeiten) einzelner Derivate	2,61	2,64	2,63	8,00	25,37
	F. Angabe zu Bewertungsmethoden bei Derivaten	2,69	2,79	2,74	8,04	18,12
	F.1. Allgemeine Angaben zur Abbildung von Derivaten im Jahresabschluß (Verweis auf zugrunde gelegtes Bewertungskonzept)	2,54	2,21	2,38	8,14	26,14
	F.2. Konkrete Angaben zur Abbildung einzelner Derivate im Jahresabschluß	2,50	2,43	2,47	8,52	25,32
	F.3. Erläuterung der Bedingungen für die Bildung von Bewertungseinheiten	2,54	2,36	2,45	8,46	22,81
	F.4. Angabe zur Abbildung von Bewertungseinheiten im Jahresabschluß (Hedge-Accounting)	2,60	2,38	2,49	8,54	20,94
	G. Angaben zu Zielen und Strategien des Einsatzes von Derivaten	2,49	2,79	2,64	8,92	20,78
	H. Angaben zum Volumen von Deckungs- und Spekulationsgeschäften	2,88	3,00	2,94	7,40	16,35
	I. Erläuterung der zur Risikoüberwachung und -kontrolle getroffenen Maßnahmen	2,69	2,86	2,77	9,37	19,47
	J. Angaben zu wesentlichen Bonitätsrisiken	2,88	2,86	2,87	7,56	16,75
	K. Angaben zum Preisrisiko/Marktrisiko der Derivate (Angabe des value-at-risk von Handelsgeschäften, Zinsbindungsfristen etc.)	2,81	2,64	2,73	7,83	25,37
4.	**Kapitalflußrechnung (IAS 7) •**	**2,69**	**2,88**	**2,79**	**6,95**	**15,55**

Zur **Ergänzung des Bewertungsmodells** wurden den befragten Wirtschaftsprüfern und Finanzanalysten

(a) konkrete **Beispiele** aus Anhängen zur Einschätzung vorgelegt,

(b) **Zusatzfragen** hinsichtlich bestimmter Sachverhalte gestellt.

Die Fachleute wurden gebeten, den Aussagegehalt des Beispiels bzw. der Zusatzfrage jeweils auf einer **Skala von 0 % bis 100 %** anzugeben. Die **Ergebnisse**, die in der Umfrage jeweils ermittelt wurden, zeigen in der bisher beschriebenen Weise die nachstehenden Übersichten. Hinter dem → ist jeweils vermerkt, welches Bewertungskriterium in welchem Teilbericht mit dem Beispiel bzw. mit der Zusatzfrage konkretisiert wird.

(a) Einschätzung konkreter Beispiele aus Anhängen

Nr.	Beispielkategorie	Mittlere Einschätzung eines Bewertungskriteriums (in %)			Schätzgenauigkeit (in %)	
		WP	FA	Arithmetisches Mittel	WP	FA
1.	**Angaben zur Abschreibungsmethode → II.1.A.3.1.**					
	A. Eindeutige und vollständige Angaben	100,00	100,00	100,00	–	–
	B. Vollständige, aber mehrdeutige Angaben *„Abschreibungen werden planmäßig degressiv oder linear vorgenommen."* *„Abschreibungen erfolgen unter Ausnutzung aller steuerlichen Möglichkeiten."* *„Abschreibungen erfolgen im steuerlich zulässigen Rahmen."*	53,84	34,23	44,03	10,33	44,03
	C. Eindeutige, aber unvollständige Angaben *„Abnutzbare Anlagegegenstände werden überwiegend degressiv abgeschrieben."* *„Maschinen werden degressiv abgeschrieben."*	42,71	33,46	38,09	10,95	39,01
	D. Mehrdeutige, unvollständige Angaben	0,00	0,00	0,00	–	–
2.	**Angaben zu Nutzungsdauern/Abschreibungssätzen → II.1.A.3.2.**					
	A. Eindeutige Angaben zu Nutzungsdauern bzw. Abschreibungssätzen, differenziert nach Anlagegegenständen/Hinweis auf steuerliche Afa-Tabellen	100,00	100,00	100,00	–	–
	B. Ungenaue Bezeichnung der Abschreibungssätze/Nutzungsdauern *„Zwischen 3 % und 30 %"* oder: *„Zwischen 3 und 30 Jahren"*	38,53	28,85	33,69	14,12	72,51
	C. Unvollständige Nennung der Nutzungsdauern	33,19	25,00	29,10	14,22	47,32
	D. Hinweis auf „vorsichtige Schätzung" oder „branchenübliche Nutzungsdauern"	32,68	14,31	23,49	15,14	78,44
	E. Keine Angaben	0,00	0,00	0,00	–	–
3.	**Einzelne Bestandteile der Herstellungskosten (Ausübung von Wahlrechten) → II.1.B.2.1.**					
	A. Bestandteile eindeutig identifizierbar	100,00	100,00	100,00	–	–
	B. Bestandteile in einem Intervall identifizierbar	48,52	33,46	40,99	10,27	48,53
	C. Bestandteile nicht identifizierbar	0,00	0,00	0,00	–	–
4.	**Erläuterung von nicht gesondert ausgewiesenen „sonstigen Rückstellungen", die einen nicht unerheblichen Umfang haben (§ 285 Nr. 12) → III.19.**					
	A. Vollständige Aufgliederung (mehr als 90 %) der sonstigen Rückstellungen	100,00	100,00	100,00	–	–
	B. Aufgliederung von weniger als 90 % des Gesamtbetrages der sonstigen Rückstellungen, aber mit verbaler Umschreibung des Rests	67,69	58,08	62,89	6,21	19,37
	C. Aufgliederung von weniger als 90 % des Gesamtbetrages der sonstigen Rückstellungen, ohne verbale Umschreibung des Rests	37,54	17,31	27,43	12,57	85,23
	D. Keine Aufgliederung der sonstigen Rückstellungen	0,00	0,00	0,00	–	–

(a) Einschätzung konkreter Beispiele aus Anhängen

Nr.	Beispielkategorie	Mittlere Einschätzung eines Bewertungskriteriums (in %)			Schätzgenauigkeit (in %)	
		WP	FA	Arithmetisches Mittel	WP	FA
5.	**Weitere Aufgliederung der in der GuV ausgewiesenen sonstigen betrieblichen Aufwendungen und Erträge (§ 265 V 1) → IV.2.**					
	A. Vollständige Aufgliederung des Gesamtbetrages (Summe der Einzelbeträge > 90 % des Gesamtbetrages)	100,00	100,00	100,00	–	–
	B. Aufgliederung einzelner Posten und verbale Umschreibung der Zusammensetzung der nicht aufgegliederten, wesentlichen („übrigen") Posten *„In den sonstigen betrieblichen Aufwendungen (10 Mio. DM) sind mit 1 Mio. DM Aufwendungen aus Kursverlusten enthalten. Die übrigen Aufwendungen entfallen auf Verluste aus Anlagenabgängen sowie auf Aufwendungen aus Zuführungen zu Pauschalwertberichtigungen."*	60,26	56,54	58,40	7,75	33,42
	C. Aufgliederung einzelner Posten ohne verbale Umschreibung der Zusammensetzung der nicht aufgegliederten, wesentlichen („übrigen") Posten *„In den sonstigen betrieblichen Aufwendungen (10 Mio. DM) sind mit 1 Mio. DM Aufwendungen aus Kursverlusten enthalten."*	33,38	44,23	38,81	12,86	43,37
	D. Nur verbale Umschreibung der Zusammensetzung des Postens *„In den sonstigen betrieblichen Aufwendungen sind Aufwendungen aus Kursverlusten sowie Aufwendungen aus der Zuführung zu Pauschalwertberichtigungen enthalten."*	20,58	8,08	14,33	18,72	73,98
	E. Keine Aufgliederung des Gesamtbetrages	0,00	0,00	0,00	–	–
6.	**Erläuterung des Betrages und der Art von außerordentlichen Erträgen und Aufwendungen, soweit diese für die Beurteilung der Ertragslage nicht von untergeordneter Bedeutung sind (§ 277 IV 2) → IV.3.**					
	A. Vollständige Aufgliederung des Gesamtbetrages (Summe der Einzelbeträge > 90 % des Gesamtbetrages)	100,00	100,00	100,00	–	–
	B. Aufgliederung einzelner Posten und verbale Umschreibung der Zusammensetzung der nicht aufgegliederten („übrigen") Posten *„Die außerordentlichen Aufwendungen in Höhe von 10 Mio. DM betreffen mit 1 Mio. DM Aufwendungen aus dem Verkauf von Grundvermögen. Der Rest entfällt auf die außerplanmäßige Abschreibung einer Beteiligung und auf die Aufdeckung stiller Lasten in spanischen Beteiligungsgesellschaften."*	59,99	63,46	61,73	9,04	23,08
	C. Aufgliederung einzelner Posten ohne verbale Umschreibung der Zusammensetzung der nicht aufgegliederten, wesentlichen („übrigen") Posten *„Die außerordentlichen Aufwendungen in Höhe von 10 Mio. DM betreffen mit 3 Mio. DM Aufwendungen aus dem Verkauf von Grundvermögen."*	33,99	40,77	37,38	13,53	35,41
	D. Nur verbale Umschreibung der Zusammensetzung des Postens *„Die außerordentlichen Aufwendungen betreffen Aufwendungen aus dem Verkauf von Grundvermögen."*	21,71	13,46	17,59	18,75	68,26
	E. Keine Aufgliederung des Gesamtbetrages	0,00	0,00	0,00	–	–

(a) Einschätzung konkreter Beispiele aus Anhängen

Nr.	Beispielkategorie	Mittlere Einschätzung eines Bewertungskriteriums (in %)			Schätzgenauigkeit (in %)	
		WP	FA	Arithmetisches Mittel	WP	FA
7.	**Erläuterung des Betrages und der Art von periodenfremden Erträgen und Aufwendungen, soweit diese für die Beurteilung der Ertragslage nicht von untergeordneter Bedeutung sind (§ 277 IV 3) → IV.4.**					
	A. Vollständige Aufgliederung des Gesamtbetrages (Summe der Einzelbeträge > 90 % des Gesamtbetrages)	100,00	100,00	100,00	–	–
	B. Erkennbar unvollständige Aufgliederung einzelner Posten mit verbaler Umschreibung der Zusammensetzung der nicht aufgegliederten („übrigen") Posten *„Von den periodenfremden Erträgen in Höhe von 10 Mio. DM entfallen 2 Mio. DM auf Erträge aus der Auflösung von Rückstellungen. Der Rest betrifft Buchgewinne aus Anlagenabgängen und Steuererstattungen."*	58,39	59,62	59,00	8,74	22,38
	C. Erkennbar unvollständige Aufgliederung einzelner wesentlicher Posten ohne verbale Umschreibung der Zusammensetzung der nicht aufgegliederten („übrigen") Posten *„Von den periodenfremden Erträgen in Höhe von 10 Mio. DM entfallen 2 Mio. DM auf Erträge aus der Auflösung von Rückstellungen, und 1 Mio. DM entfallen auf Steuererstattungen."*	39,26	43,08	41,67	11,93	26,87
	D. Gesamtbetrag ohne Aufgliederung, aber mit verbaler Umschreibung der Zusammensetzung des Postens *„Die periodenfremden Erträge in Höhe von 10 Mio. DM betreffen Erträge aus der Auflösung von Rückstellungen und Erträge aus Steuererstattungen."*	32,82	28,46	30,64	13,48	37,50
	E. Gesamtbetrag ohne Aufgliederung „Es liegen periodenfremde Aufwendungen in Höhe von 10 Mio. DM vor."	17,51	14,23	15,87	23,97	76,17
	F. Nur Hinweis auf Sachverhalt, der periodenfremde Aufwendungen/Erträge begründet „Wegen Steuernachzahlungen kam es zu periodenfremden Aufwendungen."	15,22	9,31	12,27	29,39	70,42
	G. Keine Aufgliederung des Gesamtbetrages	0,00	0,00	0,00	–	–
8.	**Aufgliederung der Umsatzerlöse nach Tätigkeitsbereichen und nach geographisch bestimmten Märkten (§ 285 Nr. 4/§ 314 I Nr. 3/§ 314 II) → IV.7.A.**					
	A. Matrixförmige Aufgliederung der Umsatzerlöse nach Sparten und einzelnen Regionen	100,00	100,00	100,00	–	–
	B. Matrixförmige Aufgliederung der Umsatzerlöse nach Sparten und Regionen Inland/Ausland	78,72	82,14	80,43	5,35	11,53
	C. Aufgliederung der Umsatzerlöse getrennt (also nicht matrixförmig) nach Sparten und nach einzelnen Regionen	69,87	72,50	71,19	6,33	14,05
	D. Aufgliederung der Umsatzerlöse getrennt nach Sparten und nach Regionen Inland/Ausland	63,52	63,57	63,55	7,05	16,13
	E. Aufgliederung der Umsatzerlöse nur nach einzelnen Regionen, ohne Sparten	45,75	38,93	42,34	9,03	21,26
	F. Aufgliederung der Umsatzerlöse nur nach einzelnen Regionen Inland/Ausland, ohne Sparten	38,08	27,50	32,79	11,10	35,58
	G. Aufgliederung der Umsatzerlöse nur nach Sparten, ohne Regionen	38,37	44,64	41,51	12,65	24,25
	H. Keine Aufgliederung der Umsatzerlöse	0,00	0,00	0,00	–	–
9.	**Kapitalflußrechnung (IAS 7) → VIII.4.**					
	A. Kapitalflußrechnung nach IAS 7	100,00	100,00	100,00	–	–
	B. Kapitalflußrechnung nach HFA 1/1995	86,06	76,07	81,07	3,54	8,76
	C. Fondveränderungsrechnung (Kapitalflußrechnung mit separatem Finanzmittelfonds)	71,53	62,86	67,19	5,90	14,55
	D. Finanzierungsrechnung unter Einbeziehung der GuV-Daten (Jahresüberschuß wird durch den Cash Flow oder den Umsatzüberschuß ersetzt)	65,74	55,36	60,55	7,67	19,89
	E. Erweiterte Bewegungsbilanz durch Einbeziehung der Kontenumsätze	51,94	37,50	44,72	10,89	46,61
	F. Beständedifferenzenbilanz	40,25	28,33	34,29	14,34	53,41

(b) Einschätzung von Zusatzfragen

Nr.	Inhalt	Mittlere Einschätzung eines Bewertungskriteriums (in %)			Schätzgenauigkeit (in %)	
		WP	FA	Arithmetisches Mittel	WP	FA
1.	**Angabe und Begründung der Abweichungen von Bilanzierungs- und Bewertungsmethoden (§ 284 II Nr. 3) → II.4.** *„Die Bilanzierungs- und Bewertungsmethoden wurden im wesentlichen beibehalten."*	40,76	29,29	35,02	14,45	59,18
2.	**Angabe des Ausmaßes der Ergebnisbeeinflussung durch Anwendung steuerrechtlicher Vorschriften oder Bildung von Sonderposten mit Rücklageanteil im Geschäftsjahr oder in Vorjahren (§ 285 Nr. 5/§ 314 I Nr. 5) → II.11.** *„Das Ergebnis wurde entsprechend beeinflußt."*	26,88	16,79	21,83	46,40	91,08
3.	**Angabe über das Ausmaß erheblicher künftiger Belastungen aus der Inanspruchnahme steuerlicher Vergünstigungen (§ 285 Nr. 5/§ 314 I Nr. 5) → II.12.** *„Für die Zukunft sind Steuermehraufwendungen zu erwarten."*	23,58	24,29	23,93	22,38	63,29
4.	**Darstellung des Anlagengitters (§ 268 II 1) → III.4.** *„Auswirkungen aus Änderungen des Konsolidierungskreises, aus Währungsunterschieden und aus sonstigen Änderungen werden zusammengefaßt."*	23,51	24,64	24,08	20,37	54,65
5.	**Kapitalflußrechnung (IAS 7) → VIII.4.** *„Aussagegehalt einer Kapitalflußrechnung, die nicht im geprüften Teil des Geschäftsberichts veröffentlicht wird."*	61,90	69,85	65,87	10,86	29,16